ARQUITETURA CONTEMPORÂNEA NO BRASIL

EQUIPE DE REALIZAÇÃO

TRADUÇÃO
ana m. goldberger

REVISÃO
dainis karepovs
plinio martins filho e
gilson cesar cardoso de sousa

PROGRAMAÇÃO VISUAL
walter grieco
e plinio martins filho

CAPA
walter grieco
e j. guinsburg

PRODUÇÃO
ricardo w. neves
e sergio kon

ARQUITETURA CONTEMPORÂNEA NO BRASIL

yves bruand

PERSPECTIVA

Título do original francês
L'architecture contemporaine au Brésil

Copyright © Yves Bruand

Dados Internacionais de Catalogação na Publicação (CIP)
(Câmara Brasileira do Livro, SP, Brasil)

Bruand, Yves
    Arquitetura contemporânea no Brasil / Yves Bruand ; [tradução Ana M. Goldberger]. — São Paulo : Perspectiva, 2018.

    4, reimpr. da 5. ed. de 2010
    Título original: L'architecture contemporaine au Brésil.
    Bibliografia.
    ISBN 978-85-273-0114-5

    1. Arquitetura - Brasil 2. Arquitetura moderna - Século 20 I. Título.

05-4346   CDD-720.981

Índices para catálogo sistemático:
1. Brasil : Arquitetura contemporânea : História
720.981

5ª edição – 4ª reimpressão

[PPD]

Direitos reservados em língua portuguesa à
EDITORA PERSPECTIVA LTDA.

Av. Brigadeiro Luís Antônio, 3025
01401-000 – São Paulo – SP – Brasil
Telefax: (0--11) 3885-8388
www.editoraperspectiva.com.br

2020

SUMÁRIO

PREFÁCIO 7
INTRODUÇÃO — O Meio Brasileiro e sua Influência sobre a Arquitetura

1. O Meio Geográfico 11
   1. O meio físico 11
      1. *O relevo* 11
      2. *O clima* 12
      3. *A vegetação* 14
   2. As condições econômicas 15
      1. *Recursos naturais e materiais tradicionais* 15
      2. *Materiais artificiais e contexto industrial* 16
      3. *Transportes e vida econômica* .. 17
2. As Condições Históricas 19
   1. Condições econômicas e sociais 19
   2. Mentalidade brasileira e tradições culturais 23
   3. Condições políticas 26

PRIMEIRA PARTE — De um Ecletismo sem Originalidade à Afirmação Internacional da Nova Arquitetura Brasileira (1900-1945)

1. Os Estilos Históricos 33
   1. Os estilos classicizantes 33
      1. *A escola carioca* 33
      2. *O caso de São Paulo* 38
      3. *Os outros centros brasileiros: Salvador, Belo Horizonte* 41
   2. Os estilos medievais e pitorescos . 42
   3. O "art nouveau" 44
   4. O estilo neocolonial 52
2. As Premissas da Renovação (1922-1935) . 61
   1. A vanguarda paulista e a Semana de Arte Moderna 61
   2. O papel e a obra de Gregori Warchavchik 63
      1. *Os primeiros anos e os manifestos de 1925* 63
      2. *A primeira casa moderna em São Paulo (1927-1928)* 65
      3. *As outras obras de Warchavchik* 68
   3. O começo da arquitetura "moderna" no Rio de Janeiro 71
      1. *A tentativa de reforma da Escola de Belas-Artes (1930-1931)* 71
      2. *Os primeiros passos (1931-1935)* . 74
   4. Luís Nunes e o Movimento do Recife (1934-1937) 77
3. A Transformação Decisiva (1936-1944) .. 81
   1. O Ministério da Educação e Saúde no Rio de Janeiro 81
      1. *O concurso e a decisão de Gustavo Capanema* 81
      2. *A estadia e as duas propostas sucessivas de Le Corbusier* 82
      3. *A elaboração do projeto definitivo pela equipe brasileira* 85
      4. *A contribuição de Le Corbusier e a profunda influência de sua estadia em 1936* 89
         1. O método de trabalho 89
         2. A preocupação com os problemas formais 90
         3. A valorização dos elementos locais 91
      5. *A originalidade do Ministério da Educação e Saúde, sua importância no plano nacional* 91
   2. As primeiras obras de Marcelo e Milton Roberto 93
      1. *O prédio da A.B.I.* 94
      2. *O Aeroporto Santos Dumont* 96
      3. *O prédio do I.R.B.* 99
   3. Attílio Correa Lima e a estação de hidraviões do Aeroporto Santos Dumont 102
   4. A revelação de Oscar Niemeyer 104

5

1. *A colaboração Lúcio Costa-Niemeyer: o Pavilhão do Brasil na Exposição Internacional de New York* 105
2. *O Grande Hotel de Ouro Preto* 107
3. *O conjunto da Pampulha* 109

SEGUNDA PARTE — A Maturidade da Nova Arquitetura Brasileira: Unidade e Diversidade

1. Arquitetura Nova e Tradição Local 119
   1. A obra de Lúcio Costa 119
      1. *Contribuição teórica* 119
      2. *A arquitetura de Lúcio Costa* 124
         1. Casas e mansões 125
         2. O Hotel do Parque em Nova Friburgo 132
         3. O conjunto residencial do Parque Eduardo Guinle 135
         4. Os projetos monumentais 137
   2. A influência de Lúcio Costa e as pesquisas paralelas dos outros arquitetos brasileiros 140
      1. *A Região Centro-Sul* 140
      2. *O Nordeste* 145
2. O Triunfo da Plástica 151
   1. Pesquisas estruturais e forma livre: a obra de Niemeyer antes de 1955 151
      1. *Desenvolvimento das pesquisas estruturais* 152
         1. Pilotis 152
         2. Arcos, abóbadas e rampas 155
      2. *A exploração da forma livre* 159
      3. *O tratamento dos volumes* 165
      4. *Conclusão* 169
   2. A procura do movimento: M. M. M. Roberto 170
      1. *Dinamismo das estruturas* 170
      2. *A procura de movimento nas fachadas* 174
   3. O apogeu de Niemeyer: Brasília 181
      1. *Os palácios de pórticos* 184
         1. O Palácio da Alvorada 184
         2. O Palácio do Planalto e o Supremo Tribunal Federal 191
         3. O Palácio dos Arcos 196
      2. *Combinações e jogos de volumes simples* 200
         1. O Palácio do Congresso 200
         2. A Praça dos Três Poderes e o Eixo Monumental 204
         3. O Hotel e os setores residenciais .. 208
      3. *Capelas e Catedral* 209
         1. A Capela do Palácio da Alvorada 210
         2. A Capela de Nossa Senhora de Fátima (1958) 212
         3. A Catedral 214
      4. *Conclusão* 215
   4. José Bina Fonyat e a plástica das coberturas 217
3. A Continuidade Racionalista 223
   1. A obra de Reidy 223
      1. *Os conjuntos residenciais de Pedregulho e Gávea* 224
      2. *Outras obras notáveis de Reidy* 233
   2. Pesquisas paralelas dos principais arquitetos brasileiros 243
      1. *Jorge Machado Moreira: fidelidade ao espírito do Ministério da Educação* ... 243
      2. *As grandes construções de Rino Levi: prédios, hospitais, fábricas, etc.* 249
      3. *As construções de ossatura metálica e a influência norte-americana* 255
      4. *Outras realizações notáveis* 261
4. À Margem do Racionalismo: a Corrente Orgânica e o Brutalismo Paulista 269
   1. Verdadeira arquitetura orgânica ou organicidade racionalista? 269
      1. *O período "wrightiano" de Vilanova Artigas (1938-1944)* 271
      2. *As casas de Rino Levi: relações natureza-arquitetura e introspecção* 273
      3. *A organicidade racional das casas de Oswaldo Bratke e de alguns outros projetos* 281
      4. *A casa de Sérgio Bernardes e as raras tentativas entrevistas a partir de 1960* 289
   2. O aparecimento do brutalismo e seu sucesso em São Paulo 295
      1. *A obra de Vilanova Artigas depois de 1945* 295
      2. *Os discípulos de Vilanova Artigas* ... 305

TERCEIRA PARTE — Arquitetura e Urbanismo

1. O Arranjo das Cidades Antigas 325
   1. São Paulo ou a negação do urbanismo... 326
   2. Rio de Janeiro: lutas contra o relevo e grandes traçados 333
   3. Salvador ou a inteligência de um urbanismo ao mesmo tempo conservador e audacioso 340
2. A Criação de Novas Cidades 345
   1. Novas capitais regionais 346
      1. *Criação e evolução de Belo Horizonte* 346
      2. *Goiânia* 349
   2. Brasília, apoteose do urbanismo brasileiro 352
      1. *Origem e finalidade da operação* 352
      2. *A organização do concurso para a escolha do plano piloto* 354
      3. *Os projetos não aceitos do plano piloto* 356
      4. *O plano de Lúcio Costa* 359
      5. *A realização* 363

CONCLUSÃO

1. Classificação dos Edifícios 373
2. Características Gerais e Especificidade da Nova Arquitetura Brasileira 376

Apêndice 379

FONTES

1. Fontes Orais 385
2. Documentação de Arquivo 385
3. Fontes Impressas 385

BIBLIOGRAFIA

1. Livros 386
2. Revistas e Periódicos 387

PREFÁCIO

Pode, sem dúvida, parecer estranho que um assunto referente à arquitetura contemporânea num país pertencente a outro hemisfério seja tratado por um ex-aluno da Escola de Chartes. Perante o público, a profissão de arquivista paleógrafo, soa de modo um tanto estranho ligado muitas vezes erroneamente à idéia de um ser de hábitos domésticos que só se interessa pela Idade Média. As pessoas cultas e os universitários por certo não ignoram que muitos dos ex-alunos da Escola de Chartes especializaram-se na história dos tempos modernos ou mesmo na contemporânea e que seus trabalhos, nessas áreas, são com freqüência e há muito tempo considerados obras de peso. Entretanto, persiste ainda no espírito de alguns um verdadeiro espanto quando se deparam com um indivíduo que foge às classificações habituais. Um adido cultural chegou mesmo nos perguntar, um dia: "Mas, afinal, qual a relação que existe entre a Escola de Chartes e a arquitetura contemporânea no Brasil?" Foi fácil responder que não havia entre as duas qualquer relação direta e obrigatória, mas que tampouco havia qualquer incompatibilidade, contrariamente àquilo que ele parecia sugerir.

A escolha do assunto que constitui o objeto deste trabalho dependeu, na verdade, de um conjunto de circunstâncias, a primeira das quais foi nossa nomeação como professor da Universidade de São Paulo, resultado de nossa atividade de arquivista paleógrafo, visto que se tratava, inicialmente, de ensinar a metodologia e as ciências auxiliares da História. O fato de estarem nossas pesquisas sempre orientadas para a história da arte e a vontade de prossegui-las, constituiu a segunda condição; a terceira surgiu da constatação de que a arquitetura brasileira só conhecera dois grandes períodos de atividade criadora: o da arte luso-brasileira dos séculos XVII e XVIII, estudado por Germain Bazin numa tese recente, e o período atual, abordado apenas superficialmente em publicações de caráter documental. Não cabia hesitação e não era desagradável o fato de dedicar-nos a essa tarefa inteiramente nova que se afastava dos caminhos já trilhados.

Além disso, acreditamos que uma formação rígida como a nossa longe está de ser uma desvantagem, quando se trata de trilhar um novo caminho. O rigor do método, adquirido no estudo dos períodos antigos, constitui uma grande arma contra a tentação de confundir crítica de arte e história da arte, as quais continuam sendo duas áreas distintas embora fortemente ligadas quando se trata dos acontecimentos contemporâneos. Procuramos examinar os monumentos não apenas em seus valores intrínsecos e em função de sua estética, bem como considerando sua situação no tempo e suas filiações perceptíveis, a fim de tentar revelar sua evolução e seu significado histórico. Portanto, tentamos conservar, nesses aspectos, o método aplicado às obras que nos foram deixadas pelas civilizações anteriores, antigas ou modernas. Essa semelhança de objetivos não deve, contudo, encobrir a diferença dos meios a serem empregados. Aqui não será abordado o problema da documentação, que é tratado como apêndice na parte dedicada às fontes e à bibliografia. Tampouco nos deteremos na questão dos conhecimentos de técnicas construtivas; é evidente que um assunto como o deste livro não poderia ser abordado sem um mínimo de conhecimentos indispensáveis, mas o fato de não sermos um especialista no assunto não constituiu grande obstáculo: a arquitetura brasileira tem empregado em seu conjunto procedimentos bastante simples, cujos princípios podem ser facilmente compreendidos por um leigo; além do mais, não pretendíamos entrar em detalhes quanto às técnicas empregadas, interessando-nos estas somente na medida em que possibilitam, explicam ou condicionam a concepção formal; isso se aplica tanto ao passado, quanto ao presente, embora hoje exista uma diversidade tecnológica muito maior.

A principal diferença de método, quando se trata de um assunto contemporâneo, diz respeito à obrigatoriedade muito maior de se efetuar uma seleção rígida ao longo do trabalho, cujos critérios nem sempre julgamos isentos de discussão. É impossível conhecer tudo, e pode ocorrer que obras importantes tenham escapado ao registro, quando não se beneficiaram de qualquer divulgação; procuramos reduzir ao máximo este risco, mas não temos pretensão de tê-lo conseguido. A abundância de obras obriga, por outro lado, a se proceder a uma seleção, sendo neste sentido uma séria desvantagem, a falta de perspectiva histórica. É claro que realizamos essa seleção com a máxima objetividade, mas seria presunçoso admiti-la como inteiramente justificável num futuro mais ou menos remoto, pois temos consciência de que os conceitos por nós emitidos estão muito influenciados por nossas preferências pessoais. Esperamos, contudo, que, apesar de suas falhas e do risco de ver suas conclusões novamente questionadas em prazo talvez bastante curto, este trabalho permaneça útil, não só pela documentação reunida, bem como por sua tentativa de síntese, mesmo que possa esta parecer ligeiramente prematura.

O título da obra não comporta limites cronológicos rigidamente definidos; eles não eram necessários. Não existe qualquer data de referência precisa para o início do período em questão; de modo genérico, foi tomado como marco o ano de 1900, se bem que essa data não tenha tido, no Brasil, o mesmo significado que assumiu na Europa e que não tenha correspondido a uma mudança profunda, mas nos reservamos o direito de retroceder um tanto, sempre que isto nos parecia útil. O mesmo se aplica ao período de conclusão: a inauguração de Brasília em 1960 poderia ter fornecido um marco; não o levamos em consideração, e várias razões nos recomendaram avançar no tempo; com efeito, a nova capital somente começou a viver de forma significativa daquele momento em diante; edifícios de importância fundamental — como o Palácio dos Arcos — foram construídos posteriormente, e não poderíamos deixá-los passar despercebidos; enfim, a importância que assumiu o movimento brutalista em São Paulo na última década não poderia ser ignorada sob pena de se evidenciar má fé. É na verdade, portanto, a data de nossa partida do Brasil (1969) que constitui o verdadeiro termo de fechamento, embora estejamos plenamente conscientes de seu caráter ao mesmo tempo subjetivo e arbitrário.

Em compensação, os limites geográficos estão muito melhor definidos: estudamos a arquitetura do Brasil, sem levar em conta a nacionalidade do arquiteto responsável, e deixamos de lado as realizações dos arquitetos efetivados no exterior, excetuando-se, contudo, alguns projetos que constituíam elo fundamental na continuidade das obras estudadas. Razões materiais — necessidade de preservar um quadro preciso e de não ampliar demasiadamente o assunto, além da impossibilidade de conhecer pessoalmente as construções dispersas em diferentes países — justificavam essa opção, aliada ao fato de só recentemente estarem os arquitetos brasileiros exportando sua arquitetura.

Talvez surpreenda o pequeno espaço dedicado ao Sul do Brasil (Estados do Rio Grande do Sul, Santa Catarina e Paraná), embora esta região seja, seguramente, mais rica em número de edifícios que a do Nordeste, abordada com maior atenção. Na verdade, nossa preocupação girou mais em torno da originalidade do que da abundância de obras; apesar de cidades como Curitiba e Porto Alegre apresentarem, sem dúvida, grande atividade na construção civil e possuírem escolas de arquitetos que figuram dentre as mais importantes do país, suas realizações não se diferenciam fundamentalmente daquelas do Rio de Janeiro e de São Paulo.

Não aceitamos o termo "arquitetura moderna", empregado por numerosos autores para designar a arquitetura contemporânea ou, melhor, um certo tipo de arquitetura contemporânea: aquela que procura expressar-se numa linguagem nova, tanto em termos técnicos, quanto em termos estéticos. A oposição entre uma "arquitetura moderna" e uma "arquitetura tradicional" é perigosa, visto que o limite entre ambas pode variar de acordo com o ponto de vista da pessoa que emprega tais termos; contudo o adjetivo "moderno" não é de modo algum conveniente, pois contém apenas uma noção de tempo aplicável ao conjunto da produção de uma época e não unicamente a uma de suas partes; substituir sua acepção cronológica por um elemento de valor é um contra-senso, hoje infelizmente muito comum. Entretanto, já que o termo "arquitetura moderna" tem sido freqüentemente empregado nos debates teóricos entre arquitetos ou em palestras por eles feitas, não foi eliminado totalmente; pode ser encontrado ocasionalmente em nosso texto com o significado que lhe foi atribuído por aqueles que o usam, mas sempre entre aspas, a fim de ressaltar as restrições que fazemos a esse respeito.

No que se refere à bibliografia, o problema se colocava de modo diverso, já que as regras por razões de unidade exigem que os verbetes sejam redigidos com o primeiro sobrenome, razão pelo qual assim a organizamos, mesmo que seja este critério discutível, quando se trata de nomes portugueses. Quando em certas revistas, existem artigos em duplicata, ou seja, no original, e a tradução, francesa ou de outra língua, citamos como referência o artigo escrito na língua original — na maioria dos casos, português — em lugar da tradução ou das traduções, sempre capazes de deformar mais ou menos o texto. Para o leitor, será fácil localizar a tradução, publicada noutras páginas, no mesmo exemplar.

Por razões de paginação, não foi possível apresentar todas as plantas na mesma escala. Respeitamos portanto, a escala original dos documentos que nos foram fornecidos ou mantivemos as proporções corretas daqueles que precisaram ser reduzidos. A única exceção refere-se às plantas de cidades, cuja redução não corresponde à escala impressa.

Não desejamos concluir este trabalho sem agradecer a todos aqueles que permitiram sua realização: André Chastel, hoje professor no Collège de France, que não hesitou em aceitar a orientação do projeto que eu lhe apresentava, perguntando-lhe com timidez se um assunto tão próximo no tempo era conveniente para uma tese de doutoramento; ele me encorajou vigorosamente a enfrentar esse novo caminho, que jamais trilharia não fosse o apoio permanente que dele recebi; René Jullian, professor de história da arte contemporânea na Universidade de Paris, que me permitiu valer-me de seus preciosos conselhos, embora não tenha orientado meu trabalho — trabalho que teria sido de sua alçada caso não tivesse sido iniciado antes da criação da cátedra que ele hoje ocupa; precisaria também citar todos os arquitetos, colegas e amigos brasileiros que facilitaram minha atividade, forneceram documentos ou me auxiliaram com suas observações. Mas seria muito extenso, pois seu número é tão grande que a mera enumeração se tornaria enfadonha; podem eles entretanto estar seguros de que me senti comovido com sua extrema gentileza e boa vontade (embora esta, em alguns casos, tenha implicado compromissos não cumpridos devido a uma certa displicência); prefiro reuni-los numa manifestação de reconhecimento comum, testemunha de meu profundo apego ao seu país.

INTRODUÇÃO

O MEIO BRASILEIRO E SUA INFLUÊNCIA SOBRE A ARQUITETURA

A posição de destaque que o Brasil ocupa há cerca de trinta anos no campo das artes, particularmente no da arquitetura, deve-se, sem dúvida alguma, ao surgimento de alguns talentos individuais, que se afirmaram com muita força. Contudo, este não é o único fator que nos permite explicar a renovação artística do âmbito nacional e de alcance internacional que se processou no século XX nesse país. É evidente que os intelectuais assumiram um papel decisivo neste episódio, mas não teriam eles podido impor-se caso não houvessem encontrado terreno e condições propícias à realização de uma obra que certamente se afigurará à posteridade como um dos mais belos frutos de nossa época.

É preciso, portanto, antes de se proceder ao estudo específico dessa obra, examinar o meio em que ela se desenvolveu, verificar em que medida ele se mostrou propício ao seu desenvolvimento, constatar qual foi sua influência sobre a produção realizada, e sobre a evolução formal dessa produção. Mais do que qualquer outra manifestação artística, a arquitetura depende diretamente das condições materiais, e excluir os aspectos históricos e geográficos dentro dos quais ela se desenvolveu implicaria não compreender seu significado e sua própria razão de ser.

1. O MEIO GEOGRÁFICO

O que mais desperta a atenção, quando se observa um mapa da América do Sul, é a extensão geográfica do Brasil: 8.514.000 quilômetros quadrados, ou seja, aproximadamente dezesseis vezes a da França. Essa imensa área não teve entretanto repercussão significativa no campo da arquitetura: não se pode constatar nem dispersão até o infinito, nem a constituição de escolas locais. A concentração populacional e, principalmente, econômica no triângulo de 400 a 600 km de lado, formado por três grandes cidades — Rio de Janeiro, São Paulo e Belo Horizonte —, fez com que se localizasse nessa região a maior parte das obras importantes. Outros centros significativos — Porto Alegre e Curitiba, no Sul, Salvador e Recife, no Nordeste, e, naturalmente, Brasília, a nova capital —, estão em permanente contato com Rio e São Paulo, das quais distam apenas algumas horas, pois o transporte aéreo é há anos um meio dos mais comuns. Não existe, portanto, nenhum isolamento entre as grandes cidades brasileiras e são freqüentemente arquitetos estabelecidos em São Paulo ou no Rio de Janeiro os autores de projetos realizados em outras regiões. Foram esses arquitetos que deram sempre as contribuições mais significativas, e que foram os responsáveis pela criação da nova arquitetura brasileira.

1. O MEIO FÍSICO

1. O relevo

Não se pode desconsiderar a importância do relevo, que, na parte do território que nos interessa particularmente, apresenta-se sob dois aspectos bem distintos: um vasto planalto, monótono, embora por vezes acidentado, ocupa toda a região central, elevando-se bruscamente para leste, onde termina numa franja montanhosa, a Serra do Mar, cujas encostas abruptas dominam o litoral, desde o Rio de Janeiro até o Paraná. A primeira região apresenta uma paisagem pouco diferenciada, não podendo a arquitetura, no seu conjunto tirar partido dela, a não ser realçando-a através do contraste. Neste sentido o exemplo mais significativo é a nova capital, Brasília, onde este princípio foi aplicado com rigor consciente e proposital. A região litorânea oferece, ao contrário, uma seqüência de belíssimas paisagens, constituídas por baías extremamente recortadas, pontilhadas por uma infinidade de pequenas ilhas, por praias contidas entre o mar e a montanha, por picos e vales

11

profundos, onde é grande a afluência turística, devido à proximidade das grandes cidades, principalmente Rio de Janeiro. É evidente que tal paisagem nem sempre foi respeitada, chegando mesmo a ser sacrificada nas áreas urbanas, devido à especulação imobiliária. Por outro lado, os problemas que o relevo da região coloca aos arquitetos tiveram considerável influência no aspecto de suas obras, quer devido à grande diversidade dos programas — grandes edifícios bem como residências urbanas, casas de praia e casas de campo — quer devido ao solo bastante acidentado, o que explica parcialmente o emprego intensivo do pilotis — uma das características mais marcantes da nova arquitetura brasileira —, dadas as facilidades que esse sistema oferece, como forma de adaptação ao terreno.

Quanto ao urbanismo, o relevo interferiu radicalmente, pois raras são as grandes cidades instaladas em sítios favoráveis: o Rio de Janeiro está literalmente comprimido entre o mar e a montanha, separado em duas zonas muito mal articuladas entre si; Salvador, São Paulo e Belo Horizonte situam-se sobre uma série de colinas entrecortadas por vales, o que torna difícil elaborar uma malha viária lógica e eficaz, tanto mais que seu crescimento não foi controlado a tempo; até mesmo Recife, cidade plana, sofre injunções deste tipo, pois estende-se parcialmente sobre três ilhas, separadas umas das outras por rios muito largos, que sofrem o fluxo e refluxo das marés.

2. O clima

Sem dúvida alguma, foi o clima o fator físico que mais interferiu na arquitetura brasileira. O país situa-se quase que inteiramente entre o Equador e o Trópico de Capricórnio, estando sua parte meridional bastante próxima deste, apresentando assim temperaturas bastante elevadas durante o verão. Portanto, o primeiro problema que se colocava para os arquitetos era o de combater o calor e o excesso de luminosidade provenientes de uma insolação intensa. No período colonial, as ruas estreitas, com suas casas de amplos beirais, e as generosas varandas das casas rurais, respondiam a essa necessidade, e foram utilizadas durante todo o século XIX, apesar da introdução do estilo neoclássico[1] que num primeiro momento não modifica fundamentalmente o aspecto da paisagem urbana. Esta se conserva sem grandes alterações até cerca de 1900, época em que, nos bairros residenciais, as casas com recuo lateral em um dos lados do lote, ou mesmo implantadas no centro do lote, começam a suplantar o sistema do lote urbano colonial: ou seja, o da residência construída sobre o alinhamento da via pública.

Contudo, esse novo tipo de casa manteve o sistema de varandas, abrigou-se atrás de grossas paredes e de janelas estreitas munidas de venezianas ou postigos em geral fechados, dando assim continuidade à tradição local.

Esta somente foi interrompida com o advento da chamada arquitetura "moderna", de princípios absolutamente opostos. As teorias e o exemplo de Le Corbusier — que, como veremos, operaram uma verdadeira revolução no Brasil — enalteciam a abertura dos edifícios para o exterior, proporcionando-lhes a penetração do ar, da luz, e da natureza. Entretanto, a aplicação desses princípios nos países de clima quente exigia uma certa adaptação ao meio ambiente e o emprego de alguns dispositivos capazes de combater a insolação e o calor excessivos. Assim nasceu o *brise-soleil*, idealizado por Le Corbusier no projeto de urbanização de Argel (1930-1934), mas cuja aplicação prática e definição final devem ser atribuídas aos arquitetos brasileiros. Estudos efetuados sobre o movimento do sol, nas várias estações e nas diversas latitudes que interessavam ao país, permitiram estabelecer um conjunto de regras relativas ao emprego do *brise-soleil* conforme a orientação das fachadas: totalmente desnecessário na face sul, parcialmente dispensável na face leste exposta unicamente ao sol nascente, é no entanto indispensável na norte, durante o inverno, e na oeste, em qualquer das estações[2]. Composto em geral por lâminas paralelas, fixas ou móveis[3], capazes de se prestar a composições tão engenhosas quanto variáveis, estes elementos, concebidos originalmente com finalidade puramente prática, transformaram-se num meio de expressão plástica que marcaram profundamente a arquitetura brasileira contemporânea.

Seria, contudo, errôneo admitir que o emprego do *brise-soleil* provocou o desaparecimento dos meios tradicionais; as varandas e os corredores externos de outrora foram substituídos pelos amplos espaços livres cobertos, possíveis graças às novas técnicas construtivas: térreo total ou parcialmente livre, graças ao emprego do pilotis e grandes terraços ou sacadas protegidas pela projeção de uma laje em balanço. Embora os procedimentos tenham mudado, o princípio de proteção não se modificou. O mesmo se aplica às venezianas, persianas e outros tipos de postigo, cujo uso, mantido em certos edifícios, possibilitou às fachadas um toque particular.

Nenhum dos procedimentos citados, contudo, resolve o problema do calor, salvo quando associado a um sistema eficiente de circulação de ar. Compreende-se portanto a importância que os arquitetos brasileiros dão a esse problema. A solução mais racional e de emprego mais freqüente é a ventilação cruzada, ou ainda o estabelecimento de correntes de ar cuidadosamente estudadas que atravessem o edifício de ponta a ponta, sem

---

1. As grandes galerias em arcadas e os pórticos em colunas, utilizados com freqüência pelos arquitetos neoclássicos, adaptavam-se perfeitamente a essa função protetora.

2. Ao contrário do que se pode imaginar, os *brise-soleil* são úteis principalmente no inverno, quando o sol está relativamente baixo no horizonte, penetrando profundamente nas dependências; por outro lado, no verão, ele passa no zênite, tornando-se incômodo somente no final da tarde. Por isso, a lógica impõe o uso de *brise-soleil* horizontais na face norte, onde o sol está sempre próximo da vertical, mesmo no solstício de inverno (junho), enquanto que os verticais são necessários a oeste.

3. Teoricamente, o *brise-soleil* móvel, que pode ser orientado conforme a posição do sol, é a melhor solução, pois assegura a máxima visibilidade exterior e regula ou combate convenientemente a incidência dos raios solares; contudo, quando avariado, o que é freqüente no Brasil, pela falta de manutenção correta dos equipamentos, essa vantagem se transforma em inconveniente. No entanto, o *brise-soleil* fixo, que pode ser parte integrante da estrutura do edifício, não exige qualquer cuidado especial, sendo, portanto, mais econômico. É particularmente indicado para fachadas orientadas para norte ou nordeste, onde algumas lâminas bem dispostas protegem as dependências de uma excessiva insolação, preservando uma perfeita visão para o exterior.

criar qualquer desconforto para os que nele vivem ou trabalham. Obtém-se esse resultado fazendo com que as paredes não atinjam o teto, seja com o emprego de divisória até uma certa altura — solução utilizada principalmente em escritórios — seja fixando a parte superior com elementos não herméticos — grades, venezianas, rótulas —, a fim de preservar a intimidade dos ambientes residenciais sem impedir a livre circulação do ar. De fato, o funcionamento eficiente do sistema depende basicamente de uma orientação adequada do edifício: o litoral brasileiro goza, com efeito, de uma brisa marinha bastante forte que, bem utilizada, se constitui num meio eficaz de combate ao calor; o mesmo se pode dizer quanto ao planalto, exposto a ventos ora fracos, ora fortes, provenientes de direções diversas. É claro que essa preocupação de garantir a livre circulação do ar vem também ao encontro da concepção do térreo livre e do prédio sobre pilotis, solução preferida pelos arquitetos brasileiros quando a utilização máxima da superfície disponível não lhes era imposta pelos proprietários da obra, por razões econômicas. Aplicado em escala urbanística, como foi o caso de Brasília, esse sistema modifica a fisionomia da cidade tradicional, e é um dos elementos que nos leva a encará-la sob um novo ângulo.

Referimo-nos até aqui apenas aos procedimentos naturais de combater o calor e o excesso de insolação; são seguramente os mais importantes, porque, além de terem sido empregados com maior freqüência, contribuíram para assegurar caráter próprio à arquitetura contemporânea no Brasil, diferenciando-a assim da arquitetura de outros países. Contudo, há uma década, meios artificiais de proteção vêm sendo desenvolvidos: o emprego de vidros *fumé* refratários ao calor e o uso de ar condicionado influíram decisivamente na evolução das soluções técnicas e estéticas dos edifícios, proporcionando aos arquitetos maior liberdade frente às imposições de ordem climática. Nas regiões meridionais, onde as diferenças de temperatura são consideráveis e as geadas freqüentes, além do calor é necessário combater o frio.

Os problemas de orientação são portanto encarados de modo diverso conforme a região: a face sul, considerada excelente no Rio porque está sempre à sombra, é imprópria em São Paulo, pois os ventos frios provêm precisamente desta direção[4], e os sistemas de aquecimento interno são praticamente inexistentes.

Este último ponto merece ser ressaltado, pois é um aspecto fundamental em outros países, e implica uma série de limitações. Já o arquiteto brasileiro, não tendo que se preocupar com a instalação de uma complicada rede de encanamento, tem muito mais liberdade na elaboração do projeto, podendo freqüentemente propor soluções mais independentes.

Surgem, por outro lado, problemas desconhecidos dos arquitetos europeus, como cortes freqüentes no fornecimento de água, o que obriga a prever em todo edifício um reservatório, cuja capacidade varia em função do consumo, mas deve, em qualquer hipótese, assegurar autonomia por um mínimo de 24 horas. Essa falta d'água não se deve ao baixo nível de precipitação, mas ao violento crescimento das cidades, cujo ritmo não pode ser acompanhado pelos serviços públicos. Com efeito, exceto na zona semi-árida do Nordeste, chove em abundância no Brasil; existem em quase todas as regiões uma estação seca e uma estação úmida perfeitamente definidas; esta caracteriza-se pela precipitação violenta de chuvas, em alguns meses, e que transforma as ruas em torrentes e várias estradas em lamaçais.

É, portanto, de fundamental importância a questão da impermeabilização dos edifícios e do escoamento das águas pluviais. Na época colonial, a solução era bastante simples: telhado, em geral de quatro águas, sem calhas, mas com beirais muito salientes para que a água fosse jogada longe das paredes. Mas este sistema, pouco eficiente, foi progressivamente abandonado, a partir do século XIX[5], quando, com a abertura para o comércio exterior, foram facilitadas as importações e, posteriormente, a fabricação dos equipamentos necessários para o escoamento de águas pluviais. Apesar disso, a forma clássica do telhado foi em geral mantida e ainda hoje é das mais empregadas, embora muitas vezes mascarada por platibanda, de modo a dar impressão de uma cobertura em forma de terraço. Este último sistema foi muito empregado com o advento da arquitetura moderna, inicialmente com problemas complexos de impermeabilização, hoje tecnicamente resolvidos. Contudo, seu custo, que permanece bastante elevado, justifica-se sobretudo para edifícios de maior porte, quando se deseja criar ali um terraço-jardim ou um solário, ou ainda, por razões de ordem estética.

Em compensação, em outros edifícios, e principalmente nas residências, o telhado inclinado que permite um melhor escoamento d'água foi em geral conservado, mas dando origem a novas formas, empregadas com freqüência, e que se caracterizam por sua clareza geométrica de acordo com o gosto em voga: de um lado, estão os telhados de uma água — executados em telhas de barro ou placas de fibro-cimento —, versão simplificada do velho telhado colonial, dando às empenas um aspecto trapezoidal (Figs. 36, 66, 85, 90); de outro, os telhados de duas águas com calha central, o que simplifica as canalizações e que resulta em fachadas principais ou laterais compostas por dois trapézios unidos pelo lado menor (Fig. 71). Outra conseqüência das intensas chuvas é o emprego freqüente de marquises, que protegem os pedestres ao descerem dos veículos ou ao se deslocarem de um ponto para outro. É evidente que os arquitetos brasileiros soube-

---

4. A distância entre as duas cidades é de 400 quilômetros e São Paulo encontra-se sobre o Trópico de Capricórnio. Entretanto, a altitude (800m) e a proximidade da Serra do Mar alteram os dados do problema.

5. Hoje em dia pode ser encontrado em certas construções baixas, não tendo Sérgio Bernardes hesitado em dar-lhe uma versão moderna, em algumas das residências que projetou. O principal inconveniente era a erosão na base das paredes, principalmente quando de taipa de pilão ou sopapo, causada pela chuva, sob ação do vento, o que não ocorre com os materiais modernos, mais resistentes. Por outro lado, não há mais riscos de infiltrações no piso, desde que haja um ligeiro caimento externo, escoando a água para canalizações subterrâneas. Persiste mesmo assim o fato de que, para entrar ou sair da casa, é preciso atravessar uma verdadeira cortina de água; a verdade, porém, é que as pessoas não saem nessas ocasiões.

ram tirar partido dessa situação, empregando, muitas vezes com objetivos estéticos, aquilo que inicialmente decorria de uma necessidade prática.

O clima acarreta também problemas de conservação, que interferem na escolha dos materiais de construção. A violência das chuvas e a intensidade dos raios solares fazem com que as pinturas das fachadas percam rapidamente sua vivacidade original, tornando-se necessário refazê-las regularmente a fim de preservar-se a aparência dos edifícios. É portanto, na maioria dos casos, mais rentável empregar-se materiais caros, mas imunes à deterioração. Isto explica o uso intenso do mármore e do azulejo, no revestimento das paredes externas de muitos edifícios, conservando-as como novas por vários anos[6]. O elevado grau de umidade da faixa litorânea e imediações, onde se concentram os núcleos de maior atividade e densidade populacional, exige também a manutenção permanente dos edifícios. Assim, as superfícies metálicas expostas necessitam ser protegidas contra a ferrugem[7], o que torna delicado o emprego do aço, limitando suas possibilidades de concorrência com o concreto armado. O maior inimigo dos arquitetos brasileiros, em matéria de conservação de edifícios, é, contudo, certo tipo de bolor que adere às superfícies dos mais diversos materiais, principalmente do concreto, salpicando-o de manchas escuras impossíveis de serem removidas, alterando assim, com o tempo, o aspecto de belíssimas obras. Não se deve no entanto atribuir unicamente ao clima a rápida deterioração de certas obras, pois as razões principais são o emprego freqüente de materiais de má qualidade, visando uma economia imediata e a falta de manutenção — às vezes verdadeiro abandono — a que estão condenados os edifícios públicos no Brasil, mas não resta dúvida de que as condições naturais desfavoráveis também contribuem para essa deterioração. Os arquitetos consideram essas condições climáticas e, valendo-se da experiência, tentam remediá-la empregando materiais mais adequados às circunstâncias, sempre que os recursos disponíveis o permitirem.

3. A vegetação

Ainda que condicionada diretamente ao clima, a vegetação tropical que serviu de moldura para o desenvolvimento da arquitetura brasileira, não influiu nesta de modo tão decisivo quanto o clima. Em todos os livros e artigos dedicados ao assunto, faz-se alusão à exuberância da natureza, com as cores vivas de sua flora e até mesmo de sua fauna, o que teria marcado profundamente a arquitetura contemporânea brasileira. Entretanto, esta afirmação merece um exame mais acurado, para constatarmos em que medida ela procede ou se não se trata simplesmente de um lugar-comum, baseado em constatações superficiais.

Deve-se inicialmente frisar que os brasileiros nunca se mostraram sensíveis à natureza, especialmente no que diz respeito à sua preservação.

Os primeiros colonos portugueses se depararam com um meio hostil e perigoso, o qual era necessário dominar por meio da destruição a fim de tornar possível a agricultura. As queimadas foram e continuam sendo prática corrente, resultando daí uma reação hostil da população a tudo quanto for vegetação, tanto a das matas quanto a das cidades, onde a maioria dos administradores não tem o menor respeito pelas árvores e pouco se preocupa em criar ou preservar áreas verdes[8]. Além disso a maioria dos brasileiros ignora o nome de suas espécies vegetais e não se interessa pala botânica, mantendo assim uma velha tradição. Não se deve esquecer que foram naturalistas europeus, como Humboldt, Saint-Hilaire e muitos outros[9], que estudaram pela primeira vez a flora da América tropical; e um deles, o francês François-Marie Glaziou, que se estabeleceu no Brasil em 1858, aqui criou os primeiros jardins inteiramente voltados para a flora local, sem que seu exemplo tivesse frutificado. O caminho por ele traçado foi somente retomado por volta de 1930, inicialmente por Mina Warchavchik e mais tarde por Burle Marx, cujo talento é hoje mundialmente reconhecido. O fato do nascimento do paisagismo tropical coincidir com o surgimento de uma nova arquitetura e de terem essas duas artes se associado num certo número de realizações iniciais[10], não implica necessariamente que a vegetação haja influído na arquitetura, de modo a torná-la mais exuberante. Muito pelo contrário, a harmonia obtida resultou não das semelhanças, mas do contraste entre os volumes puros e prismáticos dos edifícios e as formas predominantemente curvas dos jardins, formas só excepcionalmente encontradas na arquitetura. De fato, é quase sempre a arquitetura que se impõe sobre a natureza projetada em função da criação humana, domesticada para lhe servir de complemento.

Há, contudo, uma área facilmente constatável em que a arquitetura brasileira se mostra exuberante: é a do emprego sistemático da cor, principalmente nos exteriores. Mas será cabível atribuir isso à influência da vegetação? É verdade que existem certos tipos de árvores que, ao florescerem, configuram belíssimas manchas de cores vivas — vermelhas, azuis ou amarelas —, e

---

6. Mas é necessário um mínimo de conservação e que não se permita — como no Ministério da Educação do Rio — que os azulejos se desprendam da parede, criando grandes vazios nas composições de Portinari. Acrescente-se a vantagem de serem esses materiais excelentes isolantes térmicos e imunes ao mofo, uma das pragas do Brasil.

7. Hoje já se dispõe de materiais naturalmente protegidos: alguns tipos de aço e especialmente o alumínio, cujo emprego aumentou consideravelmente nestes últimos anos; trata-se no entanto de uma evolução recente, possibilitada pelo desenvolvimento da indústria metalúrgica brasileira.

8. Assiste-se freqüentemente a atos gratuitos de puro vandalismo como a retirada das árvores que margeavam a Avenida Afonso Pena, em Belo Horizonte. Essas árvores magníficas — cujos ramos formavam uma verdadeira abóbada que dava sombra à parte central da avenida e da qual constituíam o principal atrativo — foram arrancadas em 1963 por ordem do prefeito, que alegou estarem as árvores doentes, não mandando no entanto substituí-las, atitude lógica caso procedesse a alegação. Deve-se acrescentar que a supressão dessas árvores, cuja sombra abrigava um gigantesco estacionamento de automóveis, em nada favoreceu o escoamento do trânsito; a única diferença é que hoje os veículos encontram-se expostos ao ardor do sol.

9. Pode-se encontrar a lista na obra de Fernando de Azevedo, *A Cultura Brasileira*, 4.ª ed., São Paulo, 1964, pp. 376-385 (2.ª parte, cap. IV).

10. É necessário mais uma vez, não esquecer a influência de Le Corbusier, cujas teorias e princípios eram aceitos, na época, como dogmas; e que, quando visitou o Brasil, em 1929 e 1936, se pronunciou favoravelmente à utilização da flora tropical, como complemento da arquitetura.

de arbustos vermelhos que em determinadas épocas criam uma magnífica sinfonia de cores brilhantes. Mas no geral, a vegetação tropical limita-se a uma gama de verdes escuros, que rapidamente se torna monótona. Mais uma vez, se houve influências sob esse aspecto, isto se deveu mais ao contraste do que à semelhança. De fato, o uso intensivo da cor parece resultar muito mais de razões climáticas do que de uma inspiração naturalista: a forte incidência dos raios solares nas superfícies verticais provoca o desaparecimento relativo das sombras projetadas e conseqüentemente do resultado plástico que poderia ser conseguido com sua utilização. A dinamização das fachadas baseia-se muito mais em procedimentos pictóricos do que plásticos; dessa maneira a cor se impõe naturalmente como um elemento essencial, muito mais por razões de ordem arquitetônica, relacionadas com o meio ambiente, do que pela vegetação em si.

2. AS CONDIÇÕES ECONÔMICAS

A significativa influência do meio físico, especialmente do clima, na arquitetura contemporânea do Brasil não exclui outros fatores igualmente importantes: os de ordem econômica, cujo papel não pode de modo algum ser subestimado. De fato, é evidente a relação entre técnica construtiva e recursos disponíveis, quer se trate de materiais naturais ou industrializados, da facilidade de transporte desses materiais, ou das possibilidades financeiras do cliente, que dependem em grande parte da situação econômica do país.

1. Recursos naturais e materiais tradicionais

O Brasil nunca foi muito favorecido no que diz respeito aos materiais de construção naturais, pois a pedra, o principal material natural, sempre foi escassa. Este material é desconhecido não só nas vastas áreas pouco habitadas da Amazônia, e do Brasil Central, bem como em Estados de importância vital, como São Paulo, onde não se encontra uma só pedreira. O calcário encontra-se apenas no Nordeste, região de passado brilhante nos séculos XVI e XVII, mas que, desde então, permaneceu bastante isolada e claramente subdesenvolvida; até esse calcário, com o que se esculpiram muitos dos pórticos das igrejas barrocas, não foi empregado sob a forma de pedra aparelhada na construção de paredes, dando-se preferência à alvenaria, revestida com reboco caiado; a pedra só era aplicada ao natural nas partes nobres, essencialmente decorativas.

O país é mais rico em arenitos, mas eles são freqüentemente de má qualidade e se desagregam facilmente, com exceção de alguns veios localizados principalmente em Minas Gerais. Um granito de ótima qualidade é encontrado na Serra do Mar, próximo do Rio de Janeiro; muito empregado no século XIX, praticamente caiu em desuso no início do século XX, quando tudo era importado da Europa. Mas o seu emprego, como elemento decorativo, recebe um notável impulso nos últimos trinta anos[11].

É claro que esta carência de boa pedra não tem hoje a importância de outrora, quando assumiu um papel decisivo para a arquitetura luso-brasileira[12]. Graças ao progresso técnico e à grande utilização de materiais artificiais, tais como concreto armado, metal, vidro, etc. o emprego da pedra como material de construção é hoje uma opção estética e decorativa do arquiteto[13].

Mesmo reduzida a esta função secundária, a pedra é um material caro, concorrendo, enquanto revestimento, com o mármore importado e a cerâmica.

A falta de boas jazidas e a pobreza de recursos de que inicialmente dispunham fizeram com que os construtores da época colonial lançassem mão das matérias-primas então existentes em abundância: a madeira, para fins estruturais, o barro, nas paredes, sob forma de taipa de pilão ou de taipa de sopapo. É curioso observar que esse processo primitivo é ainda hoje empregado em locais isolados da zona rural, bem como nas construções da periferia e até mesmo em bairros das grandes cidades, pelas camadas mais pobres da população. Trata-se, entretanto, de um fenômeno que interessa mais à etnografia do que à arquitetura moderna, que evidentemente ignora tanto o emprego da taipa de pilão, quanto a da taipa de sopapo ou do adobe. Em compensação, a madeira tem ainda importância considerável: raramente utilizada como material básico da estrutura de um edifício[14], tem largo emprego na confecção dos elementos complementares da construção (portas, janelas, postigos, batentes, etc.); muito abundante, apesar do desmatamento maciço que vem ocorrendo há três séculos, é mais barata do que os produtos metálicos ou sintéticos equivalentes e, devido à qualidade e à beleza das espécies que podem ser encontradas no Brasil, torna-se elemento decorativo de primeira grandeza. Contudo a madeira não assume no Brasil o papel preponderante que ela assume na Finlândia, por exemplo. Aqui ela é um complemento eventual e não uma característica essencial da arquitetura.

Os construtores locais empregaram materiais industrializados com muito maior intensidade que materiais naturais; não é característica própria de nosso século, mas resultado de longa tradição; desde a época colonial, é amplo o emprego do tijolo de barro cozido e da telha, praticamente o único meio de cobertura então utilizado. Não podia ser diferente, num país onde não há pedra, mas que, em compensação, conta com solos argilosos em abundância: disponibilidade de ma-

---

11. Mais uma vez, a descoberta deve-se a Le Corbusier, quando esteve no Brasil pela segunda vez, em 1936.

12. Cf. GERMAIN BAZIN, *L'architecture religieuse baroque au Brésil*, tomo I, Paris, 1956, pp. 32-42 (livro I, Cap. V).

13. Quando coloca, por exemplo, na sala de estar de uma residência, uma parede de pedra bruta para dar uma conotação rústica contrastando com a riqueza interior, ou quando utiliza placas de granito ou para o revestimento de pisos e paredes.

14. Entretanto, é precisamente isso o que ocorre numa das melhores realizações de Lúcio Costa, o Hotel do Parque São Clemente, em Nova Friburgo, Estado do Rio de Janeiro.

téria-prima, facilidade de fabricação por processos artesanais e mais tarde industriais, baixo custo de produção, transporte farto e barato, graças ao peso reduzido dos elementos, são fatores que favoreciam o emprego desses materiais, ainda hoje de considerável importância, apesar do êxito de novas técnicas. O tijolo, assim como a pedra, não é empregado nas estruturas, mas na execução da maioria das paredes internas e de boa parte das paredes externas dos edifícios; reduziu-se portanto consideravelmente seu papel arquitetônico[15] propriamente dito. Em compensação, ampliaram-se suas possibilidades decorativas — tijolo aparente envernizado, no interior de certas residências, vedações formadas por tijolos vazados ou por elementos industrializados de cerâmica, com desenho padronizado[16]. Quanto à telha, embora tenha sofrido a concorrência da laje de concreto armado, e de produtos industrializados capazes de substituí-la, como o fibro-cimento, seu emprego persiste, não só em sua versão mais corrente — a telha francesa, pior, em termos estéticos — como sob o aspecto primitivo de telha-canal, já que o movimento de renovação não assumiu no Brasil um caráter de rejeição sistemática do passado colonial.

2. Materiais artificiais e contexto industrial

Embora não tenham desaparecido com o advento da arquitetura contemporânea, os materiais tradicionais passaram a ocupar uma posição secundária; o primeiro lugar é hoje ocupado pelo concreto armado e pelos produtos metalúrgicos, vidro e plásticos[17]. São todos produzidos em fábricas, com exceção do concreto armado, que só depende da indústria para a obtenção de *um* de seus componentes, o aço, produzido sob forma de barras, que não exige preparação e acabamento aprimorados. O concreto armado era, portanto, o único material moderno que se prestava ao trabalho artesanal e, por conseguinte, o mais bem adaptado às necessidades de um país subdesenvolvido.

É claro que o êxito do concreto armado no Brasil não pode ser explicado unicamente por razões econômicas, mas não há dúvida de que estas tiveram um papel decisivo, pois seus componentes básicos, areia e cascalho, eram encontrados em qualquer lugar, a preços muito baixos. Além disso, a preparação do concreto no próprio canteiro de obras não exigia operários qualificados, fato importante num país onde eles são escassos, mas que, em compensação, conta com uma abundante mão-de-obra não-qualificada. Portanto, independentemente de suas qualidades técnicas e plásticas, o concreto armado apresentava a vantagem de ser, de longe, o material mais barato para toda estrutura de maior porte.

O mesmo não ocorria com os produtos metalúrgicos, cuja fabricação dependia da existência de uma poderosa indústria. É verdade que, também nesse campo, as matérias-primas são abundantes, pois o subsolo brasileiro é muito rico em ferro, manganês e bauxita que são explorados a céu aberto, principalmente no Estado de Minas Gerais, cujas reservas são enormes. Também há cobre, níquel e minerais raros — tais como o tungstênio — que oferecem grandes possibilidades à indústria metalúrgica, embora os recursos energéticos não estejam à altura. Estes não são desprezíveis, embora careçam de homogeneidade e valorização. A falta quase absoluta de carvão[18], elemento essencial para o desenvolvimento da indústria pesada, é uma séria desvantagem, não compensada pela riqueza florestal do país, apesar de uma metalurgia de carvão a lenha ter-se desenvolvido próxima a determinados centros de mineração. Por outro lado, o Brasil conta com um considerável potencial de energia hidrelétrica, mas sua exploração está em fase inicial, apesar das grandes realizações dos últimos anos, com o aproveitamento das quedas de Paulo Afonso no Nordeste, as barragens de Três Marias e Furnas em Minas Gerais, etc. Por conseguinte, o desenvolvimento da indústria de base está ligado não só ao aproveitamento do território, como também à importação de matérias-primas (carvão, petróleo) necessárias a seu funcionamento.

Contudo, sobrepujando os recursos naturais e energéticos, o fator predominante tem sido a situação econômica internacional. Os esforços para a industrialização são antigos e remontam à época do império: a política de proteção alfandegária[19] que favorecia tais esforços conflitou por muito tempo com os interesses dos grandes latifundiários (os cafeicultores em particular), zelosos em não prejudicar a exportação de seus produtos para os mercados europeu e norte-americano, cujas indústrias, em contrapartida, exportavam produtos manufaturados. O panorama só veio a sofrer modificações profundas com as perturbações advindas por ocasião da Primeira Guerra Mundial, com a grande crise econômica de 1929 e, principalmente, com a Segunda Guerra Mundial, e que tornaram possível a industrialização acelerada do país, com todas as suas implicações. É natural que tenham sido as indústrias de bens de consumo as que primeiro se desenvolveram; a siderurgia só tomou vulto com a criação da usina de Volta Redonda, cuja construção começou em 1941, passando a produzir somente em 1946. Em tais condições, o emprego de estruturas de aço na arquitetura — que teve papel preponderante nos Estados Unidos e em certos países europeus — não teve chance de se impor no Brasil através da fabricação local. A importação de estruturas metálicas era evidentemente possível, e isto ocorreu em grande escala no início do século, quando a venda do café e dos produtos tropicais era mais do que suficiente para equilibrar a balança

---

15. A construção tradicional, com paredes estruturais de tijolos que em muito limitam a elaboração dos projetos, continuou, entretanto, dominando o mercado pelo menos até a Segunda Guerra Mundial; e ainda hoje a maioria das residências térreas de baixo custo utiliza esse processo.

16. Como nos edifícios construídos por Lúcio Costa no Parque Guinle, no Rio de Janeiro (Figs. 93 a 96).

17. Quanto ao problema dos materiais na arquitetura contemporânea, ver a exposição de Jean Ache em B. CHAMPIGNEULLE e J. ACHE, *L'architecture du XXe siècle*, Paris, pp. 113-119 (cap. IV).

18. Existem algumas pequenas jazidas no Estado de Santa Catarina, mas de produção pequena e qualidade medíocre.

19. Cf. N. VILELA CRUZ, *A Luta pela Industrialização do Brasil (1808 a 1930)*, São Paulo, 1961.

do comércio exterior. A maioria dos palacetes e grandes residências, então construída, utilizou largamente tais estruturas, mas sem que isso viesse a ter a menor influência formal: as *estruturas* e *vigamentos* eram incorporados às paredes que os mascaravam totalmente, permitindo aos arquitetos dar a seus edifícios o aspecto do estilo histórico que pretendiam imitar.

Em compensação, uns trinta anos mais tarde, quando nascia a nova arquitetura, a situação era muito diversa e os produtos importados muito mais caros: portanto, o aço não era uma solução econômica, que pudesse concorrer com o concreto armado, o que acontece ainda hoje, ao menos em relação aos grandes edifícios, apesar das importantes usinas siderúrgicas brasileiras criadas no após-guerra. Assim, seu uso limitou-se às construções utilitárias, onde podia ser rentável, em razão de programas específicos, e onde as pesquisas formais ocupavam uma posição secundária[20]. Com efeito, na arquitetura do aço e do vidro, as qualidades estéticas dependem de um acabamento e precisão perfeitos, impossíveis de obter com uma indústria nascente, já sobrecarregada pela demanda em outros setores[21].

É óbvio que as condições econômicas aliadas, como veremos adiante, a outros fatores paralelos, não permitiram que os produtos *metalúrgicos* oferecessem ao Brasil uma alternativa válida no campo das estruturas. Contudo, não se deve minimizar o papel que eles desempenharam na arquitetura contemporânea do país, não tanto como concorrente do concreto armado, mas como seu complemento natural e indispensável: estruturas dos grandes panos de vidro, *brise-soleil,* esquadrias metálicas, além das canalizações e outros equipamentos utilizados em qualquer tipo de obra, são elementos essenciais, empregados pelos arquitetos desde as primeiras realizações importantes. O sucesso destas incrementou a demanda e contribuiu significativamente para a criação de uma indústria leve, voltada para as necessidades da nova arquitetura, que se beneficiou dos progressos alcançados, ampliando suas possibilidades: não há dúvida, por exemplo, de que o emprego crescente de elementos leves de vedação, de vidro ou materiais plásticos, fixados a caixilhos metálicos, deve-se às facilidades introduzidas pelo progresso ininterrupto da indústria, que oferece ano após ano produtos melhores, mais diversificados e mais baratos[22].

O mesmo se aplica a outros materiais de origem industrial, especialmente ao vidro e aos plásticos que acabamos de mencionar. O uso do plástico é cada vez mais freqüente e diversificado: peitoris, divisórias, revestimento de paredes, pisos e tetos, impermeabilização de cobertura em alguns edifícios. De fato, o progresso da indústria química acompanhou o da indústria metalúrgica, especialmente do aço e do alumínio, dispondo hoje o arquiteto de produtos padronizados que até 1950 ou mesmo 1955 não eram conhecidos no mercado. Em Brasília[23] e em São Paulo[24], é possível, a partir de 1962, pensar na construção de edifícios compostos unicamente por elementos pré-fabricados. Assim, não será difícil compreender que o desenvolvimento industrial — que ocorreu paralelamente ao da nova arquitetura — foi um dos fatores que condicionaram a sua evolução transformando aos poucos seu caráter nitidamente artesanal.

3. Transportes e vida econômica

Num território tão vasto quanto o brasileiro, a vida econômica depende em grande parte da existência e eficácia dos meios de transporte. A falta ou insuficiência destes meios condena automaticamente as regiões atingidas por tal calamidade a vegetar num estado de economia primitiva, que se opõe a toda produção arquitetônica coerente com o espírito de nossa época. É por essa razão, conforme já frisamos, que somente uma pequena parcela do território brasileiro — mais precisamente, um certo número de centros urbanos e entorno imediato — interessam realmente ao nosso trabalho.

De fato, ainda hoje a deficiência da rede de transporte é um dos problemas fundamentais a ser resolvido pelos governantes brasileiros, especialmente quando os meios que mais se adaptam ao transporte pesado foram os mais negligenciados. As ferrovias servem apenas a uma pequena parcela do território, e não têm nenhuma coerência no seu conjunto; construída em função de interesses locais, por companhias que utilizaram bitolas diversas e muitas vezes demasiado estreitas, elas asseguram somente ligações muito precárias entre as diferentes unidades da federação, além de contarem com um equipamento rolante medíocre e insuficiente, incapaz de satisfazer às necessidades do tráfego em permanente expansão[25]. A estrada de ferro — que, em fins do século passado e início do atual, assumiu um papel decisivo no desenvolvimento de algumas cidades, principalmente de São Paulo — está hoje completamente superada.

O mesmo ocorre com a navegação, que foi, contudo, até recentemente, principal meio de transporte, num país onde a maioria da população se concentra próxima ao litoral. A insuficiência da frota mercante e principalmente do equipamento portuário fez com que as empresas fossem progressivamente abandonando o transporte marítimo e voltando-se cada vez mais para o transporte rodoviário.

Este é hoje a base de toda a economia brasileira, cujo caráter vem contribuindo para transformar desde

---

20. O primeiro edifício com estrutura de aço construído no Brasil (1954) foi projetado por Rino Levi e equipe; trata-se da Garagem América, na Rua Riachuelo, em São Paulo.

21. As únicas obras importantes com estrutura de aço foram os Ministérios de Brasília, construídos em 1959 com material importado dos Estados Unidos.

22. Em valor relativo, bem entendido, pois o desenvolvimento do país foi acompanhado por uma inflação contínua e os preços em valor absoluto não pararam de crescer.

23. Projetos de prédios residenciais (*Módulo*, n.º 27, março de 1962, pp. 27-38), de uma escola primária (*Módulo*, n.º 32, março de 1963, pp. 46-47) e do Instituto de Teologia (*Ibidem*, pp. 50-56) de Niemeyer.

24. Segundo conjunto de prédios residenciais de seis pavimentos sobre pilotis, na Cidade Universitária, autoria de Eduardo Kneese de Mello e Joel Ramalho Jr.

25. Aliás, o crescimento da rede ferroviária foi inexpressivo: 17 242 km em 1906, 33 521 km em 1937, 37 032 km em 1960.

1950. Basta lembrar que a primeira estrada asfaltada, ligando o Rio a São Paulo, data dessa época, para que se compreenda o enorme esforço realizado nessa área, principalmente a partir de 1955, graças ao impulso do Presidente Kubitschek. Uma rede de rodovias de boa qualidade — apesar dos problemas de conservação, decorrentes do clima e da rapidez com que foram executadas — liga hoje a maioria das grandes cidades; esta rede chega mesmo a ser densa em algumas regiões. Ela é cortada dia e noite por pesados caminhões, que asseguram atualmente a maior parte das trocas internas.

Finalmente, é preciso ressaltar a importância decisiva do tráfego aéreo, que assegura comunicações rápidas e se presta admiravelmente ao transporte de passageiros, dadas as dimensões do país. Não é no entanto rentável, para cargas pesadas e, conseqüentemente, para materiais de construção — nosso objetivo principal —, o que não impediu fosse utilizado em grande escala pelo menos na construção de Brasília, onde os aspectos econômicos não foram considerados.

É preciso considerar o seguinte: os meios de transporte que em princípio são os mais econômicos — porquanto mais adequados ao tráfego de mercadorias pesadas —, ou seja, o ferroviário e o marítimo ou fluvial, não são aqueles sobre os quais repousa o comércio brasileiro. Conseqüentemente, o frete onera em muito o custo, levando o construtor, em condições normais, a preferir o emprego de materiais locais, importando apenas os materiais mais leves. Entretanto, essa situação repercute significativamente na vida do país, pois todas as atividades estão naturalmente concentradas em certos centros bem servidos, o que deixa o resto do território mais ou menos abandonado. Ora, os arquitetos dependem das obras que lhes são solicitadas. Conseqüentemente, sua atividade tende a se limitar a um certo número de grandes cidades e arredores imediatos, cujo crescimento desmesurado propicia um mercado à altura de suas expectativas. A extrema concentração que daí resulta é somente rompida, em certos casos, por circunstâncias excepcionais e por iniciativas individuais ditadas geralmente por razões de interesse pessoal. Aqui, contudo, saímos do campo da geografia para entrar no da história, o que nos leva a focalizar os fenômenos econômicos, sociais e políticos que caracterizaram e possibilitaram o extraordinário desenvolvimento da arquitetura contemporânea brasileira.

2. AS CONDIÇÕES HISTÓRICAS

Mais ainda do que o meio geográfico, as condições históricas que acompanharam o desenvolvimento da arquitetura brasileira explicam a orientação, ou melhor, as sucessivas orientações por ela seguidas no decorrer do século XX. A herança colonial não deixou de pesar intensamente sobre o presente, ao qual levou uma organização social apenas parcialmente alterada pelas transformações econômicas. Por outro lado, a notável miscigenação resultante do afluxo maciço de imigrantes europeus entre 1880 a 1910 modificou por completo, material e moralmente, o aspecto do país, dando-lhe em especial uma mentalidade diferente, resultante da integração extremamente rápida dos imigrantes numa sociedade até então profundamente tradicional. Enfim, não se deve esquecer que, além dos fenômenos coletivos, a iniciativa individual desempenha sempre um papel importante, quer nas questões privadas, quer na administração pública, principalmente quando se trata de uma região pioneira como o Brasil. É preciso portanto estudar, em função da influência que puderam ter na arquitetura, a organização e as transformações da sociedade que se seguiram à evolução econômica, os componentes da mentalidade brasileira e, finalmente, as condições políticas que permitiram a eclosão do movimento renovador.

1. CONDIÇÕES ECONÔMICAS E SOCIAIS

Já nos referimos à importância que os aspectos econômicos tiveram para a arquitetura, mas nos limitamos mais ao aspecto técnico, sem abordar o problema de sua influência na evolução da sociedade.

O fenômeno mais importante que deve ser ressaltado a esse respeito é o extraordinário crescimento das cidades, cuja população não raro duplica ou mesmo triplica num espaço de dez ou vinte anos. Sem dúvida alguma, São Paulo é o exemplo mais conhecido e estudado[1]: em 1870, não passava de uma grande aldeia de 30 000 almas; meio século depois, era uma cidade de 500 000 habitantes; hoje* é uma grande metrópole que conta, incluindo a periferia, com mais de quatro milhões de pessoas. Não se trata no entanto de uma exceção. Quase todas as capitais dos Estados que formam a República Federativa do Brasil tiveram um ritmo de crescimento análogo ou mesmo superior, às vezes com algumas décadas de atraso[2], o mesmo se aplicando a várias outras aglomerações, muitas vezes criadas artificialmente, situadas nas regiões em pleno desenvolvimento.

Esse fenômeno de urbanização intensa deu um impulso sem precedentes à atividade imobiliária, que se tornou uma das mais prósperas do país. Assim, particularmente após a Segunda Guerra Mundial, os arquitetos se depararam com um abundante mercado de trabalho com grandes possibilidades criativas nos campos mais variados: edifícios públicos, comerciais e de apartamentos no centro das cidades, residências nos bairros, fábricas na periferia. É claro que nem todas essas construções foram obra de arquitetos, mas também é verdade que estes se beneficiaram de uma situação privilegiada resultante da grande demanda, e principalmente de seus reflexos sobre a construção civil: a aquisição de imóveis surgiu como uma das fontes mais lucrativas (ou pelo menos das mais seguras) de investimento de capitais disponíveis, tendo os investimentos no setor absorvido grande parte da receita nacional. A excepcional prosperidade econômica que se seguiu à guerra e a inflação que a acompanhou só vieram reforçar essa tendência.

1. ASSOCIAÇÃO DOS GEÓGRAFOS BRASILEIROS. SEÇÃO REGIONAL DE SÃO PAULO, *A Cidade de São Paulo. Estudos de Geografia Urbana*. São Paulo, 1958, 4.º vol. Cf. especialmente os capítulos São Paulo no Século XX, de PASQUALE PETRONE (vol. II, cap. III, pp. 100-165) e A População Paulistana, de J. R. de ARAÚJO FILHO (vol. II, cap. IV, pp. 167-247).

* Este dado refere-se ao ano de 1969 (N. da T.).

2. Os resultados do recenseamento nacional de 1960 mostram um crescimento, na década de 50, de 188% para Goiânia (133 462 habitantes), 112% para Curitiba (351 259 habitantes) e 98% para Belo Horizonte (663 215

É evidente que essa situação favorável ao desenvolvimento da arquitetura[3] trazia consigo alguns riscos: a febre imobiliária que se apossou dos brasileiros afetou diretamente o contexto urbano, agravando os problemas de conjunto que já eram antes disso bastante negligenciados. A reviravolta decisiva, que coincide com a aceleração da revolução industrial do país[4], ocorre na década de 30. Tem então início a era dos grandes edifícios de apartamentos e escritórios, que substituíram no centro das cidades, o sobrado residencial e as construções de maior porte (estas, bem mais recentes), geralmente destinadas a fins comerciais.

Este impulso no crescimento vertical, que se verificou, veio somar-se ao antigo crescimento horizontal das cidades (cujo o ritmo não se altera com a introdução deste novo dado), crescimento este resultante da conurbação de novos bairros residenciais e industriais, com os já existentes. Ora, esses dois fenômenos ocorreram sem qualquer controle, subordinados exclusivamente à especulação fundiária; o resultado foi um crescimento anárquico decorrente de uma dinâmica natural incontrolada, e que gerou problemas que foram sendo atenuados provisoriamente por paliativos, mas que jamais foram resolvidos em definitivo.

Com efeito, os problemas urbanísticos sempre foram negligenciados no Brasil, atitude que perdurou até recentemente. Pode-se perceber nisso a herança colonial dos portugueses, que, ao contrário dos espanhóis jamais pensaram em dar às cidades que criaram na América um caráter ordenado[5] a ponto de um geógrafo que estudou o assunto[6] empregar a expressão "antiurbanismo". Aliás, nunca seria demais insistir na importância dos fatores históricos no Brasil, mesmo numa época em que o país tenta libertar-se das limitações impostas pelo passado. A herança sócio-econômica por ele deixada ainda hoje interfere na arquitetura da cidade: a divisão dos terrenos em lotes — cujas dimensões e orientação em relação à rua só foram mudando gradualmente — e a organização interna das habitações, concebida em função das facilidades oferecidas pelo trabalho escravo[7], frearam consideravelmente o ritmo de evolução, que se deu muito lentamente,

pelo menos até a época das grandes transformações econômicas e sociais decorrentes da revolução industrial[8] e mesmo a revolução industrial não provocou o desaparecimento de tais influências, como veremos.

É certo que a sociedade não se apresenta hoje tão hierarquizada quanto antigamente. A aristocracia rural, que no início do século se constituída na clientela mais importante especialmente em São Paulo, onde os barões do café construíam opulentas mansões, perdeu o monopólio que detinha até a crise econômica mundial de 1929. O poder econômico passou às mãos de uma grande burguesia empresarial, enriquecida — algumas vezes muito rapidamente — no comércio ou na indústria; essa classe, mais numerosa que a precedente, não possui os mesmos meios, nem as mesmas necessidades, nem o mesmo gosto. Contudo, fez mais do que simplesmente ocupar o lugar da outra: desempenhando um papel de destaque no desenvolvimento do país, cujas necessidades multiplicavam-se com rapidez, lançou-se de corpo e alma na especulação imobiliária, contribuindo decisivamente para ampliar a gama de oportunidades oferecidas aos arquitetos. O Brasil viu-se então numa situação social intermediária, entre a civilização industrial de tipo europeu ou norte-americano e o antigo regime, cujas conseqüências podem ser sentidas ainda hoje[9].

Assim é que a residência particular de alto padrão, e mesmo a de luxo, conserva uma clientela considerável; com todo o conforto moderno associado à abundância de empregadas domésticas — em função da qual elas são concebidas —, essas habitações permitem aos arquitetos dar asas à imaginação, sem se preocuparem com problemas de espaço e de recursos financeiros no mesmo grau que seus colegas europeus. Sob esse aspecto, os arquitetos possuem grande liberdade, apesar da existência de leis municipais, denominadas "Códigos de Obras", que não raro conservam os vestígios de um passado relativamente recente; exemplo característico é a possibilidade legal, em São Paulo, de colocar no fundo do terreno, em construção separada, as dependências de empregadas: trata-se evidentemente de um resquício da senzala; isto condiciona toda a organização da casa, ficando a cozinha e as dependências de serviço situadas na parte posterior e as funções principais voltadas para a rua, seja qual for sua orientação[10] Os mesmos princípios podem ser encontrados nas residências destinadas à classe média e até mesmo nas casas

habitantes).

3. Contudo, apesar de se construir muito, não raro é uma arquitetura efêmera, destinada a ser demolida ou reformada após algumas décadas ou anos.

4. Foi em 1936 que a produção industrial (8 bilhões de cruzeiros) superou a produção agrícola (6 bilhões e 200 milhões de cruzeiros). Cf. FERNANDO DE AZEVEDO, *A Cultura Brasileira*, 4.ª ed., 1964, p. 114 (1.ª parte, cap. II).

5. «Nenhum rigor, nenhum método, nenhuma medida precisa, mas sempre esse abandono significativo que é exprimido pela palavra desleixo» disse a esse respeito o historiador e sociólogo SÉRGIO BUARQUE DE HOLANDA (*Raízes do Brasil*, 2.ª ed., Rio, 1948, p. 157). Quanto às reservas manifestadas sobre o assunto por NESTOR GOULART REIS FILHO, cf. *infra*, p. 325, nota 3 (3.ª parte, cap. 1).

6. AROLDO DE AZEVEDO, *Vilas e Cidades do Brasil Colonial, Ensaio de Geografia Urbana Retrospectiva* (Universidade de São Paulo, Faculdade de Filosofia, Ciências e Letras, Boletim n.º 208, Geografia n.º 11, 1956), especialmente o capítulo VII, pp. 83-88. De fato, houve alguma regulamentação, mas esta, quando ditada por cartas reais, limitava-se às decisões municipais, limitava-se às dimensões e arranjo das fachadas (a fim de conservar o caráter português do conjunto); não tratava do traçado das ruas nem da organização conjunta da cidade. Esse mesmo espírito podia ser encontrado nos regulamentos municipais de grandes metrópoles, como Rio e São Paulo até 1930.

7. A escravidão só foi abolida definitivamente em 1888.

8. Sobre o assunto, cf. a série de nove artigos publicados em 1964, no Suplemento Literário de *O Estado de S. Paulo* (n.º 386, de 27 de junho; n.º 387, de 4 de julho; n.º 388, de 11 de julho; n.º 395, de 29 de agosto; n.º 398, de 19 de setembro; n.º 399, de 26 de setembro; n.º 406, de 14 de novembro; n.º 408, de 28 de novembro; n.º 409, de 5 de dezembro), de NESTOR GOULART REIS FILHO, onde o autor focaliza, sob esse ponto de vista duplo, a evolução da arquitetura urbana desde a época colonial até 1960. [Estes trabalhos foram publicados pela Perspectiva, em *Quadro da Arquitetura no Brasil*, 4.ª ed., São Paulo, 1978, Debates 18.]

9. Cf. FLORESTAN FERNANDES, *Mudanças Sociais no Brasil*, São Paulo, 1960, especialmente pp. 55-62 («A Industrialização na Sociedade Brasileira»).

10. Aliás visando o máximo aproveitamento do terreno, certos arquitetos não vacilaram em transgredir tais preceitos, sem qualquer reação por parte das autoridades competentes — mas, apesar de tudo, são exceções. De qualquer maneira e seja qual for a solução adotada, é sempre total a independência entre as circulações social e de serviço.

populares, que ainda hoje abrigam a maior parte da população[11].

Os edifícios de apartamentos, com efeito, apesar de sua proliferação nas grandes cidades, destinam-se a pessoas de certa posição social e com um mínimo de recursos financeiros. Construídos com fins lucrativos pelo capital privado — o que explica a grande proporção, em termos absolutos, das construções de luxo compreendidas nessa categoria —, não servem às camadas menos favorecidas ou mesmo, em muitos casos, simplesmente modestas. Aqui, o esforço feito pelo setor público é quase nulo, podendo-se apenas citar, a título de realizações nessa área, as unidades residenciais construídas pela Prefeitura do Rio de Janeiro[12]. Explicando-se essa situação pelo fato de que a opinião geral — neste caso específico, perfeitamente endossada pelos políticos — opõe-se à habitação coletiva para as classes economicamente inferiores, consideradas *a priori* incapazes de adaptar-se às peculiaridades daquela. Exemplo significativo é a oposição do congresso brasileiro a uma das características básicas do plano original de Lúcio Costa para Brasília, onde não eram previstas habitações de baixo custo. Foi preciso no entanto inclinar-se às exigências de deputados e senadores, que julgavam absurdo alojar em apartamentos, famílias originárias de classes populares[13].

Nos edifícios de apartamentos, pode-se encontrar as mesmas caractersíticas das residências: cômodos amplos, grande conforto, separação rígida entre as dependências sociais e de serviço[14]. Em geral não há pesquisas novas como, por exemplo, na unidade habitacional de Le Corbusier, em Marselha; trata-se simplesmente de uma superposição de residências, numa versão desmesuradamente ampliada do prédio para aluguel que esteve muito em voga na Europa do século XIX. Não podia aliás ser de outra forma, na medida em que as construções tinham exatamente o mesmo fim especulativo, com a única diferença de que agora a propriedade é condominial em vez de concentrada nas mãos de um só dono. É claro que em todos os edifícios de certo nível existem áreas comuns (salão de festas, piscinas, solários), mas trata-se apenas de um complemento dos apartamentos, considerado necessário em função de hábitos decorrentes de razões climáticas ou mundanas.

A outra categoria de imóveis, característica da nova civilização internacional, fruto da revolução industrial, é o prédio comercial para escritórios. No Brasil, ele domina o mercado há uns trinta anos, tendo surgido em todos os pontos, como cogumelos, arranha-céus de vinte, trinta ou até mais andares, modificando totalmente a fisionomia das principais cidades. Também neste setor a iniciativa privada dominou completamente, prevalecendo a lei da oferta e da procura, de modo a provocar uma extraordinária especulação, reforçada pela atração que sempre exerceu no Brasil o antigo e histórico centro das cidades, onde tradicionalmente se localizavam as atividades essenciais: as comerciais e administrativas. Resultou daí uma concentração intensa, que provoca o afluxo maciço da população — agravado pela falta ou insuficiência do comércio local nos bairros residenciais — tornando mais complexo o problema dos transportes[15].

Paradoxalmente, a industrialização propriamente dita provocou menos danos às grandes cidades; se, de um lado, as primeiras indústrias instaladas transformaram ou criaram em torno de si bairros que não podem ser considerados modelos de organização tais como São Cristóvão, no Rio, ou o Brás, em São Paulo —, as novas fábricas, em sua maioria — quando do grande impulso industrial posterior à Segunda Guerra Mundial —, concentraram-se ao longo das principais rodovias, contribuindo para o surgimento de novos núcleos, o que se refletia apenas indireta e posteriormente nas grandes metrópoles.

As empresas industriais e comerciais também assumiram um papel no desenvolvimento do setor hospitalar, quer construindo elas próprias novos estabelecimentos, quer sustentando com donativos generosos as sociedades de beneficência que, com freqüência, supriram a omissão das autoridades administrativas — aliás, habituadas desde a época colonial a transferir os problemas assistenciais para a iniciativa privada, religiosa ou laica.

É preciso finalmente ressaltar a crescente importância das atividades esportivas, com a conseqüente construção de imensos estádios, destinados principalmente a jogos de futebol, esporte de enorme popularidade. Os clubes, no entanto, não se limitam a essa atividade e enfatizam o aspecto mundano, por vezes maior que o esportivo; a significativa maioria dos brasileiros pertence a um ou mais clubes, muitos dos quais fechados e reservados a pessoas ricas. Neles se reúnem com freqüência, participando de atividades sociais programadas com assiduidade, o que naturalmente impõe, além das instalações esportivas, uma sede social condigna, que compreende restaurantes, bares e salões os mais diversos. A arquitetura dos clubes, cujos recursos financeiros não raro são consideráveis, é, portanto, um elemento que não pode ser desprezado e corresponde a um fenômeno tipicamente brasileiro, dadas as proporções que há alguns anos vem assumindo.

Do exame que efetuamos, conclui-se que a arquitetura brasileira possui uma base econômica e social bastante limitada: a clientela está reduzida a uma mino-

---

11. Exceto, naturalmente, aquela que vive nas favelas e que pode chegar a 30% da população total em certos centros urbanos (Recife, por exemplo).

12. Especialmente os conjuntos residenciais de Pedregulho e Gávea, de Affonso Reidy, que mais adiante serão vistos detalhadamente.

13. Esse ponto de vista é aliás partilhado pelos políticos norte-americanos, que exigiam que a verba concedida em nome do programa «Aliança para o Progresso» não fosse empregada no setor de habitação coletiva, considerado como permeado de socialismo. Assim, as poucas tentativas de extinção das favelas, efetuadas nas grandes cidades, consistiram na criação de verdadeiras aldeias de casinhas, em geral situadas em zonas muito distantes do local de trabalho; num país onde os transportes urbanos e suburbanos são caóticos, isso só podia acarretar novos problemas, agravando muitas vezes seriamente a vida dos habitantes que, em princípio, seriam os beneficiados.

14. Estas localizam-se fora da área social do apartamento, no mesmo nível da cozinha ou entrada de serviço, das quais estão separadas por pequena varanda. Essa solução inspira-se nas «vilas», mas, aqui, é totalmente racional.

15. Chega mesmo a ocorrer — como em São Paulo — uma invasão da zona central por edifícios residenciais, agravando ainda mais o quadro.

ria poderosa, dinâmica e rica, que soube tirar partido dos progressos técnicos registrados na construção civil, tornando-a rentável ao máximo. É evidente que, em tais circunstâncias, os interesses privados subjugaram o interesse público, e é inútil esperar-se uma arquitetura voltada para um planejamento global ou vinculada às grandes realizações sociais, o que no contexto focalizado, a rigor somente poderia ser de responsabilidade do Estado; um pouco mais adiante, ao estudarmos os problemas políticos, veremos que se o papel que desempenharam foi fundamental, suas preocupações foram um pouco diferentes. Certos teóricos, como o suíço Max Bill[16], aproveitaram-se deste particular para condenar essa arquitetura como anacrônica, desvinculada das necessidades do mundo moderno e, conseqüentemente, inadaptada. Trata-se porém do juízo tendencioso e superficial de alguém que subordina o papel da arquitetura exclusivamente à sua função social e que não compreendeu nem quis compreender a realidade profunda do país, magnificamente refletida pela sua arquitetura[17]. Teria sido uma heresia propor como modelo, ao Brasil, a obra de Gropius, que Bill considera o maior arquiteto contemporâneo, porque segundo ele, na obra de Gropius, tudo, até o menor detalhe, tem sua lógica, sua função imediata. Com efeito, a vida de Gropius foi dominada por um duplo conflito: o das relações entre arte e indústria, e o da democratização fatal da arte[18]. Ora, nenhum destes problemas tinha sua razão de ser no Brasil, quando da renovação de sua arquitetura, o que foi claramente percebido pelos arquitetos brasileiros, que no entanto não se desinteressaram dessas questões, como o provam as posições que assumiram e que freqüentemente reafirmaram[19]. Mas o principal papel da arquitetura não é o de construir e de saber fazê-lo de modo a escapar às imposições do meio econômico e social, às exigências e ao gosto da clientela, sem falar da profunda influência do meio sobre o homem, quer este queira, quer não? E, depois, de que serviria, admitindo que fosse realizável, uma arquitetura idealmente perfeita, mas que não correspondesse às necessidades locais e que não fosse compreendida por aqueles a quem teoricamente deveria satisfazer? O próprio Gropius compreendeu melhor a situação, pois mesmo não hesitando em fazer algumas críticas, evitou endossar a opinião demasiado radical de Max Bill[20] a quem censurou por julgar com um "metro suíço" o que só poderia ser feito dentro do quadro tropical do Rio de Janeiro[21].

Portanto, não foi por mero acaso que, dos três grandes mestres da arquitetura internacional no período entre as duas guerras, Gropius, Mies Van der Rohe e Le Corbusier, aquele que teria uma influência determinante na arquitetura brasileira tenha sido Le Corbusier. Independentemente de razões culturais, cuja importância, veremos a seguir, o contexto econômico e social justifica a pequena repercussão alcançada pelo pensamento e obra de Gropius e Mies Van der Rohe, quando comparada com o sucesso alcançado pelo de Le Corbusier. As preocupações democráticas de Gropius, relacionando a arte ao conjunto das atividades sociais do indivíduo e ao nível de vida das classes produtoras, não poderiam exercer qualquer influência numa sociedade de oligarquia rural, indiferente a este assunto; e quando Gropius, visando este objetivo, esforçava-se para integrar a arte à indústria e as artes entre si, de modo a definir as normas de uma produção industrializada, criando para tanto a Bauhaus, estava abordando um problema estranho a um país subdesenvolvido. Da mesma forma, a obra de Mies Van der Rohe, seu sucessor na direção da Bauhaus — fundamentada numa concepção nitidamente mais aristocrática da arquitetura, cujo valor decorreria de um acabamento perfeito, obtido pelo emprego de mão-de-obra altamente qualificada e pela utilização de produtos industriais impecáveis —, não podia encontrar repercussão num país onde nenhum desses princípios poderia ser resolvido satisfatoriamente.

Com efeito, era total a falta de organização da construção civil: os mestres pedreiros, que ainda conservaram o velho título medieval de mestres-de-obra — e cuja única formação era a recebida nos canteiros de obra, como na época colonial —, dominavam ainda o mercado, por volta de 1925. O Instituto Brasileiro de Arquitetura (hoje, Instituto dos Arquitetos do Brasil), que congregava os arquitetos diplomados, só foi efetivamente fundado em 1921 (para ser exato, em 20 de janeiro), e a luta que empreendeu pelo reconhecimento das verdadeiras funções do arquiteto e pela restrição do campo de atividades dos construtores licenciados, só terminou em 1933, quando um decreto regulamentou a profissão, deixando aos mestres-de-obra determinadas prerrogativas e o direito de usar o título de arquitetos-construtores[22]. O problema se agravava ainda mais porque era difícil estabelecer um limite entre as atribuições dos arquitetos e dos engenheiros civis, e além do mais em muitos casos tanto uns quanto outros formavam-se pela mesma escola (a Escola Politécnica de São Paulo, principalmente) e com os mesmos professores. Ainda hoje pode-se sentir as conseqüências desta

---

16. Entrevista concedida à revista *Manchete* (n.º 60, de 13 de julho de 1953), quando de sua estada no Brasil, por ocasião da II Bienal de São Paulo; reproduzida em *Habitat*, n.º 12, julho-setembro, 1953, pp. 34-35. Ver também o artigo Report on Brazil, *Architectural Review*, vol. 116, outubro de 1954, pp. 234-250.

17. Embora censurando a exagerada preocupação dos brasileiros pela aparência, Max Bill deixou-se incorrer no mesmo erro; uma das únicas coisas que admirou foi o conjunto residencial de Pedregulho, projetado por Reidy, dada sua função social, mas esta ficou bastante comprometida pela forma como foi conduzida a obra: o prédio principal, uma vez concluída a estrutura, ficou quase dez anos abandonado e assim estava quando o arquiteto suíço o visitou. Além disso, a recusa em reconhecer a excelente solução encontrada por Lúcio Costa no Parque Guinle só porque este destinava-se a pessoas ricas assumia um caráter infantil, o que impediu de ser levada a sério a lição que pretendeu dar.

18. Cf. P. FRANCASTEL, *Art et technique aux XIXe et XXe siècles*, 2.ª ed., Genebra, 1964, pp. 182-187 (3.ª parte, cap. 1, § C).

19. Cf. especialmente os artigos publicados na revista *Módulo*, de Lúcio Costa (O Arquiteto e a Sociedade Contemporânea, n.º 2, agosto de 1955, pp. 17-24) e Oscar Niemeyer (Problemas Atuais da Arquitetura Brasileira, n.º 3, dezembro de 1955, tradução francesa, pp. 19-22).

20. Os dois estavam no Brasil, convidados pelos organizadores da II Bienal de São Paulo.

21. Report on Brazil, *Architectural Review*, vol. 116, out. de 1954, pp. 234-250.

22. Cf. *Architectura e Urbanismo*, n.º 4, julho-agosto de 1937, pp. 181-182.

situação, apesar da importância crescente do papel dos arquitetos e da criação de faculdades de arquitetura[23], cujo diploma é obrigatório para o exercício da profissão.

A colaboração entre arquitetos e engenheiros é muito íntima; não existem barreiras entre eles, mas, pelo contrário, uma associação na pesquisa de novas estruturas e de novas soluções formais[24], o que explica em grande parte o caminho seguido pela arquitetura brasileira, onde tais preocupações são fundamentais. Por outro lado, não existe uma diferenciação tão caracterizada quanto na Europa entre o arquiteto e o empreiteiro, sendo freqüente o próprio arquiteto responder — individualmente ou associado a alguns colegas — pela direção de uma empresa construtora; o arquiteto, assim, não é apenas o homem que projeta aquilo que será construído por terceiros, ele permanece vinculado aos problemas técnicos. Em contrapartida o que pode acontecer é que ele se deixe dominar por eles, ou sobretudo pela sede de luta fazendo com que o empresário suplante o artista[25]. De qualquer modo, a importância da profissão de arquiteto aumenta a cada ano, ocupando hoje um lugar de destaque no quadro social; os arquitetos recebem honrarias, são ouvidos e desempenham um papel significativo na vida do país; pretendem mesmo controlar setores de atividade cada vez mais amplos e, consideram, por exemplo, o urbanismo como um problema de sua alçada, com todas as implicações que isso possa acarretar. Há mais de dez anos, a formação que recebem é muito extensa: à gama de conhecimentos científicos e técnicos indispensáveis somam-se cursos de história, história da arte e sociologia; grande parte dos cinco anos de estudo é passada num ateliê, onde o arquiteto trabalha com um certo número de assistentes escolhidos a dedo; reina aí um clima de simplicidade e familiaridade, mesmo no caso dos arquitetos de maior renome, quase todos aliás professores nas universidades. Trata-se, contudo, de um fenômeno recente, que só beneficiou a geração mais jovem; os arquitetos responsáveis pela renovação da arquitetura no Brasil e que têm hoje renome internacional, são todos autodidatas; tiveram que completar por conta própria a formação anacrônica que receberam nas escolas de engenharia de São Paulo ou na Escola de Belas-Artes do Rio de Janeiro, organizada a partir de 1889, seguindo o modelo de sua homônima de Paris. Deparamo-nos agora, entretanto, com um novo problema: o das influências culturais, um capítulo a mais de um problema maior, que consiste em caracterizar os diversos componentes da mentalidade brasileira, aspecto que não pode ser desprezado no caso do nosso estudo.

2. MENTALIDADE BRASILEIRA E TRADIÇÕES CULTURAIS

Seria audacioso abordar, num trabalho como este, questão tão delicada quanto a análise da mentalidade e da psicologia do povo brasileiro, se já não existissem pesquisas aprofundadas sobre o assunto, feitas por Fernando de Azevedo, um dos sociólogos mais qualificados desse país. Por conseguinte, simplesmente retomaremos suas conclusões[26], estudando em que medida as qualidades ou defeitos assinalados podem ter repercussões na arquitetura.

As características mencionadas por Fernando de Azevedo podem ser agrupadas em três grandes categorias: *o predomínio do afetivo, do irracional, do místico*, acompanhado de uma *sensibilidade delicada e excitável*, tem como contrapartida *a ausência do espírito positivo, de objetividade e de exatidão;* daí decorrem *a imprevidência, a dissipação*, provenientes da *falta de interesse pelas questões econômicas* e, principalmente, uma *resignação fatalista* que não exclui a *capacidade de fazer grandes esforços*, de realizar uma *ação impulsiva*, acompanhada por uma *falta de constância e do espírito de continuidade*. Sem dúvida alguma, o exemplo de Brasília é a mais bela justificativa *a posteriori*[27] da análise acurada do grande sociólogo. Esse empreendimento, desmesurado e economicamente irracional — ao menos durante longos anos, e quando examinado em termos estritamente lógicos e em função das possibilidades imediatas do país —, conseguiu galvanizar de modo inimaginável todo um povo e permitiu que ele realizasse em três anos, à custa de um esforço inaudito e de gastos desvairados, uma obra gigantesca, que nenhum espírito sensato teria julgado possível, em tão curto prazo. Contudo, superado o entusiasmo inicial e no momento em que teria sido lógico prosseguir sem esmorecer a obra iniciada, a fim de reduzir ao mínimo os efeitos da fase transitória — essencialmente anti-econômica, já que o governo estava dispersado por duas capitais — o ritmo dos trabalhos declinou e todos foram acomodando-se, aos poucos e com resignação, a uma situação intermediária profundamente nociva. Ora, mesmo sendo o mais representativo, o caso de Brasília não é único e corresponde a uma realidade profunda, cujos exemplos no setor das realizações arquitetônicas são numerosos[28]: no Brasil, quando se pretende ver uma obra concluída, é necessário agir rapidamente, pois as obras iniciadas — e com mais razão as que só foram projetadas — não raro são abandonadas por longos anos ou até definitivamente, quer por falta de recursos, quer devido à volubilidade dos contratantes, sejam eles públicos ou particulares[29].

---

23. O primeiro projeto de criação de uma Faculdade de Arquitetura é de 1936, quando o curso de arquitetura foi retirado da Escola de Belas-Artes do Rio de Janeiro. A criação dessas faculdades nas capitais dos principais Estados do Brasil deu-se de 1943 em diante.

24. Foi assim que muitas das soluções audaciosas de Niemeyer só se tornaram possíveis graças às excepcionais qualidades de calculista de Joaquim Cardozo, um dos mais notáveis engenheiros de estrutura do mundo.

25. O inverso também ocorre e, por exemplo, um Niemeyer não se preocupa em absoluto com aspectos de detalhamentos e fiscalização das obras.

26. F. DE AZEVEDO, *A Cultura Brasileira*, 4.ª ed., São Paulo, 1964, pp. 203-237 (1.ª parte, cap. V).

27. A primeira edição da obra data de 1943.

28. Além dos conjuntos residenciais de Reidy no Rio de Janeiro (Pedregulho, Gávea), enumeramos ao acaso alguns projetos de Niemeyer: o Teatro Municipal, o Hotel da Pampulha, o conjunto residencial «Governador Kubitschek» de Belo Horizonte, o conjunto Copan em São Paulo, os hotéis Quitandinha em Petrópolis e Gávea no Rio de Janeiro (estes dois últimos não construídos).

29. Como no caso do Hospital Sul-América no Rio de Janeiro, projeto de Niemeyer, que uma vez construído não chegou a funcionar porque a entidade proprietária, uma companhia de seguros, concluiu que o custo de seu funcionamento seria demasiado elevado.

Mas não cabe estender à arquitetura brasileira as constatações feitas por Fernando de Azevedo sobre o predomínio do afetivo, do irracional, do místico na psicologia do povo brasileiro. É verdade que este é facilmente impressionável e se deixa encantar pela forma, pelo aparato externo, o que naturalmente repercute nas realizações arquitetônicas contemporâneas. Mas essa arquitetura nada tem de romântica; muito pelo contrário, fruto da doutrina elaborada por Le Corbusier, baseada integralmente num sistema racional fundamentado nos progressos da técnica contemporânea, a nova arquitetura brasileira é profundamente pensada, fundamentada sempre na razão, mesmo quando rompe as amarras de princípios rígidos e permite que a imaginação assuma um papel importante. Seria aliás errôneo acreditar que se trata de um fenômeno excepcional, importado, não coerente com a tradição luso-brasileira, cuja arquitetura era lógica e simples, apesar de uma certa ostentação decorativa na época de seu maior esplendor[30].

Pelo contrário, quando Fernando de Azevedo, ressalta, como traço essencial dos brasileiros, o *individualismo anárquico* que, em nossa opinião, leva à *procura do prestígio pessoal* e também curiosamente à preocupação com a *hierarquia social*, suas constatações não merecem o menor reparo quando aplicadas ao assunto que nos interessa. Já vimos as conseqüências desse individualismo básico sob o ponto de vista urbanístico: é evidente que, devido à falta de legislação específica que ponha um freio eficaz à proliferação dos interesses privados ou devido à relativa facilidade em contorná-la quando existente, as grandes cidades brasileiras assumiram um aspecto caótico, proveniente da justaposição desordenada de edifícios concebidos isoladamente e não em função de um conjunto. De fato, cada um, seja pessoa física ou jurídica, quer ter sua casa ou imóvel marcado pela individualidade que permita destacá-lo dos demais; essa tendência foi naturalmente limitada no período colonial pelas condições técnicas, econômicas e sociais e também pelo rigor dos regulamentos referentes às fachadas, sendo progressivamente liberada a partir da independência do Brasil e reforçada durante o século XIX e primeira metade do século XX. Apesar do caráter funcional de seus princípios básicos, a nova arquitetura não pode fugir a essa tendência, principalmente devido a seu êxito repentino, ditado, conforme veremos a seguir, por razões psicológicas. Transformou-se assim num instrumento de propaganda de primeira grandeza: firmas e entidades comerciais, especialmente bancos, que foram os primeiros a seguir o impulso inicial dado pelo governo, viram na construção de edifícios magníficos o meio de afirmar-se perante um público sensível a estas manifestações de riqueza, que inspiram confiança. É evidente, contudo, que esse objetivo só poderia ser alcançado mediante um certo decoro, principalmente exterior, capaz de impressionar uma opinião pública pouco evoluída e pouco sensível aos verdadeiros valores estéticos; portanto, não raro, o programa imposto aos arquitetos exigia materiais caros, contraste de cores vivas, de modo a despertar a atenção, aspecto luxuoso do conjunto ou dos detalhes. O mesmo se verifica nos prédios residenciais, onde é evidente o propósito de auto-afirmação dos proprietários. Tratava-se de uma faca de dois gumes, pois poderia ter triunfado o reino do mau gosto, o que seguramente ocorreu em vários casos: o emprego inadequado e sem restrições desses elementos resultou em contrastes chocantes, em obras de caráter superficial cuja composição infeliz não subordinava os detalhes e as partes ao todo; ou então certas formas bem-sucedidas no caso de um edifício ou tipo de edifício, se tornavam moda e eram exploradas com fins publicitários[31], sendo repetidas sem o menor discernimento, perdendo, fora do contexto original todo o seu valor. Entretanto, não se deve esquecer que, apesar desses riscos, havia também aspectos positivos, que foram utilizados plenamente pelos melhores arquitetos: daí decorrem diretamente a variedade, a ausência de monotonia, a riqueza elegante, que são características próprias da nova arquitetura brasileira desde sua origem. Além disso, o individualismo, a procura do prestígio pessoal, a preocupação com a hierarquia social não constituem privilégio dos clientes; podem ser encontrados, em diferentes graus, na maioria dos arquitetos, inclinados a procurar uma solução brilhante que garanta destaque para sua obra, assumindo, portanto, os aspectos formais um papel preponderante dentre suas preocupações. Eles não negam a necessidade absoluta de colaboradores, especialmente engenheiros, mas reservam para si o papel decisivo, "a maturação definitiva do projeto", que lhe confere seu aspecto, coordenando todos os elementos no organismo funcional, técnico e plástico[32]. E este princípio fundamental não é exclusivo daqueles que, como Rino Levi, têm uma concepção essencialmente aristocrática da arte[33]; é partilhado por todos os membros da classe, profundamente convencidos da importância fundamental de seu papel na transformação do país.

Fernando de Azevedo insiste, enfim, na *inteligência viva e superficial* de seus compatriotas, que em nossa opinião pode explicar sua *facilidade de adaptação a situações* novas, facilidade que pode também estar ligada ao fato de se tratar de um *povo de pioneiros*. É indubitável que a revolução arquitetônica ocorrida no Brasil, no curto espaço de alguns anos evidencia, por sua brutalidade, amplidão e qualidade, a extraordinária capacidade de assimilação demonstrada pelos arquitetos

---

30. Aliás, é notável que possa essa lógica ser encontrada na distribuição funcional dessa pompa decorativa: nos séculos XVII e XVIII, a pompa estava situada no interior das igrejas, pois era ali que podia exercer sua função junto aos fiéis; no século XX, ela é principalmente externa, já que as construções mais representativas da civilização atual destinam-se à habitação ou ao trabalho, a cujo espaço interno a maioria da população não tem acesso.

31. O exemplo mais significativo é o da colunata do Palácio da Alvorada em Brasília, que se tornou motivo publicitário utilizado como marca de fábrica dos objetos mais variados; pode ser vista em cartazes, em jornais e revistas e até mesmo na arquitetura de residências e postos de gasolina.

32. RINO LEVI, L'architecture est un art et une science, *Architecture d'aujourd'hui*, n.º 27, dez. de 1949, pp. 50-51.

33. *Ibid.*: «A arquitetura não é uma arte social, pois a arte está em permanente conflito com a sociedade e só pode ser compreendida por uma minoria sensível a qualquer inovação. A arte é um fenômeno essencialmente individual, uma criação que exprime diretamente a personalidade do artista.»

desse país e pelo público que os acompanhou, no começo com algum atraso, depois, cegamente. Com efeito, bastou uma pequena equipe de jovens arquitetos trabalhar diariamente com Le Corbusier, durante três semanas, em julho de 1936, para que seus membros surgissem transformados como que por um passe de mágica, lançando-se em busca de novos caminhos, e sendo logo seguidos pela maioria de seus colegas[34].

Contudo, o que mais surpreende é ter a opinião pública — inicialmente hostil, como quase sempre ocorre quando se depara com um fenômeno que lhe choca os hábitos — se convertido bruscamente, após a conclusão do Ministério da Educação e Saúde, em 1943. É evidente que as qualidades intrínsecas do edifício não teriam sido suficientes para provocar tal reação, não tivesse a consagração internacional ocorrido exatamente neste ano[35], sacudindo firmemente o sentimento nacional brasileiro. Com efeito, todo país novo, que não tenha um passado longo e brilhante que satisfaça sua sede histórica e seu orgulho natural, inclina-se a colocar todas as suas esperanças nas perspectivas que o futuro lhe oferece; assim, a descoberta brusca, feita *in loco,* por uma das nações mais ricas e prósperas do mundo, de valores presentes e futuros passíveis de repercussão mundial, só podia envaidecer no mais alto grau uma opinião pública ávida de glória[36]. A partir desse momento, a nova arquitetura estava vitoriosa no Brasil: até então praticamente limitada a edifícios públicos, construídos graças à compreensão manifestada por alguns homens do governo, viu abrir-se perante ela o imenso campo de todos os setores da iniciativa privada, que de imediato colheu todo o proveito prático e publicitário daí resultante.

Entretanto não se deve pensar que esse nacionalismo brasileiro — que marcou profundamente a arquitetura "moderna" e contribuiu decisivamente para seu êxito e expansão — tenha sido um fenômeno de geração espontânea. Ela existia em estado latente desde os anos que se seguiram à Primeira Guerra Mundial e, na área que nos interessa, já havia em várias oportunidades se manifestado, como uma reação contra os pastiches de estilos históricos europeus em moda no começo do século. Só que, em vez de olhar para o futuro, voltara-se para o passado, objetivando a criação de um estilo neocolonial, destinado a revalorizar as tradições históricas locais, adaptando-as mais ou menos às necessidades do presente. Encontram-se aí as duas tendências, ambas nacionais, entre as quais oscila o Brasil do século XX: a vontade de progredir, de romper com o passado, e um apego ao mesmo tempo sentimental e racional a esse passado, especialmente o da época colonial, origem da personalidade do país e momento de grande esplendor monumental, cujas lições são ainda hoje consideradas parcialmente válidas. A nova arquitetura irá refletir essas duas tendências e vai tentar em graus variados efetuar uma fusão de ambas. As condições históricas que a viram nascer favoreciam tal procura: com efeito, não se deve esquecer que a nova arquitetura se desenvolveu à sombra do Ministério da Educação, com pleno apoio do Ministro, que criou ao mesmo tempo o S.P.H.A.N.[37], serviço dos monumentos históricos brasileiros, impulsionado desde a fundação em 1937 por um diretor ativo, o bacharel Rodrigo Melo Franco de Andrade; ora, estava ele intimamente ligado ao grupo dos jovens arquitetos que trabalhavam no projeto do Ministério e, principalmente ao seu líder, Lúcio Costa. Além disso, este, desde o começo fez parte do quadro de funcionários do S.P.H.A.N., exercendo as funções equivalentes às de inspetor geral de monumentos históricos e, embora jamais tenha renunciado ao exercício liberal da profissão de arquiteto — que às vezes chama brincando de seu *violon d'Ingres*** —, a maior parte de seu tempo é dedicada aos problemas de conservação dos monumentos históricos. Portanto, o desenvolvimento da arquitetura contemporânea acompanhou passo a passo o aumento do respeito pelos vestígios do passado: longe de se oporem, os dois fenômenos são concomitantes.

Com efeito, a valorização do patrimônio colonial, manifestada no século XX, foi ganhando importância profunda e gradativamente de início limitada a uma minoria culta, foi se expandindo e o comércio de antiquários, há pouco praticamente inexistente, é hoje um dos mais prósperos. E os arquitetos tiveram grande responsabilidade nessa difusão, ao adquirirem mobiliário e objetos de arte antigos para equipar seus interiores: eles têm quase que sistematicamente preferido essa solução ao uso de mobiliário moderno na arquitetura residencial, fato que pode ser explicado — mas só parcialmente — pela falta no Brasil, até recentemente, de móveis contemporâneos de qualidade[38]. Em vez de procurar criar um novo modelo como fizeram seus colegas europeus Mies Van der Rohe ou Aalto, os arquitetos brasileiros foram levados, pelo gosto (e também pela facilidade de obtenção de objetos antigos), a procurar uma síntese entre a arquitetura nova e o mobiliário

---

34. É evidente que somente uma inteligência viva mas não superficial tornou possível essa extraordinária assimilação do pensamento e da maneira de projetar de Le Corbusier, cujos princípios básicos foram adotados pelos discípulos brasileiros e depois adaptados, sem qualquer complexo, à situação local e à personalidade de cada um deles. A superficialidade só aparece na reviravolta espantosa da opinião pública, ocorrida entre 1936 e 1943, em relação à nova arquitetura.

35. Através da exposição da arquitetura brasileira realizada no Museu de Arte Moderna de New York e do livro, publicado na ocasião, de PHILIP L. GOODWIN, *Brazil Builds: Architecture Old and New, 1652-1942,* New York, 1943, cuja tônica era a recente renovação da arquitetura no país.

36. Mesmo que essa descoberta se deva especialmente a razões de ordem estratégica; os Estados Unidos desejavam que o Brasil entrasse na guerra e pusesse à sua disposição as bases de que precisavam. A missão no Brasil (1942) de Philip Goodwin e do fotógrafo Kidder-Smith, com a finalidade de preparar a exposição de New York, fazia parte de um programa psicológico de aproximação, cuidadosamente preparado.

37. Serviço do Patrimônio Histórico e Artístico Nacional, mais tarde Departamento do Patrimônio Histórico e Artístico Nacional ou D.P.H.A.N.* Até 1937, nenhuma proteção era dedicada aos monumentos antigos, o que explica o massacre assustador de grande número deles, desaparecidos sem deixar vestígios. Mesmo depois de criado, o S.P.H.A.N. nem sempre conseguiu impedir a destruição de importantes edifícios, como ocorreu quando da abertura da Avenida Presidente Vargas, em 1942, no Rio de Janeiro, mas é indubitável que assumiu papel significativo, não só na proteção de monumentos, como também na tomada de consciência, pela opinião pública, do valor fundamental desse patrimônio.

* Atualmente SPHAN — Secretaria do Patrimônio Histórico e Artístico Nacional (N. da T.).

** Atividade artística de natureza amadora (N. da T.).

38. O desenho industrial foi por muito tempo ignorado e desenvolveu-se só recentemente. Há uns quinze anos que um determinado número de arquitetos dedica-se seriamente ao problema, destacando-se dentre eles Sérgio Rodrigues, cujas criações no desenho de mobiliário são notáveis.

colonial: alguns foram mais adiante nessa tentativa, não vacilando em retomar nas construções do presente alguns elementos típicos das construções de outrora, enquanto outros, pelo contrário, opuseram-se frontalmente à cópia de formas antigas; mas em todos pode ser encontrada a vontade deliberada de transpor para o presente os valores permanentes do passado.

Este retorno consciente dos arquitetos "modernos" à época colonial, às fontes "brasileiras", enquadra-se assim num contexto nacional muito preciso: visava dar uma característica própria à arquitetura, que a distinguisse do "estilo internacional" do período entre as duas guerras mundiais, da qual ela aplica entretanto os princípios fundamentais. Pode-se nisso constatar o reflexo da reação, manifestada a partir da década de 30, contra a total dominação econômica e cultural européia, verificada desde o século XIX. Com efeito, a fixação da família real no Brasil em 1808 e a independência política de 1822 tiveram como conseqüência a abertura do país aos estrangeiros e a progressiva substituição da influência portuguesa pela de outras nações européias: Inglaterra, no campo econômico, e França, no campo cultural, tiveram nítida preponderância, enquanto que a imigração italiana, alemã e eslava, somando-se à de origem ibérica, transformava o aspecto do Brasil em fins do século. A fisionomia heterogênea da arquitetura dessa época, destituída de qualquer personalidade, reflete perfeitamente esta situação, da qual as classes mais esclarecidas procuram progressivamente libertar-se.

No entanto, essa influência européia não deixou de marcar as principais realizações arquitetônicas brasileiras, apesar da crescente importância do intercâmbio comercial com os Estados Unidos, cujo domínio econômico firmou-se ano após ano a partir da Primeira Guerra Mundial. Este fato é de vital importância e explicável por várias razões. A primeira é indiscutivelmente de ordem cultural: o prestígio da Europa — sede da velha civilização, admirada e invejada, na qual as pessoas iam embeber-se de cultura sempre que possível — é muito mais forte que o dos Estados Unidos — tido como um concorrente, cujo sucesso provocava mais inveja do que respeito. Além do mais, todas as tradições culturais do Brasil provinham de regiões européias estranhas à mentalidade anglo-saxônica: inicialmente Portugal, depois a França e, em menor grau, devido à imigração, a Itália e os países germânicos. Durante o primeiro quartel do século, a influência francesa era tal que a educação das crianças da elite não raro era feita em francês, quer diretamente pela família — que em muitos casos falava essa língua tão bem quanto o português —, quer por escolas francesas. Na área das artes, o papel principal era o da Escola de Belas-Artes do Rio[39], que ministrava uma formação acadêmica calcada no modelo francês. Assim, por questões de língua e afinidade espiritual, os contatos com a França eram mais fáceis do que com qualquer outro país. Além disso, Paris figurava como a capital cultural do mundo, ponto de convergência de todos os grandes movimentos artísticos internacionais que sacudiram o século. Assim, era também a França a única opção dos que desejavam trilhar novos caminhos libertando-se do jugo do academicismo. É fácil então compreender por que a obra de Le Corbusier encontrou um terreno particularmente receptivo: difundida em grande escala numa língua acessível[40], ela não só constituía a melhor solução dentre todas para as condições materiais locais, como também satisfazia a sensibilidade brasileira graças à associação de um rigor cartesiano um tanto simplista com um entusiasmo visionário de caráter profético.

Os norte-americanos, por outro lado, não tinham muito a oferecer antes da Segunda Guerra Mundial, exceto pela personalidade de Frank Lloyd Wright: a Escola de Chicago era um fenômeno distante e praticamente ignorado, enquanto a ação dos grandes mestres alemães emigrados para os Estados Unidos só foi *sentida* mais tarde, quando a arquitetura brasileira já havia encontrado seu próprio caminho, não dependendo mais de lições do exterior[41]. Ora, a arquitetura de Wright — essencialmente pessoal e portanto dificilmente imitável — enraizava-se numa tradição tipicamente norte-americana, sem qualquer relação com o espírito e o passado brasileiros. Além do mais, estava dirigida a uma clientela particular, que, no Brasil, só tardiamente se interessou pela nova arquitetura; foi o poder público quem assumiu o papel decisivo que ainda hoje mantém, graças à importância dos projetos encomendados e à extensão de suas realizações. É por isso que agora devemos nos deter no problema fundamental das condições políticas, que tornaram possível à arquitetura brasileira alcançar a popularidade de que desfruta hoje em dia.

3. CONDIÇÕES POLÍTICAS

Que os edifícios públicos tenham tido tamanha importância na arquitetura brasileira contemporânea não é obra do acaso; o fenômeno pode ser explicado pela organização política do país, pela amplidão das necessidades dela resultantes e pelo prestígio que essa arquitetura assumiu junto aos governantes, que viam nela um meio seguro de promoção pessoal.

De fato, não se deve esquecer que o Brasil, a partir da proclamação da República em 1889, passa a ser um Estado federativo, com a transformação das antigas províncias em Estados, cada um com sua capital, sede de poderes executivo, legislativo e judiciário autônomos, o que não impede a existência de organismos federais e municipais. Ora, estes serviços demandavam prédios novos, apesar de na maioria dos casos a administração e a assembléia legislativa terem se acomo-

---

39. Essa instituição, por muito tempo a única a formar arquitetos, era de tradição inteiramente francesa: foi fundada em 1826 pelos artistas da Missão Francesa, chamada ao Brasil, para esse fim, em 1816, por D. João VI e até a proclamação da República denominava-se Academia Imperial de Belas-Artes; em 1889, tornou-se a Escola Nacional de Belas-Artes e foi reorganizada segundo o modelo da Escola de Paris; continuou distribuindo prêmios de viagem, correspondentes aos *Prix de Rome* da França, que permitiam aos vencedores dos concursos passar vários anos em Paris.

40. O que não ocorria em relação aos grandes mestres alemães, por exemplo.

41. Aliás, nessa época, os sentimentos nacionalistas brasileiros já estavam voltados contra a opressão do capital americano na economia do país e a maioria dos arquitetos, muito ligada aos meios que se opunham a essa opressão, preferia, se necessário, procurar na Europa um contrapeso cultural à preponderância econômica dos Estados Unidos.

dado nos prédios existentes, em nada apropriados à sua nova função; trata-se, contudo, de uma solução provisória, embora por vezes ainda hoje perdure. Portanto, desde a última década do século passado, existia neste setor um expressivo mercado potencial que assumiu um papel significativo para a construção civil, principalmente porque o desenvolvimento do país foi acompanhado por um aumento correlato dos serviços públicos, que empregam um número cada vez maior de pessoas. Aliás, basta comparar o ritmo de crescimento das capitais dos Estados — mesmo daquelas situadas em regiões pobres — com o das outras cidades para compreender a importância essencial destes serviços na vida econômica do país. É isso que explica o êxito espantoso de empreendimentos que pareciam inicialmente utópicos, tais como a criação *a partir do nada* de capitais estaduais como Belo Horizonte (Minas Gerais) e Goiânia (Goiás) — experiência que foi repetida, em escala nacional, com a nova capital federal, Brasília.

É evidente que o extenso mercado já oferecido pelas capitais estaduais ou pelo menos, por aqueles pertencentes aos Estados mais ricos que podiam arcar com despesas suntuosas, aumentava ainda mais no caso específico do Rio de Janeiro, sede do governo federal até 1960. A Presidência da República permaneceu instalada numa antiga mansão particular, o Palácio do Catete, mas, em compensação, os poderes legislativo e judiciário construíram mais de um palácio para abrigá-los, e, no governo de Getúlio Vargas, assistiu-se à proliferação inédita de ministérios.

Igualmente prementes eram as necessidades em termos de edifícios para fins culturais, praticamente inexistentes no começo do século. Na Primeira República, terminada com a Revolução de 1930, deu-se prioridade às realizações de prestígio que podiam satisfazer o gosto e o desejo de distração da aristocracia e da burguesia que detinham o poder: os teatros municipais de Manaus, São Paulo e Rio de Janeiro, a Biblioteca Nacional, o novo prédio da Escola de Belas-Artes e o Museu de Belas-Artes do Rio de Janeiro constituem manifestações típicas das preocupações dominantes na época. Com a ascensão de Getúlio Vargas ao poder, como presidente de 1930 a 1945, o estado de espírito das classes dominantes não foi sensivelmente modificado, mas ocorreu uma profunda transformação na estrutura administrativa, um mês após a Revolução, quando foi criado o Ministério da Educação, agrupando em escala federal as atividades essenciais ao desenvolvimento do país, antes relegadas à responsabilidade dos vários Estados. As escolas assumiram nova importância, ao mesmo tempo em que universidades começavam a ser criadas, iniciando uma evolução que só veio a se acelerar após a queda do ditador em 45. A arquitetura "moderna", portanto, que começava a tomar impulso, encontrou ali um campo de ação que lhe foi generosamente aberto.

Não se deve, porém, atribuir aos regimes políticos, enquanto tais, uma influência profunda sobre a arquitetura do Brasil. É um engano afirmar, como o faz o crítico de arte Mário Pedrosa, que "uma parte do aspecto pomposo da nova arquitetura provém, possivelmente, de suas relações com a ditadura" ou que Pampulha, primeira grande obra de Oscar Niemeyer, "só podia ser fruto da ditadura, enquanto que Pedregulho é obra de uma época já democrática"[42]. Seja qual for o regime do Brasil, sempre foi concedida ao poder executivo central ou local a mais ampla independência; quanto à construção civil e ao urbanismo, em qualquer época os presidentes, governadores e prefeitos praticamente tiveram carta branca. Aliás, os políticos não deixam de tirar o maior proveito eleitoral, sendo ainda hoje toda obra realizada por uma administração considerada como pessoal, a tal ponto que, se não for terminada antes da conclusão de seu mandato, corre sério risco de ser pura e simplesmente abandonada pelo sucessor.

Este caráter de extrema personalização do poder, especialmente em relação à construção de edifícios públicos, exerceu considerável influência na arquitetura. Os políticos procuravam, acima de tudo (e a política, no Brasil, interfere em tudo), um meio de aumentar seu prestígio imediato junto ao povo; para tanto, num país ainda pouco evoluído era muitas vezes mais rentável impressionar por meio de uma obra luxuosa, talvez um pouco gratuita mas que empolgava a imaginação, do que dedicar-se a programas de utilidade mais direta, que não teriam repercussão na opinião pública. Conseqüentemente pode-se encontrar no setor público as mesmas preocupações com o poder e promoção, a mesma falta de preocupação social, que orientam também toda a produção devida à iniciativa privada.

Estes traços dominantes da política brasileira, por vezes bastante desagradáveis, tiveram contudo, na área que nos interessa, seus aspectos positivos, foram eles que permitiram a algumas personalidades assumir papel decisivo na completa renovação da arquitetura, ocorrida no país entre 1935 e 1945, interferindo também em todas as grandes realizações posteriores. Com efeito, toda a história recente da arquitetura brasileira está ligada ao apoio de alguns governantes; sabendo tirar proveito de poderes consideráveis — por vezes quase ilimitados — que lhes eram concedidos, impuseram seu ponto de vista, proporcionando aos arquitetos brasileiros as melhores oportunidades de trabalho.

Dentre estes políticos sobressaem nitidamente dois nomes: Gustavo Capanema e Juscelino Kubitschek. Suas atuações foram diferentes, tanto na forma quanto na extensão. O primeiro, decidido mas paciente, diplomata e homem de reflexão, que sabia contornar as dificuldades sem se desviar do objeto final, tem seu nome vinculado a um único edifício, mas um edifício fundamental: o Ministério da Educação e Saúde, no Rio de Janeiro. O segundo, profundamente ambicioso, disposto a correr riscos para cobrir-se de glória, demonstrando grande vitalidade e removendo todos os obstáculos à

---

42. M. PEDROSA, L'architecture moderne au Brésil, *Architecture d'aujourd'hui*, n.º 50-51, dez. de 1953, pp. XXI-XXIII. Teria sido perfeitamente viável que uma obra como o conjunto residencial de Pedregulho, destinado aos funcionários da administração municipal, surgisse na época da ditadura, pois o próprio General Mendes de Morais, seu promotor e, na época, prefeito do Rio, tinha saído dos quadros formados pelo regime anterior. E certos «aspectos de gratuidade experimental das construções de Pampulha, provenientes de um programa de capricho e luxo do pequeno ditador local (Juscelino Kubitschek)» não podem ser encontrados em Brasília, obra do mesmo homem, depois de transformar-se no presidente de uma república democrática?

sua frente, construiu sozinho, durante suas várias passagens pelo poder, mais edifícios do que qualquer outro homem de Estado nos últimos dois ou três séculos.

Não é exagero insistir na importância fundamental da decisão histórica tomada em 1936 por Gustavo Capanema, Ministro da Educação de 1934 a 1943: convencido de que a cópia dos estilos históricos não tinha qualquer sentido e de que o século XX devia encontrar um meio próprio de expressão, recusou o projeto premiado no concurso para o futuro edifício do Ministério, solicitando de Lúcio Costa um novo projeto. Tornaremos adiante a falar das peripécias que levaram à formação de uma equipe de jovens arquitetos, sob a direção de Lúcio Costa, e à construção desse edifício de fundamental importância que, uma vez concluído, passou a ser considerado, pela crítica internacional, como uma das grandes contribuições dadas à arte contemporânea. Este era o objetivo do Ministro, cujo sonho era construir a primeira obra monumental da arquitetura "moderna" no mundo. Portanto, já no início da história da nova arquitetura brasileira, encontra-se presente um de seus traços fundamentais: a procura deliberada da monumentalidade, conceito estritamente ligado não apenas à função desses edifícios públicos, mas também ao contexto político que presidiu seu desenvolvimento.

A atitude de Gustavo Capanema foi contudo um gesto isolado na época. Os demais ministérios, construídos nessa mesma oportunidade, tanto o da Fazenda, como o da Justiça ou o da Guerra, são construções colossais destituídas de caráter, cuja feiúra contrasta violentamente com a nobre elegância do Ministério da Educação. Hoje, é difícil acreditar, que todos esses edifícios sejam contemporâneos, o que só pode ser explicado pela orientação política seguida pelo ditador Getúlio Vargas, disposto a conceder grande autonomia a seus ministros, de modo a provocar atritos entre eles.

A crítica incessante dos adversários[43] exigiu de Gustavo Capanema uma grande dose de perseverança e habilidade, para garantir que o empreendimento chegasse a termo.

Completamente diversa, mas não menos decisiva, foi a atuação de Juscelino Kubitschek, à cuja sombra se desenrolou a brilhante carreira de Oscar Niemeyer[44].

Com efeito, a consagração definitiva do arquiteto deve-se ao conjunto da Pampulha, obra devida exclusivamente à vontade de Juscelino Kubitschek, na época prefeito de Belo Horizonte[45]. Depois disto, não cessou mais a colaboração entre os dois e, cada vez que Kubitschek assumia cargos públicos[46], chamava Niemeyer para as grandes obras de arquitetura com que não parava de sonhar. Estas culminaram com a construção de Brasília, maior oportunidade já oferecida a um arquiteto contemporâneo. Por conseguinte, o entusiasmo de Kubitschek pela nova arquitetura e sua preocupação com obras grandiosas contribuíram de modo decisivo para a reputação alcançada por Oscar Niemeyer e também para uma certa descentralização geográfica[47]: hoje, Belo Horizonte e Brasília podem ser colocadas no mesmo plano que Rio de Janeiro e São Paulo, que perderam a exclusividade que praticamente detinham no campo da arquitetura desde fins do século XIX.

Os dois exemplos acima — que poderiam ser acrescidos de outros de menor importância —, mas que comprovam quantos fatores pessoais foram decisivos na indicação do arquiteto para um edifício ou conjunto de edifícios públicos. Ressalte-se que, nestes casos, a lei prevê a obrigatoriedade de concurso público acessível a todos os membros da profissão, mas ela nem sempre é respeitada, e é preciso dizer que fazendo-se o balanço de um tal estado de coisas o saldo não foi negativo. Houve determinado número de obras importantíssimas, cujo projeto resultou de concurso: é o caso, por exemplo, do prédio da A.B.I. (Associação Brasileira da Imprensa) ou do aeroporto Santos Dumont, realizações dos irmãos Marcelo e Milton Roberto, quase contemporâneas do Ministério da Educação; e, mais recentemente, o concurso que teve maior repercussão nacional e internacional — destinado a escolher o Plano Piloto de Brasília — com a vitória indiscutível de Lúcio Costa. No entanto, a maior parte das obras da nova arquitetura brasileira são edifícios públicos cujo arquiteto foi escolhido diretamente, em detrimento das disposições legais, ao mesmo tempo em que os júris dos concursos realizados não raro premiaram soluções medíocres. Tal situação não estava isenta de riscos, já que abria caminho para a arbitrariedade e nem todos os políticos eram tão esclarecidos, em matéria de arquitetura, quanto Gustavo Capanema e Juscelino Kubitschek. Não deixou também de ser benéfica, na medida em que permitiu aos audaciosos que se lançassem resolutamente e impusessem seu ponto de vista, sem preocupar-se com a opinião dos menos arrojados. Enfim, a situação deu aos arquitetos escolhidos uma liberdade

---

43. Estes lançavam mão de todos os recursos: a reação anticomunista, ocorrida após a tentativa de revolução de 1935, atingiu o auge no período do Estado Novo, instituído em 1937. Assim qualquer tentativa de renovação, fosse qual fosse o setor, era *a priori* suspeita. Além disso, o grupo de Lúcio Costa era considerado como politicamente oposto ao novo regime ditatorial; a isso somavam-se as intrigas de Arquimedes Memória, autor do projeto premiado no concurso de 1936, que tentava recuperar o plano inicial de execução da obra baseando-se no alto conceito que tinha como arquiteto da velha escola e, principalmente, graças às suas relações políticas, já que fazia parte do movimento integralista, organizado segundo o modelo fascista. Um jornal chegou mesmo a sustentar que o projeto do edifício lembrava a forma de um martelo, evidente manifestação de propaganda comunista.

44. Aliás, o encontro dos dois jovens, audaciosos e decididos, foi acidental. Niemeyer havia revelado sua personalidade e talento ao desempenhar um papel decisivo na elaboração do projeto do Ministério da Educação; por sugestão do S.P.H.A.N., aceita pelo Governador de Minas Gerais, Benedito Valadares, foi encarregado em 1940 do projeto de um hotel na histórica cidade de Ouro Preto, onde se pretendia incrementar o turismo. Durante uma das estadas de Niemeyer em Belo Horizonte, o Governador, que pretendia construir um cassino na montanha que domina a cidade, trocou idéias com ele a respeito: Niemeyer, tal qual Le Corbusier em 1936, quando do projeto do Ministério, declarou de imediato que o local não era conveniente e propôs um outro, às margens do lago artificial construído no bairro da Pampulha, nos arredores da capital, esboçando o projeto de um edifício que poderia ser o primeiro de um futuro conjunto de repouso e lazer para os habitantes de Belo Horizonte. O prefeito da cidade, Juscelino Kubitschek, entusiasmou-se com o projeto e decidiu realizá-lo imediatamente.

45. Notável prova disto é o fato de o pretendido conjunto não ter sido concluído pelo simples fato de ter Kubitschek deixado o cargo; seu sucessor pura e simplesmente abandonou os trabalhos no ponto em que se encontravam. O mesmo ocorreu com o Teatro Municipal, situado no mais belo parque da cidade, também projeto de Niemeyer, cujos pilares de concreto com ferragens à mostra assim permaneceram por muito tempo.

46. Governador de Minas Gerais de 1950 a 1954, e Presidente da República de 1956 a 1961.

47. Minas Gerais deve a Kubitschek o fato de ter reencontrado seu antigo esplendor arquitetônico: além das grandes obras em Belo Horizonte e Diamantina (sua cidade natal), a ele se deve o impulso decisivo que recebeu a arquitetura «moderna» local, não vacilando seus sucessores em seguir este caminho.

de concepção que não desfrutariam caso tivessem se submetido às imposições de um concurso[48].

Ora, para o arquiteto de talento, essa liberdade de concepção é fundamental, já que lhe permite demonstrar toda sua capacidade. É claro que ela jamais é completa, pois a arquitetura é uma arte utilitária, que atende funções precisas, não admitindo a gratuidade. O arquiteto parte de um determinado programa, que deve ser resolvido coerentemente com a função do edifício. É óbvio que a tarefa de projetar se torna mais difícil quando tal programa comporta limitações muito precisas, quer sejam elas de ordem arquitetônica, quer de ordem financeira; às vezes, a solução resultante poderá ser excelente, mas, com sacrifício de certos elementos, geralmente de ordem formal. Uma vez que o êxito da arquitetura brasileira se deve em grande parte aos resultados brilhantes obtidos no campo formal, assume um papel primordial como condição de trabalho. Por isso achamos que o notável sucesso dos arquitetos brasileiros no setor dos edifícios públicos não resulta de uma coincidência fortuita: a abundância de encomendas por certo contribuiu para isso; porém não basta para explicar o fenômeno. Deve-se acrescentar o fato fundamental de que, beneficiando-se do apoio de autoridades particularmente compreensivas, os arquitetos sentiram-se mais à vontade para projetar livremente do que para o setor privado, onde os imperativos orçamentários, as pequenas dimensões dos terrenos e as imposições do cliente não lhes permitiram revelar toda sua capacidade.

As principais características da arquitetura brasileira no século XX, todas elas decorrentes das condições históricas vigentes no país na época, são então as seguintes: predominância da arquitetura urbana, ausência quase total de preocupações sociais, importância fundamental dos edifícios públicos, prioridade às realizações de prestígio, preocupação com a personalização e com o aparato formal, nítido desejo de conceber uma arquitetura atual, voltada para o futuro mas sem desprezar os valores do passado, conflitos e tentativas de conciliação entre, de um lado, o apelo revolucionário e o apego à tradição, e, de outro, a sedução por tudo que é estrangeiro e o orgulho nacional.

Esta introdução pretendeu tão-somente mostrar até que ponto a arquitetura contemporânea do Brasil esteve e ainda está ligada intimamente ao meio geográfico do país e às condições históricas que lhe são próprias. A maior parte de suas características gerais se fundamenta nesse contexto, do qual a arquitetura é reflexo fiel, e as modificações que tem ela sofrido coincidem plenamente com a evolução geral do país. Aliás, foi essa franqueza aceita propositalmente que garantiu ao movimento "moderno" brasileiro a força necessária para se expandir, impondo-se assim internamente e obtendo uma repercussão internacional que continua até hoje, mesmo que sua validade seja às vezes posta em discussão.

---

48. Nos concursos, uma solução realmente nova ou original tem poucas possibilidades de vencer, dando-se freqüentemente preferência às soluções clássicas; por conseguinte, o concurso, que é o meio mais honesto e mais justo, já que assegura possibilidade a todos, pode também desempenhar um papel esterilizante e incutir uma determinada mentalidade aos participantes; foi assim que uma equipe de jovens arquitetos paulistas (Adolpho Rubio Morales, Rubens Carneiro Viana e Ricardo Sievers) especializou-se em vencer os principais concursos do Estado, utilizando propositalmente o que chama de estilo «ortogonal simplista», em geral apreciado pelos júris.

PRIMEIRA PARTE

DE UM ECLETISMO SEM ORIGINALIDADE
À AFIRMAÇÃO INTERNACIONAL DA NOVA
ARQUITETURA BRASILEIRA (1900-1945)

1. OS ESTILOS HISTÓRICOS

O panorama oferecido pela arquitetura brasileira por volta de 1900 nada tinha de animador. Nenhuma originalidade podia ser entrevista nos numerosos edifícios recém-construídos, que não passavam de imitações, em geral medíocres, de obras de maior ou menor prestígio pertencentes a um passado recente ou longínquo, quando não eram meras cópias da moda então em voga na Europa. Ora, essa evolução só foi se acentuando durante as primeiras décadas do século XX. Os cariocas e paulistas abastados, que iam com freqüência ao Velho Mundo, admiravam em seu contexto natural, os chalés suíços, as velhas casas normandas de estrutura de madeira aparente, as moradas rústicas da antiga França, os palácios florentinos ou venezianos, mas não compreendiam que o encanto dessas casas provinha de sua autenticidade, de sua perfeita adaptação às condições do meio e, não raro, de sua inserção num conjunto do qual não podiam ser desvinculadas. Assim, um notável mostruário de reproduções mais ou menos fiéis, e sobretudo verdadeiras miscelâneas de estilos históricos floresceram no Rio de Janeiro, em São Paulo e, em menor grau, nas demais grandes cidades do país. Esse fato era por si só suficiente para subtrair todo caráter a essas construções, justapostas de modo arbitrário, mesmo que tivessem algum valor estético (o que era raro). Portanto, o ecletismo que dominou então plenamente as construções particulares, em menor grau, os edifícios públicos era por sua própria natureza um fato profundamente negativo. O mau gosto, ou mesmo a total falta de gosto, que predominava na época, veio somar-se a esse ecletismo; seria fácil enumerar a série de horrores e fantasias arquitetônicas edificadas durante esse período[1]. Mas isso seria de pouco interesse, cabendo estudar apenas as grandes correntes representativas desse ecletismo de caráter histórico: elas são efetivamente o reflexo de uma época, caracterizada pela falta de originalidade e por um complexo de inferioridade levados ao extremo sob o ponto de vista local, mas que já contém o germe dos elementos de uma reação salutar que não demorou em se manifestar.

1. OS ESTILOS CLASSICIZANTES

No Brasil, costuma-se englobar sob o rótulo "neoclássico" todos os edifícios onde se pode notar o emprego de um vocabulário arquetetônico cuja origem distante remonta à Antigüidade greco-romana. Portanto o que se convencionou chamar de neoclassicismo, na realidade não passa de uma forma de ecletismo, onde é possível encontrar justapostos todos os estilos que utilizam colunas, cornijas e frontões, da Renascença italiana ao Segundo Império francês, passando pela classicismo, pelo barroco e pelo verdadeiro neoclássico de fins do século XVIII e primeira metade do XIX. Assim, nessa categoria de obras não existe qualquer unidade profunda, mas apenas um certo parentesco, devido ao espírito acadêmico que marca as diversas construções desse tipo. Existem, contudo, diferenças regionais, que colocam em oposição principalmente os dois grandes centros, Rio de Janeiro, a capital federal, e São Paulo, a metrópole rival, de crescimento espantoso devido ao poderio econômico originado da comercialização do café.

1. A escola carioca

O verdadeiro neoclássico foi introduzido no Rio de Janeiro pela missão artística francesa, que veio ao Brasil em 1816 a convite de D. João VI. O arquiteto Grandjean de Montigny, fundador da Escola de Belas-Artes do Rio e primeiro titular da cadeira de arquitetura, exerceu considerável influência, apesar da rivalidade que a princípio se estabeleceu entre ele e seus co-

---

1. Cf. L. SAIA, *Notas sobre a Evolução da Morada Paulista*, São Paulo, 1957, pp. 25-26, onde são reproduzidas doze casas construídas em São Paulo entre 1900 e 1930 nos mais variados estilos. Nelas, a elegância refinada está lado a lado com pesquisas estranhas e, em certos casos, com uma falta absoluta de qualquer senso estético. [Publicado em *Morada Paulista*, São Paulo, Perspectiva, 1972, Debates 63.]

legas[2]. Aos poucos, ele foi impondo à arte oficial um neoclassicismo puro, construindo edifícios de qualidade (o mais importante foi o da Escola Imperial ou Academia de Belas-Artes) e dando a seus discípulos uma formação muito rígida, baseada nos princípios aplicados na França na época da Revolução e do Império. Essa corrente neoclássica tardia prolongou-se, como é lógico, por muito mais tempo do que no resto do mundo e só começou a degenerar depois de 1860, quando outros estilos históricos vieram aos poucos nela se enxertar. Ainda se podia encontrar seus vestígios por volta de 1900, mas não passavam de um corpo sem alma, de uma moda como as demais, utilizada para construções destinadas a abrigar os poderes oficiais; de fato, o estilo neogrego (para utilizar o vocabulário da época) era considerado como símbolo de majestosidade e equilíbrio, especialmente apropriado para sedes do governo, assembléias legislativas e tribunais. Esse simples fato basta para provar a influência exercida pelo espírito da missão francesa na mentalidade brasileira, ou melhor, na mentalidade da aristocracia e da grande burguesia que dirigiam o país. Quase todas as casas do centro da cidade, com suas fachadas semelhantes alinhadas mas sem solução de continuidade de ambos os lados da rua, conservaram seu aspecto português durante todo o século XIX; aliás, era freqüente que elas fossem construídas por pedreiros portugueses, cuja imigração era constante. Em compensação, os edifícios públicos, e depois os palácios e grandes casas da classe dominante, adotaram o vocabulário arquitetônico importado pelos franceses. Assim, uma rivalidade cada vez maior colocou em confronto o antigo mestre-de-obras de origem portuguesa ou local, formado no canteiro de obras, e os arquitetos, saídos da Escola de Belas-Artes do Rio ou vindos da Europa. O triunfo destes havia se tornado evidente desde 1880, de tal forma que o grupo rival foi forçados a imitá-los, ao menos parcialmente, e a utilizar, como eles, as novas possibilidades da técnica moderna, a fim de tentar sobreviver[3].

No início do século XX predominava portanto no Rio de Janeiro a influência francesa: aproveitando a tradição implantada pela missão francesa de 1816, esta havia se fortalecido após um ligeiro eclipse nos anos 1860-1900, quando a Renascença italiana e os palácios romanos do século XVII eram fonte de inspiração muito freqüente[4]. O prestígio de Paris, no auge naquela época, contribuía significativamente para isso: as grandes obras de Haussmann (que tinham dado à capital francesa um novo aspecto, com a criação de grandes avenidas) obcecavam os espíritos e fizeram com que Francisco Pereira Passos, quando prefeito do Rio (de 1902 a 1906), destruísse parte do centro antigo para abrir amplas avenidas das quais a principal foi a Avenida Central (hoje, Rio Branco). Aliás, sua abertura demonstrou como havia mudado a mentalidade dos arquitetos: tornaram-se, acima de tudo, fazedores de projetos, trabalhando no papel e pelo prazer de desenhar plantas e fachadas, mesmo sabendo tratar-se de um gesto puramente gratuito; o concurso de fachadas instituído em 1903 para os edifícios da futura Avenida Central teve 138 candidatos, embora nem o governo nem os particulares tivessem se comprometido a executar os projetos vencedores[5]. De certa forma, isto era típico do gosto da época e do espírito da "Escola de Belas-Artes", que cada dia dominava mais.

Não é de espantar que, no momento em que se aplicava o princípio de Haussmann em matéria de urbanismo, também se tenha manifestado a influência da arquitetura do Segundo Império francês. Esta havia penetrado amplamente por toda a Europa e, por vezes, havia mesmo exercido em outros países uma influência mais profunda do que na França[6]. Este estilo chegou ao Rio com certo atraso, o que pode ser sentido principalmente em alguns edifícios públicos. Entretanto, suas características principais podem ser encontradas em grande número de construções particulares, sem que os autores destas tenham tido plena consciência disso; estes, enquanto acreditavam seguir o estilo Luís XIV, Luís XV ou Luís XVI "modernizado", freqüentemente estavam mais próximos do Napoleão III do que dos modelos originais. O edifício de estilo mais nítida e conscienciosamente Segundo Império é o que abriga hoje a Escola e o Museu Nacional de Belas-Artes, obra de Adolpho Morales de los Rios, arquiteto de origem espanhola, ex-aluno da Escola de Belas-Artes de Paris e discípulo de Guénepin. Construído em 1908 para abrigar a venerável instituição acadêmica e suas coleções, que já não cabiam no elegante palácio neoclássico de Grandjean de Montigny, a nova construção era uma imitação do Louvre de Visconti e Lefuel, imitação especialmente visível na ala principal, cuja fachada dá para a Avenida Rio Branco (Fig. 1). Pavilhões com coberturas em mansardas (retos na extremidade, convexos no centro), arcadas em arco-pleno flanqueadas por maciços pilares com ranhuras no pavimento térreo, ordem coríntia, cariátides no ático dos pavilhões, alternância de frontões triangulares e circulares (estes seccionados no centro), — todos estes elementos, essenciais na fachada do museu carioca, provêm diretamente de Paris e, mais precisamente, do Louvre de Visconti e Lefuel. O parentesco entre os dois edifícios fica evidente à primeira vista, apesar de algumas diferenças, como a coluna do andar nobre existente no Rio e a falta de uma decoração em relevo tão abundante quanto a do edifício parisiense. O resultado, contudo, é infeliz: a obra de Morales de los Rios, muito atarracada, não tem distinção nem equilíbrio de proporções; o sentido de majestosidade que o novo Louvre transmite transforma-se, aqui, em uma coisa pesada, desprovida de harmonia.

---

2. Cf. A. DE E. TAUNAY, *A Missão Artística de 1816*, Rio, Publicações da Diretoria do Patrimônio Histórico e Artístico Nacional, n.º 18, 1956.

3. L. COSTA, Documentação Necessária, *Revista do S.P.H.A.N.*, n.º 1, 1937, publicado novamente em *Sobre Arquitetura*, vol. 1, pp. 92-93.

4. Cf. J. GIURIA, «La Riqueza Arquitectónica de Algunas Ciudades del Brasil, na separata da *Revista de la Sociedad de Amigos de la Arqueología*, t. VIII, 1934-1937.

5. M. VINHAS DE QUEIROZ, Arquitetura e Desenvolvimento, *Módulo*, n.º 37, agosto de 1964, pp. 6-7.

6. H. R. HITCHCOCK, *Architecture, Nineteenth and Twentieth Centuries*, Hardmonsworth, 1958, pp. 131-172 (caps. 8 e 9).

Fig. 1. Adolpho MORALES DE LOS RIOS. *Museu Nacional de Belas-Artes.* Rio de Janeiro. 1908.

Menos marcada é a influência da arquitetura do Segundo Império no Teatro Municipal (1906-1909), inspirado vagamente na Ópera de Charles Garnier, na planta, na elevação e na decoração interna, feita originalmente de mármores e bronzes[7]. Foi construído por Francisco de Oliveira Passos, engenheiro conselheiro da administração municipal, vencedor de um concurso instituído em 15 de outubro de 1903 e julgado em março de 1904. Persistem dúvidas quanto à imparcialidade do júri, principalmente quando se considera que se tratava do filho do prefeito na época, Francisco Pereira Passos, cujo papel decisivo no campo urbanístico já foi assinalado. É certo, porém, que esse projeto correspondia perfeitamente ao gosto da época, muito mais do que o de Victor Dubugras, cujas características *art nouveau* não foram devidamente apreciadas. Oliveira Passos era engenheiro, mas não se preocupava apenas com problemas técnicos. Utilizou amplamente o ferro e o aço para a cobertura ou suporte da cúpula central e dos pisos, pois eram os materiais mais adequados para resolver os problemas apresentados. Mas não havia aí nada de novo: era a aplicação pura e simples das soluções encontradas durante a segunda metade do século XIX. Em compensação, eram evidentes as preocupações estilísticas e até arqueológicas[8]: o aspecto de conjunto, em estilo Segundo Império, foi procurado, propositalmente, em razão do prestígio da Ópera de Paris; até mesmo as torrinhas de ângulo coroadas por cúpulas que flanqueiam a fachada estão plenamente no espírito da época, embora nada tenham a ver com a Ópera de Paris em si.

O gosto pelo estilo Napoleão III, claramente sensível na primeira década do século, declinou posteriormente, e assistiu-se a um retorno aos estilos anteriores, que continuaram a ser essencialmente franceses. O prestígio do classicismo francês era tal que classificavam-se os edifícios com características clássicas em três categorias principais: Luís XIV, Luís XV e Luís XVI, segundo sua decoração fosse mais ou menos rica e suas fachadas fossem planas ou tivessem corpos avançados ligeiramente salientes. O arquiteto carioca que ocupou então o primeiro plano foi sem dúvida Heitor de Mello, em atividade de 1898 a 1920, quando morreu prematuramente. Durante esses vinte e dois anos, elaborou oitenta e três projetos, dos quais quatorze não foram realizados. A importância a ele atribuída por seus contemporâneos é ressaltada pela homenagem póstuma prestada no número inaugural da primeira revista de arquitetura do Brasil[9]; pode-se aí ver a relação de todos os seus trabalhos e a indicação do "estilo" em que foram construídos. Essa relação é particularmente instrutiva, pois mostra como o ecletismo estava então profundamente enraizado na mentalidade brasileira; e explica o verdadeiro carrossel arquitetônico da época, quando o mesmo arquiteto mudava de estilo de um projeto para outro, sem o menor constrangimento. Contudo, o exame da obra de Heitor de Mello revela uma nítida predominância dos estilos classicizantes, tanto em número (quarenta e dois projetos somando-se os estilos Renascença, Francisco I, Luís XIV, Luís XV, Luís XVI, Adams e neogrego), quanto em importância. Quase todos os edifícios públicos obedecem a tais estilos, enquanto que os estilos pitorescos regionais eram reservados às casas particulares e sem dúvida correspondiam ao gosto de seus proprietários. Além disso, existe uma divisão característica dos estilos clássicos segundo a função do imóvel: o Francisco I era utilizado para quartéis e postos policiais, o Luís XIV e principalmente o Luís XVI e o neogrego eram quase obrigatórios para os demais edifícios públicos (hospitais, clubes, correios, prefeituras, bibliotecas, sedes de assembléias legislativas, palácios de justiça, que, aliás não foram todos construídos), e o Luís XV convinha às residências particulares de alto luxo.

---

7. Cf. a abundante documentação fotográfica da obra de Paulo Barreto, publicada em 1913 sob o pseudônimo de João do Rio.

8. O salão do restaurante oferecia uma justaposição de amostras da arte assíria e acmênida conservados no Louvre; o forro era sustentado por pilares encimados por capitéis com cabeças de touro, enquanto a decoração era constituída de reproduções das grandes estátuas do palácio de Sargão em Khorsabad e frisos do palácio de Dario em Susa.

9. *Architectura no Brasil,* n.º 1, outubro de 1921, pp. 29 e 30. Os projetos dividiam-se em: dois em estilo Tudor, três em Francisco I, um em Renascença, três em Luís XIV, dez em Luís XV, catorze em Luís XVI, três em Adams, oito neogregos, sete coloniais, três suíços, um suíço-alemão, um alemão, quatro ingleses, um anglo-normando, cinco em *Sezession,* sete modernos, quatro sem estilo e seis indefinidos.

O apogeu de Heitor de Mello situa-se na última década de sua vida, relativamente curta. Nessa época, recebeu muitas encomendas importantes, algumas oficiais (como o imóvel da Assembléia Legislativa e o Palácio da Justiça do Estado do Rio, em Niterói, ou a Prefeitura do Rio de Janeiro), outras particulares (como a sede do Jockey Clube e do Derby Clube da antiga capital federal). Todas essas obras possuem uma distinção que geralmente faltava às construções da época e trazem a marca pessoal de Heitor de Mello. Não cabe aqui dar muita importância às afirmações das más línguas rivais, que garantiam que o estilo do mestre mudava cada vez que empregava um "negro" novo. É certo que o ateliê de Heitor de Mello foi a primeira organização comercial do gênero no Brasil e logo atingiu grande envergadura, mas, como observou Lúcio Costa[10], o sabor característico de suas realizações desapareceu depois de sua morte; seus auxiliares e sucessores não puderam mantê-lo, nem reencontrá-lo, prova evidente do papel desempenhado por Heitor de Mello.

A sede do Jockey Clube (1912), na esquina da Avenida Rio Branco e Rua da Assembléia, tem uma decoração muito carregada devida aos escultores Correia Lima, Verbie e Waldemra Bordanotte; foi ela, sem dúvida, inspirada e copiada da escultura francesa do "Grand Siècle" (pode-se mesmo encontrar uma reprodução dos cavalos de Marly), que fez com que a obra fosse qualificada de "Luís XIV", embora a abundância de ornamentos do pavilhão da fachada esteja mais próxima do espírito do Segundo Império do que do século XVII.

Mais autênticos e também mais harmoniosos são os dois edifícios "Luís XVI", o Derby Clube (1914, contínguo à sede do Jockey Clube) e a Prefeitura (1920), ambos derivados da arquitetura clássica francesa. O primeiro (Fig. 2) foi construído num terreno bastante estreito e desenvolveu-se em altura, o que lhe confere uma verticalidade muito pouco ortodoxa, contrabalançada de modo feliz pelas pronunciadas saliências horizontais do balcão do primeiro andar e pelas duas cornijas que enquadram o ático; o andar nobre é duplo, mas o emprego de uma ordem colossal de pilastras de capitel jônico conserva sua unidade arquitetônica e atenua tanto quanto possível a excessiva elevação dessa parte do edifício. Naturalmente, as considerações práticas e os interesses de ordem financeira prevaleceram sobre a exatidão histórica e estilística; aliás, esta não era uma grande preocupação: certos elementos arquitetônicos, como os consoles em volutas sustentando o balcão, estão muito mais ligados à arte do século XVII do que à do XVIII. O mesmo ocorre com a Prefeitura (Fig. 3), cuja fachada para a Praça Floriano é constituída por um pavimento térreo com ranhuras, vazado de portas e janelas em arco-pleno, encimado por uma colunata jônica flanqueada por dois pavilhões coroados com aqueles pequenos templos que se gostava tanto de erigir nos parques durante o reinado de Luís XVI; em contrapartida, as estátuas postadas nos cantos da

Fig. 2. Heitor de MELLO. *Derby Clube*. Rio de Janeiro. 1914.

10. L. COSTA, *Arquitetura Brasileira*, Rio de Janeiro, 1952, p. 20.

Fig. 3. Heitor de MELLO. *Prefeitura*. Rio de Janeiro. 1920.

base desses pequenos templos e, de modo geral, toda a escultura do seu coroamento provém diretamente do

Versalhes de Luís XIV. Portanto, empregava-se indiferentemente nos mesmos edifícios o vocabulário formal das diversas épocas do classicismo francês, e a distinção entre os estilos Luís XIV, Luís XV e Luís XVI devia-se, antes de tudo, a algumas características genéricas: coroamento do edifício com mansardas para o primeiro, corpos avançados ligeiramente salientes e decoração mais ou menos rococó para o segundo[11], fachadas retilíneas em planta e retangulares em elevação, tetos planos mascarados por balaustradas para o último, mais ou menos inspirado na arquitetura de Jacques-Ange Gabriel[12]. Fazia-se uma distinção cuidadosa entre o Luís XVI e o neoclássico, chamado neogrego, mais austero, sem decorações em relevo, com o volume cúbico ainda mais acentuado pelo fato de a elevação da fachada desenvolver-se no plano único da parede nua, coroada por um grande frontão sustentado por uma ordem colossal. Esse estilo severo foi adotado por Heitor de Mello em Niterói para a sede da Assembléia Legislativa e do Palácio de Justiça do Estado do Rio, bem como para os projetos não construídos de um Palácio do Congresso Nacional (entre 1898 e 1905), e depois para o de um Palácio do Senado Federal (entre 1914 e 1920).

A morte súbita da Heitor de Mello marcou o início do declínio dos estilos classicizantes. Ele possuía um indiscutível conhecimento da arquitetura do passado; evitava tomá-la como modelo e copiá-la fielmente; de fato, não existia qualquer preocupação arqueológica; misturava estilos, utilizava certos elementos formais num contexto completamente diferente do original, mas sabia efetuar esses arranjos e dava um toque particular a cada um de seus edifícios. Estes correspondiam ao programa específico que lhe havia sido proposto, mas tal programa funcional era integrado numa concepção formal predeterminada, sem jamais chegar a desvirtuá-la. Existia, conseqüentemente, uma grande unidade arquitetônica nas obras de Heitor de Mello, embora uma análise detalhada evidencie seu ecletismo acadêmico.

Seus sucessores, pelo contrário, não souberam manter esse equilíbrio. Quando, em 1922, os herdeiros de seu ateliê, Arquimedes Memória e F. Cuchet (também professores de composição na Escola de Belas-Artes) receberam, do presidente da Câmara dos Deputados, Arnolfo de Azevedo, a incumbência de projetar **o palácio destinado a essa assembléia, realizaram um monumento medíocre, pesado e sem o mesmo interesse estético**[13]. A construção prestava-se muito bem à sua função e o interior estava disposto com habilidade: a estrutura de concreto armado, oculta dentro de paredes de tijolos, assegurava plena liberdade aos arquitetos; o plenário era iluminado por vasta cúpula dupla, cujo segundo andar, em estrutura metálica, era provido de grandes painéis de vidro, por onde penetrava livremente a luz. Embora os problemas técnicos tivessem sido resolvidos satisfatoriamente, o mesmo não ocorria com o aspecto geral do edifício: a mistura do pórtico coríntio, inspirado na arte antiga, com estátuas que tendiam para o barroco e coroavam um corpo avançado maciço, chocante pela nudez de sua parte superior, com uma cúpula de perfil renascentista, cujo volume e materiais não estão em harmonia com a planta e a decoração interna, que lembram a Ópera de Paris, desvaloriza a obra — que, por causa de sua feiúra, nem chega a alcançar a monumentalidade e imponência desejadas. É evidente que Memória e Cuchet pouco se interessavam pelos estilos clássicos e que suas preocupações voltavam-se para outra direção, a do estilo neocolonial, tendência que se afirmava dia-a-dia, depois da Exposição Internacional do Centenário da Independência do Brasil. Aliás, neste estilo foram muito mais felizes, mas o preconceito em favor de uma arquitetura oficial classicizante ainda estava muito enraizado na mentalidade das classes dirigentes para que, nesse caso específico, o tabu pudesse ser transgredido.

Depois da Primeira Guerra Mundial, a influência francesa foi reforçada pela presença, no Rio, de vários arquitetos vindos da França. O primeiro prédio de apartamentos construído na cidade foi projeto da firma Viret e Marmorat; segundo Lúcio Costa, que conheceu o edifício, podia-se dizer que ele tinha sido transportado diretamente de Paris[14]. O Hotel Copacabana Palace[15] foi projetado e construído em 1920 por André Gire, ex-aluno da Escola de Belas-Artes de Paris; a planta, perfeitamente acadêmica e simétrica, resolvia de modo prático os principais problemas funcionais do complexo programa, dado tratar-se ao mesmo tempo de um hotel de alto luxo e de um cassino; a decoração era em " estilo Luís XVI", mas tratava-se apenas de revestimento aplicado sobre uma estrutura oculta. Gire também construiu a estação Barão de Mauá, uma das principais do Rio, e, um pouco mais tarde, outros dois arquitetos franceses, Sajous e Rendu, também desempenhavam um papel importante. Quando se tratou de estabelecer um plano urbanístico para o Rio de Janeiro, mais uma vez foi chamado um francês, Alfred Agache. Todos esses arquitetos, formados pela Escola de Belas-Artes de Paris, não pertenciam mais ao ecletismo classicizante propriamente dito; conservavam certos princípios do classicismo (como a simetria e o cuidado da medida, o senso de proporção), mas evitavam, salvo algumas exceções, empregar o vocabulário do estilo; procuravam timidamente uma arquitetura que, sem romper com o passado, tirasse proveito das possibilidades dos novos materiais disponíveis e especialmente do concreto armado. Sofriam a influência de Perret e encontra-se neles o desejo de simplificação clássica deste, mas sem o mesmo conhecimento e a mesma originalidade. Ora, essas novas tendências con-

---

11. Um bom exemplo é a casa de Antonio Maria da Costa (feita em 1904-1905), situada na Avenida Rio Branco e reproduzida em *Architectura no Brasil*, n.º 6, março de 1922, p. 185. O vasto imóvel, cujo grande número de aberturas quase faz desaparecer as paredes, é típico de fins do século XIX e jamais poderia ter sido construído sem a utilização de uma estrutura metálica oculta pela alvenaria tradicional.

12. Sendo ela considerada como a representante típica do estilo Luís XVI, embora todas as grandes obras do arquiteto tenham sido feitas no reinado de Luís XV.

13. Cf. *Architectura no Brasil*, ano III, vol. V, n.º 29, junho-julho de 1926, pp. 145-163 (fotografias, plantas, desenhos).

14. L. COSTA, artigo publicado no *Correio da Manhã* de 15 de junho de 1951 e reproduzido em *Sobre Arquitetura*, pp. 169-201, com o título «Depoimento de um Arquiteto Carioca» (p. 170 e 171).

15. Cf. *Arquitetura e Urbanismo*, n.º 2, julho-agosto de 1936, pp. 7-17 (fotografias, plantas).

denavam irremediavelmente a arquitetura formal das duas primeiras décadas do século. Além do mais, ofereciam uma solução para o desenvolvimento da cidade, que rapidamente se transformava numa grande metrópole. O concreto armado, cuja utilização em grande escala difundiu-se depois da guerra de 1914-1918, permitia a construção econômica de grandes imóveis sem caráter, que se multiplicaram com a especulação imobiliária[16] e que, depois de inundarem a arquitetura privada, invadiram também a arquitetura pública, até então domínio reservado da arte classicizante. Os enormes blocos de forma cúbica ou em paralelepípedo, com fachadas despojadas, sem molduras nem ornamentos, do Ministério da Guerra e do Ministério do Trabalho, são exemplos significativos desses edifícios utilitários que não tinham o menor interesse estético e que continuaram sendo construídos mesmo depois da eclosão do movimento "moderno". Com efeito, ao contrário do que por vezes se pensa, não foi este movimento que matou o ecletismo inspirado nos estilos clássicos; o ecletismo já havia sido quase completamente abandonado no Rio nos últimos anos que precederam a revolução política de 1930, ponto de partida da reforma da Escola de Belas-Artes sob a direção de Lúcio Costa.

2. O caso de São Paulo

A capital do café conheceu um ecletismo pelo menos equivalente ao do Rio, e ali, mais uma vez, os estilos classicizantes tiveram papel importante nas primeiras décadas do século. Contudo, o contexto onde se desenvolveram era totalmente diferente. A tradição neoclássica, solidamente implantada no Rio pela missão francesa de 1816, surgiu com atraso em São Paulo. Até por volta de 1880, a cidade tinha o aspecto de um burgo colonial e apenas algumas residências dos plantadores de café inspiravam-se nos modelos em voga na capital imperial[17]. A ruptura com a tradição local, ocorrida em 1878 com o "Grand Hotel" do alemão Puttkamer, só se firmou com a construção do monumento comemorativo da Independência (atualmente Museu Paulista, no bairro do Ipiranga), vasta construção com arcadas e ordem coríntia, sem originalidade nem poesia, mas de proporções corretas. Projetada pelo italiano Tommazio Bezzi e construída entre 1882 e 1885 por seu compatriota Luigi Pucci, essa obra teve grande repercussão e inaugurou a era italiana em São Paulo. Com efeito, a influência peninsular foi tão profunda em São Paulo quanto a da França no Rio de Janeiro, embora por motivos diferentes. A enorme imigração italiana levou a São Paulo mão-de-obra abundante, compreendendo vários artesãos e pedreiros formados nos canteiros de obra de seu país de origem; era uma ótima oportunidade para os arquitetos italianos, que também vieram em grande número[18]; a maioria estabeleceu-se na cidade em definitivo, enquanto alguns, como Pucci, que retornou em 1896, voltaram à sua pátria depois de alguns anos. Além disso, muitos imigrantes enriqueceram rapidamente com o comércio e a indústria, formando uma clientela abastada, e mesmo riquíssima (como as famílias Matarazzo e Crespi), que naturalmente dava preferência aos compatriotas ali estabelecidos — quando não ia buscar arquitetos e construtores diretamente na Itália. Portanto existia um ambiente italiano em São Paulo nas últimas décadas do século XIX e, principalmente, nas primeiras décadas do XX; ambiente este que não era meramente superficial, e sim decorrente de uma firme intenção da colônia italiana de recriar uma atmosfera que atenuasse a nostalgia pelo país distante que fora preciso deixar. Foi naturalmente o período áureo da Renascença e do Maneirismo que forneceu modelos e fontes de inspiração. O livro de cabeceira dos mestres-de-obra originários da península era o *Tratado das Cinco Ordens da Arquitetura* de Vignola.

Contudo, não se deve pensar que essa arquitetura italiana foi imposta de modo arbitrário a um meio tradicional brasileiro que não estava preparado para recebê-la. Pelo contrário, não houve qualquer resistência local. O italianismo estava na moda; predominou também no Rio de Janeiro entre 1860 e 1900, e a aristocracia dos plantadores de café adotou-o com entusiasmo. A diferença está em que, devido às circunstâncias favoráveis encontradas em São Paulo, ali ele se manteve vivo durante muito mais tempo que no Rio e não foi inteiramente suplantado pelos estilos franceses. Mas os arquitetos italianos não foram os únicos a introduzir em São Paulo as formas e o vocabulário clássico. Até por volta de 1900, os alemães desempenharam um papel determinante; trazidos a São Paulo por seus compatriotas que formavam uma colônia importante e próspera, de imediato passaram a gozar de grande prestígio, não só junto à rica clientela industrial germânica dos Glette e dos Nothmann, mas também junto a importantes famílias locais (Prates, Paes de Barros, Chaves, Queiroz). Suntuosas mansões, geralmente isoladas no meio de belos parques, foram então construídas segundo os projetos de Matheus Haüssler e Julius Ploy[19] nos novos bairros elegantes criados a norte e oeste da cidade. A mais importante foi a de Elias Chaves (mais tarde, Palácio dos Campos Elísios e residência do governador do Estado), iniciada em 1896 por Haüssler e terminada por Claudio Rossi, que respeitou fielmente o projeto original. Era uma miscelânea curiosa, onde se encontravam lado a lado pórtico e *loggia* italianos, formas vagamente palladianas, corpos avançados laterais à francesa e cobertura com mansardas. O resultado, apenas aceitável, devia-se a uma dosagem muito hábil, mas o precedente aberto provou ser dos mais arriscados, principalmente nas mãos dos dos engenheiros civis que dominaram rapidamente várias sociedades construtoras. A prova disto está numa velha fotografia do Parque do Anhangabaú, em pleno coração da cidade (Fig. 4); os dois feios e pesados

---

16. L. COSTA, *op. cit.*, pp. 188-189.

17. Y. DE ALMEIDA PRADO, São Paulo Antigo e a Sua Arquitetura, *Ilustração Brasileira*, ano X, n.º 109, setembro de 1929 (seis páginas de fotografias).

18. E. DEBENEDETTI e A. SALMONI, *Architettura italiana a San Paolo*, São Paulo, 1953. [Trad. bras.: *Arquitetura Italiana em São Paulo*, São Paulo, Perspectiva, 1981, Debates 173.]

19. Outros arquitetos alemães em plena atividade na época: Oscar Kleinschmidt, Johann Blank, Behmer, Villoeft.

edifícios em primeiro plano não se vinculam a nenhum estilo, apesar da roupagem de que foram revestidos, a fim de mascarar a estrutura de ferro e as lajes de concreto armado, que tornaram possível sua construção num terreno tão instável quanto o desse antigo vale[20].

Fig. 4. *Parque do Anhangabaú*. São Paulo. (Por volta de 1920.) (À extrema esquerda, o edifício da Associação Comercial, de 1912, de RAMOS DE AZEVEDO.)

A arbitrariedade com que foram justapostos um embasamento de alvenaria grosseira de linhas sinuosas, uma fachada italianizante com *loggia* e *belvederes,* alas que lembram os prédios parisienses de fins do século XIX, tudo isso coberto de telhados de ardósia artificial com mansardas, mostra o baixo nível a que tinha chegado a arquitetura nas mãos de certos profissionais da construção durante a década de 1910.

Apesar de tudo, era mais nobre a terceira "sentinela" do vale[21], que trazia a marca (ao menos oficialmente) do mais conhecido arquiteto autóctone da época, Ramos de Azevedo (1851-1928). Engenheiro da Companhia Paulista de Estradas de Ferro, cuja sede era em Campinas, a 100km de São Paulo, havia estudado arquitetura na Europa, na Universidade de Gand; ali, tinha seguido os cursos de Cloquet, conservando por toda a vida a orientação acadêmica recebida[22]. Voltando a Campinas, foi chamado a São Paulo, por volta de 1886, por seu protetor, o Visconde de Parnaíba; ali começou uma longa e brilhante carreira que só terminou com sua morte, em 1928. Enérgico e dinâmico, gozando de um apoio poderoso, logo se impôs e garantiu para si a maioria das encomendas oficiais da época. Refez o Paço Municipal (1886), projetou e construiu os edifícios gêmeos das Secretarias das Finanças e da Justiça (1886-1896), modificando assim inteiramente o antigo Largo do Palácio (hoje, Pátio do Colégio), que até então conservava sua arquitetura colonial. Finalmente, na mesma época, construiu a Escola Normal (hoje, Caetano de Campos, concluído em 1894) na Praça da República, e a Escola Politécnica (1897), onde ingressou como professor em 1894, a fim de organizar o curso de engenheiro arquiteto que dirigiu até sua morte. Blocos cúbicos ou prismáticos com massas e volumes simples, claramente definidos, fachadas planas sóbrias e bem proporcionadas, divisão tripartida perfeitamente simétrica, ordenada em função de corpos ligeiramente avançados constituídos por um pavimento térreo em arcadas, e um andar nobre com colunas e frontão, são as características gerais dessas obras puramente neoclássicas, que um observador incauto poderia datar da primeira metade do século XIX. Apenas alguns traços italianos aparecem dispersos no vocabulário arquitetônico e na decoração.

Ramos de Azevedo estava impregnado de cultura acadêmica: para ele, Vignola era o mestre indiscutível, e exigia dos alunos do curso de composição arquitetônica um conhecimento profundo da sua obra; em sua opinião esta era a melhor orientação que era possível dar e dedicava especial atenção aos projetos dos alunos, ao controle das proporções, chamado de "geometria do arquiteto"[23]. Mas não se deve pensar que suas únicas preocupações eram o estilo e o desenho. Sua formação técnica de engenheiro e suas qualidades de empresário levaram-no a criar uma empresa de materiais de construção e mais tarde reorganizar a antiga Sociedade de Difusão da Instrução Popular, fundada em 1873, transformada por ele e chamada, em 1882, de Liceu de Artes e Ofícios; a nova instituição tornou possível a formação dos artesãos qualificados de que ele precisava, em todos os setores. Assim, desde fins do século, Ramos de Azevedo dirigiu uma grande firma, onde empregava muitos colaboradores estrangeiros, principalmente italianos, destacando-se dentre eles Domiziano Rossi, Claudio Rossi, Felisberto Ranzini e Adolfo Borione.

É perceptível uma mudança de estilo devida à influência destes. O toque neoclássico característico das primeiras obras, ainda visível na Caixa Econômica, anterior ao começo do século[24], foi então desaparecendo, eclipsado por um novo estilo, onde predominavam elementos da arquitetura italiana dos séculos XVI e XVII. Inicialmente, foi o Teatro Municipal (1903-1911), onde Ramos de Azevedo parece ter-se subordinado a Domiziano e Claudio Rossi: a concepção de conjunto é da Ópera de Paris, mas a maioria dos motivos interiores e exteriores inspira-se em modelos do *Seicento*. Em compensação, são mais discutíveis os edifícios "Renascença Modernizada" que então proliferavam em número considerável. A sede da Associação Comercial[25] (1912)

---

20. Cf. *Revista Polytechnica,* n.º 38, setembro de 1912, pp. 19-94: descrição, desenhos, plantas, cortes do Palácio Prates (à esquerda da fotografia) feitos por seu construtor Samuel Cristiano das Neves.

21. Nome dado aos três edifícios que margeiam o Parque do Anhangabaú a leste, entre o Viaduto do Chá e a Av. São João, todos construídos entre 1912 e 1920 (cf. Fig. 4).

22. J. M. DA SILVA NEVES, Mestres da Arquitetura Neoclássica, do «Estilo Colonial» e da «Arquitetura Tradicional Brasileira», em *Depoimentos,* n.º 1, 1960, pp. 26-31.

23. *Ibid.,* p. 26. Silva Neves foi aluno de Ramos de Azevedo na Escola Politécnica. Engenheiro, veio posteriormente a lecionar nessa mesma escola bem como, mais tarde, na Faculdade de Arquitetura, quando esta foi criada; interessou-se particularmente pela história da arquitetura em São Paulo antes da eclosão do movimento «moderno». Seu testemunho, escrito e oral, é muito preciso no que se refere a esse período.

24. *Revista Polytechnica,* n.º 39-40, out.-nov. de 1912, p. 154 (fotografia, planta).

25. *Ibid.,* n.º 92, fev. de 1929, pp. 94-99 (fotografias).

Fig. 5. *Parque do Anhangabaú*. São Paulo. (Por volta de 1920 — no centro, o Teatro Municipal, de 1903-1911, de RAMOS DE AZEVEDO, Domiziano e Claudio ROSSI.)

já mencionada (Fig. 4, à extrema esquerda) e o edifício da Companhia Docas de Santos[26] são exemplos característicos dessa tentativa de adaptação de formas antigas a programas modernos. O aumento da altura e do número de pavimentos permitidos pelas novas técnicas construtivas e exigidos pelos proprietários, ou a necessidade de colocar lojas no térreo eram fatos novos que alteravam os problemas clássicos de proporções e arranjo das fachadas, mas mesmo assim o ateliê de Ramos de Azevedo não renunciou às galerias em arcadas, às colunas, aos entablamentos e às janelas com frontões. Contudo, esse vocabulário arquitetônico não era empregado de modo arbitrário, e sim procurava obter (às vezes com sucesso) um novo equilíbrio relacionado com o estilo imitado. Firmemente imbuído de suas convicções acadêmicas, Ramos de Azevedo continuou fiel, até o fim, à linha de conduta que traçara e não se deixou seduzir, nem pelos estilos medievais, nem pela atração exercida pelas experiências do *art nouveau* ou do estilo neocolonial, embora Victor Dubugras e Ricardo Severo (os principais representantes deste estilo) tenham sido seus colaboradores durante algum tempo. Condenava como um deslize de seu assistente Domiziano Rossi a única obra de aspecto *Modern Style* realizada por sua firma (uma casa, hoje demolida, na Rua Visconde de Rio Branco).

É claro que Ramos de Azevedo não desprezou a habitação particular, e muitas foram as casas de porte construídas por sua empresa. O extraordinário crescimento de São Paulo, a especulação imobiliária e o surto de arranha-céus que invadiram, a partir de 1940, os antigos bairros periféricos residenciais empurrando-os cada vez mais para longe, e, finalmente, a mania paulista de derrubar ou reformar totalmente toda casa com mais de vinte anos, fizeram desaparecer inapelavelmente os vestígios dessa atividade. A maioria de seus colegas não teve melhor sorte, excetuando-se, talvez, Giovanni Battista Bianchi (1885-1942), autor de algumas mansões ainda preservadas (sem dúvida por pouco tempo) na Avenida Paulista; com efeito, esta avenida vem sofrendo a invasão dos grandes edifícios há apenas uma dezena de anos e ainda não está completamente consumado o aniquilamento de tudo o que lembra seu aspecto anterior. Este arquiteto italiano trabalhou em São Paulo de 1912 a 1927 e de 1933 a 1942; interessa-nos principalmente o primeiro período, quando a aristocracia de origem italiana incumbiu-o da construção de luxuosas mansões isoladas em meio a grandes jardins, que em geral ocupam todo o quarteirão (casas do Conde Attilio Matarazzo, da Condessa Marina Crespi, em 1923; de Renata Crespi Prado em 1924; do Conde Adriano Crespi em 1925; todas situadas na grande artéria elegante que era então a Avenida Paulista)[27]. A casa de Adriano Crespi é francamente neoclássica no exterior, mas seu interior é bastante híbrido: ao fundo do vestíbulo central, quatro colunas coríntias, finas e altas demais para respeitar os cânones clássicos, flanqueiam uma escadaria de dois lances com corrimões de ferro fundido cujo desenho de arabescos é em estilo *art nouveau;* a decoração é inteiramente italiana, quer se trate dos estuques em cima das portas, quer dos afrescos de espírito renascentista do antigo salão de música. A casa de Renata Crespi Prado, com as *loggias* superpostas, os tetos planos e sóbrias paredes vazadas por janelas retangulares dispostas com regularidade, poderia parecer uma casa romana do século XVI. Enfim, a de Marina Crespi, embora menos característica, também tem uma pequena *loggia* sustentada por finas colunas de mármore rosado e uma decoração de estuque ressaltando o contorno das janelas, que a fazem pertencer à mesma linha das anteriores, onde o italianismo é evidente e corresponde a uma vontade firme de reconstituir um clima que lembre a mãe-pátria. O mesmo espírito pode ser encontrado nas obras de Giulio Micheli (1862-1919) e Giuseppe Chiappori (nascido em 1874), sendo a mais característica a sede do Banco Francês e Italiano pa-

26. *Architectura no Brasil*, n.º 7-8, abril-maio de 1922, p. 8 (fotografia).

27. E. DEBENEDETTI e A. SALMONI, *op. cit.*, pp. 64-68-94. As autoras cometeram um engano ao incluir essas casas no capítulo do *art nouveau*, já que os traços *art nouveau* limitam-se a alguns elementos decorativos pouco significativos quando comparados com o espírito decididamente classicizante e italianizante dos edifícios.

ra a América do Sul (1919), uma cópia pouco fiel do Palácio Strozzi mas ainda assim o suficiente para surpreender o observador que passa pela primeira vez na Rua 15 de Novembro. Aliás, esse prédio inaugurou uma moda florentina que surgiu em São Paulo logo depois da Primeira Guerra Mundial[28].

Nesse período, de fato, proliferou na habitação particular um ecletismo desordenado: a fantasia andava à solta e o exótico, o inesperado, o bizarro, tornaram-se moda. É curioso notar que, pelo menos num caso, o vocabulário clássico foi utilizado com esse espírito e chegou-se a um resultado um tanto surpreendente. Trata-se de uma casa de 1922 (na Rua Martiniano de Carvalho, 277)[29], situada num terreno muito abaixo do nível da rua (Fig. 6); ocorreu ao seu proprietário e construtor, um português cujo nome foi esquecido, desenvolver o edifício em altura (três andares sobre térreo). O acesso dar-se-ia pelo último andar, ligado à rua por

Fig. 6. *Casa da Rua Martiniano de Carvalho n.º 277. São Paulo. 1922.*

um terraço-passarela que contornava todo o edifício; esse terraço é sustentado por enormes colunas de capitéis diferentes entre si encimados por grandes vasos de flores que originalmente não estavam ligados por uma balaustrada; devido a essa disposição, o andar superior, ricamente decorado (olhos-de-boi circundados de festões, ameias) apresenta-se como um ático que repousa sobre uma colunata, atrás da qual desaparece na sombra a nudez das paredes inferiores. O efeito obtido pelas oposições brutais, o jogo espacial de passarelas e escadarias que levam diretamente da rua ao jardim[30], é surpreendente e não consegue nos deixar indiferentes. Luís Saia[31], diretor do IPHAN em São Paulo, classificou essa casa, com algum desprezo, como arquitetura de sonho, de caráter surrealista, quando na verdade é o espírito barroco que ali predomina. A condenação não se justifica: a solução adotada não é irracional, e não lhe falta encanto nem originalidade; coisa tão

28. *Ibid.* pp. 57-64.
29. A data em algarismos romanos está inscrita na fachada.
30. Infelizmente, hoje transformado em cortiço.
31. L. SAIA, *op. cit.*, pp. 25-26.

rara em São Paulo naquela época, que merece ser destacada.

Em São Paulo, o ecletismo classicizante teve portanto um caráter bem peculiar, um toque italiano, perceptível principalmente depois de 1900, em oposição ao predomínio francês que ocorria então no Rio de Janeiro. E também foi mais diversificado, a Renascença e a pós-Renascença forneceram os modelos preferidos, mas não os únicos: desde o *Quattrocento* até o século XIX[32], de Roma a Veneza, de Florença a Milão, todos os estilos e suas variantes regionais foram em maior ou menor grau empregados. O declínio desse estilo iniciado em 1920 é, mais aparente do que real: o edifício do Correio Central de Ramos de Azevedo e Ranzini (concluído naquele ano) foi certamente um dos últimos monumentos italianizantes, mas não seria ele um dos últimos edifícios representantes desse estilo pela simples razão de que, a partir daquela data, começam a rarear as construções de edifícios públicos[33], em São Paulo? Basta consultar algumas fotografias antigas[34] para constatar que esse gênero de ecletismo só veio realmente a terminar, no âmbito local, com o advento da arquitetura "moderna".

3. Os outros centros brasileiros: Salvador, Belo Horizonte

Idêntica situação é encontrada em quase todo o Brasil; até cerca de 1940, a adoção de um estilo neoclássico ou neo-renascentista, relativamente puro e um pouco pesado, foi regra quase constante na maioria dos edifícios oficiais, fossem eles faculdades, escolas, teatros (como o célebre grande teatro de Manaus) ou sedes dos principais órgãos governamentais. Seria inútil e cansativo estudar detalhadamente o que foi feito nas principais cidades brasileiras, pois todos esses edifícios apresentam um interesse muito limitado. Assim, tomaremos como exemplo duas cidades onde a realização de tais obras teve um significado particular, o que ilustra bem a importância psicológica atribuída à aparência formal neoclássica.

Salvador, a velha capital colonial, ainda hoje conserva seu encanto de cidade colonial graças à predominância em seu centro de construções do século XVIII, tanto da arquitetura religiosa, quanto da civil. Mas essa característica era ainda muito mais marcante há uns sessenta anos; pode-se mesmo dizer que, então, ela era praticamente exclusiva, pois todos os edifícios construídos seguiam o mesmo estilo, que preservava a unidade perfeita do todo. Mas o valor desse conjunto e dos elementos que o compunham não foi percebido pelas autoridades; responsáveis pelas primeiras mutilações em edifícios de qualidade inegável, preconizando dessa forma a pressão dos interesses econômicos que só se

32. Originalmente, o projeto do Palácio da Justiça da Praça Clóvis Bevilacqua, de Domiziano Rossi, era uma adaptação do de Roma (1883-1910), de Calderini. Posteriormente, foi ampliado e modificado por Felisberto Ranzini.

33. E os que eram construídos — como a nova Faculdade de Direito que substituiu, em 1938, o antigo convento franciscano — continuaram a empregar o vocabulário clássico.

34. *São Paulo Antigo - São Paulo Moderno. Album Comparativo*, São Paulo, ed. Melhoramentos, 1953.

manifestaram mais tarde. O desaparecimento da prefeitura (que, como é regra no Brasil, continha originalmente também a prisão) e do Palácio dos Governadores (que passou em 1900 e 1912 por duas reformas tão completas que nada deixaram subsistir das características originais do monumento) alteraram totalmente o aspecto de uma das praças mais típicas da cidade. Ora, esse ato de vandalismo só pode ser explicado por motivos psicológicos[35]; a arquitetura colonial era desprezada, considerada indigna de abrigar os poderes locais — cujo prestígio só podia ser acentuado ao ocupar edifícios com fachadas decoradas com colunas, pilastras e frontões, e até mesmo, no caso do Palácio dos Governadores, coroado por uma cúpula feia e inútil. Assim, uma mentalidade complexa, onde se misturavam o desejo de imitar de modo servil o que era feito nas outras capitais do país[36], a preocupação de não ficar para trás e de seguir o "progresso", a vontade de afirmar que Salvador não era apenas um vestígio do passado, como também uma cidade moderna, atualizada, não permitiu que a Bahia histórica escapasse à influência de um pseudoclassicismo que ali proliferou de maneira acentuada e com longa duração[37], embora já estivesse superado quando foi ali introduzido.

Se esse estado de espírito tinha conseguido penetrar até nos antigos centros da época colonial, é evidente que só podia impor-se com vigor nas cidades de criação mais recente, principalmente tratando-se de Belo Horizonte, a capital administrativa de um dos principais Estados da federação[38]. Dessa forma, esta foi beneficiada com uma indiscutível unidade, que lhe conferiu um caráter nitidamente definido ao qual não falta um certo ritmo, apesar da ausência de qualidades intrínsecas nos edifícios construídos então. Existia uma concordância entre a rigidez do plano urbanístico (cuja dupla quadriculação superposta formava figuras geométricas definidas), a aparência neoclássica dos grandes edifícios públicos (dispostos em torno da Praça da Liberdade em função de uma hierarquia cuidadosamente estudada, onde dominava a preocupação com o arranjo das perspectivas) e enfim o aspecto geral das casas (que formavam um conjunto homogêneo apesar de sua diversidade). É claro que não se pode falar de uniformidade em relação a estas últimas, construídas com toda a liberdade por seus proprietários[39], mas existia um certo parentesco marcando suas fachadas (todas elas acadêmicas, estreitas e muito carregadas, aplicadas arbitrariamente a construções modestas, que se alongavam em profundidade). Em geral desenhados por especialistas no assunto, esses frontispícios não passavam de uma espécie de paravento, mascarando quase totalmente o resto da casa, não raro em oposição total com a peça correspondente, que era a empena frontal que ela revestia grotescamente. Isto pode ser constatado ao examinarem-se as faces laterais dessas habitações que se abrem para um jardim: a fantasia teve livre curso, erguendo varandas leves com pequenas colunas e cobertura de ferro, freqüentemente decoradas com motivos *art nouveau* (que também são característicos da arquitetura civil da época)[40].

O exemplo de Belo Horizonte mostra que o academicismo classicizante ainda era uma força que predominava no começo do século XX, força essa mantida até a época da Primeira Guerra Mundial. O prestígio formal do qual o estilo desfrutava não tinha sido ainda abalado pelo emprego dos novos materiais industriais, ferro e mais tarde concreto armado, cuja difusão no Brasil era fato consumado desde fins do século XIX. Entretanto, esse academicismo já não passava de um revestimento superficial, com que se recobriam as partes mais visíveis dos edifícios, qualquer que fosse a técnica de construção utilizada[41]. Esse comportamento pouco racional devia-se, antes de mais nada, a uma atitude intelectual, onde estavam associados uma certa rotina profissional, a preocupação de conservar uma tradição mesmo sendo esta relativamente recente e um violento desejo de imitar os estilos nobres que tinham contribuído para a grandeza da civilização européia. De fato, o classicismo não foi a única fonte de inspiração de que lançou mão o espírito eclético da época.

2. OS ESTILOS MEDIEVAIS E PITORESCOS

As autoridades civis transformavam a adoção de um estilo que empregava as tendências e o vocabulário clássicos em necessidade psicológica, e as autoridades religiosas faziam o mesmo quando confessavam suas preferências pelos modelos romanos e góticos que simbolizavam o apogeu da fé católica. Por conseguinte, todas as igrejas construídas no começo do século (e mesmo mais tarde, já que o clero brasileiro, em seu conjunto, é muito conservador) lançaram mão das grandes tradições medievais. Deve-se dizer que o resultado deixou muito a desejar: não só é difícil citar um único êxito do ponto de vista estético, como também parece que os arquitetos e construtores rivalizavam-se numa incrível competição de feiúra. São bem variadas as razões desse fracasso total. Uma das causas principais era, com certeza, a falta de gosto e, na maioria dos casos, a falta de conhecimentos arqueológicos dos responsáveis. De fato, é preciso lembrar que a tradição acadêmica era muito menos forte nesse setor do que na construção não-religiosa; as regras precisas e o

---

35. A segunda restauração do Palácio dos Governadores ocorreu depois de Salvador ter sido bombardeada pela frota federal, quando das dissensões entre as autoridades locais e o governo central; evidentemente, era preciso reparar os danos sofridos pelo edifício, mas isso não implicava uma transformação estilística que o tornasse irreconhecível. Aliás, operação semelhante aconteceu em 1917, quando a residência do governador foi transferida para um bairro da periferia: originalmente, o atual Palácio da Aclimação, com sua decoração pesada, típica das obras classicizantes da segunda metade do século XIX, não era mais do que uma grande residência particular de linhas simples e paredes nuas, a casa Morais.
36. No Brasil, todos os Estados têm uma capital, não sendo o termo reservado apenas à capital federal.
37. O primeiro projeto do Fórum Rui Barbosa foi elaborado em 1937, sendo mais tarde retomado; porém a construção só foi realizada efetivamente durante a administração do Governador Otávio Mangabeira (de 1947 a 1951), sendo, portanto, contemporânea do Hotel da Bahia, de Paulo Antunes Ribeiro e Diógenes Rebouças.
38. A. BARRETO, *Bello Horizonte. Memória Histórica e Descritiva*, Belo Horizonte, 1936. Fundada no período 1893-1894, a cidade tornou-se capital do Estado de Minas Gerais em 12 de dezembro de 1897, mas só assumiu seu verdadeiro aspecto na primeira década do século XX.
39. Já que os regulamentos municipais não previam limitações muito estritas além da necessidade de alinhar as fachadas ao longo da rua.

40. *Documento Arquitetônico 5* (publicado pela Escola de Arquitetura da Universidade de Minas Gerais), Belo Horizonte, 1961 (várias fotografias). *Módulo*, n.º 38, dez. de 1964, pp. 1-31 (artigo de S. DE VASCONCELLOS e fotografias).
41. A maioria das casas continuava sendo construída com materiais tradicionais, mas nas grandes obras utilizava-se as técnicas mais avançadas desenvolvidas na Europa, de onde se importavam estruturas e vigamentos metálicos prontos para montar. Foi assim que vieram da Bélgica os elementos essenciais para a construção dos edifícios oficiais de Belo Horizonte.

respeito pelas proporções clássicas, que constituíam o fundamento do ensino nas escolas, não achavam equivalente quando se abandonava as formas a que se aplicavam esses princípios; os arquitetos, então, tinham de criar suas próprias soluções — o que evidentemente era catastrófico quando se tratava de profissionais medíocres, que não se destacavam por seu talento natural. Por outro lado, as miscelâneas arbitrárias de elementos romanos, góticos e renascentistas, feitas por engenheiros ou mestres-de-obras que nem sempre compreendiam o espírito desses vários estilos, provaram ser muito mais perigosas do que as miscelâneas feitas pelos arquitetos acadêmicos entre os diversos estilos clássicos. E, por fim, a falta de pedra de boa qualidade (cujo grão e cor contribuem para a beleza das velhas igrejas européias) e a freqüente utilização de tristes revestimentos de cimento cinzento vinham apenas completar o aspecto sinistro da maioria das igrejas da época.

Um dos arquitetos mais atuantes no setor foi o alemão Max Hehl, professor da Escola Politécnica de São Paulo, cidade onde se estabelecera. Dentre seus projetos do período de 1908 a 1913, devem ser citados: a Igreja da Consolação[42], uma nova igreja paroquial em Santos[43] e a nova Catedral de São Paulo[44], estas duas destinadas a substituir antigas igrejas da época colonial, que eram consideradas mesquinhas e indignas de grandes cidades em pleno desenvolvimento. Todas as três têm uma característica comum: a tentativa de combinar uma planta de basílica com cúpula central e a disposição tradicional do coro (capela-mor), sem naves, nem capelas laterais, trazida pelos portugueses desde o século XVI. A solução um tanto desvirtuada adotada no início (naves laterais apoiadas na cúpula octogonal e desviadas ao longo desta para formar os braços do transepto, terminados por uma pequena ábside) foi aperfeiçoada para a catedral e levou a uma planta de cinco naves (três naves centrais da mesma altura, cuja largura total corresponde ao diâmetro da cúpula, flanqueadas de ambos os lados por um corredor estreito e mais baixo que chega até a cabeceira. O estilo era escolhido em função de considerações particulares em cada caso: a Igreja da Consolação (simples igreja de bairro) recebeu um exterior neo-romano, enquanto que em Santos, somava-se a um conjunto gótico, uma cúpula imitando a de Santa Maria da Flor (de Florença), e para a Catedral de São Paulo foi escolhido um estilo francamente gótico[45] por se tratar de uma basílica arquiepiscopal. Aliás, nesse ponto o projeto de Hehl (Fig. 7) era bastante puro e nitidamente nórdico, com exceção da enorme cúpula à italiana que recobria o cruzamento do transepto; sem dúvida alguma, uma execução fiel deste projeto teria sido melhor do que a monstruosa construção que hoje ali se encontra, ainda inacabada*, que não passa de uma paródia do desenho original.

42. *Revista Polytechnica*, n.º 26, fev. de 1909, p. 104 (desenho da fachada e planta).
43. *Ibid.*, n.º 29, nov.-dez. de 1909, pp. 359-360 (desenhos da fachada e da elevação lateral).
44. *Ibid.*, n.º 43-44, maio-julho de 1913, pp. 20-22 (desenhos, planta).
45. A primeira pergunta feita efetivamente pelo arquiteto era qual o estilo que devia ser empregado. Ora, no artigo já citado, ele diz que o gótico é o estilo mais apropriado para uma catedral.
* Este dado refere-se ao ano de 1969. (N. da T.)

Encontra-se a influência do gótico alemão em outra grande basílica paulista, a de São Bento, obra basicamente alemã, realizada pelo abade Dom Miguel Kruse que, em 1910, tinha trazido de Munique o projeto elaborado pelo arquiteto Richard Berndl. Porém no conjunto das igrejas do Estado de São Paulo, o neo-romano[46] teve mais receptividade do que o neo-

Fig. 7. Max HEHL. *Projeto da nova catedral de São Paulo*. 1913. Desenho.

gótico; isso deve-se, com certeza, à predominância dos italianos, que eram nitidamente avessos a esse estilo. Em compensação, o neogótico foi preferido pelos arquitetos cariocas, mais voltados para a França, como já foi dito; sempre que possível, estes empregavam certas particularidades arqueológicas regionais, como as abóbadas com nervuras finas originárias de Angers na Igreja das Carmelitas Descalças[47], projetada em 1921 por Raphael Galvão. Contudo, nenhuma dessas obras merece um exame mais detalhado e é somente o estado de espírito manifestado através delas que apresenta algum interesse.

46. A Igreja de Santa Cecília, de Micheli, é um dos exemplos mais característicos.
47. *Architectura no Brasil*, n.º 1, out. de 1921, pp. 6-13 (plantas, desenhos).

O gótico "modernizado" também foi usado em alguns edifícios religiosos que não se destinavam ao culto (hospitais como a Santa Casa de São Paulo, de Micheli e Pucci, ou colégios como o das Cônegas de Santo Agostinho, de Max Hehl[48]), isso naturalmente sem falar dos conventos erguidos junto às igrejas contíguas, o que era perfeitamente lógico do ponto de vista da época.

Em compensação, é muito menos justificável a adoção dos estilos medievais para edifícios públicos e residências particulares. É curioso observar que em fins do século XIX eles foram bastante utilizados na construção de casernas e prisões; de fato, é principalmente ali que parece existir gosto duvidoso pelo pitoresco e pela literatura romântica[49]. Existem, contudo, algumas exceções; no começo do século, Victor Dubugras (cuja obra será novamente mencionada ao estudarmos o *art nouveau* e o neocolonial) passou por uma fase medieval que foi de 1891 (data de sua instalação em São Paulo) até 1902: nesse período, ele foi uma espécie de funcionário encarregado de construir, no interior do Estado — Botucatu, São Manoel, São Carlos, Santa Bárbara, São João do Curralinho, Araras, Jaboticabal —, várias escolas e prisões, onde empregou tanto o neo-romano, quanto o neogótico[50]. Também construiu várias casas para os plantadores de café, e especialmente a mansão Uchôa[51] em São Paulo, com motivos decorativos aplicados sobre o arco-pleno da entrada e sobre as balaustradas (Fig. 11)[52] lembrava muito a Idade Média, dando um toque *sui generis* a um edifício que, por sua arquitetura, já se ligava ao *art nouveau*.

Essa inspiração medieval pode ser sentida principalmente nos últimos anos do século XIX, mas prolongou-se ainda por várias décadas e são abundantes os exemplos extemporâneos. Existe em Itaipava (Estado do Rio de Janeiro), um castelo (com torreão de canto, muralha flanqueada por torres e vigias, com seteiras, estando o todo coroado por ameias e mata-cães) que fez com que seus autores, Lúcio Costa e Fernando Valentim, ganhassem a grande medalha de prata do salão da Escola de Belas-Artes de 1924, juntamente com uma casa de estilo normando com madeiramento aparente construída em Teresópolis pelos mesmos arquitetos[53]. A grande cultura de Lúcio Costa e seu bom gosto, já visíveis em suas primeiras obras, permitiram que ele realizasse edifícios de indiscutível qualidade, implantados na paisagem montanhosa. Contudo, o anacronismo pitoresco era um perigo temível; que em Lúcio Costa, não passou de um pecado de sua juventude do qual logo se desvencilhou, mas muitos outros, que não possuíam o mesmo talento nem o mesmo discernimento, caíram na armadilha, a começar por Morales de los Rios (autor da nova Escola de Belas-Artes) que não deixou passar a oportunidade de construir em estilo persa na Avenida Rio Branco[54]. O aspecto carnavalesco que assumiram entre 1900 e 1920 as grandes avenidas do Rio e, pouco mais tarde, as de São Paulo, foi conseqüência desse gosto mórbido pela fantasia e dessa preocupação superficial com uma erudição mal compreendida. O mal estava tão profundamente enraizado, que nem mesmo um movimento como o *art nouveau* conseguiu escapar dessa mentalidade.

3. O "ART NOUVEAU"

À primeira vista, pode parecer estranho classificar entre os estilos históricos um movimento que acima de tudo foi uma pesquisa basicamente inovadora e livre[55], uma tentativa de encontrar um estilo que realmente pertencesse à sua época, e que, conseqüentemente, foi uma ruptura com o passado, uma reação contra o ecletismo então predominante. É certo que nele pode-se encontrar motivos decorativos (abundância da flora naturalista, linhas que ondulam como chamas) que também pertencem ao repertório da arte gótica, ou traços em comum com o barroco (amor pela curva, pelo movimento, pela profusão de ornamentos); mas o parentesco de temas ou tendências é totalmente superficial e mais aparente do que real; não se trata jamais de reminiscências, mas sim de uma interpretação fundamentalmente nova, sem qualquer vínculo profundo com o que foi realizado anteriormente. Mas o que é verdadeiro para a Europa, berço do *art nouveau*, nem sempre é válido quando se muda de hemisfério e se focaliza o movimento dentro de seu contexto brasileiro. No Velho Continente, o *art nouveau* foi uma tentativa de renovação e de síntese das artes — arquitetura, artes plásticas e, principalmente, das artes decorativas; que embora efêmero e tendo durado no máximo uma dezena de anos, tinha raízes profundas na realidade à qual estava vinculada e correspondia a condições peculiares de sua época, tentando solucionar (soluções estas às vezes contraditórias) o aviltamento que ocorria em determinados setores da arte, devido ao advento da era industrial. No Brasil, pelo contrário, desapareceu totalmente o equilíbrio entre o aspecto técnico e o aspecto formal do *art nouveau*: a indústria local era praticamente inexistente e tudo, ou quase tudo, era importado da Europa; os problemas fundamentais que deram origem às novas pesquisas não podiam ser sentidos de modo acentuado e o *art nouveau* era visto como a última moda em matéria de decoração, que era de bom tom imitar, na medida em que fazia furor nos países tradicionalmente de grande prestígio econômico e cultural. Assim, trata-se mais uma vez de uma mentalidade

---

48. *Revista Polytechnica*, n.º 25, jan. de 1909, p. 12 (desenho da fachada).

49. Exemplo típico dessa arquitetura de fachada é o quartel de infantaria da Marinha (de 1898), primeira obra de Heitor de Mello (em estilo «Tudor»).

50. F. MOTTA, *Contribuição do Estudo do «Art Nouveau» no Brasil*, São Paulo, 1957, p. 50 (cap. 2).

51. O projeto foi exposto na Escola de Belas-Artes do Rio em 1902 e a casa foi construída em 1903. Depois, tornou-se propriedade das Cônegas de Santo Agostinho e foi destruída há algum tempo.

52. Aliás, essa decoração era muito eclética, misturando entrelaçados romanos, motivos florais do século XIII, arcos entrelaçados, *soufflets mouchettes* [parte horizontal do lacrimal de uma cornija que impede a água de escorrer — N. da T.] do *flamboyant*, e gárgulas à Viollet-le-Duc.

53. *Terra do Sol*, n.º 9, set.-out. de 1924, pp. 416-417.

54. *Architectura no Brasil*, n.º 1, out. de 1921, p. 5.

55. Como indicam claramente seus vários nomes: *art nouveau, modern style, Jugendstil, liberty*.

muito semelhante àquela que tornou possível o sucesso do ecletismo: era novamente uma arte exótica, importada por europeus e apreciada enquanto tal por uma aristocracia rural e uma grande burguesia que vivia com os olhos fixos na Europa.

Nessas condições, é fácil compreender por que o *art nouveau* desenvolveu-se principalmente em São Paulo, local onde vieram a conjugar-se uma série de fatores favoráveis. A riquíssima clientela dos plantadores de café, cujas freqüentes viagens e leitura de revistas gerais ou especializadas[56] mantinham-na em íntimo contato com a Europa, encontrou aí arquitetos, artistas e artesãos[57] emigrados diretamente dos países onde esse estilo alcançou grande força. Além do mais, tratava-se indiscutivelmente da cidade brasileira mais capacitada a apreender e partilhar o entusiasmo que se tinha apoderado da Europa no começo do século XX, e a fé no futuro da qual o *art nouveau* era uma manifestação: embora a industrialização em São Paulo fosse mais uma promessa do que uma realidade concreta, o desenvolvimento de uma importante rede ferroviária contribuiu para a transformação da mentalidade, ao mesmo tempo em que o crescimento rápido da cidade justificava o entusiasmo e as esperanças da população.

Mas o *art nouveau* não foi um fenômeno simples, fácil de ser definido. Principalmente no campo da arquitetura, o termo não está isento de equívocos, não escapa a uma certa ambigüidade já mencionada[58]; freqüentemente engloba sob certos traços comuns tendências variadas e por vezes contraditórias. De fato, existiram vários tipos de arquitetura *modern style*, que correspondiam aos centros regionais marcados pela atividade de uma ou mais personalidades particularmente fortes. Essa situação não podia deixar de se repetir em São Paulo, cidade onde o *art nouveau* foi obra de arquitetos vindos de lugares distintos.

A influência da *Sezession* vienense é perceptível em Karl Ekman, embora pareça ter sido principalmente livresca[59]: nascido em 1866, na Suécia, estudou na Escandinávia, indo depois para a América, onde trabalhou para diversas firmas em New York e na Argentina, antes de se estabelecer por conta própria no Brasil. Depois de uma rápida estadia no Rio de Janeiro, fixou-se em São Paulo, onde construiu uma série de edifícios importantes: a Escola Álvares Penteado, o Teatro São José, a Maternidade São Paulo e várias residências, das quais se destacam as da família Álvares Penteado (Vila Penteado e Vila Antonieta)[60]. Quase todos, hoje, desapareceram ou foram de uma ou outra forma mutilados[61]. Os exteriores eram sóbrios e o desenho das fachadas era fruto de um projeto geométrico típico da escola austríaca de Otto Wagner: paredes lisas vazadas por estreitas janelas retangulares, dispostas próximas umas às outras, a fim de equilibrar por sua acentuada verticalidade[62] a horizontalidade do volume do edifício, predominância da linha reta, valorizando o emprego de arcos e curvas em pontos estratégicos, decoração floral ou linear limitada a alguns motivos bem delicados, mas dispostos de modo a destacar sua importância. Podia-se encontrar essa mesma influência austríaca em certas obras de Max Hehl, mas já não era tão pura: com efeito, o gótico modernizado de seu Colégio de Santo Agostinho não passava de uma miscelânea de algumas características *Sezession* somadas a um conjunto onde predominavam formas e ornamentação góticas.

Contudo, a arquitetura de Ekman não se resumia nesse aspecto externo *Sezession*, geralmente adotado. Pelo contrário, foi no tratamento dos interiores de suas

Fig. 8. Karl EKMAN. *Casa Álvares Penteado, 1902*. Estado atual, esmagada pelos prédios que a circundam.

casas que obteve os melhores resultados e impôs sua marca pessoal. Destes, somente um sobreviveu até os dias de hoje, por milagre o mais importante, em termos históricos e estéticos — a Vila Penteado, construída em 1902. Esta residência foi de fato o primeiro edifício *art nouveau* de São Paulo. Seu proprietário, o Conde Álvares Penteado, uma das personalidades paulistas

---

56. Grande número de revistas européias de arte decorativa, que difundiam o novo estilo, era recebido em São Paulo; mas a de maior difusão era incontestavelmente a inglesa *Studio*. Cf. F. MOTTA, *Art Nouveau: um Estilo entre a Flor e a Máquina*, Cadernos Brasileiros, n.º 28, março-abril de 1965, pp. 54-63.

57. Estes, em sua maioria italianos, reunidos no Liceu de Artes e Ofícios sob a eficiente direção de Luigi Scatolini, deram uma grande contribuição para a difusão do novo estilo nas artes decorativas.

58. Y. BRUAND, *L'ambiguité de l'art nouveau en architecture*, Information d'historie de l'art, ano 9, maio-junho de 1964, n.º 3, pp. 118-124.

59. Aliás, Flávio Motta encontrou, na antiga biblioteca de Ekman, vários exemplares de um álbum fartamente ilustrado chamado *Wiener Neubauten Style der Sezession*, que demonstra o interesse do arquiteto por construções desse tipo (cf. F. MOTTA, *Contribuição ao Estudo do «Art Nouveau» no Brasil*, S. Paulo, 1957, p. 25).

60. F. MOTTA, *op. cit.*, pp. 47-48 (cap. 2). F. MOTTA, *São Paulo e o Art Nouveau*, Habitat, n.º 10, janeiro-março de 1953, pp. 3-18 (fotografias e desenhos).

61. Sobraram apenas a Escola Álvares Penteado, a Maternidade São Paulo (onde é visível a influência barroca) e a Vila Penteado, mas as duas últimas perderam grande parte de seu caráter com a construção de enormes prédios nos jardins que eram seu complemento indispensável. A fachada principal da Vila Penteado (atualmente Faculdade de Arquitetura e Urbanismo) está hoje totalmente oculta, só podendo ser vista lateralmente, e de uma distância que não permite apreciá-la inteiramente: só os fundos do edifício (hoje acesso principal) conservaram seu contexto original (Fig. 8).

62. Quando Ekman utilizava um grande vão central, como na Escola Álvares Penteado, cortava-o com vários montantes verticais a fim de conservar o mesmo efeito.

da época, ao mesmo tempo latifundiário e industrial, era grande conhecedor da vida européia e tinha um espírito esclarecido voltado para o futuro; foi ele quem encomendou a Ekman uma casa em estilo *art nouveau,* lançando uma moda que se espalhou como rastilho de pólvora.

O elemento básico da composição é o vestíbulo (Fig. 9), que ocupa todo o corpo central, em comprimento, largura e altura; não é um mero ponto de passagem, mas a peça essencial, onde se concentram todos os efeitos estéticos, tanto decorativos, quanto espaciais. Podemos encontrar ali uma aplicação característica dos princípios de Victor Horta, cujas grandes realizações Ekman certamente conhecia, seja pessoalmente, ou por meio de revistas especializadas. A liberdade da planta e da distribuição dos diferentes níveis, o efeito visual obtido pelas escadarias, tribunas e aberturas de tipo, forma e dimensões variadas que dão para esse vestíbulo, a interpenetração de espaços daí resultante, tanto vertical, quanto horizontalmente, derivam certamente de soluções e concepções adotadas por Horta nos edifícios construídos em Bruxelas alguns anos antes. Por seu lado, a decoração predominantemente com curvas e arabescos resultantes mais do jogo abstrato da geometria do que da imitação da natureza aproxima-se muito do espírito de Henry Van de Velde, outra grande personalidade artística da Bélgica, nessa época. Ekman, portanto, estava certamente a par das realizações européias e das modificações no gosto, ocorridas nas grandes capitais. Sabia inspirar-se nelas, mas não era um imitador servil: a feliz síntese que conseguiu efetuar entre a rígida simetria do estilo *Sezession,* a audácia e a liberdade de invenção dos mestres belgas é uma prova da segurança de sua escolha, de seu talento para a assimilação, e de

Fig. 9. Karl EKMAN. *Casa Álvares Penteado.* Vestíbulo.

sua criatividade. Contudo, sua originalidade deve-se principalmente à habilidade com que transformou a madeira no elemento essencial de seus interiores. Foi desse material que ele extraiu quase todos os seus efeitos decorativos, quer pelo tratamento ornamental que lhe dava, quer pelo jogo de contrastes obtido; de fato, soube manipular com destreza o contraste entre a cor escura da madeira envernizada e a claridade uniforme das paredes[63] e usar a contraluz para realçar o desenho das balaustradas, cujo perfil destacava-se nitidamente de um fundo luminoso. Para Ekman, entretanto, a madeira era muito mais do que simples meio de decoração: explorou ao máximo não só suas qualidades estéticas, como também suas possibilidades funcionais e construtivas; isto pode ser comprovado pela escadaria da Vila Penteado ou pelo teto da casa do Dr. Kowarick, já demolida. Dessa maneira, criou obras de uma unidade e uma coerência perfeitas, onde a madeira assumia um papel semelhante ao ferro fundido na arquitetura de Horta. Isto pode ter sido uma concessão às condições ainda bastante artesanais do país, mas é pouco provável, pois havia na época facilidade de importar tudo o que fosse necessário a um custo relativamente baixo: na própria Vila Penteado, lareiras, lustres, objetos e estatuetas de metal e até mesmo a grande fonte do jardim vieram diretamente da Europa. Estruturas, vigas metálicas, colunas de ferro forjado, prontas para montar na obra, grades, corrimões de escada, etc., tudo entrava livremente, como já vimos. Não foi por necessidade, portanto, que Ekman decidiu fazer *art nouveau* utilizando a madeira como elemento fundamental. Pode ser que tenha sido encorajado pela abundância e beleza das espécies encontradas no Brasil, mas sua firme tomada de posição certamente decorreu da experiência secular que os escandinavos tiveram com esse material, habituados que estavam a viver em meio a imensas florestas: o amor atávico daí resultante faz com que a madeira ainda hoje seja um dos meios de expressão preferidos pelos povos nórdicos.

O sucesso da Vila Penteado foi imediato. Estava lançado o *art nouveau,* e em alguns anos os bairros novos (Santa Cecília, Campos Elísios, Higienópolis, Vila Buarque, Bela Vista) estavam cobertos de belas residências ou de simples casas de aluguel que traziam a marca indelével — embora muitas vezes superficial — desse estilo. Quase todas foram demolidas, sendo substituídas por enormes prédios de apartamentos; o fato é lamentável, mas não se deve esquecer que a maioria dessas construções estava longe de ser obra-prima e faltava-lhe autenticidade. Além de Ekman, somente um outro arquiteto, parece ter conseguido se impor de maneira indiscutível: Victor Dubugras.

Nascido em La Fleche (Sarthe, na França) em 1868 e falecido no Rio de Janeiro, em 1933, ainda criança emigra com a família para a Argentina. Estudou arquitetura em Buenos Aires e trabalhou com o italiano Tamborini, mas cansado da situação instável desse país, instala-se em São Paulo em 1891. Durante algum tempo, foi um dos colaboradores de Ramos de Azevedo, sendo admitido em 1894 como professor de desenho arquitetônico na Escola Politécnica. Inicialmente partidário convicto dos estilos medievais[64], chegou ao *art nouveau*

---

63. F. MOTTA (*op. cit.*, p. 84) viu uma influência japonesa nessa ciência.
64. Cf. *supra*, p. 44.

em 1902, quando expôs seu projeto para a casa de Flávio Uchôa[65], construída no ano seguinte. Como já vimos, essa casa ainda era uma mistura bastante curiosa de neogótico, predominante na decoração externa em relevo, e de pitoresco, resultante da justaposição arbitrária de elementos tomados de empréstimo aos estilos mais diversos[66]. O *art nouveau* não era evidente na fachada principal; estava relegado à entrada lateral, coroada por uma marquise de cobre pontilhada de lâmpadas elétricas (Fig. 10). Era mais visível no interior, onde o vestíbulo em galeria ocupava dois andares e era decorado com pinturas inspiradas pela flora brasileira, executadas a partir de esboços do próprio arquiteto (Fig. 12). Parece certo que Dubugras empregou ali, algumas das lições tiradas de Ekman na Vila Penteado, construída no mesmo ano em que fez seu projeto. A Casa Uchôa foi um edifício de transição na obra de Dubugras: o exterior, ainda impregnado de ecletismo e de reminiscências de outros estilos históricos, era uma continuação lógica da linha que vinha seguindo; em compensação, a liberdade das soluções adotadas na disposição interna, tanto na planta, quanto na ornamentação, prenunciava a orientação muito diversa que o arquiteto, bruscamente convertido ao *art nouveau*, passou a ter logo depois.

Com efeito, o ano de 1903 marca uma reviravolta no seu estilo. É claro que a ruptura não foi total.

Fig. 11. Victor DUBUGRAS. *Casa Uchôa.* São Paulo. 1903. Detalhe da porta principal.

Fig. 10. Victor DUBUGRAS. *Casa Uchôa.* São Paulo. 1903. Entrada lateral.

Os motivos decorativos *modern style*, utilizados a partir dessa data, a princípio assemelhavam-se claramente ao repertório antes tomado de empréstimo à arte gótica: flora naturalista, arcos trilobados, rede de curvas entrelaçadas lembrando um pouco o estilo *flamboyant*, principalmente quando eram empregadas para ornamentar

65. Cf. *Revista Polytechnica*, n.º 2, janeiro de 1905, pp. 75-77 (fotografias).
66. A torre estreita redonda que flanqueia um dos lados da entrada principal apresenta falsos mata-cães encimados de uma balaustrada *flamboyant*, que circunda um mirante coberto com uma cúpula de lanternins de tipo italiano; os vários corpos da casa estão cobertos de grandes telhados salientes de águas acentuadas e múltiplas lembrando os chalés sofisticados então em moda na Europa.

Fig. 12. Victor DUBUGRAS. *Casa Uchôa.* São Paulo. 1903. Vestíbulo.

as balaustradas ou eram esculpidas na pedra para formar os peitoris das janelas, como na casa de Numa de Oliveira (Fig. 13)[67]. Rapidamente esses motivos tornaram-se mais abstratos e também mais característicos do *art nouveau,* onde quer que Dubugras empregasse o ferro: grades, varandas, caixilhos de algumas janelas. A cada ano, seus projetos tornavam-se, menos rígidos, em planta e em volume, os traçados arredondados ficaram mais freqüentes, as varandas passaram a assumir uma importância fundamental na composição, chegando mesmo a contornar quase inteiramente a casa, era o primeiro passo no sentido da etapa seguinte da carreira do arquiteto: o estilo neocolonial. É fácil acompanhar essa evolução através das fotografias publicadas por Flávio Motta[68]: constata-se uma crescente libertação das formas romanas e góticas[69], mas também uma certa depuração daquilo que o *art nouveau* tinha de gratuito, com procura de soluções arquitetônicas, ao mesmo tempo estéticas e funcionais, baseadas no emprego correto dos materiais de construção; originalmente uma das preocupações essenciais do movimento europeu, e que Dubugras foi dos poucos a preservar no Brasil.

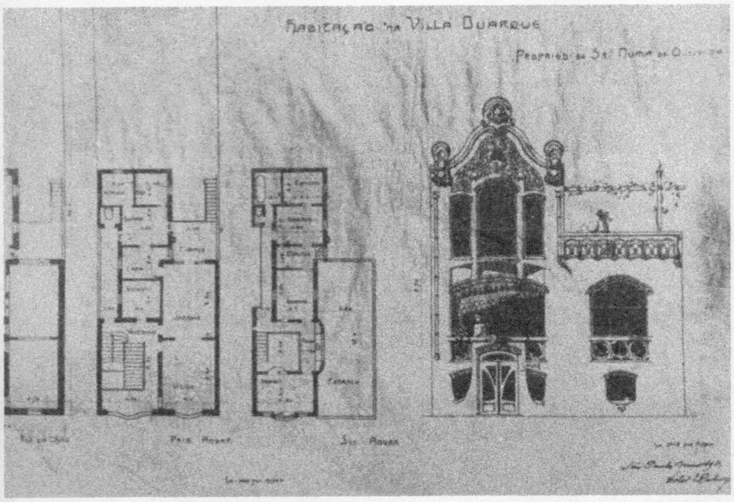

O Teatro Municipal do Rio de Janeiro teria sido, sem dúvida, se houvesse sido construído, sua obra-prima e forneceria a melhor síntese de suas sucessivas tendências. O projeto de Dubugras obteve apenas o segundo lugar no concurso realizado em 1904, sendo preferido pelo projeto do engenheiro Francisco Oliveira Passos[70]. Contudo, o projeto de Dubugras era muito mais original. Tinha respeitado a solução clássica, marcando com volumes distintos as três partes essenciais de um teatro: palco, sala de espetáculo, *foyer*. Mas apenas a planta do palco podia ser inscrita num retângulo, enquanto que, nas demais, predominava em termos absolutos, a elipse (longitudinal e truncada no caso da sala, transversal e completa no caso do *foyer*) (Fig. 15). Essa forma incomum era perfeitamente visível do exterior, embora seu movimento fosse atenuado pela aplicação de galerias superpostas. O exterior era uma curiosa mistura de formas inovadoras e de decoração tradicional, esta tomada de empréstimo tanto à arte romana italiana (galeria de arcadas finas em arco-

Fig. 13. Victor DUBUGRAS. *Casa de Numa de Oliveira.* São Paulo. 1903.

Fig. 14. Victor DUBUGRAS. *Casa de João Dente.* São Paulo. Por volta de 1910. Plantas e elevação.

pleno colocadas imediatamente abaixo do teto), quanto à deuterobizantina (pequenas torres flanqueando a fachada) e à gótica (arcos trilobados das balaustradas e da galeria lateral no térreo); é certo que o conjunto teria resultado pesado e heterogêneo. Em compensação, no interior não se repetia a mesma falta de unidade; o vestíbulo era o toque de mestre (Fig. 16): via-se o amor de Dubugras pelas galerias em arcadas que se superpunham em três fileiras, mas desta vez sem qualquer reminiscência histórica; o movimento das escadarias, o desenho sinuoso da abóbada, a decoração floral estilizada do piso, contrastando com as linhas geométricas, porém dinâmicas, dos corrimões e balaustradas de ferro forjado, finalmente a original idéia de agrupar as luminárias em torno das colunas como se fossem capitéis, todos esses elementos combinados teriam criado um conjunto sem precedentes, homogêneo, moderno, muito avançado para a época.

Dubugras aliás não foi bem-sucedido nos seus estudos para edifícios oficiais, pois seu projeto para o Congresso Federal[71], um pouco posterior ao teatro, tampouco foi construído. De boa concepção técnica[72] e funcional, não apresenta o mesmo interesse na me-

---

67. Esta é um dos raros exemplares que sobreviveram ao massacre generalizado que se abateu sobre as construções dessa época e, aliás, não deixava de ter um certo parentesco, devido a sua empena frontal e acentuada verticalidade, com as velhas casas flamengas, parentesco esse que talvez se deva ao fato da obra ser uma casa para aluguel, situada num terreno estreito e profundo como nos Países Baixos, e não uma mansão isolada em meio a um belo jardim.

68. *Op. cit.*, pp. 72-74, e *Habitat*, n.º 10, jan.-mar. de 1953, pp. 3-18, e n.º 12, jul.-set. de 1953, pp. 58-61.

69. Contudo, a fonte de inspiração não desaparece totalmente: a casa de João Dente (feita por volta de 1910), apesar de seu caráter decididamente moderno e do uso franco e resoluto do ferro, não tem uma ábside arredondada contornada por uma varanda polilobada cuja planta lembra a cabeceira de uma igreja com absidíolas (Fig. 14)?

70. Cf. *supra*, p. 35.

71. *Revista Polytechnica*, n.º 15, maio de 1907, pp. 113-121 (elevações, corte e plantas).

72. Nele, Dubugras previa que o concreto armado seria amplamente utilizado.

dida em que seu autor não pôde ou não quis neste caso se abster de utilizar um vocabulário decorativo clássico que visivelmente não o atraía. O resultado, maciço e pesado, não teria sido feliz — é o mínimo que se pode dizer.

O mesmo não aconteceu com a estação de Mayrink[73], primeiro edifício no Brasil construído totalmente em concreto armado, onde irrompe a originalidade das concepções de Dubugras, muito mais avançadas do que as de seus colegas, tanto do ponto de vista técnico, quanto estético. A escolha do concreto armado, neste caso específico, oferecia uma série de vantagens essenciais: tornava possível a obtenção de um bloco único, indeformável e capaz de resistir às trepidações, distribuindo o peso uniformemente no terreno, aliás de péssima qualidade; além disso, era um processo barato, tanto mais que a estrutura foi feita com trilhos usados. Mas Dubugras não era apenas um engenheiro competente, era também um arquiteto que jamais esquecia as preocupações estéticas; sob esse ponto de vista, dedicou-se a uma verdadeira reabilitação do concreto armado, até então desprezado e cuidadosamente dissimulado quando empregado. A estação, à qual se tem acesso através de uma passagem subterrânea, está situada entre as linhas das duas companhias ferroviárias que a utilizam, o que constitui uma solução prática para os viajantes que têm de fazer baldeação; assim, ela não tem fachada frontal e posterior e pôde ser concebida sobre uma planta absolutamente simétrica: corpo retangular iluminado por grandes vidraças, flanqueado por dois corpos secundários em semicírculo que abrigam a parte de serviços. A mesma simplicidade da planta encontra-se na elevação. Mas foram acrescentadas quatro torres nos cantos do corpo central, com finalidade puramente estética[74] (embora sejam utilizadas pelo telégrafo); são coroadas por plataformas em balanço, muito salientes, sustentadas por montantes de ferro forjado que, junto com a marquise que circunda o edifício, lembram a afeição que Dubugras tinha pelo *art nouveau*. O conjunto prenuncia de modo nítido a arquitetura funcional, mas denota um gosto acentuado pelas preocupações formais, que não foram esquecidas: no jogo hábil de curvas e de linhas retas, na justaposição de volumes simples, pressentia-se o caminho que mais tarde tomaria a arquitetura brasileira. Era cedo demais, porém, para que esse caminho fosse trilhado firmemente e o próprio Dubugras logo o abandonou para se lançar na aventura neocolonial.

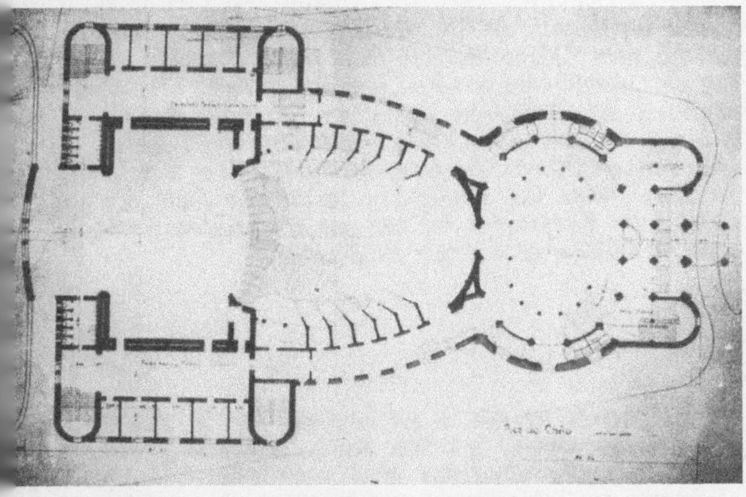

É muito mais fácil detectar em Dubugras, do que em Ekman, as influências que atuaram nesse período

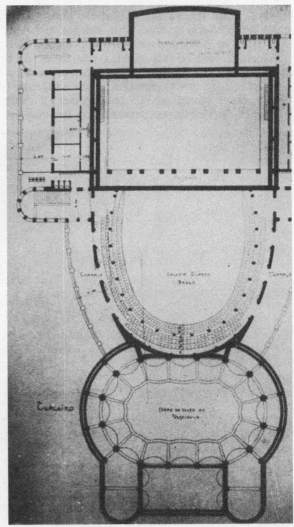

Fig. 15. Victor DUBUGRAS. *Projeto para o Teatro Municipal do Rio de Janeiro*. 1904. Plantas. Térreo.

Fig. 15a. Victor DUBUGRAS. *Projeto para o Teatro Municipal do Rio de Janeiro*. 1904. Planta do terceiro andar.

art nouveau de sua carreira. Embora nascido na França, passou toda sua vida na América do Sul; sua formação portanto, apesar de européia, não foi direta, mas sim transmitida de segunda mão por intermédio de arquitetos emigrados, como o italiano Tamburini. Daí um certo atraso em sua evolução, compensado pela necessidade de um esforço maior para se manter atuali-

---

73. *Revista Polytechnica*, n.º 22, junho-agosto de 1908, pp. 187-192 (plantas, elevações e fotografias).

74. O que valeu à estação o apelido popular de «elefante de pernas pro ar».

zado e de um aprofundamento mais pessoal nos problemas arquitetônicos e estilísticos. Não há duvida de que Dubugras possuía grande cultura arqueológica e técnica; todos os seus trabalhos o comprovam. É evidente que ele mantinha contínuo contato com a Europa através de revistas especializadas de arte ou de caráter científico, conservando sempre um equilíbrio entre o aspecto formal e o aspecto construtivo propriamente dito; de fato, desenvolveu sempre esses dois aspectos, inclinando-se ora para um, ora para o outro. Dadas essas preocupações fundamentais, as realizações que mais despertaram seu interesse foram as dos belgas Horta e Van de Velde e talvez as do escocês Mackintosh, mas é difícil encontrar nele uma influência decisiva seja de qual mestre for. Aliás, ele jamais foi tão longe no *art nouveau* quanto seus colegas europeus e só raras vezes se desembaraçou das imposições dos estilos históricos, sem dúvida alguma por causa do ambiente que o cercava no Brasil e da incompreensão que teria acompanhado toda tentativa mais audaciosa de se libertar desse contexto. Por conseguinte, a diversidade da obra de Dubugras, passando do neo-romano e

Fig. 16. Victor DUGUBRAS. *Projeto para o Teatro Municipal do Rio de Janeiro*. 1904. Elevação do vestíbulo.

do neogótico ao *art nouveau* e mais tarde ao *neocolonial*, é mais aparente do que real; é possível identificar-se nela uma grande continuidade e uma lógica interna que justificam o parentesco, sensível apesar de tudo, entre obras pertencentes a estilos tão diversos.

Comparados a Ekman e Dubugras, os arquitetos italianos que trabalharam em São Paulo no estilo *art nouveau* fazem uma triste figura[75]. De fato, contentaram em aplicar às suas construções uma decoração naturalista, que não lembra nem de longe o vigor *floreale* de seu país de origem. Essa posição retrógada é muito curiosa, já que, no campo das artes aplicadas, foram os italianos, sob a direção de Luigi Scattolini, que tiveram papel de destaque no Liceu de Artes e Ofícios; isto pode certamente ser explicado, pelas razões psicológicas já mencionadas[76] e pelo controle rígido de Ramos de Azevedo, pouco propenso a permitir que seus colegas se afastassem do vocabulário arquitetônico clássico, mas que em matéria de ornamentação era muito mais tolerante[77]. Assim, nem Domiziano Rossi, nem Micheli, nem Chiappori, nem mais tarde, Bianchi, podem ser considerados por suas realizações como adeptos fervorosos do *art nouveau;* aderiram por vezes à moda da época e conservaram ainda por muito tempo (principalmente o último) um gosto acentuado pela decoração floral, mas sua arquitetura inspirou-se mais nos modelos da Renascença do que nas construções realizadas na Europa no começo do século.

No Rio de Janeiro, o *art nouveau* não se desenvolveu tanto quanto em São Paulo. Segundo Lúcio Costa[78], um dos arquitetos mais significativos desse movimento foi Silva Costa, que construiu várias casas na Praia de Copacabana; contudo, não se pode formular qualquer juízo sobre elas, já que desapareceram sem deixar vestígios. Em compensação, subsistiram algumas obras do italiano Virzi, outro grande nome do *art nouveau* carioca; são construções bem curiosas, onde características do *modern style* misturam-se a reminiscências históricas. A casa situada na Rua da Glória, construída para o laboratório "Elixir de Nogueira", possivelmente terminada em 1916[79], tem a entrada flanqueada por potentes atlantes barrocos, exemplo característico de uma decoração sobrecarregada. Mais interessante é a casa (Fig. 17) situada no mesmo bairro, na Praia do Russel n.º 734 (antigo n.º 172), que sem dúvida alguma logo irá cair sob a picareta dos demolidores[80]. Como a anterior, é uma habitação cujo traço dominante é a verticalidade; a inspiração medieval é claramente visível nessa verdadeira torre que lembra as soluções adotadas em certas cidades italianas; o co-

---
75. Cf. E. DEBENEDETTI e A. SALMONI, *op. cit.*, pp. 57-58 e apêndice, à p. 94. A fim de ampliar o capítulo que trata do assunto, os autores incluíram obras (como as casas de Bianchi) que, de *art nouveau*, tinham apenas alguns elementos decorativos, sendo nitidamente classicizantes no restante.
76. Cf. *supra*, p. 38.
77. E ele mesmo não usou margaridas como tema fundamental da casa de Margarida Marchesini, em homenagem ao nome da proprietária?
78. L. Costa, *Arquitetura Contemporânea*, p. 19.
79. Com efeito, estão gravadas na fachada as datas «1876-1916»; é lógico pensar que a primeira se refira à fundação da firma comercial e a segunda, à instalação desta, no edifício que acabara de construir nesse local. O que se sabe da urbanização e crescimento da cidade torna essa data viável, mas isso só poderá ser confirmado através de pesquisas nos arquivos municipais. Estes, infelizmente, há vários anos não são mais acessíveis.
80. Como outra casa de Virzi, na Avenida Atlântica em Copacabana, destruída em 1964.

roamento em terraço, coberto por um telhado sustentado por finos pilares de madeira geminados e assentados sobre suportes de pedra muito salientes, tem um ar de fortificação de opereta que não é fruto do acaso; as arcadas que contornam três lados do minúsculo pátio,

Fig. 17. VIRZI. *Casa da Praia do Russel n.º 734*. Rio de Janeiro. Por volta de 1920.

como se fosse um pequeno claustro, a abundância de arcos, as colunas geminadas encimadas por capitéis, os vários ornatos em relevo, o volume saliente do segundo andar do edifício recuado, e vários outros detalhes, também contribuem para uma aproximação com a arquitetura da Idade Média. Por outro lado, as formas originais, estranhas e não raro irregulares, adotadas principalmente no traçado dos arcos, a fantasia total que reinou na justaposição e superposição de volumes, a abundância de grades e balcões de ferro forjado onde se destaca o jogo linear das diagonais e das volutas, pertencem ao espírito e ao vocabulário do *art nouveau*. A síntese é feliz e lembra um pouco a obra do catalão Gaudí, que também tinha partido de uma inspiração de origem medieval para chegar a criações totalmente inéditas. Naturalmente, Virzi não atingiu a força nem a audácia características das realizações de Gaudí, mas é incontestável que ele foi, no Brasil, um digno representante de uma tendência muito pouco difundida do *modern style*[81], na qual a ênfase maior era dada aos problemas formais.

O *art nouveau* parece ter se prolongado por muito tempo no Rio[82], integrando-se no setor da habitação popular, à onda de ecletismo histórico que assolou a cidade. Também alcançou certo êxito em edifícios comerciais e industriais, cujas fachadas não raro eram ornamentadas com abundante decoração naturalista ou por grades e balcões de ferro forjado com intrincados arabescos[83].

A moda do *modern style* não se limitou aos dois principais centros do país. Alguns traços esparsos desse estilo podem ser encontrados em Salvador e em Belo Horizonte[84]. Apesar de ter sido construída na época de maior impulso do *art nouveau*, nesta cidade apenas algumas casas, pertencentes a personalidades locais (como João Pinheiro, governador do Estado de 1906 a 1908) adotaram a nova moda, conservando, ao mesmo tempo, alguns traços tradicionais; o que ocorria na maioria dos casos era apenas uma justaposição de alguns elementos funcionais e, mais ainda, decorativos a construções de espírito diverso[85]. Não se tratava aliás de criações locais, mas sim de estruturas e de ornamentos de ferro importados diretamente da Europa e depois sem qualquer alteração montados na obra. A obra-prima é indiscutivelmente a magnífica escadaria metálica instalada no Palácio da Liberdade, sede do poder executivo: o interesse que ela apresenta é redobrado pois mostra o prestígio que tinha o ferro no campo das artes aplicadas; nesse setor, e somente nele, eram reconhecidas as qualidades estéticas do ferro, que o tornavam digno de figurar no lugar de honra de um edifício oficial, cujo arquiteto — pelo contrário — era obrigado a obedecer a um academicismo classicizante.

Contudo, a cidade brasileira mais atingida pelo *art nouveau*, além de São Paulo e Rio, acha-se às margens do Amazonas. Trata-se de Belém, capital do Pará, que, graças ao comércio da borracha, teve um desenvolvimento fantástico, mas efêmero durante a primeira década do século. A riqueza rapidamente acumulada por particulares reflete-se na construção de belas residências ou de edifícios comerciais mais ou menos suntuosos, onde podem ser encontrados vários traços *modern style*[86]. Não há nada de extraordinário nisso, uma vez que o período áureo da borracha, que fez a fortuna de Belém e de Manaus, coincidiu com o grande

---

81. Aliás, assim como Gaudí, ele utilizava muito a policromia, mas os proprietários fizeram desaparecer todos os seus vestígios quando passou a moda. Cf. L. COSTA, *op. cit.*, p. 20.
82. Virzi, por exemplo, parece ter continuado a trabalhar por muito tempo, depois da Primeira Guerra Mundial. Cf. L. COSTA, *op. cit.*, p. 20.
83. Fotografias publicadas por Flávio Motta em *Cadernos Brasileiros*, março-abril de 1956, pp. 54-63.
84. *Módulo*, n.º 38, dezembro de 1964, pp. 1-31 (fotografias).
85. Cf. *supra*, p. 42.
86. *Arquitetura*, n.º 22, abril de 1964, pp. 12-15 (fotografias).

prestígio internacional do *art nouveau*; pelo contrário, teria sido estranho que essa clientela de novos-ricos, com olhos e interesses voltados inteiramente para a Europa, não tivesse sido seduzida pelo caráter de ostentação dessa moda. Os resultados, porém, foram bastante medíocres. Mais ainda do que em São Paulo ou no Rio, a maioria dos edifícios construídos era uma extraordinária miscelânea de estilos do passado. A Vila Bolonha, obra do engenheiro Francisco Bolonha, figura de destaque do *art nouveau* em Belém, com sua pequena torre hexagonal vagamente medieval, o pórtico em arcadas, a cornija sustentada por suportes que lembram mata-cães, o térreo com ranhuras, a cobertura com mansardas, as janelas *Sezession* e, nas salas de estar do primeiro andar, as varandas em projeção que lembram a arquitetura do inglês Webb de fins do século passado, são um exemplo típico desse fato. Assim, só se pode falar de uma penetração superficial do *modern style* nas margens do Amazonas, e não da implantação concreta de um movimento original[87].

O *art nouveau* assumiu portanto no Brasil aspectos bem diferenciados segundo as regiões e segundo a personalidade e a formação dos arquitetos que o introduziram ou o adotaram. Existe, entretanto, um determinado número de pontos comuns que devem ser ressaltados. Só raras vezes foi uma tentativa de renovação da arquitetura, uma procura de um estilo característico de sua época; não teve portanto a mesma significação profunda que teve na Europa. Longe de tentar combater o ecletismo então reinante, integrou-se perfeitamente nele, tornando-se essencialmente uma moda como as demais. Não houve uma ruptura, uma incompatibilidade total com a imitação dos estilos do passado, mas uma curiosa síntese de elementos tomados de empréstimo desses estilos, principalmente da arte gótica[88], e de traços típicos do *art nouveau*. Nada de duradouro podia surgir dessas preocupações quase sempre puramente formais, principalmente numa época em que o gosto era tão instável. Enquanto que na Europa o *modern style* foi um primeiro passo no sentido de uma arquitetura realmente contemporânea, no Brasil ele não passou de mero episódio sem futuro: de fato, nesse país não se pode estabelecer qualquer relação entre esses dois movimentos, separados por um intervalo de no mínimo vinte anos, e tendo sido o primeiro decididamente ignorado pelo segundo. A nova arquitetura brasileira não nasceu de uma lenta maturação da arquitetura local — ela foi resultado mais uma vez de uma importação pura e simples do Velho Mundo. Contudo, logo superou o estágio da aplicação mais ou menos servil de certas regras e princípios e encontrou um caminho próprio. Isto deve-se indiscutivelmente ao nascimento de uma personalidade artística genuinamente brasileira, cujo primeiro sintoma foi ainda uma vez mais um estilo histórico: o neocolonial.

---

87. O *art nouveau* foi menos difundido em Manaus do que em Belém, sem dúvida devido à distância, já que, embora sendo porto para navios de grande calado, situa-se a 1 500 km para o interior do país.
88. A semelhança dos temas decorativos *modern style* e góticos (flora naturalista do século XIII, depois arabescos e linhas movimentadas do período *flamboyant*) explica essa predominância e a facilidade com que certos arquitetos como Dubugras passaram do neogótico ao *modern style*.

4. O ESTILO NEOCOLONIAL

Conforme observou Lúcio Costa[89], a controvérsia entre o "falso colonial" e "o ecletismo dos falsos estilos europeus" (que chegou ao seu ponto crítico logo após 1920) pode hoje parecer uma discussão infantil sobre o sexo dos anjos. Os partidários das duas teorias não percebiam as profundas modificações que a revolução industrial havia causado na vida contemporânea, nem os novos problemas que os arquitetos seriam chamados a resolver, a fim de dar uma resposta adequada às necessidades do homem do século XX. Ora, a arquitetura jamais foi e jamais será uma arte pela arte; ela está intimamente ligada às necessidades materiais da civilização que a faz nascer e da qual é um dos signos mais evidentes; ela não pode ignorar essas necessidades, sob pena de perder toda sua autenticidade e qualquer valor duradouro. Por conseguinte, o debate puramente formal que tinha sido instaurado era totalmente acadêmico, e não abria qualquer perspectiva nova.

Seria um erro, porém, desprezar o aspecto psicológico da questão e considerar a moda do neocolonial como um episódio inconseqüente. Esse movimento foi na realidade a primeira manifestação de uma tomada de consciência, por parte dos brasileiros, das possibilidades do seu país e da sua originalidade. Já assinalamos anteriormente a importância desse fenômeno, sem o qual a arquitetura brasileira não seria hoje o que é[90].

Nessas condições, pode parecer um pouco estranho que os precursores do neocolonial tenham sido estrangeiros radicados em São Paulo — cidade inteiramente voltada para o presente e para o futuro, que desprezava e audaciosamente destruía os vestígios de seu passado, aliás pouco significativos quando comparados aos de outras regiões. Essa anomalia pode ser explicada em parte quando se considera a nacionalidade de um desses dois arquitetos, o português Ricardo Severo, e a personalidade do outro, o já conhecido Victor Dubugras.

Originário do Porto, onde fizera seus estudos, o engenheiro Ricardo Severo[91] foi forçado a exilar-se no Brasil depois de uma conspiração para derrubar a monarquia em Portugal. Permanecendo aqui mesmo depois da proclamação da república em seu país, em 1910, tornando-se sócio e mais tarde sucessor de Ramos de Azevedo, gozando, conseqüentemente, de uma sólida posição. Homem de grande cultura, era muito ligado à arquitetura tradicional de Portugal, principalmente à da região Norte[92], que conhecia de modo admirável inclusive do ponto de vista arqueológico. Para Severo, portanto, procurar inspiração através de uma relativa imitação dos modelos de sua terra natal, era uma atitude tão natural quanto a dos imigrantes italianos, quando davam preferência aos diversos estilos originados da Renascença. Ora, esse nacionalismo português (francamente admitido por Ricardo Severo na série de con-

---

89. L. COSTA, *op. cit.*, p. 22.
90. Cf. *supra*, p. 25.
91. *Depoimentos*, I, 1960, pp. 26-31 (fotografias).
92. Precisamente a região que mais influenciou a arquitetura do Brasil durante todo o século XVIII.

ferências feitas em 1914, sob o patrocínio da Sociedade de Cultura Artística) podia encontrar no Brasil um terreno propício e uma certa lógica interna; afinal, tratava-se de uma volta à tradição, que jamais tinha sido totalmente esquecida e que podia ser considerada como um manancial característico da personalidade luso-brasileira. Mas Ricardo Severo não se limitou a conduzir com vigor sua campanha em favor do "estilo colonial brasileiro"[93], deu o exemplo, construindo, para si próprio e para alguns clientes atraídos por suas idéias e pela elegância de sua arquitetura, belas residências, todas elas infelizmente já demolidas. As mais características foram aquelas destinadas a seu próprio uso, uma em São Paulo, outra no litoral, no Guarujá (Fig. 18).

Fig. 18. Ricardo SEVERO. *Casa do arquiteto*. Guarujá (São Paulo). 1922.

e a residência Numa de Oliveira na Avenida Paulista[94]. O caráter dessas residências provinha do emprego sistemático de elementos tomados de empréstimo à arquitetura civil portuguesa dos séculos XVII e XVIII: varandas sustentadas por simples colunas toscanas, telhados planos com largos beirais, feitos de telhas-canal e tendo, nos vértices, uma telha em forma de pluma virada para cima (lembrando a moda do exotismo chinês no Século das Luzes), rótulas e muxarabis de longínqua origem muçulmana, azulejos fabricados diretamente no Porto recobrindo as paredes das varandas[95]. Contudo, não se tratava de cópias de casas antigas, as quais tinham um esquema muito simples tanto em planta, quanto no tratamento dos volumes. As casas de Ricardo Severo, pelo contrário, eram extremamente variadas e tratadas com toda a liberdade permitida pela técnica contemporânea. Não vacilava em jogar com os planos na distribuição das massas e, mais ainda, recuos progressivos em elevação, particularmente visíveis na casa do Guarujá. Na época colonial, jamais houve semelhantes exercícios de virtuosismo gratuito, e tampouco era possível cogitar o grau de refinamento alcançado por Ricardo Severo. Portanto, suas obras eram modernas, mas concebidas de modo a evocar intensamente uma arquitetura do passado.

A distinção alcançada com naturalidade, sem esforço aparente, por Ricardo Severo, não podia ser encontrada em Victor Dubugras; devido a suas origens e formação, este não podia ter a mesma sensibilidade aguçada do português em relação à arquitetura luso-brasileira, nem o mesmo conhecimento profundo dos mais ínfimos detalhes. Era bem diferente portanto o espírito que o animava: não se preocupava em empregar os mesmos materiais da época colonial, nem em reproduzir sistematicamente um repertório decorativo fiel, limitando-se a um certo parentesco formal, sem jamais se ater ao respeito de princípios absolutos. Com efeito, seu espírito ao mesmo tempo eclético e inovador levava-o a pesquisar todas as fontes, para delas extrair o que considerava melhor.

Desde 1915 Dubugras vinha adotando o novo estilo[96]; portanto parece que sua conversão foi devida à campanha em favor do neocolonial feita por Ricardo Severo em 1914. Ali estava uma nova possibilidade que surgia no momento em que o veio do *art nouveau* estava se esgotando, e Dubugras não iria deixar passar uma oportunidade de sucesso, mas também não estava disposto a renegar sua obra anterior. Sua "arquitetura tradicional brasileira" (termo que adotou para designar essa última tendência) não rompeu totalmente com as fases anteriores de sua obra, como ainda hoje pode ser constatado, através das realizações que tiveram a sorte de chegar até nós: a escadaria da Ladeira da Memória, executada quando Washington Luís era prefeito de São Paulo, e o conjunto de monumentos comemorativos do centenário da Independência[97], construídos em 1922 ao longo da antiga estrada para Santos quando o mesmo Washington Luís era governador do Estado. Em todos esses monumentos, Dubugras fez amplo uso dos azulejos desenhados por Wasth Rodrigues[98] e retomou alguns elementos clássicos da arquitetura luso-brasileira (varandas, balcões, telhados planos de telhas-canal com largos beirais, lintéis das janelas, frontões com pináculos tomados de empréstimo à arquitetura religiosa e não à civil), mas sem pretender utilizá-los de modo arqueologicamente correto; a tudo isso junta outras formas que já vinha utilizando anteriormente com freqüência (arcos-plenos de coloração romana, curvas dos degraus da escada ou das muretas das varandas que lembram o *art nouveau*); finalmente e acima de tudo, usava pedra bruta muito escura disposta de modo irregular, o que dava a seus edifícios (Fig. 19) um aspecto bruto e pesado, em violento contraste com a cor clara do reboco empregado sistematicamente na arquitetura portuguesa. A mistura de estilos e a fantasia pitoresca era ainda mais visível num de seus últimos projetos,

---

93. Publicou em 1918 um livro sobre a arquitetura tradicional no Brasil.
94. Reproduzida em *Depoimento*, I, 1960, p. 28.
95. Na casa de Numa de Oliveira, o azulejo tinha um uso bastante original (que surgira rapidamente como tema específico da arte neocolonial) pois havia uma decoração floral em azul e branco no avesso das telhas dos beirais do telhado.

96. F. MOTTA, *op. cit.*, p. 53 (cap. 2).
97. Estes são três: a pousada de Paranapiacaba, no alto da serra, a construção erguida a meia-encosta em memória do itinerário percorrido por D. Pedro I em 1822 quando tomou a decisão de proclamar a Independência, e uma grande cruz no sopé da montanha.
98. Desenhista que foi colaborador e amigo de Dubugras; era grande conhecedor da arquitetura colonial, sobre a qual tinha feito vários levantamentos.

que não chegou a ser construído: a casa de Arnaldo Guinle em Teresópolis (Fig. 20), no sopé da cadeia de montanhas dominada pelo estranho pico chamado Dedo de Deus. Não pretendia ele retomar, no edifício, a forma inesperada da montanha contra à qual este se destacava?

Fig. 19. Victor DUBUGRAS. *Monumento comemorativo do centenário da Independência do Brasil*. Caminho do Mar. 1922.

Não se pode dizer que tenha sido feliz a evolução de Dubugras em direção ao neocolonial; embora sempre se tenha preocupado com a franqueza na utilização dos materiais, fica evidente que prevaleceu afinal o lado formal, nesse último período de sua obra. Ora, esse não era o ponto forte do arquiteto, que apesar de sua inegável imaginação, era muito influenciável e de mentalidade muito eclética. Foi um retrocesso patente por parte de quem, já em 1908, tinha preconizado novos caminhos.

Embora o movimento neocolonial tenha começado em São Paulo em 1914, graças à atuação pessoal de Ricardo Severo, seguido logo depois por Victor Dubugras, não foi neste Estado que alcançou grande expansão e importância em termos históricos. Aliás, nem se poderia esperar o contrário, pois as circunstâncias não eram favoráveis. Na época colonial, São Paulo não passava de uma grande aldeia bastante pobre, que não chegou a conhecer o esplendor de outras regiões, como o Nordeste, Minas Gerais ou Rio de Janeiro. A prospe-

ridade só teve início com a exploração do café, a partir da segunda metade do século XIX. Por conseguinte, *a priori* uma volta ao passado não apresenta grandes atrativos, ainda mais quando se considera que a grande maioria da população era composta de imigrantes, sem qualquer vínculo com o país. A cidade, pelo contrário, orgulhava-se de seu crescimento extraordinário, que provocava a destruição sistemática de tudo que era um pouco mais antigo. Tal mentalidade não podia ser favorável a um movimento tradicionalista.

A situação no Rio de Janeiro era bem diversa. É certo que também ali existia a facilidade de demolir, mas essa atitude não assumia o mesmo caráter sistemático que tinha em São Paulo. E, principalmente, o clima cultural não era o mesmo; na Capital Federal existia uma elite intelectual que não ficava indiferente ao estudo das artes do passado. A Escola de Belas-Artes tinha até então procurado imitar a Europa, ignorando tudo

Fig. 20. Victor DUBUGRAS. *Terceiro projeto para a casa Arnaldo Guinle*. Teresópolis. 1927.

que lembrasse o período colonial, mas bastou que essa elite intelectual tomasse consciência do valor da arte luso-brasileira, para que um movimento neocolonial de caráter erudito, encontrasse de imediato um clima propício a seu desenvolvimento; ora, as condições eram favoráveis: em certos meios, começava-se a abandonar o ecletismo, e a sentir a necessidade de coisas novas e de uma independência que não fosse unicamente política. A volta às fontes da arquitetura "nacional" oferecia um meio de afirmar em público a personalidade brasileira e a maturidade do país[99]. Assim, bastou que surgisse no Rio um defensor resoluto da arte neocolonial, dotado de vigorosa paixão aliada a um dinamismo sem precedentes e cuja fortuna pessoal lhe dava grandes meios de ação, para que o movimento neocolonial

99. Aliás, o movimento neocolonial ocorreu simultaneamente em toda a América Latina e mesmo nos Estados Unidos.

se espalhasse como rastilho de pólvora. Esse notável defensor chamava-se José Mariano Filho[100].

Não era arquiteto, mas crítico de arte e teórico. Uma de suas primeiras iniciativas foi a criação de um importante prêmio, cujo patrono escolhido, com grande habilidade, era Heitor de Mello, arquiteto de prestígio há pouco falecido. Tratava-se de um concurso público (julgado pelo Instituto Brasileiro dos Arquitetos em 5 de setembro de 1921) "destinado a incrementar os estudos preliminares visando a criação de um tipo de arquitetura nacional, inspirada diretamente no estilo das construções arquitetônicas sacras e civis feitas no Brasil durante o período colonial"[101]. Era uma manobra hábil: de um lado, confiando a constituição do júri à organização profissional que representava todos os arquitetos, e de outro, conseguindo que os projetos fossem expostos no Salão Anual da Escola de Belas-Artes, José Mariano Filho assegurava para sua concepção da arquitetura uma grande publicidade e uma ampla penetração nos meios que desejava conquistar[102]. Dessa maneira, conseguia obter uma espécie de reconhecimento oficial de sua tomada de posição e traçava um programa para o futuro.

José Mariano valorizava fundamentalmente o aspecto plástico[103], mas, de acordo com seu ponto de vista, o estilo neocolonial não devia limitar-se apenas a retomar as formas do século XVII ou XVIII: devia ser expressão de novas formas, fiéis ao mesmo tempo ao espírito do passado e ao do presente. Essa idéia de procura criativa, não estando vinculada à forma mas ao conteúdo, podia dar uma contribuição fecunda, mas não se aplicava ao setor específico que interessava a José Mariano. Este não percebeu a contradição básica criada ao limitar suas preocupações ao aspecto formal: o vocabulário arquitetônico e decorativo da época colonial correspondia à utilização de determinados materiais, a determinados usos e a um determinado tipo de sociedade; desejar manter parte desses elementos, limitando-se a fazer algumas variações sobre os mesmos temas, quando seu significado profundo e sua verdadeira razão de ser tinha desaparecido, era o mesmo que cair no anacronismo que ele queria evitar. Assim, logo se fechou em um sistema rígido, elaborando uma verdadeira doutrina e ditando regras que chegavam a abordar detalhes muito precisos[104], permanecendo fiel até a sua morte ao que considerava como uma verdade absoluta.

A pregação apaixonada de José Mariano teve grande repercussão entre os arquitetos e o público erudito. O estilo neocolonial encontrou de imediato uma magnífica oportunidade de afirmar-se: a Exposição Internacional do Centenário da Independência[105], inaugurada em 1922. Alguns dos pavilhões brasileiros eram inteiramente acadêmicos, mas a sua maioria (e indiscutivelmente os melhores) prendia-se ao novo estilo, considerando "símbolo da emancipação artística do país", cem anos após a sua emancipação política. Quase nenhuma dessas construções subsistiu até hoje, pois eram geralmente provisórias, mas provavelmente fossem obras de qualidade e contrastassem, por sua originalidade, com o ecletismo da maioria dos pavilhões estrangeiros. Um dos mais típicos era o Pavilhão das Pequenas Indústrias, de Nestor de Figueiredo e C. S. San Juan (Fig. 21); o qual tinha buscado inspiração no

Fig. 21. Nestor de FIGUEIREDO e C. S. SAN JUAN. *Pavilhão das Pequenas Indústrias na Exposição Intercional do Rio de Janeiro*. 1922.

Convento de São Francisco, em Salvador (Bahia); inspiração esta transposta de modo muito feliz para um tipo de edifício de finalidade bem diversa; o grande frontão rococó decorado com azulejos, as duas galerias laterais superpostas lembrando a elevação dos claustros franciscanos, as torres das extremidades e todos os motivos decorativos eram tomados de empréstimo à arquitetura religiosa barroca, mas estavam integrados de modo notável no programa funcional de um pavilhão adaptado ao clima do país, com suas longas galerias para exposição abertas dos lados para permitir uma agradável circulação do ar.

Eram mais simples o Pavilhão de Caça e Pesca, de Armando de Oliveira, onde havia uma feliz combinação de elementos característicos da arquitetura rural do Nordeste brasileiro, e a grande porta monumental norte, de Raphael Galvão e M. Brasil do Amaral, tra-

---

100. Seu nome completo era José Mariano CARNEIRO DA CUNHA, mas sempre assinou os livros e artigos apenas com os prenomes.

101. *Architectura no Brasil*, n.º 1, out. de 1921, pp. 38-39 e pp. 45-46.

102. O tema proposto era o projeto de um sobrado, destinado a um terreno de 20m de largura por 50m de profundidade, e um orçamento de 100 000 mil-réis. As condições impostas eram: 1) todos os motivos arquitetônicos, decorativos ou da construção deviam inspirar-se *exclusivamente em modelos já existentes no Brasil;* 2) todos esses motivos teriam um tratamento arquitetônico tradicional (colunas galbadas, arcos das arcadas rebaixados, etc.); 3) uso exclusivo da ordem toscana; 4) uso de materiais tradicionais; 5) perfeita adaptação às condições da vida moderna (respeito aos regulamentos municipais); 6) os projetos premiados passariam a ser propriedade da Sociedade Brasileira de Belas-Artes, que os venderia em leilão trinta dias depois do encerramento do Salão da Escola de Belas-Artes, onde os projetos seriam expostos.

103. Aliás, o concurso foi julgado nesse sentido. Os três critérios adotados foram, pela ordem: 1) melhor utilização dos elementos artísticos coloniais na composição da fachada; 2) melhor distribuição da planta; 3) custo da construção. Era a consagração absoluta do aspecto decorativo, e o primeiro prêmio coube a Nereu Sampaio e Gabriel Fernandes, embora o júri julgasse a planta pouco satisfatória e o orçamento máximo previsto tenha sido ultrapassado.

104. *Architectura no Brasil*, n.º 24, set. de 1924, p. 161 («Os Dez Mandamentos do Estilo Neocolonial»).

105. *Ibid.*, n.º 3, dez. de 1921, pp. 93-112 (desenhos, elevações e plantas). *Ibid.*, n.º 24, set. de 1924, pp. 143-157 (fotografias).

tada com uma sobriedade que acentuava os elementos tomados de empréstimo à arquitetura tradicional. A única obra neocolonial da exposição que existe até hoje do prêmio Heitor de Mello em 1921) parecia um convento do século XVIII, o de Angelo Bruhns oscilava entre a arquitetura laica e a religiosa, o de Raphael

Fig. 22. Arquimedes MEMÓRIA e F. CUCHET. *Pavilhão das grandes indústrias na Exposição Internacional do Rio de Janeiro* (atual Museu Histórico Nacional). 1922.

Fig. 23. Ângelo BRUHNS e José CORTEZ. *Escola Normal* (hoje Instituto de Educação). Rio de Janeiro. 1926-1930. Fachada.

é o atual Museu Histórico Nacional (Fig. 22), na época, Palácio das Grandes Indústrias, obra de Memória e Cuchet. Em princípio, não passava da restauração do antigo arsenal de 1762, mas na realidade foi feita uma reconstrução completa, onde os arquitetos demonstraram grande liberdade de interpretação e um conjunto muito bem resolvido, cujo principal atrativo é seu jogo cromático: o rosa dominante das paredes se harmoniza perfeitamente com o cinza de reflexos azulados dos pilares de canto feitos de pedra aparente, com o marrom escuro das galerias de madeira do andar superior, com o azul e branco dos azulejos e das telhas envernizadas no avesso dos beirais. Aliás, a reabilitação da cor foi uma das contribuições indiscutíveis do estilo neocolonial, primeira manifestação de uma tendência que, mais tarde, será encontrada na arquitetura "moderna" local.

O sucesso do neocolonial na exposição internacional de 1922 teve profunda repercussão; o estilo não apreciado apenas em termos locais, mas também elogiado pelos estrangeiros, encantados com o exotismo que ele exalava; por sua vez, esses elogios reforçaram o entusiasmo brasileiro pelo movimento, que a partir de então passou a contar com o apoio oficial declarado. Em 1926, quando o Ministério da Agricultura instituiu um concurso para a escolha do anteprojeto do pavilhão do Brasil na Exposição de Filadélfia, a primeira condição do programa era a adoção do estilo colonial. Os seis projetos apresentados pelas figuras de proa do setor eram muito distintos, mas evidenciavam as dificuldades com que se deparavam os arquitetos quanto à escolha do caminho a seguir[106]: os dois projetos de Elisário Bahiana pareciam grandes casas residenciais, o de Nereu Sampaio e Gabriel Fernandes (vencedores

Galvão e Edgar Vianna tinha encontrado o equilíbrio monumental necessário, mas às custas das soluções funcionais; só o projeto vencedor, do jovem Lúcio Costa, resolvia perfeitamente os problemas de distribuição interna e de circulação, conservando ao mesmo tempo um grande parentesco formal com a arquitetura da época colonial.

A mais importante realização oficial no estilo neocolonial foi a Escola Normal do Rio de Janeiro (hoje, Instituto de Educação), obra de Angelo Bruhns e do português José Cortez (construída entre 1926-1930). Nela, percebe-se mais uma vez a inspiração da arquitetura monástica, tanto na parte externa (Fig. 23), quanto internamente. O pátio, com sua fila tripla de galerias superpostas, faz lembrar os antigos colégios

Fig. 24. Ângelo BRUHNS e José CORTEZ. *Escola Normal*. Rio de Janeiro. 1926-1930. Pátio central.

---

106. *Ibid.*, vol. V, abril-maio de 1926, n.º 28, pp. 117-118.

jesuítas (Fig. 24), enquanto o corpo central da fachada se assemelha aos frontispícios de algumas igrejas de conventos da região de Pernambuco. Contudo, o cunho clássico está presente tanto na simetria absoluta do conjunto, quanto nas ranhuras que ressaltam a austeridade do térreo, austeridade essa que contrasta com uma certa exuberância decorativa dos demais andares. É visível terem os arquitetos pretendido dar ao edifício um caráter monumental, o que pensavam só ser possível através de um equilíbrio do todo, mas sem excluir a fantasia nos detalhes[107].

Mais ainda do que nos edifícios públicos, o neocolonial triunfou na arquitetura residencial, mas é curioso notar que a maior aceitação em termos quantitativos não foi de um estilo de origem autóctone, e sim a moda das casas "missão espanhola", importada dos Estados Unidos por Edgar Vianna. Esse estilo com maciças arcadas em arco-pleno, colunas torsas, reboco grosso em relevo com desenhos informais lembrando vagamente a decoração árabe[108], não será examinado mais detalhadamente pois também não passou de uma forma de ecletismo exótico, de interesse limitado. Merece maior atenção a verdadeira conversão ocorrida na Escola de Belas-Artes, em 1925, cujos formandos apresentavam projetos em estilo neocolonial, destacando-se dentre eles os de Attílio Correa Lima e Paulo Antunes Ribeiro[109] que, a seguir, iriam destacar-se em outro caminho, o da arquitetura "moderna". O arquiteto mais intimamente vinculado a essa dupla aventura, cuja personalidade marcou tanto o movimento neocolonial, quanto o movimento racionalista posterior, foi sem dúvida Lúcio Costa. Pode parecer estranho que um jovem de vinte e quatro anos (em 1924, quando se formou pela Escola) tenha conseguido tamanha ascendência sobre seus colegas assumindo rapidamente o papel de líder, mas o fato é explicável: sua vasta cultura, a formação parcialmente européia, a segurança de seu gosto, a grande modéstia e o apoio de José Mariano foram os elementos essenciais de sua rápida ascensão. Associado a Fernando Valentim, projetou e construiu uma série de casas de estilo neocolonial de interesse considerável, pois já continham o germe da evolução que alguns anos mais tarde o levou até a nova arquitetura. A título de exemplo, vejamos o projeto de Raul Pedrosa[110]; o aspecto geral era típico do neocolonial, mas havia uma coerência total entre a disposição da planta (Fig. 25) e a distribuição dos volumes (Fig. 26); cada um destes correspondia a uma parte bem definida da casa (da esquerda para a direita: partes baixas destinadas aos empregados, bloco principal com planta em "L", pórtico encimado por um terraço, ateliê); a hierarquia entre essas partes era nitidamente marcada por uma diferença de altura, mas não havia qualquer rigidez; a composição era livre e o jogo dos telhados de uma, duas e quatro águas estabelecia uma transição e uma

gradação cuidadosamente estudadas, que davam ao todo um equilíbrio entre a lógica e a imaginação, equilíbrio esse que resultava num encanto muito especial. Os elementos decorativos eram tomados de empréstimo ao passado, mas não se excluía pesquisas novas em outros setores. Aliás, quando construiu na mesma época para a família Daudt de Oliveira duas casas geminadas com um jardim comum[111], Lúcio Costa soube aliar a seme-

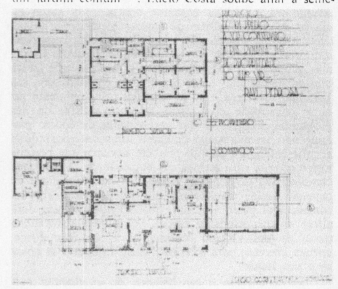

Fig. 25. Lúcio COSTA e Fernando VALENTIM. *Projeto para a casa de Raul Pedrosa, na Rua Rumânia*. Rio de Janeiro. 1925. Plantas.

Fig. 26. Lúcio COSTA e Fernando VALENTIM. *Projeto para a casa de Raul Pedrosa, na Rua Rumânia*. Rio de Janeiro. 1925. Elevação.

lhança entre elas com variações que evitavam uma simetria absoluta, tanto em planta, quanto em elevação, a fim de obter uma unidade que descartava qualquer traço de monumentalidade capaz de perturbar a intimidade, monumentalidade essa sem razão de ser numa simples residência familiar. Mais perspicaz do que os

---

107. Como as corujas (símbolo da ciência) dos azulejos que decoram a parte de baixo das telhas dos beirais do pórtico situado no pátio, atrás da fachada.
108. *Architectura no Brasil*, n.º 25, nov. de 1925, pp. 16-23 (fotografias, cortes e elevações).
109. *Ibid.*, pp. 25-33.
110. *Ibid.*, n.º 27, fev.-mar. de 1926, pp. 86-87 (elevações, plantas e cortes).

111. *Arquitetura e Urbanismo*, n.º 5, set.-out. de 1938, pp. 238-250.

arquitetos mais idosos que ele, Lúcio Costa logo percebeu que a adoção de um "estilo" não bastava para resolver os problemas. Enquanto José Mariano louvava a necessidade de o neocolonial estar perfeitamente adaptado à vida moderna, mas dando ao aspecto formal uma importância tal que se tornava prisioneiro de um sistema[112], enquanto muitos de seus colegas incorriam no erro de querer imitar fielmente os detalhes da arquitetura da época colonial, continuando assim escravos de um ecletismo de caráter histórico e de um decorativismo superficial, Lúcio Costa tinha compreendido que era preciso não se ater à interpretação literal, mas procurar também encontrar o espírito que presidira ao nascimento dessa arquitetura colonial: ora, seu principal valor era o de ter trazido, principalmente para a construção civil, uma resposta satisfatória aos problemas decorrentes das necessidades da época; portanto não bastava tomar de empréstimo seu vocabulário arquitetônico, era preciso também transpor sua perfeita lógica interna para termos contemporâneos. A profunda compreensão do sentido verdadeiro da arquitetura do passado, assim manifestada por Lúcio Costa, era um considerável passo à frente, que o distanciou em definitivo de um ecletismo estéril. Só faltava agora libertar-se de um vínculo sentimental a um formalismo, apenas externo, para que um futuro brilhante se abrisse a sua frente.

Procedendo-se a um balanço do movimento neocolonial, conclui-se que ele foi bastante positivo, apesar da contradição que o condenava desde a origem. É verdade que, no conjunto, ele foi essencialmente um retorno um tanto nostálgico ao passado. O fato de ter empregado de modo diferente elementos antigos ou mesmo de ter imaginado algumas variantes originais[113] não basta para dar a esse estilo um verdadeiro caráter criativo, uma real independência; as tendências arqueológicas predominam nitidamente. Havia além de tudo, por parte da maioria dos arquitetos, um desconhecimento dos princípios básicos e da diversidade da arquitetura luso-brasileira dos séculos XVII e XVIII; não se fez uma diferenciação entre a arquitetura laica e a religiosa, nem se levou em conta as várias diferenças regionais existentes. A preocupação predominante com a forma decorativa levou a tomar de empréstimo e a misturar sem discernimento o repertório utilizado nas construções mais ricamente ornamentadas, isto é, nas igrejas da Bahia e de Pernambuco, para aplicá-lo a edifícios de finalidade totalmente diversa[114]. Dessa confusão entre os gêneros e desse arbítrio resultava uma inevitável artificialidade. Enfim, e acima de tudo, essas pesquisas puramente plásticas (ou quase) desviavam, os que a ela se dedicavam, do estudo de soluções para os problemas contemporâneos; é claro que se podia construir em estilo neocolonial igrejas, casas e palácios (e até mesmo pavilhões de exposição que se assemelhavam a este último gênero), mas nunca (a menos que se caísse na arbitrariedade total) prédios de escritórios ou de apartamentos, fábricas e outros edifícios típicos da civilização industrial. Por conseguinte, tudo não passava de simples capricho estético de natureza erudita e não de uma solução para o futuro.

Contudo, não se deve julgar o movimento neocolonial em função de princípios gerais, mas sim em função de sua contribuição para o contexto brasileiro; ora, essa contribuição não foi nada desprezível. Deixaremos de lado o aumento de interesse que na época se manifestou pela arquitetura autêntica da época colonial. Ao contrário do que se possa pensar, o movimento neocolonial não foi apenas uma conseqüência desse renovado interesse pela arquitetura colonial; num primeiro momento ele contribuiu para o aprofundamento do conhecimento que se tinha dessa arquitetura[115] e conseqüentemente ajudou a conservação de um patrimônio artístico, cujo valor vinha sendo esquecido. Isso foi de grande valia, mas apresenta um interesse apenas indireto para nosso trabalho. Também é preciso constatar que o neocolonial produziu algumas obras de inegável valor estético, por exemplo, o atual Museu Histórico Nacional; o fato de ser um exemplo perfeito de arquitetura completamente voltada para o passado, em nada diminui suas qualidades intrínsecas; até então, nenhum resultado equivalente tinha sido alcançado com os outros estilos contemporâneos[116]. Mais importante entretanto é o fato de alguns pioneiros da nova arquitetura brasileira (Lúcio Costa, Attílio Correa Lima, Paulo Antunes Ribeiro, Raphael Galvão e outros) terem passado por uma fase neocolonial antes de se tornarem discípulos de Le Corbusier. Certas particularidades do movimento racionalista brasileiro não poderiam ser explicadas sem se levar em consideração esse fato evidente. Até mesmo Niemeyer, que sempre recusou tomar de empréstimo formas do passado, jamais renegou a influência difusa que a arte colonial teve sobre ele, em conseqüência do ambiente que o cercava[117]. Enfim, a arquitetura neocolonial foi o símbolo de uma tomada de consciência nacional, que a seguir iria se desenvolver e dar um caráter particular às realizações brasileiras. Por conseguinte, por mais estranho que possa parecer, *a priori,* o estilo neocolonial constituiu-se numa transição necessária entre o ecletismo de caráter histórico, do qual era parte intrínseca, e o advento de um racionalismo moderno, cuja origem foi a doutrina de Le Corbusier, mas cuja grande originalidade local não pode ser questionada.

* * *

112. Aliás, José Mariano não se limitou à teoria, mas fez, ele mesmo, o projeto de sua residência, o Solar do Monjope, uma construção de grande porte intermediária entre casa e palácio, no bairro do Jardim Botânico.

113. Como as telhas vitrificadas com figuras azuis sobre fundo branco que são encontradas com freqüência sob os beirais dos telhados.

114. De fato, poucas foram as igrejas construídas em estilo neocolonial e elas apresentam um interesse apenas limitado. Pode-se citar: a do bairro da Urca no Rio, de Faro Filho, e a do Convento do Carmo em São Paulo (1928).

115. Muitos levantamentos de arquitetura luso-brasileira foram então realizados, tendo em vista sua eventual utilização pelos arquitetos contemporâneos. Cf. F. RANZINI, *Estylo Colonial Brasileiro: Composições Architectonicas de Motivos Originaes,* São Paulo, 1927, 40 ilustrações.

116. Basta comparar o Museu Histórico Nacional com o fraco Palácio da Câmara dos Deputados, dos mesmos arquitetos, Memória e Cuchet, para perceber que, em matéria de ecletismo, o estilo neocolonial correspondia melhor às possibilidades locais do que um pseudoclassicismo superficial fruto da total incompreensão dos atrativos do neoclassicismo.

117. Ora, esse clima devia-se parcialmente ao sucesso da arquitetura neocolonial, que constituía sem dúvida um contra-senso histórico e lógico, mas que contribuiu para a revalorização da arquitetura luso-brasileira tradicional, facilitando seu estudo e divulgação e mesmo, em alguns casos, sua compreensão profunda.

Portanto, no período que vai de 1900 a 1930 aproximadamente, a arquitetura no Brasil passou por um certo número de vicissitudes. Os estilos históricos justapuseram-se ou sucederam-se num ritmo impressionante, sem conseguir lançar bases duráveis. Com efeito, não tinha sentido querer manter e adaptar as formas do passado a programas novos, possibilitados pelo emprego de novas técnicas e materiais; esse fato, porém, não foi compreendido de imediato, e o que tinha ocorrido no século anterior na Europa, aconteceu no Brasil no começo deste século. Só se percebeu com atraso que o ferro e, principalmente, o concreto armado podiam ser utilizados de modo ao mesmo tempo racional e estético, de maneira a gerar um novo estilo, que rompesse com o que se tinha feito até então. Assim, não se deve ver no triunfo do ecletismo até por volta de 1930, o reflexo automático de um atraso técnico[118] e o indício de um desconhecimento das possibilidades materiais dos novos meios de construção; os arquitetos sabiam servir-se destes perfeitamente, e fizeram-no com freqüência, mas sem abandonar o antigo vocabulário arquitetônico, reduzido a um papel puramente formal[119]. Essa atitude era fruto de uma escolha voluntária, explicada por um apego conservador a princípios superados e por um complexo de inferioridade generalizado, ambos perceptíveis nas classes dirigentes do país. O apelo sistemático a estrangeiros vindos dos quatro cantos da Europa, trazendo consigo as características locais de que gostavam, só serviu para reforçar a tendência para a diversificação. De fato, é necessário fazer uma constatação espantosa: durante todo esse período, são raros os arquitetos brasileiros que chamem atenção; e mais, aqueles que na época gozavam de maior renome (Ramos de Azevedo em São Paulo, Heitor de Mello no Rio, por exemplo) mostraram-se os mais fiéis defensores das tradições européias e os menos originais. Os primeiros sintomas de um despertar propriamente brasileiro e de uma procura de unidade estilística só começaram a manifestar-se a partir de 1920, quando aos poucos o movimento neocolonial foi se impondo. Este, porém, não era mais do que um beco sem saída; não podia frutificar sem que ocorresse uma profunda transformação na maneira de encarar os problemas. Por conseguinte, mais uma vez foi preciso apelar para a cultura européia (mas desta vez para a cultura contemporânea), antes que o arquiteto brasileiro fosse capaz de trilhar seu próprio caminho e encontrar uma solução para o futuro. Essa reviravolta esboçou-se de modo tímido por volta de 1930, data que, sob todos os pontos de vista, é um marco na história do Brasil.

---

118. É claro que existia esse atraso nas possibilidades oferecidas pelo local, mas isso era compensado pela facilidade de importação.

119. Aliás, esses arquitetos eram na maioria europeus ou tinham-se formado no exterior, como Ramos de Azevedo. Conheciam perfeitamente os progressos efetuados no setor da construção.

2. AS PREMISSAS DA RENOVAÇÃO
(1922-1935)

Para abordar o problema das origens da renovação da arquitetura no Brasil, impõe-se um recuo no tempo. Assim como evidentemente os estilos históricos não desapareceram de um momento para o outro[1], o movimento "moderno" não surgiu repentinamente. Por mais que assim possa parecer, ele é no entanto resultado da evolução do pensamento de alguns grupos intelectuais brasileiros, especialmente paulistas, evolução essa que criou um mínimo de condições favoráveis, sem as quais as primeiras realizações do gênero não teriam frutificado. É necessário, portanto, analisar rapidamente esse fenômeno antes de se proceder ao exame das posições teóricas assumidas pelos arquitetos de vanguarda e das obras pioneiras do movimento.

1. A VANGUARDA PAULISTA E A SEMANA DE ARTE MODERNA[2]

Os movimentos de vanguarda europeus, que agitaram as letras e as artes no início do século XX, não tiveram repercussão alguma no Brasil, até o término da Primeira Guerra Mundial. Contudo, desde 1912, o poeta Oswald de Andrade, que tomara conhecimento em Paris do Manifesto de Marinetti, empenhava-se na divulgação dos princípios futuristas; embora rejeitasse integralmente, como seu colega italiano, os valores do passado, deles se valia para exigir uma poesia e uma pintura "nacionais", inspiradas na "paisagem, na luz, na cor, na vida trágica e opulenta do interior do Brasil"[3]. Fica assim evidenciada, desde suas origens, a dualidade do "modernismo" brasileiro, na tentativa de sintetizar preocupações ao mesmo tempo revolucionárias e nacionalistas.

Nem os escritos de Oswald de Andrade, nem as primeiras exposições expressionistas realizadas em São Paulo por Lasar Segall (março-abril de 1913) e Anita Malfatti (maio de 1914) provocaram controvérsias dignas de nota. O mesmo não ocorreu com a segunda exposição de Anita Malfatti, realizada de 12 de dezembro de 1917 a 10 de janeiro de 1918, que alcançou relativo sucesso, tendo a crítica se mostrado inicialmente prudente. No entanto, um artigo de Monteiro Lobato[4], acendeu subitamente o estopim. O prestígio do autor, que chamava a artista de "ser bizarro", com visão anormal, levou milhares de paulistas a compartilhar de sua opinião: quadros adquiridos foram devolvidos, recaindo o descrédito sobre a jovem que, profundamente atingida por esse ataque pessoal, passou a duvidar de si mesma. A atitude pouco elegante de Monteiro Lobato teve, porém, um resultado aparentemente paradoxal, mas perfeitamente lógico nesse contexto: um grupo de jovens da sociedade paulistana, ciosos de afirmação nas letras e nas artes[5], organizou-se em torno de Anita Malfatti, considerada vítima da incompreensão de seus concidadãos. Constituía-se, assim, o núcleo dos futuros organizadores da Semana de Arte Moderna de 1922. Oswald de Andrade assumiu a liderança do grupo e respondeu a Monteiro Lobato num artigo publicado no *Jornal do Comércio* de 11 de janeiro de 1918, um dia após o encerramento da exposição. A polêmica estava iançada, encontrando assim os jovens rebeldes um meio de romper com o confinamento a que estavam reduzidos.

O impacto provocado pela exposição de Anita

---

1. Vários vestígios deles podem ainda ser encontrados, apesar do prestígio da arquitetura «moderna».
2. M. DA SILVA BRITO, *História do Modernismo Brasileiro. I. Antecedentes da Semana de Arte Moderna*, São Paulo, 1958, in-oitavo. Infelizmente, essa obra fundamental se detém nos antecedentes da Semana de Arte Moderna, não tendo sido publicado o segundo volume. Quanto à Semana, pode-se consultar os depoimentos recolhidos pelo jornal *O Estado de S. Paulo* por ocasião do quadragésimo aniversário da manifestação: Suplemento Literário, n.º 269, 17 fev. 1962, e n.º 277, 14 abr. 1962.
3. «Em prol de uma Pintura Nacional», *O Pirralho*, n.º 168, 4.º ano, 2 jan. 1915. Aliás, o futurismo de Oswald de Andrade era, antes de tudo, literário. Parece mesmo ter desprezado ou ignorado os manifestos de Boccioni e Sant'Elia sobre escultura e arquitetura futuristas.
4. Publicado em 20 de dezembro de 1917, na edição vespertina de *O Estado de São Paulo* e integralmente transcrito por M. DA SILVA BRITO, op. cit., pp. 45 a 49.
5. Oswald de Andrade, Mário de Andrade, Guilherme de Almeida, Agenor Barbosa, Ribeiro Couto, Cândido Mota Filho, João Fernando de Almeida Prado e o pintor Di Cavalcanti.

Malfatti atenuou-se aos poucos, mas os contatos estabelecidos nessa oportunidade favoreceram a conscientização desses intelectuais insatisfeitos quanto às suas possibilidades. O grupo organizou-se objetivamente em 1920, mas não deu início imediato às hostilidades. Começou-se por contemporizar, obtendo inclusive o apoio de Monteiro Lobato, visando impor às autoridades o reconhecimento do valor de Vítor Brecheret, escultor descoberto por Oswald de Andrade, Di Cavalcanti e Menotti del Picchia. O projeto de Brecheret para um monumento às bandeiras não foi realizado, conforme previsto, para a comemoração do centenário da Independência, em 1922[6]. Teve no entanto acolhida favorável da crítica, quando apresentado ao público em 28 de julho de 1920. No ano seguinte, uma estátua de Eva era adquirida pela Prefeitura e colocada no Parque Anhangabaú, no centro da cidade, enquanto o artista ganhava uma bolsa do governo do Estado para ir a Paris. Tais fatos encorajaram os "futuristas"[7] a empunhar armas. Em 9 de janeiro de 1921, quando do banquete oferecido a Menotti del Picchia pelos principais literatos paulistas de então, Oswald de Andrade[8] fez um discurso em que ressaltou ser a obra do homenageado somente aceita pelos "conservadores", e proclamando pertencer este ao grupo dos jovens inconformados que tinham a firme determinação de se afirmarem. O espanto que atingiu inicialmente os meios criticados — sem entretanto fazê-los protestar — cedeu lugar rapidamente a uma reação violenta, quando Oswald de Andrade franqueou a Mário de Andrade as colunas do *Jornal do Comércio*, para que ali publicasse uma série de artigos sobre os "mestres do passado"[9]. Todos os literatos brasileiros da geração anterior e cujo prestígio estava então no auge, eram aí solenemente enterrados, como glórias defuntas, sem interesse algum para as futuras gerações. Em outubro de 1921, os dois Andrade, líderes do grupo, foram ao Rio de Janeiro manter contato com os intelectuais da Capital Federal para que compartilhassem a inquietação de seus colegas paulistas. Graça Aranha, que retornava nesse momento da Europa, aderiu ao grupo futurista, apoiando-o com todo seu prestígio, assegurando assim uma nova força e um novo entusiasmo ao movimento.

Foi nessa atmosfera tensa que surgiu repentinamente a idéia da Semana da Arte Moderna. Há vários meses os jovens paulistas cogitavam uma manifestação para 1922, ano comemorativo do centenário da Independência. Em novembro de 1921, durante uma exposição de Di Cavalcanti na livraria de Jacinto Silva, essa antiga aspiração assumiu sua forma definitiva — a de uma semana de arte moderna, da mesma forma como existiam as semanas de moda. Inicialmente, foi prevista apenas uma exposição de pintura e esculturas, acompanhada de conferências e sessões de leituras poéticas, na livraria de Jacinto Silva, este sempre pronto a colocar a sua livraria à disposição do grupo futurista. O apoio financeiro do rico cafeicultor Paulo Prado, a intervenção de Graça Aranha, o dinamismo do escritor René Thiollier, principal organizador, fizeram com que a manifestação se revestisse de um caráter excepcional e encontrasse um contexto proporcional às ambições dos que a tinham imaginado: a locação do Teatro Municipal transformou-se num acontecimento da vida paulistana, o que não teria passado de um fato de pequena importância. Inaugurada em 13 de fevereiro de 1922, a Semana desencadeou paixões e atingiu seu objetivo: pouco importava tivessem sido as conferências vaiadas com freqüência e a crítica severa quase sempre encarado as manifestações como uma palhaçada digna de um circo e não da literatura e das artes — o impacto emocional havia sido considerável, pelo menos em São Paulo[10].

Não se deve porém exagerar quanto às suas repercussões imediatas no plano literário e, sobretudo, artístico. Com o passar dos anos, criou-se uma certa mística sobre a Semana da Arte Moderna, sendo apresentada como uma transformação decisiva, uma verdadeira revolução radical, de incalculáveis conseqüências. Na realidade, seus participantes não tinham nenhum programa coerente[11]. O denominador comum era sobretudo de natureza negativista e demolidora: a ruptura com o passado e a independência cultural frente à Europa — especialmente Portugal e França, países que haviam marcado de modo mais profundo a literatura e as artes brasileiras — eram os dois pontos fundamentais, de uma clareza por sinal ilusória. A revolta contra a tradição e o retorno às fontes primitivas, que caracterizaram o movimento "antropofágico" dos anos seguintes à explosão de fevereiro de 1922, não podiam ser dissociados da atmosfera de Paris, para onde se voltavam os olhos de toda a elite brasileira, quer conservadora, quer revolucionária[12]. Mas os responsáveis pela Semana em absoluto se preocupavam com suas contradições internas, com a falta de uma unidade real, das obras lidas ou tocadas nas salas do Teatro Municipal. Tratava-se, antes de tudo, de uma manifestação de pro-

---

6. O fato de a colônia portuguesa de São Paulo desejar também oferecer um momento sobre o mesmo tema (que seria executado pelo escultor português Teixeira Lopes) criou uma rivalidade, levando ao abandono dos dois projetos. O de Brecheret foi retomado bem mais tarde e inaugurado em 1958.

7. Na época, este rótulo, que era aceito pelas pessoas envolvidas, estendeu-se a todos os não-conformistas que desejavam uma renovação qualquer e a todos os que se afastavam da linha tradicional, mesmo que discretamente. O termo «modernista», hoje empregado com freqüência para designar aqueles que participaram da Semana de Arte Moderna, surgiu bem mais tarde, para evitar confusão com o futurismo italiano.

8. Texto em M. DA SILVA BRITO, *op. cit.*, pp. 157 a 159.

9. «Mestres do Passado», *Jornal do Comércio* de 2, 12, 15, 16, 20 e 23 de agosto e 1.º de setembro de 1921. Texto reproduzido por M. DA SILVA BRITO, *op. cit.*, pp. 223 a 276.

10. De fato, no Rio de Janeiro parece ter sido bem reduzido, apesar da participação ativa dos literatos cariocas e da importância do programa musical que contribuiu para o lançamento do jovem compositor local Villa-Lobos. Foi praticamente nulo nas outras cidades brasileiras, que, na sua maioria, ignoraram totalmente a Semana. Cf. os testemunhos de personalidades imparciais, como Rodrigo Mello Franco de Andrade e Carlos Drummond de Andrade em *O Estado de S. Paulo*, Suplemento Literário, n.º 269, 17 fev. 1962, p. 1.

11. Menotti del Picchia propusera um programa futurista no artigo «Na Maré das Reformas», publicado no *Correio Paulistano* em 24 de janeiro de 1921 (texto reproduzido por M. DA SILVA BRITO, *op. cit.*, pp. 164-166). Mas era um programa vago, limitado a algumas idéias gerais e essencialmente literário.

12. Sem dúvida alguma, ninguém descreveu melhor a situação da década de vinte do que Mário Pedrosa: «Escritores e artistas vindos a Paris defrontavam-se com um novo culto por tudo aquilo que era ingênuo, bárbaro, antiintelectual, anticivilizado, antiocidental. Compreenderam a contribuição que poderia ser dada pelos valores instintivos e primitivos, que podiam fazer surgir de seu próprio solo, sem a necessidade de procurá-los na África, na Ásia ou nas ilhas perdidas do arquipélago oceânico. Foi partindo de Montparnasse e de Montmartre que eles descobriram nosso país. Seu evangelho baseou-se, assim, na fusão de dois termos opostos: cultura e instinto». (*Architecture d'aujourd'hui*, n.º 50-51, dez. de 1953, p. XXI).

testo, de um desafio à opinião pública, revestido em sua essência crítica de um certo caráter anárquico.

A prova mais evidente da falta de coerência da Semana, enquanto conjunto de propostas de vanguarda estava na sessão consagrada à arquitetura. Os organizadores contavam com grande número de literatos, quatro pintores (Anita Malfatti, Di Cavalcanti, Vicente do Rego Monteiro e o suíço John Graz), um escultor (Brecheret)[13], um compositor (Villa-Lobos); era também necessário um arquiteto para que a exposição fosse completa. Recorreram, então a um espanhol radicado em São Paulo, Antonio Garcia Moya, autor de casas inspiradas na tradição mourisca espanhola, que, em suas horas livres, colocava no papel desenhos de uma arquitetura visionária que agradava aos futuristas por sua fisionomia extravagante[14]. Nada de válido poderia daí resultar, e torna-se difícil caracterizar melhor a diferença entre o caráter puramente especulativo e gratuito dos projetos visionários, fortemente marcados por um cunho passadista e as necessidades concretas, que o arquiteto jamais pode abandonar.

Portanto, de um ponto de vista objetivo, não exerceu a Semana de Arte Moderna qualquer influência direta sobre a arquitetura. Isto não significa, no entanto, que seu papel tenha sido nulo. Ela criou um clima novo, revelou um espírito de luta contra o marasmo intelectual, contra a aceitação incondicional dos valores estabelecidos. Mesmo que suas conseqüências não tenham sido imediatas, mesmo que a revista de arte moderna, Klaxon, lançada alguns meses depois, não tenha sobrevivido[15], não resta dúvida de que algo mudou no ambiente geral. Além disso, a unanimidade em contestar e a ausência de um verdadeiro programa construtivo, que caracterizaram a manifestação, eram reflexo de uma insatisfação profunda e de uma hesitação quanto ao caminho a seguir. Havia, portanto, uma predisposição de espírito por parte daqueles que se revoltaram contra a ordem estabelecida, mas que no entanto estavam incertos quanto à solução apropriada. Tudo isso propiciava no campo da arquitetura condições psicológicas favoráveis à afirmação de uma personalidade decidida, capaz de propor soluções simples e precisas e de passar à ação.

É sabido porém que, para a realização arquitetônica, não bastam as condições psicológicas, sendo indispensáveis os recursos de ordem material. Mas também neste particular a Semana de Arte Moderna abria novas perspectivas, a mais ou menos longo prazo. O simples fato de ter sido possível organizá-la com uma amplitude imprevisível alguns meses antes era intrinsecamente significativo: mais do que a pequena subvenção concedida por Washington Luís[16] governador do Estado de São Paulo, o elemento promissor era o apoio do rico cafeicultor e comerciante Paulo Prado. A conversão de um dos membros da aristocracia paulista, assegurava ao movimento renovador a base financeira indispensável[17]. Era apenas o primeiro passo, ao qual poderia se seguir o surgimento de uma clientela interessada numa arquitetura nova, por pouco que esta tivesse a oferecer em termos de propostas concretas e realizáveis. O mérito de compreender esse fato coube a um jovem arquiteto vindo da Europa e chegado a São Paulo um ano depois da Semana de Arte Moderna: Gregori Warchavchik.

2. O PAPEL E A OBRA DE GREGORI WARCHAVCHIK

1. Os primeiros anos e os manifestos de 1925

A configuração favorável de alguns elementos, conforme acabamos de esboçar, não deve, entretanto, insinuar um domínio antecipado da situação; quando muito, correspondia ao mínimo necessário para se cogitar uma renovação na arquitetura. Em contrapartida, os obstáculos a superar eram imensos: indiferença ou hostilidade da opinião pública, incompreensão geral, necessidade de contornar a legislação municipal, que limitava a liberdade de composição, o alto custo dos materiais industrializados (cimento, ferro e vidro), os métodos de construção ainda artesanais. Indiscutivelmente, era preciso coragem, energia e entusiasmo para ousar enfrentar tantos problemas de uma só vez; para ser bem-sucedido, era necessário também um certo senso de diplomacia e uma grande capacidade para convencer. Nenhuma dessas qualidades faltou a Gregori Warchavchik, cuja ação pioneira merece ser destacada[18].

Pode, à primeira vista, parecer estranho que, para a introdução da arquitetura no Brasil, tenha sido necessário um emigrante russo, formado na Itália, visto não estar o movimento modernista de 1922 isento de laivos de nacionalismo. Essa tendência nacionalista, não tinha porém nenhum caráter restritivo e nem poderia tê-lo, num país novo e numa cidade cosmopolita como São Paulo, cuja riqueza se devia em grande parte a uma recente e abundante imigração européia. Não existia hostilidade alguma em relação ao estrangeiro; pelo contrário, era ele aceito sem restrições se quisesse integrar-se à comunidade. Portanto, rapidamente, Warchavchik foi considerado brasileiro; desde a primeira casa que construiu, a crítica favorável, notadamente a dos líderes da Semana de 1922, insistiu no caráter ao mesmo tempo "moderno" e "brasileiro" de sua arquitetura[19].

---

13. Brecheret se encontrava na França quando foi realizada a Semana, mas deixara esculturas para serem expostas.
14. Moya foi revelado ao grande público por Menotti del Picchia, num artigo do Correio Paulistano, publicado em 20 de julho de 1927.
15. O primeiro número desta revista mensal de arte moderna foi lançado em 5 de maio de 1922; a publicação foi interrompida no sexto número.
16. Cinco mil mil-réis (testemunho de René Thiollier no Suplemento Literário, n.º 277, p. 4, de O Estado de S. Paulo de 14 de abril de 1962).

17. Mário da Silva Brito (Suplemento Literário n.º 269, p. 4, de O Estado de S. Paulo de 17 de fev. de 1962) mostrou que a participação de Paulo Prado e de Graça Aranha na Semana de Arte Moderna não foi talvez totalmente isenta de interesses e que sua organização tenha talvez servido de apoio a uma operação financeira e comercial de grande porte. Mas, independentemente disto, as convicções estéticas manifestadas por Paulo Prado e Graça Aranha não podem ser postas em dúvida.
18. O que fizera Geraldo Ferraz há mais de dez anos, quando iniciou a série de artigos sobre «Individualidades... da atual arquitetura brasileira» com um estudo sobre Warchavchik (Habitat, n.º 28, março de 1956, pp. 40-48). O autor estava tão interessado no assunto, que o retomou numa importante monografia, compreendendo uma documentação original particularmente importante (recortes de periódicos da época, antigas fotografias, plantas e desenhos de todas as primeiras obras de Warchavchik): G. FERRAZ, Warchavchik e a Introdução da Nova Arquitetura no Brasil: 1925 a 1940, São Paulo, Museu de Arte, 1965.
19. G. FERRAZ, op. cit., pp. 56-62.

Longe de ser uma desvantagem, a condição de estrangeiro beneficiou Warchavchik. Nascido em Odessa em 1896, iniciou seus estudos de arquitetura nessa cidade, interrompendo-os em 1918, quando emigrou para a Itália; concluiu-os em 1920, no Instituto Superior de Belas-Artes de Roma, tendo trabalhado nos dois anos seguintes como assistente de Marcello Piacentini. Essa formação, embora estritamente acadêmica, assegurou-lhe uma nítida vantagem sobre seus colegas paulistas, quando emigrou para o Brasil, em 1923, contratado pela maior empresa construtora do país, a Companhia Construtora de Santos. Com efeito, embora o ensino nas escolas européias permanecesse acadêmico, era mais aberto do que na América Latina. O espírito clássico não estava voltado para a cópia das formas do passado, nem impedia a pesquisa de uma arquitetura prática e econômica, de volumes e linhas puras, onde os elementos decorativos fossem reduzidos ao mínimo e correspondessem a uma função, sem jamais esconder a estrutura do edifício. A preocupação com a verdade e com a simplicidade e a rejeição do ornamento supérfluo eram uma tendência profunda, de modo algum exclusiva dos mestres de vanguarda franceses, austríacos ou alemães; o neoclassicismo monumental de Piacentini baseava-se nos mesmos princípios[20]. Mas Warchavchik não se limitou às lições teóricas oficiais. Na época, os meios europeus eram agitados pelas tomadas de posição e projetos revolucionários de alguns arquitetos audaciosos, liderados por Le Corbusier. Quando Warchavchik deixou a Itália, Le Corbusier ainda não tivera a oportunidade de colocar em prática a doutrina que havia elaborado entre os anos de 1920 a 1925, mas sua veia polêmica já lhe havia chamado a atenção; os artigos que publicara na revista *L'Ésprit nouveau*, e em seu livro *Vers une architecture*[21] (síntese dos trabalhos precedentes) tinham surpreendido a opinião pública pelas fórmulas simples e metafóricas de que se servia. A partir de então, teve início o debate em toda a Europa, assistindo Warchavchik às primeiras escaramuças, mesmo sem ter delas participado. Conhecia os escritos de Le Corbusier e, deles tomara emprestado parte de argumentos utilizados no manifesto lançado em 1925.

Warchavchik explorou com habilidade as vantagens inerentes à sua qualidade de imigrante. Valendo-se do prestígio de sua formação técnica européia e não estando ligado sentimental ou socialmente à terra onde recém-chegara, era mais livre para propor um programa revolucionário do que alguém nascido no país; o espírito do pioneiro que veio para conquistar um mundo novo e está disposto a vencer os obstáculos, constituía para ele um trunfo considerável, ao qual se associava o fato de estar a opinião pública naturalmente mais inclinada a respeitar e a perdoar as inconveniências de um estrangeiro do que a traição (ou aquilo que a maioria tomasse como tal) de um brasileiro de cepa. Sob esse aspecto, é significativo o exemplo de Flávio de Rezende Carvalho, cuja atividade desenvolveu-se paralelamente à de Warchavchik: embora formado na Inglaterra e tendo já em 1927 proposto um projeto "moderno" para a fachada do Palácio do Governo do Estado de São Paulo, jamais soube esse arquiteto se impor; seu diletantismo e a falta de receptividade que suas idéias encontraram junto à opinião pública explicam a total ausência de repercussão obtida por uma obra, cujo autor parecia, à primeira vista, estar mais fadado ao sucesso do que um imigrante recém-chegado[22].

O início da atividade de Warchavchik foi marcado pela prudência; durante cerca de dois anos, permaneceu calado, realizando honestamente o trabalho para a companhia que o contratara, e adaptando-se ao país que o havia acolhido. Seu conhecimento do italiano facilitou-lhe o trabalho numa cidade onde a colônia italiana era numerosa e próspera; assim, foi natural ter ele procurado um dos seus órgãos, o jornal *Il Piccolo*, quando decidiu passar à ação, publicando na edição dominical de 14 de junho de 1925, um manifesto intitulado "Futurismo?"[23] Era apenas um primeiro passo, de alcance limitado, pois o conteúdo desse artigo era acessível somente a uma parcela da população paulista; foi por isso que Warchavchik mandou traduzi-lo para o português e o enviou para a redação de um dos grandes jornais do Rio, o *Correio da Manhã*, que o publicou em 1.º de novembro de 1925, entre uma coluna sobre moda feminina de Paris e propaganda de automóveis, sapatos e produtos farmacêuticos[24]. Não teve, naturalmente, qualquer repercussão imediata, e a tomada de posição de Warchavchik passou praticamente despercebida, da mesma forma como a carta mandada de Roma por Rino Levi, publicada quinze dias antes em *O Estado de São Paulo*[25]. Mas o fato de terem dois dos maiores jornais do país acolhido artigos sobre um assunto até então totalmente ignorado, era sinal de uma certa mudança no estado de espírito geral.

Apresentamos até agora como equivalentes e igualmente importantes essas duas manifestações[26], que foram exatamente contemporâneas, embora inteiramente independentes. Com efeito, encontravam-se temas comuns em Warchavchik e Rino Levi: a arquitetura ditada pela praticidade e pela economia, a redução dos elementos decorativos ao mínimo e que deveriam cores-

---

20. Apesar de tudo, esses princípios no Brasil pareciam tão originais que o jovem paulista Rino Levi, também estudante de arquitetura em Roma, sentiu necessidade de escrever uma carta ao jornal *O Estado de S. Paulo*, publicada em 15 de outubro de 1925, a fim de informar seus compatriotas do proveito que poderiam tirar desses princípios. Esse texto foi reproduzido integralmente em 1960 pela revista dos estudantes de arquitetura da Universidade de S. Paulo (*Depoimentos*, I, pp. 32 e 33).

21. LE CORBUSIER (Charles-Edouard Jeanneret, chamado), *Vers une architecture*, Paris, Ed. Crès, 1923 (col. do *Esprit Nouveau*). [Trad. bras.: *Por uma Arquitetura*, São Paulo, Perspectiva, 1977, Estudos 27.]

22. Enquanto Warchavchik se preocupava, acima de tudo, com a viabilidade de construir aquilo que projetava, Flávio de Carvalho acumulava projetos não edificados e contentava-se com dissertações teóricas em congressos de arquitetura. Sua influência foi tão insignificante que a opinião pública atribuía suas raras realizações a Warchavchik, como o conjunto de casas do bairro do Jardim América em São Paulo (cf. G. FERRAZ, *op. cit.*, p. 42).

23. Cf. fragmento justificativo n.º 1, ver p. 379.

24. A página do jornal foi reproduzida na obra de G. FERRAZ, p. 25. O texto, publicado sob o título «Acerca da Arquitectura Moderna», foi reproduzido em *Depoimentos*, I, 1960, pp. 33-35, e por G. FERRAZ, *op. cit.*, p. 39-D.

25. R. LEVI, A Arquitectura e a Esthética das Cidades, *O Estado de S. Paulo*, 15 de outubro de 1925. Cf. *Depoimentos*, I, pp. 32 e 33.

26. H. MINDLIN, *L'architecture moderne au Brésil*, Paris, s.d., p. 4. *Depoimentos*, I, 1960, pp. 32-35.

ponder a uma função, a necessidade da união do artista e do técnico na pessoa do arquiteto. Mas o espírito dos dois textos era muito diverso. Rino Levi, formado pela mesma escola que Warchavchik, mas ainda estudante em Roma, interessava-se sobretudo por urbanismo e aceitava sem hesitação o neoclassicismo simplificado de seu professor, Marcello Piacentini, pretendendo partir dessas premissas para encontrar "soluções brasileiras adequadas ao clima, à vegetação e às tradições do país". Warchavchik era bem mais radical: rejeitava a idéia de estilo contemporâneo (já que o estilo de uma época só viria a ser definido mais tarde, pelas gerações seguintes) e propunha uma explicação racionalista para a história da arquitetura (o valor dos estilos do passado provinha do caráter funcional de seus elementos decorativos e da unidade existente entre as artes, a vida e os meios técnicos de uma determinada época); concluía que a civilização do século XX, apoiada numa crescente mecanização, devia extrair uma estética própria das possibilidades que essa mecanização oferecia; os novos materiais — ferro, vidro e sobretudo concreto armado — condicionavam uma nova arquitetura, cuja beleza resultaria automaticamente da solução lógica dada aos problemas abordados; o arquiteto não seria senão um engenheiro encarregado de construir uma máquina, cuja forma seria determinada pela função. Identificam-se aí as teorias e mesmo os *slogans* de Le Corbusier, seu gosto pelos princípios e sua preocupação pelo absoluto; o estilo é menos incisivo, pretende ser mais esclarecedor e persuasivo do que polêmico, mas as idéias são as mesmas e é evidente a fonte de inspiração, mesmo que não citada. Contudo, é de pouca importância que o manifesto de Warchavchik não se tenha caracterizado pela originalidade de seus princípios: seu objetivo era simplesmente tornar conhecidas, a nível local, as conquistas da vanguarda arquitetônica européia. A sinceridade das idéias expostas, a simplicidade um tanto vaga das fórmulas propostas e, sobretudo, o espírito sistemático que presidira a elaboração da doutrina proposta, estavam aptos para responder à ânsia de reformas que, há alguns anos e em todos os setores, vinha-se apoderando de algumas classes do país.

2. A primeira casa moderna em São Paulo (1927-1928)

Não bastava, entretanto, enunciar princípios teóricos; para realmente convencer era necessário pô-los em prática. Warchavchik não podia empenhar-se nessa tarefa se não tivesse uma certa independência e, assim, em 1926, deixou a companhia construtora que o contratara. A sorte lhe foi favorável, e o ano de 1927 foi decisivo para ele: o casamento com Mina Klabin[27], tornou possível estabelecer-se por conta própria e realizar a primeira obra pessoal, sua própria residência, à Rua Santa Cruz, na Vila Mariana. As dificuldades encontradas foram consideráveis, mas o jovem arquiteto jamais se deixou abater, vencendo todos os obstá-

[27]. A geração anterior da família Klabin, de origem lituana, havia se fixado no Sul do Brasil e acumulado uma sólida fortuna industrial e fundiária.

culos. O primeiro foi a obtenção de alvará para a construção de um projeto, cuja fachada rigorosamente

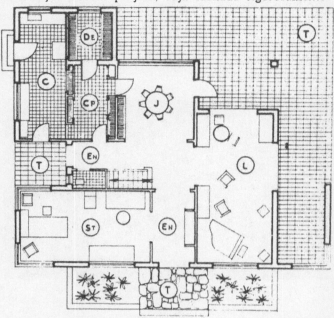

Fig. 27. Gregori WARCHAVCHIK. *Casa do arquiteto*. São Paulo. 1927-1928. Planta do térreo.

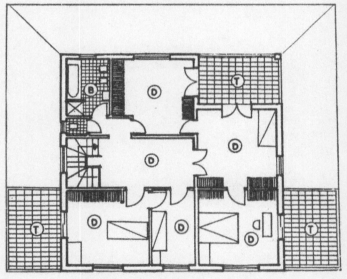

Fig. 27a. Gregori WARCHAVCHIK. *Casa do arquiteto*. São Paulo. 1927-1928. Planta do primeiro andar.

plana não comportava o mínimo ornamento. Existia de fato, um serviço de censura de fachadas que, em nome do bom gosto, aprovava elucubrações pseudo-históricas as mais inadmissíveis, mas não tolerava a nudez integral, característica do projeto de Warchavchik. Apresentou então um projeto (Fig. 28) onde os volumes eram cuidadosamente mantidos, mas sua pureza provocante desaparecia debaixo de acréscimos fictícios (cornijas, enquadramento de janelas e portas, balcões); uma vez aprovado, o edifício foi construído conforme concebido originalmente (Fig. 29), alegando o arquiteto falta de recursos para justificar, perante os órgãos municipais, o suposto "inacabamento". O artifício utilizado era grande, mas resultou tão eficiente que passou a ser empregado sistematicamente, com a cumplicidade das autoridades, que acharam preferível fechar os olhos até que essa forma de censura fosse abolida, o que ocorreu alguns anos mais tarde.

O obstáculo mais sério foi a falta, no local, de qualquer produto industrializado, capaz de satisfazer ao arquiteto. Tendo exaltado no seu manifesto a padronização e o uso resoluto de produtos acabados produ-

Fig. 28. Gregori WARCHAVCHIK. *Casa do arquiteto*. São Paulo. 1927-1928. Projeto da fachada apresentada ao serviço de censura.

Fig. 29. Gregori WARCHAVCHIK. *Casa do arquiteto*. São Paulo. 1927-1928. Fachada da casa construída.

zidos em grande escala, Warchavchik deparava-se com um dilema: ou utilizava o que podia encontrar, sacrificando sua concepção estética, ou desenhava e mandava fabricar as esquadrias e os caixilhos metálicos das janelas, as grades, as lanternas e outros acessórios, inclusive o mobiliário, a fim de que sua linguagem correspondesse à sua arquitetura, sacrificando nesse caso o princípio da economia, um dos fundamentos da doutrina exposta. Não hesitou, nesse particular, optando pela segunda solução: para assegurar-se de um posterior barateamento dos materiais modernos e a fabricação em série de certos acessórios, era necessário evidenciar a conveniência disso, qualquer que fosse, nesse exato momento, o custo real dos protótipos empregados.

Contudo, era impossível aplicar de maneira rígida os princípios enunciados dois anos antes, sendo inevitáveis os comprometimentos. A casa da Vila Mariana proporciona um notável exemplo da habilidade com que o arquiteto contornou a situação de modo a obter uma solução original, mas que levasse em conta as imposições materiais do meio ambiente. Examinemos a obra tal como se apresentava em sua primeira versão[28]. Estamos longe do dogmatismo do manifesto, que pregava uma verdade total e o abandono de todos os artifícios. Existe contradição com o manifesto em pelo menos quatro pontos:

1. Parecia tratar de uma construção em concreto armado — que era a idéia original —, mas o edifício foi construído quase que inteiramente de tijolos, ocultados sob um revestimento de cimento branco.

2. As janelas horizontais de canto davam à obra um toque característico inegável, mas, sob o ponto de vista técnico, não se justificavam numa construção executada com materiais tradicionais, tendo elas acarretado complicados problemas de construção.

3. A solução, que consistia em dar à ala direita da fachada (Fig. 29) o mesmo aspecto externo da ala esquerda, quando essa correspondia a uma varanda (Fig. 30) e não a um interior como a ala oposta, contradizia a afirmação feita em termos por demais absolutos no manifesto de 1925: "a beleza de uma fachada deve resultar da racionalidade da planta da disposição interna, assim como a forma de uma máquina é determinada pelo mecanismo, que é sua alma".

4. A cobertura do corpo principal não era um terraço, conforme se poderia supor, mas um telhado de telhas coloniais cuidadosamente escondido pela platibanda.

A adoção dessas soluções assegurava ao edifício uma aparência enganosa, contradizendo a rigorosa doutrina funcionalista, cujo apogeu deu-se exatamente na década de 20, época em que não podia no entanto ser aplicada no Brasil. Por outro lado, o distanciamento no tempo possibilitou a definição de seus limites e sua exata dimensão em escala internacional: meio eficaz de combate no plano teórico, o racionalismo de Gropius ou de Le Corbusier não fundamentava sua razão de ser apenas em sua lógica intrínseca; estava

Fig. 30. Gregori WARCHAVCHIK. *Casa do arquiteto*. São Paulo. 1927-1928. Terraço atrás da fachada.

28. Na realidade, as modificações efetuadas em 1935 para ampliar a casa alteraram seu caráter original, que é o que nos interessa.

também comprometido com uma estética, a estética do cubismo. O mesmo ocorreu com Warchavchik, embora suas pesquisas nesse campo jamais tenham avançado tanto quanto as do arquiteto da Bauhaus ou o da Ville Savoy.

As preocupações formais eram evidentes na casa da Rua Santa Cruz: a fachada principal apresentava uma justaposição de volumes simples contíguos, onde só eram empregados linhas e ângulos retos; não havia nenhum vestígio de modinatura e as superfícies absolutamente lisas eram animadas somente pelos vãos da porta e das janelas, equilibradas com harmonia. Por seu caráter absoluto, a ausência de elementos decorativos constituía uma provocação. Estava diante de uma arquitetura cujo ascetismo lembrava a Casa Steiner, construída em 1910, em Viena, por Adolf Loos. Em ambos os casos, podia-se constatar um despojamento voluntariamente agressivo, característico da obra de pioneiros que reagem contra os floreios acadêmicos. A influência do cubismo, porém, não se limitava à fisionomia externa, composta por prismas elementares; eram visíveis as pesquisas de continuidade espacial, de ligação entre o exterior e o interior. A porta envidraçada, protegida apenas por uma elegante grade de ferro que não impedia a visão e a janela de canto da ala direita, que abria para a varanda, davam uma sensação de acentuada transparência a essa face da casa, enquanto que a organização da planta (Fig. 27) visava a criação de um espaço contínuo, ao mesmo tempo interno e externo, valendo-se de grandes superfícies envidraçadas e de grandes aberturas, que colocavam os ambientes de estar em comunicação direta com a vasta varanda sem criar uma separação visual; a oposição completa entre as diversas faces agrupadas duas a duas, umas compostas de volumes prismáticos, as outras dominadas pelo caráter particular dado pela varanda em "L", estava de acordo com uma das maiores preocupações do cubismo: a de não poder apreender-se um objeto a partir de uma única perspectiva, sendo necessário deslocar-se em torno dele para poder compreendê-lo ou representá-lo na sua totalidade.

Embora este último aspecto da questão faça pensar mais em Gropius do que em Le Corbusier, foram as teorias deste que inspiraram Warchavchik: a composição baseada em formas elementares, o uso exclusivo do ângulo reto, a regularidade do conjunto e dos detalhes tanto em planta quanto em elevação correspondiam plenamente ao espírito formal dos projetos propostos na época pelo mestre francês. Entretanto, dentre os cinco pontos da nova arquitetura estabelecidos por Le Corbusier, pouco antes, Warchavchik utilizou apenas um e mesmo assim parcialmente: a janela horizontal. A razão era simples, de ordem exclusivamente material. Estava fora de cogitação um edifício sobre pilotis; razões de ordem econômica bastavam para descartar de imediato essa opção. Na época, o custo do concreto armado era muito elevado, tendo o arquiteto desistido de empregá-lo, embora previsto no projeto original. Não se deve esquecer que, em 1927, nem o próprio Le Corbusier havia tido oportunidade de aplicar esse princípio, visto que a Ville Savoy data do ano seguinte. Renunciou também à idéia do terraço-jardim, por não existirem na época os materiais de impermeabilização necessários[29]. Limitou-se então a um telhado clássico de telhas coloniais, escondido na platibanda, de modo a não alterar o caráter deliberadamente moderno da fachada[30]. Quanto à planta livre e à fachada livre, ficavam comprometidas pelo emprego forçoso de materiais tradicionais na execução das paredes.

Assim sendo, por força das circunstâncias, as inovações de Warchavchik limitaram-se ao plano estético, entendidas por ele como um primeiro passo. Na verdade, mesmo nesse campo, o arquiteto havia feito concessões à tradição local: para a face posterior da casa, adotara a varanda espaçosa da casa-grande, tão racional num país tropical, não hesitando em cobri-la com elegantes telhas-canal, utilizadas desde a época colonial. Neste caso, evitou escondê-las, tirando partido de uma composição de linhas modernas atenuadas, onde esses elementos antigos se integravam perfeitamente. Esse compromsiso denotava indiscutível apreço pelo país onde decidira estabelecer-se e foi bem recebido pela crítica, que via nos elementos tomados de empréstimo e no elegante jardim tropical, que envolvia e complementava harmoniosamente a construção, o símbolo de uma arquitetura atualizada no plano internacional e ao mesmo tempo profundamente "brasileira"[31]. Não resta dúvida que essas características particulares facilitaram, num primeiro instante, a aceitação da obra de Warchavchik e da mensagem que pretendia transmitir.

Sua casa apresentava-se como um manifesto, desta vez de ordem objetiva, a favor de um novo estilo. O impacto causado na opinião pública foi considerável[32], tendo os debates pela imprensa contribuído decisivamente para isso. O primeiro a ocupar-se do assunto foi o *Diário Nacional*, jornal de oposição política, onde o grupo dos intelectuais de 1922, liderado por Mário de Andrade, ocupava uma posição importante[33]. Um artigo de meia página, publicado em 17 de junho de 1928, destacava as qualidades do edifício, acentuando que, mais uma vez, um passo decisivo pela renovação das artes no Brasil havia sido dado em São Paulo. Para não ficar atrás, o *Correio Paulistano*, jornal da situação, franqueou suas páginas a Warchavchik, no dia 8 de julho seguinte; de modo muito hábil ele repisou nos argumentos que contavam com maiores possibilidades de convencer: de um lado, era uma obra "racional,

---

29. Cf. relatório enviado por Warchavchik a Giedion, secretário-geral dos C.I.A.M., por ocasião do congresso de Bruxelas em 1930. Extrato em G. FERRAZ, *op. cit.*, p. 51.

30. Aliás, num país sujeito a precipitações violentas, cuja vazão as canalizações não conseguem atender, a cobertura em terraço não era absolutamente funcional. A vantagem do terraço-jardim seria também reduzida numa casa isolada no meio de um grande jardim. Um recurso desta ordem teria assumido um significado polêmico, mas nenhum sentido prático.

31. Depoimentos transcritos por G. FERRAZ, *op. cit.*, pp. 56-62. O jardim, com sua flora tropical de palmeiras e cactus, cuidadosamente ordenados para ressaltar a arquitetura, cujas linhas puras contrastavam com a exuberância disciplinada da natureza, era obra de Mina Warchavchik, mulher do arquiteto e sua importante colaboradora, também uma pioneira em sua especialidade.

32. Pode-se encontrar em G. FERRAZ, *op. cit.*, pp. 26 e 51-63, numerosos extratos da imprensa da época, acompanhados de abundante material fotográfico da casa da Rua Santa Cruz.

33. Esse grupo interessou-se desde o início pelas idéias de Warchavchik, tendo sido uma entrevista sua publicada na primeira página do jornal quinzenal *Terra Roxa e Outras Terras*, de 17 de setembro de 1926 órgão intelectual dos antigos participantes da Semana de Arte Moderna (página reproduzida em G. FERRAZ, *op. cit.*, p. 26).

confortável, de pura utilidade, cheia de ar, luz e alegria", de outro, uma adaptação à região, ao clima e às tradições do país. No entanto, foi essa exposição, de tom modesto, que acendeu o estopim. O arquiteto Dácio de Moraes iniciou a polêmica, no mesmo jornal, com uma série de artigos publicados a partir de 15 de julho de 1928 e que, a seguir, foram por ele reunidos num livro[34]. Aconselhava seus colegas a adotarem uma política de prudente expectativa, não respondendo ao canto de sereia dos apóstolos intransigentes e sectários da nova arquitetura, cujo fracasso começava a manifestar-se na própria Europa. Warchavchik aproveitou a oportunidade para redigir uma longa defesa, intitulada "Architectura Nova", publicada semanalmente, durante dez semanas, a partir de 29 de agosto, no mesmo *Correio Paulistano*. A polêmica desenvolveu-se ininterruptamente até 1929, propiciando a Warchavchik um excelente meio de divulgação de seu nome, reforçado pela adesão de um certo número de personalidades políticas e críticos da imprensa. A casa da Vila Mariana tornou-se um dos tópicos prediletos de discussão, na cidade provinciana que era ainda São Paulo nessa época. Muita gente ia aos domingos até esse bairro periférico para ver a "caixa d'água" — apelido popular advindo da ridicularização da obra. Na verdade, o nome só podia alegrar o teórico funcionalista que acima de tudo era Warchavchik. De fato, as concessões de ordem prática e estética que fora obrigado a fazer nessa primeira obra eram apenas provisórias — o que confirmou plenamente nas obras posteriores.

3. As outras obras de Warchavchik[35]

O sucesso da casa da Vila Mariana propiciou ao arquiteto um certo número de projetos. Desde o primeiro (Fig. 31), a casa de Max Graf na Rua Melo Alves (1928-1929), Warchavchik empregou decididamente o concreto armado, tendo substituído a varanda por uma audaciosa marquise, em projeção sobre a fachada; suas grandes dimensões criavam um lugar de repouso e sombra, propiciando para os moradores o desfrute do vasto jardim que circundava a casa. Era um prédio pequeno, mas concebido com perfeição, baseado num programa rigorosamente lógico. A unidade de estilo era total, não havendo desta vez nenhuma influência visível da arquitetura do passado; a pureza dos volumes prismáticos, o culto ao ângulo reto e a ausência de ornamentação, característicos da fachada principal da casa da Rua Santa Cruz, eram aqui encontrados com o mesmo rigor, mas somados a novas pesquisas plásticas: a simetria e o tratamento num único plano, que predominavam na obra anterior, foram substituídos por uma certa preocupação com o jogo de planos e volumes na disposição dos diversos elementos; resul-

---

34. DÁCIO A. DE MORAES, *A Architectura Moderna em São Paulo*, S. Paulo, 1928. Cf. G. FERRAZ. *op. cit.*, p. 52.

35. Documentação gráfica e fotográfica abundante em G. FERRAZ, *op. cit.*, pp. 68-227 (compreendendo toda a obra do arquiteto até 1939) e em A. SARTORIS, *Encyclopédie de l'architecture moderne*, t. III, *Ordre et climat américain*, Milão, Hoepli, 1954, pp. 292-325 (até 1950). Lista cronológica das obras principais até 1952 em E. DEBENEDETTI e A. SALMONI, *op. cit.*, p. 95. A maioria das residências construídas por Warchavchik foi demolida.

tava daí um ritmo reforçado pelo contraste das persianas vermelhas com o branco das paredes e o verde do jardim circundante.

A partir de então, o estilo de Warchavchik já estava definido, em suas linhas básicas. Sua evolução nos anos seguintes deveu-se aos rápidos progressos da técnica, que propiciaram maiores audácias ao arquiteto. A partir de 1929, na casa de João de Souza Lima, utiliza pilotis para corrigir a forte declividade do terreno; cria a seguir, um terraço-jardim na casa do Dr. Cândido da Silva, no bairro da Lapa; as janelas corridas tomando toda a fachada, empregadas para iluminar adequadamente os ambientes de estar e propiciar, do interior, uma visão panorâmica contínua, surgem pouco depois, na casa de Luís da Silva Prado (1930-1931); o emprego de lajes em balanço deu um sentido plástico mais acentuado aos edifícios, mas o espírito geral permanecia o mesmo.

O ano de 1930 marca sua consagração total. Desde a fundação dos Congressos Internacionais de Arquitetura Moderna, em La Sarraz, em 1928, Warchavchik aderira ao movimento, divulgando seus objetivos. A passagem de Le Corbusier por São Paulo permitiu-lhe travar contato direto com o movimento. Convidado por Paulo Prado a visitar a capital do café, quando de volta de Buenos Aires, Le Corbusier pronunciou conferências em São Paulo e no Rio; visitando as obras de Warchavchik, surpreso com a existência de uma arquitetura "moderna" naquela cidade e entusiasmado com o que vira, escreveu imediatamente a Giedion, secretário-geral dos C.I.A.M., para comunicar-lhe o fato e propor fosse Warchavchik nomeado delegado para a América do Sul, com o que sua obra passou a ser conhecida e divulgada na Europa[36].

Fig. 31. Gregori WARCHAVCHIK. *Casa de Max Graf*. São Paulo. 1928-1929.

Estimulado com esses resultados, Warchavchik decidiu dar um grande passo, organizando uma exposição de arte moderna na casa que acabava de construir na Rua Itápolis, no bairro do Pacaembu (Fig. 32),

---

36. G. FERRAZ (*op. cit.*, pp. 28 e 29) reconstituiu as grandes linhas da permanência de Le Corbusier; reproduziu também, no final do livro (pp. 231-241), a correspondência que Warchavchik trocou com Giedon e Sartoris, que publicaram alguns de seus trabalhos.

então mais ou menos deserto. Inaugurada em 26 de março de 1930, a exposição da casa "modernista"[37] prolongou-se até 20 de abril, tendo atraído mais de vinte mil pessoas. Toda a alta sociedade paulista a visitou, podendo admirar um conjunto homogêneo de arquitetura e decoração interior, realizado por Warchavchik (Fig. 33). Com efeito, assim como seus colegas da vanguarda européia, ele não encarava a arquitetura isoladamente — fato que irá repetir-se com freqüência no movimento brasileiro. Espírito sistemático, acreditando na integração das artes, de modo a criar um ambiente propício para a vida dos homens, recusava-se a fazer qualquer concessão a esse respeito e não admitia um mobiliário antigo em uma casa moderna. Assim, ele próprio montou oficinas que fabricavam, com base em

postas completas de um estilo novo, de acordo com as exigências do século XX. O ambiente assim organizado prestava-se magnificamente a uma visão de conjunto das artes plásticas no Brasil; pintores, escultores e gravadores da vanguarda do país, cuja notoriedade começava a afirmar-se, participaram entusiasticamente da exposição, que obteve significativo sucesso[38]. Houve naturalmente reações desfavoráveis e ataques maldosos, como o do engenheiro-arquiteto Christiano das Neves, que solicitava à prefeitura um ponto final nessas construções grotescas que não respeitavam as normas municipais, prevendo o fracasso financeiro da Companhia "City", proprietária dos terrenos do Pacaembu, caso ela transformasse a cidade-jardim prevista em cidade-cemitério, onde imperariam os túmulos de Warchavchik.

seus desenhos, os móveis, sóbrios e funcionais, adequados às linhas de sua arquitetura. A experiência iniciada com sua própria residência estava agora madura, sentindo-se ele em condições de oferecer ao público pro-

Fig. 32. Gregori WARCHAVCHIK. Casa "modernista". São Paulo. 1929-1930.

Por outro lado, muitas pessoas se mostraram prudentes e evitaram tomar posição. Mas, a partir deste momento, o arquiteto era por todos conhecido e sua clientela crescia rapidamente[39].

37. Foi nessa oportunidade que surgiu o termo, a seguir empregado retrospectivamente para designar todas as tendências reformistas posteriores à Semana de Arte Moderna. Warchavchik não gostava do termo «arquitetura moderna», usado no seu meio para «casas que de moderno só tinham a eletricidade e o banheiro». Preferia o de «arquitetura nova» (cf. *Ilustração Brasileira*, n.º 109, setembro de 1929, sem paginação), mas o termo não chegou a impor-se. Criou então o neologismo «modernista», de aceitação imediata.

38. G. FERRAZ, *op. cit.*, pp. 32-34 e 85-99.
39. Importantes famílias paulistas, destacando-se a Silva Prado, encomendaram-lhe a construção de suas residências. Por outro lado, construiu ele, em 1929-1930, dois conjuntos residenciais de baixo custo, permanecendo o segundo um modelo no gênero (cf. G. FERRAZ, *op. cit.*, pp. 77-82).

Sua reputação já chegara à Capital Federal; assim, foi natural que Lúcio Costa a ele se dirigisse, quando pretendeu introduzir a arquitetura "moderna" na Escola de Belas-Artes, ao ser nomeado seu diretor, após a Revolução de 1930. Sua atividade didática durou apenas alguns meses, de abril a novembro de 1931, pois a reforma fracassou e os antigos professores permaneceram, por alguns anos, dominando a situação.

Fig. 33. Gregori WARCHAVCHIK. *Casa "modernista"*. São Paulo. 1929-1930. Salão.

Entretanto, foi tempo suficiente para que Warchavchik exercesse uma influência direta sobre os estudantes da época, muitos dos quais desempenhariam mais tarde um papel de destaque na arquitetura. Mas esse período teve outros resultados, mais imediatos, propiciando a Warchavchik a oportunidade de firmar-se no mercado do Rio de Janeiro. Seu primeiro cliente, um alemão seduzido por suas idéias, encarregou-o de construir uma grande residência no bairro de Copacabana. A casa Nordchild, na Rua Toneleros (Fig. 34), foi executada

Fig. 34. Gregori WARCHAVCHIK. *Casa Nordchild*. Rio de Janeiro. 1931.

tada rapidamente; inaugurada em 22 de outubro de 1931, deu lugar a manifestações oficiais e a uma nova exposição "modernista" — desta vez puramente arquitetônica, ao contrário da anterior, realizada em São Paulo. A repercussão foi considerável e a imprensa deu destaque ao acontecimento[40]. Compareceram numerosas personalidades, destacando-se Frank Lloyd Wright[41], cujo prestígio repercutiu na obra de Warchavchik, obra que ele aprovava inteiramente. Warchavchik mantivera seu escritório em São Paulo, viajando semanalmente ao Rio, o que lhe acarretava consideráveis problemas. Além disso, contando com grande número de projetos na capital federal, resolveu associar-se a Lúcio Costa. Fundaram, no mesmo ano de 1931, uma empresa de "arquitetura e construção" que funcionou até 1933. Embora oficialmente estivessem os dois arquitetos em pé de igualdade, não há dúvida quanto ao papel claramente predominante de Warchavchik nessa época, pois o estilo das obras construídas[42] não se diferenciava das que vinha realizando sozinho em São Paulo, nessa época. Em todas elas, encontrava-se a mesma simplicidade racional da planta e da elevação — baseada na utilização quase exclusiva da linha reta, às vezes atenuada por uma ligeira curva dos elementos secundários[43] —, o mesmo jogo de volumes cúbicos e prismáticos, a mesma superposição de terraços que asseguravam ao conjunto o essencial de seu caráter, a mesma nudez absoluta das paredes e, finalmente, o emprego dos mesmos elementos de detalhe, em particular das janelas com caixilhos metálicos, e lâminas horizontais basculantes, empregadas quase que sistematicamente por Warchavchik nos pavimentos térreos.

Pode-se de fato, falar de um estilo Warchavchik, que atingiu o apogeu nesse exato momento. Inspirado nas teorias de Le Corbusier, fundia intimamente o funcionalismo e o cubismo arquitetônicos, em moda na década de 20. A evolução iniciada com a casa de Max Graf (Fig. 31) prosseguiu nas obras posteriores. Acentuou-se o caráter plástico, sem afetar a austeridade do conjunto: o tema da grande marquise, formada por duas lajes de concreto armado (uma horizontal, outra vertical), foi retomado na casa modernista de São Paulo (Fig. 32); deu-se um passo a mais na casa do Rio (Fig. 34), onde a forte inclinação do terreno possibilitou não apenas a justaposição, mas a interpenetração dos volumes, completada pela projeção da laje em balanço do balcão, que ultrapassa o plano da fachada[44]. Entretanto, o objetivo dessas audaciosas inovações não era em princípio de ordem estética; visava principalmente mostrar todas as possibilidades que o concreto armado possibilitava, liberando o arquiteto e permitindo-lhe concentrar-se na solução dos problemas funcionais. Não se procurava a forma *a priori*, nem a forma pela forma — ela era o resultado lógico de um programa coerente: habitação clara, com os ambientes

---

40. G. FERRAZ, *op. cit.*, pp. 38 e 155-170.
41. Na época, Wright encontrava-se no Rio, como representante dos Estados Unidos no julgamento do concurso internacional para construir, nas Antilhas, um farol em memória a Cristóvão Colombo.
42. G. FERRAZ, *op. cit.*, pp. 181-194.
43. Por exemplo, a passarela de acesso ao andar superior do conjunto de casas econômicas do bairro da Gamboa no Rio de Janeiro, obra de 1933 (G. FERRAZ, *op. cit.*, pp. 191 e 192), onde a curva, acima de tudo, decorria da forma do terreno.
44. Esse balcão causara forte impressão em F. L. Wright. Lúcio Costa ressaltou que aí talvez esteja a origem do desenvolvimento sistemático da mesma idéia, realizada pelo arquiteto americano na casa da cascata em Bear Run (Pennsylvania) em 1936. Cf. L. Costa, *Sobre Arquitetura*, Porto Alegre, 1962, p. 127.

amplamente voltados para o exterior, prolongados na medida do possível por terraços e balcões. Contudo, o funcionalismo absoluto, para o qual o resultado plástico era decorrência direta do tratamento adequado dos dados objetivos da realidade, era mais teórico que real; já foi observado que esse funcionalismo, conscientemente ou não, estava ligado à estética cubista, à qual tinham aderido os arquitetos de vanguarda da época, inclusive Warchavchik. Ele foi, indiscutivelmente, um dos partidários mais convictos da doutrina e um de seus mais fiéis seguidores, mesmo depois de superada. Abandonou posteriormente a ortogonalidade rígida de suas primeiras obras[45], mas continuou realizando uma arquitetura austera, inteiramente baseada em soluções técnicas[46], sem qualquer concessão à imaginação formal[47].

Essa adesão incondicional a princípios cuja severidade era uma excelente arma de combate podia, passado os primeiros instantes, cair no desagrado, dada a sua aplicação estrita, de excessivo rigor. Isto explica por que decaiu rapidamente o papel inicialmente decisivo de Warchavchik; a partir dos anos 1935-1936, passa a uma posição apenas secundária, quando novo impulso foi dado, sob a influência direta de Le Corbusier. Com efeito, a evolução dos dois foi oposta: o mestre do racionalismo partira de uma teoria própria e, em seus projetos, libertou-se progressivamente daquilo que ela poderia ter de restritivo. Warchavchik percorreu o caminho inverso: tendo aceito seus princípios básicos, empenhou-se em aplicá-la, atingindo por aproximações sucessivas, o ideal a que se propusera; a flexibilidade que evidenciara inicialmente, e que fora imposta pelas condições locais, foi-se restringindo à medida que os progressos técnicos permitiam que ele abstraísse aquelas condições. Uma vez alcançado o objetivo, sua ação pioneira perdeu em parte a razão de ser, o entusiasmado arrefeceu, vendo-se presa de seu próprio sistema; menos original, menos vigoroso e sobretudo menos inquieto e inovador do que Le Corbusier, não pôde conceber fórmulas novas, capazes de combater o desagrado que o mundo começava a manifestar frente a aridez excessiva da arquitetura "moderna". É claro que a crise econômica, que retraiu a clientela particular, e a falta de apoio do poder público, encarregando-o de projetos oficiais, influíram para seu relativo retraimento, após um período de grande atividade, entre 1927 e 1934. Julgamos, porém, que ele não teria podido continuar a desempenhar um papel fundamental mesmo que as condições tivessem sido mais favoráveis.

A obra de Warchavchik representou uma etapa necessária, já que tornou possível o rompimento com a influência da tradição e o estabelecimento de um novo vínculo com as correntes vivas da arquitetura internacional. O que ele não conseguiu foi impor essa arquitetura de modo definitivo. Além da sua capacidade criadora ter-se esgotado muito rapidamente, era muito estrangeiro para o país e muito radical para conseguir realmente naturalizar-se[48].

O passo decisivo não foi portanto dado na cidade cosmopolita de São Paulo, por volta de 1930, mas alguns anos mais tarde, na Capital Federal, por uma equipe inteiramente brasileira liderada por Lúcio Costa e inspirada diretamente em Le Corbusier. Mas duvida-se que isso pudesse ocorrer sem a ação pioneira de Warchavchik, que preparou o caminho, contribuindo para forjar uma nova mentalidade nos jovens arquitetos do Rio de Janeiro.

3. O COMEÇO DA ARQUITETURA "MODERNA" NO RIO DE JANEIRO

1. A tentativa de reforma da Escola de Belas-Artes (1930-1931)

Até 1930, a arquitetura "moderna" não contava, na Capital Federal, com nenhum adepto. A Escola de Belas-Artes, dirigida por José Mariano Filho, estava dominada pelo modismo do neocolonial, e os jovens arquitetos empenhavam-se ardorosamente em seguir esse estilo. É claro que alguns deles não ignoravam a polêmica e as realizações do movimento racionalista europeu, mas não estavam naquele instante convencidos de que se tratava do caminho a seguir. Lúcio Costa, o mais brilhante desses jovens, e de prestígio já considerável entre seus colegas, expressava a opinião dos elementos mais esclarecidos, quando, em 1928, reconheceu publicamente ter dúvidas a respeito desse movimento[49]. Espírito aberto e reflexivo, havia conhecido durante recente viagem à Europa as realizações dos "estilos francamente modernos" e feito o levantamento de muitas obras importantes, não deixando de achá-las arriscadas, mesmo "quando as idéias de Le Corbusier eram adaptadas com moderação"; pois podia ser uma moda passageira, capaz de parecer mais tarde "tão ridícula, extravagante, intolerável como o *art nouveau* de 1900". Assim, o ambiente parecia extremamente desfavorável, e surpreende a brusca mudança ocorrida em 1930, pela qual foi responsável o próprio Lúcio Costa, tão cheio de reservas dois anos antes.

Não é possível explicar a transformação ocorrida com Lúcio Costa sem levarmos em conta seu caráter e seu profundo senso de reflexão. Tímido e modesto por natureza, com uma inteligência e cultura de primeiríssima ordem, não rejeitava nada *a priori*, nem se pronunciava com leviandade; profundamente honesto,

---

45. Balcões curvos do edifício de apartamentos da Rua Barão de Limeira em São Paulo, 1939 (*Architectural Record*, vol. 96, n.º 4, outubro de 1944, pp. 88 e 89; H. MINDLIN, *Architecture moderne au Brésil*, p. 86; G. FERRAZ, *op cit.*, pp. 209-211). — Clube Atlético Paulistano, 1956 (*Habitat*, n.º 47, março-abril de 1958, pp. 10-15).

46. A forma dos balcões do edifício da Rua Barão de Limeira resultava da utilização mais racional do espaço disponível.

47. Essa atitude parece, por outro lado, ser justificada por uma certa limitação da arquitetura nesse campo. Os melhores resultados plásticos de Warchavchik remontam a seus primeiros anos de atividade, obtidos a partir de um metódico ascetismo. Uma obra complexa como o Clube Atlético Paulistano, resolvida adequadamente sob o ponto de vista funcional, é, ao contrário, plasticamente pouco feliz.

48. Não devemos nos iludir com o entusiasmo dos primeiros depoimentos, que insistiam no caráter brasileiro da primeira casa do arquiteto. Os aspectos de inspiração local correspondiam apenas a um compromisso provisório, logo abandonado. Nas obras subseqüentes, foram conservados apenas os jardins tropicais de Mina Warchavchik, que contribuíram, aliás, para valorizá-las.

49. Numa entrevista concedida ao diário *O Jornal* (28 de abril de 1928), onde justificava a adoção do estilo neocolonial para seu projeto da embaixada da Argentina, vencedor do concurso, mas não executado.

estava pronto a reconsiderar suas opiniões, desde que houvesse razão para tal, e a lutar até o fim por seu novo ideal, uma vez persuadido de seu valor intrínseco. Homem sensível às obras do passado, achava deplorável o abandono a que elas se achavam relegadas no Brasil[50]. Apesar da educação européia que desde tenra idade recebera na Inglaterra e na Suíça, se voltaria, de início, para o estudo do patrimônio arquitetônico brasileiro, aderindo logicamente ao movimento neocolonial em voga na época em que era aluno da Escola de Belas-Artes do Rio. Entretanto, como já se viu[51], desde o início suas pesquisas divergiram de seus colegas, preocupados principalmente em copiar as formas e os motivos decorativos do passado. A preocupação com as soluções funcionais e os volumes claramente definidos, características de suas primeiras obras, era um retorno consciente aos valores permanentes que havia descoberto na arquitetura luso-brasileira dos séculos XVII e XVIII, da qual, em contrapartida, rejeitava o que era pura decoração[52]. Suas preocupações profundas, longe de se oporem ao espírito racionalista, aproximavam-no dele. O que o chocava instintivamente no movimento moderno era seu caráter absolutista, intransigente e o aparente desprezo de seus teóricos por tudo que dizia respeito ao passado. Preocupavam-no o radicalismo desses e o poder demolidor que confusamente sentia neles existir, a ponto de impedir seu aprofundamento no problema — problema que, acima de tudo, parecia-lhe estar muito distanciado da realidade brasileira.

Assim, para que reconsiderasse a questão, bastou aperceber-se de que, apesar das aparências em contrário, existia um denominador comum entre as idéias dos mestres europeus e as suas; que eles propunham um programa construtivo coerente, não desrespeitando tanto o passado, quanto pensava inicialmente. O processo foi desencadeado por um acontecimento acidental: a primeira visita de Le Corbusier ao Brasil e uma conferência por ele feita na Escola Nacional de Belas-Artes do Rio, em dezembro de 1925[53]. Já vimos que a estadia de Le Corbusier no Brasil, quando retornava de uma viagem à Argentina, foi organizada por Paulo Prado e Warchavchik, passando ele portanto a maior parte do tempo em São Paulo. Mas foi a Capital Federal, com seu extraordinário perfil montanhoso, que realmente o impressionou, inspirando-lhe uma daquelas idéias fulgurantes que lhe eram próprias: o projeto de urbanização do Rio de Janeiro[54], baseado na construção de um viaduto de seis quilômetros de comprimento e cem metros de largura, ligando as várias baías e abrigando imóveis de quinze andares. Todos os problemas, relativos ao zoneamento e expansão da cidade, novas habitações, circulação rápida, financiamento de operação, eram resolvidos de maneira brilhante no projeto sem afetar ao mínimo a estrutura da cidade, preservadas que eram todas as construções antigas e as habitações particulares[55]. A vitalidade de Le Corbusier, seu raciocínio rápido e penetrante baseado sempre num sistema de lógica sedutora, a insistência na preservação da paisagem natural e das construções existentes, provocaram uma decisiva influência em Lúcio Costa[56]. Impressionada com os argumentos precisos do conferencista, percebeu, no movimento racionalista, possibilidades de expressão e de renovação arquitetônicas até então insuspeitadas; resolveu estudá-lo atentamente, começando pelos escritos daquele que tão profunda impressão lhe causara. Tratava-se, portanto, de um recém-convertido, disposto a entregar-se à tarefa com o ardor e o entusiasmo dos neófitos, e que foi bruscamente levado ao primeiro plano alguns meses mais tarde.

A Revolução que eclodiu em outubro de 1930, com a tomada do poder por Getúlio Vargas, era fruto de um longo processo, marcado por uma ansiedade e um desejo profundos de mudança, manifestos em todos os setores desde 1922. As revoltas e a agitação contínuas dos meios militares, desde essa data eram sinal da inquietação e da indignação geral, e não um fenômeno superficial. Existia uma vontade e uma esperança reais de transformar completamente o país, sem limitar-se apenas ao sistema político, a fim de criar as bases necessárias para o seu crescimento e permitir-lhe desempenhar importante papel no futuro. Uma das primeiras medidas do novo regime foi a criação do Ministério da Educação, cujo titular era o jurista Francisco Campos, que escolheu, como chefe de gabinete, o advogado Rodrigo Mello Franco de Andrade, intelectual ativo[57], e de espírito aberto, que conseguiu convencer o ministro a convocar Lúcio Costa para a reforma do ensino da Escola de Belas-Artes[58]. Pretendia-se proporcionar aos seus alunos uma opção entre o ensino acadêmico, ministrado por professores catedráticos, que seriam mantidos em suas funções e o ensino ministrado por elementos mais jovens, identificados com o espírito moderno e que seriam recrutados por contrato. A idéia era singular, mas inteiramente de acordo com o espírito de conciliação característico da mentalidade brasileira. Tratava-se no entanto de um esquema viciado em suas

---

50. L. COSTA, «O Aleijadinho e a Arquitetura Colonial», artigo publicado em 1929 em *O Jornal* (número especial dedicado a Minas Gerais) e reeditado em *Sobre Arquitetura*, Porto Alegre, 1962, pp. 13-16.

51. Cf. *supra*, pp. 56-58.

52. É certo que as reservas feitas à obra de Aleijadinho, considerado no artigo anterior como simples decorador que não havia compreendido o sentido profundo da tradição arquitetônica luso-brasileira, são exageradas e passíveis de crítica pelo historiador, que está hoje munido de elementos que Lúcio Costa não podia possuir em 1929. Mas elas são muito representativas do pensamento do arquiteto na época e permitem melhor compreender os fundamentos da aparente «virada de casaca» que iria ele efetuar.

53. Lúcio Costa assistiu-a por acaso. Estava naquele momento passando pelos corredores da escola e, ouvindo que Le Corbusier ali falava, aproximou-se como curioso. Não havendo lugar disponível, assistiu à conferência do lado de fora da sala. (Depoimento oral de Lúcio Costa ao autor).

54. Esboçados no local, os desenhos foram completados em Paris, em julho de 1930. Atualmente, são de propriedade de Gregori Warchavchik, que pretende doá-los à Faculdade de Arquitetura e Urbanismo da Universidade de São Paulo. Cf. LE CORBUSIER e P. JEANNERET. *Oeuvre complète de 1929-1934*, 4.ª ed., Zurique, 1947, p. 138 e *Le Corbusier 1910-1960*, pp. 296-297.

55. Na realidade, esse projeto mirabolante não era exeqüível. Além das dificuldades de ordem técnica, inerentes a uma construção desse porte, sendo o país então completamente subdesenvolvido sob esse aspecto, a opinião pública e as autoridades não estavam preparadas para aceitar uma transformação tão radical, cuja execução iria requerer não apenas um longo tempo mas também continuidade administrativa. Quanto ao aspecto financeiro, era habilmente escamoteado pelo círculo prévio dos recursos que poderiam ser obtidos com a venda dos imóveis, quando, na verdade, era necessário um investimento inicial para executar o plano. A mesma justificativa de autofinanciamento foi usada para Brasília, mas a cidade só pôde ser realizada porque o Estado garantiu os recursos necessários a um empreendimento dessa envergadura, cuja rentabilidade, no melhor dos casos, é a longo prazo.

56. L. COSTA, *Sobre Arquitetura*, pp. 170-172.

57. Foi ele quem fundou, em 1937, o serviço encarregado da proteção dos monumentos históricos no Brasil [S.P.H.A.N. e depois D.P.H.A.N. — N. da T.].

58. L. COSTA, *op. cit.*, p. 41, G. FERRAZ, *op cit.*, pp. 35-37.

bases, pois introduzia no interior da Escola uma rivalidade entre professores, possibilitando aos estudantes verem o contraste entre os dois ensinos, o que ficou plenamente evidenciado pelo rápido fracasso que se seguiu. Seja como for, Lúcio Costa, nomeado diretor em 8 de dezembro de 1930, com vinte e nove anos incompletos[59], lançou-se resolutamente à tarefa que lhe fora confiada; montou rapidamente a equipe de novos professores, contratando para a área de arquitetura, Buddeus e principalmente Warchavchik, na época o único a ter construído no Brasil edifícios decididamente "modernos". A princípio, o sucesso foi total; os alunos desertaram em massa das antigas disciplinas, voltando-se para as novas, o que criou uma situação embaraçosa para os catedráticos, cuja reação foi igualmente rápida. Surgiram, desde o início, protestos violentos por parte dos meios profissionais[60], cujos efeitos foram neutralizados graças ao apoio decidido dado a Lúcio Costa por Rodrigo Mello Franco de Andrade. Fundamentados juridicamente, José Mariano Filho e seus colegas, valendo-se das disposições legais resultantes da integração da Escola de Belas-Artes à Universidade[61], obtida por Lúcio Costa, conseguiram sua demissão automática, assinada pelo Reitor em 18 de setembro de 1931. Deram, assim, um duplo golpe: preservaram as vantagens pecuniárias obtidas graças à ação enérgica do jovem diretor e dele se desembaraçaram, sufocando na origem as reformas iniciadas.

Certamente, a maneira como foi conduzido o processo que afastou Lúcio Costa de suas funções não foi elegante. Mas isto não preocupava a José Mariano Filho, decidido a proteger, por todos os meios, a arquitetura neocolonial, da qual fora o grande promotor. Para tanto, não se deixou tolher por nenhum escrúpulo, não perdoando a transformação daquele que representara sua grande esperança e que promovera constantemente, por mais de dez anos. Sentira a "traição" de seu protegido como uma afronta pessoal, testemunho inqualificável de infidelidade de um vassalo para com seu senhor. Assim, desde a nomeação e os primeiros atos de Lúcio Costa como diretor da velha instituição, José Mariano Filho empreendeu contra ele uma violenta campanha pela imprensa[62]. As ofensas dirigidas à honra do adversário assumiram um papel tão destacado quanto os ataques à arquitetura "moderna" e a apologia à arquitetura tradicional. Acusado de ser, ao mesmo tempo, um cínico arrivista, pronto a vender-se pela melhor oferta, e um oportunista sem caráter, conservou Lúcio Costa uma atitude extremamente digna; respondeu a seu detrator elevando o nível do debate[63]. Explicou que sua admiração pela arquitetura colonial levou-o a estudá-la como profissional e não como amador, o que permitiu-lhe compreender o espírito profundo dessa arquitetura: franqueza absoluta nos processos construtivos empregados, assegurando às construções um caráter de verdade total e perfeita lógica interna em correspondência com o progresso das técnicas da época. Sob este ponto de vista, a arquitetura neocolonial surgia com uma trama de contradições; não desprezava os progressos materiais, mas não ousava confessá-los (dobradiças falsas, caixotões imitando vigas, juntas falsas simulando pedra, estrutura de concreto cuidadosamente disfarçada, vigas de madeira cortadas perfeitamente na serraria e depois retocadas a machado para parecer que foram esquadradas por esse meio, arestas puras das barras de ferro mutiladas para fazê-las perder sua perfeição); ela desprezava as considerações econômicas e mais ainda as sociais, não podendo responder racionalmente aos programas específicos do século XX; não passava, pois, de uma armadilha sedutora que nem ele nem seus colegas tinham conseguido evitar, não passava de um "erro inicial" cuja dimensão tinha subitamente compreendido e desejava reparar. Portanto, tinha aceitado a direção da Escola de Belas-Artes para fazer com que os alunos e, principalmente, os quatrocentos e cinqüenta futuros arquitetos não sofressem as conseqüências do problema que ele mesmo enfrentara.

Essa profissão de fé muito sincera (que curiosamente escapou aos compiladores dos escritos de Lúcio Costa[64]) é de grande interesse para o historiador: é, sem dúvida alguma, o único documento em que o autor explica a reviravolta total ocorrida em 1930-1931 e reconhece uma certa continuidade em sua obra, apesar da ruptura que então se produziu. O texto demonstra conhecimento e aceitação das teorias funcionalistas (arquitetura essencial e fundamentalmente social, devendo exprimir a extraordinária mudança na vida que ocorreu há uma ou duas gerações; predominância do fator econômico, justificando o emprego do concreto armado, o mais perfeito e mais barato material de construção; necessidade de padronização para permitir o nascimento de um estilo original de caráter internacional); as referências à arquitetura do passado, que se apoiara em princípios similares, não são, como em Le Corbusier, simples argumentos propagandísticos para convencer os incrédulos; a análise que faz dela demonstra uma sensibilidade e apego profundos a um certo estilo nacional, cujas constantes permaneceram válidas através dos séculos. Portanto, desde 1931, existia em estado latente a evolução posterior de Lúcio Costa, no sentido de uma síntese do racionalismo internacional com a tradição local.

A inteligência do jovem diretor, suas posições ponderadas, sua honestidade fundamental em reconhecer

---

59. Nasceu em Toulon, em 27 de fevereiro de 1902. Para um observador desprevenido, a escolha do jovem arquiteto poderia parecer inverossímil. No entanto, o fator idade não tem no Brasil a mesma importância que na França, não parecendo a nomeação descabida, sob esse acpecto. Por outro lado, Lúcio Costa gozava de grande prestígio, junto aos estudantes e aos recém-formados. Há muitos anos era uma figura destacada nesse meio e a boa acolhida que certamente teria justificava sua nomeação.
60. Cf. o manifesto dirigido ao Ministro pelo Instituto Brasileiro dos Arquitetos em 18 de maio de 1931, acerca do ingresso dos «professores futuristas» na Escola de Belas-Artes, parcialmente reproduzido por G. FERRAZ, op cit., p. 37.
61. O regulamento universitário previa que o diretor de uma faculdade ou de um instituto devia ser professor titular.
62. Artigos reunidos posteriormente num livro publicado pelo autor. J. MARIANO FILHO, Debates sobre Estética e Urbanismo, Rio de Janeiro, 1944, pp. 46-47 («Orientação Facciosa»), pp. 47-48 («Ditadura Artística»), pp. 48-49 («Maçonaria Artística»), pp. 68-71 («O Problema Architectônico Nacional»), pp. 71-74 («A Desnacionalização da Escola de Belas-Artes»).

63. Artigo publicado em O Jornal, em 31 de julho de 1931, sob o título Uma Escola Viva de Belas-Artes.
64. Na época, o centro dos estudantes de arquitetura da Universidade do Rio Grande do Sul, organizador da obra já citada (L. COSTA, Sobre Arquitetura). Deve-se acrescentar que, a seguir, Lúcio Costa mostrou-se muito reservado quanto a tudo que dizia respeito à primeira parte de sua obra, não facilitando sob esse aspecto o trabalho dos pesquisadores.

que seguira o caminho errado, a segurança lógica de suas exposições, o equilíbrio com que respondeu às calúnias do irascível, orgulhoso e fanático José Mariano só serviram para aumentar seu prestígio — já considerável desde que assumira a função. É provável que as responsabilidades de que foi subitamente investido tenham precipitado sua evolução[65]. Muitos dos que ignoravam sua recente conversão à doutrina de Le Corbusier ficaram surpresos com suas novas posições, vendo nelas uma negação da obra anterior ou uma manobra oportunista. Mas os alunos não se enganaram e aderiram com entusiasmo. A demissão de Lúcio Costa e dos professores "modernistas" foi uma vitória de Pirro para os adversários. Os poucos meses que dirigiu a Escola bastaram para exercer uma influência decisiva. O término da greve de várias semanas, que eclodiu com sua demissão, tendo os estudantes que ceder provisoriamente, foi apenas *pro forma*. Em seu conjunto, haviam tomado consciência da necessidade de abandonar a cópia dos estilos do passado; os mais dinâmicos não tardariam em revelar-se partidários decididos da nova arquitetura, nela destacando-se significativamente.

2. Os primeiros passos (1931-1935)

Os anos de 1931 a 1935 podem parecer, à primeira vista, inócuos; mas foram na realidade essenciais. Não se pode compreender a súbita eclosão produzida a partir de 1936 sem levar em conta a lenta maturação que a precedeu. Foi um período de estudos e de definições para o ativo grupo dos jovens arquitetos recém-saídos da Escola de Belas-Artes, após terem passado pela aventura da reforma frustrada de Lúcio Costa. Em primeiro lugar, dedicaram-se a complementar seu conhecimento sobre o movimento racionalista europeu, examinado as doutrinas e realizações dos grandes mestres — Gropius, Mies Van der Rohe e, principalmente, Le Corbusier. A obra deste transformou-se numa espécie de "livro sagrado da arquitetura"[66], sistematicamente analisada e integralmente aceita. A sedução que ela exercia pode ser explicada pela unidade do sistema proposto, que partia de argumentos de ordem econômica e social de um lado, e de argumentos de ordem técnica de outro, culminando numa concepção artística. Seu espírito dogmático atraía os jovens espíritos, um tanto desorientados, na procura de um caminho; oferecia, ao mesmo tempo, um ideal, regras precisas e uma disciplina, que podiam servir de referências e orientar os inseguros passos iniciais. A aquisição desses conhecimentos teóricos foi fundamental, pois se constituiu numa preparação do terreno, e nunca a segunda estadia de Le Corbusier no Brasil teria tido a importância que teve, se assim não tivesse sido.

A influência de Le Corbusier não se deu de maneira repentina, e sim progressivamente, como o bem demonstra a evolução das obras "modernas" construídas ou projetadas no Rio de Janeiro. Já vimos que as primeiras realizações foram de autoria de Warchavchik, com quem Lúcio Costa se associou de 1931 a 1933. O papel de Warchavchik nesse primeiro período não deve ser minimizado, nem ignorado, como muitas vezes ocorreu[67]. O próprio Lúcio Costa, preocupado em destacar a importância fundamental de Niemeyer, foi pouco objetivo por ocasião da polêmica com Geraldo Ferraz, em 1948[68]. Procede plenamente sua afirmativa de que a transformação fundamental da arquitetura brasileira ocorreu em 1936 e não em 1928, e de que ela certamente não teria obtido o reconhecimento internacional se ficasse restrita apenas à obra de Warchavchik. A questão da prioridade cronológica — atribuída a São Paulo pelo crítico de arte com uma ênfase não isenta de bairrismo — era portanto apenas um ponto secundário que ele mesmo, aliás, tinha o cuidado de não pôr em discussão. É, no entanto, discutível a afirmação de que "o que se passara, até então, teria acontecido de qualquer maneira, sem alterar uma vírgula, mesmo que Warchavchik tivesse realizado sua obra em outro lugar". Com efeito, é provável que o talento dos arquitetos cariocas tivesse de qualquer forma se manifestado e que mais cedo ou mais tarde a influência de Le Corbusier assumisse papel decisivo, mas o exemplo dado por Warchavchik não pode ser ignorado. Sua contribuição constituiu apenas um episódio, logo superado pelo retorno direto às fontes européias, mas permanece o fato de que ele guiou os primeiros passos dos pioneiros cariocas que, por um breve instante, foram seus discípulos ou seus associados.

Já se destacou[69] a íntima relação entre as obras da firma Warchavchik e Lúcio Costa e as concebidas exclusivamente por Warchavchik. Não há dúvida alguma quanto à influência inicial exercida por este sobre seu colega, perceptível também na residência de Ronan Borges em Copacabana (Fig. 35), obra de Lúcio

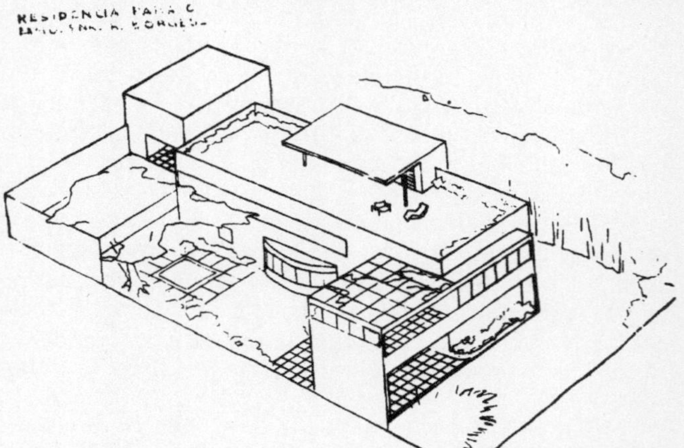

Fig. 35. Lúcio COSTA. *Casa de Roman Borges*. Rio de Janeiro. 1934. Perspectiva cavaleira.

---

65. Um caso semelhante é o de Otto Wagner, que se revelou bruscamente favorável à renovação da arquitetura, quando nomeado professor da Academia de Viena em 1894. Cf. L. BENEVOLO, *História da Arquitetura Moderna*, São Paulo, Ed. Perspectiva, 1976, p. 292.

66. L. COSTA, *op. cit.*, pp. 192, 193, 202, 203.

67. P. L. GOODWIN, *Brazil builds: architecture new old, 1652-1942*, New York, 1943. *Arquitetura Contemporânea no Brasil*, Rio de Janeiro, 1947. Foi a dedicatória desta última obra, onde Lúcio Costa era qualificado de pioneiro, que deu origem à polêmica adiante citada.

68. L. COSTA, *op. cit.*, pp. 119-128 (reprodução do artigo de G. FERRAZ, publicado no *Diário de S. Paulo* em 1.º de fevereiro de 1948, e da resposta de L. COSTA, publicada no diário carioca *O Jornal*, em 14 de março).

69. Cf. *supra*, p. 70.

Costa (1934). Certas diferenças, no entanto, são dignas de nota: a preocupação com o equilíbrio das massas pela simetria, as marquises sustentadas por delgadas colunas de concreto, em lugar da solução em balanço, tão apreciada por Warchavchik; abandona-se totalmente o *tour de force* técnico e a vontade de impressionar, deixando a composição transparecer uma concepção mais clássica de encarar os problemas. Contudo, o aspecto por demais mecânico da arquitetura de Warchavchik não podia prender Lúcio Costa, espírito refinado, preocupado com as questões estéticas, por muito tempo. Para ele, a aplicação da doutrina funcionalista pura era uma disciplina, uma cura desintoxicante que se impusera a fim de partir de bases novas à procura de uma síntese entre todos os elementos.

O resultado desse período de reflexão já comparece no anteprojeto[70] apresentado em 1934 no concurso promovido pela Companhia Siderúrgica Belgo-Mineira: tratava-se de construir em Monlevade (Minas Gerais) um conjunto habitacional completo (residências, armazém, igreja, cinema) para os empregados da companhia, que ia estabelecer-se naquela nova zona de prospecção e exploração. Lúcio Costa adotou para todas as construções, menos para a igreja e o cinema, o pilotis louvado por Le Corbusier, por constituir a solução mais lógica para o terreno acidentado: reduzia-se os trabalhos de preparação do terreno, o que compensava o elevado custo local do concreto armado; o emprego deste revelou-se até mesmo econômico, já que a criação de um piso artificial isolado da unidade do solo natural permitiu retomar, especialmente para as residências, o processo tradicional e econômico, de execução de paredes de pau a pique, sem os inconvenientes de fragilidade e insalubridade. Os problemas eram enfrentados segundo o método proposto por Le Corbusier: preocupações sociais, evidentes em todo o memorial descritivo,

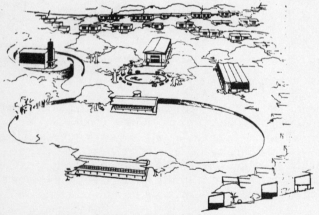

Fig. 36. Lúcio COSTA. *Cidade de Monlevade.* 1934. Projeto de conjunto.

análise das condições naturais, emprego vantajoso da técnica moderna, sem o culto do material artificial, e o propósito de impor-se ao meio circundante, característicos da obra de Le Corbusier. Esta não era considerada como um modelo a ser seguido literalmente, nem

como a única fonte de inspiração. Formalmente, havia mesmo elementos tomados de empréstimo a outro grande mestre francês, Auguste Perret: a igreja inspirava-se diretamente na de Raincy (Fig. 37), com as três naves

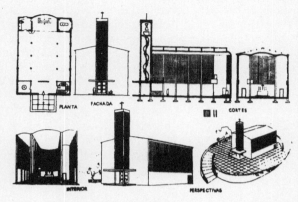

Fig. 37. Lúcio COSTA. *Igreja de Monlevade.* 1934. Plantas, elevações, cortes.

de abóbadas rebaixadas, sustentadas por delgadas colunas, elementos vazados de cimento substituindo as paredes, a posição do campanário no centro da fachada. Tudo, porém, era simplificado ao máximo: as naves laterais eram abobadadas no sentido longitudinal como a nave central, os elementos vazados dispunham-se rigidamente em quadrados contíguos, o campanário de seção quadrada e volume prismático era encimado apenas por uma cruz. Alguns desses elementos foram retomados em outras edificações (abóbadas no armazém central, claustros, pilotis e colunas de mesma forma e seção, qualquer que fosse a obra), o que assegura ao conjunto a unidade desejada (Fig. 36). Com esse projeto, Lúcio Costa retomava suas tendências mais significativas: ausência de uma opinião preconcebida, informação proveniente das mais diversas fontes, utilização de soluções simples e claras, adaptadas ao meio e à função[71], pesquisas modernas sem excluir técnicas tomadas de empréstimo ao passado, quando ainda adequadas para o caso específico, simplicidade, elegância, leveza.

Mas o projeto de Lúcio Costa para Monlevade — original, não obstante os elementos claramente tomados de empréstimo à arquitetura de Perret — constituía uma exceção no panorama da época, onde predominava um funcionalismo destituído de qualquer pesquisa plástica. Nem o próprio Oscar Niemeyer, que a seguir se tornaria um mestre nesse campo, escapou à tendência geral anterior à vinda de Le Corbusier. O clube esportivo[72] que projetou no último ano da Escola de Belas-Artes (1934) — vários blocos prismáticos contíguos, terraço sobre a cobertura, janelas na horizontal —, identificava-se com a linha da firma Warchavchik-Lúcio Costa, para a qual ele muito cedo entrara como desenhista.

71. Os pátios internos, por exemplo, eram uma excelente solução para assegurar boa ventilação; ao caráter essencialmente plástico, que tinham assumido com Perret, associava-se aqui um claro sentido funcional.

72. *Revista da Diretoria da Engenharia*, n.º 14, janeiro de 1935, pp. 236-240 (elevações, plantas e perspectivas).

70. *Revista da Diretoria da Engenharia*, n.º 3, maio de 1936, republicado em L. COSTA, *op. cit.*, pp. 42-55. O projeto não foi executado.

Tem um cunho mais pessoal a obra de Affonso Eduardo Reidy, ex-assistente de Warchavchik na Escola de Belas-Artes, em 1931. Como arquiteto da Prefeitura do Distrito Federal, teve desde cedo oportunidade de projetar grandes edifícios para abrigar os serviços municipais[73]. Desses, foram construídos apenas uma escola rural[74] e um albergue (Albergue da Boa Vontade)[75], este em colaboração com Gerson Pompeu Pinheiro, em 1931-1932. A documentação a respeito mostra que as preocupações de Reidy reduziam-se a alguns pontos essenciais: *iluminação* uniforme, por meio de janelas corridas, em toda a extensão do edifício; salas de trabalho *orientadas* para a face leste ou sul, de modo a protegê-las do sol nas horas de trabalho[76]; *galerias de circulação* externas, servindo de marquises e protegendo do sol as faces norte e oeste; *ventilação cruzada*, permitindo combater o calor com correntes naturais de ar, criteriosamente dirigidas[77]. Partindo desses princípios, Reidy projetou edifícios com vários corpos, dispostos de modo mais ou menos simétrico em torno de pátios abertos; a horizontalidade era ressaltada pela sucessão monótona de faixas de janelas e peitoris, que marcavam as fachadas. O exemplo mais representativo dessa arquitetura rigorosamente funcional, mas plasticamente inexpressiva, é o projeto[78] apresentado para o concurso do Ministério da Educação e Saúde, em 1935 (Figs. 38 e 39). Nele o arquiteto previra uma

equipe Jorge Moreira-Ernani Vasconcellos[79] fundamentava-se em princípios semelhantes e denotava idêntica fonte de inspiração. Os problemas de orientação e circulação constituíam também o ponto de partida e haviam sido resolvidos de maneira semelhante; planta e elevação, tratados com o mesmo espírito; não se diferenciavam basicamente das propostas de Reidy. As teorias de Le Corbusier tinham sido aplicadas em ambos os casos: pilotis permitindo libertar o pavimento térreo para jardim, planta e fachada livres em conseqüência da estrutura independente, em balanço, janelas na horizontal. Dos cinco pontos básicos do mestre racionalista faltava apenas o terraço-jardim, substituído por uma cobertura em terraço não acessível, que não podia oferecer o passeio arquitetônico tão apreciado pelo mestre francês.

Estava-se, portanto, muito distante do toque pessoal com que Le Corbusier sabia marcar de forma indelével suas realizações. A passagem do plano teórico para o prático não tinha ainda se dado e somente um contato direto iria possibilitar, no ano seguinte, que os jovens brasileiros chegassem a compreender realmente a lição de Le Corbusier.

Conforme se pôde constatar, a situação entre 1930 e 1935 havia evoluído consideravelmente, embora fossem construídos poucos edifícios "modernos" no Rio de Janeiro. Estava já constituído um grupo ativo, par-

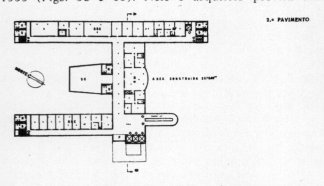

Fig. 38. Affonso E. REIDY. *Projeto do concurso para o Ministério da Educação e Saúde.* Rio de Janeiro. 1935. Planta (primeiro andar).

Fig. 39. Affonso E. REIDY. *Projeto do concurso para o Ministério da Educação e Saúde.* Rio de Janeiro. 1935. Elevação.

construção sobre pilotis até então praticamente proibida pelos regulamentos municipais; embora essa novidade só viesse reforçar a lógica do sistema proposto, não introduzia qualquer modificação sensível no aspecto global da arquitetura de Reidy.

O projeto apresentado no mesmo concurso pela

tidário da nova arquitetura: os mais velhos, com pouco mais de trinta anos — Lúcio Costa, como líder, Attílio Correa Lima, Raphael Galvão, Paulo Antunes Ribeiro — eram desertores da arte neocolonial; os mais jovens — Reidy, Moreira, Vasconcellos, Marcelo Roberto, a quem logo se juntaria seu irmão Milton — eram adeptos, desde o primeiro momento, da nova arquitetura. Todos no entanto cerravam fileiras e poliam suas armas, reunindo a instrumentação teórica que os preparava para reagir de modo favorável, à centelha que foi a segunda viagem de Le Corbusier. Além disso, os poderes públicos e mesmo algumas entidades privadas começavam a mostrar-se menos insensíveis: o episódio da reforma da Escola de Belas-Artes em 1930, mesmo tendo fracassado, provou que uma intervenção política podia alterar determinada situação; o fato de ter Reidy podido

---

73. *Revista da Diretoria da Engenharia*, n.º 1, julho de 1932, pp. 2-5 (edifício administrativo); n.º 11, julho de 1934, p. 3 (nova prefeitura) e pp. 4-9 (sede da direção dos serviços técnicos de construção e de lazer).

74. *Ibid.*, n.º 5, julho de 1933, pp. 3 e 4.

75. *Ibid.*, n.º 2, out. de 1932, pp. 26 e 27 e S. GIEDION e K. FRANCK, *Affonso Eduardo Reidy — Bauten und Projekte*, Stuttgart, 1960, pp. 12 e 13 (plantas, fotos, cortes).

76. No Brasil muitos órgãos administrativos funcionam só à tarde.

77. O princípio era muito simples: às grandes janelas ininterruptas das faces sul e leste opunha-se uma faixa igualmente contínua de basculantes, colocada no alto da parede oposta, dando para a galeria de circulação. O ar quente saía por essas aberturas, cedendo lugar ao ar mais frio que entrava pelas fachadas não expostas ao sol.

78. *Revista da Diretoria da Engenharia*, n.º 18, set. de 1935, pp. 511-514.

79. *Ibid.*, pp. 515-519.

propor e ver aceitos, mesmo que não realizados, projetos decididamente funcionalistas, de ter Raphael Galvão podido vencer, em agosto de 1933, o concurso para a construção do Cine Ipanema[80], para nos limitarmos a alguns exemplos particularmente significativos, eram indícios seguros de que a mentalidade estava em vias de uma transformação lenta, mas segura.

A situação em 1935 era portanto bem mais favorável no Rio de Janeiro do que em São Paulo, onde Warchavchik, apesar dos sucessos iniciais obtidos, permanecia isolado, não podendo contar com o apoio da administração pública, tendo de limitar-se a uma clientela estritamente privada.

4. LUÍS NUNES E O MOVIMENTO DO RECIFE (1934-1937)[81]

Os dois grandes centros do país, Rio de Janeiro e São Paulo, praticamente detiveram assim no início do século a exclusividade das iniciativas, em matéria de arquitetura — se é que se pode chamar de iniciativa o que muitas vezes não passava de um reflexo mais ou menos deformado das modas e correntes européias. As outras cidades limitavam-se a seguir a orientação dada ou transmitida por essas metrópoles, sem nada criar de realmente original, mesmo nas raras ocasiões em que os modelos haviam sido tomados de empréstimo diretamente da Europa, como no caso do *Art Nouveau*, em Belém do Pará. Assim, é particularmente notável constatar que, mesmo antes da implantação definitiva da nova arquitetura no Rio ou em São Paulo, desenvolveu-se no Recife, de 1934 a 1937, um movimento autônomo, sob vários aspectos até mais avançado. A causa principal dessa situação particular deve-se à personalidade excepcional de Luís Nunes, que de certo modo se teria tornado uma das figuras de proa da arquitetura brasileira, não tivesse falecido tão jovem.

Natural de Minas Gerais, evidenciou sua capacidade de liderança já quando estudante da Escola de Belas-Artes do Rio, onde liderou com Jorge Moreira a greve estudantil desencadeada em setembro de 1931, para protestar contra a demissão de Lúcio Costa e dos professores por ele contratados. Tão logo diplomado, projetou uma série de apartamentos no Rio de Janeiro, transferindo-se a seguir para o Recife, onde lhe era oferecida uma tarefa que iria evidenciar sua capacidade. Tratava-se de organizar e dirigir um serviço de arquitetura[82] que se encarregaria dos edifícios públicos do Estado de Pernambuco[83] e dos edifícios privados que viessem a receber subvenção estatal. Assumindo o cargo, Luís Nunes montou uma equipe de técnicos, artistas e artesãos, cuja colaboração iria possibilitar importantes estudos, especialmente no campo da padronização da construção, e uma execução de alto nível dos projetos elaborados. Cercou-se de colaboradores de primeira linha, como o engenheiro Joaquim Cardozo e o arquiteto-paisagista Roberto Burle Marx, então desconhecidos, mas que mais tarde se tornariam famosos em suas especialidades[84]. Firmemente apoiado pelo governador Carlos de Lima Cavalcânti — o que lhe permitiu vencer os obstáculos e a incompreensão que uma ação revolucionária sempre provoca — Luís Nunes conseguiu realizar, em dois breves períodos de atividade (novembro de 1934 a novembro de 1935; fins de 1936 a novembro de 1937), uma obra relativamente abundante e diversificada, cujo interesse e coerência devem ser ressaltados. Sua originalidade tornou-se evidente desde os primeiros projetos, onde demonstrou que a padronização em nada se opunha à expressão arquitetônica e que uma construção podia ser econômica e funcional, oferecendo, ao mesmo tempo, soluções técnicas e formais audaciosas. Na escola para crianças excepcionais[85] que construiu nos arredores de Recife (1935) (Fig. 40), a uniformização dos elementos era a mais completa possível, de modo a reduzir o custo da

Fig. 40. Luís NUNES. *Escola para crianças excepcionais*. Recife. 1935. Maquete.

construção. A levíssima estrutura de concreto armado era constituída por tesouras transversais de seis metros de vão, idênticas em todos os andares dos dois edifícios; assim, uma ampliação futura, tanto no sentido vertical, quanto no horizontal, seria perfeitamente viável. A parede oeste da ala principal foi construída com elementos pré-fabricados — blocos de cimento de 50cm por 50cm com 10cm de espessura, vazados por numerosos pequenos orifícios retangulares —, concebidos para proteger do sol e da chuva, mas possibilitando a passagem do ar, de modo a assegurar uma ventilação constante, exigida pelo calor permanente da região, a 9° de latitude sul. Por outro lado, essas soluções, sob todos os aspectos funcionais e o uso de materiais feitos

---

80. *Ibid.*, n.º 7, nov. de 1933, pp. 3-6 (elevações, cortes, plantas). *Arquitetura e Urbanismo*, n.º 3, set. de 1936, pp. 140-144 (fotografias, plantas, desenhos).

81. Cf. o artigo de JOAQUIM CARDOZO em *Módulo*, n.º 4, março de 1956, pp. 32-36, retomado em *Arquitetura*, n.º 13, julho de 1963, pp. 3-21, entremeado a um texto sobre o mesmo assunto de J. BEZERRA BALTAR e a republicação da exposição feita em 1935 pelo próprio Luís Nunes sobre os objetivos do serviço, que organizara nessa ocasião.

82. Criado em 3 de novembro de 1934 e inicialmente chamado «Seção Técnica de Engenharia e Arquitetura», esse serviço tornou-se, pelo decreto de 29 de agosto de 1935, a «Diretoria de Arquitetura e Construção» (D.A.C.). Fechado em novembro de 1935, após a tentativa de revolução comunista, sob suspeita de atividades subversivas, foi reorganizado em 1936 transformando-se na «Diretoria de Arquitetura e Urbanismo» (D.A.U.), que funcionou ativamente até a morte de Luís Nunes, em 1.º de novembro de 1937, mas não sobreviveu ao seu falecimento.

83. Ou seja, os de responsabilidade do governo do Estado e as construções a cargo das municipalidades, quando estas as requeressem.

84. Solicitou de Attílio Correa Lima, autor do plano de Goiânia, um projeto de urbanismo para Recife. As propostas apresentadas não foram contudo aplicadas, porque o serviço foi suspenso em fins de 1935.

85. *P.D.F.*, vol. III, n.º 1, jan. de 1936, pp. 10-14 (fotografia da maquete e da obra em construção, plantas).

em série não impediam de modo algum o emprego de soluções tradicionais, como a galeria de circulação, que corria longitudinalmente à fachada oeste do bloco menor, para proteger as salas de aula do excesso de insolação. Não impediam também o virtuosismo técnico, como as escadas helicoidais apoiadas apenas nas extremidades[86], e uma síntese formal de primeira ordem: o conjunto era de uma simplicidade e de uma pureza absolutas. A harmonia derivava do equilíbrio na distribuição das massas, da ligação hábil dos blocos por meio de uma marquise e principalmente, da segurança na escolha das proporções, enquanto certos elementos, valorizados criteriosamente — escadas externas em caracol na extremidade do bloco maior, volume transversal saliente, no eixo do pátio sobre a face oriental da ala menor — evitavam toda austeridade excessiva e acentuavam o sentido plástico da composição.

Idênticas preocupações compareciam no hospital da Brigada Militar (Fig. 41), projetado desde 1935 e

Fig. 41. Luís NUNES. *Hospital da Brigada Militar*. Recife. 1935-1937.

construído somente em 1937, durante o segundo período de atividade do arquiteto em Pernambuco. Desta vez, os dois blocos longitudinais eram sensivelmente iguais, mas não paralelos, de modo a aproveitar racionalmente o terreno ligeiramente trapezoidal.

Eram unidos por um bloco transversal, que abrigava os serviços gerais; construído sobre pilotis, e mais largo e mais alto do que os outros, permitia a continuidade do jardim, criando um jogo vigoroso e lógico[87] de interpenetração de volumes, o que acentuava plasticamente a entrada principal, organizada sob forma de um grande *hall* inteiramente envidraçado, possibilitando a transição interior-exterior. Como na construção precedente, a estrutura era composta de elementos regulares, mas desta vez colocados no plano das fachadas e não mais transversalmente. A rede ortogonal assim formada libertava a organização interna — solução muito racional para um hospital. No entanto, esse tipo de estrutura tinha toda a canalização correndo sobre as fachadas, o que contrariava um dos princípios básicos de Le Corbusier. Pode-se, portanto, constatar que Luís Nunes — ao contrário de seus colegas do Rio de Janeiro — não era profundamente influenciado pela obra do mestre franco-suíço; este constituía apenas uma dentre várias fontes de inspiração e, de modo algum, o "livro sagrado da arquitetura". Dentre os grandes mestres racionalistas, foi certamente Gropius quem mais serviu de modelo a Luís Nunes: esse tipo de estrutura havia sido proposto pelo arquiteto alemão já em 1922, no célebre projeto para a sede do jornal *Chicago Tribune*; e o jovem arquiteto brasileiro, quando trabalhava no projeto do hospital, deve ter pensado em certos aspectos da *Bauhaus* de Dessau, com seus edifícios agrupados funcionalmente, seus volumes prismáticos puros solidamente apoiados no chão, limitando-se a construção sobre pilotis ao elemento de ligação fundamental. Por outro lado, era perfeitamente lógico que fosse em Gropius, adepto fervoroso de uma arquitetura industrializada e padronizada, que Luís Nunes pudesse encon-

Fig. 42. Luís NUNES. *Escola rural Alberto Torres*. Recife. 1935.

trar as preocupações mais próximas das suas e um ponto de partida capaz de orientar suas pesquisas, baseadas numa economia de meios.

Apesar de suas tendências naturais e da discrição que, de um modo geral, caracteriza sua obra, aproximando-a das realizações do período alemão de Gropius, Luís Nunes diferenciava-se dele por uma menor austeridade no domínio plástico. Pode-se ponderar que as escadas em caracol da escola para crianças excepcionais

---

86. As primeiras desse tipo construídas no Brasil.

87. A cobertura dos edifícios longitudinais em forma de terraços, acessível pelo bloco transversal, colocado no centro da composição.

assemelhavam-se, pela técnica empregada e pela localização na extremidade do edifício, com as que Gropius e Meyer haviam concebido para a usina apresentada na Exposição da Werkbund, em 1914. Mas o sentido delas era muito diverso: na obra de Colônia, a perfeita simetria e o envolvimento das duas escadas por uma caixilharia de vidro limitava a ênfase nelas colocada; na composição de Luís Nunes, a escada única, desenvolvendo enfática e livremente sua espiral, destacava-se do conjunto e atraía inevitavelmente a atenção. Outro exemplo, ainda mais notável (Fig. 42), mostra que o jovem arquiteto brasileiro, sempre que possível, enfatizava o virtuosismo técnico, explorando seriamente o notável talento de calculista de Joaquim Cardozo[88]. Trata-se da escola rural Alberto Torres (1935), onde o jogo de rampas suspensas por dois arcos parabólicos foi sem dúvida inspirado no projeto de Le Corbusier para o Palácio dos Sovietes em Moscou (1931), embora a interpretação seja diferente[89]. Deve-se também notar a audácia da caixa d'água em cone invertido, cuja forma pura e inédita assumia, no conjunto, uma importante função plástica.

Luís Nunes incorporara, portanto, os princípios enunciados pelo movimento racionalista europeu: emprego sistemático dos materiais novos, especialmente de concreto armado, construções com estrutura aparente, coberturas planas, grandes superfícies envidraçadas de caixilhos metálicos. Aceitara também a estética proposta e não hesitava em tomar como modelo as obras de grandes mestres como Gropius e Le Corbusier.

Entretanto, jamais lhe ocorreu a idéia de aplicar pura e simplesmente essas soluções. Embora trabalhando dentro do mesmo espírito de Gropius, o ambiente era inteiramente diverso, tendo ele sabido levar isto em consideração. O fato de conseguir montar, num ambiente *a priori* desfavorável a todo empreendimento desse tipo, uma equipe completa, onde o engenheiro, o técnico e o artesão pesquisavam em conjunto, sob a direção do arquiteto; o modo racional e econômico de resolver os problemas de construção é uma demonstração surpreendente do senso de realidade que o animava. Não podendo apoiar-se numa verdadeira produção industrial, tratou de aperfeiçoar as técnicas artesanais locais, chegando a resultados inesperados, não raro de grande significado. A criação mais notável neste campo foi o emprego — de maneira absolutamente nova — de blocos vazados de concreto chamados "cobogós" (primeira sílaba do nome dos três inventores). Eram eles até então empilhados uns sobre os outros, para a construção de paredes cheias, sólidas e baratas. Luís Nunes e seus colegas tiveram a idéia de utilizá-los no estado bruto, como *brise-soleil* elementares, constituindo uma espécie de anteparos transparentes, assegurando assim uma boa ventilação e, em certos casos, uma proteção adequada contra os elementos naturais[90].

Partindo de posições teóricas e do propósito de introduzir no Brasil o estilo internacional de 1930 (considerado como universalmente válido e o único representativo de sua época), Luís Nunes deu provas, no conjunto, de uma certa flexibilidade na sua aplicação prática[91]; soube aproveitar a lição dada pelas figuras européias de proa, sem ficar prisioneiro de seus ensinamentos. Longe de ater-se fielmente a eles preocupou-se sobretudo com o espírito que se depreendia desses ensinamentos e esforçou-se para adotar seus princípios conforme as possibilidades técnicas e industriais do meio. Como bem destacou Joaquim Cardozo[92], as construções de Luís Nunes no Recife, de 1935 a 1937, já representavam, pela força e capacidade de execução, uma linguagem brasileira[93]. A rudeza que delas emanava parecia orientar a arquitetura do país para um caminho mais austero do que aquele que foi finalmente seguido, sob a influência decisiva de Le Corbusier.

Se Luís Nunes não houvesse falecido, talvez se desenvolvesse no Nordeste um estilo diverso da "maneira brasileira" que os arquitetos cariocas iriam rapidamente impor. Mas todas as especulações sobre o assunto escapam ao âmbito deste estudo e seu caráter puramente hipotético em nada auxilia a ampliação de nossos conhecimentos. Portanto, limitar-nos-emos aos fatos. O movimento do Recife foi um episódio breve, mas não se pode negar sua importância. Extremamente dinâmico, representou significativo esforço de implantação, profunda e racional, da nova arquitetura no Brasil. Perfeitamente homogênea, em conseqüência da personalidade dominante de Luís Nunes[94], tomou o caminho de uma síntese entre o caráter universal dos princípios básicos e a expressão regional que lhes podia ser conferida. Deve-se lembrar, finalmente, que propiciou as primeiras experiências para dois talentos autênticos, que a seguir teriam uma brilhante carreira: o engenheiro e poeta Joaquim Cardozo e o arquiteto-paisagista Burle Marx. Por conseguinte, o esquecimento quase total a que foi relegada a tentativa interessante e audaciosa de Luís Nunes é totalmente injustificado. Mais do que seu lado efêmero, é sem dúvida o distanciamento espacial o responsável por essa situação anormal, pois a obra

---

88. É evidente que o surgimento das primeiras soluções plasticamente audaciosas da arquitetura brasileira em Pernambuco foi conseqüência da segurança dos cálculos estruturais do engenheiro local Joaquim Cardozo; faltava apenas descobrir e explorar, num sentido formal, o valor daquele que se tornaria um dos maiores calculistas de concreto armado.

89. Com efeito, Le Corbusier havia previsto um grande arco parabólico que suportaria uma das extremidades da laje de cobertura da grande sala de reuniões.

90. O mesmo princípio foi aplicado na face leste da escola para crianças excepcionais, acima referida, mas neste havia também o propósito de uma separação óptica, decorrente da função do edifício O cobogó em estado bruto, ainda freqüentemente usado em Pernambuco, serve para o fechamento de galerias de circulação, pátios e dependências em geral. É neles que se encontra a origem dos *brise-soleil* fixados em caixilhos metálicos, que a seguir foram empregados com considerável freqüência na arquitetura brasileira.

91. Mas essa flexibilidade não chegava a ponto de renunciar aos terraços, cuja impermeabilização era difícil nesse clima, cujas grandes precipitações alternam-se com um sol violento, provocando fissuras nas lajes de concreto. Com efeito, tratava-se de um dos princípios fundamentais da nova arquitetura, cujos inconvenientes só iriam aparecer com o tempo.

92. *Módulo*, n.º 4, março de 1956, pp. 32-36 e *Arquitetura*, n.º 13, julho de 1963, pp. 25-32.

93. No pavilhão de verificação dos óbitos da antiga Faculdade de Medicina (1937), sem dúvida a obra-prima do arquiteto sob o ponto de vista plástico, encontra-se mesmo um deliberado parentesco com a arquitetura local: a adoção da cor azul para a pintura dos revestimentos externos dessa obra em concreto recordava, com discrição, o emprego de azulejos nos exteriores, tradicional no Recife há mais de um século.

94. Seu súbito falecimento provocou a imediata decomposição da equipe, pela retirada quase automática do apoio governamental, necessário ao funcionamento do serviço.

resultante dessa tentativa foi, em seu conjunto, um êxito significativo[95].

*
* *

As primeiras tentativas de introdução da nova arquitetura no Brasil tiveram, portanto, um caráter restrito, quer pelo pequeno número de oportunidades e encomendas de natureza particular ou pública, quer — como em Pernambuco — pelo caráter temporário dos recursos concedidos, que não possibilitaram ao movimento se afirmar definitivamente. São Paulo parecia reunir, em 1930, todas as possibilidades de ser o berço e o centro impulsionador dessa nova arquitetura. Fora lá que nascera e se desenvolvera todo um movimento, as primeiras manifestações teóricas em favor da arquitetura funcional, lá enfim que Warchavchik passara à ação prática, construindo as primeiras casas com espírito moderno, introduzindo na América do Sul o "estilo internacional". Acrescente-se a isto o crescimento vegetativo da cidade, seu caráter cosmopolita, a origem européia recente de sua população, a falta particularmente sensível de tradições locais profundas, que parecia favorecer a implantação de um movimento revolucionário vindo da Europa, rompendo com os estilos do passado, e ver-se-á que tudo parecia predizer o advento de uma era paulista. No entanto, ocorreu o contrário, tendo progressivamente passado a liderança dos paulistas para os cariocas. Como explicar esse fenômeno aparentemente aberrante, mas na realidade, coerente? Para começar, certos fatores considerados favoráveis eram apenas provisórios. O cosmopolitismo de São Paulo, e a importância da sociedade italiana favoreceram, num primeiro instante, a penetração das idéias novas e a acolhida dos arquitetos formados na Itália, fossem eles estrangeiros, como Warchavchik, ou brasileiros, como Rino Levi. A seguir, isso passou a ser uma desvantagem, conforme já visto[96], dado o papel assumido pelo nacionalismo na aceitação e no desenvolvimento da arquitetura "moderna" no Brasil. O mesmo ocorreu com a falta de tradições, que limitava a possibilidade de encontrar, nas obras do passado, certos meios de expressão capazes de enriquecer o repertório contemporâneo. Além disso, a inexistência em São Paulo de uma Escola de Belas-Artes assumiu papel significativo. Com efeito, não se deve esquecer que a revolução arquitetônica do século XX, embora proveniente dos progressos técnicos anteriormente referidos, foi acima de tudo uma revolução estética. Ora, o ensino da Escola Politécnica, que formava os arquitetos locais, revelou-se absolutamente insensível a esta questão e infinitamente mais conservador do que o da Escola de Belas-Artes do Rio. Esta havia passado por diferentes experiências, especialmente a neocolonial. Ela possibilitava o debate, facilitando-o através do contato entre as diversas disciplinas artísticas ensinadas. Embora nelas a arte moderna fosse violentamente combatida, não era totalmente ignorada. A Escola Politécnica de São Paulo, pelo contrário, com sua pequena seção de arquitetura com poucos alunos perdidos no meio de futuros engenheiros, estava fechada sobre si mesma, impermeável às influências externas e fiel ao neoclassicismo de Ramos de Azevedo e seus discípulos. O sopro de ar puro levado à Escola de Belas-Artes do Rio pela direção efêmera de Lúcio Costa foi suficiente para que se formasse de imediato um grupo ativo, pronto a lançar-se por novos caminhos e decidido a impor-se na primeira oportunidade. Já em São Paulo, não existiam senão alguns indivíduos isolados, incapazes de representar uma verdadeira força. O fator importante foi, porém, de ordem política. O Estado de São Paulo que, sob a Primeira República, tinha assumido um papel fundamental no quadro federativo, viu-se relegado a um plano secundário, pelo regime da Revolução de 1930. A crise econômica e a falta de um apoio decisivo por parte do governo federal, associados ao completo desinteresse das autoridades e da elite paulista, fizeram praticamente parar todas as construções públicas de envergadura. Ocasionalmente foram realizados alguns concursos, sem que jamais fossem construídos os projetos premiados, em geral, tradicionalistas[97]. Ora, a construção de algumas residências ou prédios de apartamentos não assegurava uma verdadeira repercussão significativa, de modo a propiciar à nova arquitetura o impulso de que necessitava para impor-se. Só um conjunto representativo de obras poderia fazê-lo, e para isso era necessário o apoio estável do poder político. Foi em Pernambuco que ele se manifestou primeiramente, possibilitando a Luís Nunes lançar as bases de um primeiro estilo brasileiro. No entanto, o movimento foi por demais efêmero para que dele resultasse uma influência profunda agravada pela distância e pelo provincianismo de Recife (provincianismo este que também se nota em São Paulo, embora num grau mais reduzido), para influenciar o resto do Brasil. Só a Capital Federal podia oferecer, na verdade, as condições políticas, culturais e econômicas indispensáveis. A sorte propiciou o encontro dos homens indicados, realizando eles a grande tarefa de erguer o monumento que iria mudar, radicalmente o curso até então seguido pela arquitetura brasileira: o prédio do Ministério da Educação e Saúde, no Rio de Janeiro.

---

95. O que não significa estar toda sua obra imune a críticas. Por exemplo, a mais conhecida e mais freqüentemente reproduzida obra do arquiteto, a caixa d'água de Olinda, projetada em colaboração com Fernando Saturnino de Brito em 1937, lança hoje, apesar das proporções corretas de sua massa negrejante, uma nota de tristeza na paisagem suave da velha cidade colonial.

96. Cf. *supra*, pp. 25-26.

97. O principal desses concursos foi o do Paço Municipal, em 1939, para a escolha de um projeto, para a construção da Prefeitura. Os dois projetos apresentados, um de Warchavchik e Villanova Artigas (cf. G. FERRAZ, *Warchavchik*, pp. 217-227) e outro de Flávio de Carvalho, foram preteridos em favor da solução apresentada pela firma Severo e Villares, cuja originalidade não era, em absoluto, a nota dominante.

3. A TRANSFORMAÇÃO DECISIVA (1936-1944)

O ano de 1936 constitui um marco fundamental na história da arquitetura brasileira, especialmente pela visita de Le Corbusier, convidado pelo Ministro da Educação e Saúde, Gustavo Capanema, para assessorar a equipe de arquitetos encarregada do projeto do edifício do ministério. Ao contrário da primeira estadia do mestre franco-suíço, em 1929, de conseqüências somente indiretas, não perceptíveis de imediato, como a conversão de Lúcio Costa, a segunda teve repercussões bem profundas. A experiência transmitida por Le Corbusier, nas seis semanas de trabalho intensivo desenvolvido com a equipe, influenciou profundamente os jovens brasileiros que dela faziam parte, modificando-os profundamente com esse breve contato. Desse trabalho, resultou o célebre edifício do Ministério da Educação e Saúde, concluído em 1943, marco da transformação decisiva da arquitetura contemporânea no Brasil. No entanto, por maior que seja sua importância, não se pode desconsiderar outras realizações desse período; não se tratava de uma obra isolada, mas da afirmação de um notável movimento, que se desenvolveu desde então em profundidade. É por essa razão que, depois de analisar a importância e o alcance do Ministério da Educação e Saúde, depois de ressaltar o lugar que indubitavelmente lhe cabe, deve-se também destacar a evolução paralela de outras manifestações significativas, cujos autores foram os irmãos Roberto, Attílio Correa Lima e, finalmente, Oscar Niemeyer, que afirmou toda a pujança de sua criatividade no conjunto da Pampulha. O sucesso internacional da nova arquitetura brasileira deveu-se a essas concepções expressivas, marcadas por um cunho todo particular, e divulgadas em 1943 pela exposição das fotografias de R. Kidder-Smith no Museu de Arte Moderna de New York e pelo livro que se seguiu[1].

1. P. L. GOODWIN, *Brazil Builds: Architecture New and Old, 1652-1942*, New York, 1943.

1. O MINISTÉRIO DA EDUCAÇÃO E SAÚDE NO RIO DE JANEIRO[1a]

1. O concurso e a decisão de Gustavo Capanema

O concurso de anteprojetos para o edifício do Ministério da Educação e Saúde[2], realizado em 1935, foi ganho por Archimedes Memória, professor catedrático de arquitetura na Escola de Belas-Artes, com um projeto acadêmico, decorado em estilo marajoara[3]. O regulamento do concurso previa uma seleção de cinco projetos, dentre os quais seria posteriormente feita a escolha definitiva. No entanto, a comissão, composta por arquitetos acadêmicos, selecionou apenas três das trinta e quatro propostas apresentadas, eliminando, entre outras, as do pequeno grupo identificado com as teorias funcionalistas.

Mas o Ministro da Educação, Gustavo Capanema, que presidira o júri, sem direito ao voto, não era da mesma opinião. Pretendia ele afirmar-se perante as gerações futuras com um edifício marcante; havia compreendido perfeitamente que os estilos históricos já faziam parte do passado, nada se podendo esperar dos pastichos ou elucubrações imaginárias totalmente desvinculados das necessidades do presente. Não ignorava, por outro lado, a tentativa de regeneração da arquitetura, lançada pelo movimento racionalista europeu; este era muito polêmico e parecia nessa época estar perdendo um pouco do impulso mas tinha a seu crédito realizações que haviam causado sensação e oferecia um caminho para o futuro da arquitetura. Assim, o Ministro percebeu de imediato como poderia aproveitar a situação, se conseguisse construir a primeira obra de caráter monumental, coerente com a arquitetura que

1a. Plantas e fotos do edifício foram reproduzidas nas principais revistas de arquitetura. Cf. H. MINDLIN, *L'architecture moderne au Brésil*, Paris, sem data, pp. 196-199 (fotos, plantas, corte).
2. *Revista da Diretoria da Engenharia*, n.º 18, set. de 1935, p. 510.
3. Ou seja, inspirado na civilização pré-colombiana que se desenvolveu na Ilha de Marajó, conhecida unicamente através de peças de cerâmica! O caráter aberrante dessa idéia evidencia o alcance da vaga nacionalista, que insatisfeita com o neocolonial passou a pesquisar fontes puramente decorativas, numa das raras manifestações de arte local, anteriores ao estabelecimento dos portugueses.

pensava ser a representativa do século XX[4]. Na verdade, Gropius, Mies Van der Rohe e outros haviam projetado usinas, escolas, residências, conjuntos de apartamentos, pavilhões de exposição, em suma, obras utilitárias representativas da sociedade contemporânea. Mas o tema do palácio só havia sido objeto de estudo por parte de Le Corbusier e, dentre seus três grandes projetos, dois não foram construídos: o Palácio da Sociedade das Nações em Genebra (1927-1928) e o Palácio dos Sovietes em Moscou (1931); só o Centrosoyus, modificado em alguns de seus princípios básicos, foi construído na capital soviética. Mas a URSS estava distante, isolada, com o que não alcança o edifício grande repercussão mundial. Por conseguinte, havia um vazio a ser preenchido, não hesitando Gustavo Capanema nessa tentativa.

Não cabia anular o resultado do concurso. Assim, os prêmios em dinheiro foram pagos aos classificados, mas o Ministro decidiu não executar o projeto vencedor, convidando Lúcio Costa, um dos participantes desclassificados, para apresentar um projeto *novo*. Essa atitude constituiu-se num verdadeiro desafio. A tarefa atribuída a Lúcio Costa era um ato arbitrário, encoberto por minúcias de ordem jurídica, mas Capanema não dispunha de outro recurso para alcançar a solução que lhe parecia fecunda. A escolha de Lúcio Costa era lógica e fundamentada: sem dúvida alguma, era ele a figura de maior destaque dentre os adeptos da arquitetura "moderna", pelo papel que havia desempenhado na tentativa de reforma da Escola de Belas-Artes em 1930-1931 e, a seguir, pelas posições teóricas e práticas assumidas; apresentava-se claramente como o líder dos jovens arquitetos cariocas adeptos do funcionalismo. Assim, nenhum destes poderia protestar, caso Lúcio Costa houvesse pura e simplesmente aceito a missão que o ministro pretendia lhe confiar. Porém, a ambição pessoal não era um dos traços dominantes do caráter de Lúcio Costa; embora não tivesse qualquer escrúpulo em combater por todos os meios uma arquitetura que ele considerava nociva, não achava justo beneficiar-se individualmente com uma oportunidade inesperada que julgava serem os demais tão merecedores quanto ele. Ponderou a Gustavo Capanema que, além do seu, outros três anteprojetos apresentados no concurso — Carlos Leão, Affonso Reidy e Jorge Moreira[5] —, mereciam ser considerados, por suas características "modernas"'. Propôs então fossem seus autores convidados a participar, juntamente com ele, da elaboração do novo projeto. Tratava-se de uma atitude prudente, ditada por um sentido de justiça e, talvez, por uma certa insegurança[6]: ao transferir a responsabilidade da obra para uma equipe, Lúcio Costa colocava em evidência, mais do que a situação de um arquiteto, o programa da nova arquitetura; do trabalho em equipe, poderia resultar um projeto melhor e mais significativo, do que aquele realizado individualmente. Por outro lado, eliminava, pelo menos parcialmente, a impressão de arbitrariedade que causava sua escolha.

O grupo inicialmente previsto por Lúcio Costa era composto por mais três arquitetos, Carlos Leão, Jorge Moreira, Affonso Reidy, sendo logo ampliado para seis membros. De fato, Moreira pleiteou a inclusão de Ernani Vasconcellos, com quem elabora o anteprojeto apresentado no concurso, merecendo, portanto, um lugar na equipe; a fundamentada ponderação de Moreira, que se sentia numa posição delicada perante seu colaborador habitual, foi logo reconhecida. A entrada de Ernani Vasconcellos acarretou a de Oscar Niemeyer, que praticamente se impôs a seus colegas, afirmando sua energia e decisão por esse ato de vontade: com efeito, quando ainda estudante da Escola de Belas-Artes, fizera um estágio gratuito como desenhista na firma de Warchavchik e Lúcio Costa, tornando-se, depois, ajudante deste; por conseguinte, reivindicou para si o mesmo tratamento dado a Ernani Vasconcellos, o que lhe foi assegurado. Constituído definitivamente em princípio de 1936, o grupo que iria projetar o Ministério da Educação e Saúde era bastante homogêneo: todos os seis arquitetos eram formados pela Escola de Belas-Artes do Rio de Janeiro, onde tinham vivido, de um lado ou de outro da barricada[7], a luta pela reforma frustrada de 1930-1931; é verdade que havia uma diferença de dez anos entre o mais velho e o mais moço[8], mas se se excetuar Lúcio Costa, diplomado desde 1924, todos haviam terminado seus estudos num tempo muito curto de 1930 a 1934[9]. Todos enfim comungavam das mesmas preocupações e dedicavam uma admiração ilimitada à obra de Le Corbusier.

2. A estadia e as duas propostas sucessivas de Le Corbusier

A equipe se lançou de imediato ao trabalho, definindo os princípios de um primeiro projeto, que não lhe pareceu satisfatório. Então cogitaram de consultar Le Corbusier em pessoa, tendo sido Lúcio Costa encarregado de convencer Gustavo Capanema da necessidade do convite ao mestre franco-suíço[10]. Houve inicialmente

---

4. Não procedem as afirmações do sumário biográfico de Lúcio Costa, redigido por José Carlos C. Coutinho (L. COSTA, *Sobre Arquitetura*, Porto Alegre, 1962, p. 352), segundo as quais o ministro teria sido convencido pelo próprio Lúcio Costa da importância da arquitetura nova. O testemunho de Rodrigo Mello Franco de Andrade, um dos assessores mais diretos de Gustavo Capanema, confirma que há muitos anos era ele já sensível ao problema e que sua decisão foi tomada com toda a convicção, ditada por um forte desejo pessoal.
5. Cf. *supra*, p. 76.
6. Lúcio Costa agiria da mesma forma três anos mais tarde, quando do projeto do Pavilhão do Brasil na Exposição Internacional de New York (cf. *infra*, p. 107). No entanto, quando venceu o concurso do plano piloto de Brasília, em 1957, aceitou o prêmio sem hesitar, passando então a defendê-lo de todas as críticas: neste caso estava convicto do valor do trabalho e de ter merecido o primeiro lugar.
7. De um lado, Lúcio Costa como diretor, e Reidy como assistente de Warchavchik na cadeira de composição arquitetônica; do outro Leão Moreira, Vasconcellos e Niemeyer como alunos.
8. Lúcio Costa nasceu em Toulon, em 1902; Moreira, em Paris, em 1904; Leão e Niemeyer, no Rio em 1906 e 1907, respectivamente; Reidy, em Paris, em 1909, e Vasconcellos, no Rio, em 1912. É curioso observar que três dos seis arquitetos nasceram na França. O fato de terem vivido num meio europeu, como Reidy, facilitou evidentemente os contatos dos jovens brasileiros com o Velho Mundo e contribuiu para a orientação que adotaram.
9. Reidy recebeu o diploma em 1930, Leão em 1931, Moreira em 1932, Vasconcellos em 1933, e Niemeyer em 1934.
10. É bastante restrita a documentação referente às negociações que precederam a vinda e a estadia de Le Corbusier no Brasil. Os arquivos pessoais de Capanema poderiam proporcionar muitos dados, mas não são acessíveis. É preciso então lançar mão do testemunho dos principais interessados: o ministro, Lúcio Costa e Le Corbusier. Pietro Bardi, diretor do Museu de Arte de São Paulo, conservou uma importante correspondência, trocada em novembro e dezembro de 1949 entre ele, Lúcio Costa, Warchavchik e Le Corbusier, quando este levantou a questão dos honorários que erroneamente julgava lhe serem devidos. Agradecemos a Bardi, que pretende publicar essas cartas num livro sobre Le Corbusier no Brasil, a permissão de consultá-las. Com efeito, essa troca de correspondência esclarece o exato papel desempenhado por Le Corbusier na elaboração dos sucessivos projetos do edifício do Ministério.

uma recusa, mas o ministro foi convencido de que era esse o único meio capaz de assegurar o objetivo tão desejado: a realização de uma obra monumental, capaz de se constituir num marco da história da arquitetura. Era necessário, no entanto, que o ministro justificasse as despesas consideráveis da viagem e estadia de Le Corbusier. Decidiu-se que seria ele convidado como arquiteto consultor, não só para opinar sobre os planos do futuro ministério, bem como para elaborar o primeiro esboço da Cidade Universitária, que se pretendia construir no centro do Rio de Janeiro[11]. Contudo, como a legislação brasileira não permitia que um arquiteto estrangeiro, não residente no país, fosse remunerado por esse tipo de trabalho, contornou-se a restrição, programando-se uma série de conferências, que podiam ser remuneradas[12]. Este convite foi aceito sem reservas por Le Corbusier, atraído pela oportunidade de um trabalho a nível oficial, o que permitiria superar as frustrações que havia sofrido, até então, do seu trato com as autoridades governamentais. Recebido com todas as honras, teve já de início uma acolhida considerável. Suas conferências obtiveram grande sucesso, exercendo uma considerável influência nos meios profissionais do Rio de Janeiro e fazendo com que suas idéias atingissem um círculo mais amplo do que o pequeno grupo de arquitetos que já estavam a elas convertidos. Porém, o fato mais importante foi o contato íntimo que se estabeleceu com os arquitetos do grupo, graças ao trabalho conjunto, desenvolvido sob sua liderança, de 1.º de julho a 15 de agosto de 1936.

Durante um mês e meio, os dois projetos foram executados[13], alternadamente: um dia era o do ministério, outro o da Cidade Universitária. Eram dois ateliês distintos: a equipe contava também com outros jovens arquitetos membros dos C.I.A.M. (Firmino Saldanha, José de Souza Reis e Angelo Bruhns). O projeto da Cidade Universitária, delineado nessa oportunidade e desenvolvido nos meses seguintes à partida de Le Corbusier[14], assumiu um interesse especialmente teórico. Seus autores tinham, desde o início, conhecimento das limitadas possibilidades de prosseguimento do projeto[15], mas aproveitaram plenamente a oportunidade de acompanhar o trabalho de Le Corbusier. Este ensinou-lhes o modo de abordar um programa, partindo dos princípios de ordem geral, adaptando-as a seguir concretamente à situação ou às situações dadas; insistiu na prioridade que devia ser dada ao urbanismo, do qual a arquitetura era apenas um elemento; finalmente, e acima de tudo, proporcionou uma demonstração prática de seus métodos pessoais de trabalho, o que não podia ser transmitido unicamente por seus escritos.

O projeto da Cidade Universitária não saiu do papel, não passando de uma manifestação platônica. O mesmo não ocorreu, no entanto, com o empreendimento que tinha sido o objetivo primordial da vinda de Le Corbusier: o Ministério da Educação e Saúde. Desta vez, a lição do mestre pôde produzir todos os frutos, materializando-se na construção do edifício que iria assumir papel decisivo no desenvolvimento da arquitetura brasileira, ou mesmo internacional. Ora, para aquilatar corretamente esse papel, é necessário determinar qual a parcela que cabe ao arquiteto francês, e qual a de seus colegas brasileiros, na definição de vários anteprojetos que se sucederam, até a realização final[16].

O anteprojeto elaborado pela equipe liderada por Lúcio Costa enquadrava-se plenamente na linha até então seguida pelos jovens funcionalistas cariocas: estava muito próximo das propostas apresentadas individualmente, no concurso, por Reidy e Moreira[17], com três alas dispostas em U; a única diferença significativa era a colocação do bloco do salão de conferências no exterior e não mais no interior do pátio, embora ainda no eixo de simetria do edifício. Le Corbusier, vítima de evidente egocentrismo, afirmaria mais tarde que se tratava de uma "redução desfavorável do Palácio do Centrosoyus em Moscou"[18], o que se constitui num exagero evidente, pois não se pode falar nem de cópia, nem mesmo de uma adaptação desse edifício, cujos planos remontavam a 1929. Havia, no máximo, um parentesco, devido à aplicação dos mesmos princípios. Sabe-se que a obra de Le Corbusier era considerada como um modelo a ser seguido; é, portanto, lógico que o pequeno grupo de Lúcio Costa se inspirasse nas soluções propostas anteriormente pelo mestre para um programa mais ou menos semelhante, sem que com isso estivesse incorrendo em plágio. Contudo, o projeto do Ministério, com sua regularidade absoluta na distribuição das massas em torno de um eixo de simetria, estava ainda marcado por uma certa concepção acadêmica, que contrastava com a originalidade e o vigor plástico obtido por Le Corbusier com meios equivalentes. A fragilidade e a falta de pujança que caracterizavam até então a arquitetura funcionalista brasileira eram do conhecimento de seus principais arquitetos, razão por que desejaram a vinda de Le Corbusier, que poderia arrancá-los da rotina a que estavam submetidos.

---

11. Esse projeto não tinha qualquer possibilidade de ser construído, pois uma forte oposição dos professores encarregados da organização dessa universidade havia ocorrido no ano anterior, quando Marcelo Piacentini, arquiteto oficial da Itália fascista, estivera no Brasil e fora consultado a respeito.

12. Foram seis conferências, proferidas no Teatro Municipal do Rio de Janeiro, de 31 de julho a 14 de agosto de 1936, tendo Le Corbusier recebido 60 000 francos (carta de Le Corbusier a Pietro Bardi, de 17 de novembro de 1949).

13. Termo sistematicamente empregado por Le Corbusier na correspondência acima referida.

14. A proposta de Le Corbusier pretendia ligar os vários edifícios através de uma via que mais tarde se prolongaria até o centro da cidade do Rio (cf. *P.D.F.*, vol. IV, n.º 4, julho de 1937, pp. 184-186 e LE CORBUSIER e P. JEANNERET, *Oeuvre complète de 1934-1938*, 3.ª ed., Erlenbach-Zurique, 1947, pp. 42-45). Essa idéia foi de imediato rejeitada pela comissão de professores que havia elaborado o programa apresentado aos arquitetos. O projeto definitivo da equipe brasileira, acompanhado de longo memorial justificativo, foi publicado em *P.D.F.*, vol. IV, n.º 3, maio de 1937, pp. 120-139, e reproduzido em L. COSTA, op. cit., pp. 67-85 (com um erro na referência exata ao artigo original).

15. Carta de Lúcio Costa a Warchavchik, de 2 de dezembro de 1949 (cópia existente na coleção de Bardi).

16. Projetos publicados em *Arquitetura e Urbanismo*, n.º 4, julho-agosto de 1939 (artigo inteiramente reproduzido em L. COSTA, op. cit., pp. 57-62), *Habitat*, n.º 35, out. de 1956, pp. 35 e 36, e parcialmente por S. PAPADAKI, *The Work of Oscar Niemeyer*, 2.ª ed., New York, pp. 50-51. Perspectivas do primeiro projeto da equipe brasileira, do primeiro projeto de Le Corbusier, e do projeto final foram também reproduzidas na capa da obra de H. MINDLIN, *L'architecture moderne au Brésil*, Paris, sem data. Deve-se consultar com reservas, LE CORBUSIER e P. JEANNERET, op. cit., pp. 78-81, e *Le Corbusier 1910-1960*, Zurique, 1960, p. 134, onde as legendas dos desenhos atribuem a Le Corbusier todas as iniciativas, criando um engano lamentável.

17. Cf. *supra*, p. 76. Como Lúcio Costa não publicou o projeto com que concorreu, não é possível saber até que ponto as novas propostas eram uma síntese das três propostas individuais anteriores.

18. Carta de 28 de novembro de 1949 a Pietro Bardi.

Desde o início, Le Corbusier agiu com sua desenvoltura habitual. Rejeitou sem rodeios os planos propostos, propondo-se partir do zero. Artista sensível e perpetuamente inquieto, perseguindo sempre as soluções mais adequadas, vinha evoluindo desde 1929-1930, conservando as idéias básicas e os princípios fundamentais de seu programa, mas permitindo-se uma maior liberdade de criação, no momento da realização arquitetônica e da construção; assim, não podia aceitar como premissa um projeto que se fundamentava em princípios que defendera há sete ou oito anos e que não mais o satisfaziam integralmente. Estava convencido de que o monobloco era solução mais apropriada que a disposição clássica de várias alas em torno de um pátio. A criação de um espaço contínuo, com a construção de edifícios sobre pilotis, era apenas um passo no sentido da máxima libertação do solo e sua conseqüente utilização como área verde. O monobloco possibilitava aumentar ainda mais essa área e correspondia a uma solução perfeitamente racional, não só sob esse ponto de vista, mas também no que diz respeito à melhor orientação, significativamente facilitada pela redução do edifício a duas fachadas principais. Essa opção, perfeitamente lógica sob o ponto de vista técnico que lhe servia de premissa, foi logo aceita. Contudo, Le Corbusier não se limitava a este aspecto. Como o terreno destinado ao ministério não lhe parecia adequado para abrigar a construção longitudinal por ele imaginada, passou a procurar um novo sítio, que correspondesse ao seu projeto. Tendo achado, não muito longe do terreno original, um terreno livre, de propriedade da prefeitura, localizado à beira-mar, perto do aeroporto (este terreno originou-se do aterro de uma parte da baía, com o entulho de um antigo morro), tomou a iniciativa de esboçar um anteprojeto destinado ao novo local, por ele escolhido (Fig. 43).

Gozava ele de tanto prestígio que nem seus colegas, que desconheciam suas intenções[19], nem mesmo o ministro, advertiram-no quanto à impertinência de seu procedimento. A sugestão foi aceita com entusiasmo, tendo Capanema imediatamente entabulado conversações com a prefeitura para a permuta dos terrenos. Contudo, ficou logo evidente que, para a realização da operação, havia problemas difíceis de serem superados, fato que Le Corbusier, em sua ingenuidade, não percebera. O ministro pediu-lhe, então, um novo esboço para o terreno originalmente previsto, esboço esse concluído em 13 de agosto de 1936 (Fig. 44).

Cumpre examinar melhor esses dois anteprojetos, a fim de determinarmos até que ponto serviram de inspiração para o projeto definitivo, elaborado pela equipe brasileira. O que chama de imediato a atenção é a horizontalidade predominante nas propostas de Le Corbusier, oposta à verticalidade do edifício construído. Embora Le Corbusier não tenha tomado a horizontalidade como um princípio absoluto, é evidente sua preferência por esta solução, especialmente no caso de edifícios isolados. Com efeito, os únicos edifícios por ele projetados, onde a verticalidade era o traço dominante, eram parte de um conjunto urbanístico, cuja extensão contrabalançava o efeito de verticalidade parcial, substituindo-a por uma horizontali-

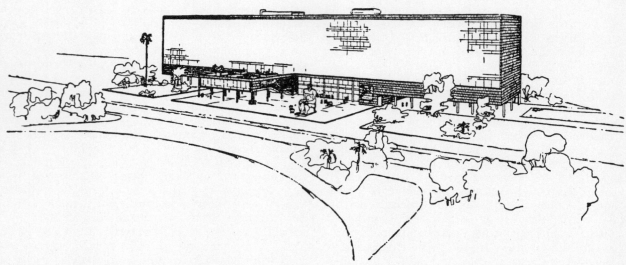

Fig. 43. LE CORBUSIER. *Primeiro anteprojeto para o Ministério da Educação e Saúde*. Rio de Janeiro. 1936. (Terreno escolhido por Le Corbusier.)

dade global[20]. No caso do Ministério da Educação e Saúde, era evidente o propósito de criar um edifício predominantemente horizontal. O terreno original, que pouco mais tarde qualificaria de "terreno sujo dentro do bairro dos negócios"[21] não lhe convinha, pois era acanhado para abrigar o edifício com as dimensões que julgava necessárias, premissa que manteve mesmo quando confirmado o uso desse terreno. Assim, o perfeito equilíbrio do conjunto projetado para as margens

---

19. Carta de Lúcio Costa a Warchavchik, de 2 de dezembro de 1949 (cópia na coleção de Bardi).
20. Plano para uma cidade de três milhões de habitantes (1922), plano Voisin para Paris (1925), projetos para o Rio de Janeiro etc. O único projeto de verticalidade acentuada que realmente concebeu, sem aliás poder realizá-lo, foi a Secretaria Geral da O.N.U., situada no centro dos arranha-céus de New York, não podendo por isso escapar a essa imposição.
21. Carta de Le Corbusier a Lúcio Costa, datada de 21 de novembro de 1936; citação reproduzida na carta de Lúcio Costa a Warchavchik, de 2 de dezembro de 1949 (coleção de Bardi).

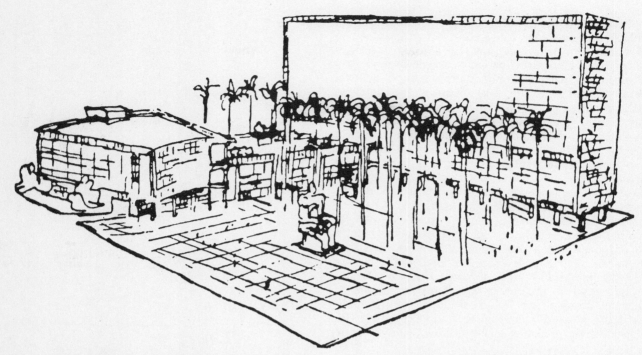

Fig. 44. LE CORBUSIER. *Segundo anteprojeto para o Ministério da Educação e Saúde.* Rio de Janeiro. 1936. (Terreno utilizado.)

da baía não era encontrado no anteprojeto de 13 de agosto. Visando conservar neste a máxima horizontalidade e assegurar o maior recuo possível, colocou o bloco de serviços na extremidade do terreno e no sentido de sua maior dimensão, contentando-se em ganhar, através de um aumento limitado de altura, a área perdida com a redução da largura do edifício; dessa forma, sacrificava, simultaneamente a melhor orientação e a vista da baía, ou seja, as premissas que invocara ao pleitear a troca do local. Lúcio Costa e equipe não admitiram essa espécie de sacrifício[22], retomando o problema e encontrando uma solução apropriada.

3. A elaboração do projeto definitivo pela equipe brasileira[23]

Partindo do esboço elaborado para o terreno original, Lúcio Costa e equipe reexaminaram o problema, empenhando-se em aplicar os princípios que haviam orientado Le Corbusier quando da elaboração do primeiro projeto. Assim, dispuseram o bloco principal no sentido de largura do terreno, ou seja, perpendicular à Av. Graça Aranha (e não mais paralelo, conforme fizera Le Corbusier), recuperando desta maneira a orientação e a vista para a baía, anteriormente preconizadas[24]. A

seguir, deslocaram-no do limite do terreno, pois era preciso considerar a proximidade de outros prédios elevados que certamente seriam construídos; optaram assim por uma construção implantada no centro do terreno, numa posição isolada, tão próxima quanto possível daquela pretendida por Le Corbusier para o terreno à beira-mar. A opção de dispor a obra, ou ao menos, seu corpo principal, no sentido da largura do terreno, acarretava automaticamente uma outra, que o arquiteto consultor não havia examinado ou, o que é mais provável, não aceitara como solução: o desenvolvimento vertical do edifício[25]. De fato, agora não mais podia prevalecer a solução proposta por Le Corbusier em seu esboço de 13 de agosto, onde prevalecia o caráter horizontal do edifício. A pouca largura do terreno e a extensão do programa formulado impunham uma solução diversa, nitidamente vertical, que, apesar da audaciosa e ainda não aplicada no Rio de Janeiro[26] — embora permitida pelos regulamentos municipais — a equipe brasileira

---

22. Quando partiu, Le Corbusier ainda acreditava na adoção do terreno que escolhera, razão por que tomara cuidados especiais com o anteprojeto (cf. LE CORBUSIER e P. JEANNERET, *Oeuvre Complète, 1934-1938*, pp. 78-80), atribuindo importância secundária ao esboço realizado para o terreno original.

23. Uma exposição das negociações que conduziram à solução final foi publicada pelos arquitetos em *Arquitetura e Urbanismo*, n.º 4, julho-agosto de 1939. Geraldo Ferraz reproduziu integralmente o texto e os principais desenhos em *Habitat*, n.º 35, out. de 1956, pp. 35-36. Ver também S. PAPADAKI, *op. cit.*, pp. 50-51.

24. Mais tarde essa vista foi parcialmente bloqueada, com a construção de vários edifícios em torno do prédio do Ministério.

25. Uma certa confusão foi provocada pelo desenho de Le Corbusier, publicado por Max Bill na *Oeuvre complète 1934-1938*, p. 81, com a legenda «segundo projeto de Le Corbusier adaptado para a execução», e mais tarde reproduzido no número especial de *Architecture d'aujourd'hui*, dedicado ao Brasil (n.º 13-14, set. de 1947, p. 13). Em vez de ser o projeto original de Le Corbusier que servira de base para o desenvolvimento posterior do projeto construído, tratava-se na realidade de um esboço feito, *a posteriori*, em função dos planos definitivos, que Lúcio Costa e equipe haviam remetido a Le Corbusier em 1937. O respeito destes por Le Corbusier evitou um protesto público contra o abuso de confiança cometido. Contudo, depois da guerra, quando Le Corbusier, amargurado, porque seu projeto para os edifícios da ONU tinha sido «roubado» passou a reivindicar também, e com estardalhaço, a paternidade integral do Ministério da Educação e Saúde do Rio de Janeiro, uma carta pessoal de Lúcio Costa (escrita em termos comedidos, mas precisos, em 27 de novembro de 1949) recolocou a questão nos devidos termos. A resposta de Le Corbusier, de 23 de dezembro, compreende dois longos *post-scriptum*, onde admite, em termos confusos, não mais se lembrar da origem dos desenhos em questão, faz protestos de boa fé e dá a entender que a legenda infeliz foi colocada à sua revelia pelo editor (o que é muito provável). O texto da correspondência trocada nessa ocasião lança uma luz um tanto crua sobre todo o assunto e permite que os fatos sejam facilmente restabelecidos sem idéias preconcebidas quanto às intenções que deram origem ao caso. O texto deverá ser publicado em breve por Pietro Bardi.

26. Contudo não tardou o surgimento dos arranha-céus, tendo ficado evidente que a solução vertical adotada para o Ministério, salvaguardou-o de um esmagamento completo pelo entorno.

não hesitou em adotar. Estes limitavam a altura dos edifícios unicamente em função do afastamento dos prédios vizinhos, não havendo um teto absoluto: assim, a localização do bloco principal no centro do terreno, com um recuo de quase sessenta metros, tornou possível encarar o problema sob esse prisma. As vantagens eram indiscutíveis: a ocupação do solo era reduzida ao mínimo, e a área construída era igual à do edifício mais extenso, este fatalmente limitado em altura pela restrição referida. Transformava-se assim o pavimento térreo numa grande esplanada, adequada a cerimônias cívicas, sem que a implantação do prédio no centro do terreno alterasse sua continuidade, graças ao pilotis. O espaço livre estava habilmente distribuído de ambos os lados do edifício, contribuindo para valorizá-lo, sendo portanto a solução perfeitamente nacional e muito mais adequada que a proposta por Le Corbusier, fato que, em si, nada tem de estranho, visto não estar ele realmente interessado nesse terreno. Uma vez fixado o partido geral do projeto, os arquitetos abordaram os problemas de natureza funcional, dedicando-se preliminarmente à solução do pavimento-tipo (Fig. 45). Le Corbusier havia preconizado um edifício estreito, onde

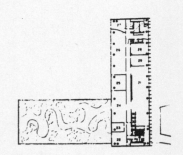

Segundo andar

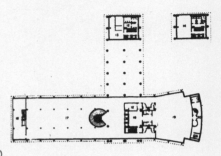

Primeiro andar (auditório)

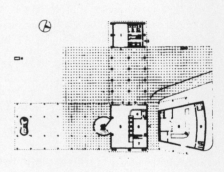

Térreo

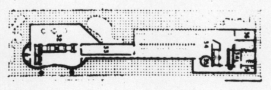

Corte

Terraço-jardim

Andar-tipo

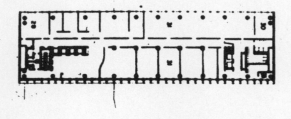

Fig. 45. L. COSTA, A. REIDY, J. MOREIRA, C. LEÃO, E. VASCONCELLOS e O. NIEMEYER. *Ministério da Educação e Saúde*. Rio de Janeiro. 1936-1943. Plantas e corte. 15: copa, 28: imprensa e rádio, 30: diretor, 31: escritórios, 32: refeitório do ministro, 33: cozinha, 34: refeitório dos empregados, 35. administração do edifício, 36: armários.
1: recepção; 2: incinerador; 3: entrada do pessoal; 4: recepção; 5: vestíbulo público; 6: entrada do ministro; 7: transformador; 8: tesouraria; 9: condicionamento de ar; 10: mastro da bandeira; 11: estátua; 12: depósito; 13: quadro de distribuição elétrica; 14: depósito geral; 15: copa; 16: sala de trabalho das exposições; 17: salão de exposições; 18: salão de conferências; 19: auditório; 20: cabina de projeção; 21: sala de espera; 22: escritório do ministro; 23: secretaria; 24: sala de expedição; 25: chefe de gabinete; 26: escritórios; 27: recepção e informações; 28: imprensa e rádio; 29: pessoal.

todas as salas de trabalho se situavam de um mesmo lado, sendo assim beneficiadas com a melhor orientação e servidas por um corredor paralelo à fachada norte. Essa solução não convinha mais a um prédio em altura, pois sua largura necessitava ser aumentada de modo a conservar um certo equilíbrio de proporções. As salas foram dispostas de ambos os lados de um corredor central, com uma variante nos andares onde o público teria amplo acesso: para este, fez-se um circuito de circulação diferente do circuito dos funcionários[27]. Naturalmente, a procura de uma flexibilidade que permitisse, em todos os níveis, modificações posteriores, levou ao emprego da estrutura em recuo apreciada por Le Corbusier e à supressão das paredes, substituídas por simples divisões a meia altura, fáceis de modificar quando necessário. Esta solução apresentava outra vantagem fundamental: permitia uma ventilação constante, a circulação do ar era naturalmente assegurada pela diferença de temperatura entre as duas fachadas, o que dispensava um sistema dispendioso de ar condicionado[28]. Restava solucionar o problema da insolação. A fachada sudeste, recebendo diretamente os raios solares apenas alguns dias do ano e no período da manhã, portanto fora do horário de trabalho, foi dotada de grandes caixilhos de vidro, possibilitando a máxima penetração de luz[29] e assegurando uma vista magnífica da baía. Em contrapartida, era absolutamente indispensável proteger a face oposta. A galeria proposta por Reidy e Moreira no projeto do concurso foi rejeitada por razões de ordem prática: além do custo elevado, que repercutiria sensivelmente no custo do edifício, impedia a circulação de ar ao longo da fachada, criando assim, em cada andar, um colchão de ar quente que tenderia a elevar a sua temperatura interna. A aplicação de venezianas ou persianas foi também rejeitada, para que o Ministério não perdesse seu caráter monumental, assumindo a fisionomia de um edifício de apartamentos. Já o princípio do *brise-soleil*, proposto em 1933 por Le Corbusier em seus projetos para a cidade de Alger, era plenamente vantajoso para esse caso específico. O estudo das condições locais levou à determinação do tipo a ser adotado, bastante diverso daquele imaginado pelo mestre franco-suíço para um país mediterrâneo, para o qual sugeriria um *brise-soleil* fixo, formado por uma malha ortogonal de lâminas de concreto. No presente caso, a orientação da fachada exigia apenas o emprego de lâminas horizontais[30], necessariamente móveis, já que o *brise-soleil* fixo, mesmo assegurando uma proteção eficaz nos dias claros, faria com que nos dias escuros fosse necessário utilizar iluminação artificial. Assim, a equipe brasileira optou por esse sistema, que permitia regular a luminosidade de acordo com a incidência dos raios solares, variável de acordo com o ponto da fachada atingido pelo sol[31]. Esse sistema, empregado por Oscar Niemeyer na Obra do Berço, construída em 1937 no bairro da Gávea, no Rio, e adaptado às necessidades peculiares do edifício[32], apresentava-se como a solução funcionalmente ideal[33], propiciando ao mesmo tempo um vigoroso efeito plástico, do qual os arquitetos souberam tirar grande proveito.

Fig. 46. L. COSTA, A. REIDY, J. MOREIRA, C. LEÃO, E. VASCONCELLOS e O. NIEMEYER. *Ministério da Educação e Saúde*. Rio de Janeiro. 1936-1943. Frente sul.

Os aspectos plásticos do edifício não foram desprezados, tendo as soluções formais acompanhado passo a passo as soluções de ordem funcional. A preocupação fundamental foi a de conceber uma obra que se dis-

---

27. Com efeito, o corredor central, reservado aos funcionários, servia às salas voltadas para o sul e aos escritórios com guichês, orientados para o norte, estes acessíveis ao público por meio de galeria de circulação que corria ao longo dessa fachada. Tanto os problemas de circulação vertical quanto horizontal, haviam sido particularmente bem estudados, criando-se três circulações totalmente independentes para o ministro, para os funcionários e para o público. A supressão de alguns elevadores infelizmente alterou o equilíbrio, sendo, hoje, comuns as longas filas de espera.

28. Uma absurda demonstração da eficácia do sistema foi dada pelos responsáveis pela biblioteca, que mandaram fechá-la com um pano de vidro até o teto; enquanto em todos os escritórios reina uma atmosfera muito agradável, seja qual for o calor externo, esse infeliz recurso transformou a biblioteca numa verdadeira estufa.

29. A colocação posterior de persianas atenuou o eventual excesso de luminosidade, em algumas horas de determinadas estações.

30. No Hemisfério Sul e num país tropical, o sol que bate numa face norte está sempre próximo do zênite; assim, as lâminas paralelas destinadas a impedir a penetração dos raios solares podem estar relativamente espaçadas, enquanto que as lâminas verticais exigem uma trama bem fechada, acarretando uma perda considerável de visibilidade. O problema era inverso quando se tratava de uma fachada exposta a oeste, ou seja, ao sol poente.

31. Esse sistema era constituído por placas horizontais basculantes de fibro-cimento, fixadas em grandes lâminas verticais de concreto, situadas na parte externa do edifício e ligadas à estrutura em apenas dois pontos. O ar circulava livremente ao longo de toda a fachada, entre os caixilhos das janelas e o conjunto de *brise-soleil*, afastado 50cm, evitando assim a transmissão de calor que certamente se acumularia se empregada uma moldura rígida que aderisse totalmente à estrutura.

32. As lâminas móveis do *brise-soleil* da creche de Niemeyer eram verticais porque a fachada estava orientada para oeste (detalhes em S. PAPADAKI, *op. cit.*, pp. 6-11).

33. Ao menos teoricamente, pois a falta de manutenção logo transformou esses *brise-soleil*, de móveis em fixos, conservando, mesmo assim, sua eficácia principal.

tinguisse das construções vizinhas por sua unidade, proporções e pureza. Assim, o bloco único de todos os serviços essenciais, proposto desde o início por Le Corbusier, foi unanimemente aceito, servindo como ponto de partida. "As outras formas", explicaram os arquitetos em sua exposição, "foram-se fixando pouco a pouco em função dele, das necessidades do programa e dos princípios fundamentais de composição da arquitetura. Esses princípios inspiraram a solução adotada, desde as formas dos salões de exposição e conferências do pavimento térreo até as dependências sobre o telhado que se integraram na composição e contribuíram para o efeito plástico do conjunto"[34]. Tratava-se de uma inequívoca profissão de fé racionalista, que não deve ser tomada ao pé da letra. Embora não haja dúvida de que o partido resultou da exploração das melhores condições permitidas pelo programa, não decorreu daí nenhum automatismo absoluto na realização do edifício tal como ele se apresenta hoje (Figs. 46 e 47). Conforme observou Joaquim Cardozo[35], pelo

Fig. 47. L. COSTA, A. REIDY, J. MOREIRA, C. LEÃO, E. VASCONCELLOS e O. NIEMEYER. *Ministério da Educação e Saúde*. Rio de Janeiro. 1936-1943. Frente norte.

menos num caso, a solução estatisticamente mais apropriada foi preterida por razões de ordem exclusivamente estética: a laje do piso da sala de exposição (Fig. 48), localizada no primeiro andar do corpo anexo, prendia-se às colunas de sustentação por meio de "pequenos consolos", submetidos a grande esforço cortante[36]. Dessa solução audaciosa resultava uma leveza e um dinamismo, que combinavam com o espírito com o qual toda obra foi tratada. Essas qualidades diferenciam-se um pouco daquelas utilizadas por Le Corbusier para marcar as suas obras; é preciso reconhecer uma indiscutível contribuição autóctone no domínio da plástica.

Como vinha fazendo nas operações anteriores, a equipe brasileira se inspira nas proposições de Le Corbusier; conserva os elementos essenciais, mas modifica a disposição, dá-lhes um novo tratamento, o que leva a uma criação original. No esboço de 13 de agosto para o local onde foi construído o edifício (Fig. 44), Le Corbusier previa três volumes distintos, todos sobre pilotis: o bloco principal, a sala de exposições (perpendicular ao bloco principal) e o salão de conferências (situado transversalmente à sala de exposições). Esse desenho foi usado como ponto de partida, e as formas sugeridas pelo arquiteto consultado foram cuidadosamente conservadas; todavia a localização do bloco principal no centro do terreno levou à retomada da disposição do projeto de Le Corbusier, para o terreno de baía (Fig. 43): os volumes anexos localizando-se dos dois lados do volume principal. O resultado foi, no entanto, completamente diferente. Naquele projeto, a sala de exposições e a sala de conferências não passavam de complementos do volume principal, diante do qual ela se anulava; os volumes distintos e autônomos do esboço de 13 de agosto foram conservados e reordenados pela equipe brasileira, segundo a qual a solução de Le Corbusier consistia numa justaposição um pouco arbitrária e não muito satisfatória. Tiveram então a idéia de colocar a sala de conferências no mesmo eixo da sala de exposições, a fim de obter uma continuidade no conjunto. Esta continuidade seria conseguida com a criação de um volume único, reservado a esses elementos anexos. Isto trouxe duas modificações essenciais à concepção de Le Corbusier: a sala de conferências exigia um pé-direito bem maior que a sala de exposições, que não foi construída sobre pilotis, mas implantada diretamente ao nível do piso para compensar a diferença na altura interna. Para não quebrar o volume contínuo assim formado, os pilotis do bloco principal sofreram um aumento de altura, passando de quatro a dez metros[37]. Essas modificações deram ao edifício uma unidade e uma lógica intrínseca superiores às proposições de Le Corbusier, para o mesmo terreno. A redução do conjunto a dois volumes simples, colocados perpendicularmente um ao outro, contribuía para sublinhar uma hierarquia estabelecida pela importância das funções respectivas, era uma retomada do espírito do primeiro projeto para o terreno da baía, mas assegurando aos serviços anexos um lugar de importância dentro da composição.

---

34. *Arquitetura e Urbanismo*, n.º 4, julho-agosto de 1939, retomado em *Habitat*, n.º 35, outubro de 1956, pp. 35 e 36.

35. J. CARDOZO, Forma Estática-Forma Estética, *Módulo*, n.º 10, agosto de 1958, pp. 3-6.

36. O efeito plástico obtido influenciou outros arquitetos, como os irmãos Roberto, que não vacilaram em adotar o mesmo procedimento em algumas de suas obras.

37. A conseqüente perda de um andar não tinha maior importância, na medida em que se adotara um partido vertical.

Fig. 48. L. COSTA, A. REIDY, J. MOREIRA, C. LEÃO, E. VASCONCELLOS e O. NIEMEYER. *Ministério da Educação e Saúde.* Rio de Janeiro. 1936-1943. Ala do salão de exposições. Detalhe.

As vantagens eram também evidentes sob o ponto de vista estético: por um lado, a simples justaposição de volumes contíguos transformava-se numa integração perfeita, tanto horizontal quanto verticalmente; por outro lado, as altas e delgadas colunas do bloco principal evitavam a sensação de esmagamento que certamente ocorreria caso o pilotis mantivesse a altura inicialmente proposta.

Essas modificações introduzidas no estudo de Le Corbusier transformavam-no num projeto inteiramente novo, embora integralmente baseado nas propostas iniciais do arquiteto consultor e aplicando os princípios por ele ditados. Não cabe negar a contribuição fundamental de Le Corbusier, plenamente reconhecida pelos jovens brasileiros, que consideravam uma honra o fato de terem podido trabalhar sob a direção do mestre que tanto admiravam. Mas não se deve cair no extremo oposto, atribuindo exclusivamente ao seu talento o Ministério da Educação e Saúde. O projeto definitivo, como se viu, foi obra da equipe brasileira, que lhe deu um desenvolvimento e um encanto peculiares, de que não cogitava o arquiteto consultor. A importância desse monumento da história da arquitetura brasileira resulta justamente dessa colaboração, que, em termos locais, abriu novos horizontes e revelou o talento potencial dos jovens arquitetos cariocas da nova geração. Convém, por conseguinte, aprofundar o assunto, ressaltando as linhas mestras da contribuição de cada uma das partes.

4. A contribuição de Le Corbusier e a profunda influência de sua estadia em 1936

Seria inútil pretender limitar a contribuição pessoal de Le Corbusier, para o desenvolvimento da nova arquitetura brasileira, à elaboração dos vários anteprojetos apresentados durante sua rápida estadia, de julho a agosto de 1936. Essa segunda viagem ao Brasil marcou profundamente os arquitetos que com ele tiveram oportunidade de trabalhar, repercutindo decisivamente no conjunto da classe profissional. Os princípios, que sistematicamente defendia e que há vários anos os arquitetos de vanguarda haviam adotado sem reservas, não se reduziram a um conjunto de idéias essencialmente abstratas; adquiriram vida nova e uma flexibilidade até então desconhecida, quando o autor levou à prática as inúmeras aplicações que deles se podia fazer. Tanto sob o ponto de vista geral, quanto sob o ponto de vista específico do Ministério da Educação e Saúde, a contribuição de Le Corbusier permite extrair três pontos básicos:

1. *O método de trabalho*

As teorias de Le Corbusier, particularmente os

cinco pontos da arquitetura nova — pilotis, terraço-jardim, planta livre, fachada livre, janelas na horizontal — eram do conhecimento dos jovens arquitetos brasileiros que no entanto aplicavam-nos mecanicamente, como se fossem fórmulas polivalentes. Ademais, estavam atrelados à concepção restrita de que a forma derivava da função, admitindo, freqüentemente, que uma correta solução dos problemas funcionais, empregando os recursos mais avançados da técnica moderna, resultaria automaticamente numa boa arquitetura. Resultam daí aqueles projetos não só austeros, como também inexpressivos, que floresceram entre 1931 e 1935. A personalidade de Le Corbusier abalou todos os preconceitos. Seu dinamismo e criatividade não podiam submeter-se a uma rotina e a um automatismo que, contrários a seu temperamento, nunca aceitara. Embora se fundamentasse sempre numa ideologia que vinculava intimamente as três facetas de sua formação, o reformador social, o urbanista e o arquiteto, não desvinculava suas atividades teóricas das práticas. Quando se entregava com lógica implacável[38] e vigor característicos à análise das condições que orientariam a solução arquitetônica pretendida, não o fazia segundo duas operações sucessivas, a primeira puramente intelectual, fundamentada num raciocínio objetivo, e a segunda essencialmente manual, dando forma adequada às conclusões decorrentes do exame preliminar. Para Le Corbusier, as duas abordagens eram simultâneas e indispensáveis. Assim, toda a reflexão correspondia a um desenho, que, por sua vez, gerava uma nova reflexão provocando um novo desenho; este processo continuava até a solução final, que resultava do estudo conjunto dos diversos fatores funcionais e estético. Válido tanto para a pesquisa de um tema ou de uma solução, quanto para a demonstração dos fundamentos dos resultados obtidos, esse método gráfico impressionava fortemente a todos os que presenciaram a maravilhosa aplicação que o mestre franco-suíço fazia, com destreza incomparável, desse instrumento. Ninguém absorveu tanto este método quanto Oscar Niemeyer, que passou a empregá-lo sistematicamente por conta própria. O contato direto com Le Corbusier proporcionou outra vantagem: demonstrou que, embora partisse de uma doutrina supostamente objetiva ou a ela chegasse graças a uma tendência natural para classificar e elaborar normas precisas, que propunha para si e principalmente para os outros, pessoalmente ele nunca se comprometia por inteiro com as regras que instituía. Sabia libertar-se de sua rigidez, estimulando, sempre que possível, sua capacidade criadora, o que enfatiza um segundo aspecto de sua contribuição pessoal.

2. *A preocupação com os problemas formais*

Le Corbusier não era somente arquiteto, mas também pintor e escultor. As preocupações estéticas assumiam sempre para ele um papel preponderante, conforme os *slogans* presentes em seus escritos sobre arquitetura[39], após 1923. Adepto de formas simples e geométricas, clássico por excelência, exaltou desde o início a pureza absoluta, através do jogo de volumes à luz. Portanto, o emprego sistemático do prisma como elemento básico da composição arquitetônica não era uma recusa do sentido plástico, mas uma subordinação voluntária de seu vocabulário aos meios de expressão que julgava capazes de proporcionar uma perfeita satisfação formal. Seus discípulos brasileiros, entretanto, na falta desse contato direto, embora não ignorando as preocupações essenciais de Le Corbusier, tinham perdido de vista o caráter eminentemente plástico de toda sua obra, prendendo-se freqüentemente ao seu aspecto teórico e funcional. No entanto, apenas seis semanas de trabalho, sob a orientação do mestre, cujo método não consistia em ordenar os problemas de ordem prática e os de ordem estética, foram suficientes para desinibi-los e conscientizá-los do verdadeiro significado do aspecto plástico em toda obra digna de merecer a qualificação da arquitetura e não de mera construção. Se tal fato não repercutiu com igual intensidade em todos os membros da equipe encarregada de projetar o Ministério da Educação e Saúde, de uma forma ou de outra todos foram a ele sensíveis.

Esteta nato e profundo conhecedor das obras do passado, Lúcio Costa já havia se convertido a essa maneira de pensar; bastava apenas completar a desintoxicação voluntária que se impusera ao abandonar o movimento neocolonial, para assim reencontrar sua linha natural de pensamento e a necessária segurança. O exemplo de Le Corbusier, nada complacente em relação aos estilos do passado, mas que não hesitava em se apresentar como seu legítimo herdeiro, chegando mesmo em algumas ocasiões a enaltecer a retomada de algumas técnicas de outrora, libertou-o de seus escrúpulos.

Affonso Reidy, até então, havia voluntariamente sacrificado ou ignorado sua sensibilidade plástica — manifesta em obras posteriores — limitando-se a uma arquitetura estritamente funcional onde os aspectos plásticos eram totalmente ignorados. Talvez tenha sido sobre ele que mais intensamente se manifestou a influência de Le Corbusier. Mantendo-se fiel à lição recebida, empenhou-se em associar uma expressão clássica pura às soluções racionais que sempre perseguia. A mesma evolução pode ser notada em Jorge Moreira, mas as características de requinte de que se revestiu, levaram-no bruscamente de um ascetismo a uma tendência oposta.

Quanto a Oscar Niemeyer, cujas preocupações fundamentais eram já de ordem formal[40], o fato de constatar pessoalmente a importância que as mesmas tinham para Le Corbusier, significou uma verdadeira libertação, possibilitando-lhe lançar audaciosamente pelo

---

38. O que não significa serem conclusões sempre corretas, pois o raciocínio desenvolvido nem sempre se baseava em premissas indiscutíveis ou levava em consideração determinadas circunstâncias, como no caso do projeto de urbanização do Rio de Janeiro, em 1929 (cf. *supra*, p. 72, cap. II, nota 55).

39. «A Arquitetura é o jogo hábil, correto e magnífico dos volumes agrupados sob a luz...; cubos, cones, esferas, cilindros ou pirâmides são as grandes formas primárias que a luz revela; etc.» Um resumo dos *slogans* mais característicos foi feito por Bruno Zevi, em *Storia dall' architettura moderna*, 3.ª ed., sem local, 1955, pp. 120 e 121 (cap. 3).

40. Aliás, em 1963, época em que a legitimidade da pesquisa plástica como fator preponderante era reconhecidamente uma tendência da arquitetura contemporânea recente, Niemeyer admitiu ter sempre prioritariamente se preocupado, de modo mais ou menos consciente, com a invenção formal, tentando justificá-la, *a posteriori*, por argumentos de ordem funcional, capazes de explicar sua adoção.

caminho que viria a torná-lo internacionalmente conhecido[41].

Contrastando com uma certa rigidez dos princípios doutrinários, a flexibilidade da concepção arquitetônica de Le Corbusier é marcada ainda por um terceiro aspecto que assumiu grande importância no Brasil.

3. *A valorização dos elementos locais*

Seduzido pela natureza tropical, ocorreu de imediato a Le Corbusier explorá-la e aproveitá-la como elemento complementar da arquitetura. Particularmente entusiasmado por um tipo de palmeira de tronco longo e copa muito cerrada, a palmeira imperial, percebeu a monumentalidade dos visuais por ela definidos, colocando-os sistematicamente em todos os seus projetos, tanto nos croquis para o Ministério, quanto nos da Cidade Universitária. Embora não tenha encontrado seguidores imediatos a lição não foi esquecida, sendo retomada vinte anos mais tarde, por Lúcio Costa e Oscar Niemeyer, em Brasília.

O arquiteto consultor recomendou também o emprego de espécies locais para os terraços previsto na cobertura do salão de exposições (jardim do ministro) e na do bloco principal. Mas, nesse campo, a prioridade cabe, conforme já vimos, a Mina Warchavchik, que em 1928, associou o jardim tropical à arquitetura "moderna", na casa construída por seu marido; este exemplo foi logo seguido por quem iria tornar-se a grande autoridade no assunto, Roberto Burle Marx.

Mais importante ainda foi o interesse de Le Corbusier pelo emprego do granito cinza e rosa, extraído das montanhas que circundam o Rio de Janeiro. Fez ver sua qualidade e beleza, recomendando seu emprego tanto para o piso do pátio quanto para o revestimento das empenas do edifício. Manifestou-se contrário à importação generalizada de pedras ou do mármore, quando podiam ser encontrados nas proximidades, materiais com as mesmas qualidades. Contribuiu assim para dar uma nova força ao prestígio das jazidas e dos produtos locais, evidenciando que o emprego exclusivo de materiais artificiais, enquanto elementos estruturais da nova arquitetura, não excluía um apelo complementar aos recursos naturais do país, quando se tratava simplesmente de revestimentos.

Ainda mais revolucionária, e de alcance significativo para a evolução da arquitetura contemporânea no Brasil, foi a recomendação do emprego dos azulejos originários de Portugal. No Brasil, seu período de maior importância correspondeu aos séculos XVII e XVIII, quando foram empregados interessantemente na decoração de sacristias, claustros, pátios e salas de palácios; no século XIX foram usados no revestimento externo das suntuosas residências do Rio de Janeiro e, principalmente, do Recife, o que assegurava às paredes uma proteção eficaz contra a excessiva umidade do clima. Abandonada no início do século XX, e retomada com a voga neocolonial, essa prática havia sido rejeitada pelos jovens racionalistas, que a encararam como um recurso meramente decorativo, comprometidos com o passado. A tomada de posição de Le Corbusier, ressaltando o valor dessa técnica cujo caráter funcional e, principalmente, cujas possibilidades de expressão plástica ele logo percebeu, eliminou os preconceitos mais ou menos enraizados no espírito dos arquitetos brasileiros. Compreenderam eles que a arquitetura nova não estava essencialmente voltada para a austeridade[42] e que não se devia excluir o apelo a recursos do passado, se estes conservavam sua razão de ser e se adaptavam ao espírito das edificações modernas.

A pregação de Le Corbusier foi ainda mais significativa, porquanto se identificava com as tendências mais representativas do pensamento brasileiro do século XX. A preocupação com a plasticidade, ou seja, com a riqueza formal e decorativa, correspondia aos desejos de uma sociedade em plena evolução, sensível aos aspectos exteriores e expressivos que se constituíam numa das condições do sucesso. Além disso, a valorização dos elementos locais naturais ou históricos, integrava-se perfeitamente no contexto nacionalista, cuja importância já foi ressaltada. A onda de ascetismo funcionalista, tinha por razões doutrinárias tentado provisoriamente abafar esses aspectos, em vez de considerá-los, na elaboração de uma arquitetura realmente racional; no entanto, não se havia perdido por completo a consciência de seu significado. As propostas de Le Corbusier abriam novos horizontes e possibilitavam aos arquitetos brasileiros sair do impasse em que se encontravam: conciliando posições arbitrariamente consideradas como antagônicas, o mestre franco-suíço demonstrava que o estilo do século XX era internacional, mas que isso não impunha, muito pelo contrário, o abandono das variáveis regionais que assegurassem uma expressão original.

5. A originalidade do Ministério da Educação e Saúde, sua importância no plano nacional

Não pretendemos retomar o exame da elaboração do projeto definitivo, pela equipe brasileira. É preciso, no entanto, ressaltar o alcance das inovações introduzidas, para melhor se aquilatar a repercussão que o monumento obteve e a importância de que se revestiu. Já vimos que Lúcio Costa e equipe tomaram como ponto de partida o croqui de Le Corbusier para o terreno definitivo, transformando-o fundamentalmente, mas com o empenho de conservar ao máximo o espírito da obra, bem como os elementos formais preconizados então pelo mestre. Compreende-se assim por que a obra construída traz a marca profunda de Le Corbusier e por que às vezes tem sido ela vista como uma simples aplicação, por alunos talentosos, dos princípios por ele enunciados. Contudo, a personalidade dos arquitetos que a realizaram se fez presente de forma intensa no campo estético, onde o resultado obtido diverge nitida-

---

41. As influências sofridas por Carlos Leão e Ernani Vasconcellos, difíceis de perceber, são deixadas de lado, por apresentarem um interesse menor, na medida em que a obra posterior deles foi de importância secundária.

42. Por outro lado, Le Corbusier não se limitou apenas a preconizar o emprego dos azulejos; nos esboços do Ministério não desprezou a escultura, colocando uma estátua no meio do pátio nobre. Encorajou, portanto, a colaboração entre arquitetos e artistas plásticos, o que viria a ser um dos traços marcantes da arquitetura contemporânea do Brasil.

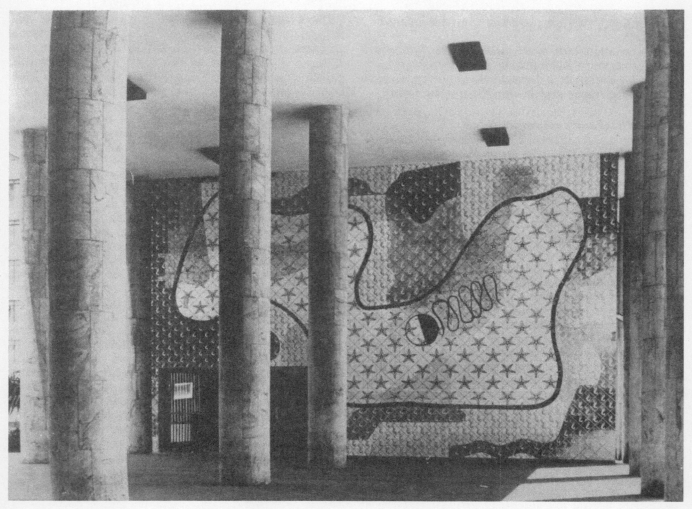

Fig. 49. L. COSTA, A. REIDY, J. MOREIRA, C. LEÃO, E. VASCONCELLOS e O. NIEMEYER. *Ministério da Educação e Saúde*. Rio de Janeiro. 1936-1943. Os pilotis e os azulejos de Portinari.

mente das concepções do arquiteto consultor. No primeiro projeto, feito para o terreno às margens da baía, havia a procura da monumentalidade, numa composição ao mesmo tempo pura e sóbria, baseada num equilíbrio perfeito, onde predominava o caráter estático do conjunto; a mesma preocupação se observa no croqui destinado ao terreno definitivo, mas sem obter ali as qualidades anteriores. O edifício construído por certo guardou uma pureza de concepção e um senso de proporções dignos do classicismo estrito[43]; em compensação, devido ao desenvolvimento em altura e à resultante confrontação dos dois blocos, o conjunto assumiu um inegável dinamismo, que é explorado nas etapas posteriores da composição, através de recurso dos mais simples. Consistia numa sucessão de oposições no tratamento dos volumes das fachadas e dos detalhes. A implantação no centro do terreno e a verticalidade do bloco principal contrastavam com a localização lateral e a horizontalidade do bloco anexo; aos panos de vidro da fachada sul (Fig. 46) corresponde o dinamismo dos *brise-soleil* móveis da fachada norte; (Fig. 47); a curvatura da face principal do salão de conferências e as formas soltas dos volumes da cobertura contrastam com a ortogonalidade geral etc. Assegura-se assim, uma dignidade e um equilíbrio geral bastante significativos.

Mas está-se longe da concepção mais clássica de Le Corbusier ao lhe introduzirem os arquitetos brasileiros um lirismo bastante próprios[44].

Outro traço que merece ser referido como contribuição pessoal da equipe local é a ênfase dada à leveza do conjunto. Le Corbusier sempre colocou seus edifícios solidamente plantados no chão, mesmo quando emprega pilotis; nunca lhes deu um caráter francamente aéreo e sua evolução prosseguiu sem cessar no sentido da massa e da solidez; sua plástica sempre foi baseada na pujança e não na elegância. Ora, o Ministério da Educação, com suas delgadas colunas, alia essas duas qualidades, deixando transparecer uma preocupação que irá tornar-se uma das características dominantes da arquitetura contemporânea do Brasil.

Deve-se finalmente ressaltar que, embora tenha Le Corbusier pregado sempre síntese das artes, quando se

---

43. O alargamento do bloco principal permitiu incorporar-lhe as partes de serviço (principalmente os elevadores), evitando a solução de Le Corbusier que alterava a pureza do prisma, ao acrescentar, em cada extremidade, volumes destinados a esse fim.

44. P. SANTOS, Raízes da Arquitetura Contemporânea, *Arquitetura e Engenharia*, n.º 30, março-abril de 1954, pp. 57-65.

tratava de suas concepções arquitetônicas, agiu sempre sozinho, artista completo que era. A equipe brasileira, pelo contrário, apelou desde o início para o pintor Cândido Portinari[45], os escultores Bruno Giorgi, Antônio Celso e Jacques Lipchitz[46], o arquiteto-paisagista Roberto Burle Marx, abrindo desta forma caminho para uma colaboração que iria revelar-se frutífera, não apenas no caso específico, como também futuramente. O resultado obtido foi um conjunto de grande riqueza plástica, realçando e completando magnificamente a arquitetura, mas, ao mesmo tempo, a ela subordinado. Tratava-se de um retorno ao espírito da tradição dos séculos XVII e XVIII, quando a sobriedade das linhas mestras da composição não era alterada pela profusão ornamental, que era cuidadosamente localizada.

As características assinaladas (dinamismo, leveza, riqueza plástica) são, portanto, contribuições indiscutíveis a crédito dos arquitetos brasileiros, e foi justo ter a opinião pública visto no Ministério uma expressão do gênio nacional, apesar da contribuição fundamental que inicialmente proporcionou Le Corbusier. Por outro lado, é difícil determinar o mérito de cada um dos membros da equipe no resultado final, já que foram evidentemente muito discretos a respeito. Contudo, parece não haver dúvida que a contribuição de Niemeyer foi preponderante, na concepção plástica; sob este aspecto, o testemunho de Lúcio Costa é formal[47]; o fato de de ter ele abandonado, em 1940, a direção do grupo[48], confiando-a a Niemeyer sem qualquer contestação dos colegas, demonstra claramente reconhecerem eles sua contribuição decisiva, apesar de seu tardio e inesperado ingresso na equipe constituída em 1936.

Finalmente, convém lembrar que o êxito do empreendimento não se deveu exclusivamente aos arquitetos e que estes nada teriam feito sem o apoio incondicional do Ministro Gustavo Capanema. Resistiu ele a todas as pressões políticas internas e externas[49] e a todas as campanhas contra o grande empreendimento de sua vida. Ainda em 1942, quando o edifício já estava quase concluído, a incompreensão do público se manifestou através de uma série de ironias[50], referentes tanto ao aspecto formal[51], quanto ao caráter funcional da obra[52]. É ainda mais espantosa a brusca mudança de opinião que ocorreu a partir de 1943. Não há dúvida de que a beleza do monumento, quando concluído, foi em parte responsável por isso, impressionando várias pessoas até então reticentes e mesmo hostis. Mas o fator principal, como já vimos, foi a repercussão no exterior, primeiramente nos Estados Unidos, depois, a partir de 1945, na Europa. O edifício correspondia, de fato, às esperanças e intenções do ministro que mandara construí-lo. Admirado universalmente[53], publicado em todas as grandes revistas de arquitetura, tornou-se um símbolo nacional habilmente explorado pelo governo brasileiro na propaganda interna e externa. Portanto, foi decisiva a influência psicológica do Ministério da Educação e Saúde e nenhuma outra realização contemporânea exerceu papel de igual importância. Contudo, não se tratava de uma obra isolada, pois outras de alta qualidade, concebidas dentro do mesmo espírito eram concomitantemente construídas, formando um conjunto que testemunhava a profunda vitalidade da nova arquitetura no país.

2. AS PRIMEIRAS OBRAS DE MARCELO E MILTON ROBERTO[54]

Dentre os arquitetos que de início se destacaram como personalidades importantes, embora não integrantes do grupo liderado por Lúcio Costa, encontram-se os irmãos Marcelo e Milton Roberto. Impuseram-se prematuramente e de forma significativa, ao vencerem em 1936 o concurso aberto no ano anterior para a sede social da Associação Brasileira de Imprensa (A.B.I.). Portanto, sob o ponto de vista estritamente cronológico, cabe a eles o mérito de terem concebido e executado a primeira grande obra da arquitetura nova no Brasil; com efeito, seu projeto é alguns meses anterior à conclusão do projeto do Ministério da Educação e Saúde

---

45. Confiou-se a Portinari o afresco da ante-sala do gabinete do Ministro e o desenho dos azulejos que revestem as paredes do térreo. A simplicidade dos motivos, ao mesmo tempo figurativos e abstratos, dos azulejos, e o jogo bastante seguro dos tons empregados, inserem-se admiravelmente no conjunto, constituindo-se numa contribuição de primeira linha.

46. O Prometeu Acorrentado de Lipchitz, colocado no centro da parede curva do salão de conferências, infelizmente por falta de recursos, não foi realizado na escala prevista. Assim, o volume (é vinte e sete vezes menor) não desempenha o papel que lhe fora atribuído.

47. L. COSTA, Muita Construção, Alguma Arquitetura, Um Milagre, Correio da Manhã, de 15 de junho de 1951, reproduzido em L. COSTA, Sobre Arquitetura, op. cit., pp. 169-201 (cf. especialmente pp. 196-197).

48. Não se deve deduzir, pelo afastamento antecipado de Lúcio Costa, que seu papel foi secundário. O projeto já estava definido em suas linhas gerais em 1937, quando recebeu o aval de Le Corbusier (carta de 13 de setembro de 1937, para Lúcio Costa).

49. Sobre as pressões internas, ver supra, p. 28, nota 43 (Introdução Cap. 2). É curioso constatar que chegou a haver uma intervenção indireta do governo dos EUA. De fato, o pintor Georges Biddle apresentou-se ao Ministro, com uma recomendação pessoal do Presidente Roosevelt, no sentido de que o encarregassem da elaboração dos afrescos previstos para o interior do Ministério. Capanema explicou-lhe que a unidade de estilo exigida para o edifício não permitia satisfazer seu propósito. Contudo, como não era possível esquivar-se totalmente, já como o Brasil dependia intimamente da economia americana, ofereceu ao artista a oportunidade de pintar no vestíbulo da Biblioteca Nacional (que, aliás, se prestava perfeitamente ao estilo pompier), sendo os dois afrescos A Guerra e A Paz, executados respectivamente de 18 de agosto a 30 de setembro e de 15 de outubro a 17 de novembro de 1942.

50. Architectural Forum, fev. de 1943, pp. 37-44.

51. Enfatizava-se principalmente o seu caráter náutico, com os volumes da cobertura (caixa d'água e casa de máquinas), em forma de chaminés, cujos apoios pareciam remos. Colocados na face norte, esses apoios tinham uma única finalidade: anular a força do vento sul que varria a baía, golpeando com violência o edifício, nos dias de tempestade.

52. Corria, por exemplo, o boato de que só o ministro e os arquitetos sabiam da localização das entradas.

53. Contudo, uma exceção notável, porém tardia, foi a opinião expressa pelo suíço Max Bill, quando esteve no Brasil em 1953, publicada em Manchete, n.º 60, de junho de 1953, e reproduzida em Habitat, n.º 12, jul.-set. de 1953, pp. 34 e 35. Nela, criticava o Ministério porque lhe faltava o senso de proporções humanas; declarava sem rodeios ser o pátio interno mais adequado ao clima, além de assegurar melhor ventilação; atacava com violência a decoração de azulejos, declarando que a pintura mural jamais tivera outro sentido exceto o de educar as massas, tarefa que, em nossa época, havia se transformado em apanágio dos jornais, das revistas e do cinema. Esse ataque, vindo de um partidário do funcionalismo integral e destituído da mais elementar objetividade, especialmente quanto ao problema da ventilação, não teve qualquer repercussão profunda, pois, nesse ano, a nova arquitetura brasileira de há muito se impusera; por outro lado, os preconceitos de Max Bill eram demasiado evidentes para que suas críticas fossem levadas a sério.

54. Dentre os inúmeros artigos publicados sobre os irmãos Roberto, há dois realmente importantes acerca de suas primeiras obras: G. FERRAZ, M.M.M. Roberto, Habitat, n.º 31, junho de 1959, pp. 49-66, e P.F. SANTOS, Marcelo Roberto, Arquitetura, n.º 36, junho de 1965, pp. 4-13. Há também uma breve retrospectiva em Habitat, n.º 12, jun.-set. de 1953, p. 12, Módulo, n.º 3, dez. de 1955, p. 71 e Arquitetura, n.º 28, out. de 1964, pp. 3-13.

e sua construção data de 1938, muito anterior à do Ministério concluído em 1942-1943.

Marcelo Roberto nasceu em 1908 e formou-se pela Escola de Belas-Artes do Rio de Janeiro em 1930. Na época, parecia delinear uma carreira de arquiteto decorador, pois desde 1928, e graças às suas qualidades de desenhista, era um dos principais colaboradores da revista *Técnica e Arte,* dirigida por dois de seus professores, Jurandir Ferreira e Felipe Reis: aí revelara-se um especialista talentoso, inspirado pelo estilo fluido e afetado, posto em prática pela Exposição Internacional de Artes Decorativas de Paris em 1925. Mas logo abandonou esse caminho; depois de uma viagem de estudos pela França, Itália e Alemanha, depois de diplomado, entrou para uma firma construtora, com o firme propósito de aproveitar ao máximo seu talento de arquiteto. Identificou-se com a vanguarda da época, influenciada pelas teorias de Le Corbusier e pelas experiências práticas de Warchavchik: a casa Xavier, que expôs no Primeiro Salão de Arquitetura Tropical, organizado por Celso Kelly em 1933, era nitidamente marcada por esse espírito e não se diferenciava fundamentalmente das obras expostas por Warchavchik, Costa, Reidy, Moreira e outros. Nada antecipava a notável revelação que seria o edifício da A.B.I., que projetou três anos mais tarde, em colaboração com seu irmão Milton. Este, nascido em 1914, tinha apenas vinte anos quando saiu da Escola de Belas-Artes em 1934 e se associou a seu irmão mais velho, a quem, aliás, ajudara antes mesmo de formado[55]. É difícil identificar a contribuição de cada um numa equipe tão unida quanto a dos irmãos Roberto, onde toda obra era realmente comum, mas é bem plausível que a criatividade plástica de Milton haja fecundado a capacidade de trabalho, o espírito crítico e a sólida cultura teórica de Marcelo, que permaneceu sempre como o porta-voz indiscutível dessa sociedade familiar. De qualquer modo, desde então conquistaram contínuos sucessos, sendo o primeiro e o mais marcante justamente o primeiro trabalho: o prédio da A.B.I.

1. O prédio da A.B.I.[56]

Quando em 1935, a Associação Brasileira de Imprensa decidiu instituir um concurso para a construção de sua sede social, seu presidente, Herbert Moses, recusou-se a confiar a organização do concurso ao Instituto de Arquitetos do Brasil[57]. Homem esclarecido, informado quanto aos novos conceitos de arquitetura[58], decidido como o Ministro Capanema a edificar uma obra marcante, Herbert Moses queria evitar que se repetisse o episódio do Ministério da Educação. Assim, conseguiu que o júri fosse constituído por uma maioria de críticos, indicados pela associação que dirigia, e limitou ao máximo a representação de arquitetos e engenheiros, designados pelos respectivos órgãos ou pelas instituições oficiais. Adquirindo confiança graças a essa forte determinação, inscreveram-se vários arquitetos das últimas turmas da Escola de Belas-Artes, tendo três equipes apresentado projetos claramente racionalistas; duas eram compostas, total ou parcialmente, por membros da equipe organizada por Lúcio Costa: de um lado, Jorge Moreira e Ernani Vasconcellos[59], de outro lado, Oscar Niemeyer, associado a Fernando Saturnino de Brito e Cássio Veiga de Sá[60]; contudo, a vitória coube aos irmãos Roberto, que puderam, dessa forma, afirmar seu valor numa obra de considerável repercussão.

Nunca será demais destacar a importância do prédio da A.B.I. Com efeito, trata-se de um projeto elaborado antes da vinda de Le Corbusier ao Brasil, em julho de 1936. Não sofreu portanto qualquer influência resultante de um contato direto com o mestre franco-suíço, que Marcelo e Milton Roberto nem chegaram a conhecer durante as seis semanas que aquele passou no Rio de Janeiro. O edifício é pois prova de que uma evolução original no estudo de uma arquitetura funcional já se esboçava nos primeiros meses de 1936 — anterior à estadia de Le Corbusier, cuja contribuição foi decisiva, mas que correspondeu à aceleração de um processo já em marcha[61].

Os irmãos Roberto não estavam menos imbuídos da doutrina de Le Corbusier que seus colegas da equipe de Lúcio Costa. Tendiam mesmo a ver nos princípios por ele enunciados a expressão única da arquitetura nova, ignorando deliberadamente que esta apresentava orientações paralelas e mesmo correntes opostas[62]. Por conseguinte, os cinco pontos de Le Corbusier tinham ainda sido tomados como elementos básicos da composição, mas nem todos foram aplicados integralmente, dadas as circunstâncias peculiares do caso. Por exemplo, os pilotis não visavam a liberar integralmente o solo, essa solução carecia de sentido, pois o edifício não estava isolado, mas inevitavelmente comprometido com seus vizinhos: os regulamentos muni-

---

55. O caso repetiu-se mais tarde, quando Mauricio, o mais jovem, nascido em 1921 e formado em 1944, entrou em 1941 para a firma, que passou a se chamar M.M.M. Roberto, nome que foi mantido, apesar da morte de Milton em 1953 e de Marcelo em 1964.

56. *Arquitetura e Urbanismo,* ano II, n.º 2, março-abril de 1937, pp. 64-72 (plantas, desenhos, maquete), *ibid.,* ano V, n.º 5-6, set.-dez. de 1940, pp. 261-278 (plantas, fotos), *Architectural Record,* vol. 88, dez. de 1940, pp. 74-79 (plantas, desenhos, fotos), *Architecture d'aujourd'hui,* n.º 13-14, set. de 1947, pp. 66-69 e H. MINDLIN, *op. cit.,* pp. 194 e 195 (plantas, fotos).

57. P. SANTOS, *op. cit.,* n.º 7.

58. Herbert Moses fora o tradutor dos discursos e conferências de Wright, quando da vinda deste ao Rio de Janeiro em 1931 (cf. *supra* p. 70, nota 41 do Cap. 2). Ficou muito impressionado com a personalidade do arquiteto americano e com as críticas que este fizera à orientação geral da arquitetura brasileira (cf. P. SANTOS, *op. cit.,* p. 7).

59. Publicado em *P.D.F.,* vol. III, n.º 5, set. de 1936, pp. 261-270 (perspectiva, plantas). Esse projeto assemelha-se ao dos irmãos Roberto, mas os *brise-soleil* eram constituídos por uma trama ortogonal de placas de concreto, formando retículas de um metro de lado; não recobriam toda a fachada e formavam, com os peitoris das janelas, uma alternância de faixas horizontais, cuja regularidade lembrava as soluções propostas por Moreira e Reidy no concurso para o Ministério da Educação e Saúde.

60. Projeto publicado em *P.D.F.,* vol. III, n.º 6, nov. de 1936, pp. 334-341 (perspectivas, desenhos, plantas). A solução, concebida para proteger superfícies envidraçadas, da ensolação excessiva, era engenhosa e de grande interesse plástico: sucessão de paredes em linha quebrada, onde a parede que servia como *brise-soleil* alternava-se com as vidraças; estas ocupavam cerca de dois terços da superfície total.

61. Os projetos de Moreira e Niemeyer preteridos pelo dos Roberto também eram significativos neste particular.

62. No memorial descritivo do projeto apresentado no concurso, os arquitetos declaram sem rodeios que seu trabalho se baseou nas leis eternas da grande arquitetura de todos os tempos e nos princípios da arquitetura moderna, fruto da técnica contemporânea. Ora, os princípios enumerados eram: estrutura independente, planta livre, fachada livre e terraço-jardim, tomados diretamente de Le Corbusier. É verdade que conheciam também os escritos de André Lurçat, citados numa carta datada de 18 de junho de 1936.

cipais chegavam mesmo a prever um pequeno pátio interno para o estacionamento de veículos. A liberação do térreo não correspondia, portanto, à solução mais apropriada; pelo contrário, a única forma de manter a unidade e a personalidade do edifício consistia em rejeitar toda transparência, em qualquer nível que ela se desse. Era necessário instalar lojas voltadas para a rua, não só por razões econômicas mas também de ordem plástica. As janelas panorâmicas na horizontal careciam também, no caso, de sentido; situado no centro comercial e financeiro do Rio, a obra não podia oferecer, de seu interior, visuais de interesse; além do mais, as duas fachadas não gozavam de orientação favorável, pois estavam voltadas para norte e oeste, recebendo permanentemente os raios do sol. Era preciso então elaborar um sistema eficaz de proteção, tendo os arquitetos cogitado do *brise-soleil* preconizado por Le Corbusier em Argel. Mas modificaram sua concepção, adotando somente as lâminas verticais oblíquas, inicialmente previstas em alumínio, mas executadas em concreto, por questão de economia. As longas faixas horizontais superpostas, daí resultantes, predominaram no tratamento das fachadas, caracterizando-as funcional e esteticamente.

Esse projeto, revolucionário para a época, concebido por desconhecidos nas horas em que não trabalhavam numa empresa construtora, não foi aceito integralmente pelo júri, que fez ressalvas, endossadas por vários membros da Associação, e propôs modificações. Mas os arquitetos conseguiram convencer Herbert Moses de que suas propostas formavam um todo indissolúvel, assumindo este a responsabilidade de executar a obra tal como fora concebida. Com energia e habilidade, fez com que fossem aprovados sucessivamente: a solução interna, com sua estrutura independente, recusando as colunas de quase dois metros do plano das fachadas, o terraço-jardim e, finalmente, o tratamento das fachadas, cuja aparência cega chocava frontalmente a sensibilidade da maioria das pessoas, dado seu aspecto inovador. Quando o edifício começou a tomar forma, houve uma reação geral, que chegou a ameaçar a continuidade dos trabalhos, mas a situação foi contornada pela repercussão publicitária, resultante das campanhas na imprensa e da ironia do homem comum, o que persuadiu o Conselho da Associação, convencido de que seu presidente havia dirigido com maestria uma excelente operação promocional. De fato, quando concluído, o edifício se constituiu numa atração, sendo admirado pela opinião pública, que logo se habituou ao seu aspecto incomum.

A importância desse "Palácio da Imprensa" não se deve somente às repercussões junto à opinião pública. Contribuiu também para modificar a mentalidade dos empresários, ao evidenciar que a arquitetura nova era rentável sob todos os pontos de vista. Essa importância resulta principalmente da qualidade plástica obtida por Marcelo e Milton Roberto, pois sua obra não era tão-somente uma concepção lógica, que satisfazia às necessidades práticas; ela se impunha por sua qualidade estética, francamente expressa, e que contrastava com a mediocridade das outras construções.

Desta vez, não mais se tratava da aplicação mecânica dos princípios de Le Corbusier ou de soluções puramente funcionais, como na maioria dos projetos anteriores, fundamentados nas teorias racionalistas. O ascetismo destas havia sido voluntariamente abandonado. Materiais ricos, como o granito da Tijuca[63] e o mármore travertino, importado da Argentina, revestiam os pilares de concreto e as paredes externas, enquanto

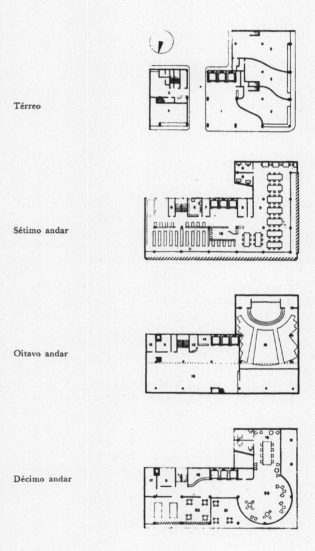

Fig. 50. Marcelo e Milton ROBERTO. *Prédio da A.B.I.* Rio de Janeiro. 1936-1938. Plantas. 1: pórtico; 2: loja; 3: sala para sócios; 4: estacionamento; 5: sanitário; 6: sala do bibliotecário; 7: copa; 8: sala de trabalho; 9: sala de leitura; 10: arquivos; 11: depósito de livros; 12: quarto de despejo; 13: vestiário; 14: bar; 15: auditório; 16: exposições; 17: barbeiros; 18: informações; 19: sala de leitura; 20: salão; 21: terraço; 22: salão de jogos. Planta reduzida em 30%.

63. Bairro da periferia do Rio de Janeiro, situado ao lado da floresta e do pico do mesmo nome.

que o jogo de magníficas madeiras brasileiras era explorado ao máximo para os revestimentos internos, proporcionando ao conjunto a nobreza e a elegância desejadas num edifício de importante função representativa. Mas o ponto principal era a imaginação e o cuidado que haviam presidido as pesquisas formais. É claro que estas eram coerentes com as possibilidades técnicas proporcionadas pelo concreto armado e decorriam parcialmente das necessidades funcionais, sem no entanto se constituírem numa decorrência automática destas. Por exemplo, é evidente, e a experiência viria a prová-lo, que um tipo único de *brise-soleil* para fachada com orientações diversas não era a solução ideal, nem teórica, nem praticamente: plenamente eficaz contra o excesso de insolação e de luminosidade, o recurso empregado apresentava um inconveniente psicológico, ao impedir a visão para o exterior, acarretando uma sensação de claustrofobia. Em compensação, sob o ponto de vista plástico, essa solução propiciava ao edifício uma perfeita unidade e um discreto dinamismo (Fig. 51). Aliás, essas duas preocupações, unidade e dinamismo constituíram a base de toda a composição, obtendo-se um feliz contraste entre a rigidez das linhas retas, características do tratamento do volume principal e a suavidade das utilizadas nos elementos secundários, em função de uma escala cuidadosamente estudada. Nos andares superiores, atingidas pelo recuo imposto pela municipalidade, as arestas foram substituídas por uma curva regular, que suaviza a agressividade dessas linhas do bloco inferior, sublinhando a autonomia relativa de seu coroamento e, ao mesmo tempo, integrando-o impecavelmente no conjunto[64]. Por outro lado, os arquitetos não hesitaram em organizar o espaço do pavimento térreo (Fig. 50) com paredes ondulantes, lançando uma nota de fantasia e de repousante intimidade em meio ao rigor geométrico que domina de modo absoluto todo o conjunto do edifício; mas essa liberdade em nada prejudica a monumentalidade pretendida, já que corresponde a detalhes imperceptíveis para quem vê o edifício no seu todo.

Superação do funcionalismo ortodoxo, renúncia a um ascetismo esterilizante, valorização do aspecto plástico da arquitetura a partir de soluções técnicas coerentes com o programa e conduzidas de modo lógico no seu todo constituíram os três aspectos inovadores do prédio da A.B.I., utilizados pela primeira vez no Brasil, e que se antecipam às audaciosas contribuições trazidas pessoalmente por Le Corbusier. Portanto, não se pode negar a Marcelo e Milton Roberto um sentido profundo de compreensão dos problemas e da evolução da arquitetura contemporânea. Interpretaram a lição de Le Corbusier, dando-lhe uma expressão peculiar, adaptada a seu talento pessoal. De fato, a preocupação com uma composição fundamentada no jogo de volumes simples e na harmonia das proporções, não impediu que deixassem transparecer, desde essa primeira obra projetada em íntima colaboração, uma tendência, ainda discreta, para um certo dinamismo, que será desenvolvido claramente nos projetos posteriores.

Não se pode evidentemente colocar a sede da A.B.I. no mesmo plano que o Ministério da Educação e Saúde. Apesar de suas qualidades, não atingiu a excelência das soluções funcionais, o perfeito equilíbrio e a pujança plástica do Ministério; aliás, nem podiam atingi-la, pois os meios postos à disposição dos arquitetos, longe de serem iguais, faziam com que a balança pendesse muito mais para o lado do segundo edifício. As reper-

Fig. 51. Marcelo e Milton ROBERTO. *Prédio da A.B.I.* Rio de Janeiro. 1936-1938.

cussões de um e de outro, tanto no plano psicológico quanto material, tampouco são comparáveis; mas não resta dúvida de que desempenhou um papel capital, tendo marcado uma etapa decisiva no surgimento da nova arquitetura brasileira.

2. O Aeroporto Santos Dumont[65]

Logo após obter a primeira consagração com a vitória de seu projeto para a sede social da A.B.I. Marcelo e Milton Roberto conheceram um novo sucesso expressivo ao vencerem o concurso organizado em 1937 para a construção do aeroporto Santos Dumont. Mas a construção não foi imediata; iniciada em 1938, e quase paralisada, foi retomada somente em 1944, sem ter sido inteiramente concluída. O projeto premiado em

---

64. Aliás, o ângulo reto reaparece na parte superior, individualizando os blocos da casa de máquinas e da caixa d'água e reafirmando ao mesmo tempo a ortogonalidade como o motivo fundamental da composição.

65. Projetos concorrentes publicados em *Arquitetura e Urbanismo*, n.º 6, nov.-dez. de 1937, pp. 298-301, e *Revista Municipal de Engenharia*, vol. V., n.º 4, de julho de 1938, pp. 414-40. Sobre a obra construída, cf. *Architecture d'aujourd'hui*, n.º 13-14 de 1947, pp. 66-69; *Brasil — Arquitetura Contemporânea*, n.º 10, nov. de 1957, p. LV a LVII, e H. MINDLIN, *op. cit.*, pp. 226-227 (fotos, plantas).

1937 foi respeitado, mas introduziram-se várias modificações, que asseguraram uma simplificação dos volumes e uma maior pureza de concepção.

A premissa da composição foi a pesquisa de uma solução simples e eficaz para os problemas de circulação, fator essencial para o bom funcionamento de um aeroporto. Assim, o edifício (Fig. 54) foi concebido como um grande *hall* longitudinal (Fig. 55), sendo distribuídos, de um lado, os balcões das companhias aéreas e os acessos destas à pista e, de outro, bares, bancas de jornais, lojas, sanitários; sobre essas duas áreas, voltadas diretamente para o *hall,* a fim de obter melhor ventilação, localizaram-se os escritórios das companhias e o restaurante; essa disposição prática criava, acima de tudo, um espaço contínuo, dinâmico, do qual os arquitetos souberam tirar partido. Cortando perpendicularmente esse eixo principal, que pelo menos parcialmente continha o germe da configuração volumétrica do edifício, integraram o eixo do vestíbulo, que era também saída direta para os viajantes, ao desembarcarem dos aviões.

Mas os serviços do aeroporto propriamente dito não eram os únicos previstos no programa, havia também os da Diretoria de Aeronáutica Civil, totalmente independente dos primeiros, e localizados pelos arquitetos, com toda lógica, nos dois andares superiores. Era necessário prever acessos autônomos para essas dependências, daí a idéia de um corpo anexo, contendo as circulações verticais necessárias, localizado à frente do corpo principal do aeroporto; assim essa entrada assumiria características de monumentalidade, enquanto que as passarelas ligando os dois blocos serviam de abrigo aos passageiros, na entrada do aeroporto (Fig. 52).

A solução geral resultava portanto da organização racional dos sistemas de circulação, diversificados e logicamente distribuídos. Partindo dessas premissas, Marcelo e Milton Roberto localizaram o cruzamento dos eixos do edifício valendo-se da secção áurea, que serviu também para fixar as proporções de vários outros elementos do projeto. Dessa maneira, as regras clássicas eram postas a serviço da técnica moderna, numa clara demonstração de seu valor perene.

Fig. 52. Marcelo e Milton ROBERTO. *Projeto do concurso para o Aeroporto Santos Dumont.* Rio de Janeiro. 1937. Fachada para a cidade. Perspectiva cavaleira.

Comparando-se o projeto original de 1937 (Fig. 53) com aquele construído em grande parte em 1944, percebe-se que as alterações introduzidas corresponderam principalmente à supressão dos terraços-jardim, dispostos em vários andares, e à definição de todo o bloco principal num volume simples, próximo do paralelepípedo. A área destinada à Diretoria da Aeronáutica Civil era assim consideravelmente ampliada[66], ganhando o edifício em clareza e homogeneidade aquilo que perdia em diversidade. Parece que essa modificação foi

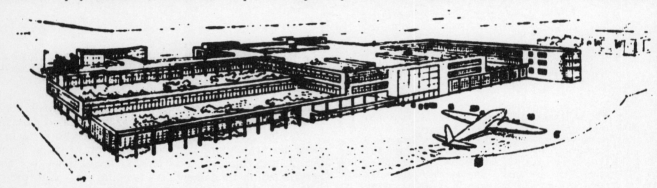

Fig. 53. Marcelo e Milton ROBERTO. *Projeto do concurso para o Aeroporto Santos Dumont.* Rio de Janeiro. 1937. Fachada para o campo. Perspectiva cavaleira.

feliz no plano plástico, pois a fachada voltada para as pistas (Fig. 56), a única afetada, é de uma eloqüente grandeza com sua colossal ordem de elegantes colunas, cujo ritmo acentua a monumentalidade, sem cair na monotonia; de fato, três contrapontos, dispostos com critério, rompem, com seus volumes, o plano único em que se desenvolve essa fachada do edifício: a torre de controle, a moldura do vestíbulo transversal, a projeção do restaurante sobre a sobreloja[67]. É mais difícil julgar a outra fachada (Fig. 57), incompleta porque, não havendo verba, o volume anexo não foi construído e só foram executadas as placas de suporte dos *brise-soleil*[68]; apesar disto, o edifício assume um belo aspecto, inserindo-se admiravelmente no contexto urbanístico criado pela grande praça transformada em jardim por

---

66. Mesmo assim não foi suficiente, tendo sido, mais tarde, colocadas no terraço superior, à revelia dos arquitetos excrescências horríveis que descaracterizaram o edifício, quando seria fácil encontrar uma solução funcional que não comprometesse o edifício esteticamente.
67. Esses elementos constavam do projeto de 1937, mas os dois últimos são bem distintos do concebido originalmente. Uma solução importantíssima para o perfeito equilíbrio da composição foi colocar o restaurante na extremidade do edifício, e não no centro, lateralmente ao vestíbulo transversal, reencontrando assim um ritmo ternário equilibrado.
68. Não tendo sido executados os *brise-soleil* previstos, foi necessário

Burle Marx[69]. Mais uma vez foram excelentes os resultados da oposição proposital entre as linhas nobres e definidas ou mesmo um tanto rígidas da arquitetura e os desenhos informais da natureza, organizados pelo paisagista.

fechada, harmoniosa mas pesada, cuja força resulta dessa pretendida fisionomia, o Aeroporto Santos Dumont é mais aberto e principalmente mais leve, aliando habilmente força, equilíbrio e elegância. É certo que o contexto urbanístico onde se inserem essas duas obras,

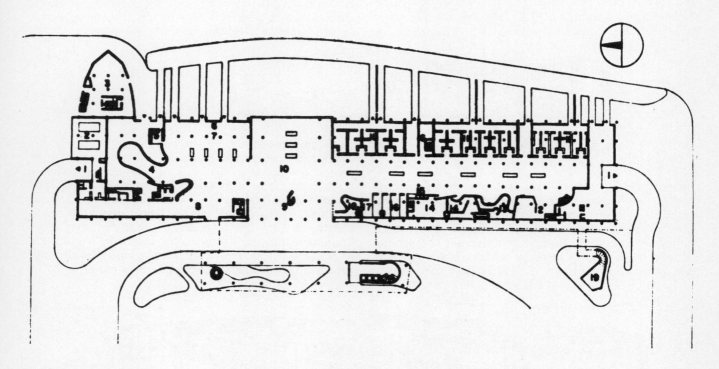

Fig. 54. M. M. M. ROBERTO. *Aeroporto Santos Dumont*. Rio de Janeiro. 1937-1944. Plantas. 1: rampa; 2: garagem; 3: torre de controle; 4: bagagens; 5: controle; 6: passageiros; 7: chegada; 8: alfândega; 9: informações; 10: *hall*; 11: escritórios das companhias; 12: cabeleireiro; 13: lanchonete; 14: sanitários públicos; 15: telefones; 16: pequenas lojas; 17: correio; 18: serviços da aviação civil; 19: acesso ao restaurante e ao terraço-jardim.

Confrontando-se a sede da A.B.I. com o Aeroporto Santos Dumont, percebe-se uma evolução dos irmãos Roberto. É claro que o método não foi modificado: o ponto de partida continua sendo a solução dos problemas funcionais, com o emprego dos recursos da técnica construtiva moderna. É igualmente nítida a preocupação em explorar esses meios com fins estéticos, especialmente através de um apelo preciso às regras de composição tradicionais, sem falsos pudores. Essa preocupação com as proporções corretas já era no entanto perceptível no prédio da A.B.I. Por outro lado, o resultado obtido é bastante diverso; enquanto a A.B.I. se apresenta como uma massa compacta e

bem como seus respectivos programas funcionais contribuíram para essa diversidade, razão válida só parcialmente. Na realidade, a A.B.I. é uma exceção no panorama da arquitetura contemporânea brasileira e, principalmente, carioca[70], que tem na leveza uma de suas características fundamentais. Contudo, esse traço particular só adquiriu dimensões significativas com o desenvolvimento do projeto do Ministério da Educação e Saúde, pela equipe de Lúcio Costa, e com as primeiras obras de Oscar Niemeyer. Parece, assim, que a A.B.I. e as obras iniciais dos Roberto[71] corresponderam a uma primeira tendência estética, posteriormente modificada sob a influência do célebre edifício do Ministério. Em todo caso, é evidente terem sido certos elementos tomados de empréstimo deste edifício, especialmente o sistema de sustentação da laje da sobreloja (Figs. 55 e 56) através de pequenos consolos fixados às colunas, cujo lado eminentemente plástico já foi ressaltado[72]. Ora, o inegável efeito assim obtido identifica-se com a maior

---

instalar persianas nas faces internas dos escritórios, voltadas para oeste. Apesar da obra não ter sido concluída e do extraordinário incremento do tráfego aéreo, o Aeroporto Santos Dumont continua funcionando plenamente com sua simplicidade, é o melhor concebido e o mais eficaz do Brasil, embora o mais antigo; é, também, sem dúvida, o mais belo e o único a apresentar um valor arquitetônico intrínseco.

69. A colaboração entre os irmãos Roberto e Burle Marx tinha começado com o projeto de terraço-jardim do prédio da A.B.I.

70. Não se pode dizer o mesmo de certas correntes paulistas que se desenvolveram mais tarde, após 1950, e das quais Vilanova Artigas é o representante mais significativo (cf. *infra*, pp. 295-319).

71. Vários prédios de apartamentos (1935-1937), o edifício da Liga Brasileira contra a Tuberculose e o do I.A.P.I., projetados em 1937 e 1939, respectivamente.

72. Cf. *supra*, pp. 87-88. Os arquitetos previam também uma colaboração artística como aquela que garantia a unidade do Ministério da Educação e Saúde; infelizmente, as autoridades responsáveis não eram tão esclarecidas quanto Capanema e o grande afresco em estilo *pompier* do vestíbulo deturpou integralmente a intenção original, para desespero de Roberto.

Fig. 55. M. M. M. ROBERTO. *Aeroporto Santos Dumont*. Rio de Janeiro. 1937-1944. O grande *hall* longitudinal.

leveza que caracteriza a evolução de Marcelo e Milton Roberto, entre 1936 e 1944. Mais uma vez, portanto, pode ser percebida a profunda marca deixada pelo Ministério da Educação e Saúde na arquitetura brasileira no período decisivo que foram os anos de sua construção. Mesmo que, em termos cronológicos, não tenha sido a primeira obra de envergadura do novo estilo, foi ela quem definiu, de modo decisivo, as realizações que se seguiram. Tal fato, no entanto, em nada diminuiu o mérito da obra dos irmãos Roberto, que prosseguiu com outro exemplo, a sede social do Instituto de Resseguros do Brasil (I.R.B.)

3. O prédio do I.R.B.[73]

A evolução da equipe M.M.M. Roberto[74] para uma arquitetura tecnicamente moderna, mas plasticamente clássica, já esboçada no aeroporto Santos Dumont, acentuou-se mais claramente e expressou-se melhor com o prédio do Instituto de Resseguros do Brasil, proje-

tado em 1941 e construído em 1944. Toda a composição deste projeto foi rigorosamente determinada pelo emprego das regras clássicas e baseou-se numa série de sistemas de proporções tiradas quer da geometria (triângulo perfeito 3, 4 e 5, e secção áurea), quer da aritmética (progressão 2, 4, 6, utilização da razão 2 como módulo). Os primeiros serviram para organizar as plantas (Fig. 58), enquantos os últimos intervieram principalmente nas elevações[75]. Mais uma vez, a secção áurea teve papel preponderante — os acessos foram localizados em função da divisão em média e extrema razão e a linha de força assim obtida destaca-se nas fachadas principais: de um lado, pela caixa de escadas, de outro, pelo corpo saliente da sala do presidente (Fig. 59). Mas a preocupação em padronizar exigia a adoção de uma modulação baseada em números inteiros, todos múltiplos do módulo 2 escolhido. Um estudo aprofundado permitiu assegurar uma unidade perfeita entre a fachada norte e as faces menores do prisma, embora a quadriculação daquela tenha sido concebida no sentido vertical, num ritmo quaternário, enquanto que a das faces menores era ternária; a escolha dos vãos de 8 e 6 metros entre as colunas, ou seja, o dobro de 4 e de 3, permitiu resolver o problema e obter um equilíbrio perfeito, do ponto de

---

73. *Architectural Forum*, vol. 81, n.º 2, agosto de 1944, pp. 65-77 (fotos, plantas, diagramas); *Arquitetura*, n.º 28, out, de 1964, pp. 3-13 (fotos); *Architecture d'aujourd'hui*, n.º 13-14, set. de 1947, pp. 62-65 (plantas, fotos); H. MINDLIN, *op. cit.*, pp. 202 e 203 (fotos, plantas).
74. Razão social adotada em 1941, quando Maurício se juntou a Marcelo e Milton.

75. Cf. o depoimento de Marcelo Roberto em *Arquitetura*, n.º 28, out. de 1964, pp. 5 e 6.

Fig. 56. M. M. M. ROBERTO. *Aeroporto Santos Dumont.* Rio de Janeiro. 1937-1944. Fachada para o campo.

Fig. 57. M. M. M. ROBERTO. *Aeroporto Santos Dumont.* Rio de Janeiro. 1937-1944. Fachada para a praça.

vista estético, sem que com isso fosse afetada a eficácia das soluções técnicas pretendidas[76].

Talvez esse propósito de classicismo absoluto no tratamento plástico haja decorrido das necessidades práticas que orientaram a definição do projeto. Com efeito, a altura máxima permitida era bastante limitada, devido à proximidade do aeroporto; a casa de máquinas e a caixa d'água, não computadas como andar pelos regulamentos municipais, eram em geral situadas na cobertura, o que desta vez não podia ser feito. Pretendendo os arquitetos utilizar ao máximo a superfície disponível, precisavam incorporar essas dependências ao volume geral. Assim, o último nível, somente acessível pela escada, compreende, além desses elementos, o jardim de Burle Marx e o mezanino do salão de confe-

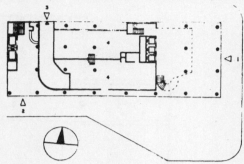

Térreo

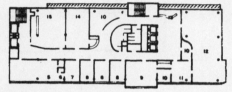

Sétimo andar (escritório do presidente)

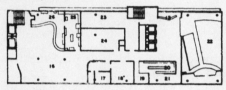

Oitavo andar (auditório)

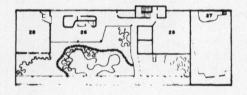

Terraço-jardim

Fig. 58. M. M. M. ROBERTO. *Prédio do I.R.B.* Rio de Janeiro. 1941-1944. Plantas.

1: entrada do público
2: entrada da garagem
3: entrada dos empregados
4: loja
5: tesouraria
6: caixa-forte (cofres)
7: sala do tesoureiro
8: sala dos membros da diretoria
9: sala do presidente
10: sala de espera
11: escritório
12: sala da direção
13: recepção
14: sala do subdiretor
15: mimeógrafos
16: salões de estar
17: enfermaria
18: berçário
19: sala de leitura
20: biblioteca
21: revista do IRB
22: auditório
23: vestiário dos homens
24: vestiário das mulheres
25: cozinha
26: bar
27: cabine de projeção
28: equipamento mecânico

Fig. 59. M. M. M. ROBERTO. *Prédio do I.R.B.* Rio de Janeiro. 1941-1944. Frentes leste e sul.

rências, cujo piso está no pavimento inferior. Há pois economia de espaço, servindo os elevadores a todos os pavimentos do prédio. A adoção desse princípio levou os irmãos Roberto a conceber a sede social do I.R.B. como um paralelepípedo puro, apoiado sobre pilotis; poderiam ter tratado o terraço como uma forma autônoma, mas preferiram a solução estética, que consistiu em engradá-lo no volume da composição[77]. Tomaram no entanto o cuidado de conservar a vista da baía, colocando uma elegante pérgola no lado sul. Esta, reunia uma outra vantagem, a de integrar-se perfeitamente à fachada (Fig. 59), constituindo-se sua transparência num fator de equilíbrio que retomava na cobertura, o caráter espacial conseguido no térreo pelo emprego dos pilotis.

Por conseguinte, o prédio do I.R.B. decorre de pesquisas aprofundadas em todos os sentidos; tecnicamente, possibilitou novas experiências[78], além do aper-

---

76. De fato, o edifício foi construído em onze meses e as esquadrias externas, montadas em dezenove dias, o que se constituiu numa das primeiras experiências de pré-fabricação industrial da construção no Brasil. Por outro lado, os problemas de pré-fabricação e de transporte foram objeto de estudos aprofundados que às vezes conduziram a determinadas formas como, por exemplo, a curvatura dupla e ligeira, proposta pelo engenheiro Paulo Fragoso, para os *brise-soleil* verticais da fachada norte.

77. Era uma retomada da solução adotada por Le Corbusier na Ville Savoye em 1928.

78. Pré-fabricação das esquadrias externas, já mencionadas (cf. nota 76), janelas divididas em faixas horizontais desiguais, alternadamente opacas e envidraçadas, para assegurar com habilidade uma iluminação perfeita, nem muito violenta, nem muito fraca, nas fachadas cuja exposição não exigia de modo imperioso a colocação de *brise-soleil*.

feiçoamento de processos já existentes; plasticamente, foram pesquisados com requinte os aspectos de proporções, cores, materiais[79], integração das artes[80]. Logicamente, deveria corresponder a um progresso, em relação ao da A.B.I., por ser este uma primeira tentativa nesse novo gênero. De fato, os dois têm um programa semelhante e um certo número de elementos comuns: bloco arquitetônico elementar onde a técnica estética se concentra principalmente no tratamento das fachadas retilíneas, desenvolvidas num único plano; dinamização desses planos por engenhosos sistemas de proteção solar; colocação no topo da composição das únicas superfícies inteiramente cegas; constituídas de grandes paredes nuas, solução característica do estilo dos Roberto; jogo de volumes, ou de espaços, limitado às partes extremas, inferior e superior; discreta nota de diversidade dada por algumas curvas secundárias, rompendo, nos detalhes, a absoluta ortogonalidade do conjunto[81]. Entretanto, apesar dessas semelhanças, as duas obras revelam um espírito muito diverso. A força, a simplicidade um tanto primitiva, a monumentalidade vigorosa da A.B.I. opõem-se à leveza, à delicadeza das relações de equilíbrio, à assimetria calculada mas relativa do I.R.B.[82]. Sob o ponto de vista estritamente funcional, o segundo edifício é indiscutivelmente superior ao primeiro. Em contrapartida, sob o aspecto exclusivamente plástico, a situação se inverte: a refinada elaboração do I.R.B. é um tanto requintada, faltando-lhe espontaneidade e não conseguindo disfarçar uma certa rigidez mecânica; desapareceram a franqueza e o entusiasmo da A.B.I., substituídas pelo perfeito equilíbrio do classicismo. Aliás, os Roberto devem tê-lo sentido, pois, pesquisando novas soluções estéticas baseadas no movimento, procuraram de imediato outro caminho.

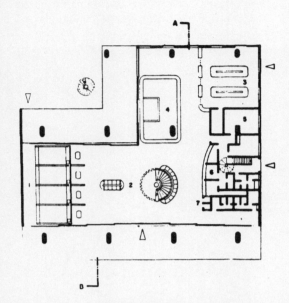
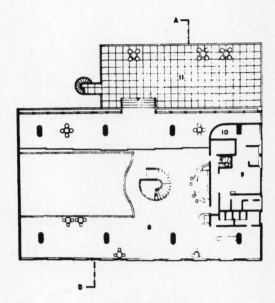

Fig. 60. Attílio CORREA LIMA. *Estação de hidraviões.* Rio de Janeiro. 1937-1938. Plantas.

1: bagagens. 2: vestíbulo do público. 3: alfândega. 4: administração. 5: pilotos. 6: balcões das companhias de aviação. 7: telefones. 8: restaurante. 9: copa-cozinha. 10: despensa e frigorífico. 11: terraço.

3. ATTÍLIO CORREA LIMA E A ESTAÇÃO DE HIDRAVIÕES DO AEROPORTO SANTOS DUMONT[83]

Os anos de 1936-1937 foram realmente decisivos para a nova arquitetura brasileira; foi durante esse período que surgiu uma série de oportunidades de execução de obras de real envergadura, principalmente devido ao apoio dos poderes públicos ou, ao menos, de alguns deles. Depois do episódio do Ministério da Educação e Saúde e da vitória de Marcelo e Milton Roberto no concurso para a sede da A.B.I. em 1936, no ano seguinte tiveram início essas obras, bem como ocorreram as vitórias dos Roberto e de

---

79. Como na A.B.I., a arquitetura era realçada pelos materiais nobres: granito, mármore, cerâmica. Mas os revestimentos externos não suportaram a ação do tempo, ficando em alguns lugares com um aspecto sujo, enquanto que os da A.B.I. conservaram impecável sua aparência original. É claro que se trata de uma falha de manutenção, perceptível também no aspecto esverdeado dos peitoris.

80. O terraço-jardim de Burle Marx era complementado por um mosaico mural de Paulo Werneck, colega de escola e de ateliê de Marcelo Roberto e seu colaborador preferido, quando queria chamar um pintor ou desenhista para valorizar uma parede, um painel ou um canto determinado. Mas essa colaboração, de acordo com o próprio Marcelo Roberto, era apenas um complemento ocasional, já que o essencial dos valores plásticos provinha da própria arquitetura.

81. No I.R.B., pode-se citar a escada externa em caracol, que leva à sobreloja, e a parede ondulada de tijolos de vidro do oitavo andar; este tema será retomado e transformado, com grande felicidade, em elemento fundamental, por Niemeyer, no Banco Boa Vista em 1946.

82. Marcelo Roberto declarou (em *Arquitetura*, n.º 28, out. de 1964, p. 6) que ele e seus irmãos pretenderam criar uma «obra leve, livre de marca hereditária do monumental», mas parece que, para ele, o monumental se confundia com o pesado e o simétrico.

83. *Arquitetura e Urbanismo,* n.º 6, nov.-dez. de 1938, pp. 286-296 (fotos, plantas). H. MINDLIN, *op. cit.,* pp. 224 e 225 (fotos, plantas).

Attílio Correa Lima nos concursos para a parte terrestre e marítima do Aeroporto Santos Dumont, prova evidente de que, repentinamente, algo havia mudado[84].

Hoje o nome de Attílio Correa Lima (1901-1943) está um tanto relegado ao segundo plano, embora se trate de uma figura que certamente desempenharia um papel importante se a morte prematura não o transformasse no realizador de uma única obra arquitetônica e, para cúmulo da infelicidade, quase imediatamente destituída da função original. Apesar disso, a qualidade da obra e a linha em que ela se insere exigem que se restitua ao autor o lugar que lhe cabe. Nascido em Roma em 1901, filho de um escultor, professor da Escola de Belas-Artes do Rio, Attílio Correa Lima diplomou-se por essa instituição em 1925. Tal formação, como era natural na época, orientou seus primeiros projetos para o estilo neocolonial, então em voga, mas ele não permaneceu por muito tempo nesse caminho. De fato, ganhando em 1926 um prêmio que lhe concedia vários anos de estadia em Paris, matriculou-se na Sorbonne, onde seguiu o curso de Urbanismo, apresentando uma tese de mestrado onde propunha um plano piloto para Niterói[85]. De regresso ao Brasil, respondeu pela disciplina de Urbanismo criada pela reforma de 1931, permanecendo à sua frente mesmo depois do rápido fracasso daquela reforma. Rapidamente ele se impôs em sua especialidade, recebendo encargos para trabalhos importantes, como a elaboração do plano regional de urbanização do Vale do Paraíba e, principalmente, do plano da nova capital de Goiás, Goiânia, que data de 1933. Mas seu interesse pela arquitetura permanecia e, em 1937-1938, chamou bruscamente a atenção, com o aeroporto para hidraviões, cuja simplicidade e pureza, aliados ao encanto do jardim tropical, seduziram os mais reticentes.

O projeto elaborado com a colaboração de quatro outros arquitetos (Jorge Ferreira, Thomaz Estrella, Renato Mesquita dos Santos e Renato Soeiro), havia vencido o concurso, apesar da insuficiência dos desenhos, assinalada pelo júri, compensando dessa maneira o relativo fracasso da equipe formada por Paulo Camargo, Renato Mesquita e Attílio Correa Lima no concurso do aeroporto terrestre, classificada em segundo lugar. O aeroporto marítimo não teria a mesma área construída que o aeroporto terrestre e tratava-se, sob esse ponto de vista, de uma construção modesta, que pôde, aliás, facilmente ser transformada mais tarde num clube para aviadores militares. Contudo, sua importância psicológica era enorme, pois atendia ao tráfego aéreo internacional que, na época, pensava-se que viria a se desenvolver na base de hidraviões. A obra obteve por isso prioridade absoluta, tendo sido terminada em 1938, enquanto que a parte terrestre só seria concluída em 1944.

Foi uma previsão errada que possibilitou a construção dessa obra, mas dadas as suas qualidades não há motivo para arrependimentos.

O aeroporto marítimo é um exemplo perfeito de construção racional, inteiramente orientada por um programa do qual o arquiteto extraiu efeitos plásticos sofisticados e simples, ao mesmo tempo. Uma das cláusulas do programa exigia completa visibilidade dos hidraviões encontrados no embarcadouro; portanto, a única solução era fazer com que a fachada orientada para esse lado (Fig. 61) fosse inteiramente envidraçada, embora voltada para o norte[86]; o excesso de insolação

Fig. 61. Attílio CORREA LIMA. *Estação de hidraviões*. Rio de Janeiro. 1937-1938. Frente norte.

era corrigido por marquises em balanço[87]. Bem entendido, o lado oposto (Fig. 62) beneficiava-se com a me-

Fig. 62. Attílio CORREA LIMA. *Estação de hidraviões*. Rio de Janeiro. 1937-1938. Frentes leste e sul.

lhor exposição e também devia ser inteiramente transparente[88], o que permitia que o viajante que chegava para embarcar tivesse uma visão total através do edifício; a diferença entre a planta do piso inferior e a do piso superior, principal característica da obra, corres-

---

84. Não se deve exagerar o alcance do movimento, pois, ao mesmo tempo, as autoridades civis e militares responsáveis construíam uma série de edifícios tradicionalistas ou sem interesse arquitetônico. Mas o importante não será o fato de que houve exceções nessa política, de modo a permitir a afirmação de novos valores?

85. A. CORREA LIMA, *Aménagement et extension de la ville de Niteroi*, Paris, 1932.

86. Foi essa mesma razão que determinou o desnível entre o restaurante e o terraço descoberto do primeiro andar.

87. A varanda entre o restaurante e o terraço não mais existe, pois um pano de vidro foi colocado na sua extremidade, a fim de aumentar a área interna do que hoje é um salão de festas (Fig. 61).

88. Também neste caso a mudança de destinação do edifício fez com que a parte inferior das esquadrias do térreo fosse pintada, para propiciar ao clube uma certa intimidade.

pondia a um duplo objetivo funcional, por um lado, cobrir o acesso ao vestíbulo da entrada, e, por outro, recuperar no andar do restaurante a superfície perdida com o vazio parcial deixado em seu centro. Mas essa defasagem resultara num notável efeito estético: a própria fachada ganhava grandeza e animação com a variação de densidade das zonas de sombra[89], enquanto que se criava um jogo de volumes superpostos em balanço; este era particularmente bem-sucedido na face leste, onde o equilíbrio era restabelecido pelo recuo do andar em relação à planta do térreo (Fig. 62). A fachada oeste, por seu lado, era totalmente fechada por causa de sua insolação, mas essa parede nua, cujo único destaque era o mastro da bandeira e a inscrição ali colocada, oferecida, segundo Correa, um excelente motivo ornamental para repousar a vista.

O tratamento dos interiores era igualmente seguro. A distribuição dos serviços era lógica e a unidade espacial completa, o que assegurava uma continuidade absoluta entre interior e exterior[90] no sentido horizontal e também uma continuidade interna, no sentido vertical, graças à abertura que ligava visualmente o vestíbulo do térreo e o restaurante do 1.º andar. O efeito plástico resultante era reforçado por uma audaciosa escada em caracol, apoiada unicamente numa delgada coluna central (Fig. 63), solução retomada externamente, para ligar o terraço com o jardim.

Fig. 63. Attílio CORREA LIMA. *Aeródromo para hidraviões.* Rio de Janeiro. 1937-1938. Vestíbulo.

A expressão do edifício resultava da simplicidade de sua concepção e de sua coerência funcional; o vocabulário usado era intencionalmente reduzido a poucos elementos selecionados com rigor, mas tratados com tal segurança que pareciam impor-se como a única solução: a meticulosidade com que cada pormenor foi conduzido garantia a excelência da qualidade do conjunto. Das linhas claras e esbeltas do edifício, de seu rigor geométrico, de sua transparência e de sua perfeita adaptação ao local, emanava uma impressão de bom acabamento e de facilidade na composição, sinal inequívoco de sua qualidade.

A pureza dessa concepção, baseada na economia de meios e na exploração estritamente racional da técnica contemporânea, lembrava a pureza de estilo das obras de Luís Nunes no Recife. Não há dúvida de que havia uma identidade de pensamento e de valores entre os dois arquitetos, talvez até mesmo uma influência direta em certos detalhes: de fato, o emprego de escadas em caracol, ressaltando com seu movimento o conjunto estático da estação de Correa Lima, pode ter-se inspirado no projeto da escola para crianças excepcionais que Nunes projetou em 1935[91]. Por outro lado, podia-se perceber uma diferença notável entre os dois arquitetos. Attílio Correa Lima não havia vacilado em empregar materiais nobres para todos os revestimentos: travertino natural no exterior, travertino encerado no interior, mármore para os pisos. Não tivera, a esse respeito, qualquer ascetismo rigoroso, fato plenamente justificável, por se tratar de uma obra de prestígio. O clima do Rio de Janeiro provaria mais tarde que, mesmo sob o ponto de vista econômico, o emprego de materiais caros e até mesmo luxuosos para os revestimentos era uma operação altamente rentável, pois evitava problemas de conservação e o envelhecimento precoce que atingia várias construções modernas. Seja como for, a fatalidade parece ter recaído sobre os arquitetos brasileiros que tentaram lançar-se em pesquisas estéticas baseadas na exploração sistemática e quase exclusiva de elementos do programa, demonstrando uma grande reserva em matéria de inventividade plástica. A morte prematura de Luís Nunes, em 1937, cortou um impulso que parecia pleno de promessas. A morte inesperada de Attilio Correa Lima, num acidente de avião em 1934, a algumas centenas de metros daquilo que era sua obra-prima, eliminaria, alguns anos mais tarde, outro talento que poderia ampliar essa tendência.

4. A REVELAÇÃO DE OSCAR NIEMEYER

A influência de Le Corbusier sobre os membros da equipe do Ministério da Educação e Saúde fez-se sentir desde os primeiros projetos que desenvolveram individualmente, depois da partida do mestre. É fácil constatar a evolução que ocorreu, confrontando-se, por exemplo, os diferentes projetos de Carlos Leão e de Affonso Reidy, publicados a partir de 1937 na revista P.D.F.[92], com os publicados pela mesma revista em anos anteriores. Mas deixaremos de lado esses projetos não construídos passando diretamente ao estudo da obra do membro da equipe que, a partir desse momento,

---

89. De fato, a sombra do térreo era bem mais intensa do que a do primeiro andar, por estar este em balanço.

90. Essa continuidade, aliás, prosseguia até o embarcadouro, graças à *marquise* que atravessava o jardim tropical, tratado com elementos tipicamente nacionais, como a flora nordestina e plantas aquáticas da Amazônia. Essas características, infelizmente desapareceram por inteiro quando a estação transformou-se em clube: foram ali instalados balanços e outros equipamentos para crianças, tendo sido o lago substituído por uma piscina.

91. Luís Nunes foi aluno de Attílio Correa Lima na Escola de Belas-Artes do Rio de Janeiro, quando da criação do curso de Urbanismo, em 1931, e foi por ele convidado, em 1935, para elaborar um plano piloto para o Recife.

92. *P.D.F.*, vol. IV, julho de 1937, pp. 200-208, 210, 211; *ibid.*, vol. IV, set. de 1937, pp. 274-275; *ibid.*, vol. VI, n.º 1, janeiro de 1939, pp. 78-82; *ibid.*, vol. VI, n.º 4, julho de 1939, pp. 389-392.

iria impor-se como uma personalidade dominante e dar à arquitetura brasileira uma nova orientação: Oscar Niemeyer.

A ascensão de Niemeyer foi fulgurante. Apaixonado por sua profissão, não vacilou em enfrentar sacrifícios financeiros para poder trabalhar ao lado de Lúcio Costa[93]. A seguir mostrou determinação ao praticamente impor sua incorporação à equipe do Ministério[94] e desenvolveu grande atividade, participando de vários concursos, elaborando diversos projetos, publicados com regularidade na revista *P.D.F.*, órgão da prefeitura carioca dedicado à divulgação da nova arquitetura[95]. A primeira oportunidade de afirmação foi a Creche Obra do Berço[96], construída em 1937, onde empregou o *brise-soleil* de lâminas verticais móveis, aperfeiçoando o sistema fixo, adotado pelos irmãos Roberto na A.B.I. Além disso, a obra distinguia-se por um jogo hábil de volumes simples, uma surpreendente pureza nas proporções de todos os elementos e uma certa leveza — que já prenunciavam as qualidades pelas quais Niemeyer iria impor sua profunda originalidade. Porém, a força de sua imaginação plástica só iria aparecer com o Pavilhão do Brasil na Exposição Internacional de New York, em 1939.

1. A colaboração Lúcio Costa-Niemeyer: o Pavilhão do Brasil na Exposição Internacional de New York

A rápida ascensão de Niemeyer deveu-se em grande parte, ao apoio que recebeu de Lúcio Costa; este, desde que percebeu a força criativa de seu jovem auxiliar, não vacilou em apagar-se perante ele, sempre que houvesse oportunidade. Esta forma tão extraordinária de abnegação explica-se pelo caráter particular de Lúcio Costa, que associa modéstia a um sentido muito acurado de justiça. Foi quando da elaboração do projeto do Ministério da Educação e Saúde, onde teve um papel preponderante, que Niemeyer revelou pela primeira vez a seu associado mais velho seus dotes naturais, liberados pelo contato com Le Corbusier[98] de todo empecilho estritamente funcionalista. Essa orientação agradou a Lúcio Costa, sempre sensível à legitimidade da intenção plástica por ele considerado o elemento fundamental que distinguia a verdadeira arquitetura da simples construção[99]. Outro profissional ficaria constrangido com a brusca eclosão daquele talento; Lúcio Costa, pelo contrário, encorajou-o e alimentou sua expansão, não apenas entre os membros da equipe por ele organizada, mas em todas as circunstâncias. O mais notável testemunho dessa atitude surgiu com o concurso para o projeto do pavilhão que iria representar o Brasil na Exposição Internacional de New York, em 1939.

O júri, constituído por arquitetos, indicados pelo Instituto de Arquitetos do Brasil, e de funcionários do Ministério do Trabalho, patrocinador do concurso, decidiu classificar os anteprojetos em função de dois critérios: prioritariamente pelo caráter nacional e secundariamente pelas condições técnicas que deviam corresponder a um pavilhão de exposição[100]. É importante notar que o caráter nacional não fora encarado como imitação do passado, mas como pesquisa de "uma forma arquitetônica que pudesse traduzir a expressão do meio brasileiro"; chegava-se mesmo a recomendar que essa forma devia estar preferencialmente baseada nas preocupações atuais de modo a corresponder ao programa da Exposição de New York, que pretendia oferecer uma visão do "mundo de amanhã". Pode-se assim perceber a evolução desde o concurso para a Exposição de Filadélfia em 1926, onde somente o estilo neocolonial fora admitido, bem como a permanência da constante nacionalista, que continuava como uma aspiração profunda. Mas em 1938 não seria um tanto prematuro o surgimento de uma obra que correspondesse a esse programa ambicioso? A nova arquitetura brasileira apenas começava a se definir e a libertar-se do estilo internacional, sua fonte de origem; ora, a conciliação dos dois requisitos pelo concurso não podia resultar de geração espontânea, mas de um amadurecimento mais ou menos prolongado. Nestas condições, não surpreende nenhum dos anteprojetos ter sido considerado plenamente satisfatório, pela comissão julgadora. A escolha recaiu sobre o de Lúcio Costa por ser ele o que apresentava mais forte dose de brasilidade[101], ficando o projeto de Niemeyer em segundo lugar por seu caráter econômico e funcional[102]. A reação do vencedor foi diversa da esperada. Julgando o trabalho classificado em segundo lugar como de melhor qualidade que o seu, Lúcio Costa não acatou o resultado, sendo autorizado pela comissão a elaborar um novo projeto, em parceria com Niemeyer. Essa atitude generosa pode surpreender; na verdade, tratava-se apenas da contrapartida lógica do que ocorrera três anos antes, no concurso de anteprojetos para o Ministério da Educação e Saúde, o que comprova não estar Lúcio Costa naquela oportunidade movido por interesses pessoais, mas sim pelo apego à boa arquitetura, por um senso acurado de valores e pela preocupação de eqüidade.

---

93. Cf. depoimento de Lúcio Costa no prefácio do livro de S. PAPADAKI, *op. cit.*, pp. 1-3.

94. Cf. *supra*, p. 82.

95. *Revista da Diretoria da Engenharia*, n.º 14, jan. de 1935, pp. 236-240 e n.º 19, nov. de 1935, pp. 588-590; *P.D.F.*, (novo título da mesma revista); vol. III, n.º 5, set. de 1936, pp. 258 e 259; *ibid.*, vol. IV, n.º 4, julho de 1937, pp. 198-199, e n.º 5, set. de 1937, pp. 274 e 275.

96. *Architecture d'aujourd'hui*, n.º 13-14, set. de 1947, p. 45. S. PAPADAKI, *op. cit.*, pp. 144 e 145 (fotos, plantas).

97. *Arquitetura e Urbanismo*, ano IV, n.º 3, maio-junho de 1939, pp. 471-480 (fotos, plantas). S. PAPADAKI, *op. cit.*, pp. 12-17 (fotos, plantas). H. MINDLIN, *op. cit.*, pp. 180 e 181 (fotos, plantas).

98. Mais tarde na significativa homenagem prestada a Le Corbusier, no primeiro número da revista *Módulo* (n.º 1, março de 1955, p. 3), Niemeyer iria insistir no caráter de «artista plástico» de Le Corbusier, a quem considerava como o fundador da arquitetura contemporânea.

99. L. COSTA, *Considerações Sobre Arte Contemporânea*, Rio de Janeiro, 1952, pp. 4 e 5, e *Sobre Arquitetura*, pp. 202 e 203.

100. Cf. *Arquitetura e Urbanismo*, n.º 2, março-abril de 1938, pp. 98 e 99.

101. Sem dúvida alguma, é a melhor maneira de traduzir a palavra «brasilidade», termo específico da língua portuguesa no Brasil, criado para designar o caráter nacional e atualmente empregado tanto na linguagem oral, quanto na escrita.

102. Essas observações do júri induzem à suposição de que Niemeyer, preterido por sua relativa falta de «brasilidade» ficara muito próximo do estilo internacional, não dando asas à sua imaginação plástica. Mas a reação de Lúcio Costa parece não confirmar esse juízo, tanto mais que o aspecto puramente funcional, nunca foi o ponto forte da arquitetura de Niemeyer.

É difícil saber até que ponto o projeto definitivo foi influenciado pelos anteprojetos apresentados individualmente por Lúcio Costa e Niemeyer no concurso. De fato a divulgação desses projetos[103] foi muito restrita, sem dúvida para evitar qualquer tentativa de avaliar a contribuição de cada um dos autores na obra realizada, que contou com a colaboração do arquiteto americano Paul Lester Wiener. Segundo depoimento de Rodrigo Mello Franco de Andrade parece, contudo, que se tratava de uma proposta totalmente diversa das anteriormente elaboradas.

Partindo do princípio de que um pavilhão de exposições deve ter as características de uma construção provisória e não simular artificialmente uma obra de caráter permanente, e constatando, por outro lado, que o Brasil não poderia chamar a atenção pelo aparato, pela monumentalidade ou pela técnica em confrontação com países muito mais ricos ou mais desenvolvidos, Lúcio Costa e Niemeyer decidiram chamar a atenção do público por meio de uma construção simples, harmoniosa e equilibrada, expressão tão pura quanto possível da arte contemporânea[104]. O projeto foi estudado em função do contexto no qual seria inserido. A proximidade do pavilhão francês, alto, grande e compacto, teve papel decisivo na definição do partido. De fato, era preciso evitar que o pavilhão brasileiro, de dimensões modestas, fosse absorvido pela massa do vizinho, que ocupava muito espaço. Por isso, duas soluções se impunham: a primeira, afastar ao máximo o corpo principal do edifício, adaptando-o à curva graciosa da extremidade do terreno (Fig. 64); a segunda, dar ao edifício um caráter leve e arejado, o que propiciaria o necessário contraste. O inteligente equacionamento desses dados e a inventividade plástica dos arquitetos tornaram possível chegar a um resultado notável, que abria perspectivas absolutamente novas.

Apesar do emprego de uma estrutura metálica naturalmente rígida[105], Lúcio Costa e Niemeyer asseguraram a toda a construção uma extraordinária flexibilidade, baseada no jogo de curvas (Fig. 65): ao ritmo ondulado do corpo principal, correspondia o da marquise que protegia o terraço da sobreloja, o da rampa de acesso, o das paredes da grande gaiola de pássaros, do aquário, do auditório, do jardim; no interior, repetia-se agora, de maneira mais informal, a mesma disposição de curvas através do contorno da laje do mezanino. O predomínio de curvas, especialmente nos planos horizontais, constituía um meio elegante de romper a ortogonalidade e o rigor do estilo internacional, conservando, ao mesmo tempo, o espírito de clareza e lógica que o caracterizava. Não havia qualquer ruptura com o racionalismo, nenhuma inspiração romântica, nenhuma procura de surpresas psicológicas, de impactos violentos ou de movimentos bruscos, como no pavilhão da Finlândia para essa mesma exposição, onde Alvar Aalto empregara uma grande parede ondulada e oblíqua — criando uma imensa superfície para dispor objetos e fotografias — que causava uma acentuada sensação de vertigem. No Pavilhão do Brasil, a variedade não ex-

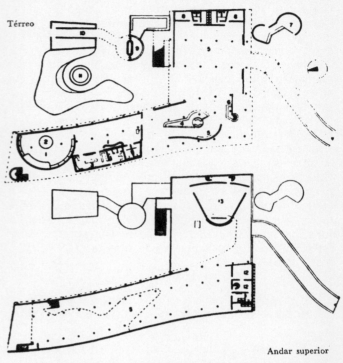

Fig. 64. L. COSTA e O. NIEMEYER. *Pavilhão do Brasil na Exposição Internacional de New York*. 1939. Plantas.

1: restaurante
2: salão de dança
3: copa-cozinha
4: café
5: salas de exposição
6: informações
7: viveiro de pássaros
8: depósito
9: aquário
10: orquidário
11: serpentário
12: escritórios
13: auditório

Fig. 65. L. COSTA e O. NIEMEYER. *Pavilhão do Brasil na Exposição Internacional de New York*. 1939.

cluía o equilíbrio, pelo contrário; este resultava de uma série de oposições intencionais que se manifestavam no tratamento das linhas, das superfícies e dos volumes: retas e curvas, paredes nuas cegas, vedações transparentes ou vazadas, formas geométricas e irregulares contrastavam discretamente, fundindo-se num conjunto de

---

103. A revista *Arquitetura e Urbanismo* pretendeu publicar os anteprojetos em questão, mas não foi atendida pelos autores.

104. Cf. *Arquitetura e Urbanismo*, ano IV, n.º 3, maio-junho de 1939, pp. 471-480.

105. Impunha-se esse tipo de estrutura para uma construção provisória, principalmente nos EUA, onde é um material barato e produzido industrialmente; fáceis de montar e desmontar, os elementos metálicos que as compõem apresentam também a vantagem de serem recuperáveis.

unidade perfeita. Além disso, o jogo espacial desenvolvia-se com segurança, numa composição aberta, onde o visitante, quase sem se aperceber, circulava, com a maior naturalidade, do exterior para o interior e vice-versa; era ele convidado a entrar, a passear livremente, a descansar na moldura encantadora do jardim central, verdadeiro elemento catalisador, pois era visível de longe e de todos os ângulos, através das superfícies dos vãos envidraçados do corpo principal ou dos pilotis da fachada sul. O ambiente assim criado era dos mais felizes e correspondia de modo extraordinário àquilo que se esperava de um pavilhão de exposições.

Assim, a intenção dos arquitetos traduzia-se numa realização impecável, tanto do ponto de vista funcional, quanto plástico. Conforme pretensão dos autores o edifício construído era uma expressão puríssima da arte contemporânea baseada no emprego racional das técnicas modernas e numa análise acurada das condições do entorno. Mas ele superava o estádio da arquitetura estritamente tradicionalista, provando que esta poderia ter características formais extremamente ricas e uma grande liberdade de concepção, sem que em nada fosse afetada sua lógica intrínseca. Simples na aparência, apesar da diversidade, modesto nas dimensões, o pavilhão de Lúcio Costa e Niemeyer impunha-se por sua leveza, harmonia e equilíbrio, por sua elegância e distinção. Ele correspondia magnificamente à sua destinação e atendia, além da expectativa, as condições que o júri do concurso em vão procurara nos projetos apresentados no ano anterior. Tratava-se de convincente exemplo de nova forma de expressão arquitetônica, com características de criação autenticamente brasileiras em sua flexibilidade e riqueza plásticas; contudo esse caráter nacional não era mais perseguido na cópia esterilizante das formas do passado[106], mas através de uma linguagem moderna, com marcante interpretação pessoal plenamente válida e de grande significação.

2. O Grande Hotel de Ouro Preto[107]

O sucesso alcançado pelo Pavilhão do Brasil na Exposição Internacional de New York fez com que fosse confiado a Niemeyer um novo e importante projeto de caráter inteiramente excepcional no conjunto de sua obra: o Grande Hotel de Ouro Preto (1940). Tratava-se de construir, no centro da capital da antiga capitania de Minas Gerais, um edifício moderno, que correspondesse às necessidades do turismo, mas que não alterasse a fisionomia especialíssima da cidade, onde todas as construções, que datam do século XVIII, são monumentos históricos. Pode parecer estranho não ter sido a tarefa confiada a Lúcio Costa; tudo parecia indicá-lo para essa tarefa delicada: sua condição de funcionário do Serviço do Patrimônio Histórico, fundado em 1937 por Rodrigo Mello Franco de Andrade, seu profundo conhecimento e seu apego pela arquitetura colonial, seu gosto apurado e a sua cultura. Porém, uma vez mais, Lúcio Costa assumiu uma atitude de discrição, de modo a possibilitar a Niemeyer afirmar seu talento. Este não era igualmente sensível às artes do passado, apesar de apreciá-las[108], e julgava que a arquitetura moderna não deveria a elas se subordinar, e que ambas podiam manter uma coexistência com independência recíproca[109].

Assim, elaborou um primeiro projeto onde não levava em consideração as características peculiares do meio ambiente. Naturalmente, essa proposta não foi aceita pelo Serviço do Patrimônio Histórico, preocupado em preservar de qualquer nota destoante o conjunto milagrosamente intacto legado pelas gerações anteriores. Niemeyer reconsiderou elaborando um novo projeto, onde mantinha a idéia de uma edificação francamente moderna não só pela técnica[110], como também pelos aspectos internos e externos, mas agora harmonizada com o entorno (Fig. 66).

Os altos pilotis que se alinham sucessivamente em um, dois ou três níveis não impedem que a dominante da composição seja uma acentuada horizontalidade que integra perfeitamente o hotel às duas obras-primas da arquitetura civil local, a Casa dos Contos, que fica um pouco mais abaixo, e o Palácio dos Governadores, situado mais acima. O caráter geométrico do volume, a inclinação do telhado, a repetição sistemática de um motivo uniforme no andar principal integram-se magnificamente à simplicidade e à falta de pretensão decorativa dos edifícios antigos. Para reforçar ainda mais a pretendida unidade foram utilizados materiais tradicionais; a pedra do Pico do Itacolomi, no revestimento dos níveis inferiores, e principalmente a telha colonial; Niemeyer chegou mesmo a retomar o motivo das treliças em madeira das venezianas da época para as balaustradas que protegem os peitoris dos terraços individuais dos apartamentos, bem como as cores usadas no século XVIII: o azul e o marrom das portas e dos marcos das janelas que contrastam com o fundo claro das paredes, reencontraram uma função semelhante ao sublinhar, de um lado, a linha horizontal dos balcões, e, do outro, a ossatura independente dos pilares totalmente expos-

---

106. O que não significa que certos elementos da arquitetura do passado não tenham ocasionalmente inspirado motivos tipicamente modernos. por exemplo, o *brise-soleil* fixo da fachada sul do pavilhão (Fig. 65), composto por elementos vazados de concreto, de formato quadrangular, colocados em defasagem, lembra as venezianas dos balcões das antigas casas da época colonial; trata-se da transposição de um motivo antigo para finalidades novas, que Lúcio Costa irá sempre utilizar corretamente.

107. *P.D.F.*, vol. IX, n.º 2, março de 1942, pp. 82-87 (plantas, desenhos, maquete). *Architecture d'aujourd'hui* n.º 13-14, set. de 1947, pp. 46 e 47. S. PAPADAKI, *op. cit.*, pp. 22-29 (fotos, esquemas, plantas). H. MINDLIN, *op. cit.*, pp. 104 e 105 (fotos, plantas).

108. De fato, Niemeyer sempre reconheceu que sua predileção pelas curvas, perceptível em toda uma parte de sua obra, pode ter sido inspirada pela arte barroca brasileira; sendo também colecionador de estátuas e objetos antigos, não vacilou em empregá-los na decoração de seus interiores modernos.

109. Com efeito, Niemeyer considera que o caráter revolucionário da técnica do concreto armado, suprimindo as paredes portantes e substituindo-as por uma ossatura, impede qualquer síntese da tradição com a arte e a técnica modernas. Portanto, recusa toda cópia, mas julga necessário manter a honestidade construtiva da arquitetura colonial (cf. *Arquitetura e Decoração*, n.º 13, set.-out. de 1955, pp. 10 e 11, e *Módulo*, n.º 3, dez. de 1955, pp. 19-22).

110: Sob esse ponto de vista, não tinha opção: o fato de haver um terreno disponível no centro da cidade explica-se unicamente por estar ele situado nos flancos de uma colina, num declive tão forte a ponto de impedir construções pela técnica tradicional de alvenaria.

tos[111]. Sem dúvida alguma tratava-se de concessões do arquiteto, mas que deram resultado e foram capazes de criar um clima favorável, sem alterar o lado resolutamente moderno do edifício. Longe de ser um pasticho, o edifício conservava sua personalidade de obra atual e oferecia um jogo plástico autônomo, resultante do emprego da técnica contemporânea (Fig. 67).

cional. É certo que o turista gozava de uma esplêndida vista da velha cidade, tanto dos salões, quanto do salão de jantar, do terraço do bar colocado em cima do bloco autônomo em balanço que contém a cozinha, ou dos apartamentos do andar superior. Mas a estranha distribuição deste andar em dois níveis resultou num completo fracasso sob o ponto de vista prático: é total o

Fig. 66. Oscar NIEMEYER. *Grande Hotel*. Ouro Preto (Minas Gerais). 1940.

Sendo a preservação da integridade da cidade-monumento, um problema dos mais delicados, a solução adotada merece os maiores elogios, por ter garantido esta característica.

Por mais excepcional que seja esta realização, no contexto da obra de Niemeyer — pouco afeito a este tipo de compromisso com o passado (ao contrário de Lúcio Costa, familiarizado com esse tipo de pesquisa) — é preciso ressaltar sua capacidade nesse campo que não mais abordou, e o notável resultado obtido. Por outro lado, a solução interna era menos feliz e até mesmo passível de profundas críticas, do ponto de vista fun-

Fig. 67. Oscar NIEMEYER. *Grande Hotel*. Ouro Preto (Minas Gerais). 1940. Detalhe da fachada.

desconforto dos minúsculos quartos individuais que parecem corredores estreitos e que foram visivelmente

111. Infelizmente, essa característica foi há pouco alterada, fruto de imperdoável incompreensão dos responsáveis pelo hotel: se a cor azul dos fechos dos balcões foi respeitada, o marrom dos pilares que imitava tão bem a madeira foi substituída por uma tonalidade creme, que, no caso específico, constituiu-se numa verdadeira heresia; só os quatro pilares do nível inferior (garagem) foram por sorte esquecidos e conservam sua cor original. Essa falta de gosto quase que faz lamentar que tenha sido o edifício repintado — coisa de que tanto precisava!

sacrificados e, mesmo nos apartamentos de luxo, compostos de quarto de casal e salão, que abre para os terraços individuais já mencionados, o conforto é reduzido. O acesso a este quarto é feito por uma escada interna em caracol, pouco prática e até mesmo perigosa, para pessoas idosas ou crianças, com o grande inconveniente de reduzir bem em um quarto a superfície útil do salão; a antecâmara do andar de cima não tem qualquer função definida e, finalmente, o lugar disponível nesses apartamentos está longe de corresponder à grande área ocupada[112]. Tudo foi concebido para impressionar o visitante com um espaço original, em grande parte prejudicado pelo caráter frio e impessoal dos apartamentos; certas fotos de ângulos favoráveis podem iludir, mas a solução adotada e o correspondente tratamento não resistem a um exame aprofundado das vantagens e desvantagens resultantes. O Grande Hotel de Ouro Preto — êxito indiscutível enquanto resposta ao problema da integração da arquitetura moderna a um contexto urbanístico antigo, principal aspecto do programa —, evidenciava, em contrapartida, um certo descuido de Niemeyer com os aspectos puramente funcionais. De fato, preocupado acima de tudo com as características plásticas da arquitetura, Niemeyer só mantinha, do racionalismo de Le Corbusier, as novas possibilidades de expressão formal, mais ou menos justificadas, numa primeira fase, pelas tentativas de justificação funcionalista. Sua imaginação criadora voltava-se integralmente para o tratamento das superfícies, e, acima de tudo, para os jogos de volume e de espaços. Conseqüentemente, os programas que lhe interessavam não eram aqueles que impunham uma organização estritamente compartimentada, mas aqueles cuja fluidez permitia que seu talento criador se manifestasse livremente; e, para sorte sua, essa oportunidade surgiu de imediato, quando em outras circunstâncias poderia ter sido protelada longamente. O Pavilhão do Brasil na Exposição de New York enquadrava-se nessa situação, que incluía também os edifícios da Pampulha, responsáveis pelo renome definitivo do arquiteto.

3. O conjunto da Pampulha[113]

A construção do Grande Hotel de Ouro Preto colocou Niemeyer em contato com as autoridades[114] do governo de Minas Gerais. O prefeito de Belo Horizonte, Juscelino Kubitschek, cujo dinamismo e ação empreendedora promoveram sua carreira política, decidiu, desde seu primeiro contato com ele, valer-se do talento do arquiteto. Confiou-lhe a tarefa de projetar um conjunto de edifícios, dispersos em torno do lago artificial da Pampulha, destinados a configurarem o centro de uma futura área de lazer a alguns quilômetros da capital mineira. O programa previa cinco edifícios: um cassino, um clube elegante, um salão de danças popular, uma igreja e um hotel para férias (este não foi construído durante a administração Kubitschek, sendo pura e simplesmente abandonado por seu sucessor). O prefeito acrescentara, a título pessoal e de exemplo à sociedade de Belo Horizonte, de cujo apoio dependia o loteamento, uma casa de fim-de-semana. Vê-se, portanto, que as autoridades não cuidaram do planejamento da área que se esperava tivesse um desenvolvimento considerável no futuro; o objetivo era proporcionar vários locais luxuosos de lazer, que atraindo pessoas de recursos, garantissem ao negócio um prosseguimento autônomo. Como observou Mário Pedrosa[115], tratava-se de um capricho semelhante às "loucuras" que os príncipes do século XVIII mandavam construir, mas não se tratava de uma manifestação arcaica contraditória com o espírito atual; pelo contrário, era uma manifestação típica do estado e das aspirações da sociedade brasileira de meados do século XX. A iniciativa não se limitava a servir de veículo para o prestígio pessoal daquele que a havia criado; a este objetivo, sobrepunham-se a preocupação da propaganda de caráter eleitoral[116], e a correta apreciação das condições econômicas e sociais do país.

A idéia de desenvolver uma zona suburbana predominantemente de lazer tinha fundamento: o gosto pelo jogo, profundamente enraizado, assegurava a rentabilidade do cassino, e o lago constituía um quadro magnífico para a prática dos esportes náuticos e das atividades mundanas, tão importantes aos olhos da alta sociedade brasileira. Mas era um erro de ordem urbanística, pois a omissão antecipada dos poderes públicos assegurava campo livre à especulação imobiliária, da qual eles dependiam para dar aspecto definitivo ao novo bairro. Apesar disso, tudo parecia conduzir a resultados rápidos e coerentes com as expectativas dos promotores. No entanto, o fracasso, no plano imediato, decorreu de uma série de circunstâncias acidentais, que se sucederam rapidamente e vieram modificar de forma radical as previsões: proibição do jogo, contaminação do lago por parasitas que impediram a prática de esportes aquáticos, rompimento da comporta da barragem que provocou durante anos uma queda razoável no nível da água. Conseqüentemente, os edifícios de Niemeyer erguem-se às margens do lago com todo seu encanto e beleza formal, mas ainda no mesmo esplêndido isolamento do primeiro dia e sem utilidade definida[117]. É

---

112. Esse tipo de apartamento aliás, não se justificava numa cidade como Ouro Preto, onde o turista permanece por curto prazo. Daí a transformação dos salões em quartos, com camas suplementares para alojar famílias numerosas e mesmo, em caso de necessidade, turistas insatisfeitos com outros cômodos, numa cidade onde os recursos hoteleiros são muito reduzidos.

113. *Architecture d'aujourd'hui*, n.º 13-14, set. de 1947, pp. 22-35 (fotos, plantas, elevações). S. PAPADAKI, *op. cit.*, pp. 70-111 (fotos, plantas, cortes, desenhos); H. MINDLIN, *op. cit.*, pp. 160, 161, 166-171 (fotos, plantas, corte, elevação).

114. Cf. *supra*, p. 28 (introdução, Cap. 2, nota 44).

115. *Architecture d'aujourd'hui*, n.º 13-14, set. de 1947, p. XXI.

116. A idéia de colocar um salão de danças popular em meio a uma série de construções destinadas à classe alta, correspondia a uma atitude demagógica, própria do Brasil desde a Revolução de 1930, mas não especificamente ligada ao regime mais ou menos ditatorial implantado nessa época, já que a situação não se modificou fundamentalmente com a volta oficial da democracia, em 1945.

117. Para não deixar sem uso o edifício do cassino, ele foi transformado em Museu de Belas-Artes; no entanto, não são as exposições de interesse relativo, que atraem o visitante, mas a fama do edifício. O salão de danças praticamente nunca chegou a funcionar, permanecendo fechado o ano inteiro. A utilização do Iate Clube ficou limitada, com a interdição do lago; contudo, é a única realização do conjunto cuja atividade, embora reduzida, corresponde realmente à prevista. O mesmo não se pode dizer quanto à igreja: inicialmente, o arcebispo recusou-se a consagrá-la devido às suas características revolucionárias, ficando ela por muitos anos sem uso. Essa dificuldade foi mais tarde contornada e hoje são nela celebrados alguns serviços religiosos. Tratam-se, no entanto, de manifestações ocasionais que não correspondem a nenhuma necessidade prática, visto não estar ainda o bairro habitado.

fácil ressaltar, nestas condições, o caráter gratuito e arbitrário das obras, o que foi feito por certos críticos, e mais severamente por Max Bill[118], este insensível a valores outros que não os da função social.

O próprio Niemeyer apesar de expressar claramente uma posição política de esquerda nunca se iludiu quanto aos fundamentos desse ponto de vista. Sempre identificou a tarefa do arquiteto com os problemas coletivos e com os grandes programas sociais, mas nunca se constrangeu em elaborar projetos individuais e até mesmo suntuosos, destinados às classes abastadas. E foi ainda mais longe ao achar que a arquitetura devia expressar fielmente as imposições do meio: não vacilou em justificar teoricamente a posição adotada; de fato sempre rejeitou, para o meio brasileiro, uma arquitetura dura e fria, de "tendência européia", ou uma arquitetura social que só iria "empobrecer a arquitetura brasileira no que ela tem de novo e de criativo, ou apresentá-la de forma enganosa, artificial ou demagógica"[119]. Portanto foi com conhecimento de causa e sem qualquer preconceito que assim agiu, e o fez de modo muito feliz, coerente com seu temperamento artístico, orientado neste sentido[120].

O programa do conjunto da Pampulha era na verdade muito sedutor para um espírito empreendedor, mais artista do que técnico. É certo que um profissional afeito a considerações de ordem exclusivamente funcionais e técnicas para determinar uma solução estética, resultaria perturbado com as liberdades proporcionadas; mas Niemeyer só podia se gratificar com ela, pois havia já compreendido que as imposições materiais jamais definem categoricamente as formas; apenas possibilitam ao arquiteto opção mais conveniente, dentre as várias possíveis, do ponto de vista estritamente utilitário. Assim, longe de favorecerem, as limitações decorrentes das contingências simples só conseguiam entravar sua liberdade criadora. Ora, nada disso se verificava em Pampulha, onde o código de obras, excluindo as edificações públicas, assegurava plena inspiração ao arquiteto. Disso este se valeu para lançar a uma série de pesquisas que apresentavam uma unidade geral — pois todas as soluções propriamente arquitetônicas decorriam de variações de natureza estrutural —, mas evidenciavam extensa gama de efeitos que se poderia extrair da plasticidade do concreto armado.

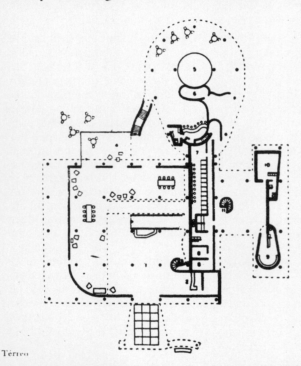
Térreo

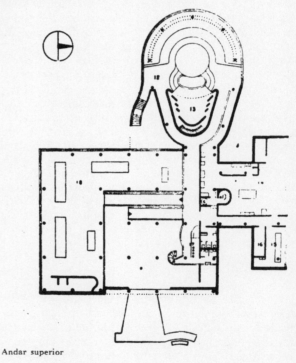
Andar superior

Fig. 68. Oscar NIEMEYER. *Cassino da Pampulha*. Belo Horizonte (Minas Gerais). 1942. Plantas.

1: foyer; 2: vestiários; 3: entrada dos sanitários das senhoras; 4: terraço; 5: pista de danças; 6: depósito; 7: camarins dos artistas; 8: sanitários particulares; 9: vestiário dos empregados; 10: gerente; 11: escadas de serviço; 12: restaurante; 13: palco; 14: copa-cozinha; 15: refeitório dos empregados; 16: depósito; 17: bar; 18: sala de jogos.

A pedra de toque, ao menos no espírito do patrocinador, foi o cassino: a idéia da Pampulha nasceu do desejo das autoridades de se beneficiarem com um estabelecimento dessa natureza; foi o primeiro edifício a ser construído em local deliberadamente privilegiado, numa península dominando o lago, para que o edifício pudesse ser visto de qualquer ângulo e se impusesse à

---

118. Cf. a entrevista realizada por Flávio d'Aquino com o escultor suíço (*Habitat*, n.º 12, jul.-set. de 1953, pp. 34 e 35) e o texto da conferência proferida na Faculdade de Arquitetura e Urbanismo da USP (*Habitat*, n.º 14, jan.-fev. de 1954 encartada entre as pp. 26 e 27).
119. *Arquitetura e Decoração*, n.º 13, set.-out. de 1955, pp. 10 e 11, e *Módulo*, n.º 3, dez. de 1955, pp. 19-22.
120. Cf. justificativa de Niemeyer, por ocasião do estudo dos projetos para Pampulha (*Architecture d'aujourd'hui*, n.º 13-14, set. de 1947, p. 22).

vista de quem chegasse à cidade. Mas não é o mais feliz, nem o que apresenta as soluções plásticas mais originais.

Toda a composição está baseada num jogo de contrastes entre superfícies e, principalmente, volumes planos e curvos. O virtuosismo que o arquiteto demonstrou na distribuição das massas revela-se igualmente nas plantas (Fig. 68), mas a complexidade destas reflete-se externamente de forma relativamente simples: assim, a forma de pêra do setor que abriga a pista de dança, o teatro e o restaurante, é atenuada pela escada-

Fig. 69. Oscar NIEMEYER. *Cassino da Pampulha*. Belo Horizonte (Minas Gerais). 1942. Fachada.

ria envidraçada que liga o restaurante ao terraço, perdendo, dessa maneira, sua fisionomia estranha; quem se deslocar, portanto, em torno do edifício percebe principalmente o contraste entre o semicírculo do bloco posterior e a ortogonalidade absoluta do salão de jogos (Fig. 70), admirando, por instantes, a habilidade com

Fig. 70. Oscar NIEMEYER. *Cassino da Pampulha*. Belo Horizonte (Minas Gerais). 1942. Cabeceira.

que foi realizada a transição, quando esses volumes puros se fundem interpretando-se um ao outro e, ao mesmo tempo, integrando-se perfeitamente. O jogo equilibrado de contrastes da cabeceira prossegue na fachada (Fig. 69), mas desta vez os termos estão invertidos:

ganha o equilíbrio, graças a várias oposições destinadas a assegurar a variedade necessária e a corrigir a preponderância absoluta das demais características dominantes. O contraste com a parede nua do primeiro andar não perturba, muito pelo contrário, a leveza do conjunto, que provém da abundância de superfícies envidraçadas, das delgadas colunas sobre as quais se apóia a marquise; a acentuada verticalidade da caixilharia de fechamento contrabalança a horizontalidade do conjunto; o rigor das retas que predomina no conjunto é atenuado pela parede curva de vidro do térreo e pela forma irregular da marquise, cuja aparente instabilidade confere um traço dinâmico a uma composição inteiramente marcada por seu equilíbrio.

O interior é menos bem resolvido, apesar das pesquisas espaciais; o jogo de rampas e balcões em balanço não surte o desejado resultado, pois diluem-se na profusão de revestimentos coloridos. Pretensamente luxuosos, o mármore do corrimão da escada é aceitável, mas o aço cromado das colunas é impróprio e os espelhos rosados que revestem as paredes são lamentáveis. Neste caso Niemeyer não conseguiu libertar-se do mau gosto que orientou a ornamentação dos grandes cassinos do século XIX; limitou-se a dar-lhe uma versão moderna. Tendo reformulado integralmente o tema arquitetônico propriamente dito, chegando a uma criação original, nos aspectos funcional e plástico, não obteve entretanto os mesmos resultados no tratamento dos ambientes internos, o que hoje se encontra agravado pelo fato da mudança de finalidade do edifício ter tirado aquilo que, no espírito do arquiteto, era sua razão de ser.

A justaposição e a interpenetração de volumes, ao mesmo tempo fundidos e nitidamente individualizados, característica fundamental do cassino, podiam ser parcialmente identificadas no Iate Clube e na Casa Kubitschek (Fig. 71), mas correspondem a uma versão diversa e mais simplificada, decorrente, aliás, de um pro-

Fig. 71. Oscar NIEMEYER. *Casa Kubitschek na Pampulha*. Belo Horizonte. 1943.

grama menos complexo. Desta vez, a fusão perfeita que resulta num único volume, cujos componentes não podem ser diferenciados senão pela análise, é portanto uma criação inteiramente nova, que surpreende pelo aspecto inesperado de suas linhas oblíquas, mas que

111

conserva ao mesmo tempo uma clareza geométrica digna e uma pureza própria das grandes realizações clássicas. O sucesso desta original solução deveu-se às suas vantagens práticas[121] e, mais ainda à atração que exercem, a originalidade e elegância do conjunto, cuja elevação longitudinal era constituída de dois trapézios retangulares unidos pela base menor. Mas essa solução, da qual Niemeyer obtivera um resultado tão harmônico a ponto de parecer inerente à fórmula adotada, nem sempre foi empregada corretamente por seus seguidores, não raro desprovidos da mesma sensibilidade. Transformou-se em parte, num modismo formal, contrariando o espírito com que fora concebida: o de proporcionar, tanto no Iate Clube quanto na Casa Kubitschek, uma continuidade espacial entre exterior e interior através do emprego de paredes inteiramente envidraçadas e da organização de um espaço interno ao mesmo tempo único e diversificado em seus elementos essenciais[122].

Nos edifícios do Cassino e do Iate Clube, a curva foi empregada habilmente como contraponto. Critério inverso foi adotado no salão de danças popular, situado numa pequena ilha próxima à margem, onde a curva é o elemento predominante, excetuando-se as colunas e os montantes dos panos de vidro, a linha reta foi proscrita da composição (Fig. 72). Baseia-se ela na marquise sinuosa que liga as duas pequenas edificações (Fig. 73): forma livre inspirada no contorno da pequena ilha que acompanha de modo mais ou menos exato, é na verdade a essência da obra, e quem lhe assegura o caráter tão particular de leveza caprichosa e de transparência absoluta. Com efeito, o paradoxo está no fato de parecer a construção ter sido realizada unicamente para valorizar o vazio que emoldurava, comportando-se mais ou menos como a moldura de um quadro, constituído pela paisagem. O êxito é total e o lugar, embora há muito abandonado, conserva todo o encanto que a imaginação de Niemeyer lhe concedeu. Este exemplo mais uma vez abriu novos horizontes e exerceu considerável influência sobre seus colegas brasileiros; mas nem sempre ela foi benéfica, já que, conforme o próprio Niemeyer observou[123], o espírito com que tratou a forma livre, tanto na Pampulha, quanto em outros lugares, exigia um edifício isolado, integrado ao ambiente natural, circundado por espaços livres e jardins; quando os mesmos jogos foram retomados, com erro de escala para edifícios acanhados ou nos elementos de detalhe, o resultado não poderia ser feliz. Também não se deve esquecer que, no salão de danças da Pampulha, Niemeyer tinha conseguido manter o senso de medida e evitar excessos que poderiam resultar dessa realização aparentemente despreocupada, ao equilibrar, pela pureza geométrica, as massas colocadas nas extremidades; não foi por acaso nem por razões estritamente funcionais que o corpo principal foi inscrito dentro de círculos secantes dispostos de tal modo que a perfeição da forma circular permanecesse inteira tanto interior, quanto exteriormente, enquanto a parte externa retomava o mesmo tema na outra ponta da marquise. Nisso pode-se encontrar a habilidade do arquiteto e seu notável senso estético, que o leva a dar plena liberdade à sua imaginação plástica, mantendo-a, no entanto, dentro de limites cuidadosamente calculados.

Apesar da significativa importância das obras já estudadas, nenhuma delas pode ser comparada, em valor

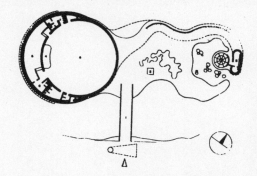

1: passarela. 2: escultura. 3: restaurante. 4: músicos.
5: copa-cozinha. 6: refeitório dos empregados.
7: palco. 8: vestiário.

Fig. 72. Oscar NIEMEYER. *Casa de Bailes da Pampulha*. Belo Horizonte. 1942. Planta.

Fig. 73. Oscar NIEMEYER. *Casa de Bailes da Pampulha*. Belo Horizonte. 1942. Marquise.

absoluto, com a obra-prima do conjunto, sem dúvida alguma a capela de São Francisco de Assis[124]. Este edifício diferencia-se profundamente dos anteriores: a habitual estrutura independente, constituída por lajes de concreto armado apoiadas em pilares, cedeu lugar a abóbadas parabólicas autoportantes, estas também decorrentes dos progressos da técnica moderna, mas acarretando automaticamente uma expressão arquitetônica de espírito bem diverso. Até então, esse tipo de estru-

---

121. A dupla inclinação da cobertura, formando um ângulo reentrante, permitiu o emprego de apenas uma calha.

122. A calha serve de linha divisória entre os salões de estar e o restaurante do Iate Clube e entre a sala e a sala de jantar da residência Kubitschek, em ambos os casos, a parede divisória erguida nessa linha não ocupa toda a largura do edifício, o que assegura a desejada continuidade, garantindo, ao mesmo tempo, juntamente com a inclinação do teto, a autonomia relativa dos espaços diferenciados.

123. *Módulo*, n.º 7, fev. de 1957, pp. 5-10.

124. Interessante análise do monumento, feita por Joaquim Cardozo, em *Módulo* n.º 1, março de 1955, pp. 6-9.

tura havia sido empregado apenas por engenheiros: o francês Freyssinnet, nos célebres hangares de Orly[125], e o suíço Maillart em suas pontes com paredes em arco e no pavilhão do cimento da Exposição Nacional Suíça de Zurique em 1939; no entanto por se tratar de obras puramente utilitárias, o efeito estético se constituía num elemento exclusivamente acessório. Niemeyer, porém, modificou o enfoque decidindo empregar essa forma com finalidades plásticas, já que, sob o ponto de vista funcional, ela se prestava perfeitamente para uma igreja. Sem rejeitar a franqueza da escola racionalista no campo da estrutura — dado que a simplicidade desta impõe-se à primeira vista —, lançou-se a pesquisas que lembram as preocupações barrocas com a perspectiva e a criação de espaços grandiosos: a nave vai-se estreitando e declinando da fachada em direção ao coro (Fig. 74), onde se produz uma brusca dilatação do espaço, resultado do movimento contrário quase imperceptível (Fig. 76) e, principalmente, de um notável jogo de luz que contrapõe o revestimento de madeira escura da nave a um coro inundado de luz, cuja fonte não é visível (Fig. 77); com efeito, os raios de luz, concentrados na vasta pintura de Portinari, que ocupa toda a parede do fundo, caem do lanternim situado na intersecção das duas abóbadas parabólicas, pois a que cobre o coro tem uma seção um pouco mais larga do que a extremidade da abóbada da nave. Além disso, emana um certo dinamismo do emprego sistemático de curvas e linhas oblíquas; as curvas são visíveis principalmente na cabeceira (Fig. 76) e no interior (parede da pia batismal e do púlpito, e escada helicoidal que leva até o púlpito)

ximo, limitando-se aos elementos acessórios, como as lâminas do *brise-soleil* que protegem o púlpito. Mas o equilíbrio nunca é comprometido: a assimetria sistemática e a flexibilidade tanto do conjunto quanto dos detalhes traduzem-se numa extraordinária impressão de leveza, e nunca num mal-estar. A liberdade que emana dessa obra apenas reforça a harmonia e clareza da concepção: os volumes que correspondem a cada uma das partes — nave, coro, sacristia — são bem marcados e, ao mesmo tempo, fundem-se perfeitamente; é nítida a

Fig. 75. Oscar NIEMEYER. *Igreja de São Francisco de Assis na Pampulha*. 1943. Fachada.

distinção entre a parte estrutural — abóbada autoportante — e as paredes, cuja decoração pictórica ou revestimento de azulejos realçam a função de simples vedação que lhes foi atribuída[126].

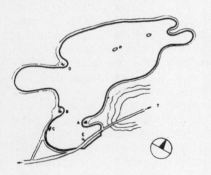
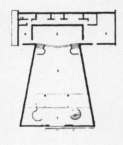

Lago da Pampulha   Planta da igreja

Fig. 74. Oscar NIEMEYER. *Igreja de São Francisco de Assis na Pampulha*. 1943. Planta.

1: nártex. 2: nave. 3: altar. 4: sala do padre.
5: sacristia. 6: campanário. A: cassino.
B: iate clube. C: Casa do Baile. D: igreja.
E: paredão.
1 - para Belo Horizonte
2 - para o aeroporto

as linhas oblíquas são visíveis na fachada (Fig. 75): marquise ligeiramente inclinada, campanário vazado, cujas linhas convergem para a base; em contrapartida as linhas horizontais e verticais são reduzidas ao má-

125. Não se tratava neste caso de uma abóbada contínua, mas de uma sucessão de arcos parabólicos.

Fig. 76. Oscar NIEMEYER. *Igreja de São Francisco de Assis na Pampulha*. 1943. Cabeceira.

Por conseguinte, a igreja de São Francisco de Assis está em espírito muito próxima dos demais edifícios da Pampulha, apesar da diferença que à primeira vista os separa. É verdade que se apresenta como uma massa opaca, onde a tônica recai nas superfícies cegas — abó-

126. É importante ressaltar a qualidade do desempenho de Portinari, que em suas composições monumentais encontrou a nota que garantiu sua perfeita integração à arquitetura. PIERRE GUEGUEM (*Architecture d'aujourd'hui*, n.º 9, dez. de 1946, pp. 54-56), não hesitou em qualificar de golpe de gênio mural, o desenho dos azulejos da cabeceira, onde o grafismo e punhados de pássaros e peixes lembram o material usado para a parede, transpondo para uma superfície uniforme os jogos decorativos resultantes do uso do tijolo.

badas e parede do fundo — e não mais na transparência e continuidade exterior-interior, que caracterizam os outros edifícios. Estas podem ser encontradas, de modo limitado na fachada, no pano de vidro da entrada e no campanário vazado, que garantem a nota de contraste,

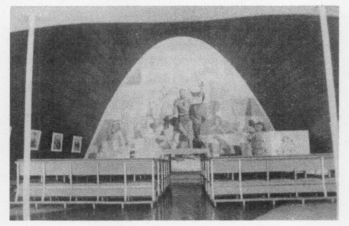

Fig. 77. Oscar NIEMEYER. *Igreja de São Francisco de Assis na Pampulha.* 1943. Interior.

típica do estilo de Niemeyer. Por outro lado, as preocupações fundamentais são as mesmas, embora os meios possam ter-se modificado ligeiramente. Pode-se encontrar a mesma fértil imaginação do arquiteto, seu senso escultórico nas massas e espaços, a leveza característica de todas as suas realizações, e, enfim, sua vontade de utilizar ao máximo as possibilidades plásticas do concreto armado. O conjunto da Pampulha é uma demonstração notável de imensa gama de possibilidades que essa técnica oferece, até então quase que exclusivamente relegada ao tratamento dos esquemas ortogonais. Os jogos de volumes variados do cassino, a criação ou adoção de formas novas, ao mesmo tempo simples e compostas, para o Iate Clube e a Igreja, a aparente liberdade dada à inspiração no salão de danças populares abriram bruscamente novos horizontes, rompendo o rígido vocabulário racionalista e introduzindo na arquitetura a variedade e o lirismo que tinham sido banidos. Não se tratava porém de uma ruptura, era mais uma superação de princípios demasiadamente rígidos; uma espécie de desafio e de oposição às teorias estabelecidas (como observou Joaquim Cardozo[127]), uma afirmação dos direitos imprescritíveis da imaginação formal, mas também uma lógica profunda na decisão de explorar até as últimas conseqüências um material moderno, valorizando sua ductilidade e as qualidades escultóricas a ele inerentes.

Deve-se concordar com Gillo Dorfles[128], que viu na Pampulha o surgimento de um movimento neobarroco na arquitetura brasileira? Achamos que não. O fato de Niemeyer ter usado audaciosamente a curva, até então praticamente banida pelo movimento racionalista, e o fato de ter-se lançado em pesquisas espaciais, como os arquitetos barrocos, não significa que se possa enquadrar as obras do período sob esse rótulo. Essa inspiração não está apoiada no passado; de fato, ele considera que o advento do concreto armado modificou totalmente os termos e a significação dos elementos mais característicos da arquitetura e que, como conseqüência, a utilização de formas antigas só pode ser feita em detrimento das soluções novas e criativas, sugeridas pela técnica contemporânea[129]. Pode-se então no máximo afirmar que existe um parentesco de espírito, hipótese em si discutível; pois o que Niemeyer admira na arquitetura brasileira dos séculos XVII e XVIII é a honestidade construtiva e não o seu lado barroco ou rococó, presente em especial na decoração sobreposta aos edifícios de caráter aliás extremamente sóbrio. É inútil tentar catalogar a Pampulha em função de estilos do passado; é claro que se pode ali encontrar traços capazes de serem aparentados ao gosto barroco, mas, em contrapartida, a compreensão imediata que emana dos edifícios, sua clareza, seu equilíbrio perfeito, a lógica intrínseca que presidiu sua concepção não são qualidades clássicas? Trata-se, na verdade de uma realização fundamentalmente nova, identificada técnica e formalmente com o século XX, mas que incorpora ao mesmo tempo, espiritualmente, uma fusão brilhante das grandes tendências permanentes da história da arte com os fatores que as inspiraram: a razão e a intuição.

Verifica-se, portanto, que ao final da Segunda Guerra Mundial, quando a nova arquitetura brasileira passou a ser conhecida no exterior, obtendo uma imediata consagração, ela tinha a seu crédito um certo número de realizações de primeira ordem; havia superado a fase das experiências e afirmava-se como um movimento autônomo, decorrente da ação teórica e prática de Le Corbusier, mas que havia encontrado uma expressão pessoal, distinta de tudo que até então se fazia. Assim foi justo ter o Ministério de Relações Exteriores brasileiro reivindicado para essa arquitetura — através de diversas exposições itinerantes, apresentadas em inúmeros países — um caráter nacional servindo-se dela para fins de propaganda. Essa iniciativa em muito contribuiu para divulgar e despertar internacionalmente a atenção acerca da obra dos arquitetos brasileiros; tratava-se de uma posição coerente, que confirmara o apoio decidido dos poderes públicos, que tornara possível o desenvolvimento dessa arquitetura. De fato, já foi ressaltado, mas convém insistir, que durante essa primeira fase, quase todas as oportunidades significativas que os partidários da nova arquitetura tiveram para afirmar-se foram propiciadas pelas autoridades públicas federais ou municipais ou por entidades para-estatais, o que explica certos traços característicos dessa arquitetura.

O primeiro desses traços é a monumentalidade. Os edifícios oficiais, em geral isolados, impunham-se no contexto urbanístico ou natural que lhes correspondia; não podiam passar despercebidos, sob pena de perder em parte a razão de ser; além do sentido publicitário difícil de evitar, já que simultaneamente precisavam

---

127. *Módulo*, n.º 4, março de 1956, p. 36.

128. G. DORFLES, *La arquitectura moderna*, Barcelona, 1957, pp. 110-114 (tradução original em italiano, de 1956, e o artigo Neobarroco, ma non Neoliberty, *Domus*, n.º 358, set. de 1959, p. 19. Ver também P. CHARPENTRAT, L'architecture contemporaine: au delà du baroque, *Annales. Economies. Sociétés. Civilisations*, 16.º ano, n.º 3, maio-junho de 1961, pp. 457-468.

129. *Arquitetura e Decoração*, n.º 13, set.-out. de 1955, pp. 10 e 11, e *Módulo*, n.º 3, dez. de 1955, pp. 19-22.

proclamar a glória do político responsável pela iniciativa ou a importância de uma instituição recém-criada e constituir-se num manifesto em favor da nova arquitetura, a localização privilegiada de que gozavam e sua função pública exigiam grandeza e distinção, para que preenchessem perfeitamente seu papel.

Dessa primeira condição derivava a importância atribuída nesses edifícios aos problemas formais, especialmente, a seu aspecto externo, em geral o mais cuidado. Violentos ataques foram desfechados contra esse formalismo brasileiro[130] por certos críticos europeus, destacando-se pela aspereza os de Max Bill e de Bruno Zevi, que negavam qualquer valor às pesquisas orientadas nesse sentido. Mas não há dúvida de que foi essa a grande contribuição da escola brasileira, ao conseguir libertar-se dos estritos grilhões do funcionalismo, não vacilando em creditar ao aspecto formal o papel essencial mas não único que lhe cabe em toda arquitetura digna desse nome.

Inspirando-se no racionalismo de Le Corbusier, os arquitetos tomaram como premissa a estrutura independente adotada por quase todos, que permitia toda a liberdade no tratamento das fachadas. Assim, sua imaginação plástica voltou-se principalmente para esse ponto, esforçando-se eles em animar essas superfícies por meio de um jogo pictórico, onde entram, ao mesmo tempo, a oposição dos materiais, a cor, a sombra e a luz, e, principalmente, o emprego sistemático dos *brise-soleil*, em todos os casos onde funcionalmente se justifiquem. A essas preocupações essencialmente bidimensionais, Niemeyer acrescentou novas pesquisas sobre volumes e espaços, abandonando a simplicidade geométrica por formas mais complexas e melhor elaboradas, mas sem se distanciar do domínio racional e conservando sempre uma grande preocupação com a clareza e o equilíbrio do resultado obtido. Desde o Ministério da Educação e Saúde até a Pampulha, há uma distância considerável, que mostra o caminho percorrido em alguns anos, e também, um evidente parentesco do ponto de vista estético. De fato a arquitetura brasileira desse período caracteriza-se por sua leveza, audácia e graça, aliadas a uma grande força de expressão.

Caracteriza-se ainda pela riqueza, tanto formal, quanto material, e por um efeito de síntese das artes, possível pelo fato de que nem sempre era necessário levar em conta os custos. Escultura, pintura mural e azulejos são o complemento quase obrigatório e, em geral, de grande efeito. Mas a arquitetura conserva a liderança; é o arquiteto quem decide qual o papel atribuído ao pintor, ou ao escultor, quem o posiciona no lugar adequado. A participação destes jamais afeta a parte estrutural do edifício, tendo sempre a decoração o objetivo de sublinhar o caráter de simples vedação das paredes que nunca são portantes.

Existe, portanto, uma unidade nessa arquitetura brasileira que se desenvolveu de uma só vez, pouco antes e durante a Segunda Guerra Mundial, chegando à maturidade no final desta. A situação modificou-se parcialmente a partir de 1944-1945, quando as primeiras tentativas foram coroadas de sucesso. Até então existiam apenas obras isoladas, muito importantes por sua repercussão e pelo caminho que abriram. Daí por diante, a partir do momento em que praticamente da noite para o dia surge uma clientela privada, convertida à nova arquitetura, uma produção em massa apoderou-se do mercado. É verdade que tudo o que foi construído na época está longe de ter um valor uniforme e os fracassos são pelo menos tão numerosos quanto os sucessos. Talvez, depois de 1944, não tenham surgido obras de primeiríssimo plano como as anteriores, mas a qualidade média aumentou e ocorreu uma diversificação nítida. Por essa razão e porque a atmosfera não era mais a mesma, a primeira página da história da nova arquitetura do Brasil tinha sido virada.

---

130. A palavra formalismo é em geral empregada com sentido pejorativo, o que nem sempre se justifica, como bem o demonstrou o arquiteto André Lurçat, no primeiro volume de seu grande tratado de estética arquitetônica (A. LURÇAT, *Formes, composition et lois d'harmonie*, t. I, Paris, 1953, pp. 312 e 313). Algumas das obras mais importantes da arquitetura brasileira como Pampulha só podem ser chamadas de formalistas, tomando-se o lado positivo do termo, que foi definido na passagem acima mencionada. Em contrapartida é evidente que existem no Brasil, como em qualquer país, muitas obras formalistas, no mau sentido — imitações infelizes das obras de Niemeyer, por exemplo — mas estas não interessam ao presente trabalho.

SEGUNDA PARTE

A MATURIDADE DA NOVA ARQUITETURA
BRASILEIRA: UNIDADE E DIVERSIDADE

1. ARQUITETURA NOVA E TRADIÇÃO LOCAL

É evidente que, por volta de 1944-1945, não ocorreu qualquer ruptura na evolução da arquitetura brasileira. Nem podia ser de outra forma, pois as figuras de destaque permaneceram as mesmas: os jovens arquitetos que, nos anos anteriores, começaram a se destacar, afirmaram-se integralmente, influenciando recém-egressos cujo talento aos poucos se impôs. Por conseguinte, a separação que foi adotada ressalta apenas uma diferença de ritmo, marcado por um desenvolvimento bruscamente acelerado e não por uma ruptura. Pode-se inclusive identificar uma clara continuidade no processo: as realizações cada vez mais numerosas e significativas então feitas enquadram-se na mesma linha das primeiras experiências, assegurando ao conjunto dessa arquitetura uma unidade global que torna possível falar de um indiscutível estilo brasileiro. Mas não se deve atribuir a ele um caráter monolítico, nem encará-lo como um estilo perfeitamente definido, a ponto de não propiciar o surgimento de tendências distintas; pelo contrário, ocorreu uma diversificação, na medida em que se afirmava a personalidade de arquitetos que não raro tiveram ambições diferentes, embora inspiradas num princípio comum. É claro que não se pode qualificar os resultados diversos a que essas divergências levaram como decididamente opostos e sem pontos comuns, mas seria absurdo pretender unificar, a todo custo, a arquitetura do país, para enquadrá-la sob um rótulo comum; seria deformar a realidade por uma simplificação excessiva, de um lado empobrecendo um movimento cuja profunda riqueza ficaria ignorada e, de outro, não reconhecendo uma evolução sensível no tempo, ocorrida durante esses últimos vinte anos.

Dentre as várias correntes da arquitetura contemporânea do Brasil, há uma que é específica ao país e que ao menos sob a mesma forma, dificilmente poderia ter surgido em algum outro lugar: a tentativa de conciliação entre os princípios da arquitetura "moderna" e os da tradição local, representada pela arquitetura implantada pelos colonizadores portugueses e seus descendentes nos séculos XVI e XVII. Esse é um aspecto importante, que marcou profundamente a nova arquitetura brasileira, contribuindo para realçar sua originalidade. É portanto lógico que ele seja estudado em primeiro lugar, destacando-se sua influência profunda, afirmada claramente ou de maneira difusa, conforme o caso, mas quase sempre presente em algum grau, não só nas obras mais significativas, como também na maioria das obras realizadas. Além disso, o homem que indiscutivelmente liderou, de forma consciente ou não, essa tentativa de síntese, continua revelando-se o grande teórico do movimento moderno no Brasil e usufruindo do prestígio que essa função oficiosa confere; portanto o papel que assumiu assegurou-lhe um lugar à parte no panorama geral, e seria difícil compreender integralmente o fenômeno sem proceder-se inicialmente ao exame do pensamento daquele que, desde o início, impôs-se como uma personalidade de primeiro plano. Estamos falando, evidentemente, de Lúcio Costa.

1. A OBRA DE LÚCIO COSTA

1. Contribuição teórica

A atividade do arquiteto consiste em elaborar projetos e construir edifícios; a grande maioria dos que a ela se dedicam, não extravasam esses limites; mas existem exceções notáveis, cujas tomadas de posição teórica são tão ou mais importantes que as realizações práticas. Não é o caso de Lúcio Costa, já que suas obras situam-se dentre as mais significativas da arquitetura brasileira. Mas não se deve minimizar a sua contribuição intelectual e a função orientadora exercida por seus escritos.

De fato, o significativo prestígio de Lúcio Costa dentre seus colegas explica-se por uma série de razões, seguramente relacionadas às atitudes corajosas e decididas que assumiu em determinadas ocasiões, especialmente quando nomeado Diretor da Escola de Belas-Artes em 1930 e quando do concurso para o Ministério da Educação e Saúde, em 1935-1936, mas vinculadas também à sua atividade de pensador e escritor. É fácil compreender a atração que seus escritos exercem sobre os outros arquitetos: estes eram, acima de tudo, homens da prática, pouco afeitos a meditações profundas, mas sentiam a necessidade de apoiar-se em fundamentações teóricas simples e claras, nesse período de incertezas e de profundas mudanças, em todos os setores. A cultura de Lúcio Costa, que lhe permitia abordar em conjunto os problemas do presente e do passado, seu gosto pela reflexão, a segurança e a lógica de seu raciocínio, a vivacidade da exposição, feita num estilo claro e incisivo, onde de cada palavra, cuidadosamente pesada tirava o máximo efeito[1], asseguravam uma sólida base em nada desprezível. Assim, todos reconheceram a incontestável superioridade de Lúcio Costa nesse campo, não questionando ninguém essa posição que aliás era amplamente merecida. É certo que essa aceitação, tácita ou entusiástica, conforme o caso, foi facilitada pela ausência de rivalidade profissional[2]: é verdade que Lúcio Costa não abandonou o exercício da profissão de arquiteto, embora tenha declarado em conversas informais, que a arquitetura foi para ele apenas um *violon d'Ingres,* brincadeira que não deve ser levada muito a sério; mas é verdade também que, depois de seu ingresso no S.P.H.A.N. (serviço encarregado da preservação dos monumentos históricos brasileiros), logo após sua criação, em 1937-1938, projetou e construiu relativamente pouco; em todo caso, nunca se empenhou na procura de clientes, limitando-se a satisfazer aos que o procuravam. Por outro lado, o pequeno número de obras realizadas e sua modéstia pessoal, que o levaram a se colocar voluntariamente em segundo plano, incentivando a ascensão de Niemeyer, não podia despertar qualquer inveja especial em relação à sua pessoa. Usufruiu, assim, da estima e respeito de todos os colegas, que não vacilaram em reconhecê-lo como líder intelectual da nova arquitetura brasileira, destacando a importância capital do papel por ele desempenhado nesse movimento. Ressalte-se, no caso presente, que essa unanimidade, bem pouco comum na história, é perfeitamente justificada, mesmo que tenham contribuído para isso, de modo consciente ou não, intenções de outra ordem[3].

A contribuição teórica de Lúcio Costa, embora importante, não é comparável à dos dois mestres racionalistas, Gropius e Le Corbusier. Estes haviam partido dos problemas técnicos e sociais para elaborar uma doutrina arquitetônica; as questões estéticas não eram negligenciadas, como poderia parecer aos olhos de um observador superficial, e sim subordinadas aos problemas acima citados. Já Lúcio Costa não inovou fundamentalmente, não criou uma nova profissão de fé; aceitou a que havia sido proposta pelos pioneiros do racionalismo, tornando-se seu defensor intransigente, adaptando-a às necessidades locais e corrigindo o que ela podia ter de excessivo rigor. Portanto, sua contribuição teórica situou-se em dois planos distintos: de um lado, a divulgação do pensamento europeu e do sistema que o originou e, do outro, a reflexão pessoal. Naturalmente, não se insistirá no primeiro ponto, nem na influência decisiva exercida por Lúcio Costa em prol da causa da arquitetura "moderna" no Brasil, assunto esse já examinado. Limitamo-nos a lembrar que foi um advogado brilhante e convincente[4], quando pôs sua pena e sua inteligência a serviço da causa que tanto significava para ele. Por outro lado, convém examinar com atenção o resultado das reflexões de ordem estética a que se dedicou e que jamais deixou de expor e divulgar[5].

Naturalmente, insistir em que a contribuição teórica de Lúcio Costa deu-se quase que exclusivamente no plano da estética, não significa ser essa a única preocupação do arquiteto. Isso seria deformar seu pensamento: pelo contrário, ressaltou ele várias vezes que, em arquitetura, existem três problemas fundamentais, intimamente relacionados — o técnico, o social e o plástico. A escolha da doutrina de Le Corbusier como ponto de partida e como base de referência obrigatória, foi motivada justamente pelo fato de que este tratava os três problemas como se fossem um só, procurando uma simbiose entre os vários elementos. Dentre os grandes mestres do racionalismo, era ele indiscutivelmente o que tinha pregado e alcançado em suas realizações o melhor equilíbrio entre esses componentes. Mas, enquanto no plano social Lúcio Costa aceitava integralmente as idéias de Le Corbusier e no plano técnico ele lhe era fiel sem tornar-se escravo de suas idéias, não vacilando em introduzir variações práticas sempre que possível, no plano estético ele achava que tinha uma contribuição a dar e não podia contentar-se com o pensamento de outra pessoa. Uma inclinação natural fez com que se voltasse para essa questão desde sua juventude, quando ingressou na Escola de Belas-Artes. Para Lúcio Costa, o estilo neocolonial não fora uma questão de moda, mas sim um esforço consciente de regeneração de uma arquitetura decadente; quando percebeu que essa tentativa, baseada integralmente numa preocupação formal, estava fadada ao fracasso porque ignorava os demais fatores, retratou-se, sem no entanto cair no extremo oposto; em todas as oportunidades,

---

1. Essas qualidades fizeram de Lúcio Costa um polemista temível, atento a todas as críticas que lhe eram dirigidas e pronto a refutá-las com vigor, quando não lhe pareciam justas nem convincentes. Sem nunca silenciar, mesmo diante de uma afirmação descortês ou superficial, sempre soube refutar no tom adequado às circunstâncias, questionando seriamente os argumentos empregados, para destruí-los, mas também lançando dardos afiados que desmascaravam impiedosamente a má fé ou a incompreensão manifesta do adversário. Hoje, pode-se ter fácil acesso a esses debates, graças ao livro que reúne os escritos esparsos de Lúcio Costa, publicado pelo Centro dos Estudantes de Arquitetura da Universidade do Rio Grande do Sul, onde as respostas de Lúcio Costa são sempre precedidas pelos artigos que lhes deram origem. Cf. L. COSTA, *Sobre Arquitetura*, Porto Alegre, 1962, *passim.*

2. Não será significativo que as primeiras críticas severas dirigidas a uma obra de Lúcio Costa, por seus colegas, tenham sido feitas por ocasião de sua vitória no concurso do Plano Piloto de Brasília? Saído bruscamente de sua torre de marfim para competir abertamente com os demais, essa vitória não foi, pelo menos inicialmente aceita com facilidade pelos concorrentes preteridos.

3. Para alguns, valorizar Lúcio Costa, lamentando ter ele entregue a liderança a Niemeyer, foi uma forma de combater o sucesso deste, cuja glória e caráter aguçado eram freqüentemente menos apreciados.

4. Cf. Razões da Nova Arquitetura, *P.D.F.*, vol. III, n.º 1, jan. de 1936, pp. 3-9, reproduzido em L. COSTA, *Sobre Arquitetura*, pp. 17-41.

5. Além do artigo acima, cf. L. COSTA, *Considerações sobre Arte Contemporânea*, Rio de Janeiro, 1952, retomado em *Sobre Arquitetura*, pp. 202-229, traduzido e publicado em francês — com fotos em lugar dos esboços do autor, sob o título Imprévu et importance de la contribution des architectes brésiliens au développement actuel de l'architecture contemporaine, *Architecture d'aujourd'hui*, n.º 42-43, agosto de 1952, pp. 4-7. Grandes trechos desse trabalho constituíram parte do comunicado apresentado pelo autor no primeiro Congresso Internacional Artístico, que teve lugar em Veneza, em 1952. Essa comunicação foi mais tarde publicada sob o título O Arquiteto e a Sociedade Contemporânea, *Módulo*, n.º 2, agosto de 1955, pp. 17-24, e novamente em *Sobre Arquitetura*, pp. 230-251.

apoiava a legitimidade da intenção plástica na arquitetura. É reveladora a atitude assumida em 1945, quando o curso de arquitetura da Escola de Belas-Artes do Rio de Janeiro transformou-se em faculdade autônoma, enquadrada na universidade federal: ao mesmo tempo em que reconheceu ser talvez essa a única solução possível, do ponto de vista técnico, já que a aparelhagem necessária e as instalações apropriadas não cabiam numa Escola de Belas-Artes organizada segundo o modelo tradicional e com poucas tendências a modernizar-se, lamentou o divórcio estabelecido entre a arquitetura e as demais atividades artísticas. Tratava-se, no seu entender, do menor dos males, tendo insistido num ponto preciso: o programa de estudos deveria permitir que os alunos tivessem uma consciência clara e nítida de que a arquitetura, apesar de sua atual complexidade de realização, "continuava sendo fundamentalmente uma arte plástica"[6]. É, portanto, perfeitamente natural que Lúcio Costa tenha se preocupado particularmente com os problemas de ordem estética, empenhando-se em utilizar sua cultura e seu profundo conhecimento das artes do passado no sentido de extrair daí os ensinamentos válidos para o presente.

O aspecto plástico, era, porém, apenas uma das preocupações do arquiteto; de fato, é tendência natural do caráter brasileiro encarar permanentemente as questões em discussão sob o ponto de vista filosófico; a procura de uma explicação abrangente, expressa em termos dialéticos e que permita conclusões simples, é uma preocupação quase que sistemática nesse país. Assim, não surpreende ter Lúcio Costa tentado elaborar uma verdadeira teoria sobre a evolução das artes, desenvolvida com espírito semelhante ao das brilhantes construções intelectuais de Wölfflin, Eugenio d'Ors e Henri Focillon. É claro que não pretendeu rivalizar com eles e sua análise, contida dentro das proporções modestas de um breve ensaio, várias vezes retomado[7], permanece menos profunda do que a de seus predecessores. Mas merece um exame atento, na medida em que pode esclarecer o pensamento do autor e a forma como se refletiu na atividade de projeto.

Inicialmente, Lúcio Costa aborda a concepção arquitetônica, distinguindo dois conceitos que a presidem:

1.º — O conceito *orgânico-funcional*, onde se parte da satisfação das necessidades de ordem funcional e a obra se desenvolve como um organismo vivo, cuja expressão arquitetônica de conjunto decorre de um rigoroso processo de seleção plástica das partes que a compõem.

2.º — O conceito *plástico-ideal*, onde se toma como ponto de partida a intenção preconcebida de ordenar racionalmente as necessidades de natureza funcional, a fim de chegar a formas livres ou geométricas "ideais", isto é, plasticamente puras[8].

---

6. L. COSTA, Considerações sobre o Ensino da Arquitetura, *E.N.B.A.*, *Revista de Arte*, n.º 3, setembro de 1945, retomado em *Sobre Arquitetura*, pp. 111-117. Alguns anos mais tarde, abordaria novamente o tema, não hesitando em diferençar a *origem* da obra de arte (fatalmente interessada e dependente de fatores estranhos, ao menos no caso da arquitetura) de sua *essência* (escolha do artista entre duas ou mais soluções igualmente apropriadas ao objetivo proposto), onde reside a verdadeira criação (*Módulo*, n.º 2, agosto de 1955, pp. 17-24).

7. Cf. *supra*, nota 5.

8. *Architecture d'aujourd'hui*, n.º 42-43, agosto de 1952, p. 4 (texto original em português: «Considerações sobre Arte Contemporânea», Rio de Janeiro, 1952, p. 6).

A seguir, vincula essa dualidade, limitada ao problema da composição arquitetônica, a outra dualidade mais profunda, desta vez relativa ao conjunto das belas-artes: a concepção estática e a concepção dinâmica da forma, representadas respectivamente pela arte mediterrânea, de um lado e, de outro, pela arte do Norte da Europa e da Ásia. Tomando como ponto de apoio o estudo do passado, determina, assim, dois eixos que não se cortam, correspondentes ao "hábitat natural" de cada uma dessas concepções opostas. De certa maneira, é a aplicação das teorias de Wölfflin e, principalmente, de Eugenio d'Ors, sobre a constância das correntes clássica e barroca, vinculando cada uma delas a uma determinada área geográfica. É claro que a intenção não é negar as trocas que ocorreram entre dois mundos em contato permanente; essas trocas não só são reconhecidas, como também analisadas cuidadosamente, e a predominância temporária de uma ou outra tendência, conforme a época focalizada, é sublinhada numa rápida retrospectiva histórica. Mas, para Lúcio Costa, essas misturas são apenas ocasionais, provisórias, não afetam a linha profunda e essencial que caracteriza a arte de cada uma das regiões delimitadas. A união só se verifica no século XX, graças ao progresso dos meios de comunicação, que permitem um conhecimento melhor de tudo que se fez no passado, bem como saber rapidamente o que ocorre presentemente em qualquer parte do mundo. Existe, portanto, uma unificação do mundo, uma mudança de mentalidade, uma nova visão do universo, que se reflete no setor artístico.

Essa libertação dos tabus antigos e das tradições solidamente enraizadas atingiu todas as artes, mas é especialmente sensível na arquitetura, onde a técnica tem papel preponderante. É assim que a fusão dos dois conceitos, orgânico-funcional e plástico-ideal, "considerados no passado, com razão, contraditórios", tornou-se possível com a invenção e melhoria de novos métodos de construção: a estrutura independente, que assegura a autonomia da planta e da fachada, dá ao arquiteto a liberdade para ver a obra como um organismo vivo, desenvolvido funcionalmente, "mas visando, sempre, obter formas geométricas definidas ou livres, ideais, isto é, plasticamente puras[9]. Por conseguinte, a arquitetura "moderna" apresenta-se como um resultado, como uma superação das limitações anteriores e como um novo ponto de partida, que goza de condições excepcionalmente favoráveis, em termos estéticos.

Essa tese, assim resumida em suas linhas gerais, é sustentada por Lúcio Costa com a vivacidade que caracteriza seus pronunciamentos. Mas, apesar de sua importância, é muito discutível no conjunto e especialmente nos detalhes. Deve-se inicialmente frisar que toda teoria que pretenda simplificar ao extremo fenômenos eminentemente complexos e reunir elementos variados sob o mesmo rótulo, é levada automaticamente a deformar certos fatos e a deixar sistematicamente de lado qualquer nuança. Assim, é fácil identificar determinadas imprecisões e criticar certos aspectos um tanto superficiais, presentes em toda generalização ao mesmo tempo ampla e abrupta. Assim é que, na prática, os

---

9. *Ibid.*, p. 4.

conceitos orgânico-funcional e plástico-ideal, que para Lúcio Costa são a chave que explicita a arquitetura do passado, não são categorias tão distintas quanto pretende afirmar. Em relação aos estilos por ele citados como exemplos perfeitamente representativos de cada uma das duas correntes, é verdade que o gótico abriu-se "como uma flor", segundo uma evolução natural, mas essa evolução de modo algum excluiu as intenções preconcebidas de ordem racional, nem a procura de formas ideais, plasticamente puras. Quanto à arquitetura clássica, não oferece ela, no palácio de Versailles, um dos mais belos exemplos de crescimento orgânico vistos na história? A distinção feita não é isenta de interesse, principalmente quando não se procura dar-lhe um caráter demasiadamente absoluto. O mesmo se pode dizer do confronto do tratamento das formas, tanto num sentido estático quanto dinâmico, com o levantamento de certas constantes opostas na arte mediterrânea e na arte do Norte da Europa. Lúcio Costa, aliás, não se deixou apanhar na armadilha de aplicar o sistema proposto com rigor excessivo. Sua análise retrospectiva está cheia de sutilezas e nuanças que corrigem o lado excessivamente restrito da tese fundamental: o juízo emitido sobre a França, "cadinho onde foram fundidas e temperadas, através de séculos, as duas correntes de influências que a atravessam — a estática, do eixo mesopotâmico-mediterrâneo, e a dinâmica, do eixo nórdico-oriental", é um entre muitos exemplos que poderiam ser citados. Fica-se, assim, mais surpreso ainda quando a capacidade revelada pelo autor no estudo das artes do passado não seja encontrada quando se trata do exame do presente.

De fato, não é uma afirmação audaciosa declarar que o século XX testemunhou a fusão dos conceitos orgânico-funcional e plástico-ideal graças aos novos métodos construtivos de que dispunham os arquitetos? Não será atribuir à técnica um papel demasiado importante, ao conceder-lhe a faculdade de modificar repentinamente as tendências estéticas permanentes que haviam até então coexistido, apesar de todos os progressos materiais que ocorreram? Não seriam, pelo contrário, essas tendências até certo ponto independentes pela sua própria natureza de fatores técnicos, e não estão elas presentes tanto na arquitetura moderna quanto na antiga, como seria lógico esperar? Parece que Lúcio Costa evitou colocar tais questões e proceder a uma análise da arquitetura contemporânea numa escala mundial como fizera para a arquitetura do passado e não apenas em escala brasileira. Teria sido difícil deixar de perceber a persistência da corrente orgânico-funcional nas obras de Wright e nas dos arquitetos escandinavos e finlandeses, dos quais o mais representativo, sob esse aspecto, é Alvar Aalto; não é por acaso que essa arquitetura foi qualificada de "orgânica"[10], em oposição ao movimento racionalista propriamente dito, partidário da forma plástica pura e ideal, mas que não exclui, por outro lado, um desenvolvimento orgânico dos projetos assim concebidos. É claro que a dualidade não é total, mas será que alguma vez chegou a sê-lo, a não ser em casos excepcionais? Sob esse aspecto, não há nem ruptura com o passado nem transformação radical e por certo Lúcio Costa o teria reconhecido caso se limitasse a agir apenas como historiador e crítico de arquitetura. Mas ele é, acima de tudo, um arquiteto engajado, e o ensaio inspirava-se num propósito pragmático, ou seja, visava demonstrar o caráter revolucionário da arquitetura "moderna" e a magnífica perspectiva que para ela se descortinava. A apresentação da obra de Le Corbusier, evangelho adotado conscientemente como uma superação das contradições do passado no plano estético, reforçava a causa defendida e contribuía para o progresso da renovação que tinha se imposto ao mundo em geral, e ao Brasil em particular. Ora, nem o papel de apóstolo, nem o de advogado, asseguram uma plena objetividade, mesmo que haja empenho para atingi-la: as pesquisas orientam-se naturalmente para a reunião de argumentos favoráveis, caindo no esquecimento aqueles menos convincentes ou os desfavoráveis. O que aconteceu a Lúcio Costa é bastante claro[11] e não cabe a nós criticá-lo: agindo assim estava cumprindo o seu papel e devemos felicitá-lo por isso. De fato, mais do que a exatidão das teorias expostas, o que importava eram as relações entre elas e a realização arquitetônica.

Não se trata de atribuir aos escritos de Lúcio Costa uma influência preponderante sobre sua arquitetura ou vice-versa. Na verdade, a teoria e a prática desenvolveram-se paralelamente; trata-se de dois aspectos complementares que esclarecem um ao outro; de um mesmo pensamento, expresso de dois modos diferentes. Assim, não é de surpreender o fato de haver uma perfeita coerência entre a obra escrita e a obra projetada ou construída. É claro que se pode argumentar que, nesta última, não há o esperado equilíbrio entre a corrente orgânico-funcional e a corrente plástico-ideal. Aqui, a célebre fusão dos dois conceitos que teria sido obtida na nova arquitetura é apenas ilusória, prevalecendo claramente a segunda tendência estética. Contudo, no caso em questão, não há qualquer contradição entre a prática adotada e o pensamento que sobressai da análise da exposição teórica. De fato, nesta, a chamada fusão — possibilitada pelos recentes progressos da técnica —, consiste, na realidade, em suprimir pura e simplesmente a razão de ser da tendência orgânico-funcional em benefício de sua rival: aquela só era justificada por razões materiais, quando a forma plástica pura não era realizável ou não convinha ao programa e às necessidades de certos tipos de construção. Assim, ela resultou numa arquitetura válida e significativa, mas que, no fundo, é considerada por Lúcio Costa como o menor dos males; que não é mais admissível a partir do instante em que novos recursos permitem que a arquitetura seja perfeitamente funcional e se desenvolva organicamente dentro de um contexto formal dominado pela preocupação plástica. Na fusão pretendida, a outra tendência, em compensação, conserva intacta sua caracte-

---

10. Essa denominação não pode, por outro lado, ser considerada um monopólio e não assegura ser realmente orgânica apenas a arquitetura assim rotulada, ao contrário do que afirmam certos críticos, especialmente Bruno Zevi.

11. Some-se a isso um conhecimento da história da arquitetura européia, evidentemente menos profundo do que o de um especialista, fato que o impediu de ver certos elementos, levando-o mais facilmente a uma esquematização que correspondia a seus desejos.

rística essencial, pois a composição resulta na forma pura considerada como o ideal a ser atingido cada vez que as possibilidades materiais o permitam — o que agora ocorre! Portanto, não existe equilíbrio na tese em questão, mas sim a absorção definitiva de uma corrente pela outra, cuja superioridade encontra-se dessa forma proclamada e justificada.

Assim, é perfeitamente lógico que a arquitetura de Lúcio Costa esteja, em termos estéticos, nitidamente orientada e se integre na tradição clássica da Europa Meridional, visando sempre a obtenção final de uma forma plástica que encante pela clareza e pureza. Mas esta não pode ser determinada sistematicamente *a priori* e, sempre que possível, especialmente nas residências, encontra-se uma grande liberdade na organização do espaço, uma perfeita integração entre edifício e paisagem, o que poderia levar a pensar numa influência da arquitetura "orgânica". Não é o caso, visto Lúcio Costa rejeitar, sem hesitação, os aspectos barroco[12] e romântico que caracterizam esse movimento, por ele praticamente ignorado, conscientemente ou não. De fato, num primeiro instante, não vacilava em vincular claramente à tradição mediterrânea toda arquitetura "moderna", não permitindo que o "misticismo nórdico" interviesse de modo algum nessa verdadeira Renascença[13]. E, mesmo após a Segunda Guerra Mundial, quando a arquitetura orgânica já se havia parcialmente imposto nos Estados Unidos e em certos países da Europa, chegando a ser encarada pelo crítico italiano Bruno Zevi como uma superação do racionalismo, Lúcio Costa em absoluto se preocupou com esse fenômeno, que para ele era um retrocesso que não merecia discussão. Assim, no opúsculo já analisado e onde apresenta, em 1952, o resultado de suas reflexões, silencia sobre o vigoroso retorno, ao seio da arquitetura contemporânea, de uma tendência que recusa integralmente toda concepção plástico-ideal. Mas é muito provável que a elaboração da teoria da fusão dos dois conceitos seja uma resposta indireta aos partidários da organicidade, visando demonstrar a inutilidade de um debate superado, na medida em que o racionalismo se revelava como uma arquitetura organicamente concebida. Como já foi visto, essa atitude decorria de uma confusão entre os caracteres secundários da tendência orgânico-funcional, caracteres esses capazes de lhe terem sido emprestados pela tendência oposta, e o estado de espírito permanente de que ela é, de fato, a expressão profunda — mas, com isso, a tomada de posição é ainda mais significativa[14].

Portanto Lúcio Costa é fundamentalmente um clássico, como o foi seu mestre Le Corbusier[15], mas foi além deste. Com efeito, o gosto pelo debate teórico, a inclinação para um pensamento doutrinário, o culto da razão, a preocupação com a forma e com o equilíbrio são comuns a ambos, mas o temperamento frio e reflexivo de um contrasta com o entusiasmo, a exuberância verbal, a nítida inclinação panfletária de outro. Embora ambos tenham lutado contra um inimigo comum, o academismo[16], há um ponto capital que os diferencia: a atitude frente ao passado. Le Corbusier, apesar de tê-lo negado freqüentemente, não sentia qualquer atração real pelo passado, querendo conservar, da herança antiga, apenas os vestígios que pudessem servir como testemunho. Lúcio Costa, em compensação, estava profundamente ligado a esse patrimônio, tanto no plano geral quanto local, tendo procurado preservar todos os seus valores autênticos, não só aqueles de natureza permanente, mas também detalhes capazes de integrar-se na renovação arquitetônica do século XX.

À primeira vista, pode parecer que ocorre uma contradição entre a inclinação clássica de Lúcio Costa e seu apego à arquitetura luso-brasileira, vinculada quase que sistematicamente ao movimento barroco. Isto, no entanto, não procede, por uma razão muito simples: a arquitetura colonial portuguesa é na verdade apenas parcialmente barroca e não são justamente esses traços barrocos que agradam a Lúcio Costa[17]. Cabe portanto evitar a armadilha das palavras e das classificações absolutas, que escondem, sob um rigor de linguagem, uma realidade um tanto diversa. Até mesmo as igrejas dessa época seguiram, em sua maioria, uma tradição maneirista e conservaram uma austeridade construtiva inteiramente oposta ao espírito barroco, que só veio a se manifestar arquitetonicamente bem tarde, principalmente na Bahia[18], transformando-se rapidamente em rococó, tanto em Pernambuco quanto na região das Minas[19]. Além disso, ele jamais se impôs de modo absoluto, a não ser no campo da decoração. Quanto à arquitetura civil brasileira dos séculos XVII e XVIII — fonte de inspiração seguramente mais interessante do que os edifícios religiosos, para um arqui-

---

12. As semelhanças entre o estado de espírito barroco e o da arquitetura orgânica foram sublinhadas por P. CHARPENTRAT (*Annales E.S.C.*, maio-junho de 1961, pp. 466-468).

13. «Filia-se a nova arquitetura, isto sim, nos seus exemplos mais característicos — cuja clareza e objetividade nada têm do misticismo nórdico — às mais puras tradições mediterrâneas, àquela mesma razão dos gregos e latinos, que procurou renascer no Quatrocentos, para logo depois afundar sob os artifícios da maquilagem acadêmica — só agora ressurgindo, com imprevisto e renovado vigor» (*P.D.F.*, vol. III, n.º 1, jan. 1936, p. 9, retomado em L. COSTA, *Sobre Arquitetura*, p. 40).

14. Quando o *Jornal do Brasil* lançou uma pesquisa nacional sobre a arquitetura brasileira, em 1961 (suplemento dominical, 25-26 de fevereiro, 4-5 de março, 11-12 de março, 18-19 de março; cf. também *I. A. B. Guanabara*, n.º 5, 1962, pp. 13-19 e 38), uma das perguntas formuladas aos arquitetos dizia respeito à divisão da arquitetura contemporânea em cor-

rente racionalista e corrente organicista. Lúcio Costa mais uma vez respondeu que toda arquitetura digna desse nome era ao mesmo tempo orgânica e racional. Mas esclareceu que, no caso brasileiro, acrescentava-se a isto uma certa tendência ao idealismo formal e uma eventual gratuidade, própria da maneira brasileira de ser.

15. Trata-se, bem entendido, do Le Corbusier do primeiro período, entre as duas guerras, pois a evolução do arquiteto, a partir de 1950, deu-se num sentido bem diverso.

16. É este quem, aplicando de modo rígido e simplista princípios mal compreendidos, é o responsável pela decadência da arquitetura e deve ser condenado, mas os princípios em questão conservam seu valor eterno. Por exemplo, em relação à simetria, Lúcio Costa não aceita que seu emprego seja limitado à simetria primária em torno de um eixo, que se esqueça que ela também pode ser fruto de um jogo mais elaborado de contrastes que se neutralizam em torno de uma linha definida, colocada harmoniosamente. Esse tipo de composição, calculado em função de traçados reguladores conhecidos desde a Antiguidade e utilizados pelos grandes mestres, reencontrou o lugar que lhe era devido na arquitetura contemporânea (*P.D.F.*, vol. III, n.º 1, jan. de 1936, pp. 3-9. L. COSTA, *Sobre Arquitetura*, pp. 17-41).

17. Cf. o artigo O Aleijadinho e a Arquitetura Tradicional, publicado em 1929 em *O Jornal* (número especial sobre o Estado de Minas Gerais) e retomado em L. COSTA, *Sobre Arquitetura*, pp. 13-16.

18. Cf. G. BAZIN, *L'architecture religieuse baroque au Brésil*, Paris, 1956-1958, onde o autor acompanha passo a passo essa discreta evolução.

19. Cf. Y. BRUAND, Baroque et rococo dans l'architecture de Minas Gerais, *Gazette des Beaux-Arts*, maio-junho de 1966, pp. 321-338.

teto contemporâneo — ela só pode ser classificada de barroca por razões de ordem cronológica, à revelia de qualquer critério estilístico, pois se opõe radicalmente a tudo aquilo que caracteriza o movimento barroco.

O que Lúcio Costa efetivamente aprecia na arquitetura civil luso-brasileira é sua simplicidade e sua pureza. Como vimos, desde sua fase neocolonial, ele vinha se empenhando em reencontrar essas qualidades tradicionais da arquitetura portuguesa, preservadas integralmente nas colônias. Mesmo depois de ter-se convertido ao racionalismo de Le Corbusier, preserva essa preocupação; o caráter perfeitamente funcional e lógico dessa arte antiga prestava-se, aliás, a uma aproximação com o movimento moderno. Mas ele foi mais longe e logo se apercebeu de que, naquela arquitetura, havia uma experiência de três séculos, da qual se poderia extrair ensinamentos, ainda hoje válidos, desde que se tomasse o cuidado de não se ater aos aspectos já superados dessa arquitetura, voltando-se para aqueles processos utilizados que pudessem interessar à técnica contemporânea. Assim, elaborou uma lista de seis tópicos segundo ele merecedores de um estudo mais aprofundado, tendo em vista uma eventual integração de certos elementos à arquitetura contemporânea[20]. Eram os seguintes:

1.º — Os sistemas e processos de construção empregados na época.

2.º — As soluções adotadas para as plantas e suas variações em função das diversas regiões, dos programas e dos problemas de ordem técnica.

3.º — Os telhados, muito simples sobre o corpo principal, mas que se articulavam com flexibilidade, a fim de englobar varandas e demais dependências, sempre evitando lanternins ou coroamentos com mansardas (efetivamente, a moda destas coberturas existiu na Metrópole, mas não atravessou o Atlântico; o Brasil permaneceu fiel ao velho modelo tipicamente português).

4.º — Os vigamentos feitos de modo a formar um ângulo obtuso no meio do telhado, a fim de que a resultante ruptura do declive e a brusca diminuição da inclinação tornassem possível lançar as águas da chuva o mais longe possível das paredes (esse era um meio eficaz de remediar a falta de calhas e goteiras, mas o procedimento resultava numa criação estética original).

5.º — As rótulas e as janelas, especialmente os modelos mais usuais no século XVIII: venezianas e janelas de guilhotina dotadas de um sistema de segurança.

6.º — O mobiliário.

Como se percebe, tratava-se de um completo programa de estudos da arquitetura civil colonial proposto por Lúcio Costa e com um objetivo concreto. Percebendo, de um lado, a semelhança entre o emprego da estrutura de madeira e da estrutura de concreto e, do outro, a evolução contínua para um número cada vez maior de janelas manifestada do século XVI ao XX nas construções dos velhos mestres-de-obras portugueses (aos quais, a partir do século XIX, opuseram-se os arquitetos diplomados pelas escolas oficiais), Lúcio Costa concluíra estar a arquitetura brasileira tradicional muito mais próxima do que se supunha da arquitetura contemporânea; descobrira que os verdadeiros problemas arquitetônicos tinham sido percebidos e resolvidos com bom senso pela arquitetura colonial. Visto que podia oferecer ótimas lições, não devia ser relegada ao esquecimento. Ao se esforçar para compreender a razão de ser das soluções do passado, ao se impregnar do espírito que as tinha criado, o arquiteto contemporâneo seria levado a perceber as soluções que permaneciam válidas e a encontrar novas soluções, adaptadas às necessidades presentes. A arquitetura "moderna" não podia consistir numa ruptura pura e simples com o passado. Era preciso saber rejeitar sem hesitação tudo aquilo que não tivesse mais interesse, evitando uma imitação puramente formal, como o tinha feito o movimento neocolonial; mas por que recusar sistematicamente a eventual contribuição de uma arquitetura que respondera, em seu tempo, de modo satisfatório a determinadas necessidades, algumas das quais tinham certamente desaparecido, enquanto que outras são fatores permanentes? Devia ser feita uma triagem, mas o trabalho era compensador e Lúcio Costa dedicou-se a ele com decisão. Desde o começo, ele tinha colocado o problema tanto no seu aspecto geral quanto nos seus aspectos mais particulares. Faltava passar à ação e provar todos os benefícios que podiam ser tirados da atitude por ele adotada. Esse objetivo foi alcançado, conforme o demonstram brilhantemente suas realizações práticas, que influenciaram assim uma corrente considerável da nova arquitetura brasileira.

2. A arquitetura de Lúcio Costa[21]

Já foi observado que a dupla atividade de Lúcio Costa — a de teórico e a de arquiteto propriamente dito — formava um todo indivisível: assim, não é de espantar que tenha desde o início se dedicado a tentar uma síntese entre a arquitetura contemporânea e a arquitetura colonial, tentativa essa que é sem dúvida alguma, sua contribuição pessoal mais característica no campo estritamente arquitetônico. Mas é evidente que, nesse esforço pela síntese, existem gradações, que correspondem mais ao gênero abordado do que a uma verdadeira evolução cronológica[22]; alguns programas prestavam-se perfeitamente a uma síntese desse tipo, outros, bem menos, e alguns, absolutamente não o permitia. Nesse caso, não se pode tratar conjuntamente de elementos tão diferentes, como casas, prédios de apartamentos e de escritórios ou projetos monumentais (como Brasília). A sensibilidade de Lúcio Costa sempre lhe permitiu encontrar a solução correta. Permanecendo fiel a si mesmo, sem jamais cair em excessos dogmáticos; mas as soluções adotadas variam consideravelmente, segundo o tipo de programa a ser resolvido.

---

20. Cf. *Documentação Necessária*, *Revista do Serviço do Patrimônio Histórico e Artístico Nacional*, n.º 1, 1937, pp. 31-39, retomado em L. COSTA, *Sobre Arquitetura*, pp. 86-94.

21. G. FERRAZ, *Individualidades na história da atual arquitetura no Brasil*. V. L. COSTA, *Habitat*, n.º 35, out. de 1956, pp. 28-43 (fotos, plantas, cortes, elevações).

22. Um exame superficial poderia fazer pensar que, entre 1940 e 1950, Lúcio Costa apresenta seu principal período de atividade inspirado em preocupações dessa ordem, afastando-se a seguir aos poucos dessa linha anterior, em favor de uma arquitetura mais especificamente voltada para o presente. Contudo, não parece ter sido a atitude do arquiteto que tenha se modificado, mas sim o tipo de encomendas que lhe foram confiadas.

1. *Casas e mansões*

Naturalmente, esse era o setor que oferecia maiores facilidades de síntese entre a tradição local e a arquitetura contemporânea. De fato, a liberdade do arquiteto era maior nesse gênero, do que num programa de finalidades coletivas, onde as imposições funcionais e externas são mais rigorosas: praticamente bastava contar com um proprietário compreensivo para que se reduzissem ao mínimo os obstáculos dessa ordem[23]. Existia também uma clientela sensibilizada pelo movimento neocolonial, capaz de aceitar mais facilmente uma arquitetura discretamente moderna, que não rompesse totalmente com a tradição formal, do que as propostas revolucionárias, que pareciam arrogantes aos mais desavisados. A razão essencial, porém, é que não se tratava de um programa de construção novo, específico da civilização do século XX, mas de um gênero tradicional; é claro que as condições materiais e as necessidades a que devia corresponder essa categoria de habitação não eram exatamente as mesmas do século XVIII, mas não havia uma mudança radical dos dados principais, que permaneciam praticamente imutáveis; assim, as soluções antigas permaneciam parcialmente atualizadas e capazes de serem facilmente adaptadas.

Sem dúvida alguma, Lúcio Costa foi o primeiro a compreender esse fato e a enveredar por esse caminho. Essa prioridade cronológica e a alta qualidade das poucas casas que construiu (menos de uma dezena) asseguram a estas obras um lugar importante no contexto da arquitetura brasileira. A primeira da série (de Roberto Marinho[24]) data de 1937, mas seu aspecto atual não corresponde mais ao do projeto original; com efeito, ela foi reformada uns vinte anos mais tarde a pedido de seu proprietário, mas conservou o mesmo caráter e a perfeita unidade de concepção, já que a reforma foi executada pelo próprio arquiteto. Foi realmente em 1942-1943 que o estilo de Lúcio Costa afirmou-se plenamente; nessa época, projetou num curto espaço de tempo, três belas residências: a casa de Argemiro Hungria Machado[25], no Rio de Janeiro, e as casas de campo do Barão de Saavedra e da Sra. Roberto Marinho, em Petrópolis[26]. Após esse período não teve mais oportunidade para prosseguir nessa linha de trabalho, limitando-se a atender a alguns apelos, como o do Dr. Pedro Paulo Paes de Carvalho, em 1944 (casa em Araruama, Estado do Rio) e do arquiteto Paulo Candiota[27], em 1950.

Um exame desses projetos destaca a hábil integração dos elementos tradicionais com uma arquitetura que jamais renega seu caráter estritamente contemporâneo. Com efeito, Lúcio Costa conseguiu evitar toda imitação servil, optando com segurança, de modo a não sacrificar o presente em nome do passado. Sua preocupação primeira foi sempre a satisfação das necessidades atuais e o bem-estar dos moradores, sem jamais deixar que as preocupações de ordem puramente histórica o dominassem. Um excelente exemplo disso é a organização da planta dessas casas. A preocupação principal foi

Fig. 78. Lúcio COSTA. *Casa de Roberto Marinho*. Rio de Janeiro. 1937. Fachada para o jardim.

a criação da continuidade entre exterior e interior, aliás uma das conquistas mais características de nosso século, mas que procurou criar de modo a não prejudicar a intimidade em geral desejada nesse tipo de construção; pelo contrário, conseguiu reforçá-la. Suas casas foram portanto concebidas em função do jardim, seu complemento necessário e para onde se voltam através de paredes inteiramente envidraçadas, os cômodos principais. Mas não houve nenhum rigor na solução adotada; esta variava em função de cada caso. O pátio, tão comum no mundo mediterrâneo e hispano-americano[28], provou ser perfeitamente indicado para os lotes urbanos (casas de Roberto Marinho e Argemiro Hungria Machado); ex-

---

23. Ora, Lúcio Costa jamais teve problemas em relação a isso; o número dos clientes que lhe pediram projetos de residências limita-se a algumas famílias amigas, em geral aparentadas entre si, que queriam confiar esse trabalho ao arquiteto e no qual manifestavam total confiança.

24. Rua Dr. Alfredo Gomes, n.º 1, Botafogo, Rio de Janeiro.

25. Av. Visconde de Albuquerque, n.º 466, Rio de Janeiro. Cf. H. MINDLIN, *L'architecture moderne au Brésil*, Paris, sem data, pp. 22-23 (plantas, fotos). Infelizmente, essa casa, adquirida pela embaixada da U.R.S.S., corre o risco de sofrer profundas modificações e de perder parte de seu caráter original.

26. Essas duas casas ficam em Correias, bairro elegante meio urbano, meio rural, situado na periferia de Petrópolis (Estado do Rio), cidade nas montanhas muito apreciada pela aristocracia e grande burguesia carioca.

27. Rua Codajas, n.º 231, Leblon, Rio de Janeiro. Cf. *Acrópole*, n.º 196, jan. de 1955, pp. 173-175 (fotos, plantas). A casa de Paulo Candiota (1950) é obra de seu proprietário, mas este consultou Lúcio Costa quando fez o projeto; a influência deste é claramente perceptível.

28. O pátio, em compensação, era totalmente desconhecido na moradia luso-brasileira; assim, seu aparecimento na arquitetura contemporânea não é de modo nenhum resultado da tradição local, ao contrário do que teve a coragem de escrever, no primeiro número consagrado ao Brasil de *Architecture d'aujourd'hui* (n.º 18-19, julho de 1948, pp. 72-82), um jornalista anônimo que ignorava a profunda diferença que separa, sob muitos aspectos, as duas Américas Latinas, a espanhola e a portuguesa!

ceção é a casa de Paulo Candiota, onde os regulamentos municipais exigiam um grande recuo da parte construída em relação aos limites do terreno, obrigando praticamente a implantação da construção no centro do terreno; os arquitetos que fizeram o projeto contornaram a dificuldade integrando por meio de uma pérgola o jardim ao espaço interno e isolando-o da rua por um *brise-soleil* que protegia tanto do calor, quanto dos olha-

há nada que possa lembrar a tradição luso-brasileira, exceto talvez a preocupação de apresentar a maioria dessas casas, mesmo quando colocadas em torno de um pátio (Fig. 82), como um bloco compacto, dominado por uma simetria para quem as olha do exterior. Contudo, é difícil identificar nesse tipo de solução uma influência caracterizada da arquitetura do passado, já que também se trata de uma das constantes da arquitetura

Fig. 79. Lúcio COSTA. *Casa de Roberto Marinho*. Rio de Janeiro. 1937. Janela do térreo.

Fig. 80. Lúcio COSTA. *Casa de Roberto Marinho*. Rio de Janeiro. 1937. Terraço de um dos quartos.

res indiscretos. Em Petrópolis, em compensação, esse problema não existia, pois o terreno era amplo; assim, as casas foram colocadas propositalmente no centro do terreno, mas a semelhança resume-se nisso; pois o tratamento das duas obras é totalmente diferente. A casa da Sra. Roberto Marinho (Figs. 83 e 84) térrea, apresenta um acentuado caráter rústico: os dois apartamentos de que é composta desenvolvem-se, organicamente, em torno de um núcleo central, e a obra integra-se harmoniosamente na natureza circundante. A do Barão de Saavedra (Fig. 85) responde a um programa mais ambicioso: percebe-se nela a influência dos princípios de Le Corbusier; não existe mais uma comunicação direta entre o jardim e a sala de estar, que fica no primeiro andar, como as demais dependências principais; a transição exterior-interior é feita pelo espaço livre, ao mesmo tempo aberto e protegido, situado sob a parte construída sobre pilotis. Assim, em todas essas plantas, não

de Le Corbusier. O mesmo se pode dizer das varandas contíguas à maioria dos dormitórios, assegurando-lhes um ambiente extremamente agradável; talvez se trate de um vestígio das grandes varandas que circundavam as belas residências dos plantadores de café do século XIX[29], mas não seria arriscado ver, nessa disposição francamente contemporânea e pessoal, uma lembrança pura e simples de uma solução antiga cujo espírito é um pouco diverso?[30]

Aliás, os projetos em questão utilizavam materiais modernos, com exceção da casa da Sra. Roberto Marinho, que representa um caso particular num panorama geral. Foi o concreto armado que possibilitou a cons-

---

29. As mais belas dessas residências até hoje conservadas encontram-se no Estado do Rio de Janeiro (cf. *Módulo*, n.º 29, agosto de 1962, pp. 1-23) e em Ilhabela (Estado de São Paulo).

30. Na época, a vida era essencialmente comunitária, e quartos e salas abriam para uma varanda comum que, em muitos casos, também servia como galeria de circulação que corria ao longo de todo o andar.

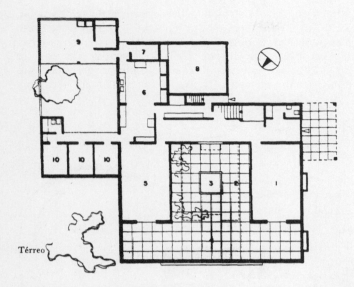

Fig. 81. Lúcio COSTA. *Casa de Argemiro Hungria Machado*. Rio de Janeiro. 1942. Planta.

1: sala de estar; 2: pátio; 3: implúvio; 4: varanda; 5: sala de jantar; 6: copa-cozinha; 7: despensa; 8: garagem; 9: lavanderia; 10: quartos de empregada; 11: dormitórios; 12: terraço coberto; 13: estúdio; 14: rouparia; 14: rouparia; 15: terraço; 16: parte superior do pátio.

Fig. 82. Lúcio COSTA. *Casa de Argemiro Hungria Machado*. Rio de Janeiro. 1942. Fachada.

trução do primeiro andar em balanço, como na casa de Roberto Marinho (Fig. 78); a varanda do térreo integrada ao edifício, como na casa de Argemiro Hungria Machado (Fig. 81); a construção parcialmnete sobre pilotis, como na casa do Barão de Saavedra. É uma arquitetura simples, toda em linhas retas, que não procura o virtuosismo para valorizar a flexibilidade do material, mas utiliza discretamente suas possibilidades numa distribuição muito segura e racional de cheios e vazios. As qualidades dominantes são o senso da medida, tão caro a Lúcio Costa, e a ausência de opiniões preconcebidas: para ele, o concreto armado nesse tipo de obra é apenas um meio prático de resolver os problemas técnicos; apesar de ter extraído desse material uma expressão original, evitou usá-lo de modo exclusivo e agressivo; pelo contrário, procurou obter uma concordância entre os materiais artificiais, concreto e vidro, e os materiais naturais, como madeira e pedra. Esse esforço de síntese é particularmente acentuado na casa do Barão de Saavedra (Fig. 85), onde o arquiteto gozava de condições favoráveis, não tendo de preocupar-se com as limitações decorrentes de um orçamento restrito, e pôde dar livre curso a gostos que correspondiam aos de seus clientes.

Decididamente modernas em sua concepção geral, as casas de Lúcio Costa também estavam estreitamente ligadas à tradição luso-brasileira, graças à retomada de certos elementos do vocabulário corrente da arquitetura colonial. O mais importante e típico desses elementos foi o emprego sistemático da cobertura de telhas-canal, em lugar do terraço, em concreto, transformado em peça-mestra da doutrina dos mestres racionalistas europeus. Era uma atitude audaciosa, capaz de parecer sacrílega aos espíritos dogmáticos, porém perfeitamente justificada do ponto de vista funcional; de fato, era evidente que, num clima tropical, onde se alternam calor intenso e chuvas diluvianas num curto espaço de tempo, as lajes de concreto tinham tendência a rachar, tornando difícil a impermeabilização e mais ainda a conservação; assim o telhado clássico, há muito empregado, revelava-se como uma solução ao mesmo tempo mais judiciosa e econômica. Mas a escolha de Lúcio Costa não foi guiada unicamente por razões materiais, mas também por motivos de ordem estética. Como já foi visto, ele se preocupou conscientemente em reintroduzir, na arquitetura contemporânea, um caráter nacional que garantisse uma continuidade com o passado, tomando de empréstimo tudo aquilo que ainda apresentasse um interesse atual; em compensação, precaveu-se ao máximo para não copiar as formas desse passado que não mais se justificassem, mesmo quando admirava sua elegância. Não retomou nem a curva graciosa do telhado português, nem o complexo vigamento que o tornava possível, pois depois que as paredes tinham deixado de ser de taipa, material parti-

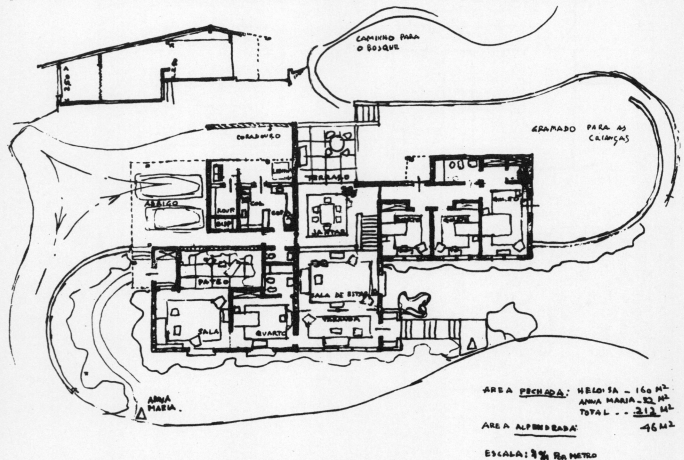

Fig. 83. Lúcio COSTA. *Casa da Sra. Roberto Marinho em Correias*. Petrópolis. 1942. Planta.

cularmente vulnerável às infiltrações, a preocupação de lançar as águas pluviais longe das paredes não era mais fundamental. Portanto, os telhados eram rigorosamente retos, de acordo com o caráter retilíneo de sua arquitetura, e sua ligeira e uniforme inclinação sublinhava a horizontalidade dominante dos edifícios; estes extraíam

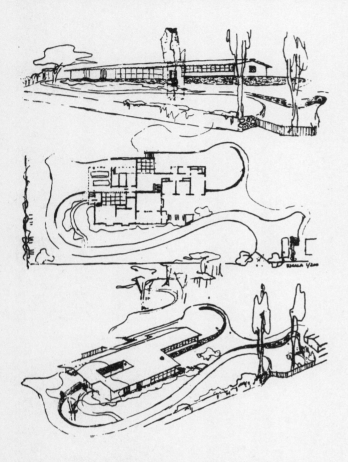

Fig. 84. Lúcio COSTA. *Casa da Sra. Roberto Marinho em Correias.* Petrópolis. 1942. Desenhos.

seu valor da simplicidade, da perfeita adaptação ao conjunto, mais do que de pesquisas puramente formais[31]. Além disso, não foram retomados os largos beirais da época colonial; estes só foram conservados quando asseguravam uma proteção eficaz contra a chuva e o excesso de insolação[32], capaz de atingir as partes elevadas de uma fachada muito exposta (Fig. 82).

O emprego de um sistema antigo não implicava recorrer necessariamente aos mesmos processos de outrora. Lúcio Costa bem o provou; freqüentemente substituía a madeira pelo concreto armado, conforme o caso retomando o tipo tradicional de madeiramento de vigas entrecruzadas (Fig. 87), mas, com maior freqüência ainda, entregava-se a soluções novas: na casa de Argemiro Hungria Machado (Fig. 82), não vacilou em fazer com que as telhas repousassem diretamente sobre uma fina laje de concreto que avançava como uma cornija, nem em inverter, o sentido habitual da inclinação do telhado na casa do Barão de Saavedra (Fig. 85), uma solução inteiramente nova na época. Pode-se mesmo dizer que, nele, houve uma vontade deliberada de associar intimamente os materiais tradicionais com a técnica contemporânea, visando humanizar o que esta poderia apresentar de abstrato. Por esta razão utilizou, em certas fachadas (as residências de Roberto Marinho e do Barão de Saavedra), janelas protegidas por elegantes beirais onde as telhas-canal desempenham um papel psicológico importante, mesmo quando não parecem ter, à primeira vista, uma função prática indiscutível[33], estando simplesmente incorporadas a uma estrutura autônoma capaz de dispensar esse complemento (Fig. 79).

O mesmo espírito de síntese entre necessidades práticas e preocupações intelectuais ou sentimentais reaparece na utilização muito judiciosa das treliças de madeira, inspiradas diretamente nas venezianas da época colonial. Esse processo, que tinha a vantagem de proteger ao mesmo tempo do sol e preservar a intimidade, foi utilizado de modo sistemático e resultou numa gama de variações notáveis — desde a retomada pura e simples dos elementos de outrora até a transposição destes para uma linguagem nova. O exemplo mais significativo desta retomada são os muxarabis colocados no pátio da residência de Argemiro Hungria Machado[34]. Esse motivo de origem muçulmana, incorporado desde a Idade Média à arquitetura civil portuguesa, foi transposto para o Brasil, onde foi de uso corrente até o século XVIII; nas residências em questão, Lúcio Costa o retomou sem alterações[35], a fim de recriar o ambiente desejado por meio de uma oposição sutil entre a nudez provocante das paredes de uma residência contemporânea e a ornamentação delicada, com acessórios tomados de empréstimo a um repertório antigo e capazes de realçar as qualidades fundamentais da arquitetura contemporânea. O mesmo se pode dizer da veneziana da fachada da residência de Paulo Candiota (Fig. 88) e das persianas das pequenas janelas da residência do Barão de Saavedra (Fig. 85), que repetem exatamente o desenho tradicional com fundo em losangos dos postigos semelhantes da época colonial. Mas esses exemplos não passam de exceções. De fato, Lúcio Costa preferia uma criação nova, inspirada nas soluções de outrora, mas que respondesse aos problemas contemporâneos, à integração pura e simples de motivos vindos diretamente do passado. Assim, com freqüência empregou um simples

---

31. Elas existem entretanto na casa de Paulo Candiota, onde podem ser encontrados consolos de madeira para sustentar vigas cujo corte lembra, de modo simplificado, as formas usadas no século XVIII.

32. O estudo da arquitetura colonial tinha levado Lúcio Costa a concluir que os beirais visavam, naquela época, proteger da chuva e não do sol (*Revista do S.P.H.A.N.*, n.º 1, 1937, pp. 31-39, retomado em *Sobre Arquitetura*, pp. 86-94), mas não se duvida que a aplicação que ele fez do mesmo princípio não tinha por objetivo essencial uma defesa contra um fenômeno cujas conseqüências não eram mais tão dramáticas quanto antes.

33. Na verdade, elas ainda tinham uma função prática: na casa de Roberto Marinho, garantiam uma impermeabilização suplementar e protegiam a laje de concreto contra eventuais infiltrações; na casa do Barão de Saavedra, além de sua função real de cobertura, sua acentuada projeção constituía um meio eficaz de proteção do sol; por outro lado, o fato de ter envernizado a parte inferior, como se fossem azulejos, é um requinte onde se pode ver a importância que Lúcio Costa atribuía ao fator psicológico; aliás, desta vez trata-se de um empréstimo do estilo neocolonial.

34. Cf. H. MINDLIN, *op. cit.*, p. 22.

35. Mas ele modificou o sistema de abrir os caixilhos inferiores, que são empurrados para fora como venezianas ou persianas à italiana, em vez de serem dobrados para os lados, demonstrando que ele não se prendia rigidamente ao motivo que copiava, quando se tratava de dar a esse motivo um aperfeiçoamento prático.

Fig. 85. Lúcio COSTA. *Casa do Barão de Saavedra em Correias*. Petrópolis. 1942-1944. Fachada.

Fig. 86. Lúcio COSTA. *Casa do Barão de Saavedra em Correias*. Petrópolis. 1942-1944. Entrada.

ripado de madeira para fechar parcialmente os espaços abertos, conseguindo obter efeitos admiráveis com as treliças baratas tão usadas na vida cotidiana; a balaustrada que circunda o terraço sobre pilotis da residência do Barão de Saavedra insere-se perfeitamente no conjunto e garante uma ligação impecável entre o refinamento de certos elementos decorativos e a aparente simplicidade geral do edifício; ainda mais original foi a idéia de cobrir totalmente, por meio desse processo, um dos terraços da residência de Roberto Marinho, garantindo a esse complemento natural dos dormitórios a intimidade necessária[36], ao mesmo tempo em que proporciona um magnífico jogo de luz e sombra quando o sol bate na treliça (Fig. 80). Mas Lúcio Costa tomou um ambiente agradável e de bom gosto. Um dos segredos de Lúcio Costa é a dosagem hábil nas misturas feitas, onde os elementos tomados de empréstimo ao passado assumem um caráter moderno e, em compensação, os acessórios francamente modernos conservam uma afinidade com o passado[37]. Conseguiu perceber o parentesco entre as antigas venezianas e o *brise-soleil* inventado no século XX; portanto não hesitou em justapor os dois elementos ou, conforme o caso, em fazer uma síntese entre eles, mas, nas residências, essa atitude foi apenas esboçada; a expressão mais marcante dessa audaciosa tentativa manifestou-se alguns anos mais tarde (1948-1954), no conjunto de apartamentos do Parque Guinle.

Ter-se-ia podido pensar que Lúcio Costa, tão sensível ao encanto da arquitetura civil luso-brasileira dos séculos anteriores, também retomaria o jogo de cores, mas ele só o fez parcialmente nas residências particulares que construiu. Recusando o uso do azul, do rosa, do verde ou do amarelo, outrora tão freqüentes, preferiu adotar sistematicamente o branco para o revestimento das paredes[38], atribuindo aos telhados e madeiramentos a função de criar os contrastes de cor; agindo assim, não rompia com a tradição colonial, cujo princípio era sublinhar a função e a hierarquia dos diferentes elementos por meio de tonalidades diversas, mas apenas reduzia a palheta a um único tom, destinada ao elemento que ocupasse a maior superfície. Essa atitude

Fig. 87. Lúcio COSTA. *Casa do Barão de Saavedra em Correias*. Petrópolis. 1942-1944. Terraço coberto.

Fig. 88. P. CANDIOTA, L. COSTA e B. TOROK. *Casa de Paulo Candiota*. Rio de Janeiro. 1950. Fachada.

cuidado para não se repetir; conseguiu dar, a programas semelhantes, uma série de variações que impediram qualquer monotonia. Basta olhar as varandas fechadas e simétricas das extremidades da residência do Barão de Saavedra para ver a manifestação de seu espírito inventivo e a segurança de sua escolha: alternância de madeira e concreto armado, persianas com fendas horizontais, painéis de vedação cheios, *brise-soleil* fixos com lâminas verticais mais ou menos espaçadas (Fig. 87) — é um verdadeiro festival de soluções em si muito simples, habilmente fundidas para chegar à criação de

36. De fato, a casa está ao lado de grandes prédios.

de conciliação não provinha de uma recusa absoluta de grandes superfícies coloridas, já que o arquiteto as empregou em outros edifícios, mas da natureza dos projetos: Lúcio Costa desejou conservar, em suas residências, um aspecto totalmente contemporâneo de modo

37. A casa de Argemiro Hungria Machado oferece um excelente exemplo dessa dupla tendência; a técnica atual aparece no tratamento dado aos muxarabis do pátio e permite que eles se integrem perfeitamente ao conjunto da composição; o contrário ocorre na fachada, onde o emprego de madeira para as lâminas verticais do *brise-soleil* da grande porta-janela estabelece sutilmente a ligação com o passado.

38. Só na casa de Paulo Candiota houve um jogo de cores nitidamente diversificado: revestimento parcial à base de pedra amarela ferruginosa, elementos vazados de cerâmica vermelha, tijolo aparente, etc. Mas Lúcio Costa foi apenas colaborador do arquiteto proprietário, que escolheu pessoalmente os materiais.

a não evocar o estilo neocolonial da década de vinte; assim, pareceu-lhe que o branco absoluto[39] era uma necessidade que se impunha especificamente para o gênero tradicional das casas; as mesmas limitações não deviam ser levadas em consideração nas construções que eram fruto da civilização industrial, sem precedentes na arquitetura do passado.

Igualmente notável é a ausência quase total de azulejos, encontrados somente em alguns pontos secundários, especialmente na residência de Roberto Marinho, onde realçam o enquadramento de uma porta de serviço. Lúcio Costa parece ter deixado de lado voluntariamente esse processo, sem dúvida pelas mesmas razões acima expostas[40], e para evitar cair num excesso decorativo que teria prejudicado a simplicidade estritamente arquitetônica que pretendia dar a suas casas. Assim, evitou também todo vestígio do repertório ornamental anterior, com uma só exceção: o corrimão da escada de acesso à residência Barão de Saavedra (Fig. 86), onde elegantes volutas alternam-se com simples barras retas; mas esse vestígio, tão discreto e tão bem integrado aos demais elementos modernos do contexto onde está colocado para um conjunto austero, traz uma nota de leveza e distinção que faz o encanto da composição.

De fato, excetuando-se o período neocolonial anterior a 1930, a incorporação de motivos tomados de empréstimo à arquitetura luso-brasileira jamais foi feita em detrimento do caráter estritamente contemporâneo das obras de Lúcio Costa. Muxarabis, venezianas, detalhes decorativos inspirados em modelos antigos só surgiram em casas onde a técnica construtiva empregada e a expressão formal dela resultante pertenciam tão claramente a este século, que nenhuma dúvida podia persistir; em compensação, eles foram eliminados em casas como a da Sra. Roberto Marinho (Figs. 83 e 84), menos marcada em termos cronológicos dado o seu elaborado aspecto rústico. Assim, esses elementos tomados de empréstimo do passado jamais eram pastiches, não tinham por objetivo copiar o passado; como já foi sublinhado; visavam somente criar uma atmosfera psicológica e garantir uma continuidade espiritual entre a arquitetura local de outrora e a arquitetura contemporânea, em nenhum caso prejudicando a independência total desta. Aliás, os elementos tomados de empréstimo propriamente ditos são bastante raros, tendo Lúcio Costa se dedicado mais a transposições: dessa maneira, conseguiu elaborar um vocabulário absolutamente novo, conservando, ao mesmo tempo, profundas afinidades com a tradição local. Mas essa tentativa, já esboçada nitidamente na maioria das obras acima citadas, só assumiu a sua dimensão mais significativa nos programas que respondiam a necessidades novas, sem precedentes imediatos na arquitetura antiga, levando a obras notáveis, como o hotel do Parque São Clemente, em Nova Friburgo, e o conjunto do Parque Guinle, no Rio de Janeiro.

2. O Hotel do Parque em Nova Friburgo[41]

Encarregado, pela família Guinle, de projetar, em meio a um belíssimo parque nas montanhas, um hotel modesto em tamanho, mas destinado a uma clientela rica que ali viesse descansar durante as férias, Lúcio Costa construiu, em 1945, essa obra marcante, numa magnífica demonstração das possibilidades de uma arquitetura contemporânea livre de todo complexo ou preconceito em relação ao passado. Inteiramente feito de materiais naturais ou de fabricação elementar, disponíveis no local — solução mais racional do ponto de vista econômico —, o hotel do Parque de São Clemente é integralmente moderno tanto no espírito quanto no tratamento. Trata-se de um edifício com estrutura independente, permitindo o livre desenvolvimento de uma planta funcional; andar térreo sobre pilotis, parcialmente fechado por grandes superfícies envidraçadas, e piso superior em balanço, onde todos os quartos servidos por uma galeria posterior, e cuja fachada dá para um terraço coberto, gozam da melhor orientação e da melhor vista da paisagem. Chama logo a atenção a semelhança que existe entre esse hotel (Fig. 89) e o de Niemeyer, em Ouro Preto (Fig. 66): o princípio geral adotado é idêntico e conseqüentemente o mesmo acontece com a seção transversal de forma trapezoidal (Fig. 90), resultado de um programa equivalente e, principalmente, de uma idêntica disposição no flanco do morro[42]. Essa aparente semelhança de duas obras técnica e completamente diversas era uma notável demonstração do acerto das conclusões a que tinha chegado Lúcio Costa quando assinalou, durante seus estudos sobre a arquitetura luso-brasileira, o parentesco existente entre as estruturas de madeira e de concreto armado[43]. Provou assim que a arquitetura contemporânea não estava obrigatoriamente ligada ao emprego de materiais artificiais atuais e que, em certos casos, para construções de pequeno porte, podia-se lançar mão de recursos tradicionais sem com isso renunciar às grandes conquistas do século XX e aos princípios enunciados por Le Corbusier. A adoção de uma estrutura de madeira, cujas colunas, vigas e pisos eram constituídos por troncos pouco desbastados (Fig. 91), apresentava uma série de vantagens: economia considerável, já que a matéria-prima, abundante no local, era quase gratuita; o edifício assumia um caráter de simplicidade rústica, muito apreciado pelas pessoas a que se destinava; enfim, o edifício inseria-se sem violência numa paisagem inteiramente respeitada (Fig. 89), oferecendo ao mesmo tempo um notável conjunto de soluções funcionais.

A lógica domina toda a composição. Estabelece-se uma estrita hierarquia entre o bloco principal, simples,

---

39. Exceto quando utilizava a pedra bruta para contrastes, como no térreo da casa do Barão de Saavedra; mas esse emprego foi reservado para as casas de Petrópolis, a fim de dar-lhes um toque rústico, adequado a sua função de casa de campo.

40. Além disso, convém notar que os azulejos não foram empregados para os exteriores na arquitetura civil da capitania de Minas Gerais (particularmente apreciada por Lúcio Costa), mas sim no Nordeste e no Rio de Janeiro, e isso principalmente a partir do século XIX.

41. Cf. *Architecture d'aujourd'hui*, n.º 13-14, set. de 1947, pp. 50-52 e H. MINDLIN, op. cit., pp. 106 e 107 (fotos, plantas).

42. Em ambos os casos, a obra foi concebida em função de um contexto predeterminado que devia ser integralmente respeitado, ao mesmo tempo que oferecia aos futuros hóspedes uma situação privilegiada para desfrutar desse contexto arquitetônico ou natural. Mas a distribuição feita por Lúcio Costa é muito mais lógica do que a de Niemeyer; a forma trapezoidal e a adoção do telhado de uma só água não provêm mais da superposição dos quartos servidos por um único corredor, mas da aeração dos banheiros, dispostos na fachada posterior e iluminados por janelas abertas sobre a galeria de circulação (Fig. 92).

43. *Revista do S.P.H.A.N.*, 1937, pp. 31-39, retomado em L. COSTA, *Sobre Arquitetura*, pp. 86-94.

mas de forma pura, clara e imponente, e os elementos anexos, discretamente colocados na face em recuo, mas nem por isso negligenciados. Essa face, freqüentemente esquecida (Fig. 92) juntamente com a outra, em geral a única conhecida, é um dos pontos altos do projeto: o corredor que serve os quartos e o volume central de pedra bruta que abriga a escada constituem volumes particulares, sublinhando a diferença de funções e impedindo, graças a uma hábil gradação, a ruptura com o meio circundante, ruptura essa que fatalmente teria ocorrido no caso de uma parede lisa. A distribuição das janelas é uma verdadeira obra-prima de harmonia e assegura a unidade do conjunto, ao mesmo tempo em que sublinha o caráter particular de cada um dos ele-

Fig. 89. Lúcio COSTA. *Hotel do Parque São Clemente*. Nova Friburgo. 1944. Fachada principal.

Fig. 90. Lúcio COSTA. *Hotel do Parque São Clemente*. Nova Friburgo. 1944. Face lateral.

Fig. 91. Lúcio COSTA. *Hotel do Parque São Clemente*. Nova Friburgo. 1944. Detalhe da varanda.

mentos[44]; as soluções entre os diferentes elementos foram cuidadosamente estudadas e o resultado formal é fruto de uma pesquisa onde nada foi deixado ao acaso. Quanto à parte de serviços propriamente dita, situa-se num pavilhão adjacente semi-enterrado e de costas para a colina, desaparecendo quase que total-

Fig. 92. Lúcio COSTA. *Hotel do Parque São Clemente*. Nova Friburgo. 1944. Anexo e fachada posterior.

mente em meio à natureza vizinha e ao hotel propriamente dito, cuja forma volumétrica ela retoma de modo sutil.

Nessa obra, tudo é equilíbrio, obtido quer por uma simetria impecável e um senso de proporções muito seguro, baseado na aplicação de um sistema modular clássico, quer por constrastes habilmente dosados e fundidos numa criação cuja simplicidade aparente é, na realidade, a expressão de um soberbo refinamento. Este aparece com intensidade especial no amálgama feito entre os traços que lembram a arquitetura tradicional luso-brasileira e os que são estritamente contemporâneos: aqueles predominam no pavimento superior, com a varanda contínua que corre ao longo da fachada principal, o telhado de telhas-canal com beirais salien-

Fig. 92a. Lúcio COSTA. *Hotel do Parque São Clemente*. Nova Friburgo. 1944. Fachada posterior. A entrada.

[44]. Essas janelas dispostas em linha contínua são todas retangulares e possuem um íntimo parentesco entre si, mas a horizontalidade das aberturas da faixa superior, retomada na construção de pedra que abriga a escada, é contrabalançada em ambos os lados pela verticalidade discreta dos caixilhos colocados no corredor.

tes, as paredes laterais de construção leve com o revestimento pintado de branco, a galeria de circulação de madeira nos fundos do edifício, o modelo e o desenho dos caixilhos das janelas; estes se impõem no térreo; estrutura em recuo que permite total liberdade na organização da planta, jogo de pilotis alternadamente ocultos e expostos[45], interpenetração dos espaços externo e interno, paredes de pedra bruta puramente decorativas, panos de vidro, *brise-soleil* da sala de jogos das crianças. Mas não existe uma diferenciação rígida, e a respectiva correção dos traços dominantes é dada por uma série de caracteres opostos que asseguram imperceptivelmente a transição e levam a uma unidade perfeita: a forma volumétrica, o resultante telhado de uma água, os corpos avançados em balanço, a abertura completa dos quartos para a varanda do piso superior, as faixas horizontais das janelas posteriores que pertencem ao vocabulário do século XX e não ao do século XVIII, nem ao do XIX; em compensação, a utilização da madeira como material básico, a divisão da vedação transparente da sala de jantar numa multiplicidade de elementos retangulares, cujos caixilhos formam uma trama regular que lembra a quadriculação das janelas

Fig. 93. Lúcio COSTA. *Prédios do Parque Guinle*. Rio de Janeiro. 1948-1954. Vista de conjunto.

da época colonial, o treliçado que oculta parcialmente o *brise-soleil* da sala de jogos, permitem a suave integração dos produtos da técnica moderna e do estilo dela resultante numa composição original que se inscreve natural e suavemente na linha da tradição luso-brasileira.

O hotel do Parque São Clemente portanto é um notável exemplo de uma arquitetura hábil, ponderada, fruto da reflexão, onde não dominou a intuição e onde a imaginação submeteu-se à razão. Não é por ter o autor se preocupado tanto com os dados psicológicos quanto com os dados materiais, por ter encontrado uma concordância harmoniosa entre arquitetura e paisagem, ou por não ter hesitado em utilizar materiais naturais, que se pode detectar uma influência da tendência "organicista" nesse edifício. É verdade que a obra está solidamente assentada no chão, apesar da estrutura inde-

[45]. O arquiteto justapôs com habilidade as três soluções possíveis: a estrutura é trazida para o interior do salão de jantar numa das extremidades, enquanto que na outra extremidade, ela envolve a sala de jogos das crianças como uma jaula e, na varanda central, apresenta-se totalmente livre.

pendente parcialmente visível (que no presente caso, reforça os vínculos com a vegetação circundante, em vez de isolar a obra de seu contexto); mas ela não se confunde com o entorno (tendência muito apreciada por Wright e Aalto); pelo contrário, conserva toda a sua independência graças à sua clareza geométrica e à sua bem recortada silhueta; a obra complementa a natureza, sem se lhe impor, mas se recusa a subordinar-se pura e simplesmente. Estamos, portanto, frente a um perfeito exemplo da aplicação das teorias de Lúcio Costa, partidário convicto de um racionalismo sem ambiguidades, mas sem rigidez, adaptado ao meio e às circunstâncias, guiado por uma pesquisa de equilíbrio entre os vários fatores, mas acentuando particularmente a preocupação pela pureza formal; a obra é também uma demonstração prática de que esta preocupação não exclui de modo algum a organização flexível de um interior que proporciona ao homem um ambiente acolhedor, em suma, um ambiente que leva em consideração dados de ordem sentimental, bem como problemas de ordem material e estética. Aqui, a síntese entre a tradição local e o espírito moderno, apropriada à paisagem, atinge o ponto alto da perfeição. Mas seu autor

Fig. 94. Lúcio COSTA. *Edifícios Bristol e Nova Cintra.* 1948-1952. Fachadas para o parque.

era capaz de muito mais, conforme demonstraria de modo peremptório alguns anos mais tarde, em outra realização que lhe foi confiada pelo mesmo cliente: o conjunto residencial do Parque Eduardo Guinle, no Rio de Janeiro.

3. *O conjunto residencial do Parque Eduardo Guinle*[46]

Situado num dos mais belos bairros do Rio de Janeiro, ao sopé do Morro de Santa Teresa, o parque em questão era originalmente propriedade particular e foi traçado em 1916 pelo paisagista francês Cochet para o magnata Eduardo Guinle[47]. Depois da morte deste, seus herdeiros decidiram construir no magnífico local um conjunto residencial de luxo disposto em torno do parque que seria totalmente respeitado. A tarefa foi confiada a Lúcio Costa, que propôs um conjunto de seis prédios independentes, assentados ao longo do declive, de forma a fechar três lados do parque, estando o quarto lado já ocupado pela antiga mansão e suas dependências, na crista oeste do terreno. Mas Lúcio Costa projetou

Fig. 95. Lúcio COSTA. *Edifício Caledônia.* 1954.

apenas os três primeiros (chamados Nova Cintra, Bristol e Caledônia), construídos entre 1948 e 1954, pois os resultados financeiros não foram considerados satisfatórios pelos responsáveis pela operação: a realização da parte norte viu-se, mais tarde, confiada aos irmãos Roberto, que construíram no flanco do Morro de Santa Tereza enormes edifícios sem qualquer relação com aqueles imaginados por Lúcio Costa[48]. Os três edifícios projetados por Lúcio Costa foram justamente aqueles em que era impossível conciliar a vista para o Parque com uma orientação favorável; o arquiteto tinha de optar por uma delas — e o fez sem nenhum dogmatismo, levando em consideração apenas os fatores próprios a cada um dos casos. Só no prédio Nova Cintra uma de suas grandes fachadas gozava da exposição mais

Fig. 96. Lúcio COSTA. *Edifício Caledônia.* 1954. Detalhe.

favorável no Rio de Janeiro: o lado sul; Lúcio Costa valeu-se disso e situou deste lado a fachada principal,

---

46. *Architectural Review*, vol. 108, agosto de 1950, pp. 88-94 (desenho da situação, fotos, plantas). H. MINDLIN, *op. cit.*, pp. 90-93 (fotos, plantas).

47. Era o jardim particular da casa de Eduardo Guinle, que depois se tornou o Palácio das Laranjeiras, residência do Presidente da República quando vem para o Rio de Janeiro. Cochet utilizou-se parcialmente da vegetação já existente, fato bastante raro na época, conservando principalmente as árvores, que formavam uma esplêndida reserva natural, em lugar de sistematicamente replantar outras.

48. Foi por engano que *Architecture d'aujourd'hui*, n.º 42-43, agosto de 1952, pp. 56 e 57, atribuiu a uma colaboração entre Lúcio Costa e os irmãos Roberto, projetos que pertencem só a estes, projetos, aliás, que depois foram modificados e cuja execução só começou em 1960.

com os cômodos de estar, embora desse para a rua e não para o Parque[49]. Em compensação, nos outros dois blocos, perpendiculares ao primeiro, não vacilou em orientar a fachada principal para a face oeste, em princípio a pior, voltando os cômodos de estar para esta face, a fim de que pudessem desfrutar do excepcional ambiente verde do Parque Guinle[50]. Essas várias opções eram lógicas, mas traziam dois problemas delicados: de um lado, a elaboração de um sistema de proteção contra o excesso de insolação das fachadas que davam para o Parque, mas sem que esse sistema cortasse a visibilidade para o exterior, o que teria tirado toda a razão de ser da solução proposta; de outro, a criação de um conjunto harmonioso e uniforme para essas fachadas, apesar da diferença fundamental de suas funções (fachada principal dos prédios Bristol e Caledônia, fachada posterior do Nova Cintra). A arte de Lúcio Costa reside justamente na capacidade de solucionar essas dificuldades de ordem prática, transformando-as numa das mais notáveis fontes de expressão plástica já encontradas em edifícios dessa natureza (Fig. 93).

Com efeito, todas as dependências que dão para o Parque estão dispostas em recuo, precedidas por uma *loggia* fechada por *brise-soleil* fixos. Estes pertencem a dois modelos distintos, não só pela forma, como também por seu poder de evocação: as lâminas verticais, formando um ângulo de 45°, são extraídas de um repertório inteiramente contemporâneo; em compensação, o verdadeiro rendilhado de elementos vazados de cerâmica que cobre a maior parte da superfície disponível e dá a tônica ao conjunto, lembra claramente a arquitetura árabe, cuja influência foi significativa em Portugal e, conseqüentemente, no Brasil da época colonial. Entretanto, não se trata de cópia de um desenho existente, mas apenas de um parentesco espiritual, expresso admiravelmente por processos puramente modernos: a variedade da trama é apenas aparente, pois resulta do emprego de um único elemento padronizado, concebido pelo arquiteto e fabricado em série[51], para cada um dos tipos de paredes de elementos vazados habilmente justapostas (Fig. 96). Ali se concentra a grande capacidade de Lúcio Costa, seu talento inigualável para estabelecer um vínculo entre passado e presente, sem sacrificar qualquer uma das partes.

Brise-soleil e elementos vazados — meios de proteção contra o calor necessários devido a orientação das três fachadas voltadas para o Parque — serviram para garantir a unidade do conjunto, já esboçada pela semelhança de volumes, proporções e estruturas[52], garantindo ao mesmo tempo a individualidade de cada um dos blocos da composição. No edifício Nova Cintra, o primeiro construído (1948), o parentesco com a arquitetura do passado é discreto (Fig. 94). *Brise-soleil* e elementos vazados equilibram-se totalmente, ocupando a mesma superfície e distribuídos com uma simetria rigorosa; cada um corresponde a uma área determinada por uma função específica, sublinhando a distinção entre os locais de serviço e os dormitórios voltados para essa face[53]. Mas essa igualdade é mais aparente do que real, já que o desenho delicado dos elementos vazados vermelho-tijolo é menos marcante do que as linhas verticais e o amarelo vivo dos *brise-soleil*, que ocultam as dependências de serviço[54]. Dá-se, assim, preferência aos elementos inteiramente contemporâneos, dentre os quais se destacam as audaciosas escadarias em caracol, que envoltas numa caixilharia de vidro, dividem o edifício em três partes distintas. A solução é absolutamente feliz, pois propicia ao visitante uma transição. Quando está do lado de fora, na rua, depara com uma fachada um tanto austera, plena de dignidade, composta por panos de vidro alternadamente pintados de azul ou deixados ao natural; reina aí o espírito do estilo internacional, sem qualquer concessão, em nada deixando transparecer a riqueza decorativa que emerge quando se entra no Parque. Pode-se imaginar o mal-estar resultante desse choque, se a passagem de um extremo a outro fosse muito brusca e produzisse uma verdadeira ruptura; era preciso, então, um traço de união, papel atribuído aos fundos do prédio Nova Cintra: ali, os elementos vazados dão a nota desejada de exotismo histórico, mas ela é submersa num contexto que corresponde a outras preocupações.

As proporções invertem-se nos prédios Bristol (1950) e Caledônia (1954). Os elementos vazados — agora de dois tipos diferentes e não mais um único — transformaram-se nos elementos fundamentais da maravilhosa trama, tecida ao longo dessas fachadas. Os *brise-soleil* não desapareceram, assumiram apenas um papel de contrapeso, tendendo a apagarem-se ou até confundirem-se com a dominante geral. A superfície atribuída a eles é muito menor e fica ainda mais reduzida pelas aberturas feitas em sua parte superior direita, a fim de permitir a vista para o Parque[55]; além disso, as cores suaves — lembrança específica da época colonial — com que foram pintados não chamam a atenção e visam a integrá-los numa composição leve, onde os contrastes não são mais determinantes (Fig. 95). A mesma tendência, mais acentuada, pode ser encontrada no Caledônia, último a ser construído, onde os jogos de cor são reduzidos a tonalidades que vão do vermelho ao rosa, esta substituindo o azul-claro do edifício intermediário, o Bristol.

---

49. Aliás, impunha-se essa solução, pois era impossível colocar as escadas de serviço sobre a rua; além disso, a vista para o Parque estava comprometida, de qualquer modo, para metade do edifício devido à localização dos prédios vizinhos.

50. De fato, desta vez a vista estava totalmente livre; além disso, a outra exposição possível, para o leste, não apresentava vantagens tão evidentes quanto a exposição para o sul, no caso do prédio Nova Cintra.

51. A revista italiana *Domus*, n.º 281, abril de 1953, pp. 6 e 7 (fotos), publicou amostras dos vários elementos vazados produzidos por uma das empresas especializadas no setor. Outras amostras podem ser encontradas nas revistas locais de arquitetura, sobretudo na *Acrópole*, n.º 209. A invenção, por Lúcio Costa, de motivos originais particularmente bem-sucedidos, teve por conseqüência o desenvolvimento das pesquisas nesse sentido, seja com a criação de novos elementos básicos, seja através de uma nova disposição dos elementos já produzidos e rapidamente multiplicados.

52. O prédio Nova Cintra é mais largo (quatro fileiras de colunas em vez de três) e possui uma sobreloja, além dos sete andares habitáveis comuns aos três edifícios, mas o equilíbrio geral é ainda maior, pois a obra localiza-se na parte mais baixa do terreno.

53. A inclusão de apartamentos dúplex, com dois andares, no centro do imóvel, permitiu dar a esta fachada uma grande variedade plástica e evitar a monotonia de uma disposição similar de uma extremidade à outra.

54. Os *brise-soleil* horizontais são em geral adotados para fachadas expostas ao norte, mais do que os *brise-soleil* verticais, que impedem toda visão do interior para o exterior; no caso específico, porém, estes tinham a vantagem de servir de anteparo no sentido inverso, evitando que o passante visse uma eventual desordem das dependências de serviço; dessa forma, a fachada conservava a dignidade necessária a um ambiente como o do Parque Guinle.

55. Não se tratava mais de dependências de serviço, e desta vez era essencial que se conservasse a vista. A colocação da abertura foi escolhida de modo a assegurar a maior proteção possível em tais condições.

A originalidade do conjunto deve-se às afinidades que Lúcio Costa conseguiu estabelecer entre esses edifícios puramente modernos e a tradição local, graças a uma hábil transposição de certas particularidades desta tradição: transposição bastante explícita para impor-se por si mesma aos espíritos menos prevenidos, mas bastante completa para inserir-se naturalmente numa arquitetura nova, sem relação verdadeira e imediata com nenhuma daquelas que a precederam. De fato, não mais temendo o risco de uma confusão formal de tipo neocolonial, em obras pertencentes a uma categoria decorrente da civilização industrial e marcadas técnica e estilisticamente por esta, Lúcio Costa não vacilou em estabelecer uma ligação espiritual com o passado, ao lançar mão de processos que anteriormente abordara em suas casas: de um lado, a riqueza decorativa dos painéis de elementos vazados[56], de outro, o apelo à cor. A síntese obtida é notável. Os prédios do Parque Guinle, concebidos na mesma escala do contexto a que deviam adaptar-se, preenchem admiravelmente sua função, tanto no plano urbanístico, quanto no puramente arquitetônico. Eles são plenamente representativos da obra de um discípulo de Le Corbusier, cujos princípios aí estão rigorosamente aplicados mas são mais do que isso. A perfeita coerência das soluções funcionais que orientaram as pesquisas de toda ordem e levaram à concepção plástica final, a pureza dos volumes geométricos simples de cada um dos blocos, a regularidade das proporções modulares, a preocupação com o equilíbrio que domina a composição, vinculam os edifícios diretamente à escola racionalista — mas segundo uma versão nova e personalizada, tipicamente brasileira, elaborada por Lúcio Costa. Leveza, valorização das superfícies externas, rejeição da austeridade sistemática do estilo internacional de 1930, vinculação consciente com a tradição local sem prejuízo do caráter contemporâneo — são essas as qualidades marcantes dessa obra que, sem dúvida alguma, se caracteriza como um dos maiores êxitos da arquitetura contemporânea no Brasil.

4. *Os projetos monumentais*

As pesquisas examinadas acima orientavam-se no sentido de uma aproximação entre a arquitetura nova e a arquitetura tradicional luso-brasileira. Mas essa atitude, em Lúcio Costa, não era dogmática, apesar de o fundo amor que nutria pelas duas; essa aproximação só foi tentada no campo da arquitetura civil particular, que ele achava ser a única capaz de prestar-se a uma tentativa desse gênero. Em compensação, cada vez que achava que essa tentativa não tinha sentido no contexto dado, adotava um estilo diferente, cujos melhores exemplos são alguns projetos monumentais de que participou. Contudo, convém assinalar que só excepcionalmente Lúcio Costa levou tais projetos até a execução; na maior parte do tempo, limitava-se a um esboço rápido, cujo desenvolvimento e adaptação eram depois confiados a seus colegas. Essa situação, um pouco paradoxal, é o resultado de várias circunstâncias, de sua qualidade de funcionário do serviço de patrimônio histórico (que o impedia de se dedicar inteiramente à arquitetura) e, finalmente, de sua bem conhecida modéstia, que mais de uma vez o levou a apagar-se em proveito de outra pessoa.

É certo que Lúcio Costa, em 1952-1953, desempenhou um papel importante na fase de discussão das propostas que levaram à elaboração do projeto definitivo do edifício da UNESCO em Paris. Junto com Gropius, Le Corbusier, o sueco Markelius e o italiano Rogers, fez parte do comitê de cinco arquitetos internacionais encarregados de pronunciar-se sobre os anteprojetos do arquiteto francês Eugène Beaudoin, inicialmente designado para essa tarefa, e depois sobre os da equipe internacional formada por Breuer, Nervi e Zehrfuss, que foram afinal adotados depois de várias modificações. Segundo o depoimento de Lúcio Costa, dado a pedido de Rogers[57] e que não foi desmentido por nenhum de seus colegas, a atuação do arquiteto brasileiro durante as deliberações teria sido decisiva e teria incidido sobre três pontos: rejeição categórica de todas as propostas de Beaudoin, muito ligadas ao espírito do classicismo francês; substituição da planta rígida em curva uniforme prevista para a fachada principal no anteprojeto de Breuer, Nervi e Zehrfuss, por "um arco mais flexível, para dar mais graça e nobreza ao conjunto"; adoção da forma comumente usada, disposta lateralmente, para o salão de conferências, a fim de criar um grande local de entrada com o contraponto de uma escultura monumental, em vez da forma axial e oval imaginada por Breuer.

É muito significativa a atitude assumida por Lúcio Costa nessa ocasião. O edifício da UNESCO, assim como o Ministério da Educação e Saúde do Rio de Janeiro, devia ser um monumento representativo da civilização do século XX; assim, devia impor-se e não apagar-se debilmente no contexto ambiente, reconhecendo *a priori* a superioridade da obra-prima de Gabriel, a Escola Militar. É claro que era preciso levar em consideração a localização, para chegar a um compromisso e evitar o esmagamento do edifício do século XVIII, mas sem que se sacrificasse o moderno ao antigo; o equilíbrio só podia nascer do contraste, o que excluía toda solução classicizante mais ou menos inspirada em Perret. Longe de favorecer uma tentativa de síntese entre antigo e moderno no novo edifício, a proximidade de uma obra de qualidade apresentava-se como um grande obstáculo, condenando ao fracasso desde o início toda tentativa desse gênero. Tal atitude contrariava radicalmente o ponto de vista em geral adotado pelos órgãos oficiais franceses[58], mas era lógica e coerente com o espírito criador de todas as grandes épocas. Assumida por Lúcio Costa, admirador fervoroso do passado e sensível aos seus valores mais do

---

56. Por outro lado, essa riqueza decorativa, essencialmente linear, fruto da alternância cuidadosamente calculada dos dois tipos de painéis vazados e dos *brise-soleil*, nada tem de capricho ornamental; ela se integra na ortogonalidade rigorosa que resulta da estrutura dos edifícios e ressalta a função de simples fecho que é devolvida às fachadas.

57. Cf. E. ROGERS, Il dramma del palazzo dell UNESCO, *Casabella-continuità*, n.º 226, abril de 1959, pp. 2-25. Aquilo que se sabe do caráter honesto, franco e meticuloso de Lúcio Costa não permite duvidar da veracidade desse depoimento essencial; os que o conhecem mal poderiam espantar-se com uma tomada de posição tão categórica por parte de um homem fundamentalmente modesto, mas isso seria esquecer que essa modéstia jamais impediu que Lúcio Costa defendesse vigorosamente sua atuação pessoal, todas as vezes que achasse essa atuação justificada.

58. Sobre esse assunto, cf. o artigo de PIERRE CHARPENTRAT, *Critique*, t. XXI, n.º 221, out. de 1965, pp. 864-874.

que qualquer outra pessoa, a atitude recebia uma força especial; para ele, o perigo de desfiguração não vinha da justaposição de obras de épocas diferentes, mas sim da eventual mediocridade das novas construções ou de sua não-adaptação ao meio; não era o princípio que era ruim, mas uma eventual falta de gosto em sua aplicação; daí a preocupação do arquiteto brasileiro em encontrar soluções formais adequadas às questões, às quais não fora dada uma resposta totalmente satisfatória pelos autores do anteprojeto. Aliás, as modificações feitas no anteprojeto, sugeridas por Lúcio Costa, foram o elemento decisivo que destruiu as últimas vacilações da comissão encarregada de pronunciar-se sobre a aceitação ou rejeição dos planos da equipe Breuer-Nervi-Zehrfuss. Assim, não é exagero afirmar que foi essencial a contribuição de Lúcio Costa durante a fase de gestação do edifício da UNESCO[59]; suas intervenções tiveram peso e suas sugestões revelaram-se construtivas, mostrando mais uma vez a coerência de suas idéias, a amplidão de suas opiniões e seu senso de arquitetura.

Durante essa mesma estadia na capital francesa, a pedido do embaixador Paulo Carneiro junto à UNESCO (que esperava logo ver concretizada uma antiga aspiração de seu país), Lúcio Costa elaborou um anteprojeto para o futuro pavilhão do Brasil na Cidade Universitária de Paris[60]. Esse projeto afinal não foi mantido, pois, conforme seu autor observou, não estava em conformidade com certas exigências dos regulamentos franceses e, conseqüentemente, não podia obter a licença de construção; ele serviu só como base de trabalho para o ateliê de Le Corbusier, fato que repetiu, inversamente, a situação ocorrida em 1936, para o Ministério da Educação do Rio. Foi, portanto, acertadamente que Lúcio Costa se recusou a ser considerado o autor do projeto realizado[61], projeto esse que retomava o volume previsto para o edifício principal e a disposição dos serviços anexos no térreo aos dois lados daquele edifício, mas modificando completamente a distribuição e o aspecto plástico. Aliás, o edifício construído (que não tem o mesmo valor de seu vizinho, o pavilhão suíço, de 1932) traz a marca do Le Corbusier do após-guerra: nem a tendência ao rude que pode ser sentida, nem a frieza, a austeridade do ambiente geral e, principalmente, dos quartos individuais, coincidem com o refinamento característico da obra do arquiteto brasileiro. Mas o que mais interessa nesse fato é a atitude de Lúcio Costa ao propor um anteprojeto "moderno" não só em espírito, como também banindo rigorosamente toda lembrança do passado. Demonstrava, dessa maneira, sua vontade em não se fechar em um sistema formal restrito e de adotar, em todas as ocasiões, o estilo que lhe parecesse mais conveniente para cada caso particular.

O projeto (não executado) feito em 1953 para a igreja do Forte de Copacabana (Fig. 97) é outro exemplo dessa flexibilidade: a grande abóbada em balanço, imaginada para libertar totalmente o espaço destinado ao culto, apoiava-se somente na cabeceira do edifício, deixando toda a liberdade para que o arquiteto escolhesse o fecho para os outros três lados; a parede erguida para esse fim chegava só a meia-altura; a parte superior ficava totalmente aberta ao norte, mas era fechada, ao sul, por painéis envidraçados, para protegê-la dos ventos violentos vindos do Atlântico; perfeitamente fun-

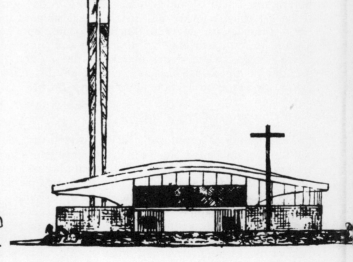

Fig. 97. Lúcio COSTA. *Igreja do Forte de Copacabana*. Rio de Janeiro. 1953. Projeto não executado.

cional em sua construção, essa obra deveria valorizar a flexibilidade do concreto armado e as audácias permitidas por esse material no campo das soluções formais; também não estava isento de um certo simbolismo, com sua cobertura em forma de concha, que lhe dava uma espécie de parentesco com o Forte vizinho, sem qualquer prejuízo do caráter espiritual. Assim, no caso em questão, pode-se encontrar pesquisas bem próximas das de Niemeyer, mas com uma preocupação marcante com a simetria, traço constante em Lúcio Costa.

59. É claro que seria ridículo pretender negar a Breuer, Nervi e Zehrfuss a paternidade do edifício da UNESCO, mas, como observou Rogers (*op. cit.*, p. 13), também não se deve esquecer o papel ativo dos cinco peritos internacionais durante a fase preliminar, a das grandes opções com vistas a uma solução geral.

60. Anteprojeto publicado em *CAPES, Boletim Informativo da Campanha Nacional de Aperfeiçoamento do Pessoal de Nível Superior*, n.º 3, fev. de 1953, pp. 9-11 (planta, elevação). Elevação das duas faces principais em L. COSTA, *Sobre Arquitetura*, p. 291.

61. L. COSTA, *ibid.*, p. 290 e 291.

Esse equilíbrio obtido pela simetria também era um dos motivos do outro anteprojeto para fins religiosos proposto por Lúcio Costa: o altar ao ar livre que seria erguido às margens da Baía da Guanabara, por ocasião do 36.º Congresso Eucarístico Internacional de 1955[62]. Por razões de ordem litúrgica, esse projeto inicial foi modificado pelos arquitetos Alcides Rocha Miranda, Elvin Mac Kay Dubugras e Fernando Cabral Pinto, encarregados da execução; mas foi respeitada a idéia original de Lúcio Costa, que consistia numa construção em madeira, muito simples, dominada por uma imensa vela que lembrava o meio de transporte que levou o catolicismo ao Brasil. A obra (Fig. 98), bem integrada na paisagem, muito pura formalmente, com uma nota simbólica de ordem poética, revelou-se um êxito, em-

Embora já tivesse demonstrado antes que, no que se refere a edifícios destinados a representar um papel monumental, só excepcionalmente apelava ao estabelecimento de vínculos espirituais com o passado, preferindo afirmar a independência total da arquitetura contemporânea, Lúcio Costa só pôde demonstrá-lo verdadeiramente, de modo notável e estritamente pessoal, com a construção de Brasília. Autor do plano piloto da nova Capital Federal, ao qual imprimiu uma majestade indiscutível, conservou a mesma inspiração nas duas construções essenciais do eixo monumental cujos projetos foram feitos por ele mesmo: a estação rodoviária no cruzamento dos eixos (1959) e a torre de televisão (1959-1965), elementos fundamentais da concepção urbanística, tanto funcional, quanto esteticamente. A

Fig. 98. A. ROCHA MIRANDA, E. MAC KAY DUBUGRAS e F. F. CABRAL PINTO. *Altar ao ar livre para o 36.º Congresso Eucarístico Internacional* (anteprojeto inicial de L. COSTA). Rio de Janeiro. 1955.

bora seu equilíbrio fosse menos perfeito do que nos desenhos iniciais de Lúcio Costa; com efeito, este havia projetado um conjunto mais compacto e tinha colocado a vela no eixo da baía, aproveitando a simetria natural criada, de um lado, pelo Pão de Açúcar e, de outro, pelas montanhas de Niterói.

62. *Brasil — Arquitetura Contemporânea*, n.º 6, 1955, p. 63 a 67 (desenhos de Lúcio Costa, fotos, planta, corte da obra realizada). H. MINDLIN, *op. cit.*, pp. 164 e 165 (fotos, planta, corte da obra realizada).

horizontal absoluta da Rodoviária sublinha a verticalidade da Torre, onde se misturam as duas técnicas básicas da arquitetura do século XX — concreto armado e metal. As duas obras formam uma composição unitária no panorama urbano, que elas contribuem para definir com suas linhas simples e claras, impondo-se a uma natureza que necessita ser dominada pela mão do homem para adquirir a grandeza desejada.

*
* *

Apesar da diversidade de seus aspectos e da distinção feita entre arquitetura privada, sutilmente ligada ao passado, e arquitetura pública, inteiramente moderna, a obra de Lúcio Costa apresenta uma unidade indiscutível. De fato, quaisquer que fossem os programas e os motivos intelectuais que determinaram o resultado final de cada caso particular, encontra-se um certo número de caracteres comuns ao conjunto das construções. O primeiro é uma preocupação permanente com o equilíbrio, sendo obtido por uma simetria sempre perceptível, embora freqüentemente relativa, oriunda dos contrastes e de um perfeito senso de proporções, bem como de repetições absolutas em torno de um único eixo. O segundo é a clareza e a simplicidade da composição, baseada na predominância de um volume puro estritamente geométrico, de horizontalidade acentuada e freqüentemente dominante. Por essa razão, o tratamento das fachadas assumiu uma importância fundamental e foi objeto da maior atenção; sem dúvida alguma, é no jogo pictórico das superfícies que Lúcio Costa revelou sua maior habilidade, mas sua arquitetura não pode ser chamada de bidimensional, pois nela se encontra a preocupação com a profundidade e com a interpenetração exterior-interior, conquista da época contemporânea. Enfim, essa arquitetura é sábia e trabalhada, fruto de uma cultura apurada, discretamente ressaltada, mas sempre perceptível. Em suma, é uma arquitetura racionalista e clássica em sua essência, que ilustra muito bem as teorias de seu autor.

Mas a maior originalidade de Lúcio Costa está na tentativa de síntese feita entre a arquitetura do século XX, de caráter internacional, e a tradição local. Já foi visto que se tratava de uma pesquisa consciente, resultado de um estudo atento da arquitetura luso-brasileira dos séculos XVII e XVIII. Comparando-se o programa proposto inicialmente e as aplicações práticas que dele resultam, percebe-se imediatamente que, dos seis pontos indicados por Lúcio Costa como sendo particularmente interessantes de serem observados nos edifícios civis antigos[63], nenhum foi totalmente rejeitado na prática; contudo a importância dada a cada um e as soluções passíveis de serem extraídas para a arquitetura contemporânea variaram consideravelmente. Com exceção da mobília, problema que não foi abordado pessoalmente por Lúcio Costa, que se limitou às questões estritamente arquitetônicas no campo da criação artística[64], todos os demais serviram ocasionalmente como fonte de inspiração, tendo o arquiteto explorado sobretudo o veio oferecido pelos telhados de telhas-canal incorporados a construções modernas e, mais ainda, pelos postigos, janelas e venezianas; especialmente estas últimas resultaram em variações notáveis, transpostas numa linguagem puramente atual, correspondendo a necessidades radicalmente novas, embora parcialmente permanentes. Ao lançar-se audaciosamente nessa direção, Lúcio Costa abria um novo caminho, que iria ter grande sucesso.

2. A INFLUÊNCIA DE LÚCIO COSTA E AS PESQUISAS PARALELAS DOS OUTROS ARQUITETOS BRASILEIROS

Pode-se dizer, sem risco de erro, que Lúcio Costa teve uma influência determinante. O prestígio que conquistou por suas tomadas de posição teóricas, expressas numa linguagem simples e clara, guiada por um pensamento coerente e original, reflete-se na importância que seus colegas davam à menor de suas realizações práticas. Todas as tentativas que fez para encontrar um vocabulário novo, que fosse ao mesmo tempo internacional e local, moderno e ligado ao passado, foram logo estudadas e serviram como fonte de inspiração a um movimento ativo de pesquisas nesse sentido, que é uma das características mais marcantes da nova arquitetura brasileira. Essa influência foi, ao mesmo tempo, profunda e difusa; nenhuma das correntes lhe escapou totalmente e todos os grandes arquitetos brasileiros foram de uma maneira ou de outra a ela sensíveis. Assim, o papel atribuído aos elementos vazados e ao jogo de persianas nas construções de Reidy, Moreira, Levi ou Bratke (para citar apenas alguns exemplos significativos) tem alguma relação com esta tendência. Mas, por enquanto, será dada ênfase apenas às obras que foram marcadas conscientemente por tais características e que se inscrevem indiscutivelmente na linha proposta por Lúcio Costa.

Essa linha de pensamento, que orientou um certo número de arquitetos, de modo algum levou a criações estereotipadas; pelo contrário, ela forneceu uma moldura flexível, capaz de resultar em numerosas variações em função da personalidade de cada arquiteto. Aliás, o papel particularmente importante dessas variações surge no fato de se poder distinguir dois grupos regionais nitidamente distintos, não só pelo distanciamento geográfico, como também pelo caráter diferente de sua arquitetura. De fato, o centro vital do país (o triângulo Rio de Janeiro—São Paulo—Belo Horizonte) não detém a exclusividade do movimento, e não é possível deixar de lado o desenvolvimento paralelo de uma escola original no Nordeste, onde Recife deu uma contribuição de grande interesse.

1. A Região Centro-Sul

O arquiteto que aproveitou as lições de Lúcio Costa de modo mais direto e o que mais se aproximou de seu espírito é, sem dúvida, Francisco Bolonha. Nascido em Belém do Pará em 1923 e formado pela Escola de Belas-Artes do Rio de Janeiro em 1945, Bolonha teve um sucesso rápido. Já em 1949-1950, a casa de campo do embaixador Hildebrando Accioly, em Petrópolis[65], transformou-o numa figura de destaque. A ocasião era excepcional e prestava-se admiravelmente a uma tentativa de síntese entre presente e passado: o programa previa uma vasta moradia, onde nem o espaço, nem os meios financeiros eram medidos com parcimônia;

---

63. Cf. *supra*, p. 124.

64. Aliás o que não o impediu de se interessar pela evolução do mobiliário luso-brasileiro, assunto sobre o qual publicou um importante artigo na *Revista do S.P.H.A.N.*, n.º 3, 1939, pp. 149-162, republicado em L. COSTA, *Sobre Arquitetura*, pp. 97-110.

65. *Architecture d'aujourd'hui*, n.º 42-43, agosto de 1952, pp. 18-21 (fotos, plantas, cortes). *Habitat*, n.º 25, nov.-dez. de 1955, pp. 54-55 (fotos, plantas). *Brasil — Arquitetura Contemporânea*, n.º 10, 1957, pp 22-25 (fotos, planta). H. MINDLIN, *op. cit.*, pp. 40-41 (fotos, planta, corte da casa) e pp. 162-163 (fotos, planta, cortes da capela). Ao contrário da indicação cronológica que figura no livro, a capela foi construída em 1950, ao mesmo tempo que a casa; só a decoração é de 1954.

comportava até mesmo uma capela particular, como nas antigas casas-grandes, e o ambiente rural era equivalente aos das grandes plantações da região, do século anterior. Bolonha aproveitou plenamente essas circunstâncias favoráveis. Inspirou-se na obra de Lúcio Costa, mas deu à sua arquitetura uma expressão pessoal diferente. Impõe-se uma comparação com o hotel do Parque em Nova Friburgo, que também estava isolado em meio a uma paisagem de montanhas: encontra-se a mesma procura do caráter rústico, ao mesmo tempo autêntica e requintada, o mesmo emprego dos processos primitivos, especialmente na galeria toda de madeira que liga o bloco habitacional à capela (Fig. 100), o mesmo contraste entre as paredes de pedra bruta da sala de estar e as cores lisas do revestimento das paredes comuns de alvenaria, o mesmo uso de telhados de uma só água de

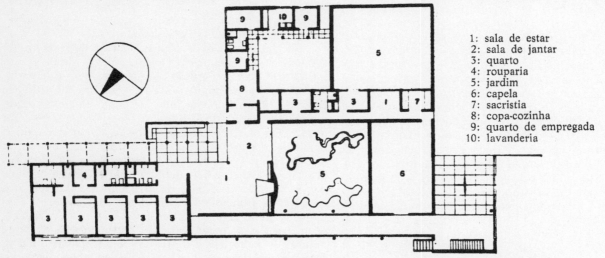

1: sala de estar
2: sala de jantar
3: quarto
4: rouparia
5: jardim
6: capela
7: sacristia
8: copa-cozinha
9: quarto de empregada
10: lavanderia

Fig. 99. Francisco BOLONHA. *Casa de campo de Hildebrando Accioly*. Petrópolis. 1949-1950. Planta.
Fig. 100. Francisco BOLONHA. *Casa de campo de Hildebrando Accioly*. Petrópolis. 1949-1950.

141

telhas-canal. Quanto à capela, com seus fechos laterais compostos por venezianas de correr, lembra os terraços-varandas colocados nas extremidades da casa do Barão de Saavedra. Em compensação, a disposição adotada por Bolonha é totalmente diferente daquela preferida por Lúcio Costa; já notamos a preferência deste pela planta em bloco (mesmo quando optava pela solução do pátio), bem como sua preocupação com uma composição volumétrica pura que permitisse apreender imediatamente todo o edifício. Nada disto ocorre na obra de Bolonha: a casa Accioly é um conjunto complicado (Fig. 99), agrupando várias construções ordenadas de acordo com sua função e habilmente interligadas por elementos complementares, como a galeria mencionada acima. A organização é racional, mas a articulação corresponde a um jogo de imaginação bem distante do rigor formal e da lógica imperiosa que presidem as realizações de Lúcio Costa. Também não se encontra mais a fusão espiritual entre as técnicas antigas e modernas que este havia conseguido: é verdade que as estruturas de madeira e de alvenaria tradicional estão lado a lado com terraços de concreto armado, mas se trata mais de uma justaposição do que de uma completa integração num conjunto unitário. Deve-se também observar o jogo de cores a que o arquiteto se entregou em toda a casa, especialmente na capela: o azul das venezianas de correr opõe-se, no exterior, ao rosa das paredes que as prolongam, enquanto no interior, uma grande pintura de Emmeric Marcier cobre todo o painel de fundo atrás do altar. Esse é um traço característico que denuncia o gosto de Bolonha por uma arquitetura de tons quentes, ricamente decorada e que acolhe favoravelmente a colaboração das demais artes.

Francisco Bolonha pôde desenvolver essa tendência nas construções que realizou a partir de 1951 em Cataguases, Minas Gerais, que se revelou como um local ativo de desenvolvimento para a nova arquitetura brasileira, graças ao apoio de um poderoso industrial e mecenas local, Francisco Peixoto. Já em 1943, este havia confiado a Niemeyer a tarefa de construir sua casa, dando-lhe depois várias outras tarefas; também foram chamados outros jovens artistas e Bolonha fazia parte deste grupo privilegiado. Então, a influência de Niemeyer veio juntar-se à de Lúcio Costa, numa interessante tentativa de síntese pessoal: as preocupações plásticas resultantes do jogo de volumes, as pesquisas espaciais, a abundância da decoração pintada, desenhada ou esculpida[66], integradas nas formas novas dos edifícios não impediram que Bolonha recorresse aos processos tradicionais, sempre que estes se adaptavam bem aos imperativos funcionais, nem impediram que ele estabelecesse, por outros meios, um vínculo com o passado. No orfanato Dom Silvério[67], a parte coberta do pátio interno é constituída por um telhado de telhas-canal, suportado por colunetas finas e elegantes; em compensação, no hospital[68], a cobertura é feita com uma técnica puramente contemporânea, mas foi proposital a escolha de placas de fibro-cimento cujas arestas onduladas e inclinações lembram de modo notável o traçado dos antigos telhados de telhas[69]; da mesma forma, as enormes grades com compartimentos de correr que ocupam um lugar importante nas fachadas frontal e posterior das duas obras, desempenham, assim como na obra de Lúcio Costa, o papel de intermediários entre a arquitetura brasileira de hoje e a tradição local, a cujo espírito dão prosseguimento.

As mesmas características marcaram o conjunto residencial da Ilha de Paquetá[70], embora desta vez se tratasse de uma construção barata, feita para o departamento de casas populares da Prefeitura do Rio de Janeiro (1952). Bolonha, que até então só tinha lidado com realizações onde as limitações econômicas não eram levadas em conta, demonstrou nessa ocasião sua aptidão para resolver com autoridade as dificuldades resultantes de um programa oposto. O encanto dessas construções provém de sua simplicidade absoluta: materiais baratos, dentre os quais as placas de fibro-cimento dos telhados e as várias treliças de madeira pintadas de azul, contribuem para criar a atmosfera desejada, a pureza geométrica das linhas gerais, o respeito ao ambiente natural de palmeiras e outras árvores tropicais onde se inserem discretamente os dois blocos perpendiculares, dispostos racionalmente no triângulo retângulo do terreno — esses são os elementos fundamentais de uma composição que corresponde impecavelmente aos objetivos desejados[71].

Francisco Bolonha, portanto, utilizou os mesmos meios que Lúcio Costa e, como ele, teve êxito em estabelecer um vínculo íntimo com o passado nas criações tipicamente contemporâneas; assim como em Lúcio Costa, esse vínculo não se deve unicamente ao emprego de processos antigos de construção ou de certos elementos freqüentes na arquitetura colonial luso-brasileira, mas também a um parentesco de espírito. A implantação dos edifícios no terreno, de modo a pô-los em destaque sem ferir a natureza, e sua horizontalidade absoluta[72] contribuem ativamente para essas afinidades internas entre dois estilos pertencentes a épocas diferentes. Apesar de as preocupações comuns que unem suas obras e de seu racionalismo fundamental, a arquitetura de Bolonha e a de Lúcio Costa não se confundem; a de Bolonha é mais inesperada e variada nas formas, mais rica principalmente na decoração; é verdade que ela não atinge nem a pureza clássica e unidade da arqui-

---

66. Os artistas que colaboraram com Bolonha em Cataguases são Emmeric Marcier (pintura mural da Capela São José do Orfanato Dom Silvério), Anísio Medeiros (azulejos da fachada do mesmo orfanato), Cândido Portinari e Américo Braga (composição mural em azulejos do monumento de José Inácio Pessoa), Bruno Giorgi (escultura do mesmo monumento).

67. *Habitat*, n.º 52, jan.-fev. de 1959, pp. 1-3 (fotos).

68. *Architecture d'aujourd'hui*, n.º 42-43, agosto de 1952, pp. 86-87 (fotos, planta). H. MINDLIN, *op. cit.*, pp. 146-147 (planta, fotos).

69. A iniciativa dessa descoberta pertence a Marcelo e Milton Roberto, em sua colônia de férias da Tijuca, em 1944 (cf. *supra*, p. 143).

70. *Architecture d'aujourd'hui*, n.º 42-43 cit., pp. 22 e 23 (fotos, plantas, corte). *Habitat*, n.º 18, set.-out. de 1954, pp. 17-19 (fotos, plantas, cortes). *Arquitetura e Engenharia*, n.º 34, jan.-mar. de 1955, pp. 2-7. H. MINDLIN, *op. cit.*, pp. 130-131 (fotos, planta).

71. Só é pena que a conservação dos edifícios tenha deixado a desejar, contribuindo para lhes dar, hoje, um aspecto um pouco deteriorado.

72. A preferência de Bolonha pelos edifícios mais extensos em comprimento a fim de assegurar um contato mais completo com a natureza aparece em suas casas, onde os andares acima do térreo foram na medida do possível banidos: na casa Klabin no bairro de Cosme Velho, no Rio (*Habitat*, n.º 25, nov.-dez. de 1955, pp. 60-62, planta, fotos). *Brasil — Arquitetura Contemporânea*, n.º 10, 1957, pp. 26-29, (fotos, planta); casa de montanha em Itaipava, perto de Petrópolis (*Habitat*, n.º 53, mar.-abr. de 1959, pp. 9-11, fotos).

tetura de Lúcio Costa, nem a força de invenção plástica da arquitetura de Niemeyer; porém, sempre perfeitamente funcional e de altas qualidades intrínsecas, procurando uma síntese entre as principais correntes locais, oferece um dos exemplos mais característicos da nova arquitetura brasileira.

Não nos demoraremos nas numerosas construções que seguiram o caminho aberto por Lúcio Costa. Limitar-nos-emos a citar algumas realizações típicas das diversas tendências que daí resultaram e das possibilidades de desenvolvimento geradas por ele. Já foi constatada a presença em Lúcio Costa e também em Bolonha de duas correntes: uma visando a explorar as condições locais ao acentuar o caráter rústico, outra procurando um vocabulário novo, fruto da técnica contemporânea, que, embora inteiramente diferente daquele utilizado no passado, inscreva-se na mesma linha e o lembre sutilmente. Ambas as tendências alcançaram grande sucesso; às vezes elas estão estreitamente inseridas na obra de um só arquiteto ou até numa mesma obra, mas, no conjunto, permanecem autônomas, e não é arbitrário distingui-las e estudá-las separadamente.

O exemplo mais representativo da primeira corrente é sem dúvida a casa de fim-de-semana que o arquiteto Carlos Frederico Ferreira[73] construiu para si mesmo, em 1949, nas montanhas perto de Nova Friburgo. Como no hotel do Parque São Clemente, utilizou-se de troncos apenas desbastados para a estrutura, telhas-canal para o telhado e pedras brutas talhadas de modo grosseiro para algumas paredes, mas a semelhança pára aí; o edifício não tem nada do requinte aristocrático específico do edifício de Lúcio Costa. Seu proprietário queria, antes de mais nada, uma construção tão barata quanto possível, que oferecesse um conforto simples para estadias não prolongadas; assim, não hesitou em retomar, para a maioria das paredes, a técnica do pau a pique, técnica aliás ainda hoje muito difundida nas zonas rurais do interior do Brasil. Ele demonstrou assim que se podia realizar, com pouco dinheiro, utilizando apenas processos tradicionais, uma arquitetura que no plano plástico, nada ficava a dever ao passado, uma arquitetura sem grandes pretensões, é verdade, mas bem integrada num contexto selvagem e que correspondia exatamente às necessidades manifestadas.

Mas a casa de Ferreira é um caso limítrofe raramente alcançado. A tendência rústica, que se desenvolveu principalmente na região montanhosa perto do Rio de Janeiro, em geral é menos absoluta, tanto no plano material, quanto no da estética pura: não hesitou em misturar materiais antigos com técnicas atuais, nem em dar às construções uma espécie de laço familiar com as obras semelhantes dos séculos anteriores, como na grande casa construída por volta de 1960, em Teresópolis, por Marcos Vasconcelos[74].

Era natural que a corrente rústica só se desenvolvesse em regiões rurais, especialmente no setor das casas de campo. Em compensação, a outra tendência não teve essas limitações. Como já foi dito, todos os grandes arquitetos brasileiros foram mais ou menos influenciados por ela; citaremos apenas uma obra de qualidade, feita pelos irmãos Roberto, que cronologicamente foi uma das primeiras do gênero, e duas realizações recentes bem menos conhecidas, com um espírito um pouco diferente, que abrem novas perspectivas para o futuro.

A colônia de férias situada na zona rural do bairro da Tijuca no Rio foi projetada por Marcelo e Milton Roberto em 1943 e construída no ano seguinte[75]. Portanto, desta vez não se pode falar numa influência de Lúcio Costa, mas sim de pesquisas que se desenvolveram paralelamente e que aliás, não se cruzam. É interessante comparar esse edifício (Fig. 101) com o hotel do Parque São Clemente, ainda mais quando a situação topográfica e o programa das duas obras apresentavam, de início, evidentes semelhanças. Une-os um estreito parentesco: a mesma disposição geral da planta e das elevações, a mesma forma do telhado, a mesma horizontalidade do conjunto, os mesmos jogos de luz e sombra, de cheios e vazios. Mas há uma diferença fundamental: os irmãos Roberto utilizaram, tanto para a estrutura, quanto para a cobertura, materiais artificiais estritamente contemporâneos[76], o que dá à sua colônia de férias um aspecto completamente diferente do hotel do Parque; as afinidades com a arquitetura luso-brasileira são menos diretas, mas permanecem profundas. Sem dúvida alguma esse edifício, rapidamente divulgado e admirado, também exerceu uma influência essencial, embora tenha correspondido a uma fase transitória da obra dos Roberto, logo atraídos por pesquisas novas.

Pode-se perguntar se uma aproximação entre a arquitetura contemporânea e a tradição local, mesmo baseada em critérios diferentes dos critérios apenas formais, não iria chegar, no fundo, a um beco sem saída; não se trataria de um movimento um pouco nostálgico, que reflete um estado passageiro da sociedade e da economia brasileiras? Não se opõe ele aos problemas que a arquitetura de hoje iria ter de resolver, num futuro próximo, com as transformações rápidas que sofria o país? Seria ele capaz de adaptar-se à era da construção industrial que mais cedo ou mais tarde iria seguir-se ao período artesanal de que o Brasil ainda não tinha verdadeiramente saído? Como já foi visto, a resposta a essas perguntas foi esboçada por Lúcio Costa nos prédios do Parque Guinle, onde as paredes de elementos vazados, apesar da aparente diversidade, eram constituídas por elementos padronizados; mas ainda não tinha abordado o problema da pré-fabricação no campo de estrutura. Assim, é interessante examinar duas tentativas recentes nesse sentido.

A primeira é a casa toda de madeira proposta por Sérgio Rodrigues e sua equipe[77]. Composta de uma estrutura externa, onde são fixados painéis impermeáveis

---

73. *Arquitetura e Engenharia*, n.º 28, out.-dez. de 1953, pp. 48-49. H. MINDLIN, *op. cit.*, pp. 32-33 (planta, corte, fotos).
74. *Módulo*, n.º 22, abril de 1961, pp. 27-29 (fotos, planta).

75. *Architecture d'aujourd'hui*, n.º 13-14, set. de 1947, pp. 53-58. *Architectural Forum*, nov. de 1947. *Architectural Review*, dez. de 1947. H. MINDLIN, *op. cit.*, p. 108 a 109 (plantas, fotos).
76. Mas sem rejeitar totalmente os materiais naturais: pedra e principalmente madeira; esta é usada para o vigamento do telhado e para as venezianas de correr que servem de *brise-soleil* no andar principal. Essas venezianas desempenham um papel importante na fachada e foram a origem de pesquisas plásticas que os irmãos Roberto iriam a seguir ampliar consideravelmente.
77. *Módulo*, n.º 23, junho de 1961, pp. 26-29 (fotos, plantas).

de madeira compensada, esse edifício experimental pode ser montado e desmontado com muita facilidade; todos os elementos, cujas dimensões foram calculadas em função de um módulo básico, podem ser fabricados em série (se a demanda for suficiente) e dispostos de modo a oferecer três tipos diferentes de casa, com uma

neira a questão do estacionamento, muito difícil nessa zona. Por conseguinte, trata-se de um programa sem relação alguma com os programas de outrora, tratado em função das possibilidades e necessidades contemporâneas. Os materiais básicos são produtos industriais comuns, o que tornou possível que o edifício fosse

Fig. 101. M. M. M. ROBERTO. *Colônia de Férias na Tijuca*. Rio de Janeiro. 1944.

superfície habitável maior ou menor, segundo as necessidades. Ora, frente a essa construção engenhosa, de estilo totalmente moderno e correspondendo às exigências de nosso tempo, não se pode deixar de pensar no papel fundamental tradicionalmente desempenhado pelas estruturas de madeira no plano local e não é lícito perguntar se as pesquisas empreendidas por Sérgio Rodrigues não foram influenciadas, consciente ou inconscientemente, pelo passado de seu país?

Mas não há dúvida alguma quanto à agência do Banco da Bahia (1965-1966) construída em São Paulo por Ennes Silveira Mello[78]. Situada à Rua Augusta, a artéria mais elegante da cidade, no centro do bairro da Avenida Paulista que tende a transformar-se no grande centro empresarial, essa filial apresenta a vantagem de permitir que os usuários efetuem as operações financeiras desejadas sem ter de sair do carro, segundo o sistema usado nos Estados Unidos, evitando dessa ma-

terminado em apenas oito meses, incluindo a preparação do terreno; se necessário, a estrutura metálica pode ser facilmente desmontada para uma eventual reconstrução em outro local. Mas o arquiteto não se limitou a resolver os problemas funcionais, ele deu a sua obra um estilo que a liga intimamente ao solo onde nasceu, graças a alguns artifícios que tiveram resultados notáveis. A expressão do edifício (Fig. 102) provém, antes de mais nada, de enormes vigas paralelas muito salientes que suportam o piso do andar superior e a cobertura deste; se tivessem sido deixadas aparentes, sem dúvida alguma elas teriam assumido um caráter agressivo, mas bastou um revestimento de madeira muito bonita para suavizar o conjunto e assegurar-lhe um equilíbrio pelo contraste entre materiais brutos e materiais de luxo; ora, o revestimento de madeira, junto com o telhado de beirais salientes formado por elementos justapostos e inversamente superpostos de fibro-cimento de seção semicircular[79], contribui ativamente para estabelecer uma liga-

---

78. *Acrópole*, n.º 333, out. de 1966, pp. 31-35 (fotos, plantas).

79. Esse processo, que retoma, com materiais modernos, o princípio dos telhados em telhas-canal, estava mais próximo da técnica tradicional sendo, ao mesmo tempo, mais flexível para ser empregado do que as placas onduladas de fibro-cimento. Um dos arquitetos brasileiros que o utilizou de modo mais amplo foi Sérgio Bernardes (cf. *infra*, p. 290).

ção psicológica com a tradição luso-brasileira. E, apesar disso, o único relacionamento técnico e formal que se pode encontrar entre a arquitetura das duas épocas reside no processo utilizado para a cobertura; ainda é preciso observar que, desta vez, desapareceram até mesmo o vigamento e a inclinação clássicas, cedendo

propriamente dita foi limitada, mas atingiu profundamente a decoração e a mobília, onde a moda do pseudocolonial faz furor desde 1962. Essa situação traz algum perigo, mas também é favorável ao desenvolvimento da tendência que foi estudada e que, mais do que nunca, parece-nos inteiramente atual e destinada a

Fig. 102. E. SILVEIRA MELLO. *Agência do Banco da Bahia*. São Paulo. 1965-1966.

lugar a um telhado que repousa diretamente na estrutura propriamente dita.

Portanto, a corrente que visa aproximar a arquitetura contemporânea daquela que se desenvolveu no Brasil nos séculos XVII e XVIII está muito viva e é passível de desenvolvimentos futuros; de modo algum ela é incompatível com uma arquitetura industrializa que apela à pré-fabricação ou à fabricação em série dos elementos básicos. Longe de ser monolítica e esclerosada, ela oferece toda uma gama de variações e se adapta aos programas mais diversos, rurais ou urbanos. Além do mais, é uma das melhores respostas ao perigo, não totalmente afastado, de se voltar a copiar os estilos do passado; com efeito, ultimamente reapareceu o gosto pelo neocolonial e um grande número de casas desse tipo foi construído há pouco, outras foram transformadas para esse estilo por construtores unicamente preocupados em responder aos desejos de sua clientela; é verdade que essa volta, no que se refere à arquitetura

um grande futuro se os arquitetos brasileiros souberem aproveitar os trunfos que têm nas mãos.

2. O Nordeste

Pode-se pensar que a região que, na época colonial, foi o centro principal de atividades do país e, ainda hoje, conserva as mais ricas realizações arquitetônicas da época teria oferecido um terreno especialmente bem adaptado para a implantação de um arquitetura contemporânea que não renegasse os vínculos evidentes com o passado. Não foi exatamente isso que aconteceu, pois só a zona de Pernambuco e arredores apresentou realmente um movimento atuante nesse sentido.

De fato, a primeira constatação que se impõe é que nada disso ocorre na antiga capital do Brasil colonial, Salvador. Sem dúvida alguma, existe o célebre edifício Caramuru (de 1946), que deve sua reputação internacional ao engenhoso *brise-soleil* composto de grades e venezianas que cobrem as duas fachadas que dão

145

para a rua[80], mas seu autor, Paulo Antunes Ribeiro, é carioca de cepa, nascido, formado e fixado no Rio de Janeiro, embora tendo construído muito no Estado da Bahia[81]. Aliás, sua atuação continua sendo um fato isolado, já que o mesmo caminho não foi trilhado nem pelos arquitetos baianos, como Diógenes Rebouças, nem por seus colegas cariocas ativos em Salvador, como José Bina Fonyat. Contudo, deve-se assinalar a experiência interessante de Gilberet Chaves quando restaurou e transformou a casa de Jorge Amado, no bairro do Rio Vermelho[82]. Decidido a criar uma arquitetura tipicamente baiana, ao mesmo tempo simples e aristocrática, misturou com habilidade antigo e moderno; conseguiu dar ao conjunto um aspecto atual, utilizando apenas materiais tradicionais locais; na decoração, particularmente cuidada, fez uma síntese entre os azulejos autênticos da época colonial, a arte popular e a arte erudita dos principais pintores e escultores da Bahia de hoje[83]. É evidente que Chaves se viu perante condições excepcionais, permitidas pelas possibilidades econômicas e os relacionamentos pessoais de quem encomendou a tarefa; mas o resultado não deixa de ser notável e o arquiteto conseguiu criar um ambiente muito bem-sucedido, onde a nota principal é dada pela cor local, mas sem que haja nisso o menor artifício: perfeitamente adaptada ao clima e ao meio, a casa reflete fielmente a atmosfera que convém a seu proprietário, profundamente vinculado a sua terra natal, fonte de sua inspiração, ou mesmo, a suas origens sociais, quer queira, quer não, mas não deixando por isso de viver no presente e em função do presente.

Muito mais do que Salvador, é Recife que figura como a verdadeira capital do Nordeste brasileiro. Numerosos fatores contaram para isso. O primeiro é a situação no centro de uma zona de população extremamente densa, onde, na época colonial, desenvolveu-se a principal cultura brasileira, a cana-de-açúcar, que ainda hoje conserva um papel importante, apesar de ter indiscutivelmente declinado. O poder aquisitivo da maior parte dos habitantes, que vivem em extrema miséria, não é por certo considerável, mas o refluxo do excesso de mão-de-obra para as aglomerações urbanas favoreceu o crescimento destas e, principalmente, de Recife, que se tornou uma grande metrópole industrial e, mais ainda, comercial. Esse desenvolvimento rápido foi encorajado pelo isolamento quase completo da região em relação ao resto do país e pela autonomia daí resultante[84]. A posição geográfica da cidade, suas tradições econômicas e culturais (estas de um nível especialmente elevado) voltavam-na para contatos diretos com a Europa e Portugal, muito mais do que com o Rio de Janeiro e o Sul do Brasil. Assim, não é de espantar que, ao contrário do que aconteceu na Bahia que permaneceu na dependência do Rio, em Pernambuco tenha surgido um movimento arquitetônico atuante, obra de arquitetos que se fixaram no Recife e procuraram resolver no próprio local os problemas ali existentes[85].

De fato, as condições eram diferentes daquelas encontradas mais ao Sul, na região do Rio de Janeiro ou até mesmo de Salvador. Para começar, o clima era muito mais quente; assim, impunham-se duas soluções: o ar condicionado ou a ventilação natural facilitada pela regularidade das temperaturas médias e pela existência regular de uma brisa marinha capaz de ser captada por uma boa orientação; não tendo de se preocupar com qualquer proteção contra o frio, os arquitetos podiam efetivamente elevar paredes vazadas que deixassem passar livremente o ar, ao mesmo tempo em que mantinham a intimidade dos interiores; isto foi feito retomando-se e dando-se um grande desenvolvimento ao processo elaborado anteriormente por Luís Nunes[86]. A clientela também não era exatamente a mesma da região Centro-Sul: ao contrário do que tinha acontecido em 1935-1937, foi fraco o apoio dos poderes públicos e os novos edifícios foram construídos por sociedades privadas ou por particulares; assim, não é de espantar que tais edifícios pertençam somente a duas categorias: grandes prédios de escritórios ou apartamentos e casas; e, como se tratava quase sempre de clientes com vastas possibilidades econômicas, muitas dessas realizações assumiram um caráter luxuoso, seja pelo desejo das pessoas de terem grande conforto em suas residências ou por quererem impressionar seus concidadãos por um inegável aspecto de riqueza.

A renovação da arquitetura em Recife é relativamente recente se for deixado de lado o episódio Luís Nunes de 1935 a 1937. De fato, ela ocorreu apenas depois de 1950 e deveu-se ao estabelecimento, na capital de Pernambuco, de dois jovens arquitetos, um vindo do Rio, outro de Portugal: Acácio Gil Borsoi e Delfim Amorim.

Embora Borsoi (nascido em 1924) seja, sem dúvida, o mais conhecido no plano brasileiro, sua obra não será examinada com detalhes, pois ele não se integra na linha que nos interessa no momento. Sua arquitetura é mais influenciada pela de Reidy e Niemeyer, do que pela de Lúcio Costa; mas ela se destaca por um cuidado particular na escolha de materiais: atribui-se um papel importante ao tijolo aparente e à madeira, enquanto

---

80. *Architecture d'aujourd'hui*, n.º 42-43, agosto de 1952, pp. 24-26 (fotos, plantas). *Architectural Review*, vol. 116, out. de 1954, pp. 246. H. MINDLIN, *op. cit.*, pp. 212-213. Quando foi construído, esse prédio era um dos poucos edifícios altos da cidade baixa de Salvador, chamando a atenção e sendo um dos pontos de destaque do panorama que se via da cidade alta; hoje, desapareceu num mar de obras mais altas do que ele e é preciso procurá-lo com cuidado para conseguir encontrá-lo.

81. Entre outras, deve-se assinalar a filial do Banco da Bahia em Ilhéus (*Architecture d'aujourd'hui*, n.º 42-43, pp. 40-45, fotos, plantas, elevação), onde a divisão do pano de vidro do térreo em pequenos retângulos verticais contribui para estabelecer um vínculo com o passado.

82. *Módulo*, n.º 33, junho de 1963, pp. 25-29 (fotos).

83. Foi particularmente importante o papel desempenhado pelo escultor Mário Cravo, já que é a ele que se deve o desenho abstrato das grades que formam a varanda, cômodo essencial da casa, tanto interna quanto externamente.

84. A viagem por terra ainda hoje é uma aventura, apesar da crescentecente importância do tráfego, pois as estradas não são asfaltadas e é impossível passar durante boa parte do ano. O avião só resolve o transporte de passageiros e as tarifas elevadas são um obstáculo às trocas freqüentes. Enfim, a viagem por mar não tem a importância que deveria ter, já que inexiste uma verdadeira frota brasileira de cabotagem.

85. Naturalmente, existem exceções, como Lygia Fernandes, nascida no Maranhão e instalada no Rio de Janeiro, autora da esplêndida residência do Dr. Paulo Netto, em Maceió. Aliás, essa residência inscreve-se inteiramente na mesma linha arquitetônica carioca de Lúcio Costa e seus seguidores. Cf. *Arquitetura e Engenharia*, n.º 35, abril-junho de 1955, pp. 12-15; *Habitat*, n.º 31, junho de 1956, pp. 67-69; H. MINDLIN, *op. cit.*, pp. 62-63 (fotos, plantas).

86. Cf. *supra*, p. 79.

complementos das estruturas de concreto armado e dos panos de vidro[87].

Delfim Amorim, é um caso diferente. Esse português, nascido em 1917 e formado pela Escola de Belas-Artes do Porto em 1945, veio fixar-se em Recife em 1951. Suas primeiras obras, inspiradas pelo espírito e pela doutrina de Le Corbusier, conservaram um ar europeu e uma certa frieza: o rigor geométrico da Casa Lages (de 1954) e o emprego exclusivo de materiais artificiais ligavam-se intimamente ao estilo internacional do período entre as duas grandes guerras — refletiam a desconfiança dos arquitetos do Velho Mundo, partidários do movimento racionalista, por tudo que não fosse inteiramente novo; de fato, ali, o combate não estava definitivamente ganho como nos Estados Unidos. O ambiente brasileiro, porém, logo modificou o estilo de Amorim e fez com que ele compreendesse o perigo de posições teóricas abstratas muito absolutas, que não levavam em consideração as circunstâncias particulares; a atitude de desafio adotada em Portugal frente à arquitetura tradicional de seu país, impediu que apreciasse as suas qualidades, mas essa atitude não tinha mais sentido no Brasil, onde esse estádio já tinha sido superado; além disso, o clima de Recife, terrivelmente quente e úmido e que, consequentemente, trazia grandes problemas para a conservação dos edifícios, encarregou-se de demonstrar-lhe que seus ancestrais muitas vezes tinham encontrado soluções mais adequadas ao local do que aquelas propostas pelos grandes mestres europeus do século XX. Assim, reformulou totalmente as idéias que trazia na bagagem engajando-se decididamente em novas pesquisas.

Contudo, evitou abandonar as técnicas da época atual; continuou fiel à estrutura em concreto armado, não a substituindo jamais por estruturas de madeira como faziam Lúcio Costa e seus seguidores; é verdade que estes, ao agirem assim, não transgrediam os grandes princípios do racionalismo, mas Amorim, mais severo do que eles, não se deixou tentar pelo requinte da rusticidade. Também não renunciou à laje de concreto como cobertura, mesmo em simples residências; esforçando-se para corrigir os defeitos que ela apresentava nessa latitude. De fato, o terraço tinha três grandes inconvenientes: dificuldade de escoamento da água e conseqüentes riscos de infiltração na estação das chuvas, perigo de fissuras sob a ação contínua do sol forte, baixo grau de isolamento térmico do concreto, que transmitia o calor recebido; assim, as medidas de proteção e de conservação tornavam o processo pouco rentável e de interesse duvidoso, ao menos quando não se tratava de grandes edifícios onde outras vantagens podiam, conforme o caso, oferecer uma compensação válida. O problema foi resolvido por Amorim de modo muito engenhoso; tendo ouvido dizer que Lúcio Costa tinha tido a idéia de colocar um telhado de telhas-canal sobre uma laje de concreto, mas sem saber se essa idéia tinha sido posta em prática, decidiu fazer uma experiência nesse sentido e constatou que se tratava de uma solução excelente: a circulação do ar entre as telhas e a laje provou ser suficiente para assegurar o resfriamento desta, de um lado evitando sua dilatação e os conseqüentes riscos e do outro, tornando desnecessário revesti-la internamente com materiais isolantes. Assim, essa laje podia servir de teto e assumir diferentes aspectos: nua, ela convinha a um ambiente austero; mas bastava recobri-la com placas de madeira encerada para transformar a atmosfera, dar-lhe mais calor e até um aspecto luxuoso. Por outro lado, sua inclinação, que retomava o pequeno declive do velho telhado português, criava internamente jogos de espaço tipicamente contemporâneos e prestava-se ao estabelecimento de uma ventilação cruzada. Por conseguinte, esse sistema era plenamente satisfatório, não só do ponto de vista econômico e funcional, como também do ponto de vista plástico. Um exemplo significativo é a residência de Carlos Fernandes (de 1964); a simbiose da técnica moderna e de certos elementos antigos que se incorporam naturalmente a essa técnica encontra-se na estética: as telhas-canal, a parede de elementos vazados da entrada que desempenha o papel de uma imensa gelosia, a importância atribuída à madeira como material decorativo são lembranças do passado, mas tão bem transpostas e integradas numa composição estritamente contemporânea que dela emana uma força evocativa que nada tem de nostálgica, e sim acrescenta um encanto inegável a essa arquitetura.

Outro inconveniente do clima quente e úmido do Recife é a rápida alteração dos revestimentos; estes exigem contínuas mãos de tinta para lutar contra a ação devastadora da água, do sol e mais ainda do mofo, que logo recobre as paredes com manchas pretas, das quais nem mesmo o concreto consegue escapar. Também aqui Amorim tomou de empréstimo a solução das construções antigas; começou a cobrir todas as paredes dos grandes imóveis por ele construídos depois de 1960, com azulejos, processo que sem dúvida era caro, mas permitia praticamente evitar as grandes despesas de manutenção[88]. Pode-se argumentar que essa atitude não foi só de Amorim e que os arquitetos cariocas vinham seguindo essa política desde o Ministério da Educação e Saúde, por instigação de Le Corbusier. Assim, podia ser que essa inspiração não fosse nem direta, nem especificamente tradicional; mas enquanto Niemeyer, Reidy e outros limitavam o emprego de painéis de azulejos a certas paredes privilegiadas cuja falta de função estrutural desejavam sublinhar e enquanto estes concebiam esses painéis como grandes afrescos cujo desenho era confiado a artistas de primeiro plano,

---

87. Porém o interesse de Borsoi pelas técnicas do passado e a falta de qualquer opinião preconcebida «modernista» aparece num projeto (1963): a comunidade rural de Cajueiro Seco, em Pernambuco. Achando que o único modo de combater a miséria da população local era a elaboração de um processo que permitisse aos habitantes construírem eles mesmos suas casas ao lhes serem fornecidos os elementos indispensáveis, Borsoi teve a idéia de voltar ao processo tradicional do pau a pique: elaborou um sistema de racionalização e de pré-fabricação dos painéis de estrutura; estes painéis, assim como o equipamento sanitário mínimo previsto, foram fornecidos pela cooperativa formada para este fim; para a cobertura, utilizou rolos de palha trançada igualmente preparados de antemão e em série. Dessa maneira, conseguiu oferecer casas acessíveis àquela população, dotadas de um conforto relativo mas suficiente em relação às condições climáticas e ao desenvolvimento econômico e mental dos beneficiários. Cf. *Mirante das Artes*, n.º 2, pp. 20-23 (plantas, fotos, desenhos).

88. Aliás, os regulamentos locais exigem que todo edifício importante tenha uma determinada superfície reservada às artes plásticas, razão pela qual, nas grandes construções do Recife, encontram-se grandes afrescos ou mosaicos: é claro que essa legislação não estava totalmente isenta de riscos, mas ela comprovou ser benéfica no caso de Pernambuco, que tinha a vantagem de contar com dois pintores de talento: Francisco Brennand e Lula Aires Cardoso. O revestimento com azulejos enquadrava-se bem dentro dessa política de riqueza decorativa.

Amorim servia-se deles como um revestimento simples, utilizado em qualquer parte da obra; além disso, os azulejos tinham um mesmo motivo, eram produzidos em série; portanto, o conjunto não tinha por objetivo a elaboração de uma obra de arte integrada à arquitetura, mas somente acrescentava a esta um complemento decorativo que não teria sentido fora dela. Não é isso uma retomada evidente do princípio das fachadas de azulejos que floresceram no Recife no século XIX[89] e que ainda hoje estão em excelente estado de conservação? O prédio de apartamentos Acaiaca, na Praia de Boa Viagem, e o prédio de escritórios Santa Rita (de 1962-1964), onde, nas duas frentes externas[90] desenvolve-se um espantoso jogo plástico, constituído pela alternância de paredes lisas cobertas de azulejos com as saliências que abrigam os aparelhos de ar condicionado de cada sala, são plenamente característicos dessa nova tendência do arquiteto.

Este, contudo, não é um teórico com espírito sistemático; os elementos que toma de empréstimo ao passado não se devem a qualquer opinião preconcebida nem ao desejo de criar um estilo; eles foram guiados por considerações práticas e pela vontade de dar, a cada caso, uma solução adequada. A influência exercida pela arquitetura brasileira e especialmente pela pernambucana também não foi limitada no tempo; a experiência de Luís Nunes também serviu: o Seminário Regional do Nordeste em Camaragibe (1964-1965), a alguns quilômetros do Recife, que retoma a forma de serpentina criada por Reidy em suas unidades habitacionais de Pedregulho e Gávea, no Rio, tem fachadas constituídas, na maior parte, por um anteparo *brise-soleil* composto de cobogós[91] colocados em defasagem, produzindo um inegável efeito plástico, ao mesmo tempo que conservam a austeridade e a sobriedade do conjunto.

Portanto, não é o caso de colocar Delfim Amorim numa categoria rígida; a variedade de sua obra não o permitiria. Só quisemos sublinhar certos aspectos interessantes dela e a sua grande flexibilidade. Seu papel em Recife foi considerável. É a ele e a Borsoi, ambos professores da Faculdade de Arquitetura, que se deve, não apenas a renovação que ocorreu em Pernambuco, como também a formação de uma geração de jovens arquitetos locais muito dinâmicos. Alguns deles, como Reginaldo Esteves[92] e Vital Pessoa de Melo[93], por exemplo, já contam em seu ativo com belas realizações. Sem dúvida, é cedo demais para se falar de uma verdadeira escola do Recife, homogênea e original, mas é evidente que esta possibilidade não pode ser excluída;

parece que a capital de Pernambuco deve desempenhar um papel importante no campo que nos interessa.

* * *

Voltando ao problema das reminiscências do passado na arquitetura brasileira contemporânea e para concluir, deve-se lembrar em algumas linhas os traços principais que caracterizaram essa tendência e o papel de importância fundamental por ela desempenhado. Os elementos essenciais tomados de empréstimo à tradição luso-brasileira são quatro:

1) os telhados de telhas-canal com grandes beirais;
2) as venezianas e muxarabis;
3) as varandas e galerias de circulação externas;
4) os revestimentos de azulejos.

Algumas vezes, estes elementos foram retomados sem alteração e incorporados a construções de linhas modernas, numa síntese audaciosa e delicada; em outras deram lugar a transposições completas e ao nascimento de um vocabulário arquitetônico formalmente novo, embora, por sua inspiração, derivando de modo mais ou menos nítido dessas fontes anteriores. Já se insistiu bastante no parentesco espiritual dos telhados de telhas-canal com os telhados ondulados de fibro-cimento, das venezianas com os elementos vazados de madeira ou de cerâmica, das varandas antigas com as galerias, *loggias* ou terraços dos dias de hoje (sejam esses abertos, envidraçados ou abrigados por algum outro sistema de proteção). Limitar-nos-emos a constatar que também houve a criação de uma linguagem original, fruto de uma fusão entre o estilo internacional do século XX com as particularidades locais; ora, essa linguagem deu excelentes resultados e contribuiu ativamente para o sucesso da nova arquitetura brasileira e para o prestígio de que ela goza no mundo contemporâneo.

De fato, a influência da corrente que acabou de ser estudada extravasou grandemente os limites do país que a viu nascer. Ela foi exercida num duplo sentido: de um lado, pela exportação de certos processos e de certas formas; do outro, por uma participação na implantação de um novo estado de espírito. Quanto ao primeiro ponto, limitar-nos-emos a um exemplo característico: a aproximação que se impõe entre as paredes vazadas (que um dos arquitetos americanos de maior destaque, Edward Stone, transformou num de seus temas favoritos a partir de 1957) e as fachadas dos prédios do Parque Guinle. É evidente que não houve cópia: a técnica da parede vazada contínua de Stone é diferente da simples justaposição e superposição de elementos vazados utilizada por Lúcio Costa, mas o princípio estético é idêntico[94] e o desenho das grades de Stone lembra muito aquelas elaboradas pelo arquiteto brasileiro. É claro que se pode argumentar que Stone trabalhou muito nos países tropicais e pôde adotar a solução da parede vazada que serve como *brise-soleil*, por força das condições materiais, sem ter tido conhecimento

---

89. O fato de, desta vez, a fonte não pertencer ao período luso-brasileiro propriamente dito, mas sim ao período posterior que goza de prestígio bem menor, prova que Amorim não tinha qualquer preocupação de ordem arqueológica.

90. O prédio está na intersecção de duas ruas, sendo uma delas a Avenida Conde de Boa Vista, uma das maiores artérias do Recife.

91. Cf. *supra*, pp. 79 e 146.

92. Nascido em 1930, autor do prédio Bancomércio, sede do Banco do Comércio e Indústria de Minas Gerais (1962-1964).

93. Nascido em 1936, trabalha em colaboração com Borsoi desde 1960; participou da elaboração do projeto (1960) e da execução (1964-1965) do edifício Santo Antônio, uma das mais notáveis realizações de Borsoi dos últimos anos. Sua obra estritamente pessoal compõe-se de algumas residências, incluindo a sua própria (1962), que não permitem duvidar de seu talento.

94. Nesse campo, a prioridade cabe sem dúvida a Perret, mas os elementos vazados de concreto da igreja de Raincy não tinham nem a mesma função prática, nem a mesma significação de ordem espiritual.

da obra de Lúcio Costa; mas essa hipótese não parece provável por causa de certas semelhanças e da considerável divulgação feita dos prédios do Parque Guinle em revistas e livros de arquitetura[95].

Porém, mais ainda do que o sucesso internacional obtido por certos elementos capazes de desenvolvimentos diversos, a contribuição essencial de Lúcio Costa e seus seguidores parece ter sido de ordem espiritual. O racionalismo europeu tinha cortado as ligações com o passado e repudiado não só toda imitação formal, como também qualquer vínculo sentimental com o passado. A atitude de Lúcio Costa foi diferente e, uma vez passado o período de reação natural que se seguiu a sua conversão, esforçou-se por restabelecer as ligações interrompidas. O sucesso alcançado nessa tentativa permitiu preencher o vazio que tinha sido criado; ele aumentou a força da arquitetura "moderna", demonstrando que esta tinha chegado à maioridade e estava bastante segura de si mesma para não mais se entregar a complexos juvenis frente às gerações que a tinham precedido. O caminho encontrava-se subitamente aberto e a evolução da arquitetura destes últimos anos deu-se indiscutivelmente nesse sentido[96]. A constatação desse fenômeno levou um dos primeiros historiadores da arquitetura do século XX, Nikolaus Pevsner[97], a deplorá-lo como uma ameaça que pesa sobre o futuro. Porém, a queixa não procede; pode-se lamentar certos excessos, é verdade, mas estes sempre existiram. Seja como for, e qualquer que seja a opinião sobre o fundamento correto dessa evolução, é interessante notar o pioneirismo dos arquitetos brasileiros nesse campo e especialmente o de Lúcio Costa. Não há dúvida alguma de que este contribuiu para dar ao racionalismo um novo sentido, o que foi indicado acima, mas que ele também o orientou, com isso, para uma maior liberdade de concepção. Mas esta orientação foi devida mais ainda a uma outra atuação pessoal, exercida de modo diferente: a de Oscar Niemeyer, que não vacilou em dar ênfase às pesquisas formais, graças a seu extraordinário poder de invenção plástica.

---

95. Não é significativo o fato de o Centro Médico de Palo Alto (Califórnia), primeiro projeto de Stone onde aparece esse processo, ter sido começado em 1957, no momento da publicação da primeira edição em inglês da obra de Henrique Mindlin sobre «a arquitetura moderna no Brasil»?

96. Nem o próprio Le Corbusier escapou disso em sua última fase; como observou Siegfried Giedion (*Zodiac*, n.º 11, fev. de 1963, p. 31), o espírito dos conventos da Idade Média pode ser claramente encontrado no Convento de la Tourette, embora não exista imitação de ordem formal.

97. *Journal of the Royal Institute of British Architects*, vol. 68, abril de 1961, pp. 230-240.

2. O TRIUNFO DA PLÁSTICA

Não há dúvida de que o fato do Brasil ocupar hoje um lugar de destaque no panorama geral da arquitetura contemporânea deve-se, antes de mais nada, ao espírito inventivo e à grande liberdade de concepção demonstrados por um certo número de arquitetos no campo estético. A atenção mundial foi vivamente atraída por essa originalidade e essa vivacidade de inspiração que romperam as cadeias de um racionalismo por demais estreito; o sucesso de Oscar Niemeyer, indiscutivelmente o personagem mais representativo dessa tendência, chegou a tal ponto que a opinião internacional por vezes focalizou a arquitetura brasileira exclusivamente através de sua obra. É claro que é um erro de óptica, que mascara a diversidade das correntes existentes e deixa um pouco à sombra outras personalidades importantes, mas esse exagero manifesto explica-se facilmente: existe sempre uma tentação natural de agrupar a obra de uma época e de um país em torno de uma figura que tenha desempenhado um papel preponderante. E ninguém pode negar que Niemeyer se afirmou rapidamente como um líder, exercendo influência decisiva sobre seus colegas; talvez nem sempre estes tenham tido plena consciência disso ou tenham sofrido essa influência a contragosto; alguns tentaram reagir e até assumir uma posição contrária à sua, mas ninguém conseguiu ignorar suas iniciativas, nem evitar situar-se em relação à linha traçada por ele. Assim, não deve espantar que, neste capítulo essencial, a parte do leão caiba a Niemeyer; ele a merece totalmente e é importante seguir passo a passo a evolução dessa obra extremamente pessoal que marcou profundamente sua época, mas sem deixar de lado um estudo das soluções originais propostas na mesma linha de idéias, por outros arquitetos.

1. PESQUISAS ESTRUTURAIS E FORMA LIVRE: A OBRA DE NIEMEYER ANTES DE 1955

Ao contrário de Lúcio Costa, Niemeyer jamais foi um pensador e um teórico da arquitetura. Até 1955, ele projetou e construiu sem tréguas, aproveitando as inúmeras encomendas propiciadas por sua crescente reputação com entusiasmo e ardor; a procura de um vocabulário novo levou-o a lançar-se em diferentes direções, sem tentar dar, conscientemente, uma unidade a sua obra. O surgimento das primeiras restrições no plano da crítica internacional, na Segunda Bienal de São Paulo[1] (janeiro-fevereiro de 1954) e, depois, uma viagem pela Europa em 1955, alargando os horizontes até então limitados ao Brasil, levaram-no bruscamente à reflexão e a uma espécie de autocrítica. Nessa época, sua atitude e seu estilo modificaram-se inteiramente: ele começou a escrever para defender suas realizações e idéias, enquanto sua arquitetura evoluía no sentido de uma maior simplicidade, mas conservando seu caráter eminentemente plástico.

Como os escritos[2] de Niemeyer são posteriores a 1955 e pertencem cronologicamente ao último período de sua obra, poderia parecer fora de propósito proceder desde já a uma análise dos mesmos; mas não é o que acontece. Além do fato de que alguns deles dizem respeito diretamente a obras anteriores, oferecendo uma espécie de visão retrospectiva do pensamento do arquiteto, este pensamento sempre formou um todo coerente, sendo que muitos dos aspectos, depois francamente expressos, já existiam antes em estado latente; a mudança de estilo que pode ser notada a partir de 1955 não se deve a uma mudança nos princípios, mas somen-

---

1. *Architectural Review*, vol. 116, out. de 1954, pp. 234-250: opiniões sobre a arquitetura brasileira, expressa por cinco personalidades que estiveram na Bienal (o britânico Peter Craymer, Gropius, o japonês Hiroshi Ohye, Max Bill e o italiano Ernesto Rogers). Só as críticas de Bill, já manifestadas durante uma conferência na Faculdade de Arquitetura e Urbanismo de São Paulo (*Habitat*, n.º 14, jan.-fev. de 1954, encarte entre as pp. 26-27) foram de extrema violência; porém todos fizeram reservas quanto à obra de Niemeyer, mas sem condená-lo formalmente.

2. *Arquitetura e Decoração*, n.º 13, set.-out. de 1955, pp. 10 e 11 e *Módulo*, n.º 3, dez. de 1955, pp. 19-22 (mesmo artigo publicado sob dois títulos diferentes). *Módulo*, n.º 9, fev. de 1958, pp. 3-6. *Ibid.*, n.º 15, out. de 1959, pp. 6-13. *Ibid.*, n.º 21, dez. de 1960, pp. 3-7. *Ibid.*, n.º 31, dez. de 1962, pp. 17-18. Ver também as respostas de Niemeyer à pesquisa nacional feita pelo *Jornal do Brasil* (suplemento de domingo, 18 e 19 de março de 1961), reproduzidas em *Arquitetura*, n.º 7, jan. de 1963, pp. 33-40.

te ao aprofundamento da reflexão e a um amadurecimento que favoreceu a eclosão de um equilíbrio maior.

Na verdade, as idéias de Niemeyer podem ser resumidas em alguns pontos:

1) *Recusa de se deixar prender por preocupações de ordem social:* enquanto tal, o arquiteto não está encarregado de reformar a sociedade; ele pode ter suas opiniões sobre o assunto e participar das transformações se tiver oportunidade, mas, acima de tudo, deve dedicar-se a seu ofício.

2) *Rejeição de todo tradicionalismo:* o passado e o presente são coisas diferentes; o surgimento de novos materiais e, principalmente, do concreto armado, provocou uma verdadeira revolução e libertou o arquiteto de servidões que antes limitavam consideravelmente sua atuação e suas possibilidades de expressão; essa revolução não deve ser só técnica, mas deve também traduzir-se numa estética nova, extraída da exploração dessas conquistas materiais; por conseguinte, o vocabulário antigo perde sua razão de ser.

3) *Valorização da arquitetura como arte plástica:* o arquiteto é um artista e, portanto, antes de tudo, um criador de formas, o que o diferencia do engenheiro, preocupado unicamente com a eficácia e a economia; assim, o puro funcionalismo é inadmissível, pois seria rebaixar a arte ao nível da técnica[3].

Mas essa atitude não acarreta uma rejeição do racionalismo. A forma plástica não nasce de um simples capricho de imaginação, mas é sugerida pelo programa e pelos meios disponíveis; a intuição que intervém no estágio da invenção propriamente dita resulta da análise dos dados objetivos que servem como ponto de partida[4]. Portanto, existe uma mistura sutil entre as capacidades criadoras do indivíduo, cujo valor essencial é posto em evidência, e as necessidades materiais que orientam o sentido da pesquisa, sem entretanto determiná-la matematicamente.

Toda a arquitetura de Niemeyer inspira-se nesses princípios fundamentais. Algumas vezes, nas notas explicativas que acompanham suas primeiras obras, ele se esforçou para demonstrar que as formas elaboradas por ele eram puramente funcionais e impunham-se por si mesmas; no fundo, porém, tratava-se apenas de uma justificação, destinada a defender suas audácias plásticas numa época em que o racionalismo estrito ainda era considerado como um tabu. Pode, em compensação, cair no excesso oposto e se entregar a uma orgia formal mais ou menos gratuita; mas, no conjunto, essa atitude continua sendo uma exceção: tratou-se de uma reação passageira, consecutiva aos primeiros grandes sucessos, que só atingiu algumas obras de um período extremamente fecundo, embora jamais tenha passado, afinal de contas, de uma fase de tentativas que precedeu a fase de equilíbrio atingida bruscamente em 1955.

Como já foi ressaltado, não existe uma ruptura nítida na obra de Niemeyer em 1944-1945; as pesquisas esboçadas em Pampulha prosseguiram nos anos seguintes, tendendo a diversificar-se; ao mesmo tempo, o arquiteto encaminhou-se por direções variadas, apurando uma série de invenções plásticas já pressentidas. Naturalmente, são estas que mais nos interessam e que estudaremos a seguir, sendo os edifícios agrupados por categorias em função de suas afinidades, mais do que seguindo-se uma ordem cronológica estrita, que só viria embaralhar a exposição e poderia vir a diluir as características essenciais da obra focalizada[5].

1. Desenvolvimento das pesquisas estruturais

Em Pampulha, Niemeyer tinha-se dedicado resolutamente a novas pesquisas estruturais, que tinham sido traduzidas pelo nascimento de volumes inovadores e pela exploração da grande maleabilidade do concreto armado. Fascinado pelas infinitas possibilidades que pressentia para o material nesse setor, prosseguiu nesse caminho e, durante uns dez anos, entregou-se a múltiplos jogos formais baseados numa série de sucessivos achados. O ponto de partida de sua inspiração continuava sendo a obra de Le Corbusier, mas ele desenvolveu, com vigor e exuberância, as invenções plásticas primitivas deste, indo ainda mais longe nesse aspecto. As pesquisas em questão baseiam-se essencialmente em dois elementos fundamentais: de um lado, pilotis, do outro, arcos e abóbadas[6].

1) *Pilotis:* Desde a década de vinte, Le Corbusier tinha-se tornado o apóstolo da estrutura independente em recuo, permitindo liberar não apenas a planta, como também a fachada, das principais injunções materiais; além disso, pregava a utilização sistemática do pilotis para liberar espaço de solo, sendo seguido, nesses dois pontos, pelos adeptos da arquitetura "moderna". Em seu conjunto, porém, estes não tinham separado as duas questões e continuavam a utilizar o concreto armado em função do esquema tradicional de pilares e vigas da arquitetura em madeira; as colunas partiam do chão, prolongavam-se sem solução de continuidade até o teto, qualquer que fosse o número de andares, e sustentavam lajes homogêneas, mas o princípio da estrutura clássica de trama ortogonal não era posto em questão; as pesquisas práticas e estéticas limitavam-se a tentar reduzir a seção dos suportes para que estes ocupassem a menor superfície possível e fossem mais leves e graciosos na parte deixada aparente no térreo; era exatamente o que tinha feito, com grande êxito, a equipe de Lúcio Costa no Ministério da Educação e Saúde.

---

3. Aliás, Niemeyer confessa sem rodeios que sente pouca afinidade com uma arquitetura como a de Gropius, cuja técnica e fria sensibilidade não o tocam (*Módulo*, n.º 1, março de 1955, p. 3).

4. Ao responder o questionário enviado pelo *Jornal do Brasil* em 1961 (cf. *supra*, nota 2), Niemeyer explicou como procedia quando elaborava um projeto: primeiro estudava o programa, as possibilidades econômicas e os meios técnicos disponíveis, depois deixava de lado por alguns dias, para deixar agir o subconsciente, sem procurar encontrar imediatamente a solução como se fosse um problema de cálculo executado por um engenheiro.

5. Estamos plenamente de acordo com Stamo Papadaki, que adotou um plano diferente para cada um dos dois volumes que consagrou à obra de Niemeyer: ordem cronológica no primeiro, divisão em grandes categorias no segundo. O princípio era bom, mas, por outro lado, deve-se fazer grandes reservas quanto à aplicação que foi feita desse princípio no segundo volume, onde as três partes planejadas não correspondem a nenhum plano lógico, estando os edifícios agrupados do modo mais arbitrário. S. PAPADAKI, *The Work of Oscar Niemeyer* (tomo I), 2.ª ed., New York, 1951 e *Oscar Niemeyer: Works in Progress* (tomo II), New York, 1956.

6. O. NIEMEYER, Considerações Sobre a Arquitetura Brasileira, *Módulo*, n.º 7, fev. de 1957, pp. 5-10.

Le Corbusier, entretanto, cedo pressentiu, desde o pavilhão suíço da Cidade Universitária de Paris (1930-1932), que a ligação pilotis-estrutura dos andares não era obrigatória e que a distinção dos dois sistemas permitia dar aos pilotis um papel plástico novo e importante; tratava-se, contudo, de uma estrutura mista de concreto e metal e não de um imóvel concebido só em cimento armado. Foi depois da guerra, na *Cité radieuse* de Marselha (1947-1952), que ele realmente começou a aplicar o princípio em grande escala, com a constituição de um "solo artificial" que repousa sobre duas filas de pilares maciços, não mais retos e uniformes, mas ligeiramente inclinados para dentro e que se abriam para o alto. Era uma revolução estética que abria vastos horizontes e transformava o papel passivo até então atribuído aos pilotis num dos mais ativos meios de expressão plástica. Niemeyer não iria deixar de tirar proveito da lição.

Mas tomou o cuidado de não copiar o dispositivo adotado por Le Corbusier em Marselha. Certamente inspirou-se nesse dispositivo mais tarde, nos prédios de apartamentos construídos em Brasília, substituindo o vigor característico do estilo do mestre franco-suíço pela elegante leveza típica de seu estilo pessoal. Porém, num primeiro momento, suas pesquisas orientaram-se para outra direção, visando não separar materialmente a estrutura do bloco propriamente dito da estrutura dos pilotis, obtendo assim a independência plástica dos suportes no solo. Como ele mesmo explicou[7], todo o problema estava na transição entre pilotis e colunas dos andares normais; estas não podiam estar muito afastadas umas das outras, pois era preciso escondê-las nas paredes a fim de evitar que ocupassem muito espaço no meio dos cômodos relativamente pequenos exigidos pela maioria dos edifícios; no térreo, por outro lado, era interessante aproveitar um espaço contínuo e, conseqüentemente, reduzir o número de pontos de apoio para permitir uma melhor utilização da superfície coberta que era criada dessa forma. Assim, Niemeyer elaborou os pilares em forma de "V" e "W", que tinham a vantagem de canalizar para o chão o empuxo vertical respectivamente de duas ou três colunas dos andares ou das paredes estruturais que substituíam tais colunas. Esta solução, aliada ao emprego dos grandes vãos permitidos pelo progresso da técnica, era muito engenhosa, tanto no plano prático, quanto estético: ela eliminava a multiplicidade dos pilares e a impressão infeliz de uma floresta de postes estendendo-se por três ou quatro filas paralelas, como ocorria freqüentemente nos primeiros grandes edifícios construídos sobre pilotis; e, principalmente, garantia ao arquiteto novas possibilidades de expressão, enriquecendo o vocabulário de que ele dispunha.

Foi em 1950, no projeto de um gigantesco prédio de apartamentos[8] perto do Hotel Quitandinha, em Petrópolis, que surgiu timidamente a idéia dos pilares em forma de "V": muito finos e longos e cortados a meia altura pela laje da sobreloja (o que, sem dúvida, teria feito com que eles perdessem sua unidade), não parece (pelo que se pode julgar das fotomontagens publicadas) que eles poderiam trazer uma nota de alívio a uma composição que não tinha mais escala humana. Eles só tomaram forma realmente no ano seguinte, no Palácio da Agricultura, destinado a fazer parte do vasto conjunto que a cidade de São Paulo tinha decidido erguer no bairro do Ibirapuera para festejar o quarto centenário de sua fundação em 1954[9]. De fato, eles são quase idênticos nesse edifício (que foi construído, finalmente, em 1955, mas que jamais foi terminado), no Hospital Sul-América[10] no Rio de Janeiro e no edifício que Niemeyer foi encarregado de fazer em Berlim, no bairro Hansa[11], durante uma experiência de urbanismo de que os mais célebres arquitetos do mundo foram convidados a participar (1955). Mais um passo no sentido da separação estrutural entre os pilotis e a estrutura do bloco propriamente dito tinha sido dado entre o Palácio da Agricultura e o Hospital Sul-América, onde as colunas tradicionais tinham sido substituídas por uma armação quadriculada de lâminas de concreto. Agora Niemeyer estava muito próximo da concepção adotada por Le Corbusier em Marselha: a independência dos pilotis ainda não era absoluta do ponto de vista técnico, mas já o era do ponto de vista plástico. Os pilares em "V" de Niemeyer (Fig. 104) devem seu valor estético a suas proporções exatas e ao contraste dinâmico que eles oferecem com o aspecto estático do paralelepípedo retangular puro que os encima; o fato de se tornarem mais finos à medida que se aproximam da massa suportada reforça a impressão de um equilíbrio audacioso e a sensação de leveza daí resultante. Em compensação, o mesmo não ocorre com os pilotis em "W" (Fig. 106), que, aliás, não são uma variante posterior dos anteriores, mas uma invenção estritamente contemporânea, destinada a construções de grande porte, como o conjunto residencial Governador Kubitschek em Belo Horizonte[12], concebido em 1951 e ainda não ter-

---

7. *Idem*, pp. 5-6.

8. *Arquitetura e Engenharia*, n.º 19, out.-dez. de 1951, pp. 26-39. *Architecture d'aujourd'hui*, n.º 42-43, agosto de 1952, pp. 118-119. S. PAPADAKI, *op. cit.*, t. II, pp. 18-39 (plantas, desenhos, fotomontagens). O edifício não foi construído.

9. A operação consistia em recuperar imensos terrenos vagos de mangue, para transformá-los num magnífico parque, onde seriam distribuídos vários pavilhões que serviriam de um lado, de sede para exposições permanentes ou temporárias e, de outro, para serviços administrativos. Niemeyer e seus associados Hélio Uchôa, Zenon Lotufo e Eduardo Kneese de Mello elaboraram, em 1951, um anteprojeto, que depois de um certo número de alterações foi transformado em projeto definitivo, aprovado pelas autoridades; mas este ao ser executado não escapou de graves mutilações e, com a falta de crédito, não chegou a ser realizado integralmente. Cf. *Anteprojeto da Exposição do IV Centenário de São Paulo*, São Paulo, 1962 e *Architecture d'aujourd'hui*, n.º 42-43, agosto de 1952, pp. 130-133 (anteprojeto original, plantas, desenhos). *Domus*, n.º 281, abril de 1953, p. 1 (anteprojeto). *Brasil — Arquitetura Contemporânea*, n.º 2-3, nov.-dez. de 1953-jan. de 1954, pp. 49-62 e *Habitat*, n.º 16, maio-junho de 1954, pp. 20-24 (projeto aprovado: plantas, maquete, cortes, elevações, fotos de obras terminadas e em construção). *Módulo*, n.º 1, março de 1955, pp. 18-31 (anteprojeto original, projeto aprovado e projeto executado: fotos, plantas, cortes). S. PAPADAKI, *op. cit.*, t. II, pp. 125-152 (projeto aprovado: plantas, maquetes, elevações, cortes, fotos). H. MINDLIN, *L'architecture moderne au Brésil*, Paris, sem data, pp. 184-192 (projeto executado: plantas, cortes, fotos).

10. Projetado em 1952 com a colaboração de Hélio Uchôa, mas a construção, aliás incompleta, arrastou-se até 1959. S. PAPADAKI, *op. cit.*, t. II, pp. 52-59 (fotomontagens, fotos da obra em construção, plantas). *Architecture d'aujourd'hui*, n.º 62, nov. de 1955, pp. 77-80 (plantas, maquete, fotos da obra em construção) e n.º 90, junho-julho de 1960, pp. 38-39 (plantas, fotos). *Módulo*, n.º 14, agosto de 1959, pp. 2-17 (plantas, fotos, descrição dos serviços).

11. *Módulo*, n.º 2, agosto de 1955, pp. 25-33 (plantas, elevações, cortes, croquis, texto curto de Niemeyer). *Architecture d'aujourd'hui*, n.º 12, abril de 1957, pp. 62-65 (maquetes, plantas). *Domus*, n.º 333, agosto de 1957, p. 5 (planta, maquetes). S. PAPADAKI, *op. cit.*, t. II, pp. 170-177 (plantas, elevações, cortes, desenhos).

12. *Arquitetura e Engenharia*, n.º 28, out.-dez. de 1953, pp. 30-43. S. PAPADAKI, *op. cit.*, t. II, pp. 44-51 (plantas, maquetes, fotos da obra em construção). H. MINDLIN, *op. cit.*, p. 18 (maquete).

Fig. 103. O. NIEMEYER e H. UCHÔA. Hospital Sul-América. Rio de Janeiro. 1952-1959. Fachada leste.

Fig. 104. O. NIEMEYER e H. UCHÔA. *Hospital Sul-América*. Rio de Janeiro. 1952-1959. Fachada leste. Detalhe.

Fig. 105. Roberto BURLE MARX. *Hospital Sul-América*. Jardins.

154

minado até hoje. O vigor pretendido transformou-se numa espantosa sensação de peso, que não foi atenuada pelo tamanho dos edifícios; o fracasso foi total, tanto nessa realização, quanto no edifício Califórnia[13], em São Paulo (1951-1954), criticado violentamente (desta vez com razão) por Max Bill quando este passou pelo Brasil[14].

Embora não tendo exercido a mesma influência que os pilares em "V", também merecem ser assinalados os suportes do Palácio das Nações e do Palácio dos Estados no Parque do Ibirapuera. À primeira vista, a estrutura desses pavilhões poderia parecer inteiramente clássica, com suas filas paralelas de colunas finas, se não houvesse a brusca passagem das quatro filas do térreo para a seis filas do primeiro andar por meio de consolos oblíquos: estes destacam-se, no nível do chão, das colunas externas do térreo, para sustentarem, de ambos os lados do edifício, na linha da projeção do primeiro andar, a nova fila de colunas que corre ao longo do pano de vidro, abrigada ou não pelos *brise-soleil* de acordo com a orientação (Fig. 108). Colunas e consolos são de concreto armado e correspondem a uma organização estrutural de essência basicamente racionalista; mas elas evocam, de modo notável, um ramo nascendo do tronco, e essa semelhança foi explorada de modo consciente: o afinamento progressivo dos consolos e a disposição das fôrmas em cilindros sucessivos de dimensões cuidadosamente calculadas para que as intersecções lembrem discretamente os nós da madeira, não são artifícios fortuitos; o efeito era previsto e o resultado correspondeu à expectativa dos arquitetos. Mais uma vez, os suportes desempenham um papel essencial; pode-se até dizer que são eles que contribuem de modo decisivo para a estética dos edifícios.

Desses vários tipos de pilotis surgidos do espírito imaginativo de Niemeyer no espaço de alguns meses (de fato, todos são de 1951), só um viria depois a se impor realmente e a ser adotado por outros arquitetos: o pilar em "V", que logo se tornou motivo comum da arquitetura brasileira e internacional[15]. Em compensa- ção, o pilar em "W" foi logo abandonado por seu próprio inventor, que percebeu o fracasso formal que ele representava; quanto ao conjunto coluna-consolo dos pavilhões do Ibirapuera, era por certo um achado original, válido dentro de um dado contexto, mas sua repetição sistemática teria sido insuportável e, pela primeira vez, ninguém se arriscou a copiá-los[16].

Fig. 106. Oscar NIEMEYER. *Conjunto Residencial Governador Kubitschek.* (1951, durante o acabamento.) Os pilotis.

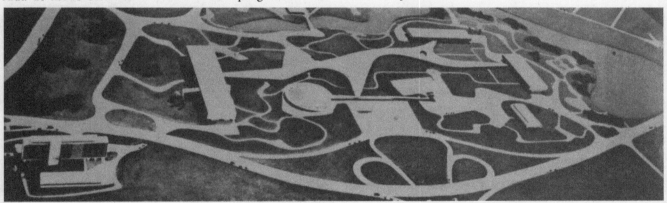

Fig. 107. O. NIEMEYER e associados. *Parque do Ibirapuera.* São Paulo. 1951. Maquete.

2) *Arcos, abóbadas e rampas:* Cronologicamente, esse assunto deveria ter sido tratado antes de se abordar o problema dos pilotis; de fato, as pesquisas de Niemeyer sobre estes ocorreram relativamente tarde, tendo-se manifestado só a partir de 1951, enquanto que as pesquisas sobre arcos e abóbadas tinham surgido desde as obras de juventude do arquiteto, chegando, já em 1943, a um êxito magistral, como a igreja de Pampulha. Contudo, não se pode esquecer que tentativas desse gênero, visando romper o esquema ortogonal do primeiro racionalismo, traduziram uma inclinação natural para as linhas curvas e um desejo profundo de liberdade no campo formal. Assim, era lógico não dissociar totalmente as pesquisas estruturais dessa ordem daquelas puramente plásticas que, em certas obras, levaram à adoção da forma livre como base da composição. Desse

---

13. *Habitat*, n.º 2, jan.-mar. de 1951, pp. 6-11.
14. *Habitat*, n.º 14, jan.-fev. de 1954, encarte entre as pp. 26-27. *Architectural Review*, vol. 116, out. de 1954, pp. 234-250.
15. Contudo, seu emprego nem sempre foi compreendido; é evidente que essa forma só convinha a grandes edifícios em meio de espaços livres; como o próprio Niemeyer ressaltou, ela se tornava puramente gratuita e, mais ainda, grotesca em construções de pequeno porte.
16. O mesmo se pode dizer dos suportes da marquise que abriga as bombas de gasolina, no posto situado perto de Guaratinguetá, mais ou menos a meio caminho entre Rio e São Paulo (1951). Era uma variação plástica sobre o tema VW, visando um brilhante efeito dinâmico permitido pela leveza da laje de cobertura. *Architecture d'aujourd'hui*, n.º 42-43, agosto de 1952, p. 115 (foto). S. PAPADAKI, *op. cit.*, t. II, pp. 118-120 (fotos, plantas, cortes).

modo, pareceu-nos necessário aproximar esses dois aspectos, tratando deles sucessivamente, sem solução de continuidade.

variações sobre os temas anteriormente elaborados. Foi assim que a sucessão de abóbadas conjugadas da cabeceira da Igreja de São Francisco de Assis foi reutilizada

Fig. 108. O. NIEMEYER e associados. *Parque do Ibirapuera*. São Paulo. Palácio dos Estados. 1951-1952.

É mais uma vez em Le Corbusier que pode ser encontrada a fonte de inspiração primitiva de Niemeyer no campo em questão. A abóbada rebaixada prevista em 1938 na casa de Oswald de Andrade[17] e o grande arco com tirantes do qual seria suspensa uma das extremidades da cobertura do estádio do Rio de Janeiro (1941)[18] retomavam diretamente idéias anteriores do mestre franco-suíço, tomadas de empréstimo respectivamente de uma casa de campo construída em 1935 perto de Paris[19] e do projeto proposto em 1931 para o Palácio dos Sovietes em Moscou[20]. Mas já foi visto que o jovem brasileiro logo se libertou da simples imitação, tendo chegado no conjunto da Pampulha à elaboração de uma linguagem pessoal, notável por sua segurança e sua originalidade.

Os anos que se seguiram ao grande período criador de 1942-1943, menos fecundos em matéria de invenção propriamente dita, foram consagrados principalmente a

em diversos projetos[21], com algumas variantes referentes ao raio adotado e ao modo de sustentação, mas tratava-se apenas de motivos secundários, encarregados de fundir-se num conjunto, dando a esse conjunto uma nota contrastante; reservada às construções baixas que em geral eram só simples anexos colocados no solo ou nos terraços-telhado dos grandes edifícios, essa forma alcançou grande sucesso e deu lugar a abusos por parte dos imitadores de Niemeyer.

Como no caso dos pilotis, foi nos anos de 1950-1951 que realmente nasceu um novo vocabulário baseado no emprego de um véu fino de concreto, sobre uma série de pórticos de concreto armado. A idéia tinha surgido em 1948, num projeto para teatro destinado a completar o Ministério da Educação[22], que se oporia plasticamente a ele. Os arcos imaginados tinham extrema flexibilidade: seu desenho ondulante calculado nos limites do equilíbrio e sua disposição oblíqua em feixes exploravam a fundo, num sentido dinâmico, a maleabilidade

---

17. Não construída. S. PAPADAKI, *op. cit.*, t. I, pp. 18-19 (plantas, desenhos).
18. Também ficou no estágio de projeto. *Idem*, pp. 34-47 (maquetes, plantas, cortes, elevações).
19. *Le Corbusier 1910-1960*, Zurique, 1960, pp. 68-70.
20. *Ibid.*, pp. 110-115.

21. Clube náutico na Lagoa Rodrigo de Freitas, no Rio (1944); casa na Califórnia (1947); projeto de hotel na Praia da Gávea, no Rio (1949); fábrica Duchen, na saída de São Paulo (1950); posto de gasolina Clube dos Quinhentos em Guaratinguetá (1951). S. PAPADAKI, *op. cit.*, t. I, pp. 128-131, 188-195, 218-223, 224-227, e t. II, pp. 118-120.
22. *Architectural Review*, vol. 108, out. de 1950, pp. 228-229. S. PAPADAKI, *op. cit.*, t. I, pp. 196-201 (fotomontagens, plantas, cortes, elevações).

do material utilizado. O contraste com o Ministério era violento e dramático, apesar da retomada dos mesmos motivos de azulejos nas paredes externas; ele era proposital e correspondia à tendência do arquiteto nesse período. Mas foi sorte que o edifício não tenha sido realizado, pois teria rompido uma harmonia preestabelecida baseada em outros princípios; suas formas totalmente audaciosas chamariam a atenção e arruinariam a hierarquia lógica, desviando, bem ou mal, a atenção de quem passa para a obra secundária às custas do edifício principal.

Em compensação, a aplicação do mesmo princípio deu excelentes resultados na fábrica da Duchen (1950-1951) situada na saída de São Paulo, na rodovia

Fig. 109. O. NIEMEYER e associados. *Parque do Ibirapuera*. São Paulo. Palácio da Indústria. 1953. Interior.

para o Rio de Janeiro[23]. Toda a fantasia ondulante desapareceu no desenho dos pórticos paralelos que formam a estrutura dos edifícios industriais, mas não se pode negar que existe um parentesco com os projetos anteriores; até a depressão central foi conservada, embora desta vez resulte da conjunção de dois arcos (Fig. 111) e não de um movimento contínuo. O efeito certamente é diferente: desapareceu toda falta de definição, toda sensação de equilíbrio precário, o dinamismo tem mais nuanças, dando à construção um aspecto de rigor que convém a uma fábrica, sem contudo renunciar a uma expressão formal original. Não se pode deixar de admirar a maneira como Niemeyer e Uchôa conseguiram adaptar uma solução plástica, já anteriormente pressentida, a um programa funcional inteiramente diferente e extrair, das imposições desse programa, a elaboração do aspecto final, dado à solução em questão.

23. *Ibid.*, pp. 224-227 (plantas, cortes, elevações, fotomontagens). *Arquitetura e Engenharia*, n.º 15, jan.-fev. de 1951, pp. 16-21 (maquete, plantas, corte). *Habitat*, n.º 2, jan.-mar. de 1951, pp. 6-11 (maquete, plantas, corte). *Architecture d'aujourd'hui*, n.º 42-43, agosto de 1952, pp. 28-29 (fotos da obra em construção, maquete, plantas, cortes). H. MINDLIN, *op. cit.*, pp. 218-219 (plantas, corte, fotos).

Foi também em 1950, num clube construído em Diamantina (Minas Gerais)[24], que Niemeyer abordou o problema dos arcos e abóbadas de grande vão. A obra, colocada sobre um patamar feito num terreno de forte inclinação, é constituída pela superposição de um arco-plataforma inspirado pelas pontes de Maillart e de uma segunda abóbada em arco rebaixado que se apóia no próprio solo em quatro pontos, enquadrando o primeiro elemento (Fig. 112); essa estrutura, audaciosa e inesperada numa construção desse tipo, respondeu perfeitamente às necessidades; ela permitiu a criação de vastos espaços livres bem abrigados ou muito abertos para o exterior e de belos terraços no prolongamento desses espaços; a adaptação num terreno difícil é excelente e o clube parece uma ponte feita entre as duas partes de uma cidade cortada por um vale estreito; o jogo de arcos e a tensão que daí resulta, a transparência dos volumes e a leveza do conjunto fazem dele uma composição notável, de inegável efeito plástico inteiramente baseado em pesquisas estruturais.

Fig. 110. O. NIEMEYER e associados. *Parque do Ibirapuera*. São Paulo. Palácio das Artes. 1954.

A menção do nome de Robert Maillart, engenheiro suíço que revolucionou a construção das pontes de concreto armado no começo do século, não foi feita para assinalar uma mera semelhança acidental; precisamente em 1950, a obra de Maillart teve uma difusão internacional, graças à grande exposição retrospectiva feita em Genebra por ocasião do décimo aniversário de sua morte; Niemeyer não foi à Europa nessa ocasião, mas as grandes revistas de arquitetura deram ao acontecimento o merecido destaque; uma pura coincidência cronológica seria realmente curiosa e é mais do que possível que esteja ali a fonte de inspiração do arquiteto para o clube de Diamantina, fato que em nada tira a originalidade da solução encontrada.

Essa solução foi retomada em diversos projetos, mas estes não tiveram a sorte de serem concluídos. O Clube Libanês de Belo Horizonte[25], não construído,

24. *Architecture d'aujourd'hui*, n.º 42-43, agosto de 1952, p. 107 (maquete, plantas), chamado incorretamente de Clube Libanês de Belo Horizonte. S. PAPADAKI, *op. cit.*, t. II, pp. 112-115 (maquetes, plantas, corte, elevações).

25. *Arquitetura e Engenharia*, n.º 20 jan.-fev. de 1952, pp. 44-47. S. PAPADAKI, *op. cit.*, t. II, pp. 112-115 (maquetes, plantas, elevação).

157

oferecia uma variante do mesmo tema, levada num sentido ainda mais dinâmico pela fusão entre a plataforma e a dupla abóbada conjugada que lhe servia parcialmente de suporte. Havia também um parentesco evidente dessa obra com o anexo previsto (e não realizado em frente à fachada do Hospital Sul-América[26], onde os jogos de arcos iriam combinar-se com jogos de volumes para contrastar com o aspecto retilíneo e uniforme do bloco principal, numa alusão simpática, mas discreta, ao fundo natural movimentado formado pelo Pico do Corcovado, sobre o qual se destacava vigorosamente o bloco em questão.

A procura de formas estruturais simples mais dinâmicas chegou ao ponto mais alto em 1954, no auditório do Colégio Estadual de Belo Horizonte[27] (Fig. 113), que parece uma espaçonave pousada no chão, esperando uma eventual decolagem. Ali também há um contraste com o edifício principal que contém as salas de aula, edifício que prima pela simplicidade; mas o contraste desta vez é violento, tão violento que não se pode falar de uma composição de conjunto equilibrada. O fuso aerodinâmico do auditório (que, aliás, não pode ser chamado de invenção gratuita, pois foi inspirado por considerações funcionais) monopoliza a atenção e torna-se a peça essencial, impondo-se, antes de mais nada, por ela mesma e só em segundo lugar como elemento de uma totalidade. Disso resulta uma espécie de inversão da hierarquia lógica que pode ser encontrada em várias obras de Niemeyer dessa época, fato que por vezes prejudicou o valor intrínseco de alguns de seus achados. Apesar desse defeito evidente, o auditório do colégio de Belo Horizonte continua sendo um exemplo de virtuosismo do arquiteto; este conseguiu explorar a fundo a flexibilidade do concreto armado para produzir uma impressão de movimento e dar a sua obra um aspecto um pouco estranho, que chama a atenção pela novidade, mas que conserva uma espantosa pureza no volume elaborado.

A mesma preocupação com o dinamismo e a flexibilidade pode ser notada nos jogos de rampas que assumiram um papel importante na criação de efeitos espaciais internos. As tentativas mais audaciosas e mais completas ocorreram em dois dos pavilhões do Parque

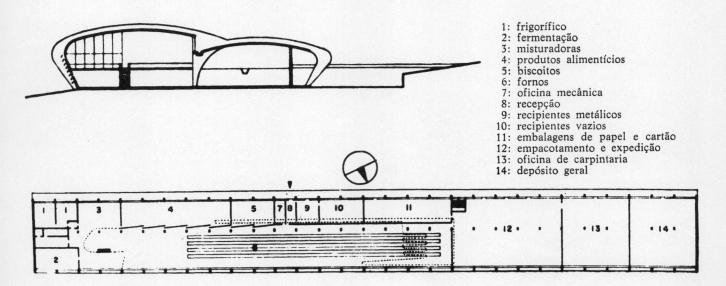

1: frigorífico
2: fermentação
3: misturadoras
4: produtos alimentícios
5: biscoitos
6: fornos
7: oficina mecânica
8: recepção
9: recipientes metálicos
10: recipientes vazios
11: embalagens de papel e cartão
12: empacotamento e expedição
13: oficina de carpintaria
14: depósito geral

Fig. 111. Oscar NIEMEYER e Hélio UCHÔA. *Fábrica Duchen.* São Paulo. 1950-1951. Planta e corte.

Ibirapuera. São plenamente justificadas as que levaram, no Palácio da Indústria (1953), à superposição de uma série de ferraduras de traçado helicoidal, sustentadas por uma estrutura inesperada e dinâmica; era um símbolo válido da era da máquina[28] e um casamento feliz com as curvas sinuosas dos balcões que formavam as galerias superiores a fim de liberar o espaço necessário para apreciar o virtuosismo técnico assim demonstrado (Fig. 109). Em compensação, as rampas do Palácio das Artes, impressionantes pela leveza, eram mais discutíveis do ponto de vista racional e psicológico, pois o ambiente criado não convinha de modo algum à destinação do edifício[29]; este tinha sido concebido como um brilhante exemplo de arquitetura pura, onde as preocupações plásticas levavam a melhor sobre todas as demais considerações.

As pesquisas estruturais de Niemeyer, executadas durante os anos 1950-1954 (e deve-se somar às numeradas acima a tentativa de telhado suspenso da casa Cavanelas[30] em Pedro de Rio, que mais tarde serviu como fonte de inspiração para a capela Nossa Senhora de Fátima de Brasília) foram muito variadas, mas todas

26. S. PAPADAKI, *op. cit.*, t. II, p. 52.
27. *Idem*, pp. 154-158 (maquetes, plantas, fotos da obra em construção). H. MINDLIN, *op. cit.*, p. 19 (maquete).

28. Infelizmente esse Palácio da Indústria depois foi destinado a funções inteiramente diversas daquelas para que tinha sido concebido: ele abriga permanentemente um dos principais museus da cidade e transformou-se na sede tradicional das grandes exposições de arte que são as Bienais de São Paulo.
29. Desta vez, só se pode ficar satisfeito com a transferência de função ocorrida a seguir; a obra se presta indiscutivelmente melhor a um museu técnico como o da aviação do que à exposição de obras de arte.
30. S. PAPADAKI, *op. cit.*, t. II, pp. 78-81 (fotos, planta, corte, elevações).

elas visavam a criação de formas novas permitidas pela ductilidade do material empregado quase que exclusivamente: o concreto. Embora seduzido por essa qualidade, que abria horizontes inéditos para o arquiteto, paços livres ou jardim[31]. Infelizmente, seus imitadores nem sempre conseguiram compreender esse imperativo, e proliferaram marquises serpenteadas sem qualquer razão de ser, sobre terraços ou na frente de entradas

Fig. 112. Oscar NIEMEYER. *Clube*. Diamantina. 1950.

Niemeyer não se limitou estritamente ao campo da estrutura pura, onde as considerações funcionais sempre desempenhavam um papel regulador; aproveitou também a liberdade que a técnica lhe oferecia para elaborar uma arquitetura que se assemelhava, sob certos aspectos, à verdadeira escultura.

2. A exploração da forma livre

Já foi visto que a forma livre aparece na sobreloja do Pavilhão de New York e, principalmente, no restaurante de Pampulha, onde a marquise serpenteava acompanhando o contorno da pequena ilha, produzindo um bem-sucedido efeito de descontração num edifício integrado no ambiente natural. Niemeyer retomou esse tema com freqüência, mas só raramente o utilizou como elemento central de suas composições, já que realmente só condições bastante excepcionais se prestavam a isso. Em compensação, ele jamais vacilou em usá-lo como motivo secundário, destinado a introduzir diversidade em grandes conjuntos contornados por espaços livres ou jardim[31]. Infelizmente, seus imitadores nem sempre conseguiram compreender esse imperativo, e proliferaram marquises serpenteadas sem qualquer razão de ser, sobre terraços ou na frente de entradas de edifícios que não gozavam de nenhum recuo apreciável em relação à rua. Esse emprego abusivo, que se transformou numa moda horrível nas mãos de arquitetos sem talento, contribuiu para desacreditar esse tipo de solução que exigia o toque de um verdadeiro artista.

Mas já em 1946 Niemeyer, que até então só tinha lançado mão das linhas flexíveis para o desenho de lajes horizontais, dava um novo passo; ele deu à sede do Banco Boavista[32], no Rio de Janeiro, uma parede de tijolos de vidro, ondulando entre os pilotis da fachada lateral. Era uma tentativa muito audaciosa, já que o edifício apresentava limitações estritas: de fato, ele dava para a enorme Avenida Presidente Vargas, aberta em 1942 e cujo caráter monumental os legisladores acreditavam poder garantir por meio de regulamentos referentes ao gabarito dos edifícios, bem como ao recuo previsto no térreo e às dimensões das colunas redondas

---

31. Na verdade, são raros os projetos que correspondem a essa definição, e se situem cronologicamente entre 1944 e 1954, onde essas formas livres não aparecem por uma ou outra razão. Um dos mais notáveis é o da fábrica Duchen, já estudado no que se refere à estrutura dos edifícios principais; o conjunto restaurante-salão de jogos-creche (não realizado) estava situado sob uma marquise comum que retomava o princípio adotado na Pampulha.
32. *Architectural Review*, março de 1947. *Architecture d'aujourd'hui*, n.º 42-43, agosto de 1952, pp. 42-43. S. PAPADAKI, *op. cit.*, t. I, pp. 142-151 (fotos, plantas, desenhos). H. MINDLIN, *op. cit.*, pp. 205-207 (fotos, plantas).

colocadas no prumo da galeria criada por aquele recuo (Fig. 114). Niemeyer respeitou integralmente as restri-

Fig. 113. Oscar NIEMEYER. *Colégio Estadual*. Belo Horizonte. 1954. O auditório.

ções previstas e demonstrou que um arquiteto com um senso plástico desenvolvido não se deixa de modo algum intimidar por elas[33]. Mas, onde foi possível, ele retomou sua liberdade com vigor, imaginando essa parede translúcida serpenteante para mascarar as colunas e definir um espaço interno de extrema flexibilidade (Fig. 115). O processo foi freqüentemente imitado[34], com resultados não raro não muito satisfatórios. O próprio Niemeyer sofreu um fracasso de grandes repercussões no edifício Califórnia[35] de São Paulo, onde ele pensava estar combatendo o peso dos pilares pela fluidez da galeria do térreo; ora, a disposição puramente arbitrária das frentes curvas das lojas apenas veio acrescentar um novo aspecto infeliz e trazer mais munição às críticas de Max Bill[36].

Desta vez a idéia de aplicar a planta serpenteante a toda uma obra e não apenas a paredes não pode ser atribuída a Niemeyer, porque o primeiro que a aplicou no Brasil foi Reidy, em seu conjunto de Pedregulho[37]. Niemeyer apenas a retomou nos edifícios Copan[38], em São Paulo, e Itatiaia[39], em Campinas (Estado de São Paulo). Por outro lado, tratava-se de uma forma muito regular, cujo tratamento geométrico levava a volumes puros que não rompiam com o espírito clássico.

O mesmo não se pode dizer do prédio de apartamentos situado na esquina da Praça Liberdade com a Avenida Brasil[40], em Belo Horizonte (1954-1960). Esse edifício de doze andares ergue-se numa posição privi-

Fig. 114. Oscar NIEMEYER. *Banco Boavista*. Rio de Janeiro. 1946. Fachada para a Avenida Presidente Vargas.

legiada, num dos pontos altos da cidade; assim, seus moradores gozam de uma vista magnífica; o terreno triangular e muito inclinado não perturbou Niemeyer, pois tratava-se de um espaço livre entre três vias

---

33. O mesmo aconteceu com Lúcio Costa (Banco Aliança, 1956) e Reidy (Companhia de Seguros Montepio dos Empregados Municipais, 1957). A demonstração inversa, ou seja, de que não basta editar normas estritas para chegar a um conjunto de qualidade, infelizmente foi ainda mais clara, e a pseudomonumentalidade que definiu a avenida, engendrou uma mediocridade flagrante, onde desaparece até mesmo a unidade desejada.

34. Exemplo característico: a parede ondulante, de tijolos de vidro, colocada no último andar de um prédio de Santos por Oswaldo Corrêa Gonçalves (*Acrópole*, n.º 209, março de 1956, pp. 167-169).

35. *Habitat*, n.º 2, jan.-mar. de 1951, pp. 6-11 (plantas, maquete, desenhos).

36. Cf. *supra*, nota 14, acima.

37. Cf. *infra*, p. 229-230.

38. *Architecture d'aujourd'hui*, n.º 42-43, agosto de 1952, pp. 120-121 (plantas, fotomontagens). S. PAPADAKI, *op. cit.*, t. II, pp. 40-43 (plantas, fotomontagens). H. MINDLIN, *op. cit.*, p. 18 (maquete).

39. A forma serpenteante só era perceptível, aqui, na fachada posterior. *Habitat*, n.º 12, jul.-set. de 1953, pp. 8-9 (planta, desenhos).

40. H. MINDLIN, *op. cit.*, p. 19 (maquete).

públicas, bem desimpedido em duas de suas faces e cercado de construções relativamente baixas. O arquiteto aproveitou para dar rédea solta a sua imaginação; concebeu uma planta em trevo, onde curvas convexas e côncavas equilibram-se harmoniosamente numa composição cujo movimento não exclui uma pureza muito grande de linhas e volumes (Fig. 116). Terá Niemeyer se inspirado no velho projeto de arranha-céu de aço e vidro elaborado por Mies van der Rohe[41] em 1920-1921? É muito provável, pois certas semelhanças são notáveis, mas a adoção de uma planta similar não implica, de modo algum, um tratamento com o mesmo espírito. O alemão jogava com uma transparência absoluta, que dissolvia a massa e atenuava o aspecto estranho dos volumes; tratava-se de uma demonstração técnica que não escapava à rigidez inerente aos materiais propostos. Por outro lado, o edifício de Niemeyer é extremamente dinâmico, com seus jogos de cheios e vazios reforçados pela animação dos *brise-soleil*, sua flexibilidade perfeita que sublinha as audácias plásticas permitidas pelo concreto armado, a orgulhosa segurança de sua beleza, fruto de um contorno certamente inesperado, mas cuidadosamente ordenado numa figura regular que não ignora a simetria. Foi, sem dúvida alguma, ali que Niemeyer levou mais longe suas tentativas de liberdade formal no que diz respeito aos edifícios de vários pavimentos. Evitou, contudo, ultrapassar a medida implicitamente imposta por programas desse tipo, conseguindo manter sua imaginação dentro dos limites do racional.

A forma inteiramente livre, sem relação imediata com a geometria tradicional, não podia realmente servir de motivo fundamental a não ser em alguns casos muito raros[42], mas Niemeyer, que a apreciava como meio de expressão, não vacilou em aproveitar as ocasiões que lhe foram oferecidas. Além do restaurante da Pampulha, já visto acima, há duas realizações importantes com esse tema: a grande marquise do Parque do Ibirapuera, em São Paulo, e a segunda casa do arquiteto, no Rio.

Pode parecer estranho que, num conjunto arquitetônico como o Parque do Ibirapuera (1951-1954), composto de vários pavilhões cuja importância já foi

Fig. 115. Oscar NIEMEYER. *Banco Boavista*. Rio de Janeiro. 1946. Interior.

ou será sublinhada, possa-se considerar uma marquise, embora sendo gigantesca como o elemento de base da composição. Mas o fato é indiscutível (Fig. 107). Ela é o verdadeiro traço de união entre os edifícios; o

41. P. JOHNSON, *Mies Van der Rohe*, Buenos Aires, 1960, pp. 28-29 (planta, maquete). (Edição original em inglês, New York, 1953.)

42. Ao menos quando se tratava de construções propriamente ditas. Por outro lado, a forma livre prestava-se admiravelmente bem aos desenhos de jardins; Burle Marx transformou-a num de seus motivos favoritos, conseguindo dela extrair, os efeitos mais brilhantes, seja por meio da concordância com o ambiente natural, ou utilizando-a como contraponto de uma arquitetura essencialmente retilínea (Fig. 105)? Cf. P. M. BARDI, *The Tropical Gardens of Burle Marx*, Amsterdã, 1964.

gabarito, a plástica e a disposição destes foram calculados de modo a obter um equilíbrio; nenhum deles devia sobressair, impor-se aos demais; eles deviam

Fig. 116. Oscar NIEMEYER. *Prédio de apartamentos.* Belo Horizonte. 1954-1960.

existir apenas em função de um todo, cuja parte central era, sem dúvida, o meio de ligação constituído pela marquise. Ora, para essa marquise, Niemeyer e seus associados escolheram um traço sinuoso onde predominam as mesmas curvas caprichosas que poderiam ter sido encontradas no arranjo dos jardins confiados ao paisagista Burle Marx, se estes tivessem sido realizados. Deve-se ver, na marquise, conforme fez Joaquim Cardozo[43], a representação geométrica das modernas funções matemáticas? Essa interpretação do engenheiro-poeta parece ser muito pouco provável, ao menos como fonte de inspiração dos arquitetos. Não seria ela, antes disso, uma manifestação típica do gosto de Niemeyer pelos jogos de contrastes, tão característicos desse período de sua obra? Aliás, ao contrário do que então pensava Cardozo (contra quem não lançaremos a primeira pedra[44]), o conjunto do Ibirapuera marcou muito mais o fim de uma época e de um estilo, do que uma nova orientação da arquitetura de Niemeyer. É claro que podem ser divisados indícios da evolução futura,

mas essa realização é, em primeiro lugar e acima de tudo, a síntese onde aparecem mais intimamente associados os três componentes do estilo do arquiteto antes da virada decisiva de 1955: pesquisas estruturais dinâmicas[45], forma livre, jogo de volumes puros equilibrando-se mutuamente.

Pode-se deduzir que, dessa síntese, surgiu uma obra-prima particularmente significativa? Não, e a razão disso não deve ser só nas alterações que foram feitas no projeto. A supressão do auditório, a construção de *stands* de alvenaria sob a marquise, o abandono dos jardins originalmente previstos foram invocados, e com razão, para justificar o relativo fracasso daquilo que devia ser uma grande realização plástica. Mas não se deve esquecer que outros defeitos surgiram quando se passou da maquete à execução: por causa de seu tamanho fantástico, a marquise não desempenhou o papel óptico e psicológico que lhe tinha sido atribuído; não podendo apreendê-la em sua totalidade, o passante não percebe sua variedade, nem o verdadeiro sentido dela na composição; ele fica indiferente. Portanto existe um erro de escala que prejudica a força e a beleza intrínseca da primeira tentativa feita por Niemeyer em matéria de criação de um vasto conjunto monumental[46]; a forma livre não se prestava a esse tipo de programa e o arquiteto compreendeu bem esse fato; ele conseguiu extrair a devida lição dessa tentativa falha, conforme demonstrou um pouco mais tarde com a notável revanche tirada em Brasília.

Sem dúvida alguma, a obra-prima de Niemeyer no setor da aplicação da forma livre é a casa que ele construiu para si mesmo em 1953, no bairro periférico da Gávea[47], no Rio. O terreno escolhido para a residência, concebida como um oásis perdido em plena natureza tropical, estava situado num declive muito forte, perto de uma das vias de acesso à Floresta da Tijuca e às montanhas que dominam a cidade por todos os lados. Neutralização dos lados negativos do relevo e utilização de suas vantagens, manutenção máxima da admirável vista para o mar logo abaixo, respeito integral ao local foram os três princípios que orientaram a composição arquitetônica. A ordem em geral adotada para uma casa disposta em dois níveis, foi propositalmente invertida: os quartos foram relegados ao subsolo, onde continuavam desfrutando da vista da baía, enquanto que a parte alta estava reservada aos cômodos de estar, que ficavam no mesmo nível do jardim e do terraço colocado em cima dos quartos (Fig. 117). Essa organização levou a uma separação óptica absoluta dos dois blocos que constituem a casa; o primeiro desaparece em proveito exclusivo do segundo, contentando-se em oferecer a este um verdadeiro

---

43. *Brasil — Arquitetura Contemporânea*, n.º 2-3, nov.-dez. de 1953-jan. de 1954, pp. 49-62.

44. De fato, é fácil constatar as coisas *a posteriori* e muito mais aleatório tentar prever o futuro, como tentou fazer Cardozo no artigo anteriormente mencionado, e ninguém pode contestar que ele era uma das pessoas mais perspicazes em matéria de observação e crítica da arquitetura brasileira.

45. O símbolo da exposição do IV Centenário era uma flecha helicoidal de concreto armado, muito audaciosa em sua concepção e harmoniosa em sua audácia, figuração do contínuo progresso de São Paulo.

46. De fato, a Pampulha tinha sido apenas uma sucessão de edifícios isolados, perdidos em meio à natureza, e valendo cada um por si.

47. *Architecture d'aujourd'hui*, n.º 52, jan. de 1954, pp. 2-3 (fotos, plantas, corte). *Brasil — Arquitetura Contemporânea*, n.º 4, 1954, pp. 24-27 (fotos, plantas, corte). *Habitat*, n.º 18, set.-out. de 1954, pp. 12-16 (plantas, desenhos, fotos). *Domus*, n.º 302, jan. de 1955, pp. 10-14 (plantas e documentação fotográfica muito abundante). S. PAPADAKI, *op. cit.*, t. II, pp. 68-77 (fotos, plantas, desenhos). H. MINDLIN, *op. cit.*, pp. 66-67 (plantas, fotos).

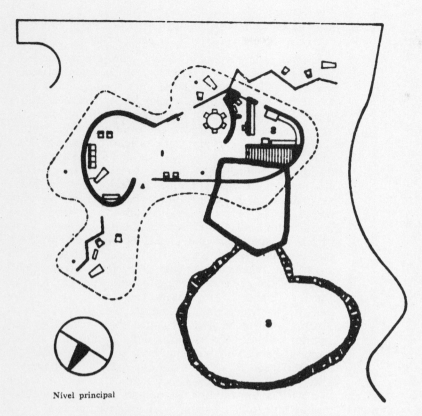
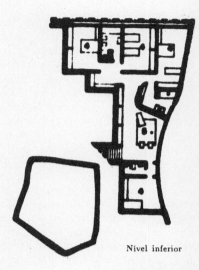

Nível inferior

1: sala de estar
2: copa-cozinha
3: piscina
4: dormitório
5: saleta

Nível principal

Fig. 117. Oscar NIEMEYER. *Casa do arquiteto na Gávea.* Rio de Janeiro. 1953. Plantas.

Fig. 118. Oscar NIEMEYER. *Casa do arquiteto na Gávea.* Rio de Janeiro. 1953. A piscina e o andar de estar.

163

solo artificial; a ilusão é tão completa que, aos olhos de um observador desavisado, o edifício parece limitar-se ao que na verdade é o andar superior. Essa ruptura parece arbitrária e insustentável ao espírito estritamente preso à lógica funcional de Max Bill[48] e também foi criticada pelo italiano Ernesto Rogers[49], quando estes visitaram o Brasil em 1954. Mas foi essa casa que permitiu uma simbiose entre a arquitetura e a paisagem (Fig. 118), levada a um grau raramente alcançado e, por isso, à criação de uma nova unidade profunda sob uma aparente incoerência. O princípio básico é o mesmo do restaurante da Pampulha: uma laje horizontal fina, cortada numa série de curvas harmoniosas tomadas de empréstimo ao contexto natural, abriga um espaço indefinido que continua, sem solução de continuidade, dos dois lados. Embora desta vez se trate de uma casa fechada e não de uma marquise aberta, a fusão exterior-interior é mais completa do que na tentativa anterior; a transparência absoluta das paredes, em sua maioria formada por panos de vidro, a leveza dos suportes da cobertura (montantes finos de aço que substituem as colunas de cimento armado)[50], a uniformidade do solo, cujo pavimento único se estende da área da piscina até o terraço posterior, passando através da casa propriamente dita, todos esses são fatores que reforçam essa procura de integração espacial.

O resultado alcançado pode não satisfazer a todos os gostos, mas é preciso reconhecer que ele corresponde plenamente à intenção manifestada: a coerência entre o tratamento externo e o tratamento interno foi total, pois tanto um quanto o outro tinham por objetivo identificar arquitetura e paisagem, mas sem que aquela fosse destituída de seus direitos. Assim, toda confusão foi cuidadosamente evitada. Exteriormente, o parentesco formal é levado a tal ponto, que o acordo entre uma e outra é feito sem esforço; mas uma hábil distinção foi mantida com o uso da cor: a mancha branca do edifício destaca-se do verde da vegetação, enquanto que a piscina reflete os dois indistintamente em suas águas azuis, garantindo uma transição ideal. No interior, o elemento principal da decoração da sala de estar é a natureza externa (e o paradoxo é apenas aparente): a pessoa instalada nesse cômodo é mergulhada nele, quer queira, quer não, em razão da continuidade espacial criada; algumas paredes cheias colocadas com cuidado, alguns contrastes de cor de materiais escolhidos com habilidade impedem, apesar de tudo, uma dissolução pura e simples da arquitetura na paisagem e canalizam estritamente a distribuição de espaços, que são por certo muito fluidos, mas bem determinados em sua orientação e perfeitamente perceptíveis.

Admirada como uma notável manifestação do gênio plástico de Niemeyer, essa obra teve considerável repercussão no plano internacional, mas também foi severamente criticada. Max Bill declarou, sem rodeios, que a forma livre só se justificava se era funcional, caso esse que é totalmente excepcional na arquitetura. Ele viu na casa de Niemeyer apenas um capricho puramente decorativo e recusou-se a considerá-la como uma obra válida, digna de qualquer interesse. O próprio exagero de sua indignação e seus ataques violentos a quase todas as realizações da jovem escola brasileira só serviram para indispor seus ouvintes, conscientes de serem vítimas de uma flagrante injustiça. Gropius, mais compreensivo, que visitou a cidade ao mesmo tempo em que o artista suíço[51], não achava que as censuras de seu colega tinham fundamento, observando que este não tinha levado em consideração a atmosfera do Rio de Janeiro, "onde todos parecem viver no ar sem perceber". Essa atitude polida, contudo, não era uma aprovação, conforme mostra a aguda observação a propósito dos defeitos de construção, que não tinham a mesma importância que assumiriam num país temperado[52], e a qualificação de ave do paraíso dada a Niemeyer; a atitude parecia muito com a solicitude de um professor que perdoa um aluno bem dotado pelas inconseqüências de juventude e os efeitos de uma mentalidade ainda não inteiramente desenvolvida.

Sem dúvida alguma, a crítica mais séria e mais ponderada foi a de Ernesto Rogers, que foi tão mal recebida quanto as outras no Brasil, quando foi publicada sucessivamente por duas revistas especializadas, uma italiana e outra inglesa[53]. Embora reconhecendo o êxito perfeito da fusão dessa arquitetura com uma paisagem "orgiástica", cujas formas ela retomava, Rogers entrevia nessa identificação com a natureza, uma confusão romântica[54]; como bom habitante do Mediterrâneo e amante do tradicional pátio e da casa voltada para dentro, pessoalmente ele não apreciava o caráter extrovertido dado à composição, mas perguntava se ele tinha

o direito de condenar um poeta que, devido a uma formação diferente de seu espírito e de sugestões diferentes de sua terra natal, podia engajar-se legitimamente em outros caminhos.

De fato, tudo era uma questão de ponto de vista. Para os espíritos imbuídos de uma concepção estritamente funcional da arquitetura, para aqueles que se preocupavam com uma rigorosa lógica formal deixando

---

48. *Habitat*, n.º 14, jan.-fev. de 1954, encarte entre as pp. 26-27. *Architectural Review*, vol. 116, out. de 1954, pp. 234-250.

49. *Ibid.* e *Casabella*, n.º 200, fev.-mar. de 1954, pp. 1-3.

50. O mesmo processo tinha sido aplicado dois anos antes por William Everitt numa casa construída nos arredores de San Francisco (*Architecture d'aujourd'hui*, n.º 38, dez. de 1951, pp. 74-76, fotos, plantas). Não é impossível que Niemeyer tenha conhecido esse projeto e o tenha empregado como fonte de inspiração, pois existem semelhanças evidentes. Também a casa de Everitt era constituída por uma habitação transparente, abrigada sob uma laje de contorno sinuoso. Em compensação, não existe qualquer medida comum entre a qualidade das duas realizações. Everitt tinha retomado o princípio do restaurante de Pampulha, compondo sua habitação com dois blocos distintos, ligados pela cobertura, dando a eles uma planta retangular, destacando-se da forma livre dessa cobertura. Já Niemeyer levou a audácia até o fim, concebendo um conjunto unitário, inteiramente baseado no emprego de curvas irregulares, cuja variedade e elegância deixavam longe o desenho rudimentar de Everitt.

51. *Architectural Review*, vol. 116, out. de 1954, pp. 234-250.

52. Afirmação correta apenas parcialmente, pois as conseqüências das tempestades tropicais são bem diferentes do mau tempo ou das tormentas da zona temperada. Aliás, a casa de Niemeyer foi quase arrastada por uma avalancha de lama alguns meses mais tarde; foi preciso restaurá-la completamente, mas o fato dela ter resistido e permitido que seus moradores escapassem de uma morte muito provável face às circunstâncias, prova que ela não era tão mal construída como por vezes se diz.

53. *Casabella*, n.º 200, fev.-mar. de 1954, pp. 1-3. *Architectural Review*, n.º 116, out. de 1954, pp. 234-250.

54. Essa afirmação é muito discutível; já foi visto que Niemeyer tomou precauções para que não houvesse confusão, mas sim concordância entre os dois; aliás, se existe um espírito que pensa sempre em termos de arquitetura pura, um espírito fundamentalmente oposto aos estados de alma do romantismo, é o de Niemeyer.

pouco lugar para a imaginação, o caráter inesperado e a extrema liberdade plástica da casa de Niemeyer pareciam um sacrilégio, que provocava a revolta ou uma tolerância condescendente, de acordo com o temperamento de cada um. Em compensação, a mesma obra encantava os partidários de uma arquitetura "moderna" libertada da coação e da monotonia que a tinham sufocado durante certo tempo; para alguns, chegava mesmo a ser um manifesto brilhante de uma nova era há pouco iniciada e da qual Le Corbusier, em Ronchamps, tinha sido, mais uma vez, o pioneiro.

Acalmadas as paixões, é bem fácil esclarecer as coisas. Em primeiro lugar, devem ser afastadas as objeções baseadas em questões de gosto pessoal em matéria de habitação. Muitas pessoas não se sentiriam à vontade num ambiente desses e prefeririam, em vez da fluidez imaterial, a solidez de um abrigo mais clássico[55]; é absolutamente correto, mas, afinal de contas, tratava-se da residência do próprio arquiteto e ele não a impôs a ninguém. Assim, convém julgar num outro plano. Ora, não se pode negar que se trata de uma criação original, de um grande êxito plástico: essa moradia foi, sem dúvida, uma fantasia, mas uma fantasia cheia de encanto, perfeitamente adaptada ao local e às intenções de seu autor e mais, era fruto de uma lógica muito racional sob a aparente despreocupação de seu aspecto. Mas é preciso não exagerar sua importância. Obra excepcional que só cabe dentro de um contexto muito particular, esse agradável capricho arquitetônico não abria uma perspectiva para o futuro. Niemeyer compreendeu-o muito bem, pois eliminou radicalmente a forma livre de seu repertório a partir da autocrítica que fez em 1955, enquanto prosseguiu suas pesquisas sobre as estruturas, vistas acima, e sobre os volumes, que serão abordados a seguir.

3. O tratamento dos volumes

A importância atribuída por Niemeyer ao tratamento dos volumes, já constatada em suas primeiras obras, não foi desmentida depois. Pode-se objetar que não se trata de um capítulo totalmente independente e que as pesquisas desse tipo estavam ligadas às pesquisas estruturais e até às pesquisas puramente formais já estudadas. Isso é evidente em muitos casos e, para citar apenas dois exemplos característicos, deve-se lembrar o edifício principal da fábrica Duchen, volume novo determinado pela estrutura em pórticos arqueados dispostos paralelamente, e o prédio da Praça Liberdade, em Belo Horizonte, cuja massa parece ter sido esculpida pela imaginação do arquiteto. É claro que o assunto não será retomado uma vez que já foi abordado antes, mas as poucas considerações anteriores sobre esse ponto estão longe de esgotar a questão. Agora, é preciso retomá-la em si mesma, pois os jogos de volumes, simples ou complexos, são um dos elementos essenciais do vocabulário arquitetônico de Niemeyer, cuja expressão variou em função das contingências.

É claro que o arquiteto não desfrutou da mesma liberdade para todos os seus projetos. Por exemplo, limitações impostas pela existência de um local estreito, por vezes irregular, e pela necessidade de utilizar ao máximo o terreno por razões econômicas deixaram-lhe apenas uma iniciativa reduzida na escolha do volume global dos arranha-céus para escritórios situados no centro das grandes cidades, Rio de Janeiro, São Paulo e Belo Horizonte. O prisma impunha-se e foi sistematicamente adotado; mas é interessante notar que o arquiteto quase sempre procurou uma forma de conjunto tão regular quanto possível, freqüentemente recusando-se a construir os andares complementares em recuo, autorizados pelos regulamentos municipais, a fim de conservar a pureza do paralelepípedo retângulo geralmente utilizado, ou esforçando-se para retificar ao máximo, por artifícios de óptica, a desigualdade flagrante do terreno dado[56]. Assim, aqui, a preocupação com um volume claro e puro é perfeitamente aparente; a animação plástica provém unicamente do tratamento das fachadas com tipos variados de *brise-soleil*[57] que se alternam com a superfície uniforme dos panos de vidro deixados a descoberto; quanto às pesquisas espaciais, limitam-se ao térreo, onde os jogos de rampas, de balcões e a ondulação das vedações oferecem um contraponto ao rigor geométrico da massa geral.

As mesmas preocupações podem ser encontradas nos prédios de vários andares construídos em meio a um terreno desimpedido, mas desta vez o arquiteto, mais livre em seus movimentos, aproveitou para não se limitar ao volume único. Entregou-se a justaposições audaciosas de formas independentes que se equilibram por sua oposição relativa, para se fundir num todo harmonioso ou, ao menos, pretensamente harmonioso. Está fora de dúvida que os problemas funcionais contribuíram para orientar as soluções propostas: a adoção do paralelepípedo retângulo para os blocos principais deriva de uma lógica elementar e a idéia de concentrar os eixos de circulação vertical em torres externas relativamente isoladas justifica-se pela preocupação de evitar a propagação de um eventual incêndio por meio dos poços dos elevadores e das escadas[58]. Mas esses dados não eram imposições absolutas; se foram adotados por Niemeyer não foi só porque davam uma resposta satis-

---

55. Por outro lado, é preciso não esquecer que nem sempre faz tempo bom no Rio e que nada é mais triste do que a natureza tropical imersa na chuva.

56. Em três ocasiões — edifício Montreal, em São Paulo, 1950 (S. PAPADAKI, *op. cit.*, t. II, pp. 60-63), Banco Mineiro da Produção, em Belo Horizonte, 1953 (*idem*, pp. 64-66) e o edifício Triângulo, em São Paulo, 1954 (*Acrópole*, n.º 202, agosto de 1955, pp. 444-447) — Niemeyer teve de lidar com um terreno triangular cuja utilização era muito delicada por causa de sua situação; em todas as vezes, ele arredondou os ângulos expostos, a fim de obter uma superfície interna mais fácil de utilizar, mas isso não alterou o caráter nitidamente geométrico do volume global.

57. Além dos clássicos *brise-soleil* de lâminas verticais ou horizontais, Niemeyer, elaborou, nos prédios citados na nota anterior, um sistema engenhoso que consistia em cortar os andares dos arranha-céus com uma armação horizontal de lajes contíguas, muito salientes, substituídas no edifício Triângulo por grades colocadas em balanço e espaçadas regularmente. O efeito obtido é ótimo no banco de Belo Horizonte, mais discutível ou mesmo francamente medíocre nos edifícios de São Paulo.

58. Mais uma vez, é na obra de Le Corbusier (no primeiro projeto da casa Meyer) que essa disposição é encontrada pela primeira vez (*Le Corbusier 1910-1960*, Zurique, 1960, p. 47). Será essa a fonte de inspiração original de Niemeyer? É muito provável, pois ele conhecia a fundo os trabalhos do mestre franco-suíço, publicados regularmente por Girsberger, especialmente os anteriores à guerra, que tinham sido seu livro de cabeceira e dos quais gostava de dar uma nova versão pessoal. Um dos exemplos mais significativos dessa tendência é o edifício Eiffel, em São Paulo (1955), retomada indiscutível, embora num sentido nitidamente mais plástico e variado, do arranha-céu cartesiano de 1935.

fatória às questões materiais, mas também porque lhe ofereciam possibilidades de expressão estética.

Examine-se, por exemplo, o Hospital Sul-América no Rio de Janeiro[59]. São evidentes os jogos de massas: eles foram concebidos em função de uma hierarquia que contribui para a impressão final de simplicidade da composição. Como no Ministério da Educação e Saúde, os serviços essenciais foram agrupados num volume único, de absoluta pureza, cujas fachadas planas e retilíneas impõem-se plasticamente pela hábil distribuição dos elementos que a constituem, pela segurança na escolha dos materiais, pela perfeição das proporções e, enfim, pelo emprego impecável da cor no tratamento das superfícies[60]. Mas a obra vale igualmente para as partes anexas[61], dependências no telhado e principalmente torre dos elevadores, que se destacam, por sua brancura resplandecente e por sua planta de tendência elíptica, do fundo colorido de linhas rígidas do bloco principal (Fig. 103). A distribuição dessas massas secundárias, ao mesmo tempo independentes e integradas, obedece a um equilíbrio cuidadosamente calculado, que estabiliza o conjunto ao mesmo tempo que o realça por meio de toques vigorosos (Fig. 104). É certo que o sucesso incontestável do Hospital Sul-América não resulta apenas de uma feliz distribuição dos volumes e já foi visto o papel desempenhado nesse edifício pelos elementos de estrutura, sem falar da contribuição dada pelos jardins de formas suaves de Roberto Burle Marx (Fig. 105), mas não se pode negar que aquela é uma das características fundamentais da obra em questão e do estilo de Niemeyer.

É claro que nem sempre o resultado foi tão satisfatório e por vezes o arquiteto perdeu o senso da medida, como no conjunto residencial Governador Kubitschek de Belo Horizonte. Também ali o princípio tinha sido opor volumes simples bem definidos[62] para formar um todo coerente, mas as enormes construções que daí resultaram, escaparam a toda escala humana[63]. Aliás, o estilo de Niemeyer jamais se deu bem com o gigantesco, onde suas qualidades fundamentais, imaginação plástica e senso das proporções, não podiam expressar-se de modo válido. As maquetes e fotomontagens conseguiam, às vezes, iludir e dar a impressão de um equilíbrio perfeito, mas este era irremediavelmente rompido na realização, quando o horizonte da formiga terrestre substituía a perspectiva cavaleira ou até a perspectiva aérea artificialmente criadas, não permitindo mais que o imóvel fosse apreendido com um só olhar a partir de pontos privilegiados; então, uma sensação de peso e de esmagamento substituíam a leveza característica que Niemeyer soube colocar como um selo pessoal em todos os seus grandes sucessos.

Os jogos de volumes, que eram uma das principais características do repertório de Niemeyer quando ele abordava grandes composições, podem ser naturalmente encontrados como um dos traços essenciais do conjunto do Ibirapuera. Como já foi assinalado[64], desta vez não havia um bloco principal e blocos secundários, mas sim uma sucessão de pavilhões de mesma importância, ligados por uma imensa marquise, cujo traçado livre contrastava com as formas geométricas dos edifícios. Estes foram imaginados e distribuídos de modo a equilibrar-se, a originalidade plástica de uns compensando a massa maior porém mais clássica de outros. Estes (Palácio dos Estados, Palácio das Nações, Palácio da Indústria) não serão abordados em profundidade já que individualmente não apresentam interesse especial. Entretanto, o mesmo não pode ser dito da grande cúpula, muito baixa em relação ao diâmetro, do Palácio das Artes (Fig. 110), que mais tarde se tornou o Museu da Aviação, e do prisma triangular repousando numa das arestas que teria sido o auditório, este infelizmente não construído. De fato, as duas obras tinham sido concebidas como complemento uma da outra e deviam afirmar-se como as peças-chave do projeto. Os ângulos agudos e o aspecto aerodinâmico do segundo edifício ter-se-iam oposto de maneira surpreendente à calota esférica meio-enterrada, vazada na base por uma série de vigias redondas, do primeiro. A falta do contraponto inicialmente previsto levou a uma ruptura de equilíbrio eminentemente negativa.

Quando se examina as razões funcionais que puderam levar o arquiteto à escolha desses volumes puros — um, perfeitamente regular, o outro, desigual, mas também geométrico em essência —, percebe-se logo que elas por si só não justificam a adoção desse repertório plástico. A rigor, a explicação poderia parecer satisfatória para o auditório, cuja forma é indiscutivelmente muito racional, ainda que trazendo problemas técnicos complicados no estágio de realização, mas não o é de modo algum para o Palácio das Artes, onde a escolha foi inteiramente de ordem estética, o que deixa pressentir o novo estilo de Niemeyer, que será visto a seguir. Mas até 1955 essa atitude continuou sendo uma exceção e as invenções formais elaboradas foram inspiradas, em seu conjunto, ao menos no começo, por considerações práticas.

É o caso da fachada inclinada que substitui o paralelepípedo retangular por um prisma de faces oblíquas, forma arquitetônica nova que Niemeyer explorou para dela extrair notáveis efeitos, mas que freqüentemente foi copiada de modo errado por seus muitos imitadores. Essa solução surge em 1943, num primeiro projeto não executado para a casa de Kubitschek na Pampulha[65]: o objetivo era a criação de um grande terraço desco-

---

59. Cf. *supra*, nota 10.

60. É provável que, nesse último ponto, Niemeyer tenha sido influenciado pelo sucesso dos prédios do Parque Guinle, de Lúcio Costa; a alternância de faixas azuis e transparentes na fachada oriental, o jogo dos elementos vazados vermelhos e dos *brise-soleil* de lâminas verticais azuladas na frente oeste não deixam de lembrar certos aspectos marcantes dos edifícios Nova Cintra e Bristol, mas a semelhança fica só nisso; não existe nenhum vínculo perceptível com o passado e a composição vigorosa de Niemeyer opõe-se à delicadeza requintada da composição de Lúcio Costa.

61. Entre elas, o edifício baixo, que devia erguer-se perante a fachada original e cuja estrutura estava baseada em arcos de concreto armado, não foi construído.

62. Neste caso, a torre que agrupava escadas e elevadores do edifício principal era triangular.

63. O projeto baseava-se, no entanto, no emprego integral do «modulor» de Le Corbusier, que pretendia oferecer um sistema de proporções na escala humana. Portanto, foi uma demonstração por absurdo feita a contragosto por Niemeyer, demonstrando que nenhum sistema desse tipo podia constituir-se numa panacéia universal.

64. Cf. *supra*, pp. 161-162 e 153 (nota 8).

65. Esse projeto foi depois retomado e usado na casa da Sra. Prudente de Morais, no Rio de Janeiro (1949). S. PAPADAKI, *op. cit.*, t. I, pp. 124-127 (fotos, plantas, elevação).

berto na frente dos quartos, sem romper a pureza do volume global[66]. Essa solução, originalmente imaginada para o primeiro andar de uma obra sobre pilotis, foi depois freqüentemente retomada, e mais tarde ampliada para o térreo e mesmo para o conjunto térreo-andar. O emprego mais sistemático e mais notável dessa solução foi feito no Centro Técnico da Aeronáutica de São José dos Campos[67], a uns 100km de São Paulo (1947-1953), onde essa disposição foi adotada para todos os edifícios residenciais, fossem eles pequenos prédios de apartamentos, ou casas uniformes agrupadas em linha reta (Fig. 119). Essas construções simples, englobando a casa propriamente dita e o jardim particular ou o ter-

das e telhados oblíquos, de que resultava um prisma trapezoidal com a face inferior maior do que a superior. Ele teve a idéia de inverter os termos: para tanto, ele conservou o volume global propriamente dito, mas criou um efeito inteiramente novo e bem-sucedido ao virá-lo e colocá-lo sistematicamente sobre pilotis. Essa solução foi apurada em 1951, em dois dos edifícios que Juscelino Kubitschek, na época governador de Minas Gerais, o tinha encarregado de construir em sua cidade natal, Diamantina, a fim de fazer com que o progresso chegasse até lá. Essa cidade importante, hoje muito ativa como mercado agrícola, tinha sido, no século XVIII, um grande centro de extração mineral (ouro e principal-

Fig. 119. Oscar NIEMEYER. *Alinhamento das fachadas do Centro Técnico da Aeronáutica.* São José dos Campos. 1947.

raço, apresentam a vantagem de respeitar o caráter individual de cada unidade e a vida privada de seus habitantes, ao mesmo tempo que constituem um conjunto claramente composto, que encanta pela originalidade do bloco único de linhas bem marcadas que se destaca sem pomposidade no fundo natural.

Mas Niemeyer, sempre procurando novas formas, não se contentou com variações sobre o tema das facha-

66. *Módulo*, n.º 7, fev. de 1957, pp. 5-10.

67. *Architectural Forum*, nov. de 1947. *Architectural Review*, vol. 108, out. de 1950, pp. 223-225. *Architecture d'aujourd'hui*, n.º 42-43, agosto de 1952, pp. 79-81 (plantas, cortes, fotos), S. PAPADAKI, *op. cit.*, t. I, pp. 160-177, e t. II, pp. 160-167 (plantas, cortes, elevações, fotos). H. MINDLIN, *op. cit.*, pp. 112-117, (plantas, fotos, cortes).

mente diamantes) e conserva, dessa época áurea, um conjunto arquitetônico notável, sob muitos aspectos tão válido quanto o de Ouro Preto. Menos conhecida porém, por causa de seu isolamento, ela era pouco visitada e a legislação não tinha submetido as construções novas à aprovação prévia do serviço encarregado da proteção dos monumentos históricos. Assim, Niemeyer teve campo livre e pôde restabelecer projetos puramente modernos que, aliás, integram-se muito bem no quadro colonial preexistente[68]. Dos três edifícios realizados — um hotel

68. Não se quer dizer com isso que sempre seja desejável misturar antigo e moderno, mas é evidente que recusar sistematicamente essa eventualidade também é uma atitude perigosa (cf. P. CHARPENTRAT, De l'abus de la méthode en architecture. Réflexions sur la notion de dispa-

para turismo[69], uma escola primária em honra de Júlia Kubitschek[70], mãe do governador e ex-professora primária, e o clube, já mencionado — só os dois primeiros nos interessam agora. Está fora de dúvida que a forma adotada foi sugerida pela vontade de proteger os quartos e as salas de aula de um excesso de insolação por meio da projeção da laje de cobertura, mas sua elaboração resultou, mais uma vez, da vontade firme de levar a um volume simples que chamasse a atenção pela elegância e originalidade. No hotel, cuja disposição interna (ao contrário do hotel de Ouro Preto) é perfeitamente funcional, uma disposição engenhosa une estreitamente todos os elementos que compõem a fachada: a inclinação parece derivar naturalmente dos pilotis em forma de "V" transversal, dos quais um dos braços sustenta apenas o piso do primeiro andar, enquanto que o outro braço vai até o telhado e se incorpora habilmente às paredes de separação dos terraços que precedem os quartos (Fig. 120). Na Escola Julia Kubitschek,

Fig. 121. Oscar NIEMEYER. *Escola Júlia Kubitschek*. Diamantina. 1951.

Fig. 120. Oscar NIEMEYER. *Hotel*. Diamantina. 1951.

o caso é um pouco diferente: pilotis clássicos e suportes da projeção da laje de cobertura são absolutamente independentes uns dos outros, sublinhando o caráter autônomo do andar principal e a relativa falta de destaque do térreo (Fig. 121); os efeitos plásticos são mais elaborados, também mais variados, e a comparação das duas obras faz com que a primeira pareça um pouco imatura, embora tecnicamente sua importância tenha sido maior em razão da influência que tiveram seus pilotis. Intimamente aparentados por sua situação no topo de um terreno de inclinação forte e pelo aspecto formal que lhes foi dado, esses dois edifícios merecem, por este último motivo, receber um lugar importante na obra de Niemeyer: eles representam uma das primeiras tentativas verdadeiramente bem-sucedidas de integrar todo um programa num volume único, puro e pleno de originalidade, preocupação que aparece igualmente um pouco mais tarde no Palácio das Artes e no auditório do Ibirapuera.

Por conseguinte, nesse ponto houve uma evolução que se esboçou lentamente, deixando prever discretamente a reviravolta de 1955. A tendência para a simplificação torna-se mais nítida à medida que passam os anos. Ela surge inicialmente nos prédios comerciais do centro das cidades, onde Niemeyer lança mão, na medida do possível, do bloco geométrico regular, mas ela é muito mais significativa nos programas onde sua liberdade não era estritamente limitada. É assim que ele passa, aos poucos, da combinação de massas às interpenetrações complexas (que são encontradas, por exemplo, no cassino da Pampulha), à justaposição de formas independentes que se equilibram reciprocamente (nas grandes composições) e à invenção de volumes simples isolados que devem seu valor à sua originalidade plástica e ao tratamento impecável que receberam. Mas não se deve crer que essa simplificação de ordem volumétrica foi traduzida por um abandono dos efeitos espaciais, internos e externos, obtidos, como antes, pela hábil distribuição de cheios e vazios, de jogos de sombra e luz, pela alternância de paredes cheias com panos de vidro e paredes transparentes ou semitransparentes, de tons vivos com manchas escuras. As preocupações fundamentais não se modificaram; assiste-se somente a uma aspiração mais clara, não isenta de toda contradição, no sentido de um duplo objetivo: ao desenvolvimento de uma liberdade de invenção que cada vez se afirma mais (particularmente sensível nas pesquisas estruturais e na exploração da forma livre), superpõe-se uma preocupação com a pureza cada vez mais acentuada que aparece, então, na evolução do tratamento dos volumes, mas que não irá demorar para impor-se categoricamente a partir de 1955.

rate, *Critique*, n.º 221, out. de 1965, pp. 864-874). Tudo depende da qualidade dos projetos ou mesmo da localização e condições particulares. Dada sua localização, com certeza teria sido preferível que uma solução de compromisso tivesse sido exigida de Niemeyer no hotel de Ouro Preto, enquanto projetos puramente modernos, bem concebidos, não alteraram o encanto e a beleza de Diamantina.

69. S. PAPADAKI, *op. cit.*, t. II, pp. 100-103 (fotos, plantas, corte, elevação).

70. *Idem*, pp. 104-109 (fotos, plantas, corte, elevação).

4. Conclusão

É difícil, portanto, definir a obra de Niemeyer nesse período crucial, que vai da afirmação decisiva de seu gênio em Pampulha até a abertura, em 1955, de uma nova fase de maior reflexão e maturidade. Ela se caracteriza por uma preocupação com a originalidade plástica, que se torna mais ampla com o passar dos anos, mas as pesquisas nesse sentido não se enquadram numa linha de pensamento muito estrito. O entusiasmo que presidiu tais pesquisas e a liberdade de composição quase absoluta de que o arquiteto desfrutou com freqüência, levaram-no a multiplicar as tentativas de formas novas, sem que uma reflexão aprofundada lhe permitisse descartar sistematicamente as que se poderiam revelar pouco apropriadas para certos casos. Por conseguinte, trata-se de uma época de procura hesitante, onde figuram lado a lado sucessos brilhantes e fracassos indiscutíveis que por vezes chegam às raias da vulgaridade e do mau gosto.

Contudo, sua contribuição foi considerável, tanto no plano brasileiro, quanto no internacional. É evidente que, no plano brasileiro, algumas vezes a influência foi nefasta: o sucesso alcançado incitou muitos arquitetos sem talento a retomar as formas por ele inventadas ou a imaginar outras, mais ou menos semelhantes ou até inéditas, mas tão horríveis quanto arbitrárias[71]. Já foram mencionados alguns casos dessas imitações infelizes devidas a uma simples moda e a uma incompreensão daquilo que dá o valor do original, mas não nos demoraremos nesse assunto, que não apresenta interesse. É mais lamentável que certos jovens bem dotados, perdendo a cabeça com o sucesso de Niemeyer, tenham querido rivalizar com ele em detrimento de suas próprias possibilidades, que teriam florescido com mais felicidade num sentido mais modesto; mas tratava-se de falta de maturidade, sensível principalmente nos alunos das escolas de arquitetura, que, na maioria dos casos, iria passar com a idade e a experiência. Na realidade, não se pode censurar Niemeyer. Por outro lado, a pujança de sua invenção plástica fecundou toda a arquitetura brasileira, provocando uma evolução benéfica que contribuiu para a revelação ou a afirmação dos melhores elementos. Num capítulo anterior, já foi sublinhada a influência exercida pela obra de Niemeyer na obra dos irmãos Roberto, e daqui a pouco o assunto será retomado; o mesmo se pode dizer em relação a Reidy, Moreira, Bolonha[72], o próprio Lúcio Costa e praticamente todos os arquitetos cariocas que contribuíram para a explosão da renovação brasileira, sem esquecer os de outras regiões do país[73]. É claro que nenhum destes copiou Niemeyer, e o valor de seus trabalhos provém do fato de terem conseguido encontrar uma maneira própria para exprimir-se, mas, ocasionalmente, eles não vacilaram em retomar e dar um tratamento diverso a motivos bem-sucedidos por ele elaborados; dedicaram-se sobretudo a pesquisas diferentes sobre os mesmos temas, agindo paralelamente e esforçando-se para rivalizar com Niemeyer na matéria que constituía seu principal trunfo: a plástica.

Naturalmente, a repercussão no plano internacional não se traduziu numa influência tão vigorosa. Mas convém não desprezar seus efeitos. As revistas especializadas deram ampla divulgação às audácias formais das realizações de Niemeyer[74], que causaram forte impressão na opinião e nos meios profissionais. Sem querer pretender que a evolução posterior da arquitetura mundial (cada vez mais marcada a partir de 1950 pelas pesquisas inéditas no campo estrutural e por um gosto acentuado pelas superfícies baseadas no emprego das curvas) tenha sido resultado das iniciativas do arquiteto brasileiro, é certo que a obra deste contribuiu para a orientação adotada, oferecendo exemplos cuja liberdade de concepção causava uma impressão ainda mais forte porque o panorama europeu era, então, salvo algumas exceções, de uma monotonia desesperante. De fato, todos os críticos deram ênfase à exuberância plástica da linguagem de Niemeyer e do caráter extraordinário das formas por ele tentadas. Essa atitude pode parecer um pouco surpreendente para o observador de hoje, que há quinze anos presencia o desenvolvimento de um vocabulário muito mais estranho: os edifícios mais audaciosos de Niemeyer, comparados com realizações como o *hall* dos Congressos construído por Hugh Stubbins em Berlim, em 1957, ou as últimas obras de Eero Saarinen[75], sem falar de projetos de espírito fantástico, como a Ópera de Sidnei do dinamarquês Jörn Utzon (1956), parecem efetivamente modelos de discrição e de elegante simplicidade. Mas é preciso inserir-se no ambiente da época e é certo que as iniciativas de Niemeyer seduziram, por seu caráter inesperado, tanto a Europa, ainda não recuperada da guerra, quanto os Estados Unidos, que eram então um terreno mais favorável ao desenvolvimento da arquitetura contemporânea. Já há alguns anos, esse país encontrava-se dividido entre dois grupos que se chocavam violentamente, e o conflito estendeu-se rapidamente para as demais partes do mundo. Os paladinos da arquitetura orgânica, cujos líderes eram o velho Wright e o finlandês Aalto,

---

71. Sem dúvida alguma, a taça cabe à empresa J. Artacho Jurado Soc. Técnica Ltda., que edificou em São Paulo uma série de prédios que são uma verdadeira antologia do mau gosto: formas bizarras e policromia extravagante acumulam-se e não chegam a impedir uma espantosa monotonia devida à repetição pura e simples das divisões horizontais. Embora muito diferente uns dos outros, os edifícios Louvre, Viadutos, Acácias, D. Veridiana Prado, Saint-Honoré, Bretagne, etc. têm todos um ar de família e competem entre si pela impressionante feiúra (cf. publicidade publicada em *Habitat*, n. 14, jan.-fev. de 1954, pp. 74-79).

72. Embora no conjunto tenha ficado mais próximo de Lúcio Costa do que de Niemeyer, Bolonha não escapou à atração exercida por este, retomando, no pavilhão das fontes sulfurosas de Araxá (Minas), a forma livre empregada de maneira brilhante no restaurante de Pampulha. É verdade que era um projeto executado em 1945 por um jovem recém-saído da Escola de Belas-Artes do Rio. A seguir, ele iria distanciar-se um pouco, mas o contato tinha sido proveitoso (*Architecture d'aujourd'hui*, n.º 13-14, set. de 1947, pp. 76-77).

73. A influência é muito clara em Acácio Gil Borsoi, por exemplo, que teve um papel muito importante em Recife. O prisma trapezoidal retomado em várias casas e a forma livre do projeto de piscina para o aeroclube de Pernambuco (*Arquitetura e Engenharia*, n.º 31, jul.-set. de 1954, pp. 30-31, plantas, desenhos) são indiscutíveis variações sobre temas originais de Niemeyer.

74. Deve-se citar particularmente os dois números especiais consagrados ao Brasil por *Architecture d'aujourd'hui* (n.º 13-14, set. de 1947, cujo sucesso foi fulminante, e n.º 42-43, agosto de 1952), as análises do estilo de Niemeyer em *Domus* (n.º 255, fev. de 1951, pp. 15-18 e n.º 278, jan. de 1953, pp. 8-9) e o relatório sobre a arquitetura brasileira, publicado em *Architectural Review* (vol. 116, 1954, pp. 234-250).

75. Especialmente o rinque de patinação da Universidade de Yale (1958), o edifício da TWA no aeroporto Kennedy (New York) e o aeroporto internacional de Washington; aliás, a morte brutal do arquiteto em 1961 impediu que visse concluídas estas últimas duas obras.

insistiam na importância dos fatores psicológicos e queriam superar o funcionalismo ao reintroduzir nele uma boa dose de romantismo; os partidários convictos do racionalismo orientavam-se cada vez mais no sentido de um purismo total, encarnado pela personalidade sem par de Mies van der Rohe, cuja influência cada vez maior dominava a escola americana por volta de 1950; entretanto, entre os dois grupos, um certo número de pessoas sentia de modo confuso uma necessidade de variedade e de pesquisas novas. Ora, o plasticismo materialista de Niemeyer, que era uma verdadeira ovelha negra para os adeptos do primeiro grupo, podia oferecer uma opção para os componentes do segundo grupo. Assim, não é de espantar que a difusão de seus trabalhos tenha sido um dos elementos que facilitou o advento da nova tendência para um estruturalismo barroquizante, que surgiu na arquitetura dos Estados Unidos e em outros lugares durante a década de 50.

Embora a obra de Niemeyer se tenha imposto, principalmente no plano internacional, por seu lado imprevisto e seu dinamismo (já sensíveis em Pampulha e, a seguir, tornados mais precisos), convém não fechar os olhos e julgar unicamente em função desse critério. Por certo os anos que passaram entre 1944 e 1955 representaram o período em que o arquiteto esteve mais próximo do barroco: jogos de curvas, contrastes, tendências ao gigantismo, pesquisa sistemática de originalidade foram os traços característicos dessa inclinação. Mas isso não impediu que existisse uma preocupação permanente com a clareza no conjunto da composição, particularmente acentuada no tratamento das massas, onde sempre predominaram o equilíbrio e a simplicidade. Niemeyer jamais se deixou seduzir pelo gosto do estranho. Até mesmo suas obras mais livres, como a casa da Gávea, correspondem a uma lógica, à exploração de uma idéia, e não à interpretação de estados de alma[76]. Trata-se de uma arquitetura que, apesar de sua fantasia, permaneceu racional e jamais quis ser sentimental[77]. Assim, os impulsos que empurravam Niemeyer para um certo barroquismo sempre foram contidos em limites bem definidos por seu senso natural de harmonia. É isso que explica o fato de ter ficado hesitante quando percebeu que o caminho que começara a trilhar não estava de acordo com seu verdadeiro temperamento. O desenvolvimento normal das pesquisas empreendidas o teria levado a lançar-se na exploração das superfícies não planas, como fizeram vários arquitetos europeus e americanos; mas evitou esse caminho e, a partir de 1955, retornou a uma inspiração de essência mais clássica que, longe de afetar o vigor de sua imaginação, permitiu que ele atingisse seu apogeu. Deixando Niemeyer de lado por alguns momentos, deve-se examinar agora as tentativas paralelas de outros arquitetos brasileiros, dentre os quais convém destacar os irmãos Roberto.

2. A PROCURA DO MOVIMENTO: M. M. M. ROBERTO[78]

A equipe formada pelos irmãos Roberto não levou tão longe quanto Niemeyer as pesquisas plásticas, mas também ela se impôs por criações originais nesse setor. O período mais fecundo sob esse aspecto estendeu-se de 1949 a 1955; assiste-se então a uma tentativa conjunta de elaboração de uma arquitetura que rompe aos poucos o quadro estático das realizações anteriores para chegar a sua expressão total na fachada móvel do edifício Marquês de Herval.

Nas primeiras obras de Marcelo e Milton Roberto, nada deixava prever essa evolução. A massa pesada do prédio da A.B.I., os volumes puros em paralelepípedos do Aeroporto Santos Dumont e do Instituto de Resseguros do Brasil distinguiam-se pelo equilíbrio (que não tinha nada de dinâmico) e pelo tratamento de suas fachadas num plano único, onde os jogos de cheios e vazios eram reduzidos ao mínimo. Mas os irmãos Roberto não tinham inclinação para ficar com um só estilo. Apaixonados por sua arte, eles não pararam de se lançar por novos caminhos e de sempre recolocar sua obra em questão.

1. Dinamismo das estruturas

Ao contrário de Niemeyer, os Roberto só ocasionalmente tentaram romper o quadro estático da arquitetura por meio de pesquisas estruturais. As poucas tentativas que fizeram nesse sentido terminaram, contudo, em sucessos brilhantes. É o caso dos edifícios da empresa Sotreq[79], conjunto complexo onde se encontram justapostos as oficinas de montagem dos tratores Caterpillar, um salão de exposição das máquinas à venda, os escritórios da firma e uma série de dependências para o pessoal e a administração. A composição toda é dominada por grandes arcos de madeira com 44m de vão, estendidos entre filares de concreto armado (Fig. 123), que abrigam os serviços onde o público tem acesso. Embora se trate de apenas uma parte menor da superfície total (Fig. 122), a audaciosa estrutura que a caracteriza basta para lhe dar o lugar que logicamente merece no plano psicológico e plástico. A ala dos escritórios e os dois blocos paralelos que contêm a oficina e a loja de peças, dispostos perpendicularmente no pavilhão central (aquela, na fachada, estes, na parte posterior), surgem apenas como complementos necessários que realçam o pavilhão e o equilibram por meio de uma hábil repartição de suas massas. A concordância

---

76. No caso específico, aliás, a harmonia que emana de um traçado irregular, calculado em função de um equilíbrio global, e a caprichosa leveza que daí resulta, estariam muito mais próximas do rococó do que do barroco propriamente dito.

77. Vincular a um espírito neobarroco, como quis fazer Gillo Dorfles, todas as realizações onde a curva desempenha um papel plástico importante parece ser perigoso. Não existe um parâmetro entre as obras de Aalto, a casa de Niemeyer, o conjunto de Pedregulho de Reidy, o rinque de patinação de Saarinen, para ficar só com alguns exemplos citados em favor dessa tese (cf. *Domus*, n.º 358, set. de 1959, p. 19). Muito mais sério é o estudo de Pierre CHARPENTRAT (*Annales*, maio-junho de 1961, pp. 457-468), onde as comparações têm mais nuanças e a distinção entre o racionalismo puro e o movimento orgânico é feita cuidadosamente.

78. G. FERRAZ, Individualidades na História da Atual Arquitetura no Brasil. IV. M. M. M. Roberto, *Habitat*, n.º 31, junho de 1956, pp. 49-66. G. VERONESI, Marcelo e Maurício Roberto: scioltezza e libertà, *Zodiac*, n.º 6, pp. 108-117 (plantas, fotos). P. F. SANTOS, Marcelo Roberto, *Arquitetura*, n.º 36, junho de 1965, pp. 4-13 (fotos).

79. *Arquitetura e Engenharia*, n.º 11, out.-dez. de 1949, pp. 35-37 (fotos, plantas). *Architectural Forum*, nov. de 1950, pp. 136-137 (fotos, plantas). *Architectural Review*, vol. 109, jan. de 1951, pp. 25-28 (fotos, plantas, desenho). *Architecture d'aujourd'hui*, n.º 42-43, agosto de 1952, pp. 33-35 (fotos, plantas, desenhos). H. MINDLIN, *op. cit.*, pp. 216-217 (fotos, plantas).

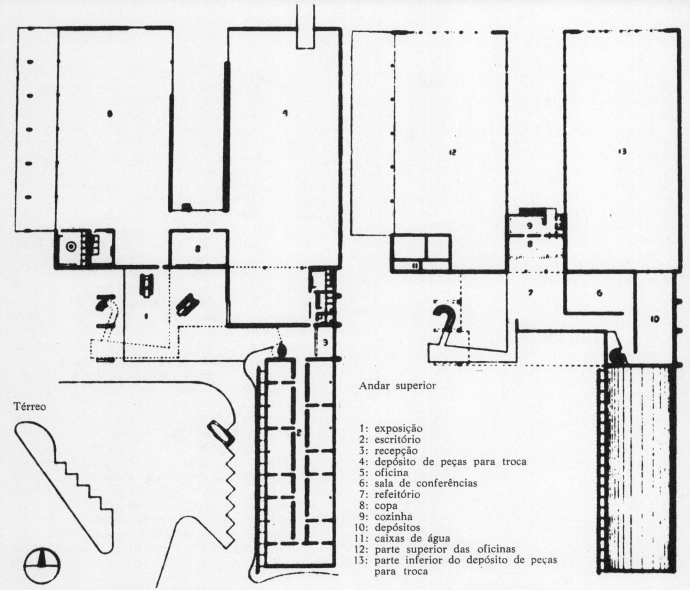

Térreo

Andar superior

1: exposição
2: escritório
3: recepção
4: depósito de peças para troca
5: oficina
6: sala de conferências
7: refeitório
8: copa
9: cozinha
10: depósitos
11: caixas de água
12: parte superior das oficinas
13: parte inferior do depósito de peças para troca

Fig. 122. M. M. M. ROBERTO. *Empresa Sotreq*. Rio de Janeiro. 1953. Plantas.

Fig. 123. M. M. M. ROBERTO. *Empresa Sotreq*. Rio de Janeiro. 1953.

171

formal é feita pela retomada, nos telhados dessas várias construções, do mesmo processo de arcos de madeira que suportam uma cobertura fina de fibro-cimento utilizado para o elemento fundamental (que era a agência propriamente dita). Assim, a unidade estrutural e um certo parentesco volumétrico são mantidos sem prejudicar a hierarquia desejada. De fato, toda a hierarquia concentra-se nos serviços de venda, onde os jogos espaciais vêm completar o efeito visual produzido pela estrutura. Não há uma separação decisiva entre exterior e interior: o *hall* de exposição é ao ar livre e as partes fechadas do andar são panos de vidro; mas a transparência não é total, pois o olhar depara com paredes cheias, habilmente situadas em recuo mais ou menos acentuado para canalizar o espaço por elas determinado. Portanto, a autonomia relativa dessa parte da obra está sublinhada por seu caráter aberto, que se opõe ao aspecto rigorosamente fechado dos anexos, dos quais só se pode ver as paredes transversais ou o anteparo formado pelos *brise-soleil* que correm ao longo dos escritórios. Está fora de dúvida que se procurou enfatizar o aspecto dinâmico: o traçado tenso dos arcos e sua estrutura dupla, mantida por uma série de tirantes, asseguram-lhe uma surpreendente leveza aérea; o mesmo se pode dizer da estreita passarela que permite que os visitantes contemplem, do alto, os veículos expostos: a finura das colunas que a sustentam, sua projeção para o exterior através da estrutura do edifício, a escada em caracol, sem apoio intermediário, que lhe dá acesso, reforçam a impressão inicial (Fig. 124); há outros detalhes que também contribuem para isso: desencontro em ângulos retos sucessivos do pano de vidro do primeiro andar e das placas de fibro-cimento da cobertura que não chega até o chão, disposição em quincunce do estacionamento, forma dos pilares que sustentam a marquise da oficina. Por fim, não se deve esquecer a importância das cores vivas que fazem surgir um jogo entre massas e elementos estruturais. De fato, um observador que passa pela avenida e se encontra no eixo da fachada terá sua atenção voltada para as ondas sucessivas, branca, verde e azul, que, da esquerda para a direita, correspondem respectivamente à empena da oficina, ao pano de vidro do pavilhão principal e à empena da ala dos escritórios; a seguir, quando se aproxima, ele descobre a mancha rosa dos *brise-soleil* móveis que correm ao longo da frente principal dessa ala e a oposição de cores feita com a pintura, em três tons diferentes, marrom, preto e branco, dos grandes arcos do pavilhão central. Mas o dinamismo e variedade obtidos dessa forma não foram alcançados às custas do equilíbrio da composição, que está baseado na harmonia do conjunto. As audácias plásticas e pictóricas foram grandes, mas responderam admiravelmente bem aos desígnios de seus autores; esse edifício industrial, cujo lado funcional jamais foi esquecido, revela-se como um dos maiores êxitos da arquitetura brasileira nesse difícil setor, que era particularmente apreciado pelos irmãos Roberto. Com efeito, eles se distinguiram construindo também várias escolas técnicas do SENAI (tapeçaria, marcenaria e mecânica) na capital da época e no Estado do Rio. Elas não serão examinadas, já que não apresentam o mesmo interesse do edifício anterior.

Em compensação, deve-se assinalar, embora não tenha sido construído, o projeto de igreja[80] para o bairro de Vicente de Carvalho (1952), cuja abóbada de arcos ondulantes e fino véu de concreto derivavam diretamente do projeto proposto quatro anos antes por Niemeyer para o teatro do Ministério da Educação. Aliás, parece que o ano de 1952, para os irmãos Roberto, foi marcado pela tentação fugaz de imitar Niemeyer em sua preocupação com explorar a flexibilidade do concreto armado. A casa de Arthur Monteiro Coimbra, em Jacarepaguá[81], nos arredores do Rio, é outro exemplo característico dessa tendência. A casa está inteiramente abrigada sob uma laje muito saliente de contorno sinuoso, que lembra as formas livres das marquises de Niemeyer. A fonte de inspiração não é duvidosa, embora os Roberto se tenham antecipado ao próprio Niemeyer ao aplicar esse tema ao telhado de uma casa particular. Por outro lado, é interessante notar o tratamento nitidamente distinto que os arquitetos lhe deram. Enquanto, em Niemeyer, a laje de cobertura é sempre plana e destaca-se pela brancura brilhante da natureza que a circunda, ao mesmo tempo que retoma as formas desta; nos Roberto ela se transforma num jardim suspenso e dá lugar a jogos de inclinações, mo-

Fig. 124. M. M. M. Roberto. *Empresa Sotreq*. Rio de Janeiro. 1953. Detalhes.

80. *Architecture d'aujourd'hui*, n.º 42-43, agosto de 1952, p. 123.
81. *Arquitetura e Engenharia*, n.º 31, maio-junho de 1954, pp. 41-45. *Habitat*, n.º 20, jan.-fev. de 1955, pp. 22-25 (fotos, planta, croquis). *Módulo*, n.º 2, agosto de 1955, pp. 34-36.

tivados originalmente por razões funcionais[82], mas explorados num sentido nitidamente plástico (Fig. 126). O telhado torna-se flexível em elevação e está ligado ao solo por uma escada que parece um tobogã; assim, a casa propriamente dita está como num sanduíche de vegetação; mas ela não se dissolve nessa vegetação por causa da adoção de uma planta estritamente geométrica, onde impera o ângulo reto (Fig. 125) e da escolha

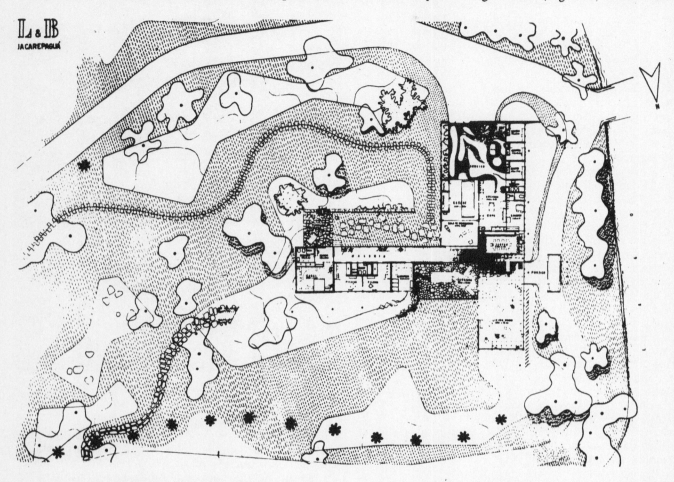

Fig. 125. M. M. M. Roberto. *Casa Monteiro Coimbra em Jacarepaguá*. Rio de Janeiro. 1952.

Fig. 126. M. M. M. ROBERTO. *Casa Monteiro Coimbra em Jacarepaguá*. Rio de Janeiro. 1952.

82. A diferença de nível entre os cômodos de estar e os de serviço facilitou a disposição das aberturas que permitem a ventilação cruzada daqueles; a orientação da ala dos quartos, perpendicular ao bloco principal, também teve por finalidade captar os velhos dominantes para assegurar a esses cômodos o maior arejamento possível.

de materiais que oferecem o contraste necessário. Os meios empregados e o resultado obtido são, assim, em certa medida, opostos aos de Niemeyer, apesar do ponto em comum que é o sistema de cobertura adotado. Os irmãos Roberto permaneceram presos a uma rígida ortogonalidade em matéria de planta do térreo; eles recusaram categoricamente as fantasias líricas de seu colega e sua concepção de composições inteiramente baseadas nos jogos de curvas. Sua construção é assim muito mais racional quando se considera apenas os problemas práticos: distribuição e arranjo do quadro interno principalmente. Por outro lado, é forçoso reconhecer que ela não tem a mesma unidade nem a mesma clareza plástica das obras de Niemeyer e que dela emana uma certa confusão que não satisfaz inteiramente o espírito.

Uma aliança mais bem-sucedida entre audácia e simplicidade, revelou-se o escritório de venda de loteamentos construído em 1954 na Plantação Samambaia, em Petrópolis[83]. Está-se em presença de uma arquitetura em perfeita concordância com o contexto que a circunda, sem pretensões descabidas, mas sem concessões supérfluas. O resultado foi obtido graças a uma estreita ligação entre a técnica contemporânea e os materiais tradicionais de origem local. Situado ao lado da estrada, num declive abrupto que domina um riacho, esse pavilhão foi construído em três meses sem nenhuma terraplenagem prévia; bastou prender, às cinco paredes de pedra bruta que servem de suporte, os quatro elementos construído em 1954 na Plantação Samambaia, balho e de recepção, depois ligar a entrada à calçada por uma passarela protegida por uma marquise. O dinamismo que emana naturalmente do caráter suspenso do edifício quando visto do riacho (Fig. 127) foi reforçado pela forma dada aos suportes, com um ângulo superior muito agudo resultante da junção de duas oblíquas ascendentes. Por outro lado, essa sensação é atenuada do lado da rua (Fig. 128): a projeção das paredes de sustentação até a calçada e a hábil disposição de plantas coloridas entre essas paredes dissimulam parcialmente o vazio, ocultam a aparência de equilíbrio precário que a construção poderia ter assumido aos olhos de um observador desavisado. Assim, os arquitetos "matavam dois coelhos com uma só cajadada": evitavam impressionar desfavoravelmente eventuais compradores temerosos e asseguravam a seu edifício, que parecia estar ao mesmo nível da rua, uma integração impecável na paisagem, integração essa reforçada pelo fato das linhas oblíquas dominantes terem exatamente a mesma inclinação que o perfil das montanhas vizinhas.

A crítica italiana Giulia Veronesi via, nessa obra, uma obra-prima e alegrava-se por ela marcar "um degelo em relação à dominante lecorbusieriana que caracteriza a maior parte da arquitetura brasileira"[84]. Sem dúvida, ela tinha razão, pois é evidente que a mistura de materiais naturais e artificiais e a maneira de tratar o edifício em função do contexto meio civilizado, meio selvagem, é a antítese da maneira de Le Corbusier e aproxima-se mais do estilo de Wright (desde que se

Fig. 127. M. M. M. ROBERTO. *Pavilhão Lowndes na Plantação Samambaia.* Petrópolis. 1953. Fachada posterior.

exclua desta todo traço de complicação romântica para substituí-lo por uma simplicidade ofuscante). Mas a realização em questão não era um primeiro passo ponderado no sentido de uma mudança de estilo. Pelo contrário, tratou-se de uma obra isolada, de uma exceção notável que ilustra bem uma certa versatilidade dos Roberto, sempre inclinados a lançar-se em novas pesquisas de acordo com as circunstâncias. Mas não se deve deduzir, dessa observação, que o pavilhão da Plantação Samambaia é uma peça isolada dentro do panorama geral deixado pelos arquitetos. Nada disso, pois ela se insere perfeitamente no contexto das tentativas que então faziam para romper a estaticidade inerente a toda arquitetura. Mais ainda do que os problemas de estrutura, é no tratamento das fachadas que fica sistematicamente marcada essa preocupação que, na época, dominava seu espírito.

2. A procura de movimento nas fachadas

O edifício Seguradoras[85], propriedade do sindicato de seguradores do Rio de Janeiro, primeiro prédio im-

---

83. *Módulo*, n.º 1, março de 1955 (planta, fotos). *Habitat*, n.º 22, maio-junho de 1955, pp. 16-17 (planta, fotos). *Zodiac*, n.º 6, maio de 1960, pp. 114-115 (planta, várias fotos). O projeto já estava estabelecido em 1953, quando a equipe M. M. M. Roberto ainda estava completa.

84. *Zodiac*, n.º 6, maio de 1960, p. 109.

85. *Arquitetura e Engenharia*, n.º 18, jul.-set. de 1951, pp. 36-45. *Architecture d'aujourd'hui*, n.º 42-43, agosto de 1952, p. 39 (fotos). *Brasil — Arquitetura Contemporânea*, n.º 1, ago.-set. de 1953, pp. 23-28 (fotos, plantas, desenhos dos *brise-soleil*). H. MINDLIN, *op. cit.*, pp. 214-215 (fotos, plantas). *Zodiac*, n.º 6, maio de 1960, pp. 116-117 (fotos, plantas, desenhos).

portante onde se manifestou uma tendência para o movimento no desenho das fachadas, data de 1949.

no centro da cidade; por outro lado, sua forma constituía uma dificuldade suplementar: a intersecção das

Fig. 128. M. M. M. ROBERTO. *Pavilhão Lowndes na Plantação Samambaia*. Petrópolis. 1953. Fachada para a rua.

Assim, ele é exatamente contemporâneo do edifício da Sotreq, onde surgiram as pesquisas iniciais dos arquitetos em matéria de dinamismo das estruturas. Não se trata de mera coincidência, mas sim do sinal revelador de uma inclinação numa nova direção, que a seguir iria afirmar-se com vigor. Aliás, pode-se encontrar indícios prenunciadores dessa tendência desde as primeiras obras de Marcelo e Milton Roberto: as paredes sinuosas que separam as diversas lojas do térreo do prédio da A.B.I. ou o traçado de certas divisões internas do prédio da I.R.B. são alguns exemplos. Mas, então, não passavam de detalhes que não afetavam o caráter do conjunto, e, portanto, não contribuíram realmente para sua expressão externa. Não se pode dizer o mesmo do caso que nos interessa, onde o sistema original dos *brise-soleil* e a ondulação da parede do canto desempenham um papel decisivo na composição.

O edifício em questão trazia problemas delicados por causa de sua situação. O terreno era relativamente exíguo e muito caro; assim, o programa exigia a utilização máxima da superfície construída autorizada — isso, porém, era lugar-comum para toda obra erigida

ruas que delimitavam as duas frentes principais determinava, de fato, um ângulo agudo, um pouco difícil de ser aproveitado esteticamente na medida em que era aberto demais para ser explorado como tal, mas não bastante próximo do ângulo reto para ser confundido com este. A equipe M. M. M. Roberto conseguiu transformar com habilidade esse fator *a priori* desfavorável numa brilhante solução plástica: a parede cega sinuosa que liga as duas fachadas que dão para a rua faz uma hábil transição entre elas, evitando a oposição brutal entre a superfície lisa toda envidraçada que se impunha a sudeste e o jogo mais acentuado dos meios de proteção contra o excesso de insolação que era exigido pela orientação sudeste (Fig. 130). De fato, desejando conservar em todos os escritórios uma vista para o exterior, a fim de evitar todo sentimento psicológico desfavorável entre os usuários, os arquitetos não tinham retomado, exceto nos dois andares superiores destinados a um clube, o sistema de *brise-soleil* verticais que tinham elaborado já em 1936 e depois aperfeiçoado; embora conservando a moldura retangular de cimento, pré-moldada, já utilizada como suporte dos elementos de proteção no prédio da A.B.I., eles substituíram as lâminas verticais destes por uma série de persianas basculantes colocadas horizontalmente sobre um eixo central que podia assumir todas as posições desejadas; a impecável eficácia prática dessas persianas, que só cobriam a parte superior do espaço reservado a cada andar, funcionava também como uma contribuição plástica de primeira linha, pois elas garantiam à fachada em questão um grande dinamismo decorrente de seu próprio movimento e dos efeitos de profundidade que resultavam da multiplicidade dos planos assim criados[86]. Por outro lado, a leveza do conjunto e a comunhão dos

lante do canto, cuja importância já foi assinalada. O papel da primeira é mais discreto, porém muito eficaz; é ela que dá a nota de contraste unificador em cada uma das frentes: rigorosamente retilínea e sem qualquer elemento de destaque do lado da Rua Senador Dantas, onde todo o resto da fachada é tratado em termos plásticos vigorosos, ela se torna o único fator de movimento na Rua Evaristo da Veiga, com o traçado sinuoso da laje do piso, que é seguido de perto pela parede trans-

1: vestíbulo da entrada
2: recepção
3: lojas
4: escritórios

Fig. 129. M. M. M. ROBERTO. *Edifício Seguradoras*. Rio de Janeiro. 1943. Plantas.

Fig. 130. M. M. M. ROBERTO. *Edifício Seguradoras*. Rio de Janeiro. 1943. Fachadas.

materiais empregados — concreto armado no quadro de sustentação e madeira nas persianas — eram reforçadas pelas aberturas retangulares (munidas de lâminas de madeira idênticas às das persianas) feitas nas placas horizontais que prolongavam as lajes de cada andar[87].

Como se pode constatar, as pesquisas dinâmicas sensíveis nessa obra derivavam parcialmente da solução de problemas funcionais, mas seria errado pensar que elas não corresponderam a uma vontade firme dos arquitetos no sentido de explorar sob esse aspecto, uma situação favorável. Por exemplo, examine-se a planta do térreo do imóvel (Fig. 129), da qual toda configuração tem por objetivo reforçar essa impressão: seus traços dominantes são as paredes curvas determinando espaços irregulares e fluidos nas lojas e, talvez ainda mais, no vestíbulo de acesso, ortogonalidade limitada ao máximo e só aparecendo quando indispensável, disposição em linha quebrada das vitrines da Rua Senador Dantas a fim de destacar a estrutura que foi deixada aparente. Mas foi principalmente na elevação que os irmãos Roberto comprovaram toda a sua capacidade ao fundir num conjunto coerente duas fachadas radicalmente distintas, graças a uma série de oposições sutis e engenhosas conciliações. Sob esse aspecto, as duas zonas fundamentais são a sobreloja e a parede ondu-

86. Mesmo quando todas as persianas estão na posição mais neutra, ou seja, na vertical, ainda existem dois planos nitidamente diferenciados, o das persianas e o da fachada propriamente dita, em recuo, o que cria uma notável alternância; porém o grande número dessas persianas e o fato de que os moradores as manipulam à vontade levam a uma variedade permanente de posições, indo da vertical até a horizontal, passando por toda a gama das oblíquas.

87. Ali também existia uma coincidência perfeita entre as soluções funcional e estética, pois essas aberturas permitiam a circulação do ar no sentido vertical, ao longo da fachada, e assim evitavam a formação de colchões de ar quente parado.

parente; a ruptura que ocorre entre esses dois elementos constitutivos no ponto de encontro, contribui para reforçar a dramaticidade da zona onde foram concentrados os efeitos mais violentos: o ângulo agudo da laje destaca-se da flexibilidade da parede cega, que acompanha mais ou menos a curva regular da superfície envidraçada. Existe aí um verdadeiro complemento da oposição criada pela colocação, no prolongamento da última coluna da Rua Evaristo da Veiga, de uma aresta de canto vivo entre essa mesma parede e a fachada plana dessa rua. Toda a composição é assim equilibrada por uma mistura brilhante de caracteres estáticos e dinâmicos, cuja expressão é ainda mais reforçada pela escolha judiciosa dos motivos decorativos: de fato, os azulejos de Paulo Werneck cobrem toda a parede do canto com um desenho geométrico muito simples e muito sério (um quadrado dentro de um círculo), mas cuja repetição sistemática, disposição em quincunce e jogo discreto de cores (cinza, verde-claro, branco e ocre) aliam-se admiravelmente ao movimento da parede a fim de ressaltá-lo.

As pesquisas começadas no edifício Seguradoras continuaram numa série de prédios importantes construídos no centro ou nos bairros elegantes da zona sul do Rio de Janeiro. Nestes, encontram-se as duas características mais notáveis mencionadas acima: proteção contra o sol feita por persianas em vez de *brise-soleil* propriamente ditos e ondulação parcial das fachadas

poderia parecer um passo atrás; em compensação, a superfície oblíqua colocada no meio das fachadas, que se tornará uma espécie de marca registrada dos Roberto (Figs. 131 e 132), nada mais tem de um engenhoso meio de conciliação, fruto de circunstâncias particulares, como era a parede do canto do prédio Seguradoras; agora, trata-se de um elemento de vocabulário plástico, consciente e sistematicamente empregado para animar a massa e romper a monotonia geométrica das grandes construções uniformes onde se empilham escritórios ou apartamentos que se tornaram o símbolo da civilização contemporânea.

A primeira obra desse tipo foi o edifício Guarabira (1953), na Praia do Flamengo[89], que se distingue pelo fato de que as fachadas expostas ao sol são protegidas por persianas de madeira, de guilhotina, formando um verdadeiro anteparo; essa espécie de pano de vidro opaco dissimula inteiramente a estrutura do edifício, chegando até a ocultar as lajes dos pisos e dificultando a visão de sua disposição quando os moradores deixam fechados esses elementos de proteção contra o excesso de insolação. Esse processo significava o abandono de um dos princípios fundamentais da doutrina racionalista original, mas permitia uma unidade no tratamento das superfícies que se integrava

Fig. 131. M. M. M. ROBERTO. *Edifícios Finusia e Dona Fátima*. Rio de Janeiro. 1954. Plantas.

Fig. 132 M. M. M. ROBERTO *Edifício Marquês de Herval*. Rio de Janeiro. 1953-1955. Plantas.

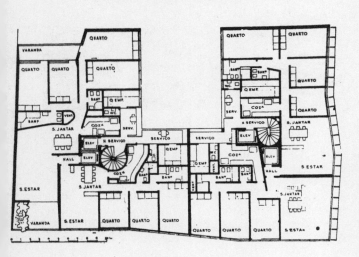

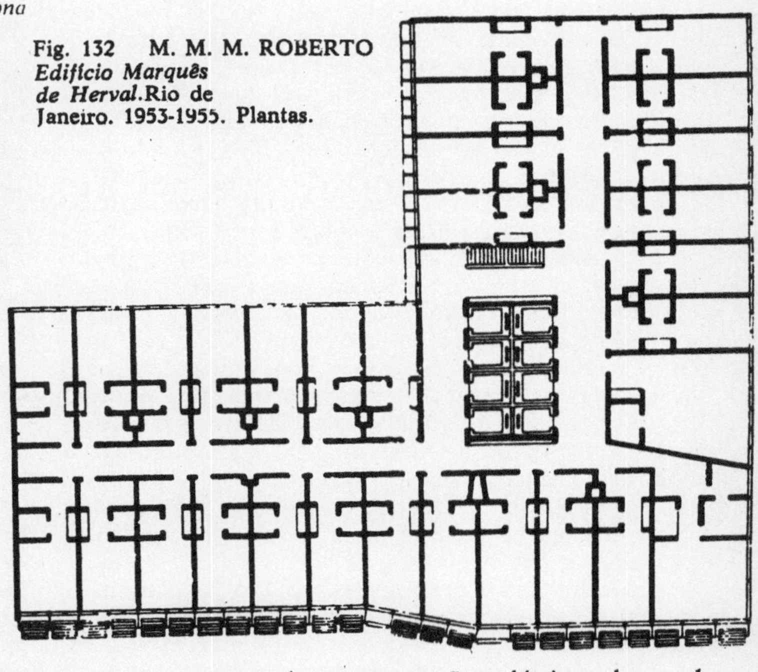

ou, ao menos, de algumas delas. Mas essas ondulações têm uma essência diferente da anterior: não são mais feitas numa parede cheia, que se presta facilmente a um traçado curvilíneo, mas sim em paredes compostas pela justaposição de caixilhos de madeira ou de caixilhos metálicos fabricados em série[88]; portanto, abandonou-se toda sinuosidade real, o que, à primeira vista,

bem no contexto das preocupações plásticas da escola brasileira[90]. De fato, toda a sua evolução visava obter uma maior liberdade de expressão, mas sem cair no ilógico ou no arbitrário.

Mas o edifício Guarabira não passava de um passo tímido em direção à elaboração de uma sensação de movimento. As pesquisas ficaram mais acentuadas nos

88. Como ressaltou Paulo Santos (*Arquitetura*, n.º 36, junho de 1965, p. 11), se não tivesse havido esse problema com os caixilhos, cuja produção uniforme excluía qualquer fantasia, os irmãos Roberto, que então se revelaram admiradores entusiastas de Borromini, teriam certamente optado pela curva como elemento de ligação entre as duas partes retas que determinam o alinhamento das fachadas.

89. *Acrópole*, n.º 211, maio de 1956, pp. 266-267 (fotos).

90. Aliás, Niemeyer e Reidy iriam retomar o sistema, adaptando-o, em certas realizações semelhantes, citadas por Paulo Santos (*Arquitetura*, n.º 36, junho de 1965, p. 11).

prédios Finusa e Dona Fátima[91], que formam um conjunto inseparável na esquina de duas ruas importantes de Capacabana (1953-1954). Pode-se mesmo dizer que nestes as pesquisas atingiram seu ponto mais alto em matéria de planta (Fig. 131); isso pode ser explicado pelo fato de que, para os andares superiores, foi adotada estrutura totalmente independente dos pilotis, de acordo com o sistema elaborado por Le Corbusier no Pavilhão Suíço na Cidade Universitária de Paris e, principalmente, na unidade habitacional de Marselha. Conforme observou Paulo Santos[92], o processo estava longe de ser econômico, mas permitia que os arquitetos tivessem toda liberdade de ação e dessem a estética desejada ao edifício. As duas fachadas, tanto a principal, para a Rua República do Peru, quanto a secundária, para a Rua Barata Ribeiro (desta vez dotada de *brise-soleil* fixos num quadriculado de concreto e não mais dotada de persianas), apresentam uma sucessão de três painéis em linha quebrada, quase iguais; disso resulta uma impressão de flexibilidade comparável à que se pode obter por meio de curvas opostas e contínuas.

Os irmãos Roberto não desfrutaram da mesma liberdade no edifício Marquês de Herval[93], em pleno centro do Rio de Janeiro (1953-1955), mas conseguiram transformá-lo na realização mais original da série. Desta vez, a impressão de movimento não provém do tratamento da massa, que não passa de um bloco em paralelepípedo puro, mas do tratamento da frente principal, para a Avenida Rio Branco. Antes de ser alterada, em 1965, essa avenida constituía um dos mais extraordinários conjuntos dinâmicos jamais concebidos (Fig. 133). Como no edifício Guarabira, a ondulação resultava de uma simples quebra de continuidade, fruto da incorporação de uma parede oblíqua curta entre as duas paredes principais, paralelas à rua (Fig. 132); porém o efeito obtido era claramente mais acentuado, pois as partes em recuo estavam sublinhadas pela moldura do edifício, muito saliente, que tornava possível restabelecer a simplicidade do volume global; esse processo engenhoso apresentava, de modo um pouco paradoxal, todas as vantagens, pois aumentava a sensação de profundidade da fachada, contribuindo para reforçar o caráter desta, ao mesmo tempo que assegurava à composição, considerada em sua totalidade, o equilíbrio e a unidade de que ela necessitava: o contraste entre a forma absolutamente plana e a agitação febril, das fachadas que dão respectivamente para a Avenida Almirante Barroso e para a Avenida Rio Branco, resolvia-se numa sábia conciliação por intermédio da manutenção de uma geometria elementar ao nível da massa.

Contudo, muito mais do que um artifício planimétrico como a ondulação da parede externa mencionada acima, a espantosa mobilidade da fachada que nos interessa, derivava da maneira original como ela tinha sido tratada no sentido vertical. Sua elevação formava uma linha quebrada contínua, devida à alternância dos peitoris e das janelas, umas voltadas para o exterior, outras para o interior[94]. Mas esse era apenas um dos elementos da expressão procurada, inseparável do complemento natural que os arquitetos tinham para ele

Fig. 133. M. M. M. ROBERTO. *Edifício Marquês de Herval*. Rio de Janeiro. 1953-1955. Conjunto.

imaginado. De fato, mais uma vez o sistema de proteção contra o sol assumia um papel decisivo; inspirava-se naquele elaborado para o edifício Seguradoras, mas apresentava notáveis melhorias: as persianas basculantes, agora feitas de lâminas de alumínio, e o dispositivo fixo, em faixas contínuas do mesmo material, que fica acima destas, eram sustentados por uma fina armação metálica, cujas barras arqueadas superpõem-se em audaciosa escalada de andar para andar (Figs. 134 e 135). A unidade dessa superestrutura aérea, presa ao edifício, mas estèticamente formando com ele um só corpo, era bem maior do que a da moldura de concreto com persianas de madeira que tinha sido anteriormente utiliza-

---

91. *Módulo*, n.º 3, dez. de 1955, pp. 36-38 (fotos, plantas). *Habitat*, n.º 26, jan.-fev. de 1956, pp. 16-17 (plantas, fotos). *Architecture d'aujourd'hui*, n.º 67-68, out. de 1956, pp. 152-153 (plantas, fotos).

92. Artigo *cit.*, p. 11.

93. *Brasil — Arquitetura Contemporânea*, n.º 8, 1956, pp. 38-44 (fotos, plantas, desenhos). *Architecture d'aujourd'hui*, n.º 67-68, out. de 1956, pp. 154-155 (fotos, plantas, desenhos). *Arquitetura e Engenharia*, n.º 42, nov.-dez. de 1956, pp. 21-25 (fotos, plantas, desenhos). *Zodiac*, n.º 6, maio de 1960, pp. 110-113 (plantas, várias fotos).

94. No memorial explicativo publicado por Marcelo Roberto (*Habitat*, n.º 31, junho de 1956, pp. 49-66 e *Brasil — Arquitetura Contemporânea*, nº 8, 1956, pp. 38-44), ele assegura que a idéia de inclinar os suportes para o exterior foi provocada pela vontade de conservar a visão para a avenida, local tradicional dos desfiles oficiais e carnavalescos. Assim, toda a composição teria partido de um simples gráfico de visibilidade, levando em consideração o sistema de *brise-soleil* empregado (Fig. 135); a tese estética só teria vindo depois. Na realidade, a importância do edifício provém inteiramente desta tese, ainda que o ponto de partida tenha sido um simples detalhe funcional. Aliás, a veracidade da afirmação é discutível, pois as pesquisas dos Roberto eram orientadas no sentido do movimento há vários anos; a solução prática pode ter surgido inconscientemente dessas preocupações e, mesmo que este não tenha sido o caso, é certo que ela foi aceita com entusiasmo na medida em que se encaixava muito bem nessa linha.

da; mas eram ainda mais importantes sua leveza e sua perfeita adaptação à finalidade plástica pretendida. Não há dúvida de que toda a fachada parecia mover-se perante os olhos do passante, estupefato e maravilhado

O edifício Marquês de Herval foi o último projeto de que participou Milton Roberto, que faleceu subitamente em julho de 1953, ou seja, dois anos antes de terminada a construção do edifício; mas seu desapare-

Fig. 134. M. M. M. ROBERTO. *Edifício Marquês de Herval.* Rio de Janeiro. 1953-1955. Detalhe da fachada com os *brise-soleil.*

com esse *tour de force*[95]. Portanto, o edifício Marquês de Herval constituiu-se num magnífico sucesso, um dos pontos mais altos da obra dos Roberto; assim, lamenta-se muito mais o verdadeiro atentado, de que foi vítima quando apenas dez anos depois de concluído, os proprietários mandaram retirar o conjunto dos meios de proteção contra o excesso de insolação a fim de não ter de fazer sua manutenção[96]. A obra perdeu todo o atrativo, confirmando que a arquitetura dos Roberto é um todo coerente, onde os acessórios não têm nada de supérfluo, mas sim contribuem ativamente, e não raro mais do que as partes de construção propriamente ditas, para a expressão geral.

cimento prematuro não impediu que ele tivesse um papel determinante nessa construção, e sem dúvida alguma é a ele que se pode atribuir a maior parte das invenções plásticas originais que caracterizam a obra. Na verdade, será mera coincidência o fato de que a equipe Roberto se impôs inicialmente, nesse setor, com o prédio da A.B.I., primeira obra devida à colaboração de Marcelo e Milton? E será outra coincidência fortuita o fato de que o grande período criador dessa associação entre irmãos terminou com o edifício Marquês de Herval, último projeto de que Milton participou? Seria muito estranho.

É claro que não se trata de rejeitar como isenta de interesse a obra posterior de Marcelo e Maurício Roberto; apesar disso, é preciso constatar que, no conjunto, ela não tem mais o mesmo atrativo estético, embora continuando impecável no plano prático. Os apartamentos do Parque Guinle[97], terminados em 1962 (Fig. 136), oferecem um desenvolvimento e uma tentativa de síntese do vocabulário anterior, mas a variedade de processos não impediu uma certa monotonia do conjunto, nem uma sensação de peso que contrasta de modo pouco harmonioso com a leveza requintada

95. A obra em questão recebeu logo o apelido de «Tem nego bebo aí», que encantou Marcelo Roberto e pareceu-lhe ser a consagração do ideal de arquitetura dinâmica que então era visado por ele e seus irmãos. (*ibid.*).

96. Aliás, a responsabilidade não deve ser atribuída somente aos proprietários, como também à legislação e a jurisprudência brasileiras. O congelamento dos aluguéis numa época de inflação galopante e a sentença judicial que condenava os proprietários a assumir os encargos para repor em bom estado um sistema que há anos era malconservado, levaram a essa solução desastrosa sob todos os pontos de vista, pois deixava os locatários expostos à inclemência dos raios do sol, ao mesmo tempo que arruinava a estética do edifício.

97. *Acrópole,* n.º 288, nov. de 1962, pp. 394-395 (plantas, fotos).

dos edifícios de Lúcio Costa, que ficam mais acima, nos limites do terreno. Dentre as demais realizações, só uma se destaca realmente pela classe em termos artísticos: o edifício Souza Cruz[98] (1962-1964), cujos *brise-*

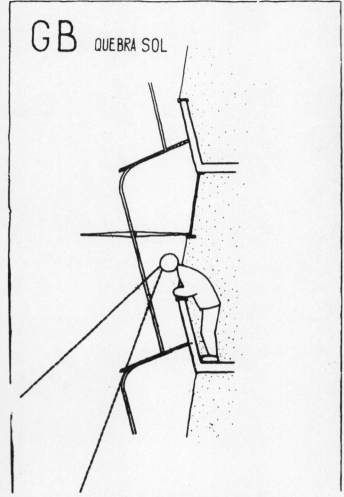

Fig. 135. M. M. M. ROBERTO. *Edifício Marquês de Herval.* Rio de Janeiro. 1953-1955. Corte dos *brise-soleil.*

soleil metálicos estão fixados em protuberâncias de concreto que animam as fachadas, contribuindo para seu dinamismo (Fig. 137). Em compensação, a partir de 1955, Marcelo e Maurício Roberto impuseram-se num novo setor, o do urbanismo, onde suas qualidades de organizadores fizeram maravilhas, e levaram a estudos sistemáticos extremamente elaborados, que são verdadeiros modelos no gênero.

Embora pareça evidente que, dentre os três irmãos, foi o segundo, Milton, que demonstrou possuir o senso plástico mais desenvolvido (dessa forma desempenhando um papel decisivo ao lado de Marcelo, o mais velho e o teórico e porta-voz da equipe), não se deve concluir que havia uma distribuição de tarefas. Toda a família trabalhava em estreita colaboração, e é impossível atribuir de modo preciso, a paternidade de alguma invenção ou de algum detalhe a um ou outro dos irmãos; a tentativa de descobrir, aliás, a paternidade das soluções fatalmente levaria a uma inverdade, pois é mais do que provável que uma idéia, lançada por um dos irmãos, fosse aperfeiçoada pelos outros; assim, sua concretização era levada a termo conjuntamente, sem a menor preocupação de ordem pessoal, e revelava-se como sendo realmente fruto de um trabalho coletivo desinteressado.

Mas uma equipe jamais é tão homogênea quanto um indivíduo, o que sem dúvida explica parcialmente a diversidade das pesquisas feitas pelo ateliê M. M. M.

Fig. 136. Marcelo e Maurício ROBERTO. *Edifícios do Parque Guinle.* Rio de Janeiro. 1954-1962.

Roberto. De fato, viu-se que a equipe passou da força à leveza, de um racionalismo inspirado em Le Corbusier a uma fase claramente clássica e depois a um dinamismo formal, sem falar do intervalo onde intervém a inspiração local. Mas essa variedade não permite concluir que há uma falta de unidade. Existe um estilo Roberto, que se distingue pela elegância e a segurança das proporções utilizadas, pelo emprego sistemático da cor e pela preocupação predominante com o tratamento das fachadas. Essa última constatação poderia espantar quando utilizada em relação aos autores do manifesto sobre a "tridimensionalidade" da arquitetura, publicado em 1955 por ocasião da apresentação do edifício Marquês de Herval[99]; mas, na realidade, não existe contradição: uma leitura atenta dessa tomada de posição prova que, ao exaltar o movimento e a profundidade, os arquitetos pensavam mais nas superfícies do que nos volumes. Para eles, estes só tinham valor em função da

---

98. *Acrópole,* n.º 306, maio de 1964, pp. 31-33 (fotos, plantas).

99. Cf. *supra,* nota 91.

animação que lhes davam as superfícies e jamais em função de sua forma pura, cuja beleza só podia ser apreendida de longe; assim, os volumes em si não ofereciam um meio de expressão capaz de propiciar desenvolvimentos interessantes. Nisso se vê a distância que separava os Roberto de Niemeyer; precisamente nessa data, este preparava-se para dar, sobre o ponto em questão, um desmentido de grande repercussão.

Fig. 137. Marcelo e Maurício ROBERTO. *Edifício Souza Cruz.* Rio de Janeiro. 1962-1964.

3. O APOGEU DE NIEMEYER: BRASÍLIA

Já foi assinalado por várias vezes que o ano de 1955 marca uma reviravolta na obra de Niemeyer. Agora é preciso tentar definir no que consistiu essa reviravolta. A primeira observação que se impõe é que o arquiteto teve plena consciência disso, segundo confirma o depoimento eloqüente dado sobre o assunto[100]; aliás, ele conseguiu analisar com felicidade as razões que o motivaram e as conseqüências que daí resultaram. O fator decisivo foi a viagem à Europa feita nessa data; Niemeyer percorreu então todo o Velho Continente, de Lisboa a Moscou, e o que viu foi para ele

---

100. *Módulo,* n.º 9, fev. de 1958, pp. 3-6. *Architecture d'aujourd'hui,* n.º 80, out. de 1958. *Zodiac,* n.º 6, abril de 1960, pp. 131-135. «As obras de Brasília e o projeto do Museu de Caracas marcam uma nova etapa em meu trabalho profissional. Etapa caracterizada por uma pesquisa constante de concisão e de pureza e por uma maior atenção dada aos problemas fundamentais da arquitetura.

«Essa etapa, que representa uma mudança em minha maneira de conceber um projeto e principalmente de desenvolvê-lo, não surgiu de repente, sem reflexão. Ela não se apresenta como uma fórmula nova, fruto de problemas novos. Ela provém de uma revisão fria e honesta de meu trabalho de arquiteto.»

uma revelação. Até então tinha-se desenvolvido num meio isolado, dentro dos horizontes limitados do panorama de seu país e sua mentalidade tinha ficado profundamente marcada por isso. Artista na alma, projetava com entusiasmo, mas um entusiasmo e uma liberdade não despidos de um certo ceticismo; basicamente não acreditava na duração das realizações brasileiras, destinadas a satisfazer os caprichos das classes abastadas, segundo ele próprio confessa; para Niemeyer, a arquitetura era, acima de tudo, "um exercício que devia ser praticado com espírito esportivo", e daí se explica uma certa negligência na execução de trabalhos muito numerosos e uma tendência excessiva à originalidade, aliás encorajadas por uma clientela que, acima de tudo, estava preocupada com a publicidade. O contato direto com a Europa e seus monumentos modificou radicalmente seu ponto de vista; de repente ele compreendeu o significado das criações do passado enquanto símbolo do estágio de uma civilização e, principalmente, o valor permanente de sua beleza, oposto ao caráter transitório dos fatores funcionais e utilitários[101]. O proveito que ele extraiu foi duplo. No plano prático, voltou ao trabalho com maior ardor e mais seriedade do que antes; eliminou todos os trabalhos destinados unicamente a finalidades comerciais a fim de dedicar-se melhor aos demais, atitude que lhe era permitida pela reputação de que gozava e pela abundância das encomendas que lhe eram feitas; por outro lado, a fundação da nova capital veio oferecer, a partir de 1956, um terreno ideal para essa orientação. No plano estético, ele foi atingido pela clareza e lógica de estilos que até então tinha desprezado por não ter apreendido seu verdadeiro espírito; não hesitou mais em cultivar francamente as qualidades essenciais desses estilos, e até em procurar neles ocasionalmente, uma fonte de inspiração, mas sem renunciar aos princípios fundamentais que até então tinham orientado sua própria arquitetura: emprego de materiais modernos, exploração da flexibilidade do concreto armado, linguagem formal incessantemente renovada por uma vigorosa imaginação plástica. A mudança de estilo que ocorreu então levando a uma procura sistemática de simplificação e de equilíbrio não operou, portanto, uma completa reviravolta de tendências; ela foi fruto não de circunstâncias acidentais, mas sim de uma evolução ponderada, cujas premissas podem ser entrevistas no período anterior; mas não há dúvidas de que essa mudança foi subitamente acelerada pelo choque que se seguiu à descoberta da Europa e de seu passado, descoberta essa que agiu como catalisador; contudo, não houve ruptura, mas uma decantação de um talento que amadureceu e se libertou das últimas limitações que até então ele mesmo se tinha imposto.

O projeto que inaugurou essa nova etapa de uma carreira frutífera foi o Museu de Arte Moderna de Caracas[102] (1955). O edifício devia ser construído num local muito especial, num patamar feito na encosta de um esporão rochoso que dominava uma parte da cida-

---

101. Sob esse aspecto, é significativo o discurso que proferiu em fins de 1955, perante os estudantes da Faculdade Nacional de Arquitetura do Rio (cf. *Módulo,* n.º 4, março de 1956, pp. 37-45).

102. *Módulo,* n.º 4, março de 1956, pp. 37-45. *Aujourd'hui,* n.º 7, março de 1956, pp. 48-49 (plantas, maquetes, cortes). *Domus,* n.º 317, abril de 1956, pp. 2-8 (maquetes, plantas, cortes, desenhos). S. PAPADAKI, *op. cit.,* t. II, pp. 82-99 (maquetes, cortes, plantas, desenhos).

de; assim, o edifício teria uma posição privilegiada: poderia ser visto de todos os ângulos, não só de perfil, como também de baixo e de cima, pois seria encimado pela rua que lhe serviria de acesso. Niemeyer decidiu tirar proveito dessa situação; elaborou um volume audacioso, de perfeita regularidade, que podia ser apreen-

oferecia uma materialização geométrica externa do espaço interno necessário para esse tipo de programa; o mesmo não acontecia com a solução imaginada para a capital da Venezuela, onde as preocupações puramente formais tinham indubitavelmente levado a melhor sobre as considerações funcionais, topográficas e econô-

Fig. 138. Oscar NIEMEYER. *Museu de Arte Moderna*. Caracas. 1955. Projeto não executado.

dido de qualquer ponto, mas sem perder seu caráter específico: um tronco de pirâmide invertido (Fig. 138).

A obra é bem significativa: ela deixa entrever imediatamente a continuidade da obra do arquiteto e a mudança brusca ocorrida. Sob o primeiro aspecto, é fácil sublinhar a manutenão das pesquisas estruturais, os jogos de sinuosidades (empregados para o desenho da laje do terceiro andar, suspenso da cobertura) e, naturalmente, a ênfase dada aos efeitos de massa. A forma imaginada era, mais uma vez, uma tentativa inteiramente nova, que chocava pela ousadia e oferecia um testemunho claro da força criadora da técnica e da arte contemporâneas; nisso, portanto, ela se inscrevia na mesma linha das realizações anteriores.

Mas essa aparente continuidade não deve esconder a radical evolução estética que tinha sido concretizada no espírito do artista. De fato, basta comparar o projeto em questão com o auditório do Parque do Ibirapuera, do qual deriva indiscutivelmente. O prisma triangular que repousa numa das arestas, proposto em São Paulo,

micas; é claro que estas não tinham sido negligenciadas, principalmente as topográficas, que tinham contribuído para a inspiração, mas elas tinham sido disciplinadas dentro de um contexto onde o ideal de pureza plástica desempenhava o papel decisivo. Niemeyer não se preocupava mais com o caráter arbitrário do volume elaborado, desde que o efeito produzido fosse satisfatório; não hesitou mais em proclamar uma convicção que, no fundo, sempre tinha tido, mas que até então não tinha ousado expressar abertamente.

Essa nova tomada de consciência da hierarquia dos valores arquitetônicos acarretou forçosamente uma profunda mudança de estilo. Vê-se uma simplificação drástica dos meios empregados e uma concentração da atenção numa forma única, original, mas de clareza ofuscante. A composição com base em elementos múltiplos, até então tão característica do estilo de Niemeyer, desapareceu em proveito de uma massa compacta e monumental, que se destaca nitidamente da paisagem e se impõe à natureza, ao mesmo tempo em que orgulhosamente a completa. É o triunfo definitivo do aspecto externo, que sempre tinha ocupado um lugar preponderante nas preocupações do arquiteto, mas que, até então, jamais tinha levado a uma ruptura total entre exterior e interior. Aliás, essa constatação de modo algum implica negligência no tratamento do interior ou na falta de unidade do conjunto; de fato, com essa finalidade, Niemeyer explorou com perícia consumada os efeitos de contraste: a oposição entre a notável pureza da arquitetura e a flexibilidade do meio ambiente encontrava um contraponto no próprio edifício, quando se passava do exterior fechado ao interior aparentemente aberto, aparência essa devida à iluminação feita pelo zênite, que canalizava a luz através de uma cobertura translúcida. Todo o edifício tinha sido concebido como um verdadeiro paradoxo que levava de surpresa em surpresa, visando produzir no visitante a emoção estética que o arquiteto pensava ser a qualidade fundamental de sua arte. Portanto Niemeyer não tinha perdido nada de seu impulso lírico, mas tinha renunciado às fantasias passageiras para procurar uma linguagem mais simples, mais direta, mais equilibrada em sua audácia, e profundamente marcada pela grandeza que convém a uma construção monumental. Não se pode falar de um verdadeiro abandono do vocabulário anterior, mas sim do estabelecimento de uma hierarquia na escolha dos elementos e na ênfase que lhes foi respectivamente atribuída. Mas não se tratava de uma modificação secundária, pois afetava, ao mesmo tempo, o espírito da composição, de agora em diante ordenado em função de um tema plástico inicial único, e a expressão final que dela resultava.

As qualidades do novo estilo de Niemeyer, surgidas no Museu de Caracas (infelizmente não construído e, sobre o qual, portanto, é difícil fazer um juízo definitivo), encontraram um terreno ideal para expressar-se em toda a sua amplidão: Brasília, a nova Capital Federal[103]. A decisão tomada em 1956 pelo Presidente Kubitschek, recém-eleito, de construir essa cidade em tempo recorde e de ali instalar o governo antes do fim de seu mandato de cinco anos foi, sem dúvida alguma, uma oportunidade extraordinária para Niemeyer, que foi encarregado da direção geral dos trabalhos de arquitetura e de garantir a exclusividade pessoal dos principais edifícios. Esse favorecimento chocava-se com os regulamentos, que previam a abertura obrigatória de concurso para todos os edifícios públicos; provocou muitas manifestações de inveja, mas o governo não levou os protestos em consideração. Por outro lado, o curto lapso de tempo para a realização e a necessidade de uma unidade monumental exigiam uma centralização eficaz. Com efeito, a nova capital foi concebida, no espírito de seu fundador, como um símbolo do desenvolvimento do Brasil e da união nacional, como uma afirmação da grandeza e da vitalidade do país, de sua capacidade de empreendimento e sua confiança no futuro. A idéia que ela representava só podia desempenhar sua missão de galvanizar a opinião pública, através de um êxito arquitetônico grandioso que levasse a marca de uma personalidade forte. Assim, era muito lógica a escolha de Niemeyer, cujo senso plástico era bem conhecido; não se tratava apenas de uma amizade nascida com a contínua colaboração entre o político e o arquiteto, como também de um apelo ao talento que *a priori* parecia ser o mais conveniente para a audácia inédita de tal projeto.

Consciente de seu valor e da ocasião sensacional que tinha para afirmar-se, Niemeyer logo aceitou o encargo; em compensação, sabiamente recusou-se a elaborar ele mesmo o plano piloto da futura metrópole, preferindo a abertura de um concurso nacional cujo resultado final foi proclamado em 16 de março de 1957. É evidente que essa atitude, motivada pela pouca inclinação que sentia para as questões puramente urbanísticas, acarretava um risco: o projeto vencedor podia não se prestar a seu estilo arquitetônico; mas, como membro do júri, ele conservava em mãos um trunfo importante nesse campo. Por outro lado, a vitória das propostas de Lúcio Costa, feitas sob medida para uma arquitetura como a de Niemeyer, veio confirmar o acerto da posição adotada. De fato, o sucesso estético de Brasília deve-se principalmente à total concordância que reina entre o plano de Lúcio Costa e a arquitetura de Niemeyer, concordância essa que é reconhecida tanto pelos partidários mais convictos, quanto pelos adversários mais ferrenhos da nova capital[104].

A criação de um eixo monumental como ponto focal da composição dava uma ênfase especial aos edifícios públicos encarregados de defini-lo e exigia, de cada um deles, um caráter altamente expressivo, sem prejuízo da unidade global, que assegurava ao conjunto a harmonia e a grandeza procuradas. Ora, conforme ressaltou corretamente Jorge Wilheim[105], as principais qualidades de Niemeyer — imaginação, segurança na escolha das proporções, sensibilidade plástica — eram justamente as mais necessárias num programa como este. Com toda certeza, um excesso de fantasia (que algumas vezes tinha-se manifestado em suas obras anteriores) teria sido prejudicial se essa magnífica possibilidade se tivesse apresentado alguns anos antes; a sorte quis que ela viesse depois da revisão ponderada ocorrida após sua viagem à Europa, oferecendo-lhe a oportunidade de passar à ação imediata numa escala por ele jamais sonhada.

As obras de Niemeyer em Brasília podem ser divididas em três categorias distintas: os palácios de pórticos, os edifícios compostos por jogos de volume simples e os edifícios religiosos de planta centrada.

---

103. Cf. nosso artigo L'experience de Brasília. Essai de synthèse des principales critiques concernent la nouvelle capitale du Brésil, *L'information d'histoire de l'art*, set.-out. de 1961, pp. 111-120 e nov.-dez. de 1961, pp. 142-152.

104. A maioria das opiniões gerais sobre Brasília foram emitidas por ocasião do Congresso Internacional de Críticos de Arte de 1959. Cf. *Congresso Internacional Extraordinário de Críticos de Arte. A Cidade Nova. Síntese das Artes*. Brasília, São Paulo, Rio de Janeiro, 17 a 25 de setembro de 1959 (1960, mimeografado). Grandes trechos dos debates foram publicados em *Habitat*, n.º 57, nov.-dez. de 1959, pp. 2-19 e n.º 58, jan.-fev. de 1960, pp. 3-8. Ver também M. PEDROSA, Lições do Congresso Internacional de Críticos, *Módulo*, n.º 16, dez. de 1959, pp. 7-11.
Outros artigos importantes: J. M. RICHARDS, Brasília, *Architectural Review*, vol. 125, fev. de 1959, pp. 94-104. F. CHOAY, Une capitale préfabriquée: Brasília, *L'oeil*, n.º 59, nov. de 1959, pp. 76-83. B. ZEVI, Inchiesta su Brasília, *L'Architettura*, n.º 51, jan. de 1960, pp. 618-619. W. HOLFORD, Brasília, *Journal of the Royal Institute of British Architects*, vol. 67, março de 1960, pp. 154-159, reproduzido em *Módulo*, n.º 19, agosto de 1690, pp. 3-8. J. WILHEIM, Brasília 1960. Uma interpretação, *Acrópole*, abril de 1960, 2.ª ed. aumentada, pp. 22-53. B. ZEVI, O. NIEMEYER, M. BARATA, Brasília, *Zodiac*, n.º 6, maio de 1960, pp. 128-139. *Architecture d'aujourd'hui*, n.º 90, junho-julho de 1950, pp. 1-33. M. BARATA, Brasília revisitada, *Zodiac*, n.º 11, fev. de 1963, pp. 36-47. W. STÄUBLI, Brasília, Stuttgart, 1965.
Enfim, deve-se citar o depoimento do próprio Niemeyer em *Architecture d'aujourd'hui*, n.º 90, junho-julho de 1960, pp. 8-9 e O. NIEMEYER *Minha Experiência em Brasília*, Rio de Janeiro, 1961.

105. *Op. cit.*, p. 47.

Desses três grupos, o mais inesperado, mas também o mais homogêneo e o mais clássico em sua inegável originalidade é, sem sombra de dúvidas, o primeiro.

1. Os palácios de pórticos

Se tivesse sido dito a Niemeyer, alguns anos antes de se dedicar aos projetos de Brasília, que um dia ele viria a retomar a fórmula do templo grego de colunas e que, por esse processo, ele chegaria aos resultados mais brilhantes de sua carreira, sem dúvida alguma ele teria dado de ombros com desdém. Não acreditava que a arquitetura antiga pudesse servir como fonte de inspiração válida para a arquitetura moderna, por causa da ruptura produzida pela invenção de novos materiais, sem falar do preconceito desfavorável de que gozava, na época, a arte clássica no Brasil; de fato, confundido com o neoclassicismo importado do século XIX, que era acusado de ter rompido a tradição local luso-brasileira para substituí-la por outra, desvinculada do país, o classicismo era considerado como uma arte fria, oposta ao desenvolvimento da imaginação criadora; assim, reduzido a esse esquema sumário, ele não parecia apresentar qualquer interesse para um espírito inventivo como o de Niemeyer. A viagem pela Europa contribuiu para corrigir o caráter abstrato desses dados, mesmo que a palavra "clássico" tenha continuado banida do repertório verbal do arquiteto. Tocado pelo equilíbrio e harmonia das grandes realizações urbanas dos séculos XVII e XVIII, que eram englobadas indistintamente sob o rótulo de barroco por uma corrente muito difundida, Niemeyer não vacilou em procurar essas mesmas qualidades monumentais nos palácios de

Fig. 139. Oscar NIEMEYER. *Anteprojeto do Palácio da Alvorada*. Brasília. 1956. Maquete.

Brasília. Compreendeu o proveito que seus predecessores tinham conseguido tirar da galeria de arcadas ou de colunas que sustentam uma arquitrave; apreendeu imediatamente que esse meio de expressão, longe de estar ligado a um estilo hoje superado, conservava um valor permanente tanto no plano funcional, quanto no estético. Portanto, não hesitou em retomá-lo e transpô-lo para uma linguagem contemporânea quando surgiu uma ocasião favorável. De fato, ele o transformou no motivo básico de quatro dos cinco grandes palácios de Brasília: o Palácio da Alvorada, o Palácio do Planalto, o do Supremo Tribunal Federal e o último da série, o Palácio dos Arcos, sede do Ministério das Relações Exteriores. Só para o Palácio do Congresso foi adotada uma solução bem diferente, por razões de programa e de situação.

1. *O Palácio da Alvorada*[106]

[106]. Primeiro projeto (maquetes, plantas, cortes): *Módulo*, n.º 6, dez. de 1956, pp. 10-23; *Aujourd'hui*, n.º 12, abril de 1957, pp. 56-61; *Progressive Architecture*, abril de 1957, pp. 136-138; *Domus*, n.º 331, junho de 1957, pp. 1-2. Projeto definitivo (maquetes, plantas, corte, esboço): *Módulo*, n.º 7, fev. de 1957, pp. 20-27; *Architecture d'aujourd'hui*, n.º 80, out. de 1958, pp. 56-58. Edifício construído (fotos, plantas): *Architectural Review*, vol. 125, fev. de 1959, pp. 94-104; *Architectural Forum*, n.º 110, abril de 1959, pp. 96-103; *Acrópole*, abril de 1960, 2.ª ed. aumentada, pp. 65-75; W. STAÜBLI, *op. cit.*, pp. 130-137.

Projetado em 1956-1957, o Palácio da Alvorada, residência oficial do Presidente da República, foi o primeiro edifício a ser construído na nova capital; ficou pronto em fins de 1958, pouco antes do Hotel, situado na mesma zona, já que as duas obras tinham sido previstas e iniciadas antes mesmo de estar fixado o plano piloto da cidade; aliás, estes ficariam depois isolados, longe dela, em razão da concepção de Lúcio Costa ter vencido o concurso.

A idéia de Niemeyer era erigir um verdadeiro palácio, nobre e monumental, definido pelas estruturas que lhe dariam leveza e dignidade[107]. Já no anteprojeto de 1956 (Fig. 139), havia fixado o tema fundamental a ser desenvolvido e o tinha esboçado em linhas gerais: a moradia propriamente dita seria constituída por uma caixa de vidro retangular, presa entre duas lajes salientes, sustentadas por uma colunata cuja audaciosa novidade formal iria caracterizar plasticamente o edifício. Mas tratava-se apenas de um esboço, que iria amadurecer nos meses seguintes para ir desembocar na obra-prima que se conhece. De fato, basta comparar as primeiras propostas com a construção final (Fig. 140) para apreender a amplitude das mudanças feitas:

a) a capela, inicialmente muito afastada e totalmente separada, veio integrar-se no prolongamento do Palácio, de modo a formar com ele um só corpo, ao mesmo tempo em que guarda uma inegável independência.

b) as proporções gerais foram radicalmente modificadas devido ao prolongamento considerável das fachadas principais e à concomitante diminuição da largura e da altura do edifício.

c) a colunata assumiu significado totalmente diverso depois da adoção de uma nova disposição: seu distanciamento dos panos de vidro permitiu que fossem feitas galerias externas, que trazem uma contribuição decisiva à expressão geral; além disso, o desenho dos suportes foi desenvolvido numa sucessão rítmica contínua, ocultando totalmente a laje do piso, o que reforça o caráter aéreo da composição.

d) desapareceu a tribuna oficial, bem como a marquise do telhado, recortada em ângulos agudos e obtusos como uma escultura abstrata.

e) o riacho artificial que serpenteava na esplanada que fica na frente do Palácio foi suprimido a fim de eliminar uma nota pitoresca, deslocada num contexto solene e majestoso.

f) o arranjo interno, somente esboçado na proposta original, foi totalmente modificado num edifício de proporções inteiramente diferentes.

Fig. 140   Oscar NIEMEYER. *Palácio da Alvorada*. Brasília. 1957-1958. Vista aérea.

107. *Módulo*, n.º 9, fev. de 1958, pp. 3-6.

A passagem do anteprojeto para o projeto definitivo é das mais instrutivas; nela revela-se claramente o novo estilo de Niemeyer. No plano estético, constata-se que as operações efetuadas correspondiam a uma dupla preocupação: aumentar a unidade formal do conjunto e reduzir o número de efeitos inicialmente previstos, a fim de concentrar toda a força expressiva num motivo principal digno de caracterizar um verdadeiro palácio. No plano da concepção em si e da importância respectiva dos fatores que dela participam, assiste-se a uma completa predominância da preocupação plástica: as modificações feitas, aliás conforme Niemeqer ressaltou, cada vez que escreveu sobre o assunto[108], resultaram de considerações visuais, mesmo quando se constituíram num inegável aperfeiçoamento funcional. Tome-se o caso típico da colunata: o distanciamento entre pilares e corpo principal não foi ditado pelo desejo de oferecer a este uma melhor proteção contra o sol e, a seus moradores, um agradável passeio coberto; ele foi imaginado em função do ponto de vista do visitante, da satisfação intelectual e óptica que este teria com um espetáculo mais rico e mais variado. Também não é uma mudança relativa de programa[109] que explica a ampliação do comprimento do edifício, ainda mais acentuado pela redução das demais dimen-

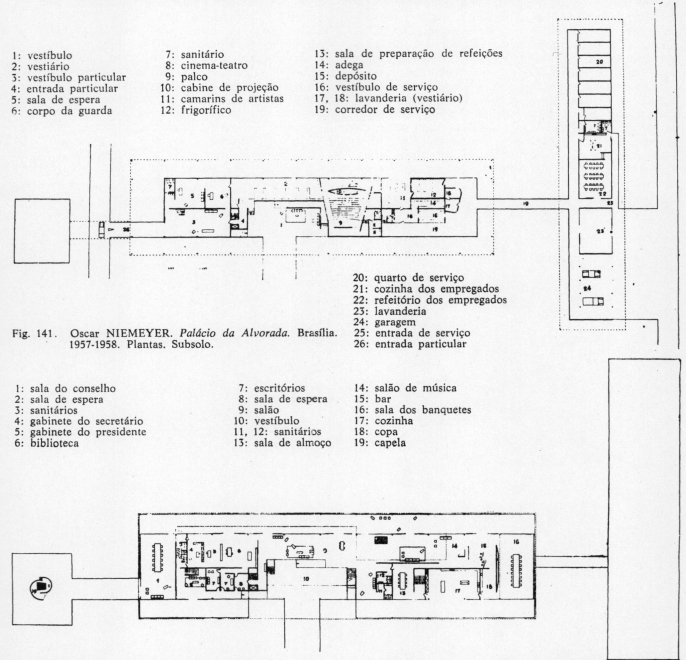

1: vestíbulo
2: vestiário
3: vestíbulo particular
4: entrada particular
5: sala de espera
6: corpo da guarda
7: sanitário
8: cinema-teatro
9: palco
10: cabine de projeção
11: camarins de artistas
12: frigorífico
13: sala de preparação de refeições
14: adega
15: depósito
16: vestíbulo de serviço
17, 18: lavanderia (vestiário)
19: corredor de serviço
20: quarto de serviço
21: cozinha dos empregados
22: refeitório dos empregados
23: lavanderia
24: garagem
25: entrada de serviço
26: entrada particular

Fig. 141. Oscar NIEMEYER. *Palácio da Alvorada*. Brasília. 1957-1958. Plantas. Subsolo.

1: sala do conselho
2: sala de espera
3: sanitários
4: gabinete do secretário
5: gabinete do presidente
6: biblioteca
7: escritórios
8: sala de espera
9: salão
10: vestíbulo
11, 12: sanitários
13: sala de almoço
14: salão de música
15: bar
16: sala dos banquetes
17: cozinha
18: copa
19: capela

Fig. 141a. Oscar NIEMEYER. *Palácio da Alvorada*. Brasília. 1957-1958. Plantas. Térreo.

108. *Módulo*, n.º 7, fev. de 1957, pp. 20-27; n.º 9, fev. de 1958, pp. 3-6; e n.º 15, out. de 1959, pp. 6-13.

109. De fato, parece que o anteprojeto correspondia a uma mistura da função governamental com a residencial, que depois foram nitidamente separadas. O abandono da tribuna e da rampa externa, retomadas no Palácio do Planalto, foi sem dúvida alguma conseqüência da distinção feita.

sões, mas sim a procura da escala e das proporções ideais que assegurariam uma harmonia impecável ao conjunto. Nisso há uma verdadeira inversão na ordem didas soluções funcionais depois de ter sido determinada *a priori* por suas qualidades plásticas e seu significado psicológico.

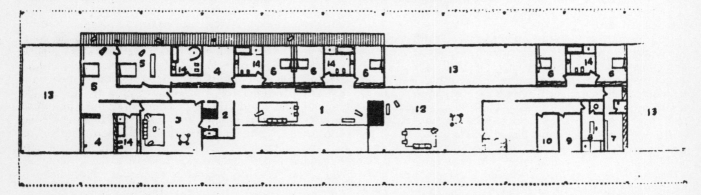

Fig. 141b. Oscar NIEMEYER. *Palácio da Alvorada.* Brasília. 1957-1958. Plantas. Primeiro andar. 1: vestíbulo; 2: vestíbulo particular do presidente e sua mulher; 3: salão; 4: quarto de vestir do presidente e sua mulher; 5: dormitórios do presidente e sua mulher; 6: dormitórios; 7: quarto de vestir; 8: sala de massagem; 9: cabeleireiro; 10: barbeiro; 11: copa; 12: salão familiar; 13: vazio; 14: banheiros.

Fig. 142. Oscar NIEMEYER. *Palácio da Alvorada.* Brasília. 1957-1958. Fachada para o jardim.

dos termos do problema forma-função, conforme esse problema tinha sido colocado pela doutrina racionalista do primeiro pós-guerra: não só a forma não é condicionada pela função material que lhe é atribuída, como também agora é ela que dá origem a bem-suce-

Pode-se deduzir dessas constatações, e do exame do Palácio da Alvorada, que a obra marca uma ruptura completa com os princípios do movimento racionalista, que serviram como ponto de partida para a renovação da arquitetura no século XX? Alguns críticos, principalmente os italianos[110], não vacilam em responder que sim, condenando violentamente esse abandono em virtude de posições doutrinárias muito discutíveis, mas cujo mérito não será abordado aqui. Assim, convém estabelecer certas gradações.

É certo que não se pode mais falar de verdade estrutural, e que a realidade não corresponde mais às aparências. O espectador tem a ilusão de estar frente a uma obra suavemente pousada no terreno e só se apoiando nele por meio de uma fina estrutura externa totalmente exposta (Fig. 142). Ora, não é o que acontece: o edifício, firmado em sólidas fundações, comporta um subsolo (onde ficam a garagem e outras dependências) que forma com ele um único corpo, embora habilmente mascarado pelo anteparo das colunatas; e o papel técnico atribuído a estas é bem mais modesto do que parece à primeira vista: de fato, o esforço de sustentação das lajes do piso e da cobertura é ativamente dividido entre suportes externos e suportes internos, praticamente invisíveis de fora. Da mesma forma, não se trata mais de economia no emprego de materiais, nem de lógica na construção: sob esse ponto de vista, a forma dos elementos de sustentação dos pórticos é perfeitamente arbitrária e sua disposição o é ainda mais. Como observou sem rodeios um dos maiores especialistas mundiais em matéria de cálculo de estruturas em concreto armado, o engenheiro-arquiteto Pier Luigi Nervi[111], a brusca interrupção da colunata na frente principal, a fim de liberar o espaço necessário para uma entrada monumental (Fig. 143), teria de ter sido traduzida, em termos estritamente racionais, por um reforço da arquitrave e dos pilares de enquadramento, destinado a compensar uma diferença de vão que havia triplicado; ora, não só esse fenômeno não ocorre, como também, num verdadeiro desafio às leis da estática, Niemeyer não hesitou em reduzir pela metade a superfície desses apoios e a das colunas de canto, ou seja, de todos os elementos colocados nos lugares estratégicos e, em princípio, encarregados de absorver os empuxos mais fortes. É uma solução paradoxal em termos funcionais, mas também uma descoberta plástica que contribui ativamente para aumentar a impressão de extraordinária leveza do edifício, objetivo procurado por Niemeyer, que de agora em diante

Fig. 143. Oscar NIEMEYER. *Palácio da Alvorada*. Brasília. 1957-1958. Entrada.

110. Sem dúvida, o primeiro da fila foi Bruno Zevi, autor de violentos ataques por ocasião do Congresso Internacional Extraordinário de Críticos de Arte realizado no Brasil de 17 a 25 de novembro de 1959 (cf. *supra*, nota 104), ataques retomados em *L'Architettura*, n.º 51, jan. de 1960, pp. 618-619. Cf. também L. BENEVOLO, *Storia dell'architettura moderna*, Bari, 1960, t. II, pp. 988-989. (Trad. bras.: *História da Arquitetura Moderna*, São Paulo, Perspectiva, 1976.)

111. *Casabella — Continuità*, n.º 223, jan. de 1959, p. 55. Aliás, Joaquim Cardozo, engenheiro cujo talento de calculista permitiu que Niemeyer realizasse seus *tours de force* plásticos, ressaltou, por sua vez, a superabundância de material de construção que resultava do emprego da solução adotada, mas essa situação em nada chocava os instintos poéticos desse engenheiro profissional (*Módulo*, n.º 10, agosto de 1958, pp. 3-6).

estava decidido a dar prioridade às pesquisas expressivas.

Contudo, o abandono do dogma do realismo estrutural e a volta vigorosa de uma preocupação decorativa caída no ostracismo fazia várias décadas, não implica a rejeição absoluta do racionalismo. Ao menos em dois pontos percebe-se claramente uma filiação. Inicialmente, o programa foi desenvolvido segundo critérios estritos, onde a intuição, embora desempenhando um papel de destaque, foi incessantemente controlada e até mesmo inspirada pela razão. Partindo de uma idéia bem enraizada sobre a nobreza que deve caracterizar uma construção desse tipo, o arquiteto esforçouse em transcrevê-la num esquema gráfico capaz de simbolizá-la; assim, ordenou seu projeto em função dessas premissas, aperfeiçoando aos poucos sua aplicação prática. É o triunfo da dedução, da investigação do espírito que vai do geral para o particular, seguindo uma lógica conforme à lição de Le Corbusier. Por outro lado, existe uma volta à estética purista dos primeiros anos de Le Corbusier, embora os meios empregados sejam totalmente diferentes e Niemeyer sempre se tenha recusado a seguir uma austeridade contrária a seu temperamento.

De fato, o Palácio da Alvorada é uma mistura audaciosa, que, em mãos menos hábeis, poderia ter sido catastrófica. A adoção, feita por seu autor, dos "princípios de simplicidade e de pureza que no passado caracterizaram as grandes obras de arquitetura"[112], longe de diminuir a força de uma imaginação que já deu provas de seu vigor, valorizou os achados plásticos; mas não excluiu uma certa ostentação. No exterior, o equilíbrio alcançado está perto da perfeição. A colunata impõe-se pela elegância e nobreza; tudo foi feito para pô-la habilmente em evidência: sua brancura brilhante destaca-se do fundo verde do fecho envidraçado e as formas graciosas de seus elementos constitutivos refletem-se, como uma série de véus, nos espelhos d'água colocados habilmente de ambos os lados a fim de acentuar o caráter feérico. A impressão é de um sonho encantado que se tornou realidade, de uma beleza ideal e serena subitamente transcrita para a matéria a fim de incitar os homens às alegrias da contemplação desinteressada. Essa síntese entre o fugidio e o eterno, o encanto e a grandeza, a leveza e a segurança foi admirada quase universalmente, sendo até mesmo chamada de *tour de force* ou obra-prima[113]. As únicas críticas severas provêm dos que se opõem a toda concepção exclusivamente estética da arquitetura, como Bruno Zevi[114].

O interior não obtém a mesma unanimidade, por causa de um excesso de riqueza decorativa somado a uma mobília medíocre e sem um verdadeiro encanto, apesar das boas intenções de sua organizadora, Ana Maria Niemeyer Attademo, filha do arquiteto[115]. Em compensação, as soluções propriamente arquitetônicas são de alta qualidade e estão plenamente de acordo com o aspecto externo que de certo modo as condicionou.

112. *Módulo*, n.º 7, fev. de 1957, p. 20.
113. Até mesmo um espírito pouco inclinado a apreciar a «grandiloquência» de Brasília, como o escritor italiano Alberto Moravia, ficou impressionado com essa realização, a propósito da qual lembra a República de Platão (*Corriere Della Sera*, 28 de agosto de 1960, retomado em *Casabella*, n.º 243, set. de 1960, p. 57).
114. Cf. *supra*, nota 110.
115. *Módulo*, n.º 12, fev. de 1959, pp. 20-27.

Mais uma vez, aqui, a colunata é um dos elementos essenciais da composição que contribui, mais do que qual-

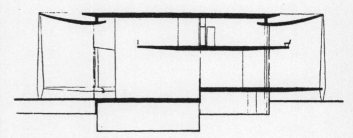

Fig. 144. Oscar NIEMEYER. *Palácio da Alvorada*. Brasília. 1957-1958. Corte transversal.

quer outro elemento, para criar o clima do edifício: ela funciona como um anteparo entre a moradia e a paisagem, garantindo àquela o caráter de proteção e o sentimento de intimidade relativa que sempre se espera de um edifício residencial, mesmo quando se trata de um palácio, mas que ao mesmo tempo não se opõe a uma íntima fusão do espaço interno com o espaço externo; assim, ela preenche, com incomparável habilidade, o duplo papel aparentemente contraditório de ao mesmo tempo isolar e ligar. Esse princípio de unidade espacial continua no tratamento dado ao interior em si. Não há divisão em compartimentos estanques, mas sim um conjunto onde a continuidade horizontal e a continuidade vertical se entrelaçam para chegar à criação de um espaço fluido modulado pelas variações sucessivas. Paredes que formam apenas uma separação parcial entre as salas do térreo, definidas principalmente pelas mudanças de dimensões (Fig. 141), alterações bruscas de pé-direito na série de salas de recepção que, conforme o caso, aumenta em um ou dois andares, disposição dos balcões em acentuado balanço tanto no vestíbulo (Figs. 145-146), quanto em certos salões, a fim de criar uma interpenetração entre a planta inferior oficial e a planta superior, destinada aos apartamentos particulares[116], freqüentes diferenças de nível unidas por jogos de rampas ou de escadas, esses são os processos (clássicos em sua essência) utilizados. Embora não exista nenhuma novidade completa na natureza dessas soluções, que podem ser encontrados na obra anterior de Niemeyer, até então, este jamais tinha conseguido obter uma síntese tão segura e um resultado tão feliz.

Essas qualidade fundamentais, reconhecidas pela maioria dos especialistas[117], em nada são apagadas por alguns excessos de dourados e pelo emprego de espelhos, cujos efeitos freqüentemente pareceram abusivos. Por outro lado, pode ser que esse fausto decorativo não seja muito apreciado, mas é forçoso reconhecer que ele correspondeu a uma firme vontade de expressão baseada numa inegável lógica distributiva. A riqueza dos

116. Mas estes preservavam a intimidade necessária, pois o espaço integrado limitava-se ao corredor e suas excrescências (Fig. 141).
117. Cf. especialmente os estudos de J. M. RICHARDS (*Architectural Review*, vol. 125, fev. de 1959, pp. 94-104; *Módulo*, n.º 14, agosto de 1959, pp. 3-5) e J. WILHEIM (*Acrópole*, abril de 1960, 2.ª ed. aumentada, pp. 49-50 e 65-75).

materiais e cores usados na decoração interna visam reforçar o contraste criado entre o exterior claro e puro e o interior de soluções arquitetônicas brilhantes, mas complicadas. Assim como no projeto do Museu de Caracas, Niemeyer quis provocar no visitante uma sensação de surpresa ao transportá-lo de uma só vez para um ambiente inteiramente diferente ao entrar no edifício.

Fig. 145. Oscar NIEMEYER. *Palácio da Alvorada*. Brasília. 1957-1958. Vestíbulo da porta superior.

Fig. 146. Oscar NIEMEYER. *Palácio da Alvorada*. Brasília. 1957-1958. Vestíbulo visto do térreo.

Assim, compreende-se por que ele escolheu o vestíbulo (Fig. 146) como ponto nevrálgico dessa vitrine suntuosa; sob esse aspecto, o luxo um pouco berrante das paredes revestidas de ladrilhos metálicos cintilantes[118] e as perspectivas ilusionistas dos espelhos baixos colocados perpendicularmente ao eixo de penetração[119] assumem seu verdadeiro significado; por outro lado, nem o brilho do ouro, nem o apelo a artifícios teatrais ficam deslocados no vestíbulo de um palácio destinado a servir de moldura a numerosas recepções, onde a chegada dos convidados tende a assumir um inegável aspecto de espetáculo. Contudo, esta aposição não podia se dar de maneira absoluta como no Museu de Caracas, que não teria tido sentido num edifício aberto tratado em função da continuidade espacial. Esse contraste entre o exterior e o interior funciona, portanto, também como uma hábil transição para a qual contribuem, paradoxalmente, certos dos motivos anteriormente citados; assim, a ilusão dos espelhos, que introduzem a paisagem no próprio edifício, assegura a esse vestíbulo um caráter misto algumas vezes criticado, mas perfeitamente justificável para um cômodo de recepção, cujo papel intermediário foi sublinhado pela interrupção do anteparo constituído pela colunata. Mas a conjunção de fatores opostos e sua íntima fusão numa síntese original limita-se ao vestíbulo em questão. Em todo o resto do edifício os elementos decorativos fazem uma hábil gradação entre a sobriedade relativa do exterior e a riqueza mais acentuada do interior; é o caso, por exemplo, do piso de granito preto das galerias externas, que acrescenta uma terceira nota de cor entre a sinfonia em verde e branco do exterior e os tons quentes e variados do interior.

O arquiteto teve um cuidado especial com a escolha dos materiais, não deixando nada ao acaso: optou decididamente pelos revestimentos de luxo porque achava que estes convinham ao espírito de um palácio e ao caráter de sua arquitetura leve e refinada. Quando Françoise Choay[120] insinua que Niemeyer recorreu ao revestimento de mármore em vez de deixar o concreto aparente por não ter tido tempo de executar o trabalho cuidadoso exigido por essa técnica, ela é vítima de um erro de óptica que consiste em julgar as realizações brasileiras através do prisma das realizações de Le Corbusier. Niemeyer não cessou de proclamar sua admiração pelo mestre franco-suíço e saudou com entusiasmo a liberdade formal que marca o último período da obra deste; mas jamais lhe ocorreu a idéia de imitá-lo servilmente quanto aos processos de expressão; brutalismo e grande peso eram a antítese de suas aspirações e de seu estilo elegante e, nesse sentido, Brasília nada tinha a esperar do precedente dado por Chandigarh; o Palácio da Alvorada teria perdido todo o seu encanto se suas estruturas tivessem sido deixadas em sua nudez original e o equilíbrio teria sido irremediavelmente rompido, apesar de todo o cuidado que se tomasse na feitura das formas, pela aspereza e austeridade fundamental do próprio concreto. Portanto, a opção foi feita com conhecimento de causa, em função de um gosto bem definido e não em razão de imposições materiais que, aliás, cada vez menos o arquiteto estava disposto a aceitar[121].

Como conseqüência, o Palácio da Alvorada é um conjunto coerente e sua perfeita unidade é reforçada pela colocação de uma escultura monumental, cuja har-

---

118. Os quadrados metálicos para o revestimento interno já tinham sido utilizados por Niemeyer no cassino de Pampulha, com um resultado francamente infeliz; o arquiteto soube tirar proveito da lição quando retomou o processo: substituiu a tonalidade acobreada pela dourada, muito mais adaptada a uma decoração desse tipo e reduziu drasticamente o tamanho dos elementos a fim de reencontrar as dimensões clássicas, que já tinham comprovado ser as corretas em matéria de mosaico.
119. Sem dúvida, o melhor efeito é aquele que consiste em apresentar perante os olhos do visitante que chega de frente, o reflexo longínquo do eixo monumental, cuja grandeza é o símbolo da nova capital; mas não se pode ter certeza que Niemeyer tenha realmente pensado nisso, já que o Palácio da Alvorada foi o primeiro a ser construído.

120. *L'Oeil*, n.º 59, nov. de 1959, pp. 76-83.
121. Preocupado em assegurar à obra a pureza desejada, não hesitou em colocar no subsolo e num bloco anexo meio enterrado os serviços, cuja inclusão no próprio edifício poderia prejudicar a estética geral; é claro que essa solução não é das mais ortodoxas do ponto de vista funcional, mas é significativa da vontade de Niemeyer de decidir em favor da plástica todo conflito dessa natureza.

monia com a composição arquitetônica precisa ser ressaltada[122]. Ousada mistura de imaginação e simplicidade, de força evocativa e suprema elegância, ele teve enorme e imediata repercussão; muito divulgado pelas revistas especializadas e pela grande imprensa nacional e internacional tão logo terminado, desencadeou um entusiasmo que poucos monumentos conseguiram suscitar, contribuindo grandemente para o prestígio nascente de Brasília. No plano local e popular, o sucesso foi tanto que o desenho da colunata transformou-se, em todo o país, no símbolo da nova capital e num motivo publicitário particularmente eficaz — o que não teria acontecido se a opinião pública não tivesse sentido confusamente que uma grande obra tinha nascido[123]. Mas a admiração do público veio apenas ratificar o juízo mais ponderado de quase todos os críticos e pessoas autorizadas, que concordaram em ver, nessa realização excepcional, um dos monumentos mais significativos da época contemporânea.

2. O Palácio do Planalto e o Supremo Tribunal Federal[124]

Isolado na natureza e gozando, assim, de uma perfeita independência, o Palácio da Alvorada era um edifício residencial, cujo caráter representativo não excluía uma certa intimidade; por conseguinte, foi a justo título que o encanto veio temperar a nobreza de sua essência. O caso era bem diferente em relação aos outros palácios de Brasília, encarregados de definir o eixo monumental da cidade e, principalmente, seu ponto final, a célebre Praça dos Três Poderes: unidade e grandeza solene tornaram-se as únicas exigências primordiais que podiam responder à concepção urbanística de Lúcio Costa. Mas o aspecto triunfal que marcava o plano da cidade e devia — sob pena de retumbante fracasso — repercutir na arquitetura, convinha perfeitamente ao espírito de Niemeyer. Assim, ele demonstrou toda a sua admirável sensibilidade plástica nas duas obras que se confrontam na praça em questão, o Palácio do Planalto, sede do governo, e o Supremo Tribunal Federal, projetados simultaneamente em 1958 e terminados para a inauguração da nova capital em 21 de abril de 1960.

Apesar da diversidade de funções e condições, a retomada do princípio aplicado no Palácio da Alvorada demonstrou ser uma idéia genial; bastou que o arquiteto fizesse algumas modificações na disposição adotada para achar uma solução que correspondia plenamente à situação dada e à expressão desejada, ao mesmo tempo em que mantinha o parentesco procurado entre os edifícios. Além da alteração das proporções gerais destinada a permitir a realização de construções mais compactas, nitidamente menos alongadas e ao mesmo tempo mais largas e mais altas do que a anterior, pode-se notar duas alterações essenciais em relação a esta:

a) a laje de cobertura, junto com seus elementos portantes, sobressai nas quatro frentes, em vez de se deter no nível das faces menores do retângulo desenhado pela caixa de vidro, como no Palácio da Alvorada; é fácil compreender a razão dessa nova disposição: ela dava uma proteção mais eficaz contra o calor do sol e, principalmente, uma maior plasticidade às faces em questão. Ora, este ponto era fundamental para os palácios da Praça dos Três Poderes, destinados a serem vistos de todos os ângulos. Desta vez, no plano estético, não podia haver um desequilíbrio marcante entre as várias fachadas; por outro lado, a ausência de dependências fora da obra em si, facilitava o triunfo dessa concepção e permitia acentuar a pureza dos edifícios, reduzidos a um volume único[125].

b) É verdade que os suportes externos retomam a forma imaginada para o Palácio da Alvorada, mas eles foram colocados perpendicularmente e não paralelamente ao pano de vidro, o que basta para transformar radicalmente seu sentido e sua expressão. A graça, a calma e a alegria que emanavam do ritmo contínuo do desenvolvimento num mesmo plano longitudinal da colunata não desapareceram com a fragmentação dos pilares e a multiplicidade dos planos transversais resultantes de sua nova posição, mas a ênfase dada a essas qualidades é menos pronunciada; em compensação, acrescentou-se a elas uma força e um dinamismo contidos, muito convenientes a edifícios governamentais, que simbolizam os poderes de que são sede oficial. Além disso, embora o anteparo parcial interposto entre a moradia e a paisagem assumisse no palácio residencial, um papel psicológico particularmente importante ao garantir uma certa intimidade, um espaço mais aberto, sem barreiras aparentes, adaptava-se melhor ao espírito de edifícios públicos muito freqüentados, como o Palácio do Planalto e o Supremo Tribunal. Ali, mais uma vez, Niemeyer conseguiu encontrar a solução correta com uma felicidade onde irrompem sua classe e perícia.

A unidade de concepção e dos suportes entre as duas obras, que se confrontam, garantiu a coesão do conjunto e contribuiu para a sóbria grandiosidade da Praça dos Três Poderes, admirável versão contemporânea das célebres praças régias francesas e européias dos séculos XVII e XVIII. Mas cada um dos palácios conserva sua individualidade, sublinhada por variantes

---

122. Os dois bronzes de Alfredo Ceschiatti (Fig. 143) e Maria Martins (Fig. 142), embora de inspiração radicalmente oposta (de um lado, serenidade figurativa e tratamento simplificado da massa e, do outro, surrealismo abstrato e jogos de linhas e vazios), integram-se muito bem no ritmo da colunata, ritmo esse que é engenhosamente retomado nas composições escultóricas; a expressão resultante completa admiravelmente a arquitetura: o conjunto de Ceschiatti reencontra a dignidade e a calma olímpicas, mescladas ao encanto particular que caracteriza a frente principal, enquanto que a obra inquieta e contorcida de Maria Martins lança uma nota de vivo contraste e de animação na continuidade calma da fachada que dá para os jardins.

123. Esse sucesso naturalmente acarretou muitos abusos, especialmente cópias arquitetônicas que só podiam ser de mau gosto dada a especificidade do motivo em questão, mas este é o reverso da medalha de toda obra de arte válida e a prova paradoxal de sua consagração definitiva.

124. *Módulo*, n.º 10, agosto de 1958, pp. 7-15 (maquetes, plantas, cortes). *Architecture d'aujourd'hui*, n.º 80 out. de 1958, pp. 63-65 (maquetes, planta, cortes); n.º 90, junho-julho de 1960, pp. 13-15 (fotos, plantas, cortes); e n.º 101, abril-maio de 1962, pp. 26-29 (fotos). *Acrópole*, abril de 1960, 2.ª ed. aumentada, pp. 85-93 (fotos, corte, plantas). W. STÄUBLI, *Brasília*, Stuttgart, 1965, pp. 64-79 (fotos, plantas, desenhos, cortes, elevações).

125. O fechamento em pano de vidro, não protegido pela projeção da cobertura, nos lados menores do corpo principal do Palácio da Alvorada na verdade não passava da alternativa menos ruim, motivada pela existência de anexos (ao norte, a capela, ao sul, o bloco de serviços meio enterrado); as duas faces em questão só podiam ser tratadas como elementos secundários integrados numa composição global e não deviam interromper a continuidade necessária com um acabamento que fosse impecável; não há dúvida de que a solução dessas faces é menos feliz do que a das grandes fachadas de colunatas, mas isso apenas reforça uma hierarquia habilmente fixada, neste caso, perfeitamente justificada; os inconvenientes resultantes dessa falta de acabamento foram, aliás, limitados ao mínimo; a frente norte destina-se a ser vista em íntima conexão com a capela e, principalmente, de meio perfil, quando se funde num conjunto harmonioso; quanto à frente sul, é vista principalmente do terraço do bloco de serviço, onde o visitante não tem acesso.

formais que se somam a sua diferença de tamanho e de disposição no terreno.

Fig. 147. Oscar NIEMEYER. *Supremo Tribunal Federal*. Brasília. 1958-1960.

Fig. 148. Oscar NIEMEYER. *Palácio do Planalto*. Brasília. 1958-1960. Plantas.

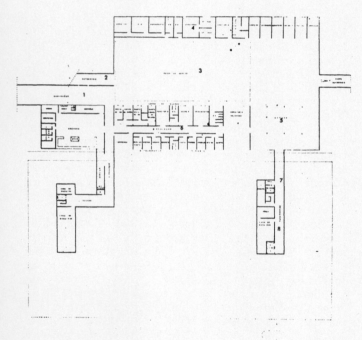

Subsolo
1: entrada de caminhões
2: entrada de automóveis
3: pátio de serviço
4: quarto de empregados
5: garagem
6: guarda e serviço de imprensa
7: entrada do presidente
8: vestíbulo dos empregados

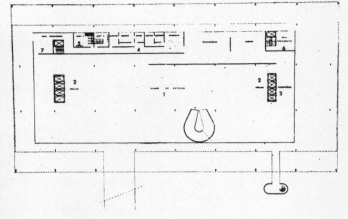

Térreo
1: vestíbulo de entrada
2: elevadores públicos
3: elevador do pessoal
4: serviço médico
5: sanitários
6: vestíbulo do presidente
7: vestíbulo do pessoal

O Supremo Tribunal (Fig. 147), como o Palácio da Alvorada, parece estar pousado numa plataforma que apenas roça o chão, mas a orientação que lhe foi dada inverte a hierarquia entre as fachadas: a principal, ou seja, a que abre para a praça e abriga a entrada, está agora situada no sentido da largura do retângulo de base e não mais no sentido do comprimento, o que constitui uma volta ao princípio original do templo grego. Assim, os pilares são vistos em fileiras pelo espectador que estiver no eixo, mas, devido a um cálculo de perspectiva muito elaborado, eles não se confundem, nem se apagam uns por trás dos outros, qualquer que seja a posição ocupada; sua sucessão varia à medida que o visitante se desloca, num hábil jogo plástico que a imaginação de Niemeyer conseguiu prever nos menores detalhes[126]. Seu grande distanciamento do corpo principal é um achado que aumenta a leveza do edifício e assegura seu caráter aéreo: permite entrever o céu e as nuvens através do peristilo, cujos elementos se recortam com vigor e elegância desse fundo vivo e infinito. Essa sensação de fusão natural da arquitetura no espaço resulta de uma exploração magistral do local e da esplanada artificial criada por Lúcio Costa: de fato, esta esplanada domina, em três de suas frentes, a paisagem circundante e nenhum obstáculo detém o olhar antes da linha do horizonte. A essas perspectivas longínquas, habilmente valorizadas, soma-se a multiplicidade de perspectivas próximas que convidam o visitante a girar em torno do edifício e a percorrer as galerias para gozar plenamente do espetáculo variado que lhe é oferecido: a renovação é contínua, em função do ângulo de visão, da distância, dos segmentos ao mesmo tempo sucessivos e contínuos de panorama ou de monumentos que são enquadrados pela plasticidade dos suportes externos.

Mas essa plasticidade está longe de atingir aquela obtida no Palácio do Planalto (Fig. 149); a laje onde repousam os três andares, em vez de ligeiramente elevada, destaca-se nitidamente do solo; por isso, o movimento dos pilares assume outra amplidão (Fig. 150),

126. *Módulo*, n.º 5, out. de 1959, pp. 6-13 (fotos, esboços explicativos).

onde se pode perceber as qualidades do concreto armado e os prodígios escultóricos que um arquiteto bem dotado pode dele extrair; o efeito de tensão que emana do cruzamento de linhas horizontais, verticais e oblíquas, do casamento de retas e curvas, leva a uma extraordinária mistura de vigor e leveza, de audácia e segurança, de equilíbrio e movimento. Mais ainda do que no Palácio da Alvorada e no Supremo Tribunal, emana desse conjunto uma impressão de nobreza ímpar que inspira respeito; o espectador não aborda a obra ao nível do solo: ele é dominado por sua massa, pois no caso específico o volume só é definido realmente a

Muito maior e mais importante do que o Supremo Tribunal, o Palácio do Planalto ocupa um lado inteiro da esplanada, pois é uma de suas fachadas longitudinais que está voltada para lá. Além da ênfase lógica que essa orientação confere à sede do governo e da maior facilidade oferecida para a disposição de elementos anexos (como a rampa e a tribuna oficial), a oposição dos eixos respectivos dos dois edifícios contribui de modo decisivo para a grandiosidade que emana da Praça dos Três Poderes. Seja de que ponto for, sempre se tem uma visão diferente dos pórticos de cada um dos palácios; toda monotonia foi assim evitada, em nada com-

Primeiro andar
1: vestíbulo oficial
2: salão principal
3: salão de banquetes
4: sanitários
5: saleta
6: vestiários

Segundo andar
1: militar de serviço
2: vazio do vestíbulo oficial
3: vestíbulo
4: vestíbulos dos empregados
5: sala de espera
6: escritório do presidente
7: sala do conselho
8: secretarias
9: vazio do salão de banquetes

Terceiro andar
1: gabinete militar
2: jardins
3: escritórios
4: gabinete civil
5: vestíbulo público
6, 7, 8: escritórios
9: vestíbulo do pessoal

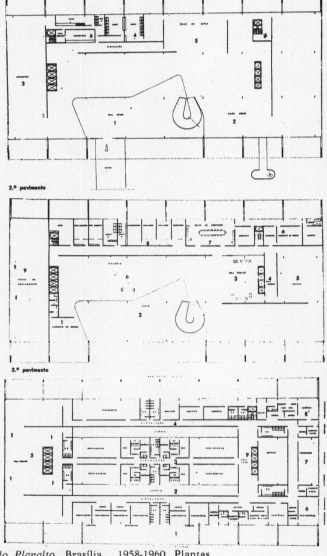

Fig. 148a. Oscar NIEMEYER. *Palácio do Planalto.* Brasília. 1958-1960. Plantas.

partir da plataforma da sobreloja[127]; esse processo muito simples, já conhecido pelos gregos, que implantavam seus templos numa base elevada a fim de aumentar a monumentalidade, mais uma vez obteve pleno êxito.

127. Existe um térreo, mas por causa do recuo acentuado ele é desprezível, desaparecendo numa visão global; a rampa externa oficial, que liga diretamente a esplanada ao primeiro andar, ressalta esse estado de coisas.

prometendo o equilíbrio do conjunto; pelo contrário, este fica mais reforçado, na medida em que o relevo de um dos palácios tende a crescer enquanto o do outro decresce, numa gradação cuidadosamente prevista. Visto do centro da Praça, o jogo dos suportes é harmonioso, mas discreto: eles se apresentam de perfil ou enfileirados, sem ocultar, de nenhum dos lados, os grandes

193

panos de vidro dos edifícios propriamente ditos; em compensação, quando o visitante passeia, os suportes aparecem sob os mais diversos ângulos, num espetáculo variado que já foi descrito a propósito do Supremo mármore claro, a brancura imaculada dos tetos e balaustradas, a dupla fonte luminosa do nível inferior (diretamente no eixo do salão, devido aos reflexos dos espelhos do fundo, paralelos ao pano de vidro externo)

Fig. 149. Oscar NIEMEYER. *Palácio do Planalto*. Brasília. 1958-1960. Exterior.

Tribunal, mas que, desta vez, é multiplicado pela complementação mútua dos dois palácios e do Palácio do Congresso; a partir do terraço-passeio deste tem-se uma série de vistas de cima que se somam às anteriores e permitem apreender alternadamente as duas obras de meio-perfil (ou seja, sob o melhor ângulo), entre os primeiros planos impressionantes que constituem as formas audaciosas e puras das cúpulas e torres.

Embora a disposição interna do Supremo Tribunal nada tenha plasticamente que mereça um estudo mais detalhado, e que se limite a corresponder a uma perfeita lógica distributiva, o mesmo não ocorre com a disposição do Palácio do Planalto. Como sempre, quando dispunha de uma grande liberdade quanto ao programa, Niemeyer conseguiu criar efeitos espaciais muito bem-sucedidos nos andares de recepção (Fig. 148). O grande salão do segundo andar se projeta parcialmente sobre o grande vestíbulo do primeiro, ao qual está ligado por uma elegante rampa em ferradura (Fig. 151); os revestimentos são belos e cuidados, mas de grande sobriedade e com contrastes discretos: o pavimento em opõem-se aos tapetes verdes e à madeira escura do nível superior, nitidamente mais escuro. Pode-se encontrar os mesmos meios empregados no Palácio da Alvorada, mas sem a menor ostentação; a arquitetura pura triunfa sobre a decoração, graças a uma impecável segurança na escolha das tonalidades e dos materiais. O último andar não é menos bem-sucedido, os escritórios estreitos, mas de alto padrão técnico, colocados no sentido do comprimento do edifício estão ordenados em torno de dois jardins tropicais; assim, a perda de espaço é reduzida ao mínimo, enquanto todos os cômodos gozam de iluminação lateral natural. Desta vez, portanto, Niemeyer não negligenciou os serviços secundários, como ocorreu em várias ocasiões. Toda nota destoante foi assim evitada, e é por isso que o Palácio do Planalto se revela como a mais bem-sucedida das realizações do arquiteto. Não vacilamos em considerá-lo como uma de suas obras-primas devido a sua força expressiva e perfeita harmonia.

Em relação aos palácios com pórticos de Brasília, uma ou duas vezes foram evocados os princípios que

Fig. 150. Oscar NIEMEYER. *Palácio do Planalto*. Brasília. 1958-1960. Detalhe.

presidiram a concepção dos templos gregos[128]. Não era nossa intenção insinuar que estes podem ter servido de fonte de inspiração; mesmo admitindo-se que foram

Fig. 151. Oscar NIEMEYER. *Palácio do Planalto*. Brasília. 1958-1960. Salões (primeiro e segundo andares).

tomados como ponto de partida consciente, fato que parece duvidoso, a transposição dos dados foi tal que as criações realizadas são inteiramente originais e tipicamente contemporâneas em espírito e plástica; não há uma medida comum entre o edifício religioso da Antiguidade, fechado sobre si mesmo, nobre mas austero, cujos peristilos visavam aumentar a impressão de mistério, e os palácios de Brasília, abertos, leves, que oferecem a todos suas formas surpreendentes e requintadas. Programas, técnicas, mesmo o espírito é completamente diverso e até mesmo oposto, embora haja uma coincidência quanto à solução funcional de certos problemas (proteção contra o sol e transição assegurada pelo sistema de pórticos) e quanto à estética dominada por uma preocupação com o equilíbrio e a pureza. Assim, não se pode falar de influência direta da arte do passado, mas é provável que os palácios de Brasília não teriam surgido se a atitude de Niemeyer em relação a essa arte do passado não se tivesse modificado a partir de sua estada na Europa, em 1955; não teria ele, antes disso, descartado como bastarda a idéia de retomar e adaptar às possibilidades de hoje, um sistema que tinha constituído uma das bases da arquitetura de outrora?

3. *O Palácio dos Arcos*[129]

A melhor prova de que Niemeyer tinha superado o estágio psicológico de reação absoluta contra toda lembrança histórica, recusando-se, sob esse argumento falacioso, a privar-se de novos meios de expressão válidos, é fornecido pelo último (cronologicamente) dos

128. Por seu lado, J. O. de Meira Penna (*Architecture d'aujourd'hui*, n.º 90, junho-julho de 1960, p. 7) pensou numa influência da casa grande colonial no Palácio da Alvorada, notando que, neste palácio, podia-se encontrar a varanda e a capela que caracterizavam as construções daquele tipo. Isso não é impossível, mas também não se deve pensar numa influência imediata; aliás, a casa rural com varanda pertence mais ao ciclo do café do século XIX, e essa arquitetura não goza do mesmo prestígio que a dos séculos anteriores junto aos arquitetos contemporâneos.

129. *Habitat*, n.º 53, março-abril de 1959, pp. 2-3 (anteprojeto, dois, diagramas). *Architecture d'aujourd'hui*, n.º 90, junho-julho de 1960, p. 18 (anteprojeto, maquete). W. STÄUBLI, *op. cit.*, pp. 100-101 (plantas definitivas). *L'Oeil*, n.º 184, abril de 1970, pp. 8-15 (fotos).

palácios de Brasília, o dos Arcos, sede do Ministério das Relações Exteriores, cujo anteprojeto foi elaborado em 1959, mas cuja construção (sob uma forma defini-

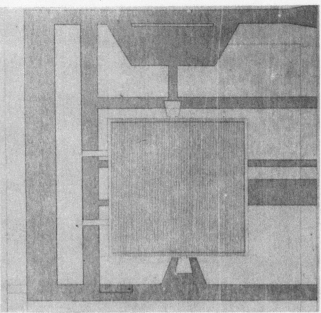

Fig. 152. Oscar NIEMEYER. *Palácio dos Arcos*. Brasília. 1965-1967. Plantas. Planta de massa.

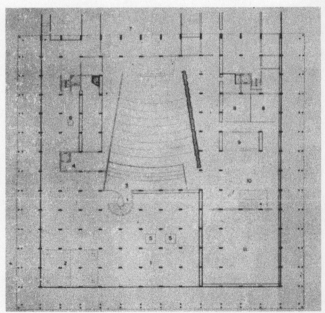

1: maquinário
2: caixa de água subterrânea
3: auditório
4: vestíbulo do ministro
5: ar condicionado
6: acesso à máquina dos elevadores
7: zona dos sanitários
8: sala de reunião
9: secretaria
10: vestíbulo dos membros do Congresso
11: salão de festas

Fig. 152a. Oscar NIEMEYER. *Palácio dos Arcos*. Brasília. 1965-1967. Plantas. Subsolo.

tiva bem diferente) é claramente posterior (1965-1969). Originalmente, o plano de Lúcio Costa previa que todos os ministérios seriam idênticos; ora, os responsáveis pela diplomacia brasileira não aceitaram o edifício padrão proposto e observaram, com razão, que eles não podiam contentar-se com o bloco destinado aos serviços administrativos. Ficou então decidido que seria construído um edifício em dois corpos ligados por passagens, um dos quais seria consagrado à administração e o outro abrigaria as dependências de caráter representativo exigidas pelas tradições diplomáticas. Foi para esta segunda parte (Fig. 153) que o arquiteto retomou o princípio de encerrar caixas de vidro entre pórticos, aplicado nas obras anteriores, mas desta vez modificando totalmente o vocabulário empregado. Até então ele tinha evitado resolutamente o apelo ao concreto aparente como meio de expressão de sua arquitetura; essa técnica não convinha para a valorização das formas elegantes e leves que a caracterizavam; assim, ele preferia a distinção natural dos revestimentos luxuosos ou a brancura ofuscante de uma pintura superficial que ocultasse a rudeza e a austeridade do material estrutural propriamente dito. Sob esse aspecto, o Palácio dos Arcos marca uma reviravolta significativa: nele, o concreto armado aparece em toda a sua nudez e adquire bruscamente, nas mãos de Niemeyer, uma nobreza e delicadeza sem igual, adaptando-se ma-

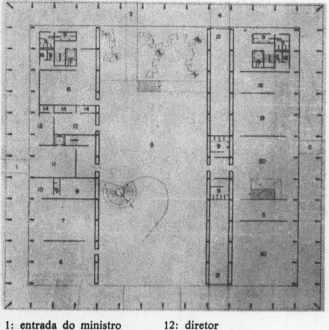

1: entrada do ministro
2: entrada dos membros do Congresso
3: entrada do público
4: rampa
5: vestíbulo
6: sala de exposições
7, 8: arquivos
9: sanitários
10: funcionários
11: vestíbulo do ministro
12: diretor
13: antecâmara
14: quarto de despejo
15: vestiário
16: copa
17: lixeira
18: bar
19: salão
20: vestíbulo dos membros do Congresso
21: começo da rampa

Fig. 152b. Oscar NIEMEYER. *Palácio dos Arcos*. Brasília. 1965-1967. Plantas. Térreo.

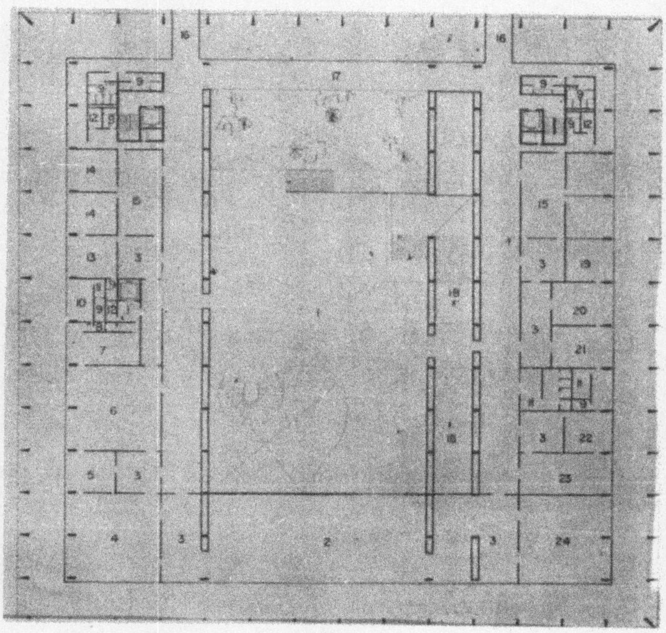

1: vestíbulo
2: salão de festas
3: pequenos vestíbulos
4: embaixadores
5: chefe do protocolo
6: escritório do ministro
7: sala de trabalho
8: telefone
9: sanitários
10: sala de repouso
11: vestiários
12: copa
13: chefe do gabinete
14: escritórios
15: acesso ao edifício administrativo
16: corredor
17: escada
18: escritório do subchefe
19: sala de reunião
20: mestre de cerimônias
22 a 24: sala para os membros do Congresso

Fig. 152c. Oscar NIEMEYER. *Palácio dos Arcos*. Brasília. 1965-1967. Plantas. Primeiro andar.

ravilhosamente ao programa que o arquiteto devia tratar. Le Corbusier e, depois dele, os partidários do brutalismo pelo mundo todo, tinham, há cerca de quinze anos, conseguido tirar, deste material exposto livremente, um proveito estético, uma linguagem poética que exprimia tanto a grandeza, quanto a violência ou uma associação dos dois estados de espírito; até no Brasil, como será visto mais adiante, Reidy tinha muito cedo associado esse processo a realizações monumentais, despojando-o de toda ênfase psicológica muito marcante, de toda nota de desafio em relação ao público, de todo aspecto de orgulho. Mas até então ninguém tinha ousado empregá-lo como elemento sofisticado numa obra de essência aristocrática, como era um palácio que realmente merecesse esse nome; ora, foi esse o *tour de force* de Niemeyer e sua tentativa se revelou como um golpe de mestre. Para tanto, foram utilizados dois processos essenciais: um consistia em dar ao concreto uma cor ligeiramente ocre, que lembrasse o calor da pedra de corte, o outro surgiu de uma hábil disposição das fôrmas, tendo em vista chegar à superposição de finas tiras horizontais, lembrando discretamente o efeito de delgadas fiadas de tijolos. O resultado obtido é extraordinário: o cimento perde a frieza que parecia inerente a sua natureza; torna-se motivo decorativo de superfície, ao mesmo tempo em que mantém inalteradas as suas qualidades intrínsecas profundas. A dignidade assim conferida ao concreto bruto é tal, que uma boa parte do público nem chega a perceber a técnica empregada e pensa tratar-se de revestimentos clássicos. Sem dúvida alguma, essa aproximação do aspecto externo dos materiais tradicionais irá desagradar alguns teóricos sectários, que verão nisso um novo abandono dos princípios racionalistas ortodoxos, mas já faz bastante tempo que esse gênero de críticas extemporâneas não é mais levado a sério; outros irão talvez denunciar uma verdadeira traição da inspiração que deu origem ao movimento brutalista; mais uma vez, o fato pouco importa: a única doutrina que Niemeyer obedece é a da beleza; ora, atualmente parece ser unânime a concordância quanto ao sucesso estético do Palácio dos Arcos.

A adoção do concreto aparente exigia uma mudança completa do vocabulário plástico que tinha servido para definir os primeiros palácios de pórticos de Brasília; mas seria ousadia dizer que o tema formal tratado decorreu, antes de mais nada, desse processo; é até lícito inverter a ordem dos fatores e outorgar a iniciativa ao desejo de uma renovação na expressão procurada pelo arquiteto. Desta vez, a nota dominante foi colocada na força, mais do que na leveza, num equilíbrio mais estático do que dinâmico, numa audácia mais contida do que exposta brilhantemente. Desapareceu toda orientação caracterizada (Fig. 152): a planta quadrada toma o lugar da planta retangular e as galerias correm nos quatro lados, todas cercadas de água; só a presença em recuo do bloco administrativo indica, à primeira vista, os fundos do edifício; a fachada principal só se distingue das faces laterais por sua posição privilegiada no eixo monumental e por alguns hábeis acentos secundários (passarelas de acesso maiores, escultura abstrata de Bruno Giorgi). Sólidas e magníficas arcadas vieram substituir, como motivo essencial da obra, as finas formas recortadas das colunatas aéreas anteriores; seu traçado é menos surpreendente do que as primeiras criações do gênero, mas não é menos inovador: a aliança do arco pleno tradicional e de arestas muito agudas explorando a fundo as qualidades plásticas próprias do concreto armado, permitiram uma mistura de força e efeito espacial, que leva, mais do que nunca, o selo do estilo tão pessoal de Niemeyer. O isolamento do edifício em meio a um grande espelho de água semeado de plantas aquáticas forneceu uma excelente solução a um certo número de problemas práticos e psicológicos: a impressão de rudeza que poderia surgir pela falta de bases, se os pilares estivessem diretamente apoiados no solo, é atenuada pela continuidade surgida sob efeito do fenômeno da reflexão; aliás, os jogos que os reflexos produzem convêm particularmente a uma arquitetura de linhas simples, muito acentuadas, e contribuem para reforçar a sua nobreza; enfim, não se deve esquecer a vantagem que oferece a manutenção do observador a uma distância favorável, que mais uma vez é guiado com discrição, sem aparente coação. A caixa de vidro, antes intimamente encaixada na estrutura, agora ganhou uma autonomia quase completa, ao mesmo tempo em que se insere no quadro estrutural graças a pesquisas espaciais muito bem-su-

Fig. 153. Oscar NIEMEYER. *Palácio dos Arcos.* Brasília. 1965-1967. Exterior.

cedidas: os grandes panos de vidro não chegam até o teto, pois o último andar é consagrado, em sua maior parte, a um jardim suspenso, iluminado por uma cobertura em pérgola; mas os panos de vidro ultrapassam sistema de ligação entre esses níveis por um traço de união flexível e audacioso, não provido de balaustrada, que se lança no espaço sem apoio intermediário, mesma oposição sutil entre a vivacidade da iluminação ca-

Fig. 154. Oscar NIEMEYER. *Palácio dos Arcos.* Brasília. 1965-1967. O jardim com pérgola do último andar.

o piso dos jardins, a fim de servir como balaustradas transparentes a essa área de passeio, para a qual dão os salões destinados às recepções oficiais de caráter mais ou menos íntimo; existe nisso uma sobreposição de espaços meio-abertos, meio-fechados, que garante uma continuidade exterior-interior ainda mais acentuada do que nos palácios anteriores. A preferência dada a uma cor inédita para esses panos de vidro refratário explica-se por uma questão de concordância com a cor do concreto: uma sinfonia em ocre e preto segue-se à sinfonia branco e verde até então típica das construções de Brasília.

No interior, pode-se encontrar as qualidades arquitetônicas que tornaram o Palácio da Alvorada e o Palácio do Planalto sucessos de primeira linha. Mas, essas semelhanças estão acompanhadas de diferenças fundamentais, tanto no plano técnico, quanto no plano da expressão. Tome-se, por exemplo, o enorme vestíbulo, que ocupa sozinho toda a parte central e é, sem dúvida alguma, um dos elementos principais se não for a peça fundamental do conjunto. Comparando-o com o grande vestíbulo colocado no primeiro e no segundo andares da sede do Poder Executivo, nota-se um indiscutível parentesco: ambos têm uma importância fundamental bem como mesma elevação em dois níveis, mesmo

nalizada para o piano inferior e o aspecto difuso da luz no andar superior, mesma atmosfera de beleza severa evitando toda nota de ostentação. Mas as novidades são igualmente importantes. Deixemos de lado a substituição da rampa de ferro em ferradura do Palácio do Planalto por uma escada helicoidal, ou a instalação de uma parede metálica esculpida formando um anteparo vazado na frente das janelas altas, servindo de controle da intensidade luminosa; é verdade que são detalhes que não podem ser negligenciados, mas são secundários dentro da concepção global; trata-se apenas de variações na aplicação dos mesmos princípios. Em compensação, a liberação do espaço disponível por meio de falta de colunas internas assume um significado mais amplo: as dimensões das salas assim formadas são gigantescas, o que contribui para a impressão de monumental grandiosidade desejada pelo arquiteto, sem no entanto cair na desproporção, graças ao seu perfeito equilíbrio. Para alcançar esse resultado, Niemeyer submergiu a estrutura em paredes espessas, que parecem verdadeiras paredes portantes, apoiando-se a laje do teto em enormes vigas aparentes que lembram propositalmente soluções tradicionais, ao mesmo tempo em que valorizam as capacidades excepcionais dos materiais contemporâneos; portanto, o mesmo espírito de síntese que inspirou as esplêndidas arcadas externas, também marca discretamente o tratamento do interior, criando uma continuidade sutil e uma profunda unidade. Aliás, jamais essa continuidade entre exterior e interior (aspiração permanente do autor dos palácios de Brasília) foi mais acentuada do que ali: o fundo do vestíbulo, voltado para o edifício administrativo, nem é fechado pelos vidros que fecham a parte habitável; eles são bruscamente interrompidos nesse ponto; uma simples cortina de plantas tropicais substituiu eficientemente os vidros num clima onde o frio não constitui um problema grave e num contexto onde um edifício próximo basta para formar uma proteção para evitar o choque psicológico que surgiria da percepção muito violenta desse caráter de abertura absoluta. Não se falará mais do jardim suspenso do último andar (Fig. 154) — outra versão das mesmas preocupações — pois já foram assinaladas suas qualidades espaciais, seu papel de transição e de integração; deve-se assinalar somente que o jardim é ainda mais importante, no sentido interior-exterior do que no sentido contrário; o quadro que ele oferece aos convidados é, ao mesmo tempo, repousante e grandioso; uma vista de perto aumenta a força sugestiva e a vigorosa originalidade das arcadas que definem o palácio; além do mais, estas constituem uma moldura excepcional para os principais monumentos da capital brasileira e assim o visitante depara com um dos mais belos espetáculos com que pode sonhar.

O Palácio dos Arcos (que tem como contraponto o Ministério da Justiça) assim como as obras anteriores do arquiteto, é uma realização tipicamente contemporânea, tanto técnica, quanto esteticamente. Certos aspectos do vocabulário empregado estão menos distantes que anteriormente, das formas comuns do passado, mas seria um erro ver-se aí um recuo da imaginação criadora do artista ou uma traição às opiniões muitas vezes expressas. Não ocorrerá o contrário? Liberto do prurido da novidade a qualquer preço e dos preconceitos anti-históricos, Niemeyer provou estar mais livre do que antes em sua expressão. Por conseguinte, o Palácio dos Arcos é um novo passo e não uma ruptura numa carreira da qual talvez esse período seja a apoteose: ele está, mais do que nunca, ligado a uma vontade plástica baseada na valorização das qualidades intrínsecas do concreto armado.

Não há dúvida de que Niemeyer encontrou, para os palácios de Brasília, uma forma extremamente feliz, forma essa que soube variar com uma extraordinária segurança para extrair-lhe sempre o máximo e dar, a cada um dos edifícios, o caráter adequado: encanto e delicadeza para o palácio residencial, simetria e serenidade para o Supremo Tribunal, equilíbrio mesclado a audácia e dinamismo para o palácio do governo, grandeza e tradição para o Ministério das Relações Exteriores. Mas todos eles se impõem com a mesma nobreza no contexto grandioso que ajudam a criar, graças a sua fundamental simplicidade formal e a sua perfeita harmonia, que deriva de uma concordância impecável entre as proporções. Quando André Malraux, confrontando com o recém-terminado Palácio da Alvorada, disse ser ele o primeiro palácio verdadeiro construído desde Versalhes, sem dúvida alguma exagerava propositalmente, mas não estava enganado; embora não se trate de tomar a declaração ao pé da letra, a idéia básica é perfeitamente válida: trata-se da primeira tentativa bem-sucedida de renovar o tema do palácio residencial desde o protótipo clássico de Versalhes, imitado universalmente. Assim, não é exagero insistir na importância dessa realização e das que a acompanharam, pois o mérito destas nada fica a dever à criação original, cujo princípio básico comprovou poder adaptar-se perfeitamente a outros fins. Hoje, pode-se afirmar sem receio que os palácios de Brasília são obras que marcarão época e constituem um dos mais belos frutos da arquitetura contemporânea.

2. Combinações e jogos de volumes simples

É evidente que a fórmula do palácio de pórticos, elaborada de modo tão brilhante, só tinha razão de ser em um número muito restrito de edifícios, cujo caráter monumental o arquiteto desejava acentuar, e, mesmo nesse caso, ela não se constituia numa panacéia. Niemeyer evitou vulgarizá-la e, por outro lado, não hesitou em voltar a uma inspiração mais de acordo com a linha de sua evolução anterior, entregando-se a jogos de volumes ao mesmo tempo simples e audaciosos. Com efeito, a maioria das obras que projetou para a nova capital — do Palácio do Congresso aos prédios de apartamentos, passando pelos ministérios, teatros, museus ou hotéis — devem suas principais qualidades estéticas àquela concepção.

1. *O Palácio do Congresso*[130]

O princípio adotado para os palácios anteriores não convinha, de modo algum, para o Congresso, já que as condições eram radicalmente diferentes. Em primeiro lugar, não era mais um edifício unitário, mas uma obra destinada a abrigar duas assembléias distintas; assim, parecia lógico expressar essa dualidade na arquitetura, sem falar das facilidades funcionais que essa solução podia oferecer (Fig. 155). E, principalmente, o papel atribuído ao edifício no contexto urbanístico exigia que conservasse, a grande distância, toda a sua força plástica: surgia como um dos pontos fundamentais de referência da cidade, visível de todas as partes por causa da situação privilegiada no fim da perspectiva formada pelo eixo monumental.

Niemeyer solucionou as dificuldades com sua habitual perícia. Para resolver o problema, bastaram alguns volumes elementares, justapostos com habilidade e fundidos num conjunto equilibrado, mas inesperado: às linhas horizontais do edifício das sessões, encimado por duas cúpulas audaciosamente invertidas, ele opôs o movimento vertical das duas torres que contém os escritórios. De longe (Fig. 325), só essas torres emergem das cúpulas que parecem estar apoiadas diretamente no solo; o jogo se reduz a uma expressão muito simples, onde só intervém os elementos mais significativos segundo uma escala de valores cuidadosamente fixada; de perto, esse mesmo jogo enriquece-se com uma multidão de detalhes agora visíveis, sem que se perca o vigor que lhe confere o tratamento por meio

---

[130]. *Módulo*, n.º 9, fev. de 1958, pp. 14-21 (maquete, planta, corte). *Architecture d'aujourd'hui*, n.º 80, out. de 1958, pp. 60-62 (maquete, cortes); n.º 90, junho-julho de 1960, pp. 10-13; e n.º 101, abril-maio de 1962, pp. 24-25 (fotos, plantas, cortes). *Acrópole*, abril de 1960, 2.ª ed. aumentada, pp. 80-91 (fotos, desenhos, cortes, plantas, elevações).

Anexo
1: elevadores
2: corredores
3: escritórios
4, 5: sanitários
(1.º ao 6.º nível):

Comissões
salas de reunião
(7.º ao 12.º nível):
estenografia
administração
(13.º ao 15.º nível):
biblioteca
restaurante
recepção
(16.º ao 27.º nível):
escritórios particulares
de deputados e senadores

Nível inferior
1: entrada dos senadores e deputados
2: vestíbulo dos senadores e deputados
3: elevadores
4: vestiários
5: salão de senadores e deputados
6: passagem de ligação com o anexo dos escritórios
7: salas das comissões
9: serviço da sala do plenário do Senado
10: serviço da sala do plenário da Câmara dos Deputados
11: arquivos
12: tipografia
13 a 18: sanitários
19: garagem
20: corredores

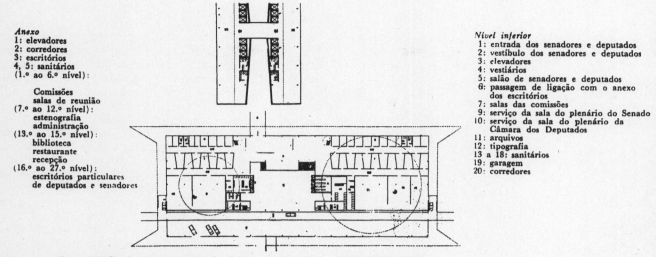

Fig. 155. Oscar NIEMEYER. *Palácio do Congresso*. Brasília. 1958-1960. Plantas.

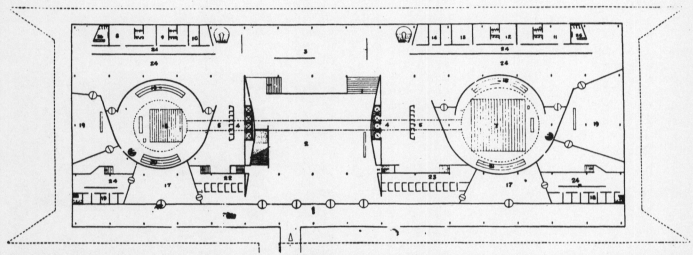

Nível intermediário: 1: entrada do pessoal; 2: vestíbulo público; 3: salão de deputados e senadores; 4: elevadores; 5: cabines telefônicas; 6: salas do plenário do Senado; 7: salas do plenário da Câmara; 8 a 14: escritórios; 15: convidados do Senado; 16: convidados da Câmara; 17: vestíbulo da imprensa; 18: sala da imprensa; 19: sala do café; 20: bancada reservada para a Imprensa (Senado); 21: bancada reservada para a Imprensa (Câmara dos Deputados); 22: parlatório dos senadores; 23: parlatório dos deputados; 24: corredores; 26: sanitários.

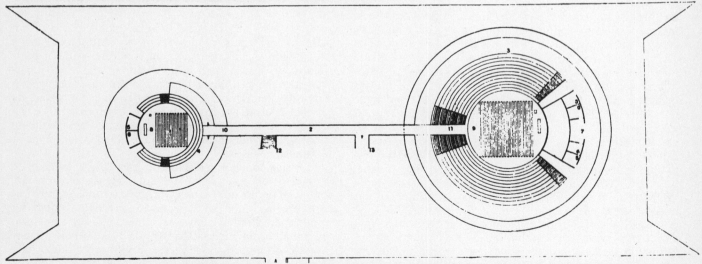

Nível superior: 1: rampa de acesso ao terraço; 2: corredor do público; 3: tribuna do público (Câmara); 4: tribuna do público (Senado); 5, 6: sanitários; 7: vestíbulo; 8: vazio da sala do plenário do Senado; 9: vazio da sala do plenário da Câmara; 10: entrada do público no Senado; 11: entrada do público na Câmara; 12: acesso ao vestíbulo; 13: acesso ao terraço.

Fig. 155a. Oscar NIEMEYER. *Palácio do Congresso*. Brasília. 1958-1960. Plantas.

de grandes massas. A fachada que dá para a cidade (Fig. 156) só aparece realmente quando o espectador dela se aproxima, já que, desse lado, o corpo horizon-

Fig. 156. Oscar NIEMEYER. *Palácio do Congresso*. Brasília. 1958-1960. Fachada para o Eixo Monumental.

tal que contém as salas do plenário[131] e os serviços gerais ficam no subsolo. Essa disposição *a priori* estranha mostrou-se de uma eficácia perfeita: permitiu superar a diferença de nível existente entre a esplanada dos ministérios e a Praça dos Três Poderes, permitiu ainda substituir uma construção contínua (que teria fechado abruptamente a perspectiva do eixo monumental) por superestruturas isoladas que detêm a vista sem formar um obstáculo intransponível e assim respeitam o espírito do plano urbanístico de Lúcio Costa, e, finalmente, deu ao conjunto uma grande variedade de efeitos, sem prejudicar a homogeneidade nem a nobreza desejadas. A disposição do terreno num vasto plano inclinado liberou a frente em questão, dando-lhe acesso fácil, iluminação suficiente e espaço necessário para destacar-se; disso resulta um contraste proposital entre o caráter aberto das partes baixas enterradas e o aspecto fechado dos volumes puros que se destacam contra o céu, numa inversão da distribuição tradicional típica da linguagem contemporânea. Em compensação, esse mesmo contraste foi atenuado na outra fachada, que fica no mesmo nível da Praça dos Três Poderes (Fig. 157): desta vez os panos de vidro, cuidadosamente mantidos na sombra, formam uma faixa quase opaca que se recorta, principalmente por sua cor, do branco brilhante do cimento e dos revestimentos; a construção horizontal é apenas um embasamento para as cúpulas e um pano de fundo do qual se destacam as linhas vigorosas dos edifícios verticais. De uma certa maneira, é uma volta à escala imaginada para a perspectiva longínqua, mas desta vez destinada a uma visão próxima.

A estética do Palácio do Congresso baseia-se inteiramente num equilíbrio perfeito na distribuição das massas, associado a uma mistura muito correta de simplicidade clássica com originalidade barroca, de solidez com leveza, de estabilidade com dinamismo. A harmonia geral é tal que se poderia crer que existe uma simetria impecável, mas esta, embora existente, está longe de ser absoluta; pelo contrário, ela é fruto de um jogo muito engenhoso de compensações. As duas cúpulas não tem nem o mesmo tamanho, nem a mesma força expressiva, disposição essa que traduz bem a importância numérica e o caráter representativo de cada assembléia: a do Senado, de dimensões modestas e evitando romper com os princípios tradicionais, está firmemente implantada no edifício sobre o qual apóia todo seu peso; ela é bastante apropriada ao espírito de uma câmara de reflexão; a da Câmara dos Deputados, muito maior e de uma concepção revolucionária, parece um disco delicadamente pousado no terraço e prestes a alçar vôo, o que sublinha o aspecto de elemento motor do poder legislativo atribuído a essa assembléia; portanto os respectivos significados são inteiramente opostos, mas a pureza comum e a identidade formal que caracteriza as cúpulas (pois a diferença está numa simples inversão de volumes) basta para estabelecer entre elas um parentesco íntimo, que permite que uma seja a contrapartida da outra. O desequilíbrio produzido por essa desigualdade foi compensado pelo deslocamento, para a parte consagrada ao Senado, das duas torres, bem como das rampas de acesso situadas na fachada ocidental: assim, o impacto provocado e o im-

Fig. 157. Oscar NIEMEYER. *Palácio do Congresso*. Brasília. 1958-1960. Fachada para a Praça dos Três Poderes.

pulso vertical dos prédios gêmeos contrabalançam a estaticidade da pequena cúpula, sua plasticidade mais discreta do que a da cúpula vizinha; quanto à repartição das massas, ela é tão satisfatória que um observador desatento nem chega a notar que não estão na posição central as duas flechas que supostamente deveriam definir não só o eixo do palácio, como também o da artéria monumental da qual aquele eixo é pano de fundo.

Assim como os palácios de pórticos, o Palácio do Congresso alcançou imediatamente imensa repercussão, porém, mais do que aqueles, despertou uma controvérsia sobre as fontes de inspiração que nele podem ser entrevistas. Nikolaus Pevsner[132] não hesitou em alegar que uma escola inglesa, construída em Rutherford por Leonard Manasseh, poderia ter servido de modelo para Niemeyer; de fato, o liceu em questão possui, sobre o

---

131. As cúpulas indicam apenas sua localização exata; de fato, elas abrigam as tribunas do público que se projetam sobre as salas de sessão propriamente ditas, situadas num nível inferior.

132. N. PEVSNER, Modern architecture and the Historian or the return of Historicis, *Journal of the Royal Institute of British Architects*, vol. 68, abril de 1961, pp. 230-240.

telhado de dois pavilhões próximos, um par de pirâmides, uma na posição normal cobrindo uma sala de reuniões, a outra invertida, servindo como caixa de água. Mas a tese do historiador britânico, à primeira vista bastante sedutora, não deve ser sustentada. Certamente mais de uma vez Niemeyer retomou e transformou, numa nova síntese, idéias que originalmente tinham sido apresentadas por outros arquitetos, fossem elas idéias de mestre, como as de Le Corbusier, ou ainda sugestões tomadas de empréstimo a projetos totalmente secundários publicados nas revistas especializadas[133]. Portanto, pode ser que isto tenha acontecido em relação à escola de Leonard Manasseh, e isso em nada teria diminuído seu mérito criador, pois, retomando os próprios termos de Pevsner, é preciso não confundir imitação e "estímulo"; sem dúvida alguma, é nesta segunda categoria que se enquadraria o Palácio do Congresso. Mas nem os fatos nem as datas permitem sustentar essa hipótese. Rayner Banham já a tinha rejeitado, observando que Niemeyer tinha inventado a pirâmide invertida já em 1955 (Museu de Caracas), mas esse argumento não convenceu seu colega, que continuou defendendo o ponto de vista de uma possível influência do colégio de Rutherford no palácio de Brasília no que diz respeito à disposição original dos volumes na cobertura[134]. Ora, a tese desmorona sozinha para quem seguiu a evolução de Niemeyer e conhece não só as obras realizadas, como também seus outros projetos: de fato, já em 1953 ele propôs colocar, num dos terraços da futura prefeitura de São Paulo[135], uma cúpula rebaixada abrigando a sala de deliberações e um auditório cuja forma prenunciava aquela adotada um ano depois no Liceu de Belo Horizonte (Fig. 113). Dessa concepção para o Palácio do Congresso, havia apenas um passo, e Niemeyer não precisava de ajuda para dá-lo; sem dúvida alguma, cabe a ele a prioridade cronológica, e talvez seja mais lógico ver em Manasseh um compilador assíduo dos projetos abandonados por Niemeyer, arquiteto mundialmente conhecido. Mesmo levando em consideração apenas as duas obras comparadas por Pevsner, as datas também não favorecem a tese apresentada: a construção da escola britânica foi começada em setembro de 1958, mas, pelo que se sabe, a primeira publicação numa revista especializada[136] foi feita em janeiro de 1959, quase um ano depois da publicação das propostas definitivas para o Palácio do Congresso (fevereiro de 1958)[137]; mesmo admitindo-se que o projeto inglês seja claramente anterior a sua realização, o que parece duvidoso, não é possível ver como Niemeyer teria podido conhecê-lo.

A fonte de inspiração do Palácio do Congresso não deve ser procurada fora da obra do próprio Niemeyer[138],
já que esta se insere naturalmente na obra do arquiteto; os jogos de volumes ali criados sempre foram uma das grandes preocupações do arquiteto, e pode-se seguir, em suas realizações anteriores, o nascimento e evolução das diversas formas cujo agrupamento causou tão forte impressão. O primeiro passo foi dado no Parque do Ibirapuera (1952-1954), com a oposição prevista entre o Palácio das Artes e o auditório[139]; as etapas seguintes sucederam-se rapidamente: idéia original de colocar elementos de princípios semelhantes em um terraço da prefeitura de São Paulo (1953); aperfeiçoamento progressivo de um volume mais delicado, cuja pequena superfície portante e linhas ascendentes deveriam combater a impressão de peso inerente à massa e substituí-la por uma nota de equilíbrio dinâmico (auditório do Colégio de Belo Horizonte, 1954, Museu de Caracas, 1955); elaboração final de um conjunto coerente e harmonioso reunindo todos esses dados (Palácio do Congresso, 1958-1960). É interessante notar uma certa hesitação quanto à definição do volume invertido, por meio de retas ou por meio de curvas, e o emprego alternado das várias soluções; por outro lado, mais uma vez, ali, pode-se perceber a ruptura de 1955, e esta se traduz num desejo de pureza e regularidade geométrica não tão nítido nas realizações precedentes.

A audácia da cúpula da Câmara dos Deputados trouxe enormes problemas técnicos, muito bem resolvidos pelos cálculos de Joaquim Cardozo, apesar das preocupações manifestadas pelo competente especialista que é Nervi[140]. Quando tomou conhecimento do projeto, o engenheiro italiano expressou reservas quanto a uma tentativa desse tipo, tanto no plano construtivo, quanto no plástico: ressaltou que a resistência à compressão, qualidade essencial do concreto, neste caso não tinha interesse; portanto, a solução só podia ser encontrada por meio de uma potente armação anular, tracionada de modo vigoroso e imperceptível para o olhar do espectador, concepção essa que ele, como ardente defensor da verdade estrutural, não podia admitir; além disso, ele se perguntava qual seria a sensação que esse *tour de force* iria provocar no espectador e imaginava que seria mais um espanto temeroso do que um prazer estético. Neste ponto, as dúvidas não se concretizaram; apesar do diâmetro ter mais de cem metros, a gigantesca taça pousada no terraço do Palácio do Congresso não inspira temor, nem dá a impressão de uma coisa desmesurada; ela está na mesma escala do edifício e do contexto para cuja valorização contribui ativamente; o equilíbrio da composição onde ela se insere é tal que ela não parece ser uma manifestação de altivez, mas apenas um símbolo de entusiasmo e uma suprema expressão de harmonia[141]. Perante esse êxito, as demais críticas desmoronam sozinhas: o resultado final compensa amplamente o preço e a soma de esforços necessários para vencer as dificuldades técnicas. Num pro-

---

133. Cf. *supra*, nota 47.
134. N. PEVSNER, artigo *cit.*, p. 240, nota 31.
135. *Arquitetura e Decoração*, n.º 3, dez. de 1953, jan. de 1954, pp. 2-5 (planta, cortes, maquetes).
136. *Architectural Review*, vol. 125, jan. de 1959, pp. 48-49 (maquete).
137. *Módulo*, n.º 9, pp. 14-21 e *Architecture d'aujourd'hui*, n.º 76, pp. 78-79.
138. Com exceção, porém, da indiscutível fonte original constituída por um esboço de Le Corbusier, executado em 1936 quando de sua visita ao Brasil: esse esboço para uma «praça de palmeiras imperiais», colocado no papel pelo mestre para ilustrar uma de suas teses, foi piamente conservado por seus discípulos e utilizado por Lúcio Costa e Niemeyer em Brasília; com efeito, previa-se uma praça triangular disposta abaixo de um grande eixo, tendo no topo um edifício cuja repartição de massas prenuncia de modo impressionante o do Palácio do Congresso.

139. Cf. *supra*, p. 166.
140. *Casabella — Continuità*, n.º 223, jan. de 1959, p. 55.
141. Houve, é claro, algumas vozes discordantes, como as de Bruno Zevi (*Architettura*, n.º 51, jan. de 1960, pp. 618-619), de Sybil Moholy-Nagy (*Progressive Architecture*, t. 40, out. de 1959, pp. 86-89) ou de Alberto Moravia (*Corriere Della Sera*, 28 de agosto de 1960 e *Casabella*, n.º 243, set. de 1960, p. 57), mas o desagrado manifestado por essas personalidades estava ligado a uma rejeição formal de toda concepção monumental e a uma recusa sistemática do espírito e da mística representados por Brasília.

grama monumental, a qualidade primordial é a beleza plástica; os argumentos econômicos pouco ou nada contam. Foi o caso de Brasília, cidade artificial cuja finalidade era a afirmação definitiva da grandeza do país e de sua fé no futuro, sem preocupação com o custo da operação.

As poucas críticas de ordem funcional referentes ao Palácio do Congresso também se apagam perante as considerações puramente estéticas: é possível que os escritórios das duas torres não tenham satisfeito os parlamentares a que se destinavam, mas esses edifícios verticais, os mais altos da nova capital, eram necessários para a expressão da obra e para a significação desta dentro do conjunto urbanístico; quanto à grande receptividade acústica da pequena cúpula do Senado (que, aliás, pode ser remediada) e o fato das salas do plenário contarem apenas com iluminação artificial, são inconvenientes bem pequenos, difíceis de evitar sem que se mude completamente a forma do edifício tão bem resolvida em si. É evidente que esse palácio, assim como os precedentes, foi concebido inicialmente e acima de tudo em função de sua apresentação externa, embora o interior se caracterize pela criação de um ambiente agradável e por uma perfeita solução do problema fundamental da circulação em separado, de representantes e do público. Mas isso constituia-se numa verdadeira obrigação numa capital, cujos monumentos deviam formar um conjunto unitário, capaz de transmitir uma mensagem permanente que pudesse provocar, nos homens de hoje e nas gerações futuras, um sentimento de respeito, onde graça e poesia se misturem intimamente a uma nobreza, ao mesmo tempo simples e magnífica.

2. A Praça dos Três Poderes e o Eixo Monumental

O estudo isolado dos edifícios vistos, até agora jamais fez perder de vista sua interdependência, mas agora é preciso voltar a esse ponto específico. De fato, é na escala da cidade e de suas articulações sucessivas que os jogos de volumes e de espaços criados pela arquitetura de Niemeyer em função do plano de Lúcio Costa assumem seu verdadeiro sentido. Sob esse aspecto, a Praça dos Três Poderes surge como uma obra-prima capaz de rivalizar com as mais belas realizações de todos os tempos.

Se é verdade que ela deriva diretamente, quanto a sua implantação e distribuição de massas, de um esboço ideal de praça monumental imaginado por Le Corbusier, quando esteve no Brasil em 1936, também é certo que ela extrai sua grandeza e harmonia do tratamento que Niemeyer conseguiu dar a esse esboço (feito nas horas de lazer, pelo espírito sempre desperto do mestre franco-suíço e que depois foi por ele rapidamente esquecido)[142]. Ao mesmo tempo que seguia de muito perto esse esquema, retomado por Lúcio Costa vinte anos depois de criado e incorporado ao seu projeto de plano piloto, Niemeyer não vacilou em reatar cons-

cientemente com uma tradição mais antiga, a das grandes praças européias, cuja nobreza e sobriedade tinham causado nele tão profunda impressão quando de sua viagem pela Europa em 1955; embora, naturalmente, não fosse o caso de copiá-las, a sua preocupação, como ele mesmo admite, consistiu em reencontrar as qualidades fundamentais dessas praças, a fim de transcrevê-las numa linguagem contemporânea, cuja simplicidade asseguraria sua grandeza, tomando-se o cuidado de evitar ao mesmo tempo a secura inerente ao primeiro racionalismo. Era uma atitude muito lógica, tanto mais que a concepção da praça aberta, alternadamente dominada e dominante, sugerida por Le Corbusier, não passava afinal de uma nova versão de um tema cujos elementos tinham sido elaborados do século XVI ao XVIII: desde o arranjo do Capitólio, feito por Michelângelo, até a criação da Praça Luís XV (hoje, Place de la Concorde), delimitada por Gabriel com edifícios de um só lado, vários exemplos tinham se sucedido por toda a Europa, valorizando a mistura de perspectivas próximas e longínquas, criadas pela relação entre as construções e os espaços livres entre estas.

A Praça dos Três Poderes é praticamente triangular, como o modelo ideal proposto por Le Corbusier em 1936; mas essa forma só aparece na planta (Fig. 158); na realidade, o espectador apreende mais a sucessão de retângulos que a subdividem e, principalmente,

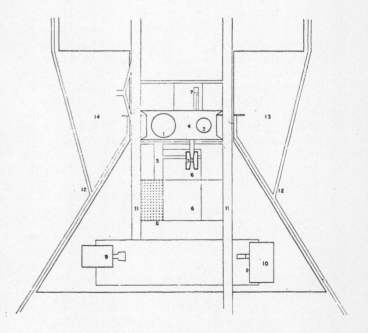

1: Câmara dos Deputados
2: Senado
3: blocos administrativos
4: terraço do Palácio do Congresso
5: estacionamento
6: lago
7: rampa
8: pátio das palmeiras imperiais
9: Supremo Tribunal Federal
10: Palácio do Planalto
11: artérias principais
12: artérias de serviço
13: estacionamento (congressistas)
14: estacionamento (público)
(O museu não está representado nesta planta.)

Fig. 158. L. COSTA e O. NIEMEYER. *Praça dos Três Poderes*. Brasília. Planta.

---

142. De fato, Le Corbusier evitou retomar esse esquema quando, antes de Lúcio Costa e Niemeyer, teve ocasião de fazer a planta e dirigir a construção de uma cidade inteira; tratava-se também de uma capital: Chandigarh. Seu estilo estava, então, completamente modificado e suas ambições não mais se satisfaziam com a simplicidade básica que tinha orientado suas composições anteriores.

o da área entre o Palácio do Planalto e o Supremo Tribunal, cujo pavimento uniforme acentua a unidade; esse verdadeiro pátio tende mesmo, aos olhos de quem o vê, a identificar-se com a própria praça, que é muito mais vasta e mais complexa. Essa disposição tem a vantagem de evitar o mal-estar que provocaria a percepção dos ângulos agudos, mantendo ao mesmo tempo, graças à repartição de três pólos de interesse, que são as sedes dos poderes Executivo, Legislativo e Judiciário, a figura original da praça. Está-se, portanto, perante uma praça trapezoidal, cujas oblíquas não são perceptíveis, mas que, apesar de tudo, está nitidamente orientada em direção à base menor, ocupada pelo Palácio do Congresso; a esse lado fechado, valorizado pela massa dessa obra imponente, enquadrada em segundo plano pelos ministérios, opõe-se o aspecto aberto da base maior, enquanto que a transição é feita através dos lados do trapézio, que garantem o equilíbrio necessário do todo. O mérito de Niemeyer está em ter conseguido elaborar o vocabulário que convinha a uma concepção desse tipo. No conjunto, ele manteve os jogos de volumes propostos por Le Corbusier, mas aumentou sua expressão plástica garantindo-lhes uma melhor integração espacial. Ao limitar a altura do corpo horizontal do Palácio do Congresso ao nível do piso da esplanada dos ministérios, ele manteve o fecho necessário nessa frente, sem interromper a unidade do eixo monumental; ao insistir nas superestruturas substituindo o elemento vertical único, solidário com a massa global, por dois blocos gêmeos, separados, ele acentuou a composição em profundidade e fez penetrar nela a noção de espaço, em geral ausente numa arquitetura externa baseada no emprego de volumes geométricos. Essa introdução do céu no próprio edifício, essa mistura de finito e infinito assumiu toda a sua grandeza nos dois outros palácios, conforme já foi dito; assim, agora apenas será ressaltado como essa solução se adaptava ao espírito da praça e à localização precisa das obras nos lados intermediários, meio abertos, meio fechados.

mento e um conjunto de esculturas e construções secundárias, mas cuja importância não deve ser desprezada. Dentre estas, a única prevista desde o início, era o museu[143] destinado a expor os principais documentos referentes à tranferência da capital para o Planalto Central. Composto de uma simples sala longitudinal, compreendida entre duas enormes lajes de concreto e repousando sobre uma base estreita que abriga a escada, esse monumento comemorativo marca sua presença por sua audácia e sobriedade. Sua posição, criticada por Jorge Wilheim[144], apresenta vantagens e inconvenientes: embora corte parcialmente a vista do Palácio do Congresso para quem está situado no centro da praça, por outro lado ele preenche de maneira eficaz o espaço compreendido entre os palácios para quem tem uma vista diagonal (Fig. 159). Os acréscimos posteriores (fruto da vontade pessoal de certos presidentes da República) poderiam constituir um perigo, mas seu caráter limitado e o fato de que os projetos continuarem a ser confiados a Niemeyer permitiram evitar um fracasso, levando até mesmo a uma indiscutível valorização. Foi o que aconteceu com o pombal em forma de pregador estilizado (Fig. 160), única lembrança deixada em Brasília pelo breve governo de Jânio Quadros em 1961; a vertical fina e leve colocada no lado aberto da praça não desfigura esse aspecto e

Fig. 160. Oscar NIEMEYER. *Praça dos Três Poderes*. Pombal. 1961.

Fig. 159. Oscar NIEMEYER. *Praça dos Três Poderes*. Palácio do Congresso e museu comemorativo. 1958-1960.

A Praça dos Três Poderes é completada por uma praça de palmeiras imperiais (já proposta por Le Corbusier), um grande espelho de água ao lado do parla-

143. *Módulo*, n.º 12, fev. de 1959, pp. 28-31 (croquis, maquete). *Acrópole*, abril de 1960, 2.ª ed. aumentada, p. 96 (fotos, esquema). *Architecture d'aujourd'hui*, n.º 90, junho-julho de 1960, p. 17 (fotos, esquemas). W. STAUBLI, *op. cit.*, pp. 92-95 (fotos, desenhos).
144. *Acrópole*, abril de 1960, *cit.*

faz um contraponto à escultura central de Bruno Giorgi[145]. Resultado equivalente foi obtido pela edificação, nesse mesmo lado, de um salão de chá quase completamente enterrado, e onde a pequena elevação e transparência da parte saliente não constituem um obstáculo para o olhar do espectador.

Do ponto de vista plástico, a Praça dos Três Poderes atinge indiscutivelmente um ponto alto, onde simplicidade e riqueza formais aliam-se numa impressionante e harmoniosa grandeza. O Eixo Monumental, embora devesse conservar esta qualidade, não podia manter em sua totalidade um tom tão forte, sob pena de fazer desaparecer a escala hierárquica prevista e de prejudicar o resultado final pelo excesso de expressão. Niemeyer compreendeu-o bem e foi com conhecimento de causa que adotou, para os ministérios, um critério único. Os onze edifícios[146], dispostos em quincunce dos dois lados da grande esplanada por eles definidas (Fig. 161), são todos paralelepípedos retângulos de estrutura metálica, panos de vidro e alumínio, paredes laterais revestidas de quadrados de cerâmica cinza-azulado. Sua austeridade foi acentuada em relação ao primeiro projeto[147], que previa prédios sobre pilotis em forma de losango, sustentando uma plataforma de concreto cujo recorte em linha quebrada teria completado

Fig. 161. Oscar NIEMEYER. *Eixo Monumental*. Brasília. Os Ministérios. 1958-1960.

Fig. 162. Oscar NIEMEYER. *Eixo Monumental visto do setor residencial norte*. Brasília. 1958-1960.

145. Essa escultura, chamada Os Guerreiros, originalmente seria colocada sob o pórtico do Palácio do Planalto, entre a rampa e a tribuna, mas finalmente Niemeyer preferiu torná-la o motivo central de toda a praça.

146. *Acrópole*, abril de 1960, 2.ª ed. aumentada, pp. 94-95 (fotos). *Architecture d'aujourd'hui*, n.º 90, junho-julho de 1960, pp. 18-19 (elevação do anteprojeto, fotos) e n.º 101, abril-maio de 1962, pp. 22-37 (fotos). W. STÄUBLI, *op. cit.*, pp. 96-99 (fotos, cortes, elevações). Depois foi acrescentado um décimo segundo edifício semelhante.

147. *Architecture d'aujourd'hui*, n.º 80, out. de 1958, p. 65 (planta, corte, elevação).

o efeito dos suportes. Essa mudança não deve ser lamentada, e um de seus motivos foi a pressa de construir que se impunha: blocos destacados do piso não teriam assumido um papel tão claro na delimitação do eixo triunfal e o contraste necessário com os edifícios mais representativos teria sido sensivelmente atenuado. Algumas vezes a monotonia dessa repetição sistemática foi criticada, mas os ministérios, apesar de suas proporções exatas, que lhes conferem uma beleza intrínseca, não são feitos para serem detalhados; eles só assumem todo seu sentido numa visão global, que valoriza a relação espacial criada entre esses volumes idênticos por sua repartição cuidadosamente estudada. O conjunto é propositalmente frio, e está de acordo com o espírito dos primeiros projetos de urbanismo de Le Corbusier durante a década de vinte, mas não lhe falta um certo ritmo; depois de passado o ofuscamento causado pelos pólos de atração formal que são a Praça dos Três Poderes e a Catedral, ele detém a atenção do espectador, ao mesmo tempo que, com a distância, retoma um papel

gens da artéria monumental, resta examinar a obra que abriga os teatros oficiais[148], situada no setor cultural, ao lado da plataforma que marca o cruzamento dos dois eixos da cidade. Ao contrário do Palácio do Congresso, onde a dualidade das funções do edifício foi realçada, desta vez Niemeyer decidiu abrigar num só volume, que agisse como simples invólucro, os dois teatros distintos que tinham sido previstos de início. Essa atitude, inspirada no projeto apresentado em 1953 por Mies van der Rohe no concurso para um novo teatro em Mannheim, não tinha nada de ilógico: as duas salas podem funcionar separada ou simultaneamente para o mesmo espectador, graças à instalação de dois palcos um de costas para o outro e a sua separação por uma parede móvel, concepção perfeitamente adaptada às exigências do teatro moderno. Em compensação, no aspecto plástico, Niemeyer nada fica a dever ao mestre germano-americano. Enquanto este tinha imaginado uma arquitetura transparente, em aço e vidro, criando um volume tão puro quanto clássico, o arquiteto brasi-

Fig. 163. Oscar NIEMEYER. *Teatro*. Brasília. 1960-1963.

plástico essencial; vistas dos setores residenciais (Fig. 162), essas faixas de edifícios contribuem para determinar de modo decisivo, por sua simples sucessão cheia de nobreza, a verdadeira espinha dorsal da cidade.

Deixando de lado a catedral, que decorre de um princípio estético diverso do que está sendo visto agora, e ficando apenas com as construções colocadas às mar-

leiro permaneceu fiel ao concreto armado, elaborando uma massa fechada de todos os lados, que chama a atenção pela forma geométrica inédita, por sua semi-regularidade (Fig. 163). Não há dúvida de que a forma em

148. *Módulo*, n.º 17, abril de 1960, pp. 4-13. *Architecture d'aujourd'hui*, n.º 90, junho-julho de 1960, p. 31 e n.º 101, abril-maio de 1962, p. 30. *Habitat*, n.º 62, jan.-fev. de 1961, pp. 3-6 (maquete, plantas, corte nas três revistas). W. STÄUBLI, *op. cit.*, pp. 102-115 (fotos, elevações, desenhos, plantas).

207

questão deriva da diferença de tamanho das salas e que, portanto, ela corresponde, até certo ponto, a considerações funcionais[149], mas seria erro ver nisso uma volta de Niemeyer a um racionalismo estrito que há muito tempo tinha abandonado, se é que se pode dizer que alguma vez o tenha adotado. É verdade que o teatro de Brasília não é um manifesto tão característico quanto o projeto do Museu de Caracas, mas ele se inscreve na mesma linha de pesquisas volumétricas simplificadas. Aliás, nele pode-se encontrar a mesma vontade de combater a impressão de peso que em geral acompanha toda arquitetura de massa; contudo, não é mais a disposição do volume propriamente dito que contribui para isso, mas a nota de dinamismo trazida pelas placas de concreto convergentes que animam as duas frentes de acesso, ao se destacarem audaciosamente das fachadas para formar uma espécie de pérgola oblíqua, sem perderem seu caráter de suportes aparentes.

3. O Hotel e os setores residenciais

Embora, nas obras monumentais, Niemeyer freqüentemente tenha colocado maior ênfase nas estruturas do que nos volumes, servindo-se do jogo destes em muitas ocasiões, nos programas mais comuns, especialmente no que se refere aos problemas de habitação ele inverteu esse procedimento. A primeira realização desse gênero que lhe foi confiada em Brasília, foi o Brasília Palace Hotel[150], situado na mesma zona do Palácio da Alvorada, conseqüentemente fora da cidade. Projeto e construção do Palácio e do Hotel foram feitos rapidamente, pois tanto um quanto o outro deviam ficar prontos o quanto antes para poder alojar respectivamente o Presidente da República e os hóspedes mais importantes que viriam supervisionar ou admirar o andamento dos trabalhos da nova capital. O arquiteto soube tirar partido da falta total de limitações, fato que é bastante raro num empreendimento desse tipo. Nem o terreno, nem o espaço disponíveis eram contados, e ele pôde encompridar o edifício e combiná-lo com a paisagem plana sem vegetação, colocando todos os cômodos do lado que gozava da melhor orientação, fazendo com que estes fossem servidos por longos corredores retilíneos ocupando a outra frente, e articulando de acordo com a sua vontade os vários blocos (dos quais cada um recebeu uma função definida). Portanto não é de espantar que o resultado tenha sido dos mais brilhantes, tanto no plano prático, quanto no plano estético[151]. Novamente encontra-se a oposição, tão freqüente nas obras do período de 1945 a 1955, entre o volume puro do corpo principal, sobre pilotis e os jogos de curvas e de espaços que ocorrem nas partes anexas, mas desta vez há uma grande diferença: estas partes não se definem mais exteriormente como elementos independentes, mas sim são abrigadas sob grandes marquises retangulares que limitam a orgia plástica; assim, elas se fundem num conjunto cuja marca é uma maior contenção. Muito digno em suas linhas simples, imponente o bastante para se destacar numa natureza sem relevo, mas suficientemente discreto no aspecto formal para não rivalizar com o palácio vizinho, o Brasília Palace Hotel oferece ao turista um contexto agradável e de bom gosto, evitando toda riqueza ostentatória, ao mesmo tempo que garante o luxo e a elegância que convêm à sua categoria. Portanto, trata-se de um grande êxito do arquiteto; ele conseguiu achar a nota correta numa obra que assumiu um papel essencial quando do nascimento da nova capital, mas que não podia ter a pretensão de conservá-lo depois da afirmação definitiva dessa capital.

Quando aceitou a tarefa que lhe tinha sido confiada pelo Presidente Kubitschek, assumindo a responsabilidade pela arquitetura de Brasília, Niemeyer nem sonhava em atribuir a totalidade dos projetos a si mesmo (trabalho esse, aliás, que teria ultrapassado as forças de um só homem, por mais bem dotado que fosse, já que havia um prazo de três anos para a inaguração da cidade, prevista para 21 de abril de 1960), nem em limitar sua ação pessoal aos edifícios representativos distribuídos ao longo do Eixo Monumental. Ele poderia ter assumido essa última atitude, reservando para si unicamente o gênero de programa onde seu temperamento e talento ficavam à vontade; recusou-se no entanto a abandonar inteiramente aos colaboradores a responsabilidade pelos prédios de escritórios e de apartamentos, pois também estes deviam contribuir para definir o panorama urbano. Enquanto diretor dos serviços de arquitetura, ele exerceu vigilância em tempo integral para que as normas estabelecidas pelo plano de Lúcio Costa fossem estritamente mantidas e, em certos casos, exerceu uma verdadeira censura, a fim de evitar as excentricidades com que ocasionalmente sonhavam os amantes do sensacionalismo ou os imitadores desajeitados[152]. Enquanto arquiteto, ele pôs mãos à obra: propôs, para o eixo residencial, um modelo de unidade de vizinhança e assegurou para si a supervisão de uma das quadras que compõem essa unidade.

Os onze blocos da superquadra 108 (primeiro conjunto do gênero a ser terminado)[153] abrigam 444 apar-

---

149. Aliás, a relativa independência da forma arquitetônica em relação a seu conteúdo é também racional, na medida em que os progressos da técnica teatral podem trazer, num futuro próximo, modificações no arranjo dos edifícios absolutamente impossíveis de serem previstas hoje. Nessas condições, a constituição de um espaço interno bastante vasto e maleável para permitir eventuais mudanças parece ser a melhor solução, mas ela exclui automaticamente uma modelagem do aspecto externo sobre as disposições interiores correspondentes às necessidades atuais.
150. *Architecture d'aujourd'hui*, n.º 80, out. de 1958, pp. 66-67 (plantas, fotos) e n.º 90, junho-julho de 1960, p. 29 (fotos). *Módulo*, n.º 12, fev. de 1959, pp. 28-31 (fotos, plantas, esboços). *Acrópole*, abril de 1960, 2.ª ed. aumentada, pp. 105-108 (fotos, plantas). W. STÄUBLI, *op. cit.*, pp. 138-145 (fotos, plantas, corte).
151. Não é o caso de levar a sério as pequenas críticas feitas por certos espíritos rabugentos, sempre dispostos a ver os inconvenientes de uma disposição qualquer em lugar das vantagens que ela encerra. Queixar-se dos poucos degraus que é preciso descer na entrada para chegar à recepção e aos elevadores, é esquecer que a adoção dessa solução permitiu uma independência completa entre os circuitos de circulação reservados aos hóspedes que chegam ao hotel, e os reservados àqueles que circulam entre os quartos, salões e restaurante; isto sem falar dos jogos espaciais criados pelas diferenças de nível e de escala daí resultantes. Censurar as distâncias que devem ser percorridas nos corredores pelos clientes alojados nas extremidades do edifício também é fácil, mas este é o preço a ser pago quando se adota a solução horizontal, infinitamente mais lógica e mais humana do que a vertical, que é o menor dos males imposto pela especulação imobiliária. Aliás, as perspectivas oferecidas por esses longos corredores são magníficas. Só o sistema adotado para a parede externa desses corredores (formada por fundos de garrafa inseridos numa armação de concreto) apresentava um defeito manifesto: o sol da tarde, batendo nos discos de vidro, criava uma atmosfera irrespirável e obrigou a abertura de algumas janelas para permitir a ventilação necessária: visto de fora, o edifício perdeu um pouco de sua pureza primitiva, mas a operação em questão não só resolveu o problema prático; ela criou, nos corredores, jogos de luz que os valorizam, isto sem falar da vista para a cidade que agora se pode ter, especialmente no pôr-do-sol, sempre magnífico em Brasília.
152. Cf. Inquérito Nacional de Arquitetura, *Jornal do Brasil*, suplemento de domingo, 18-19 de março de 1961 e *Arquitetura*, n.º 7, jan. de 1963, pp. 33-40.
153. É difícil traduzir para outras línguas o termo «superquadra», criado por Lúcio Costa para sublinhar a importância de cada um dos quar-

tamentos de tipos diferentes e têm uma alta qualidade estética[154]. Mais uma vez é numa das grandes realizações de Le Corbusier, a unidade habitacional de Marselha, que se deve procurar a fonte de inspiração; mas, como sempre, Niemeyer transpôs a idéia original para uma linguagem nova, que traz sua marca pessoal e cuja expressão, sob muitos aspectos, é exatamente oposta àquela obtida pelo mestre europeu. Ele retomou o princípio da independência das estruturas da parte habitável em relação aos pilotis que a sustentam e adotou, para esses pilotis, um perfil muito parecido com o de Le Corbusier[155]; mas a semelhança pára aí. Preocupado com a leveza, Niemeyer suprimiu o verdadeiro solo artificial que se encontra em Marselha (Fig. 164) co-

Fig. 164. LE CORBUSIER. *Unidade habitacional.* Marselha. 1947-1952.

locando diretamente sobre os suportes, o volume em paralelepípedos que contém os apartamentos: a plataforma intermediária funde-se com a massa superior em vez de ficar solidária com os pilotis, cuja autonomia foi acentuada pelos revestimentos escuros que se destacam da brancura das paredes laterais e pela posição dos pilotis colocados nas extremidades (Fig. 165), que saem parcialmente do edifício. Essa solução, onde as

construções parecem se destacar do terreno onde se apóiam, está de acordo com o espírito que impregna a arquitetura de Brasília e se adequam perfeitamente a prédios de porte médio, muito diferentes das enormes construções que são as unidades habitacionais criadas por Le Corbusier.

O plano de Lúcio Costa previa que os blocos residenciais das superquadras teriam sempre seis andares, a fim de garantir a coerência do conjunto urbanístico. Essa medida, justificada por razões de equilíbrio, limitava naturalmente as possibilidades deixadas aos arquitetos e exigia que estes fizessem esforços para evitar a impressão de monotonia que poderia resultar da repetição contínua. Niemeyer não hesitou em jogar com a disposição dos edifícios dentro da quadra para eliminar esse risco. Ele retomou, para cada um deles, com nuanças, o sistema já experimentado no Hospital Sul-América: fachada principal totalmente envidraçada eventualmente protegida por uma retícula de lâminas de concreto servindo de *brise-soleil* (quando a orientação exigia uma proteção desse tipo), fachada posterior formada por uma grande parede lisa vazada, contra a qual se recorta a torre das escadas e elevadores de serviço, torre essa que é trapezoidal e quase se destaca do corpo principal[156]. O efeito plástico dessas fachadas posteriores meio cegas e suavemente coloridas, que já era grande para o imóvel isolado, fica reforçado pela freqüente oposição entre dois prédios, colocados um de costas para o outro: então o corpo saliente das torres compartimenta um vazio ao mesmo tempo definido e fluido, onde uma perspectiva central corre por perspectivas laterais bruscamente bloqueadas (Fig. 166). Ali pode-se encontrar os jogos de volumes simples no espaço que são uma das constantes e um dos principais trunfos da obra de Niemeyer. Do ponto de vista da estética pura, a superquadra 108 é, portanto, um êxito brilhante onde se nota o toque de mestre que, em compensação, está ausente nas quadras vizinhas feitas no mesmo modelo. É lamentável que esse sucesso tenha sido obtido parcialmente às custas das vantagens funcionais na disposição interna e, conseqüentemente, às custas dos moradores dos apartamentos[157].

3. Capelas e Catedral

Desde a tentativa (que provou ser um golpe de mestre) da Igreja de São Francisco de Assis na Pampulha, não tinha sido proposta a Niemeyer a construção de nenhum outro edifício destinado ao culto. Mas embora ateu e, portanto, pouco interessado nos fins espirituais desse tipo de construção, jamais deixou de

---

teirões previstos. Embora «quadra» seja equivalente a quarteirão e não implique forçosamente, na linguagem corrente, num grupo de casas determinado por ruas que se cortam em ângulo reto, a expressão «superquadra» define bem o rigor dos quadrados residenciais do plano de Brasília.

154. *Architecture d'aujourd'hui*, n.º 80, out. de 1958, pp. 68-69 (maquete, planta, elevação, fotos do canteiro) e n.º 90, junho-julho de 1960, pp. 24-25 (plantas, fotos). *Módulo*, n.º 12, fev. de 1959, pp. 12-19.

155. Mas sua finura contrasta com o aspecto maciço dos pilotis da unidade habitacional de Marselha.

156. O volume global dessas torres aproxima-se daquele adotado no Hospital Sul-América, mas, desta vez, as curvas foram substituídas por retas, o que demonstra a evolução de Niemeyer no sentido de uma concepção mais unitária e geométrica.

157. A posição dos dois edifícios, um de costas para o outro, implica automaticamente num sacrifício de orientação para a fachada principal de um deles. Porém mais grave é o defeito de distribuição na face posterior. A solução da galeria de circulação que corre ao longo dessa face era lógica num hotel como o Brasília Palace, mas não em prédios de apartamentos: é verdade que a redução do número de elevadores e de escadas de serviço, e sua concentração numa só torre diminuem os custos de construção e manutenção, mas não se pode admitir que cozinhas, banheiros e quartos de empregada dêem para a galeria de serviço, mesmo que esta não seja hermeticamente fechada para o exterior; o rebaixamento do teto desse corredor, feito nos edifícios mais cuidados a fim de que a ventilação desses cômodos seja autônoma, é apenas um paliativo: essa ventilação continua sendo indireta e limitada à abertura de pequenos basculantes onde o sol não penetra jamais; as conseqüências automáticas disso, são a ventilação insuficiente e o uso obrigatório de iluminação elétrica o dia inteiro.

209

se preocupar com o assunto e as possibilidades de expressão arquitetônica capazes de serem dali extraídas, não podiam deixá-lo indiferente. Assim, compreende-se que ele se tenha apressado em aproveitar as magníficas ocasiões de afirmar-se novamente nesse setor, oferecidas pela realização de Brasília.

1. *A Capela do Palácio da Alvorada*

Era lógico dotar o palácio residencial de uma capela, embora a religião católica não seja reconhecida como religião oficial pela Constituição do país. De fato, a maioria da população professa essa confissão, ao menos em princípio, e, por causa do peso político da Igreja, parecia ser muito pouco provável que um presidente não pertencesse a ela ou que se proclamasse abertamente como não-praticante. Portanto, quer fosse uma facilidade atribuída a um dirigente cujas convicções religiosas são sinceras, ou no caso contrário, uma maneira cômoda de salvar as aparências, a capela em questão só apresentava vantagens. Niemeyer não hesitou em tirar proveito do meio de expressão que lhe era tão generosamente oferecido.

De imediato, ele imaginou retomar e melhorar um projeto[158] elaborado em 1955 (em suas horas de devaneio) ou seja, um ano antes de se pensar na nova capital (Fig. 168). E esse projeto não era mais do que uma digressão pessoal sobre um tema que acabava de ser tratado por Le Corbusier na Capela de Ronchamps (Fig. 167), terminada no ano anterior. Aparentemente, existe um parentesco apenas longínquo entre a arquitetura pesada e informal de Ronchamps, surpreendente em sua radical inovação, apesar da influência africana que exala, e a leveza baseada numa geometria pura, a elegância suprema e repousante da capela do Palácio da Alvorada; a fonte de inspiração da capela é certa. Várias vezes[159] Niemeyer manifestou seu entusiasmo

Fig. 165. Oscar NIEMEYER. *Um dos blocos residenciais da superquadra 108*. Brasília. 1958-1960.

Fig. 166. Oscar NIEMEYER. *Perspectiva entre dois blocos da superquadra 108*. Brasília. 1958-1960.

---

158. S. PAPADAKI, *op. cit.*, t. II, pp. 116-117 (desenhos, planta).
159. *Módulo*, n.º 1, março de 1955, p. 3 e n.º 5, set. de 1956, pp. 40-45.

por Ronchamps, onde via, corretamente, o começo de uma nova etapa na obra do mestre franco-suíço, de agora em diante livre das convenções técnico-funcionais e inclinado (assim como Niemeyer) a dar predominância absoluta à forma plástica. Estava bem de acordo com sua maneira de agir, desenvolver uma idéia de que

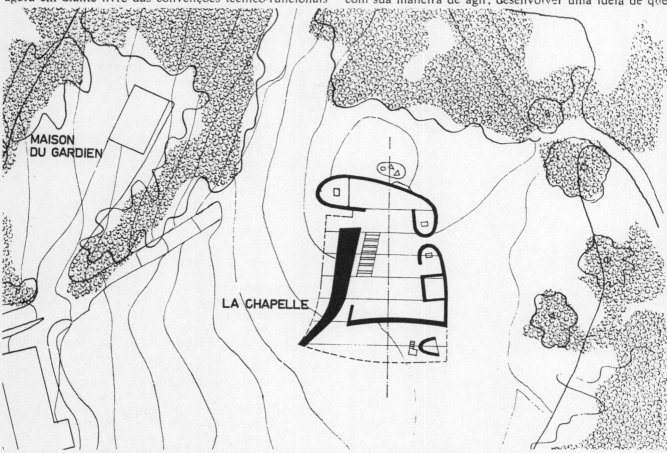

Fig. 167. LE CORBUSIER. *Capela de Ronchamps* (Haute Saône). 1950-1954. Planta.

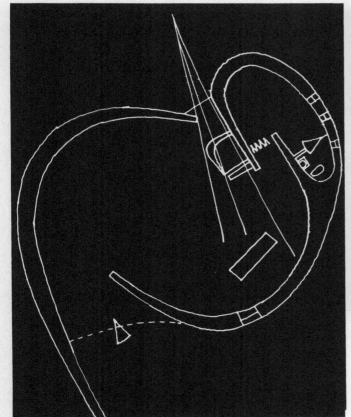

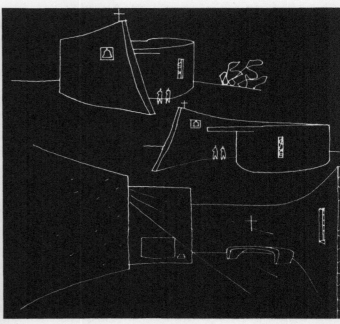

Fig. 168. Oscar NIEMEYER. *Projeto de capela*. 1955. Plantas.
Fig. 168a. Oscar NIEMEYER. *Projeto de capela*. 1955. Desenhos.

tinha gostado e dar-lhe uma nova versão própria. Já o tinha feito muitas vezes antes e não iria deixar de fazê-lo num caso a que dava tanta importância; aliás, as datas falam claramente, como sempre.

Desta vez a idéia emprestada de Le Corbusier limita-se à disposição do altar fora do eixo normal de acesso, de modo a provocar no visitante uma sensação de espanto que lhe inculque o sentimento de que está num edifício cujo caráter excepcional foi bem marcado. Mas, enquanto em Ronchamps tudo foi feito para tornar difícil a compreensão do edifício, fazendo com que este seja descoberto aos poucos, numa sucessão de espantos que levam o peregrino para um mundo onde a razão não tem lugar, em Brasília mesmo o passante distraído apreende com o primeiro olhar o desenrolar das volutas que leva à criação de um volume original claro e fechado como um caramujo em sua concha (Fig. 169); enquanto, em Ronchamps, exterior e interior

Fig. 169. Oscar NIEMEYER. *Capela do Palácio da Alvorada*. Brasília. 1957-1958.

misturam-se estreitamente e se passa de um para outro por várias entradas igualmente desconcertantes, a pessoa que entra na Capela presidencial de Brasília é guiada por um itinerário único, onde o espetáculo se desenvolve segundo um plano bem estabelecido: a meia volta completa que é preciso dar para chegar frente ao altar dá uma impressão fugidia de labirinto, mas trata-se de uma emoção esperada, semelhante à da criança que ouve contar uma bela história que ela já conhece ou prevê; o sabor profundo não é atenuado e o espírito liberto de toda inquietação é mais capaz de gozar plenamente a encenação que lhe foi habilmente preparada.

A Capela construída apresenta algumas modificações em relação ao anteprojeto criado em 1955. Como já foi dito[160], num primeiro momento Niemeyer tinha pensado em simplesmente justapor Palácio e Capela, mas logo lhe ocorreu fundi-los numa composição homogênea, embora conservando a autonomia necessária de cada uma das obras[161]. Ao colocar o edifício destinado ao culto no alinhamento do edifício residencial, ele criou magníficos jogos de perspectivas (Fig. 169) e resolveu uma série de problemas funcionais que o levaram a acentuar a pureza plástica de seu primeiro esboço. A disposição num terraço artificial, ligeiramente mais elevado, assegurou a passagem no mesmo nível entre Palácio e Capela, mas também possibilitou que, sob esta Capela, fosse colocado um subsolo ligado ao edifício contíguo; à vantagem de poder ir de um edifício ao outro sem se molhar em caso de chuva, soma-se a absorção, feita pela parte enterrada, da sacristia, que no primeiro desenho usurpava uma parte do espaço interno disponível; essa supressão, e mais a do púlpito que tinha sido previsto e que era totalmente inútil num programa desse tipo, permitiu ampliar o desenrolar da parede interna e reduzir, a uma iluminação indireta, a iluminação natural do conjunto minúsculo que corresponde ao mesmo tempo ao coro e à nave (Fig. 141 e 168); desapareceu a seteira atrás do altar; a luz do dia penetra apenas pelos vitrais coloridos da porta principal e pelas duas faixas verticais transparentes que acompanham os itinerários de acesso[162]. O contraste entre a parte de fora, de brancura impecável, e a parte de dentro, revestida de lambris de madeira folheada de dourado (lembrança proposital do ouro da decoração das igrejas do século XVIII, reforçada pela escolha de uma bela estátua da época como único elemento de realce)[163] completa a nota de surpresa pretendida, sem perturbar a sensação de equilíbrio que se depreende do conjunto.

Por conseguinte, a elaboração que levou, do anteprojeto, à realização final, tendeu a definir uma concepção mais regular, de uma simetria mais acentuada, onde a originalidade se traduz em harmonia, sem nada perder de sua força evocativa. É por isso que essa capela incorporou-se tão bem ao Palácio, embora cronologicamente ela tenha sido anterior a ele na imaginação de seu criador; seu caráter fechado opõe-se à composição aberta que é acompanhada pela capela, mas esse duplo aspecto permite uma concordância que se traduz numa valorização mútua, já que, apesar de suas diferenças, tanto uma quanto a outra são fruto do mesmo espírito.

2. *A Capela de Nossa Senhora de Fátima (1958)*[164]

Ao contrário da obra anterior, aristocrática por definição, a Capela de Nossa Senhora de Fátima deveria

---

160. Cf. *supra*, pp. 184-186.
161. Eles estão separados pelo vasto fosso, por onde passa o caminho que leva às garagens no subsolo e que desemboca, do outro lado, nos jardins; estão unidos pelo alicerce comum onde repousam, graças à continuidade estabelecida pela passarela que atravessa o fosso em questão.
162. Também desapareceu o sino externo, mas a abertura de secção quadrada feita na parede do vestíbulo, onde deveria ser colocado, foi conservado por seu valor plástico.
163. Infelizmente, essa estátua foi posta em outro lugar durante a presidência de João Goulart, por influência da mulher deste e apesar da não concordância de Niemeyer.
164. *Acrópole*, abril de 1960, 2.ª ed. aumentada, pp. 112-113 (fotos). *Architecture d'aujourd'hui*, n.º 90, junho-julho de 1960, p. 26 (foto).

ser uma igreja de bairro, destinada a servir como edifício de culto para uma unidade de vizinhança do eixo residencial. Não se pode dizer que ela desempenhe perfeitamente esse papel, já que suas dimensões minúsculas não se prestam para isso; ela também foi pensada mais como uma jóia admirável e como um ponto de referência no contexto dos setores habitacionais, tendo por conseguinte mais interesse no plano puramente plástico.

Niemeyer inspirou-se num de seus antigos projetos, o da casa de Canavelas em Pedro do Rio (1954), onde tinha empregado a solução de suspender um telhado de madeira e metal sobre quatro pilares de canto, triangulares, de pedra bruta da região[165]. Ele substituiu a cobertura leve então utilizada por uma laje de concreto que delimitam o espaço interior, mas a ilusão é total e o efeito estético, notável (Fig. 170).

A Capela de Nossa Senhora de Fátima foi tratada como um verdadeiro relicário ricamente decorado. Infelizmente, os afrescos de Volpi — autênticas obras-primas de pintura monumental, realmente integrados ao edifício, a se julgar pelo testemunho do crítico Mário Pedrosa — desapareceram e só é possível vê-las nas fotografias publicadas pouco depois da finalização da igreja em 1958[167]. Eles aumentavam o espaço interno por meio de jogos de cores claras, fazendo esquecer as pequenas dimensões reais, e constituíam um complemento indispensável cuja necessidade tinha sido sentida por Niemeyer[168]. Em compensação, os azulejos de Athos Bulcão[169], com motivos alternados em quincunce (pom-

Fig. 170. Oscar NIEMEYER. *Capela Nossa Senhora de Fátima*. Brasília. 1958.

imitando a curva côncava natural da primeira cobertura, prendendo-a desta vez apenas em três suportes, também de concreto: assim, o triângulo transformou-se no elemento de base de toda a composição; a unidade formal desta ficava maior e o aspecto de equilíbrio dinâmico era claramente reforçado. A audácia da concepção tinha provocado, com razão, algumas dúvidas quanto à possibilidade de sua realização ser fiel no plano técnico[166], porém Niemeyer tinha ultrapassado o estágio do respeito pela verdade estrutural. Na verdade, a laje de cobertura repousa igualmente sobre as paredes cheias ba do Espírito Santo e estrela de Belém), ainda estão intatos e continuam a desempenhar seu papel de revestimento externo, sublinhando, em princípio, a ausência de função portante das paredes, a fim de acentuar a impressão de que os pilares de canto são os únicos elementos verdadeiros da estrutura.

167. *Módulo*, n.º 11, dez. de 1958, pp. 20-23.

168. Para conservar esses afrescos, teria sido preciso praticamente interditar a igreja, pois os operários que construíam a cidade, alojados em acampamentos vizinhos, encostavam-se contra as paredes, e suas roupas logo apagaram os afrescos, antes mesmo de que os prédios dos quarteirões residenciais estivessem em condições de receber seus futuros moradores. Para reconstituir o ambiente necessário, será preciso pensar numa nova decoração, em materiais menos frágeis.

165. S. PAPADAKI, *op. cit.*, pp. 78-81 (fotos, desenhos, corte, plantas).

166. P. L. NERVI, Critica delle strutture, *Casabella-Continuità*, n.º 223, jan. de 1959, p. 55.

169. *Módulo*, n.º 10, agosto de 1958, pp. 26-29. Athos Bulcão foi o decorador favorito de Niemeyer em Brasília; ele também é o autor dos azulejos do grande salão do Brasília Palace Hotel e dos vitrais da porta da Capela do Palácio da Alvorada.

Sob certos aspectos, a Capela de Nossa Senhora de Fátima está próxima das realizações de Niemeyer anteriores a 1955: além da adaptação de uma idéia definida durante essa fase, o apelo decisivo que se faz à pintura e à cerâmica lembra mais o começo de sua obra, do que a arquitetura pura das demais obras de Brasília, onde apenas a escultura ocasionalmente achava um lugar de destaque. Mas é preciso não se deixar enganar: a simplicidade das linhas e a clareza da composição, a audácia plástica mais aparente do que real das estruturas são bem contemporâneas dos palácios com pórticos da nova capital. O ligeiro retrocesso que se manifestou não é fruto de uma manifestação consciente; é só conseqüência de circunstâncias particulares: rapidez exigida quando o projeto foi encomendado, reserva da originalidade profunda para os edifícios fundamentais, mais do que para uma capela que, apesar de tudo, era secundária, embora tenha chamado a atenção enquanto primeira igreja a ser construída no eixo residencial.

3. A Catedral[170]

Em matéria de programa religioso, o ponto mais alto naturalmente era a Catedral; Niemeyer decidiu fazer dela uma obra revolucionária, digna da capital da qual deveria ser um dos monumentos marcantes. Ele não ocultou a atração especial que sentia por esse tipo de projeto, que exigia a criação de grandes espaços livres e o emprego de imensas estruturas onde intervinha o aproveitamento da técnica mais avançada[171].

Mais do que nunca, procurou uma forma compacta e límpida, um volume único capaz de surgir com a mesma pureza fosse qual fosse o ângulo de visão externa sob o qual se apresentasse. Assim, foi de maneira natural que chegou à planta circular e teve a idéia de lançar para o céu uma armação constituída por uma série de elementos parabólicos cuja junção provisória, perto do topo, e posterior separação resultaria numa composição ascendente e simbólica que chamaria a atenção pela expressão religiosa que dela emanaria (Fig. 172). Essa estrutura inédita — verdadeiro *tour de force* — iria caracterizar sozinha o edifício, já que só ela iria emergir do chão como um novo tipo de cúpula, pousada suavemente sobre uma catedral parcialmente subterrânea; dessa maneira, o arranjo interno não prejudicaria a perfeição formal externa, apesar da transparência absoluta que iria resultar do preenchimento dos vazios deixados entre os montantes, com placas de vidro refratário ligeiramente coloridas, encarregadas de atenuar o excesso de luz solar e de filtrar os raios do sol criando uma atmosfera favorável ao recolhimento.

Contudo, as dificuldades começaram quando se passou do projeto para a execução. Niemeyer tinha confiança absoluta nas possibilidades ilimitadas da técnica contemporânea; concebia o papel do arquiteto como sendo um inventor de formas, cuja validade dependia, antes de mais nada, de sua beleza, deixando ao engenheiro a tarefa de resolver os problemas criados. Nesse aspecto, ele podia contar com o gênio para cálculos e com a compreensão total de Joaquim Cardozo, que partilhava inteiramente de seu ponto de vista. Porém, desta vez o arquiteto teve de se inclinar perante as leis do equilíbrio, que ele havia desafiado em excesso, fazendo certas modificações. O anteprojeto original previa vinte e um parabolóides (logo reduzidos para dezesseis), fixados em dois anéis de concreto: um de 70m de diâmetro, repousando no chão e servindo de alicerce, o outro, quase no topo da coroa, teria sido um simples ponto de apoio para assegurar a rigidez do conjunto e permitir uma completa iluminação pelo alto

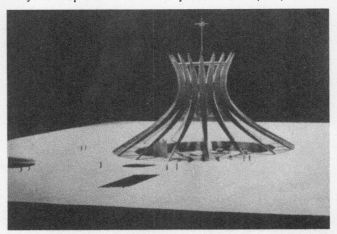

Fig. 171. Oscar NIEMEYER. *Anteprojeto da Catedral de Brasília.* 1958. Maquete.

(Fig. 171); foi preciso renunciar a este anel, por uma questão de estabilidade, substituindo-o por uma laje situada muito mais embaixo (Fig. 172). A leveza e transparência da estrutura foram com isso atenuadas, mas o efeito obtido continua sendo extraordinário.

Outro contratempo bem mais sério corria o risco de recair na obra e por longo tempo impediu que ela fosse concluída. A ameaça surgiu quando chegou o momento de colocar os vidros nessa esplêndida estrutura; todos os especialistas consultados confessaram-se incapazes, já que nenhuma empresa do mundo seria capaz de fundir painéis com esse tamanho e essa forma; ora, Niemeyer recusava-se a dividir os painéis em caixilhos múltiplos que teriam alterado o caráter do monumento. A discussão perdurou por muito tempo e ninguém sabia como a questão seria resolvida. Iria a técnica, em prazo mais ou menos curto, fazer progressos suficientes para ir ao encontro da visão profética do artista ou iria este inclinar-se perante as imposições materiais? A vontade de terminar a obra manifestada pelas autoridades, e o cansaço do arquiteto (que agora vivia a maior parte do tempo fora do país) tornaram possível chegar a um acordo, elaborado depois de múltiplas pesquisas e negociações: as vidraças, colocadas em 1970, foram construídas por placas poligonais inseridas numa fina rede metálica, que conservava a transparência e leveza do conjunto.

Sem dúvida alguma, a Catedral de Brasília é uma das realizações mais significativas da arquitetura religio-

---

170. *Módulo*, n.º 11, dez. de 1958, pp. 7-15 (maquetes, desenhos, plantas). *Architecture d'aujourd'hui*, n.º 80, out. de 1958, pp. 70-71 (planta, maquetes, desenhos); n.º 90, junho-julho de 1960, p. 30 (foto, plantas, corte); n.º 101, abril-maio de 1962, p. 31. *Acrópole*, abril de 1960, 2.ª ed. aumentada; pp. 98-99 (foto, maquetes, plantas, corte). W. STÄUBLI, *op. cit.*, pp. 116-118 (fotos, planta, corte).
171. *Módulo, ibid.*, p. 7.

sa do século XX. Em todo caso, ela representa a expressão mais completa das aspirações de Niemeyer. Jamais tinha ousado desafiar a técnica de modo tão completo: desta vez, assiste-se a uma superação das pesquisas habituais visando explorar ao máximo, com uma finalidade estética, as possibilidades decorrentes do progresso técnico. Antes, jamais tinha afirmado com tanta clareza a prioridade absoluta da forma sobre todas as demais considerações: é verdade que, mais de uma vez, na própria Brasília, ele tinha sem nenhum escrúpulo enterrado as partes que o perturbavam e, particularmente, as partes comuns (Palácio da Alvorada, Brasília Palace Hotel), mas nunca as tinha mascarado integralmente; ora, desta vez, é o edifício inteiro que desaparece sob a terra, inclusive o corpo principal, para deixar aparecer apenas as superestruturas que o definem: sem dúvida alguma, é uma retomada do princípio aplicado no Palácio do Congresso, mas sem limitar esse princípio à escala da perspectiva longínqua como no caso anterior. E jamais a preocupação com uma plástica tão pura, tão rigorosa, tinha-se manifestado de modo tão gritante; nenhum outro monumento conseguiu fazer a síntese tão completa de todas as qualidades do estilo de Niemeyer: mistura de simplicidade geral e audácia inédita, fusão de uma planta circular basicamente estática e de estruturas livres essencialmente dinâmicas, determinando um volume claro, ao mesmo tempo revolucionário e clássico, constituição de um espaço interno bem definido sem que com isso se colocasse uma ruptura na continuidade exterior-interior, continuidade esta que sempre foi uma das preocupações principais do arquiteto. Jamais, enfim, o aspecto simbólico, tão característico dos monumentos de Brasília, foi expresso de modo tão cativante: os elementos formais que definiam os palácios eram criações onde se encarnava o espírito ideal da instituição a que eram destinados; o mesmo fenômeno ocorre na Catedral, composição ascendente que se lança para o céu em um verdadeiro desprendimento das realidades terrestres, mas agora um símbolo concreto soma-se ao símbolo abstrato: a estrutura em forma de coroa estilizada com pontas aceradas lembra fortemente a coroa de espinhos de Cristo na Paixão.

4. Conclusão

A arquitetura de Niemeyer em Brasília é, portanto, mais sóbria, mais concisa do que sua obra anterior. As formas excessivamente livres, as composições recortadas e amorfas, as oposições muito radicais foram rejeitadas em favor de soluções geométricas, compactas e puras, sem que isso signifique uma volta a um racionalismo frio, totalmente estranho ao temperamento do mestre brasileiro. A mudança de estilo é indubitável, embora algumas vezes tenha sido contestada, especial-

Fig. 172. Oscar NIEMEYER. *Esqueleto da catedral*. Brasília. 1958-1959.

mente por Walter Mac Quade[172] e Jorge Wilheim[173]. Naturalmente, existe uma certa continuidade bem como alguns traços permanentes entre uma fase e outra: o sentido plástico continua sempre vivo, as preocupações formais são, mais do que nunca, dominantes e se expressam, assim como antes, pela exploração das possibilidades do concreto armado, material cuja utilização continua sendo quase exclusiva no campo de estrutura; o amor pela curva límpida e a procura de leveza não são novidades, embora não se possa negar que este caráter acentuou-se em Brasília, onde os edifícios parecem estar pousados no chão ou mesmo suspensos acima dele como se fossem sustentados por forças invisíveis. Mas é difícil não se impressionar com a transformação subitamente ocorrida no espírito das criações arquitetônicas de Niemeyer: de fato, as formas até então por ele criadas traduziam essencialmente o programa material que lhe era confiado; essa situação é bruscamente superada na capital que nasce, onde as considerações espirituais prevalecem sobre os problemas puramente funcionais, praticamente relegados ao segundo plano. Dessa nova concepção, surge uma arquitetura simbólica e escultural, cuja força resulta de uma simplificação radical do número de elementos participantes e do papel a estes atribuído: agora existe um motivo arquitetônico preponderante, correspondente à expressão procurada, em torno do qual ordena-se toda a composição; todo vocabulário que não é capaz de integrar-se no conjunto determinado dessa maneira é rigorosamente eliminado, o que leva nitidamente a um partido estético de economia de meios.

Essa mudança de estilo foi acompanhada por uma certa mudança nas fontes de inspiração, mas não se deve concluir que o primeiro fenômeno foi motivado pelo segundo. A relação de causa e efeito entre os dois é mais complexa e recíproca. Não há dúvida de que a viagem pela Europa em 1955 fez com que Niemeyer aumentasse seu campo de visão e se interessasse por uma arquitetura que até então lhe tinha sido estranha; é provável que a idéia do palácio com pórticos tenha nascido parcialmente desse contato, mas é preciso não exagerar a influência das reminiscências históricas sôbre sua obra[174]. De fato, ele limitou-se a agir, em relação aos modelos do passado, da mesmo forma como vinha fazendo anteriormente e como continuava a fazer em relação aos projetos contemporâneos que não eram de sua autoria; percebendo o proveito que poderia tirar deles, não hesitou em tomá-los como ponto de partida de uma criação nova, de caráter diferente ou, às vezes, sendo até fruto de outro espírito; aliás, a fonte de inspiração em modelos antigos é muito menos precisa do que a inspiração em obras recentes (quando esta existe), pois, no primeiro caso, o empréstimo limita-se a um tipo, enquanto, no segundo, a origem é nitidamente mais individualizada. Em compensação, parece evidente que a escolha dessas fontes jamais foi passiva; ela dependeu, em primeiro lugar, das suas possibilidades de adaptação à concepção que Niemeyer tinha da arquitetura, e do caráter que queria dar a seus edifícios. Isso explica a atitude adotada, nesse ponto, a propósito da obra de Le Corbusier: este continuou desempenhando um papel essencial, e embora as obras recentes não tenham sido deixadas de lado, ocorreu uma volta marcante aos projetos anteriores à guerra, mais simples e mais puros. Os adversários ferrenhos de Brasília não compreenderam as razões dessa evolução e quiseram explorá-la tentando desacreditar uma realização cujo sucesso ameaçava o movimento arquitetônico que eles mesmos sustentavam. Quando Sibyl Moholy-Nagy[175] e Bruno Zevi[176] acusaram Niemeyer de estar voltando aos *slogans* lançados pelo mestre franco-suíço entre 1920 e 1930 e de há muito por ele abandonados, basearam-se numa constatação correta, mas erraram ao concluir que se dera uma regressão pura e simples; esqueceram que essa volta derivava de uma estética consciente e era acompanhada por uma correção dos defeitos daquilo que tinha sido, inicialmente e acima de tudo, uma arquitetura de combate: a ênfase plástica dada ao jogo engenhoso dos volumes sob a luz assegurava ao conjunto a grandeza e a unidade desejadas, ao mesmo tempo que cuidadosamente evitava o tédio e a monotonia que muitas vezes atingiram irremediavelmente os projetos de envergadura, estritamente racionalistas[177].

É preciso reconhecer que os edifícios decorrentes da corrente lecorbusieriana não são, no conjunto, os mais originais, nem os mais interessantes de Brasília; mas não se deve reduzir sua importância, pois eles contribuem para dar o caráter da cidade; são eles que a definem pela distribuição de suas massas no espaço, resultando assim na primeira tentativa executada em grande escala dessa nova concepção do urbanismo. Mas também é verdade que, no plano puramente arquitetônico, eles estão longe de atingir o valor das obras-chave que são os palácios de pórticos e a Catedral, onde se revela uma nova linguagem que corresponde realmente a uma das aspirações supremas da arte contemporânea. Quando Francastel, num livro publicado em 1956 (portanto antes que se falasse em Brasília), esforçava-se para estabelecer um paralelo entre a escultura abstrata, onde o vazio interior não é mais medido e representado senão por finas linhas de força que desenham o vazio em vez de encerrá-lo dentro de uma carapaça contínua de matéria[178].

---

172. *Architectural Forum*, n.º 110, abril de 1959, p. 96.
173. *Acrópole*, abril de 1960, 2.ª ed. aumentada, p. 50. Aliás, por parte de Wilheim, trata-se mais de um mal-entendido em relação à definição da palavra estilo, pois a fina análise que acompanha sua declaração peremptória sublinha, como ele mesmo sentiu, a profunda mudança ocorrida na obra de Niemeyer.
174. Já foram manifestadas algumas dúvidas quanto a um eventual vínculo entre o amor pela curva, manifesto desde as primeiras realizações de Niemeyer, e a arte barroca (ou melhor, rococó) de algumas igrejas de Minas Gerais, embora o próprio arquiteto tenha feito alusões a isso algumas vezes. Essa relação talvez seja mais sensível nos palácios de Brasília, onde alguns detalhes, como a abundância de dourados na decoração interna, são lembranças propositais, mas é preciso não exagerar: os jogos de arabescos das colunatas, o gosto pelo teatral, pela ilusão, por uma certa ostentação que se manifestam, são sintomas de um parentesco de espírito, mas, de modo algum, derivam de exemplos diretos.
175. *Progressive Architecture*, t. 40, out. de 1959, pp. 88-89. Sybil Moholy-Nagy é a viúva do artista húngaro que desempenhou importante papel como professor da Bauhaus, antes de fixar-se nos Estados Unidos.
176. *L'Architettura*, n.º 51, jan. de 1960, pp. 618-619.
177. Aliás, a evolução de Niemeyer corresponde a uma lógica que está ausente na evolução de Le Corbusier. Partindo do estilo internacional considerado como base de desenvolvimentos plásticos, o arquiteto brasileiro mais ou menos voltou a esse estilo pelas mesmas razões, depois de ter passado por uma fase de liberdade de imaginação que chegou até à fantasia; portanto, sua evolução é fruto de um amadurecimento de seu talento, em função de uma linha coerente. Le Corbusier, pelo contrário, fez uma reviravolta completa, abandonando a doutrina que tinha elaborado, para afinal também procurar, uma expressão exclusivamente plástica, mas num estilo mais carregado, que contrasta com o decantamento progressivo do estilo de Niemeyer. Mas existe um ponto comum aos dois, a partir de 1954-1955: a preocupação com a expressão espiritual, sucedendo-se às preocupações de ordem funcional como motivação principal da estética nova.
178. P. FRANCASTEL, *Art et technique aux XIXe et XXe siècles*, Paris, 1956, p. 232 (3.ª parte, cap. 2) ou 2.ª ed., Genebra, 1964, p. 217.

e a arquitetura liberta da servidão da parede, ele certamente não pensava que, nesse exato momento, nascia realmente uma arquitetura à qual se podia aplicar inteiramente a definição dada por ele à escultura; quando não hesitava em dizer que o aspecto mais representativo da escultura atual era o estilo em fios de ferro de Franchina e Jacobsen, e que a fonte da inspiração contemporânea era o abandono do princípio da inércia, por certo não previa que Niemeyer iria elaborar, nos meses seguintes, uma arquitetura que acentuava uma afinidade ainda mais profunda do que aquela por ele imaginada entre os diversos setores da arte contemporânea. Ora, parece que esta é uma constatação essencial, pois, em todas as épocas de verdadeira criação, essa afinidade existe, portanto é uma nova prova de que a arquitetura brasileira não é um fenômeno isolado e passageiro no panorama artístico contemporâneo, mas sim um elemento de vanguarda particularmente representativo.

A divisão que foi feita entre as duas principais categorias de edifícios encontrados em Brasília não deve fazer com que se esqueça porém, seu caráter complementar. Os volumes definidos e fechados de uns, contrastam com as finas estruturas e o aspecto aberto dos outros, mas a homogeneidade é assegurada pelo equilíbrio mútuo e pelo fato de todos eles partilharem do mesmo espírito de simplicidade e clareza. Aliás, essa unidade não se limita aos edifícios; estende-se a toda a concepção urbanística. A arquitetura de Niemeyer, ideal em sua essência e nitidamente hierarquizada, ao mesmo tempo brilhante e sóbria, convinha muito bem ao plano de Lúcio Costa, este também fruto de um empreendimento espiritual e da interpretação de um signo elementar, cujo sentido simbólico ultrapassava a pura função prática; o íntimo parentesco entre um e outro, e as mesmas qualidades básicas, sem dúvida alguma contribuíram de modo decisivo para o êxito alcançado.

A arquitetura de Niemeyer em Brasília contou com a maioria de críticas favoráveis. Houve, é claro, algumas críticas, umas limitando-se a detalhes, outras, ferrenhas. Não se pode levar em consideração as que tiveram por objeto unicamente o aspecto funcional das construções ou sua gratuidade formal. É evidente que a arquitetura é um meio de expressão como as demais artes plásticas, como ressaltou Françoise Choay[179]: ela não pode reger-se só por princípios materiais ou pela preocupação com a economia. Assim, é no plano estético que se deve julgar a obra de Niemeyer, e todos os que se colocaram nessa posição reconheceram a importância da contribuição dada, independentemente de qualquer questão de gosto[180]. A recusa em aceitar a existência dessa contribuição só surgiu por parte de personalidades vinculadas a posições doutrinárias estabelecidas *a priori* e prontas a defendê-las com tanto maior intransigência quanto mais se sentiam seriamente ameaçadas pela evolução da arquitetura atual.

A rejeição absoluta do conceito de monumentalidade acarreta seguramente a condenação de Brasília, mas não será a prova de uma curiosa intolerância, não poder suportar aquilo de que não se gosta e votá-lo ao desprezo, denunciando um caráter "autocrático"[181], que é, no mínimo, discutível? Aliás, é difícil imaginar como uma capital poderia deixar de lado esse aspecto monumental (constante na arquitetura de todos os tempos) sem perder não só sua representatividade, bem como a dignidade em que implica sua função, e isso sem levar em consideração o regime político. O mínimo que se pode dizer é que a viabilidade de tal concepção ainda está por ser demonstrada e que, até nova ordem, trata-se de uma utopia pura.

Quanto à querela levantada por Bruno Zevi, ela logo assumiu a aparência de um diálogo de surdos e nem podia ser de outro modo. A arquitetura de Niemeyer em Brasília é a antítese daquela defendida por seu colega italiano; ora, embora este seja um panfletário talentoso, falta-lhe a mais elementar objetividade quando depara com uma obra que não corresponde a suas idéias. Suas principais críticas dizem respeito à primazia dada ao exterior, em detrimento do interior, e a falta de criação espacial. É fácil responder que o primeiro aspecto impunha-se de modo absoluto no contexto urbanístico, mas isso seria voltar ao problema da monumentalidade, ponto em relação ao qual Zevi partilha totalmente da opinião da Sra. Moholy-Nagy. Quanto à noção de espaço, tudo depende da definição que se adota: tratamento exclusivo do vazio interior, como Wright e Aalto, ou intercomunicação entre interior e exterior, segundo Mies van der Rohe; ora, Niemeyer sempre se interessou apenas pela segunda concepção, que não é mais aquela que Zevi aprecia atualmente. Este esquece, enfim, o espaço totalmente externo, definido pelo jogo dos volumes arquitetônicos, que jamais tinha sido explorado com tanto vigor quanto em Brasília[182].

Mas, deixando de lado os juízos subjetivos, é preciso voltar à importância histórica de Brasília. É evidente que uma obra dessa envergadura e coerência é, em si, um acontecimento de importância capital, cujas conseqüências não deixam de se fazer sentir. É claro que ainda é muito cedo para poder determinar até que ponto a arquitetura implantada por Niemeyer pode influenciar a evolução mundial. Dada a repercussão alcançada no plano internacional e a influência que tiveram os projetos anteriores do mesmo arquiteto, tudo leva a supor que ela será considerável. Em todo caso, pode-se esperar que os imitadores de Niemeyer, que, com demasiada freqüência, quiseram com ele competir, procurando a qualquer preço o inédito e o extraordinário, compreenderão a lição de equilíbrio que emana dessa nova etapa, em lugar de reter apenas sua grande audácia.

4. JOSÉ BINA FONYAT E A PLÁSTICA DAS COBERTURAS

Excluindo-se a abóbada autoportante cuja utiliza-

---

178. *L'Oeil*, n.º 59, nov. de 1959, pp. 76-83.

180. Também ali Françoise Choay (*ibid.*) conseguiu encontrar os termos concretos: «Quer se goste dela, quer não, a obra de Niemeyer não deixa de reabilitar a arquitetura como permanente deleite visual. Ela nos mostra que uma grande cidade moderna não é forçosamente sinônimo do tédio segregado pelos *buildings* padronizados, mas que, pelo contrário, pode estar investida de um valor poético».

181. S. MOHOLY-NAGY, Brasilia: majestic concept or autocratic monument?, *Progressive Architecture*, n.º 40, out. de 1959, pp. 88-89.
182. S. GIEDION, Architecture in the 1960's: Hopes and fear, *Zodiac*, n.º 11, nov. de 1962, pp. 24-35.

ção proliferou, mas que convém apenas a um certo tipo de programa, a arquitetura contemporânea é constituída fundamentalmente por um sistema de estrutura, composto por dois elementos distintos: de um lado, os suportes verticais e, do outro, as lajes horizontais e as coberturas. Até 1960, Niemeyer tinha-se interessado principalmente pela valorização plástica dos suportes daqueles e, eventualmente, pelo emprego da abóbada, mas não tinha pensado ou procurado explorar decididamente a utilização das coberturas horizontais. Suas obras mais recentes demonstram uma reviravolta de tendências possível de desenvolvimentos interessantes. Mas é preciso esclarecer que, no plano brasileiro, ele não foi o pioneiro da matéria; a iniciativa do movimento deve ser atribuída a um de seus colegas, José Bina Fonyat Filho.

Bina Fonyat, nascido em Salvador em 1918, estudou na Faculdade de Arquitetura do Rio de Janeiro (que acabava de ser desvinculada da Escola Nacional de Belas-Artes), formando-se em 1949. Embora instalado na antiga capital, manteve estreitos vínculos com sua cidade natal, ali executando importantes encomendas, que lhe permitiram chamar a atenção por meio de uma série de obras de envergadura, dentre as quais se destaca o Teatro Castro Alves (1957-1958). Este último não apresenta o mesmo interesse que o posto de serviços de Brasília, cujo projeto data de dois anos mais tarde, pois foi este que deu início ao processo acima mencionado, mas não se pode deixar de comentá-lo; a repercussão foi considerável por causa da amplitude da realização e, principalmente, de sua localização; louvores e críticas misturaram-se e ainda hoje ela é a obra mais conhecida do arquiteto.

O teatro de Salvador[183] (Fig. 174) deriva diretamente do projeto[184] do auditório imaginado por Niemeyer para o Parque do Ibirapuera em São Paulo. A cena e a sala foram englobadas num volume único simples e puro, que retoma, sem copiar, o prisma triangular então elaborado. Essa forma justificava-se por motivos funcionais: de fato, ela traduzia no exterior a inclinação necessária para a boa disposição do público em toda sala de espetáculos, acentuando a diferença de espaço necessária, de uma extremidade à outra[185]; mas a forma era, antes de mais nada, plástica tanto em Bina Fonyat, quanto em Niemeyer; aliás, o arquiteto não hesitou em dizer que a massa foi trabalhada como uma verdadeira escultura[186].

Apesar desse aspecto comum, existem diferenças apreciáveis entre o projeto de Niemeyer e a realização de Bina Fonyat, algumas devidas ao programa, outras

183. *Brasil — Arquitetura Contemporânea*, n.º 12, 1957-1958, pp. 2-16 (maquetes, plantas, cortes, elevação, desenhos, fotos da obra em construção). *Habitat*, n.º 48, maio-junho de 1958, pp. 10-12 (maquetes, plantas, elevações, cortes). *Acrópole*, n.º 261, julho de 1960, pp. 232-237 (fotos, plantas). O projeto foi elaborado conjuntamente por Bina Fonyat e o engenheiro Humberto Lemos Lopes, com a colaboração dos arquitetos Ubirajara Ribeiro e João Carlos Bross, que puderam contar com os conselhos de um dos melhores técnicos brasileiros em matéria de teatro, Aldo Calvo. A construção foi terminada em um ano (julho de 1957 a julho de 1958), graças ao apoio decidido do governador Antônio Balbino. Infelizmente, pegou fogo três dias antes do espetáculo inaugural. Reconstruído, o exterior foi terminado em 1960, mas o acabamento interno só ficou concluído em 1966.
184. Cf. *supra*, p. 166.
185. No caso do teatro de Salvador, ela também tinha a vantagem de reduzir para uma simples aresta a parte exposta a oeste, evitando assim a incidência normal dos raios do sol poente.
186. *Brasil — Arquitetura Contemporânea*, n.º 12, p. 5.

de ordem estética. Um teatro de 1700 lugares, capaz de ser utilizado para todos os gêneros, desde a comédia até a ópera, era um organismo bem mais complexo do que o auditório de dimensões infinitamente mais modestas imaginado para o Parque do Ibirapuera; ele tinha de comportar dependências importantes e variadas que limitavam seriamente as possibilidades de unidade geométrica e a liberdade de concepção formal. Embora tenha sido relativamente fácil incorporar as

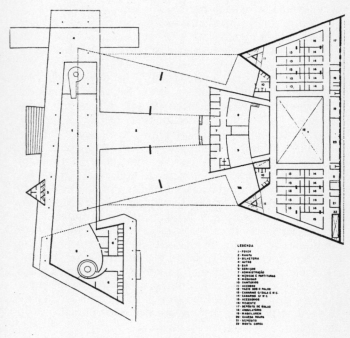

Fig. 173. José BINA FONYAT. *Teatro*. Salvador (Bahia). 1957-1958. Plantas.

excrescências formadas pelos bastidores (Fig. 173) ao volume principal reduzindo, ao mínimo, em termos ópticos, o desvinculamento ocorrido (Fig. 174), o mesmo não aconteceu com o *foyer* e o vestíbulo de acesso; assim, estes foram reunidos num edifício baixo, separado do anterior e ligado a ele apenas pela rampa de acesso à sala, colocada ao ar livre, mas protegida das intempéries pela projeção da flecha constituída pelo teatro propriamente dito. Essa disposição é muito engenhosa: ela permite que o corpo isolado seja empregado para recepções ou exposições, independentemente do funcionamento do teatro, ao mesmo tempo que desempenha perfeitamente o papel que normalmente lhe é atribuído[187].

As razões materiais, contudo, não bastam para explicar a diferença de expressão plástica entre o auditório previsto por Niemeyer e a obra construída em

187. Num clima quente como o da Bahia, a idéia de prever uma passagem ao ar livre, em cima dos jardins, entre o vestíbulo e a sala, era excelente, bem como a idéia de também fazer jardins acessíveis ao público em cima do terraço do corpo anexo.

Salvador: aquele se equibraria sobre uma de suas arestas, sendo mantido nessa posição por estruturas complementares leves, assumindo, assim, aquele aspecto aéreo que tendia então a tornar-se a principal preocupação de seu autor; ao contrário, o teatro de Bina Fonyat está solidamente implantado no terreno, cuja inclinação posterior ele acompanha, e somente a parte que contém a sala parece estar suspensa, formando um contraste proposital; mas a impressão de que esta parte esteja pairando no ar, é cuidadosamente amortecida pelos maciços pilares tetraédricos nos quais se apóia e pelo anexo que suprime o essencial do vazio criado abaixo dela. A estética ideal baseada exclusivamente no jogo de um volume simples, disposto de maneira inesperada, a audácia estrutural e a leveza de Niemeyer, foram substituídas, por Bina Fonyat, por uma concepção mais ligada ao racionalismo e às circunstâncias locais, um alicerce mais clássico e uma estabilidade profunda apesar do dinamismo marcante do ângulo extremamente agudo lançado por ele ao espaço.

Sem dúvida alguma, o Teatro Castro Alves é uma obra de força, bem estudada funcional e plasticamente. Não teve o dom de agradar os adversários de uma arquitetura contemporânea, que extrai sua originalidade da nitidez e clareza de suas linhas, mas não é procedente a crítica que lhe foi feita no sentido de desnaturar uma cidade-museu como Salvador. Com efeito, o teatro está situado no centro da cidade, na maior praça da Bahia, mas fora do velho centro histórico; as construções que veio a substituir não eram de modo algum antigas e seu valor era muito limitado; aliás, elas estavam condenadas de qualquer maneira. Não é verdade que o teatro choca por sua imposição orgulhosa. Essa

Fig. 174. José BINA FONYAT. *Teatro.* Salvador (Bahia). 1957-1958.

impressão pode ocorrer com uma fotografia aérea, onde aparecem os bairros pitorescos que se escondem nas depressões dominadas pelo teatro; mas ela não corresponde à realidade da escala terrestre; a Praça 2 de Julho (Campo Grande), para onde dá a fachada, hoje é definida por construções modernas, que substituíram outras que não remontavam além do século passado ou começo deste; ali, o teatro integra-se perfeitamente; é claro que sua massa se destaca quando surge acima das modestas casas das ruas vizinhas, mas a justaposição de estilos diferentes só deve ser condenada quando destrói um acordo preexistente com uma nota medíocre — o que não é o caso, sobretudo nas vistas em diagonal; somente a grande parede nua da cabeceira, que deve dominar os degraus ao ar livre, destoa quando se está perante ela, mas, por mais curioso que possa parecer *a priori*, é muito difícil perceber seu perfil na paisagem urbana.

Depois do parêntese que constitui neste parágrafo o Teatro Castro Alves, voltemos ao posto de serviços de Brasília[188]. Trata-se de um conjunto executado para

[188]. *Acrópole*, n.º 268, fev. de 1961, pp. 146-149 (plantas, cortes, fotos).

a Petrobrás, compreendendo um motel, um restaurante e um posto de serviços propriamente dito (Fig. 175).

Fig. 175.   José BINA FONYAT. *Posto de serviço da Petrobrás*. Brasília. 1959-1960.

Este apresenta-se como um vasto cogumelo, em cujo chapéu foi engenhosamente colocada a caixa de água, necessária numa obra desse tipo, enquanto que a base abriga depósitos e compressores (Fig. 176). A disposi-

Fig. 176.   José BINA FONYAT. *Posto de serviço da Petrobrás*. Brasília. 1959-1960. Posto de lavagem e lubrificação.

ção adotada é engenhosa no plano prático, e permitiu sobretudo dar a essa construção utilitária uma unidade estética verdadeiramente notável, raramente atingida num tipo de programa muitas vezes negligenciado no plano plástico. Mas o arquiteto foi mais longe e retomou o mesmo princípio funcional tendo em vista a dinamização plástica da cobertura dos outros edifícios: a laje de cobertura esconde em seu interior as caixas de água, sempre úteis de se prever num país onde há freqüentes e imprevistos cortes no fornecimento de água. No motel (Fig. 177), a laje em questão é contínua e sua secção em losango só aparece nas empenas, onde sua brancura contrasta com as paredes de pedra bruta. Em compensação, no edifício central, essa mesma secção em losango, colocada transversalmente, repete-se numa sucessão de cinco elementos justapostos formando uma cobertura única para as duas caixas de vidro distintas, formadas, uma pelo restaurante e a outra pelos escritórios admi-

nistrativos; disso resulta um jogo de animação inédita e de qualidade variável, segundo o ângulo e a distância, e a visão interna ou externa. O tipo de cobertura cuja forma e origem são comuns apesar das diferentes aplicações que foram feitas, assegura a unidade dos diversos elementos que compõem o posto de serviços, apesar do caráter heterogêneo de suas funções específicas; é ele que dá, a cada uma das partes e ao todo, o essencial de seu valor estético individual e coletivo; é ele, enfim, que inaugura uma nova linguagem plástica, sem dúvida alguma, fruto da interpretação das necessidades materiais, mas que supera em muito a simples tradução

Fig. 177.   José BINA FONYAT. *Posto de serviço da Petrobrás*. Brasília. 1959-1960. Motel visto do restaurante.

dessas necessidades. O vocabulário elaborado no caso do posto da Petrobrás continuava impregnado do espírito racionalista: sua simplicidade geométrica convinha perfeitamente ao programa tratado e inseria-se perfeitamente no panorama arquitetônico de Brasília. Mas não era o único caminho que se descortinava nesse sentido e também capaz de sofrer desenvolvimentos mais especificamente formais.

A iniciativa de Bina Fonyat foi retomada por vários arquitetos: o sistema da laje de cobertura composta por uma sucessão de losangos justapostos teve grande sucesso e o próprio inventor não hesitou em lançar mão dela em outros edifícios, especialmente em Salvador. Não se insistirá nesses vários exemplos, não raro de alta qualidade, mas que repetem, modificando as proporções, uma solução que se tornou clássica.

Mais importante é a influência que a idéia de se valorizar plasticamente a laje de cobertura possa ter tido nas obras recentes de Niemeyer. É no novo Iate Clube de Pampulha[189] (1961-1962) que surge pela primeira vez uma fórmula que também irá ser utilizada em realizações posteriores. Ela consistia em cobrir uma vasta superfície com uma imensa cobertura, sustentada por duas filas de colunas, sendo que a posição central destas dependia da amplitude maior ou menor dada de ambos os lados, à projeção da laje em balanço: o arranjo do espaço assim delimitado, permitia a união entre salas fechadas, terraços abrigados, jardins, que

---

189.   *Módulo*, n.º 27, março de 1962, pp. 2-12 (fotos, desenhos, plantas).

convinha perfeitamente a um clube e assegurava uma grande flexibilidade para eventuais acréscimos posteriores. Assim, Niemeyer concentrou toda a expressão do edifício nessa cobertura, que era o único elemento essencial do mesmo; para tanto, inventou uma forma de viga transversal cujo desenho recortado constitui o motivo principal: sua repetição, de metro em metro, numa distância que parece infinita, impressiona a vista, mas evita toda sensação de tédio em razão do desencontro que ocorre a cada quatro ou cinco elementos dessa cobertura, ao mesmo tempo simples e complexa, modelada como uma escultura abstrata (Fig. 178). Essa

emitir um juízo sobre as obras de Niemeyer antes de sua realização: a solução adotada, embora lógica para um clube, parece das mais arbitrárias para um auditório. Será ela realmente um êxito no campo da plástica em oposição à pureza austera dos outros edifícios da praça? Só o futuro dirá. Seja como for, esse é um novo caminho que o gênio de Niemeyer é bem capaz de explorar, mas ainda é muito cedo para se poder fazer um juízo de sua futura importância.

Outro grande nome da arquitetura brasileira, Affonso Reidy, também enveredou por essa direção antes de que essa última fase de sua obra fosse brus-

Fig. 178. Oscar NIEMEYER. *Novo Iate Clube da Pampulha.* Belo Horizonte. 1961.

forma nova encantou tanto seu autor, que ele a aplicou em outros projetos; o auditório da praça principal da Universidade de Brasília[190], a sede central do Touring Clube do Brasil na nova capital[191] e um outro clube no Líbano[192]. Não se pode dizer que essa tenha sido uma evolução das mais felizes, embora seja sempre difícil

camente interrompida por sua morte: sob esse aspecto, as construções que projetou para o Parque do Flamengo, iniciado em 1961 no aterro feito na baía, são bastante características. Porém, não seria lógico falar disso agora, pois ainda não foram estudadas as suas criações anteriores, e a evolução cronológica é um fator essencial. Portanto, é preciso abordar primeiro a corrente da qual Reidy foi sem dúvida alguma, o representante mais notável no Brasil: a manutenção do racionalismo.

---

190. *Módulo,* n.º 28, junho de 1962, pp. 7-15 (maquetes, plantas, desenhos) e n.º 32, março de 1963, pp. 32-33.
191. *Módulo,* n.º 30, out. de 1962, pp. 32-34 (maquete, plantas).
192. *Módulo,* n.º 31, dez. de 1962, pp. 25-28 (desenhos, plantas). Num dos edifícios do conjunto, ele chegou a usar duas vezes essa forma, invertendo-a: de fato, ela define não apenas o perfil da cobertura, como o do pavimento sobre pilotis, o que parece levar a um edifício com aspecto de monstro marinho, mais curioso que bem-sucedido.

3. A CONTINUIDADE RACIONALISTA

A arquitetura brasileira contemporânea deriva inteiramente da doutrina funcionalista definida pelos grandes mestres europeus das décadas de 1910-30 e, principalmente, da interpretação pessoal que lhe foi dada por Le Corbusier. Em sua essência, ela é racionalista e plástica ao mesmo tempo. Assim, as divisões aqui estabelecidas não são de modo algum compartimentos estanques, mas apenas a constatação de divergências provenientes da tônica maior ou menor que é dada a uma determinada característica; já insistimos, no capítulo anterior, nas realizações que se distinguiam, antes de tudo, por sua plasticidade; agora iremos reagrupar as que permaneceram mais próximas da fonte de inspiração original, mas é evidente que essa classificação não é absoluta, nem rígida. Até mesmo entre Niemeyer — que logo deu nítida prioridade à forma plástica, mas sem jamais romper totalmente com a estética da doutrina — e Reidy — arquiteto que permaneceu mais fiel ao espírito de Le Corbusier — a diferença de estilo é muito mais uma questão de grau do que de natureza. O que dizer então de arquitetos cuja orientação é menos nitidamente caracterizada? Sob alguns aspectos, os irmãos Roberto e Bina Fonyat poderiam ter sido estudados no quadro que será visto agora, e, por outro lado, algumas obras que figuram neste capítulo não teriam destoado no anterior. Assim, em hipótese alguma pode-se tomar ao pé da letra a distribuição feita; ela é só uma moldura, a que o leitor poderá acrescentar as correções impostas por uma realidade mais complexa. De fato, é evidente que, entre o plasticismo racionalista e o racionalismo plástico, não existe uma fronteira demarcada; a transição é feita aos poucos. Além disso, algumas vezes foi preciso transigir e reagrupar as obras de um mesmo autor, a fim de evitar uma diversificação extrema que rompesse a unidade mais ou menos profunda que sempre existe entre as criações saídas de um mesmo cérebro. Mas essas observações não implicam que a classificação proposta possa ser considerada arbitrária: ela corresponde efetivamente a uma realidade e contribui para sublinhar as grandes tendências que vieram à luz na arquitetura brasileira contemporânea sem prejudicar a unidade global desta.

1. A OBRA DE REIDY[1]

Sem dúvida alguma, Affonso Reidy (1909-1964) é figura de proa, não sendo exagero considerá-lo *chef de file*, junto com Lúcio Costa e Oscar Niemeyer. Embora devendo sua nacionalidade brasileira apenas à filiação materna (e a própria mãe era filha de imigrantes italianos), pois nasceu em Paris, de pai escocês, Reidy praticou uma arquitetura tipicamente brasileira; não há por que se surpreender: foi no Brasil que ele viveu quase sempre e onde fez seus estudos. Participou ativamente das duras lutas do período heróico de 1930: saindo nesse ano da Escola de Belas-Artes do Rio de Janeiro, logo foi contratado pelo novo diretor dessa escola, Lúcio Costa, como assistente de Warchavchik para o curso de arquitetura, mas foi afastado, com toda a equipe renovadora, quando a reforma malogrou. Decidido a prosseguir seus esforços em favor do movimento racionalista e pouco inclinado às transações que seria levado a fazer com o público, se se estabelecesse por conta própria, em 1932 entrou para os serviços de arquitetura e urbanismo da Prefeitura do Rio de Janeiro; já havia trabalhado aí em 1929, quando ainda estudante, como auxiliar do arquiteto francês Alfred Agache, encarregado de elaborar um plano piloto da Capital, a pedido do Prefeito Antônio Prado Junior. Quase toda a sua carreira se realizou nesse órgão oficial, onde ele se impôs rapidamente: tornou-se chefe da

---

1. G. FERRAZ, Individualidades na História da Atual Arquitetura no Brasil. II. Affonso Eduardo Reidy, em *Habitat*, n.º 29, abril de 1958, pp. 38-55. G. VERONESI, Affonso Eduardo Reidy, em *Zodiac*, n.º 6, maio de 1960, pp. 68-83. S. GIEDION e K. FRANCK, *Affonso Eduardo Reidy — Bauten und Projekte*, Stuttgart, G. Hatje, 1960. G. GASSIOT-TALABOT, A Personalidade e a Obra de Reidy, em *Habitat*, n.º 71, março de 1963, pp. 13-15.

seção de arquitetura, chefe da seção de habitaçõs populares e, repetidas vezes, foi diretor do serviço de urbanismo[2].

Não há dúvida de que o exercício dessas funções condicionou amplamente a orientação das realizações de Reidy: ele mal teve negócios com clientela particular e construiu quase exclusivamente edifícios públicos; viu-se às voltas com programas de envergadura que não se destinavam sistematicamente a fins representativos e às classes abastadas, mas sim, freqüentemente, a uma população de baixa condição — fato bastante raro no panorama brasileiro; enfim, precisou ocupar-se, mais do que a maioria de seus colegas, de questões de urbanismo. Por isso o crítico Geraldo Ferraz, cujas conclusões foram retomadas muitas vezes[3], foi levado a dizer que a arquitetura de Reidy se caracteriza pela busca de enquadramento em um contexto urbanístico e por preocupações de ordem social. Mas seria um erro tentar defini-la só por esses critérios, que correm o risco de acarretar uma certa confusão quanto às preferências manifestadas pelo arquiteto.

Seria um tanto exagerado pretender que Reidy se revelou, antes e acima de tudo, um urbanista. Durante os trinta anos de exercício num serviço especializado no setor, ele afinal propôs apenas uma única operação suscetível de ser classificada como um projeto de urbanismo puro: a terraplenagem do Morro de Santo Antônio (1948), que devia ser removido para permitir o desenvolvimento do centro do Rio de Janeiro. É evidente que a rejeição final de seu estudo (porque não se prestava à especulação imobiliária) não o encorajou a prosseguir nesse caminho, mas outros elementos vêm reforçar a convicção de que, em Reidy, o arquiteto prevalecia sobre o urbanista: quando foi encarregado do curso de urbanismo recém-criado na Faculdade Nacional de Arquitetura da Universidade do Brasil, ele se limitou a exercer suas funções didáticas durante dois anos (1954-1955) e depois retirou-se, para consagrar-se exclusivamente às suas atividades práticas; enfim, quando foi aberto o concurso destinado a escolher o anteprojeto do plano piloto da nova Capital (1959), Reidy foi o único arquiteto brasileiro de renome que não se inscreveu, renunciando desde o início a uma competição que oferecia a seus participantes uma ocasião única[4]. Portanto, nele, o urbanismo surge como complemento da arquitetura e não como um fim em si: quer nos conjuntos residenciais de Pedregulho e Gávea, quer numa escala de outra envergadura no aterro do Flamengo, a obra de Reidy é essencialmente arquitetônica; são os edifícios em si que contam em primeiro lugar, são eles que pontuam o local por sua implantação e sua plástica, contribuindo para dar a esse sítio seu sentido definitivo, da mesma maneira ou mais do que são definidos por ele.

Também não se deve insistir demais no caráter social da arquitetura de Reidy. É verdade que houve Pedregulho e Gávea, o teatro de subúrbio do bairro Marechal Hermes, mas também houve realizações monumentais que se encaixavam num clima bem diferente, como o Colégio Paraguai-Brasil, de Assunção, e o Museu de Arte Moderna do Rio de Janeiro, sem esquecer os prédios de escritórios e as casas elegantes que ele construiu em número menor do que a maioria de seus colegas, mas que não devem ser deixadas de lado. Assim, Reidy de modo nenhum se especializou num determinado gênero. Sua honestidade básica o levou a tratar com o mesmo cuidado os programas mais diversos, esforçando-se por casar intimamente plástica e eficácia, fosse qual fosse o tipo de obra que lhe era confiado, mas nada permite afirmar que ele, pessoalmente, preferia as unidades habitacionais populares às demais criações. O rótulo de arquitetura social, colado à sua obra, foi apenas um meio de contrapô-la à de Niemeyer, a fim de criticar indiretamente o plasticismo deste[5]; não traz nada de decisivo em matéria de caracterização e corre o risco de fazer esquecer que o espírito de Reidy consistiu justamente em manter ao máximo o equilíbrio entre as razões funcionais e as razões estéticas; ora, sobre este último ponto, a boa fé mais elementar não permite negar a influência capital que os achados de Niemeyer exerceram nas realizações daquele que havia sido seu colega na equipe do Ministério da Educação.

1. Os conjuntos residenciais de Pedregulho[6] e Gávea[7]

O ano de 1950 marca um ponto decisivo na carreira de Reidy: assinala o início de suas grandes realizações pessoais (que depois prosseguiram sem solução de con-

---

2. Ele ocupou esse posto pela primeira vez em 1949-1950, a pedido do Prefeito Mendes de Morais, mas teve de demitir-se quando se recusou a fazer modificações (pedidas por esse prefeito), em seu projeto de arranjo do Morro de Santo Antônio, a fim de que a operação fosse coberta pela venda dos terrenos. Chamado em 1951 pelo novo prefeito, João Carlos Vital, novamente abandonou suas funções de diretor no ano seguinte, quando a Prefeitura mais uma vez mudou de responsável; só foi reassumi-las em 1954, sob a administração do Prefeito Alim Pedro.

3. Cf. supra, nota 1.

4. Reidy alegou falta de tempo por causa do curto prazo dado para apresentar os projetos (aliás, os três meses previstos originalmente transformaram-se em seis meses devido a pedidos gerais), e alegou também a falta de dados objetivos e de garantias dadas ao futuro vencedor, mas as condições eram as mesmas para todos. Essa recusa de participar de um concurso de urbanismo por parte de um arquiteto que se revelou participante assíduo dos grandes concursos de arquitetura não deixa de ser significativa.

5. Quando visitaram o Brasil em 1954, Max Bill e Gropius não esconderam suas preferências pelas realizações sociais de Reidy em oposição à gratuidade formal das de Niemeyer; tratava-se de uma posição clara, adotada por arquitetos engajados em função de sua própria concepção arquitetônica (cf. supra, p. 151, nota 1 e p. 164, nota 53). Mais discutível é o partido tomado pelo crítico Geraldo Ferraz, autor de uma série de monografias sobre as principais personalidades da arquitetura contemporânea do Brasil, onde Niemeyer é pura e simplesmente tomado como uma quantidade desprezível e ignorado! (Habitat, n.º 28, 29, 30, 31, 35, 36, 39 e 45, março de 1956 a dezembro de 1957).

6. Architecture d'aujourd'hui, n.º 33, dez. de 1950, pp. 56-66 (plantas, maquetes, fotos) e n.º 42-43, agosto de 1952, pp. 124-128 (plantas, fotos, cortes, elevações). Domus, n.º 254, jan. de 1951, pp. 2-4 (maquete do conjunto, fotos). Architectural Review, vol. 112, julho de 1952, pp. 16-19 (planta, fotos). Arquitetura e Engenharia, n.º 23, set.-out. de 1952, pp. 28-32 (planta, fotos da escola). Brasil — Arquitetura Contemporânea, n.º 1, agosto-set. de 1953, pp. 3-16 (fotos, plantas, maquetes, cortes, elevações). Progressive Architecture, agosto de 1955, pp. 104-109 (fotos, plantas, cortes). Aujourd'hui, n.º 5, nov. de 1955, pp. 48-49 (fotos, planta). Architectural Record, vol. 124, julho de 1958, pp. 166-170 (plantas, maquetes, fotos). Zodiac, n.º 6, maio de 1960, pp. 31-32 (planta, fotos, corte, elevações). H. MINDLIN, L'architecture moderne au Brésil, Paris, sem data, pp. 120-129 (maquete, plantas, cortes, elevações). S. GIEDION e K. FRANCK, op. cit., pp. 96-117 (plantas, fotos, cortes, elevações).

7. Habitat, n.º 24, set.-out. de 1955, pp. 23-27 (plantas, cortes, elevações, maquetes, fotomontagens, fotos da obra em construção). Arquitetura e Engenharia, n.º 37, nov.-dez. de 1955, pp. 8-13 (mesma documentação). Aujourd'hui, n.º 5, nov. de 1955, pp. 50-53 (maquetes, plantas, cortes, fotos da construção). Architecture d'aujourd'hui, n.º 74, nov. de 1957, p. 93 (fotos, plantas, maquetes). Architectural Record, vol. 124, julho de 1958, pp. 166-170 (plantas, maquetes, fotos). Zodiac, n.º 6, maio de 1960, pp. 33-36 (fotos, plantas, cortes, elevações). S. GIEDION e K. FRANCK, op. cit., pp. 118-127 (fotos, plantas, cortes, elevações).

tinuidade) e permitiu que ele se impusesse de repente à atenção mundial, graças ao conjunto de Pedregulho. É claro que antes disso Reidy não era desconhecido, mas sua reputação não ia além de um círculo limitado e provinha principalmente do trabalho de equipe que resultara no Ministério da Educação. Aliás, não se pode duvidar da importância fundamental que essa participação teve para o arquiteto: para ele, assim como para seus colegas, o contato direto com Le Corbusier foi uma revelação. Seu estilo mudou de repente sob a influência do mestre franco-suíço; desapareceu o aspecto uniforme e plasticamente monótono que caracterizava seus projetos anteriores a 1936, em proveito de propostas onde os volumes eram articulados em blocos nitidamente diferençados e hierarquizados, com oposição de fachadas principais, uma inteiramente envidraçada, a outra protegida por *brise-soleil*, de acordo com os princípios adotados pelo Ministério[8]. Os achados de Niemeyer na Pampulha também não o deixaram indiferente, e ele não vacilou em retomar, adaptando-os a outras finalidades, certos elementos do novo vocabulário elaborado por Niemeyer[9]. Mas até 1950 seus brilhantes estudos não tiveram oportunidade de concretizar-se em obras construídas; em sua maioria, ficaram no estágio de projetos ou maquetes. O contrário aconteceu com Pedregulho, cuja execução demonstrou brilhantemente a segurança e a habilidade adquiridas nos anos anteriores por um arquiteto que, até então, não havia tido oportunidade de afirmar seu verdadeiro talento.

Petregulho oferece uma síntese brilhante e cuidadosamente elaborada, onde se fundem intimamente três elementos de origens distintas: as preocupações funcionais, já presentes nas primeiras obras de Reidy (exposição favorável, controle da luz, ventilação contínua, circulação fácil), conservam seu papel essencial, mas a solução desses problemas agora está ligada à adoção dos princípios e da estética de Le Corbusier, corrigida pelo toque brasileiro que lhes souberam dar Lúcio Costa e Niemeyer.

A influência de Le Corbusier pode ser notada, antes de mais nada, no cuidado com as operações preliminares: a idéia inicial de construir, num terreno do Departamento de Água e Esgotos, situado no bairro de Pedregulho, um conjunto de alojamentos e serviços anexos, destinado aos funcionários municipais, surgiu em 1947, mas o programa definitivo só foi estabelecido depois de um recenseamento dos futuros habitantes e uma pesquisa detalhada sobre suas condições de vida e necessidades. A pesquisa sociológica foi bem ampla e permitiu que Reidy se baseasse em dados seguros, que orientaram com precisão a definição do projeto e a utilização do local: a escolha dos edifícios necessários, o número e composição respectiva dos apartamentos de que era preciso dispor foram decididos em função de critérios objetivos, que deviam levar a uma impecável realização de ordem social, onde o arquiteto não se contentava em projetar e construir; ele intervinha na vida futura do grupo, visando a fazê-lo progredir. É claro que esse desejo de ação efetiva na evolução da sociedade era mais discreto e menos autoritário do que o de Le Corbusier, mas derivava do mesmo espírito. A diferença provinha do caráter essencialmente prático de Reidy, que preferia, em vez de especulações grandiosas um tanto utópicas, um resultado relativamente limitado imediato. Fruto de uma concepção realista a curto prazo, da aplicação comedida e plena de bom senso de princípios teóricos anteriormente enunciados, a unidade residencial de Pedregulho talvez não fosse revolucionária no plano das idéias, mas sem dúvida alguma tratava-se de uma tentativa que assumia proporções de um verdadeiro manifesto e situava-se na mesma linha de pensamento do mestre franco-suíço[10].

Também a concepção arquitetônica está orientada pelo espírito de classificação sistemática deste. Cada obra é definida por um volume simples, determinado, num conjunto nitidamente dividido em grandes categorias, onde o aspecto formal acusa a diferença de funções: o paralelepípedo é reservado aos prédios residenciais, o prisma trapezoidal, simples ou composto, aos edifícios públicos essenciais, enquanto a utilização da abóbada é limitada às construções esportivas. Contudo, embora a inspiração teórica e o método sejam indubitavelmente fruto do racionalismo de Le Corbusier, o vocabulário plástico, embora não renegue uma ascendência idêntica, decorre mais diretamente daquele que Niemeyer elaborou na Pampulha.

---

8. Cf. especialmente seu projeto para uma nova prefeitura da cidade do Rio de Janeiro, datando de 1938 (S. GIEDION e K. FRANCK, *op. cit.*, pp. 20-21).

9. O exemplo mais característico é o projeto de laboratório farmacêutico proposto em 1948, onde se pode encontrar uma nova versão do conjunto arco parabólico-marquise-campanário da Igreja de São Francisco de Assis, bem como da série de abóbadas coladas da cabeceira da mesma igreja e do volume de dupla secção trapezoidal do primeiro projeto da casa Kubitschek, todas formas inventadas por Niemeyer na Pampulha e repensadas por Reidy para incluí-las num programa radicalmente diferente, onde elas se integram muito bem (*idem*, pp. 26-27).

10. Esse caráter de manifesto e o senso prático de Reidy são confirmados pela atitude adotada pelo arquiteto quando se tratou de determinar a ordem de execução dos vários edifícios. Não tendo ilusões quanto às dificuldades materiais que iria encontrar e convencido de que faltariam recursos financeiros durante os trabalhos, evitou começar pelos blocos residenciais e dedicou-se primeiramente aos serviços comuns: dispensário, centro comercial, escola, ginásio, piscina. De fato, não ignorava que estes corriam o risco de serem considerados supérfluos por políticos de visão estreita; ora, ele não tinha confiança nenhuma no espírito de continuidade de uma administração municipal que dependeria inteiramente de um prefeito nomeado pelo governo central, revogável *ad nutum* em função das flutuações desse governo. Por outro lado, sabia que os alojamentos seriam terminados mais cedo ou mais tarde, embora tivesse realizado, desde o começo, a implantação e a estrutura completa de todos os prédios, em vez de concentrar-se no acabamento rápido do maior número possível de apartamentos, a fim de torná-los habitáveis no prazo mais curto. A aplicação dessa política permitiu que terminasse, durante os três anos em que trabalhou ativamente no canteiro de obras (1950-1952), o conjunto dos edifícios públicos (menos a creche e a escola maternal que iriam acompanhar o bloco habitacional designado na planta pela letra C, mas esse abandono foi devido à não concessão do terreno originalmente combinado para isso); em compensação, dos 508 apartamentos previstos, apenas 112, situados nos dois blocos menores (B da planta, cf. Fig. 179) puderam receber, até hoje, seus moradores; o bloco A, parte essencial desse aspecto do programa, foi abandonado, no estágio de estrutura, durante vários anos; os trabalhos só recomeçaram lentamente a partir de 1960 e só há pouco o conjunto ficou completamente habitado. O objetivo visado, a constituição de uma unidade residencial completa e autônoma, foi portanto finalmente atingido, mas é evidente que, nessas condições, os dados obtidos na pesquisa original, tendo em vista a orientação do programa, tinham perdido muito de seu significado; o pessoal recenseado beneficiou-se só raramente dos apartamentos que originalmente lhes eram destinados e, na maioria dos casos, sua situação familiar e suas necessidades mudaram consideravelmente durante esse lapso de tempo. Por conseguinte, Reidy preferiu sacrificar os interesses imediatos dos indivíduos ao bem-estar futuro dos beneficiários e dedicou-se a uma demonstração cujo caráter simbólico e representativo é pelo menos tão importante quanto seu caráter social; aliás, essa expressão era perfeitamente adequada ao espírito publicitário com que o prefeito da época, Mendes de Morais, tinha concebido o empreendimento, que estava longe de ser uma manifestação desinteressada.

Essa influência é particularmente sensível nas construções destinadas a abrigar os serviços comuns, às quais Reidy deu ênfase especial, pois era o fato de elas existirem que tornava Pedregulho um empreendimento diferente dos programas comuns de alojamento coletivo. Ora, o único meio de realçar o seu caráter fundamental e fazer com que sobressaíssem da massa imponente dos blocos de apartamentos consistia em acentuar sua plasticidade. Assim, Reidy não vacilou em seguir o exemplo de Niemeyer: retomou brilhantemente as formas inventadas por este, mas dosou seu dinamismo e imaginação com um emprego mais discreto e mais ligado a considerações estritamente racionais.

O dispensário e o centro comercial, um de cada lado do acesso mais usado (Fig. 179), são construções de dimensões modestas, de aspecto simples e proporções harmoniosas que se equilibram mutuamente (Fig. 180). Constituídos de dois prismas trapezóides juntos, apoiados no solo, que permitem resolver vantajosamente os problemas de insolação, ventilação, iluminação natural e circulação[11], são aparentados pela forma global e pelo tratamento de suas fachadas (especialmente a principal, baseada numa alternância de cheios e vazios e no jogo dos *brise-soleil* protetores), mas conservam sua personalidade própria, com a orientação respectiva segundo eixos perpendiculares e com sutis variações (parede decorada de azulejos, fachada reta e *brise-soleil* verticais, móveis no primeiro caso; fachada inclinada e *brise-soleil* fixos horizontais, no segundo).

Mas a atenção foi concentrada principalmente na escola e suas dependências, que ocupam uma posição central; sem dúvida alguma, são as obras mais cuidadas e mais originais. De fato, para o arquiteto, a escola representava o símbolo do progresso, num país onde mais da metade da população era analfabeta; a garantia de que as crianças desse grande conjunto iriam gozar de instrução primária assumia um sentido de afirmação e confiança no caminho a seguir, que superava o papel estritamente material do edifício; este oferecia a esperança de que a geração que o usufruísse poderia ocupar,

1: caixa de água
2: bloco de apartamentos A
3: bloco de apartamentos B1
4: bloco de apartamentos B2
5: bloco de apartamentos C
6: escola primária
7: ginásio
8: vestiário
9: piscina
10: quadra de basquete
11: espelho de água
12: quadras de jogos
13: centro sanitário
14: lavanderia
15: mercado
16: berçário
17: escola maternal
18: jardim de infância
19: passagem subterrânea para pedestres
20: fábrica preexistente

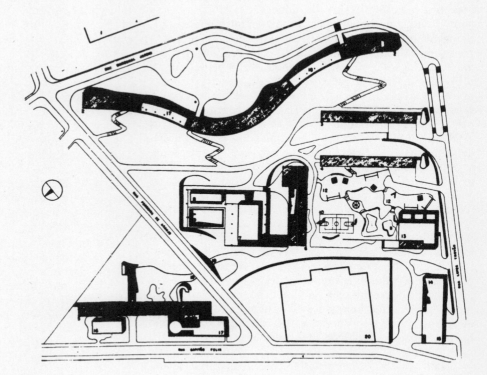

Fig. 179. Affonso E. REIDY. *Unidade residencial de Pedregulho*. Rio de Janeiro. 1950-1952. Plano do conjunto previsto.

Fig. 180. Affonso E. REIDY. *Unidade residencial de Pedregulho*. Rio de Janeiro. Centro comercial, dispensário e bloco de apartamentos B. 1950-1951.

11. Cf. plantas, cortes e fotos publicadas por S. GIEDION e K. FRANCK, *op. cit.*, pp. 114-117.

mais tarde, um lugar mais digno na sociedade, sem falar da eventual influência imediata nos pais, graças à educação recebida pelos filhos; assim, era conveniente inculcar desde o começo, nos habitantes, um grande

te, ao ginásio, que forma um só corpo com ela, numa única composição. Essa fusão é marcada, no plano material, pelo jogo de rampas e marquises que constituem uma via de acesso comum às duas partes da obra

Térreo
 1: pátio coberto
 2: sanitários dos meninos
 3: sanitários das meninas
 4: sanitários do serviço
 5: despensa
 6: cozinha
 7: refeitório
 8: rampa
 9: quarto de despejo
10: ginásio
11: abrigo
12: vestiário dos meninos
13: vestiário das meninas
14: piscina

Andar superior
 1: vestíbulo e administração
 2: terraço
 3: direção e secretaria
 4: sanitário da secretaria
 5: sanitário do diretor
 6: biblioteca
 7: sala de aula
 8: sanitário dos professores
 9: sanitário das meninas
10: sanitário dos meninos
11: corredor
12: rampa
13: balcão
14: ginásio
15: abrigo
16: telhado dos vestiários

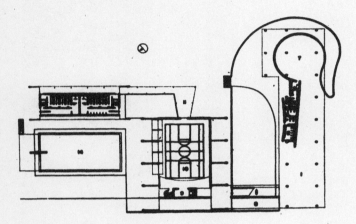
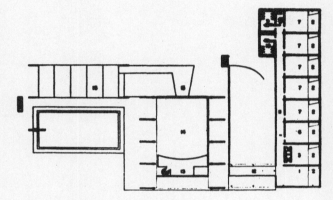

respeito por essa construção significativa, e foi por isso que Reidy não hesitou em dar-lhe uma riqueza plástica e decorativa que se destaca da dos demais.

A escola propriamente dita é constituída de um prisma trapezóide simples, montado sobre pilotis, o que permite liberar um vasto pátio coberto no térreo. Essa forma era muito conveniente para o programa: todas as salas de aula estão orientadas para o sul, para o lado da sombra (Fig. 182), e dão para um terraço particular, que é a continuação natural das mesmas, pois os panos de vidro e as portas-janelas inteiramente de vidro não formam um anteparo; assim, existe um contato direto com o exterior, sem ruptura da intimidade necessária, graças ao recuo criado; a fachada inclinada, limitando o avanço da cobertura, permite aumentar o papel de transição do terraço e assegurar a luminosidade necessária às salas de aula. Estas têm uma ventilação permanente graças às aberturas feitas no topo do fechamento que as separa do corredor; este, fechado simplesmente por uma grade de cerâmica (Fig. 183) que o protege do excesso de insolação, mas deixa passar livremente a brisa da baía, corre ao longo de toda a frente norte e desempenha muito bem sua dupla função, de meio de circulação e de proteção (Fig. 181).

Mas a escola não foi concebida como um bloco independente; está intimamente ligada às dependências esportivas que a acompanham e, principalmen-

Fig. 181. Affonso E. REIDY. *Escola, ginásio e piscina de Pedregulho.* 1950-1952. Plantas.

Fig. 182. Affonso E. REIDY. *Escola de Pedregulho.* 1950-1952. Frente sul (e edifício A em segundo plano).

(Fig. 184) e, no plano estético, por um equilíbrio baseado numa série de oposições: de fato, os arcos tensos e o aspecto fechado do ginásio destacam-se do traçado retilíneo e da transparência ou semitransparência da escola propriamente dita, mas sem que o contraste assuma jamais um caráter dramático, como sucedia com Niemeyer; com efeito, a massa do ginásio é aliviada pela estrutura fina de sua cobertura, que restabelece a

227

Fig. 183. Affonso E. REIDY. *Escola de Pedregulho*. Rio de Janeiro. 1950-1952. Frente norte.

Fig. 184. Affonso E. REIDY. *Escola de Pedregulho*. Rio de Janeiro. 1950-1952. Escola e ginásio.

unidade de expressão, e esta é ainda reforçada pela hábil disposição cruzada dos elementos decorativos: ao admirável painel de azulejos de Portinari, onde crianças que brincam de pular carniça correm por uma grande composição abstrata determinada pelas variações nas tonalidades de azul do fundo, corresponde a parede vazada[12] do corredor da escola, enquanto a simples parede de tijolos nus do lado menor da escola faz contraponto à austeridade das grandes fachadas da construção esportiva.

Nos edifícios públicos de Pedregulho, Reidy soube realizar uma síntese brilhante: logrou assimilar as formas inventadas por Niemeyer[13] e empregá-las com tal segurança que elas parecem sair naturalmente do programa tratado; é impossível estabelecer uma distinção entre as razões funcionais e as estéticas, estabelecer uma preferência, uma ordem de valor ou de prioridade, em favor de umas ou de outras, pois elas se harmonizam num todo indivisível que leva a uma solução lógica, clara e simples[14]. Portanto, é o ideal racionalista de Le Corbusier que pode ser encontrado em estado puro em Reidy, misturado com a influência plástica indiscutível dos principais talentos locais.

Os prédios residenciais derivam do mesmo espírito, mas desta vez o vocabulário inspira-se muito mais nos trabalhos de Lúcio Costa que nos de Niemeyer, ao contrário do que ocorria com os edifícios destinados aos serviços comuns. Isso não é de surpreender: esse tipo de projeto, devido às limitações impostas, não era de molde a atrair Niemeyer, que não apresentava nada de notável nesse setor; em compensação, Lúcio Costa tinha acabado de se manifestar através de uma obra-prima no Parque Guinle, propondo um modelo de fachada original que convinha admiravelmente a esse tipo de programa.

Os dois blocos B, dispostos paralelamente ao pé da colina, sem dúvida alguma oferecem os primeiros exemplos, no Brasil, de uma espiral de escada separada do corpo que contém os apartamentos; essa solução funcional era ainda mais econômica, porque se ligava à constituição de apartamentos duplex, que permitiam limitar a dois andares, dentre cada quatro, as galerias de circulação e acesso. Mas, para Reidy, esses dados práticos não foram uma fonte de dificuldades no plano plástico, muito pelo contrário: ele aproveitou a disposição material imaginada para dar à construção um aspecto variado, evitando toda monotonia; aliás, também aí a união entre as duas ordens de fatores era tão estreita, tão natural, que se pode falar de influência recíproca, mais do que de exploração racional dos elementos de base num sentido estético. Nas duas grandes fachadas, ocorre uma hábil alternância entre, de um lado, terraços ou galerias parcialmente protegidas por *brise-soleil* fixos e, de outro, faixas contínuas de peitoris e de janelas de venezianas corrediças; a multiplicação dos planos pela justaposição cuidadosamente estudada dos cheios, dos vazios e das superfícies vazadas, a utilização de tons quentes e de oposições de cores vivas em todas as superfícies disponíveis permitiram animar o conjunto e dar-lhe um aspecto alegre, que atenua a dureza do volume em paralelepípedo sobreposto a pilotis curtos e o contraste violento que forma com ele a massa cega de traçado arredondado da espiral da escada. Embora o peso desta e a aparência um pouco tosca que ela dá à composição estejam bastante distantes do estilo leve e elegante, típico das realizações brasileiras da época (Fig. 180), parecendo mais um vestígio do estilo forte de Le Corbusier, as próprias fachadas devem muito ao modelo definido por Lúcio Costa no prédio Nova Cintra. É claro que não se trata de uma cópia, e o espírito das duas realizações é bem diferente. Pedregulho não tem nada do requinte aristocrático das construções do Parque Guinle, e ficaria deslocado se houvesse um apelo muito acentuado à tradição local; assim, Reidy evitou todo motivo complicado para o desenho das grades de proteção, constituídas pela disposição em quincunce de simples elementos quadrados, e chegou mesmo a preferir, na frente principal, um material bruto como o cimento à distinção mais elaborada da cerâmica; da mesma maneira, limitou-se a três cores fundamentais, azul, amarelo e vermelho, destacando-se da brancura da moldura estrutural, em vez de usar, com essa finalidade, as tonalidades mais suaves e mais harmoniosas que Lúcio Costa havia empregado[15]. Mas isso não altera o fato de que o princípio básico e, até certo ponto, as modalidades de aplicação, são exatamente as mesmas nos dois casos; só a expressão se modificou, o que muito conta a favor de Reidy; de fato, não é um de seus menores méritos ter encontrado uma linguagem adaptada a um programa popular, partindo de uma fonte de inspiração cujo caráter luxuoso não pode ser negado.

Sem dúvida, a peça-chave da unidade residencial de Pedregulho é o grande edifício construído na parte superior do terreno, cuja planta serpenteante é uma manifestação brilhante e original. É verdade que não se pode afirmar a prioridade cronológica de Reidy quanto à invenção dessa forma: com efeito, ela pode ser encontrada pela primeira vez no pavilhão universitário do Massachusetts Institute of Technology, construído em

---

12. Essa grade de cerâmica, com seus elementos em favo em mel interrompidos por uma janela central quadrada, é uma retomada dos *brise-soleil* dos prédios do Parque Guinle (dos quais o primeiro é de 1948), com um desenho mais simples, que convém ao programa tratado.

13. Os prismas trapezoidais opostos do dispensário e do centro comercial derivam do Iate Clube e da casa Kubitschek na Pampulha, o prisma sobre pilotis da escola tinha sido proposto no primeiro projeto para aquela mesma casa; a série de abóbadas coladas dos vestiários da piscina é um motivo corrente nos projetos de Niemeyer desde 1944-1945 e resulta de uma nova versão do tema da igreja da Pampulha; pode-se dizer o mesmo da abóbada em arco tenso do ginásio, mas é muito provável que desta vez se trate de uma interpretação direta, pois o próprio Niemeyer só foi utilizar uma fórmula semelhante em 1950 (portanto, ao mesmo tempo que Reidy) no clube de Diamantina.

14. Esse era o pensamento de Reidy, definido várias vezes, especialmente nas respostas dadas às perguntas feitas pelo Instituto Técnico da Construção e do Cimento de Madrid. Cf. *Informes de la Construcción*, n.º 76, dez. de 1955 e *Habitat*, n.º 29, abril de 1956, pp. 38-55.

15. Infelizmente para a obra de Reidy, os jogos de cores previstos alteraram-se rapidamente. Eles estavam baseados essencialmente, não na cor natural dos materiais, mas na pintura aplicada: azul nos peitoris, vermelho para as paredes de fundo dos terraços, amarelo para as persianas. Ora, num clima como o do Rio de Janeiro, quente e úmido, nenhuma pintura se mantém no estado original por mais de alguns meses e é preciso uma manutenção permanente muito dispendiosa. Só novas demãos passadas regularmente iriam reparar os estragos provocados pelo sol, que literalmente come as cores até fazê-las desaparecer totalmente, mas era inútil esperar isso num grupo habitacional de aluguéis médios. Aliás, Reidy reconheceu seu erro e não hesitou em dizer, no fim da vida, que se tivesse de fazê-lo de novo, iria evitar empregar soluções visando uma economia imediata numa realização popular, preferindo materiais dispendiosos porém duráveis, como os azulejos, em vez dos revestimentos pintados, baratos e falsos.

Cambridge (EUA), pelo finlandês Alvar Aalto, entre 1947 e 1949, mas o arquiteto brasileiro só teve conhecimento dessa obra depois de haver elaborado seu projeto de Pedregulho[16]. Não é o caso de duvidar do depoimento do autor sobre o assunto, estando sua honestidade acima de qualquer suspeita; aliás, as duas realizações são tão diferentes em espírito que só apresentam esse único ponto em comum[17]. De fato, conforme o próprio Reidy admitiu quando lhe fizemos a pergunta, se se quer procurar uma fonte de inspiração do traçado do grande prédio de Pedregulho, é preciso remontar muito mais longe no tempo: é na Inglaterra do século XVIII, nos "Crescentes" de Bath, que ela pode ser encontrada. Os dois locais apresentavam uma evidente semelhança, com suas colinas que dominam um vasto panorama desimpedido, formando um esplêndido pano de fundo, mas os arquitetos britânicos haviam gozado de maior liberdade inicial. Wood e Palmer tinham a sua disposição vastos terrenos com terraços naturais; foram encarregados de organizar bairros inteiros nos espaços não-ocupados, numa operação urbanística de envergadura. Já Reidy estava limitado pela pequena largura do terreno disponível, rodeado de todos os lados pelas construções medíocres de uma zona industrial; além disso, ele deparou com um relevo acentuado, difícil de utilizar (uma das principais razões para que o lote em questão tivesse sido preservado até então)[18]; em compensação, possuía a vantagem de poder contar com os progressos da técnica e não deixou de fazê-lo.

Aqui também os motivos funcionais e estéticos estão tão intimamente fundidos que é difícil dissociá-los. A vontade de conservar, para todos os apartamentos, a vista magnífica para a Baía da Guanabara que se tinha da colina e a vontade de economizar ao máximo levaram-no a imaginar um único prédio, colocado no flanco do declive e seguindo o contorno do mesmo: a adoção de pilotis permitiu evitar a preparação do declive; o acesso por meio de passarelas que ligavam, diretamente ao terceiro andar do edifício, uma avenida que corria ao longo de sua fachada posterior, no topo da colina, autorizava a concepção de uma obra em sete andares, sem que fosse necessário instalar elevadores; assim, desde o começo eliminavam-se consideráveis gastos de construção e de manutenção. Portanto, não é errado sustentar que a planta serpenteante de uma certa maneira foi imposta ao arquiteto pela exploração inteligente das condições naturais; mas, embora seja certo que a forma em questão tenha resultado dessa exploração mais do que os crescentes de Bath (cuja própria geometria pura era uma hábil adaptação ao terreno), não se deve concluir que ela oferece um simples reflexo desses imperativos materiais; estes orientaram o arquiteto, mas foram integrados em uma visão plástica que finalmente determinou o desenho e o caráter do edifício. É por isso que a sinuosidade da colina não foi seguida rigorosamente no traçado da construção: a correção feita permitiu obter uma curva elegante e equilibrada, tão pura no gênero quanto os hemiciclos de Wood e Palmer; de fato, nem a maior complexidade por causa da alternância de superfícies côncavas e convexas, nem a inversão de tonicidade que é efetuada principalmente nestas (Fig. 182) alteram o profundo parentesco de expressão que existe entre a criação original de Reidy e os modelos ingleses.

O grande edifício de Pedregulho é tão clássico em seu espírito quanto os crescentes de Bath. O vocabulário modificou-se em função do estilo e das possibilidades técnicas da época, de que toda arquitetura digna desse nome é sempre representativa, mas o desejo de simplicidade geral, de uma forma clara, compreensível ao primeiro olhar, que aparece no tratamento do edifício inteiro, é o mesmo. O volume global é único e límpido, sem o menor acréscimo que prejudique sua nitidez[19], é imediatamente perceptível em seu conjunto, e a constituição de zonas transparentes (permitidas pelo emprego do sistema de ossatura) só reforça a sensação física de três dimensões. As duas enormes fachadas, que se estendem por 250m, derivam da mesma concepção estética, baseada na economia de meios. Elas se apresentam como uma superposição de longas faixas longitudinais, cada uma correspondendo a um andar, disposição essa permitida pelo emprego de pilotis de alturas variáveis, compensando as diferenças de nível do chão. As imensas superfícies que assim se oferecem sofrem uma quadriculação rigorosa, ligada à própria estrutura do edifício, como nos blocos B estudados antes: mas aqui as divisões horizontais prevalecem definitivamente sobre as verticais, consequência do extraordinário alongamento da obra. O maior problema era combater a monotonia que iria resultar da repetição ao infinito dos mesmos motivos de fechamento em cada andar, com vistas a uma racionalização de ordem econômica. Sob esse aspecto, a ondulação do edifício era um aliado poderoso, mas não podia bastar; era preciso apelar também para outros meios. O êxito de Reidy foi muito desigual, de acordo com as fachadas. A principal, voltada para a Baía e visível de todas as partes, não escapou de uma certa sensação de tédio: a semelhança dos andares é muito acentuada; é verdade que há algumas variações entre o tratamento dos apartamentos simples dos níveis inferiores e o dos duplex superiores, ou entre o tratamento de cada uma das partes desta última categoria, mas elas são muito discretas e só um exame atento permite distingui-las[20]. Em compensação,

---

16. Aliás, ele jamais gostou da obra em questão, que não considerava como um dos grandes êxitos de Aalto.

17. O problema não será abordado novamente aqui, já que no presente caso não tem um interesse imediato; já foi discutido antes, num artigo que tratava especialmente dessa questão. Cf. Y. BRUAND, Le plan serpentin dans l'architecture contemporaine, em *L'information d'histoire de l'art*, jan.-fev. de 1965, pp. 18-29.

18. A outra razão era que o Departamento de Águas e Esgotos, proprietário do terreno, havia pensado em construir no topo da colina grandes reservatórios que serviriam a Zona Norte da cidade; portanto, esse órgão tinha conservado os terrenos ciosamente; foi só o abandono final desse projeto que permitiu que a municipalidade confiasse o arranjo do terreno a Reidy.

19. De fato, todos os serviços anexos foram colocados no interior do bloco; foram colocados logicamente no andar de acesso, ou seja, no terceiro andar, que aliás constituí um grande terraço coberto à disposição dos moradores, um lugar de passeio e de jogos colocado no próprio centro do edifício.

20. Todavia, convém assinalar que essa fachada foi feita com muito atraso, quando Reidy, doente, já tinha deixado a direção do serviço municipal; com certeza ele tinha previsto um jogo de cores mais sutil do que o azul ou o amarelo vivo dos peitoris e das venezianas, imitados da solução proposta nos prédios B; essa cópia servil, não levando em consideração as diferenças fundamentais na constituição dos edifícios, só serve para acentuar as semelhanças entre os andares, em vez de trazer a necessária diversificação.

a fachada posterior é muito mais brilhante. A curva côncava harmoniza-se perfeitamente com a natureza, e grandes árvores (que foram respeitadas) cortam a imensidão da construção numa série de vistas parciais muito felizes (Fig. 185). Também o ritmo vertical está modulado de modo muito mais hábil: o terceiro andar, aberto de ponta a ponta, serve como ponto focal para toda a composição, justificando o papel fundamental que desempenha na prática; a distinção entre os vários tipos de alojamento foi habilmente explorada e permitiu romper uma uniformidade prejudicial, com uma alternância muito segura entre os corredores protegidos pelos elementos vazados de cerâmica e os cômodos de habitação, com suas faixas contínuas de peitoris e de janelas. Essa é uma nova aplicação do princípio original elaborado no tratamento das fachadas do bloco B, mas o resultado é ainda mais feliz: uma maior simplicidade alia-se a uma maior plasticidade, obtida por um jogo mais seguro das zonas de sombra e luz, de cheios e vazios, de cores claras e escuras que se harmonizam suavemente, sem o menor traço de oposição viva nos materiais e cores, e sem que agora se tenha lançado mão da pintura para estas cores. A influência de Lúcio Costa é mais caracterizada do que antes: o papel decisivo dos panos de elementos vazados, a retomada das aberturas quadradas dispostas no centro da maioria deles, o caráter de distinção dessa frente posterior são sinais evidentes disso. Porém, por mais nítidos que sejam, esses empréstimos de linguagem continuam sendo superficiais e não alteram o aspecto de criação pessoal que marca as obras de Reidy; de fato, eles se fundem numa síntese muito segura, dominada por uma união estreita entre preocupações funcionais e estéticas, de onde surge um desejo de pureza clássica aliado a uma pesquisa de efeitos de massa e de continuidade espacial que define bem o estilo do arquiteto.

Fig. 185. Affonso E. REIDY. *Unidade residencial de Pedregulho*. Rio de Janeiro. Fachada posterior do edifício principal A. 1950-1965.

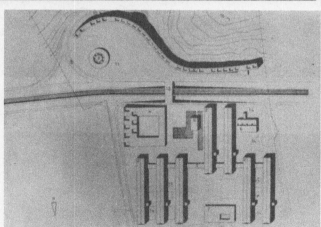

Fig. 186. Affonso E. REIDY. *Unidade residencial da Gávea*. Rio de Janeiro. 1952. Plano do conjunto previsto.

Reidy não hesitou em retomar e desenvolver a fórmula experimentada em Pedregulho numa segunda unidade residencial, a da Gávea, projetada em 1952 para uma localização magnífica ao sopé das montanhas que dominam a zona sul da cidade. Era uma atitude lógica de sua parte: os elementos básicos do programa eram os mesmos nos dois casos e o novo local prestava-se admiravelmente à implantação de um edifício serpenteante, maneira hábil de explorar o relevo existente nos limites do terreno. Assim, não se pode falar de uma

Fig. 187. Affonso E. REIDY. *Unidade residencial da Gávea.* Rio de Janeiro. 1952. Fachada principal do edifício serpenteante em construção.

Fig. 188. Affonso E. REIDY. *Unidade residencial da Gávea.* Rio de Janeiro. 1952. Edifício serpenteante terminado.

cópia arbitrária do projeto anterior; a filiação é evidente, mas a aplicação permitiu obter uma nova versão, maduramente refletida e adaptada às circunstâncias. Não serão examinados com maior vagar os edifícios que deveriam completar a obra principal e tornar o conjunto da Gávea uma repetição em escala maior da unidade de Pedregulho (Fig. 186); infelizmente, não foram construídos, e pode-se duvidar de que algum dia o sejam[21]; limitar-nos-emos a assinalar que, dispondo de uma localização mais extensa, e principalmente mais compacta e perfeitamente plana, Reidy pôde se entregar a uma composição onde a geometria triunfava tanto no projeto quanto na arquitetura, numa vontade de

21. Com efeito, a parte plana do terreno estava ocupada por uma favela cujos moradores tinham de ser alojados prioritariamente no prédio serpenteante; o resto da unidade seria então construído no terreno liberado. Esse plano, em princípio excelente, provou ser desastroso; uma multidão de desabrigados veio instalar-se na zona a fim de aproveitar essa vantagem inesperada. O resultado foi a suspensão da operação e o abandono em plena obra do primeiro prédio, incapaz de abrigar por si só todos os que tinham direito a ele. Portanto, essa tentativa de extinção da favela em questão produziu um efeito contrário ao desejado e demonstrou mais uma vez que era correto o ponto de vista adotado por Reidy em Pedregulho: o êxito de um programa desse tipo era condicionado pela realização prioritária de edifícios públicos, solução infelizmente impossível no caso particular da Gávea.

afirmação indiscutível da forma pura, regular e equilibrada.

Por outro lado, cumpre que nos detenhamos um instante no prédio ondulante, no flanco da montanha, irmão gêmeo do de Pedregulho e, como este, abandonado por mais de dez anos (Fig. 187). As variações entre um e outro são ligeiras, mas sintomáticas. O traçado é um pouco diferente, produzindo um jogo de curvas e contra-curvas mais acentuado e mais feliz numa visão frontal; o arquiteto soube explorar ao máximo as condições topográficas e colocar um motivo central de indiscutível elegância, com sua ponte em arco rebaixado abarcando o fundo da depressão existente para servir de apoio aos pilotis e evitar grandes terraplenagens; mais uma vez, considerações funcionais e plásticas uniram-se para levar a um resultado notável. Mas é no campo do tratamento da fachada principal que os progressos são mais marcantes. Existe mais diversidade, um ritmo muito mais seguro na ordenação de cheios e vazios:

1) a instalação, como coroamento do edifício, de uma grande marquise vazada que abriga as lavanderias particulares dos futuros moradores, assegura o equilíbrio da composição vertical, agora pontuada por espaços livres em suas extremidades e no centro;

2) este, que (como em Pedregulho) constitui o ponto fundamental, foi valorizado com a adoção dos pilares em forma de "V" (inventados, entrementes, por Niemeyer), cuja alternância com as colunas retas contribui para preencher o violento corte horizontal;

3) a exploração das possibilidades variadas de expressão oferecidas pela realização de apartamentos duplex foi muito mais extensa;

4) enfim, a disposição em quincuce das janelas dos dois andares inferiores traz uma animação muito bem-sucedida e um contraste proposital com a superposição uniforme das janelas que se abrem nas paredes da parte superior.

O resultado dessas pesquisas era patente; tudo levava a crer que essa fachada iria apresentar uma harmonia ausente no protótipo, que era Pedregulho, embora as circunstâncias tivessem sido inicialmente mais delicadas na Gávea (comprimento nitidamente mais acentuado do edifício, caráter mais popular, orçamento mais restrito). A decepção do observador que pôde conhecer a obra no estado em que foi deixada enquanto Reidy vivia é ainda mais forte perante o verdadeiro crime estético cometido quando os trabalhos foram terminados em 1967; um acabamento mais do que medíocre e a aplicação sistemática de uma pintura bege, extremamente mal escolhida, em todos os revestimentos das partes cheias, bastaram para acabar com as qualidades potenciais do edifício, conferindo-lhe uma aparência sinistra de caserna que domina um campo de concentração (Fig. 188).

Assim, Pedregulho e Gávea não lograram o êxito total que se podia esperar, mas o erro não cabe ao autor dos projetos. Reidy foi vítima de suas tentativas de arquitetura social num país onde não podia contar, para isso, nem com o apoio decidido das autoridades, nem com o interesse do setor privado. Mas o pior é que ele foi perseguido praticamente sem cessar pelo azar, qualquer que fosse o programa a ser tratado: não pôde ver terminada nenhuma das grandes realizações que lhe foram confiadas; todas permaneceram paradas durante anos por falta de fundos, mesmo quando se tratava de obras de caráter essencialmente representativo, como o Colégio Paraguai-Brasil de Assunção e o Museu de Arte Moderna do Rio de Janeiro!

2. Outras obras notáveis de Reidy

Como já foi observado, o ano de 1950 é um marco na carreira de Reidy. De fato, foi o ano não só do começo dos trabalhos de Pedregulho, como também da elaboração de dois dos raros projetos do arquiteto que foram executados integralmente num prazo razoável, projetos modestos por seu tamanho, porém significativos: o teatro popular do bairro Marechal Hermes e a casa de Carmen Portinho, em Jacarepaguá, ambos nos subúrbios do Rio.

O teatro popular do bairro Marechal Hermes (1950-1951)[22] está muito próximo dos edifícios públicos de Pedregulho, tanto na forma quanto no espírito. Também se trata de um volume claro, constituído pela interpenetração de dois prismas de faces oblíquas, mas a obra apresenta soluções originais no plano da estrutura e no da concepção de um edifício desse tipo. Com efeito, o volume em questão é definido por uma laje contínua de concreto, dobrada como uma folha de papel em ângulos alternativamente agudos e obtusos, unindo num todo inseparável o teto em "V" e os elementos que a sustentam, ou seja, as fachadas anterior e posterior. Essa proposta audaciosa deve ter sido inspirada no princípio de construção em concha, mas substituiu as vantagens de ordem técnica (redução da espessura da abóbada) por motivações espaço-funcionais e estéticas, baseadas num desejo de interpretação francamente geométrico e retilíneo da arquitetura. A disposição adotada marca uma ruptura deliberada com a repartição tripartite em voga desde a Renascença, onde saguão, platéia e palco se exprimem sem rodeios em volumes distintos, perceptíveis tanto do exterior como do interior. Nada disso acontece aqui: pelo contrário, assiste-se a uma tentativa de unificação. A percepção autônoma dos três elementos desaparece totalmente na visão externa: a linha divisória transversal que surge na composição passa quase no prumo do meio da sala de espetáculos, cuja própria existência é difícil de suspeitar (Fig. 190). Essa nova maneira plástica de conceber um edifício de tal espécie baseava-se em razões práticas. No teatro clássico, as três partes tinham sensivelmente a mesma altura, o que correspondia às necessidades funcionais, pois o público era instalado num semicírculo contendo platéia e galerias superiores; ora, esse tipo de arranjo estava ultrapassado: os progressos dos conhecimentos de acústica haviam demonstrado que um cômodo mais baixo, não circular, dotado de um teto oblíquo, apresentava possibilidades bem superiores para o olhar e a audição; permitia colocar todos os espectadores de frente para o palco, num mesmo plano, sem perda

---

22. *Habitat*, n.º 23, julho-agosto de 1955, pp. 28-29 (plantas, cortes, fotos, desenhos). *Aujourd'hui*, n.º 5, nov. de 1955, pp. 54-55 (fotos, plantas, cortes). *Zodiac*, n.º 6, maio de 1960, pp. 69-71 (fotos, plantas). H. MINDLIN, *op. cit.*, pp. 172-173 (fotos, plantas, corte). S. GIEDION e K. FRANCK, *op. cit.*, pp. 40-43 (plantas, corte, fotos).

apreciável da capacidade real devida ao aumento das dimensões, permitido pela sonoridade melhor; aliás, este problema não se colocava no caso em questão, por causa da modéstia do programa focalizado. Assim, a depressão central que se constata de fora, longe de ser arbitrária, casa-se cuidadosamente com o contorno do espaço interno necessário, reduzido na parte do meio, inalterado nas extremidades; a única correção feita diz respeito ao prolongamento da laje de cobertura do saguão até o centro da platéia, criando um pequeno vazio inutilizável entre as inclinações inversas da

entre 1940 e 1950, mas o resultado é novo e até mesmo revolucionário. Reidy substituiu a separação tradicional por uma concepção que corresponde à evolução atual da arte dramática, que procura estabelecer relações mais estreitas com o público: a união íntima entre palco e platéia, num espaço contínuo, geometricamente definido por um prisma triangular, era uma criação original que marca o nascimento de um novo modo de tratamento para programas desse tipo. Seu inventor, desejando levar a integração de todos os elementos o mais longe possível, evitou traduzir esse espaço inédito

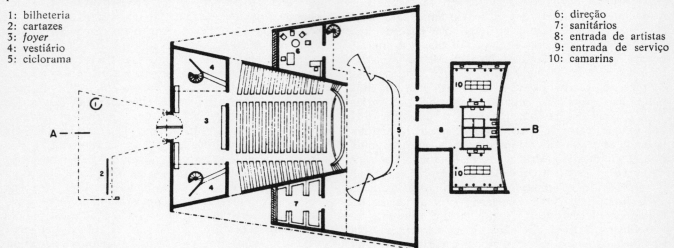

Fig. 189.   Affonso E. REIDY. *Teatro popular do bairro Marechal Hermes.* Rio de Janeiro. 1950-1951. Planta.

Fig. 189a. Affonso E. REIDY. *Teatro popular do bairro Marechal Hermes.* Rio de Janeiro. 1950-1951. Corte.

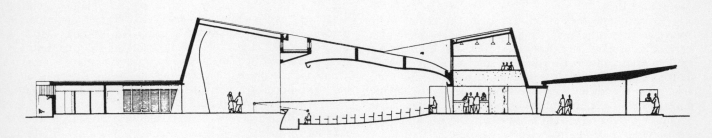

cobertura e do teto (Fig. 189), a fim de obter uma forma global pura e equilibrada. O vínculo íntimo e indissociável entre os fatores estético e funcional, critério sintomático do estilo de Reidy, surge com mais força do que nunca nessa combinação simples e lógica de massas, animada por jogos de linhas e planos, de luz e sombra, de cores e materiais, bem como de sutis oposições, entre as quais se destaca o contraponto da marquise, cuja leveza se recorta do bloco compacto do teatro propriamente dito. Mais uma vez sente-se a influência de Niemeyer e do vocabulário da Pampulha, bem como o espírito de colaboração entre arquiteto e artistas[23], tão característico do movimento brasileiro

num volume externo (no máximo, ele era parcialmente sugerido pela inclinação de cobertura); preferiu um projeto onde massa e estrutura fundiam-se habilmente num conjunto unitário que correspondia a seu ideal de equilíbrio racional. Em compensação, Niemeyer e, depois dele, Bina Fonyat, exploraram a idéia até as últimas conseqüências plásticas no auditório previsto para o Parque do Ibirapuera e no Teatro Castro Alves de Salvador, assegurando para a idéia uma apreciável descendência[24].

23. Os motivos dos quadrados de cerâmica que cobrem as paredes laterais foram desenhados por Paulo Werneck, enquanto Burle Marx foi encarregado dos jardins circundantes e da cortina do palco.

24. Mas é preciso observar que Bina Fonyat novamente rompeu a unidade volumétrica do teatro ao deixar de incluir o *foyer* no bloco principal; chegou, assim, a uma concepção dualista que se opõe, ao mesmo tempo, à concepção tradicional e à que Reidy tinha elaborado.

Também a casa de Carmen Portinho (1950-1952)[25] retoma o repertório formal apreciado pelo arquiteto, que lhe deu maior flexibilidade para adaptá-la às necessidades de uma moradia construída num local difícil (Fig. 191). Os prismas trapezoidais dos dois blocos (dos quais um repousa diretamente no solo, enquanto o outro foi edificado sobre pilotis numa encosta abrupta) estão ligados por uma rampa cuja inclinação repete a do telhado em "V"; uma parede de pedra bruta, ocultando o pequeno pátio central, permite unificar o volume global e assegurar-lhe a clareza desejada numa vista lateral, ao mesmo tempo que mantém uma separação absoluta entre a ala destinada à proprietária e o conjunto garagem-dependências de empregados, de gem é explorada, domada, posta à disposição da feliz beneficiária, para que ela possa gozá-la com exclusividade em toda a sua plenitude. Mas evita-se cuidadosamente qualquer agressividade deslocada: a casa conserva uma certa discrição, que lhe permite harmonizar-se com o ambiente selvagem e ao mesmo tempo lhe impede confundir-se com o mesmo.

O Colégio Paraguai-Brasil (1953-1965)[26], em Assunção, mostra, ao mesmo tempo, a continuidade da obra de Reidy e sua evolução nos anos seguintes aos primeiros sucessos pessoais. Inicialmente, pode-se ficar espantado com o fato de que, a um arquiteto vinculado à administração do Distrito Federal, praticamente limitado à cidade do Rio de Janeiro, de repente tenha sido

Fig. 190. Affonso E. REIDY. *Teatro popular do bairro Marechal Hermes*. Rio de Janeiro. 1950-1951. Exterior.

acordo com o costume brasileiro. A obra destaca-se da natureza pela geometria pura e brancura dos revestimentos de suas estruturas, afirmando os direitos do arquiteto e a audácia conquistadora do homem, de acordo com o espírito da tendência racionalista: a paisa-

confiada essa realização no estrangeiro; mas a escolha pode ser explicada: tratava-se de uma encomenda referente a suas funções; a obra, destinada ao ensino experimental, era uma doação da prefeitura carioca à capital do país vizinho. O conjunto previsto comportava um edifício escolar (inaugurado em 1965 e o único a ser construído até hoje), um vasto auditório, um ginásio e

---

25. *Arquitetura e Engenharia*, n.º 31, maio-junho de 1954, pp. 36-40. *Architecture d'aujourd'hui*, n.º 62, nov. de 1955, pp. 76-80. H. MINDLIN, *op. cit.*, pp. 54-55 (fotos, plantas, corte, elevação). S. GIEDION e K. FRANCK, *op. cit.*, pp. 86-89 (planta, cortes, elevações, fotos). A engenheira Carmen Portinho era a colaboradora de Reidy e na época dirigia o serviço de habitações populares do Distrito Federal, responsável pelos projetos de Pedregulho e Gávea.

26. *Arquitetura e Engenharia*, n.º 24, jan.-fev. de 1953, pp. 32-38. *Habitat*, n.º 10, jan.-março de 1953, pp. 41-44 (desenhos, plantas, maquetes, elevações, cortes). *Brasil — Arquitetura Contemporânea*, n.º 5, 1955, pp. 2-6 (maquetes, plantas, cortes, elevações). *Zodiac*, n.º 6, maio de 1960, pp. 70-73 (plantas, cortes, fotos da obra em construção). H. MINDLIN, *op. cit.*, p. 18 (maquete). S. GIEDION e K. FRANCK, *op. cit.*, pp. 58-65 (maquetes, plantas, cortes, elevações, fotos da obra em construção).

uma piscina, programa completo e bem concebido, mas muito ambicioso para as finanças do órgão doador; assim, os trabalhos foram interrompidos depois da armação da ossatura do primeiro edifício, sendo retomados apenas dez anos depois, com o auxílio do orçamento federal. O exame dos projetos e da maquete propostos permite estabelecer imediatamente um parentesco íntimo entre esse projeto e o grupo central de Pedregulho: o ginásio oferece uma variante do modelo anterior, do qual retoma o princípio estrutural, a forma e o tratamento decorativo; sua ligação com o auditório e o contraste de volume daí resultante lembram indiscutivelmente a implantação e os jogos de massa obtidos pela justaposição coerente do mesmo elemento e da escola no primeiro grande êxito pessoal de Reidy. Mas o interesse deste concentrou-se no edifício principal, disposto nos limites do terreno, do qual ocupa todo o comprimento, permitindo que as salas gozem do panorama oferecido por um local que dá para os terraços que se escalonam até o rio de vários quilômetros de largura. Freqüentemente se admira a notável concordância entre as soluções funcionais e as soluções plásticas definidas pelo arquiteto nesse bloco, onde tudo parece concebido logicamente, mas é curioso que ninguém tenha até então sublinhado as fontes de inspiração que contribuíram para esse resultado. Seria realmente ingênuo demais explicar tal resultado por uma simples exploração das condições materiais, ao passo que se impõe, a todo observador imparcial, uma aproximação formal com as obras imediatamente anteriores de autoria de Niemeyer e Le Corbusier. Não se deve esquecer que o Colégio Paraguai-Brasil foi projetado em 1953, ou seja, apenas um ano depois de ficar terminada a unidade residencial de Marselha, cuja repercussão foi considerável em todo o mundo e ainda mais forte num país onde todos os grandes nomes da arquitetura eram discípulos do mestre franco-suíço. A utilização do concreto bruto com finalidades estéticas numa realização monumental impressionou muito a Reidy, sempre sensível ao encanto das propostas simples e racionais; assim, não hesitou nem um instante em adotar essa técnica, que era muito conveniente para o espírito de suas pesquisas, mas nem por isso abandonou seu estilo pessoal e o toque de leveza típico da maneira brasileira. A influência de Le Corbusier também pode ser notada no aspecto dos pilotis da frente posterior, imitados do modelo criado no prédio de Marselha, mas invertidos quanto à orientação: desta vez a vertical está do lado interno e a oblíqua no corte transversal externo, a fim de obter uma integração com a inclinação característica das fachadas do edifício. Ainda mais sensível é a atração

Fig. 191. Affonso E. REIDY. *Casa de Carmem Portinho.* Rio de Janeiro. 1950-1952.

exercida pelo vocabulário inventivo de Niemeyer e suas descobertas recentes em matéria de estrutura e volumes; o colégio de Assunção deriva diretamente dos dois edifícios construídos em Diamantina, em 1951: a Escola Julia Kubitschek e o hotel de turismo[27]. Ele retoma a mesma forma global inovadora, obtida pela inversão do prisma deitado de faces oblíquas imaginado em 1943 pelo arquiteto da Pampulha; mas a filiação direta não é estabelecida com a obra que tratava de um programa semelhante; o parentesco entre as duas escolas limita-se à disposição geral e ao volume, menos ligado à estrutura do que no hotel; foi a brilhante e nova solução definida neste que seduziu, antes de tudo, a Reidy: ele não hesitou em tomar emprestado e desenvolver o sistema de pilares em forma de V, de braços desiguais, um sustentando a laje do andar e o outro a cobertura, determinando uma espécie de projeção dinâmica da fachada, ao mesmo tempo que lhe conserva o equilíbrio seguro. O processo é o mesmo nos dois casos, mas o modo de emprego é bastante diferente, assim como a expressão resultante. Niemeyer havia ocultado a parte superior do longo braço do V nas paredes de separação dos terraços particulares situados na frente dos quartos; dessa maneira, acentuara as divisões horizontais e verticais, produzindo uma série de alvéolos fechados por paredes e teto cheios, a fim de assegurar a cada apartamento a intimidade necessária. Reidy, não tendo de preocupar-se com esse problema, tratou o assunto de modo inteiramente diverso (Fig. 192): pôs em evidência a ossatura, desligou-a do bloco e garantiu uma continuidade, ou até uma transparência, tão completa quanto possível, ao espaço intermediário assim criado; os pilotis transformaram-se em semipórticos transversais, unindo num só elemento suportes no solo e vigas de fixação da laje de cobertura, ao mesmo tempo que sua vigorosa oblíqua definia o traçado da fachada; a marquise cheia que desempenhava o papel de *brise-soleil* foi substituída por uma série de lâminas verticais de concreto, dispostas paralelamente, solução eficaz no plano prático, mas cuja razão de ser era, antes de mais nada, de ordem estética; de fato, ela permitia aumentar a impressão de audácia e leveza evocada por essa estrutura externa original, isolada da massa ao mesmo tempo que formando um só corpo com ela. Talvez Reidy nunca tenha obtido maior êxito com a fusão, que sempre procurou, entre o racionalismo puro, a força expressiva de Le Corbusier e a imaginação plástica de Niemeyer.

As pesquisas iniciadas no Colégio Paraguai-Brasil prosseguiram no Museu de Arte Moderna do Rio de Janeiro (1954-1967)[28]. O órgão mandatário era uma associação privada, formada por personalidades da alta sociedade carioca, mas, desde o começo, a obra foi concebida como um edifício público que iria desempenhar um papel de primeiro plano no quadro da transformação urbana prevista pela prefeitura do Distrito Federal. O aterro de uma parte da Baía com a enorme quantidade de terra proveniente do Morro de Santo Antônio, recém-removido, tinha permitido dispor de um vasto terreno, destinado não só a resolver os problemas de circulação entre o centro e a zona sul da cidade, como também a oferecer à população um parque magnífico, pontilhado de monumentos dignos do local extraordinário onde seria criado. O arranjo desse conjunto foi confiado a Reidy e Burle Marx, que ficaram encarregados, respectivamente, da arquitetura e dos jardins; o Museu de Arte Moderna, que os fundadores queriam tornar uma realização grandiosa, ali achou naturalmente um lugar, em concordância com as autoridades locais. O programa era ambicioso e complexo, pois previa, além do museu propriamente dito, um teatro, uma escola de arte e um restaurante de luxo[29]. Reidy o tratou por meio de grandes massas autônomas, cada uma correspondendo a uma das funções previstas, mas reduzindo para três o número de blocos, depois de agrupar, pela superposição, os dois últimos elementos.

O corpo do museu, colocado no centro da compo-

Fig. 192. Affonso E. REIDY. *Colégio Paraguai-Brasil*. Assunção. 1953-1965. Fachada em construção.

27. Cf. *supra*, pp. 167-168 e Figs. 120 e 121.

28. *Architecture d'aujourd'hui*, n.º 52, jan. de 1954, pp. 100-101 (maquete, plantas, cortes, elevações) e n.º 67-68, out. de 1956, pp. 158-159 (maquete, planta, corte, jardins). *Arquitetura e Engenharia*, n.º 30, março-abril de 1954, pp. 29-35 (maquete, plantas, cortes, elevações). *Habitat*, n.º 17, julho-agosto de 1954, pp. 12-15 (maquetes, plantas, cortes), n.º 34, set. de 1956, pp. 40-45 (maquetes, plantas, cortes, elevações, fotos da construção) e n.º 46, jan.-fev. de 1958, pp. 20-23 (fotos). *Brasil — Arquitetura Contemporânea*, n.º 4, 1954, pp. 58-61 (maquetes, fotomontagens, desenhos, plantas). *Aujourd'hui*, n.º 2, março-abril de 1955, p. 65 (planta, maquetes). *Módulo*, n.º 9, fev. de 1958, pp. 38-41 (fotos da inauguração). *Zodiac*, n.º 6, maio de 1960, pp. 71-72 e 79-83 (plantas, cortes, elevações, maquetes, fotos). S. GIEDION e K. FRANCK, *op. cit.*, pp. 66-85 (fotos, plantas, cortes, elevações, fotomontagens).

29. Mais uma vez, faltou dinheiro: o bloco contendo a escola e o restaurante foi inaugurado em 1958, mas o corpo principal ficou na fase de estrutura durante quase uma década; só o fato de o governo federal tomar a seu cargo as obras, a fim de poder realizar nelas a conferência do Fundo Monetário Internacional de 1967, cuja organização cabia ao Brasil, permitiu que nessa data fossem terminados os trabalhos; quanto ao teatro, é bem difícil saber quando será construído.

sição, é sua peça essencial, de acordo com uma hierarquia natural e evidente: ele domina os anexos com suas dimensões imponentes e seu volume original, que se recorta do fundo movimentado do local, sem lhe romper a harmonia, por causa de sua pronunciada horizontalidade (Fig. 194). A estrutura em tesouras transversais de concreto bruto, dispostas paralelamente a cada dez metros, desenvolve o sistema empregado no Colégio primordiais de uma composição válida. Por outro lado, a solução adotada facilitava a obtenção de imensos espaços internos, autorizando uma perfeita flexibilidade na organização das salas de exposição: o primeiro andar, cujo piso repousa no cotovelo dos braços em V dos pórticos (Fig. 195), está livre em toda a sua superfície; com efeito, as lajes superiores estão suspensas, por simples tirantes de ferro[30], da ossatura acima descrita

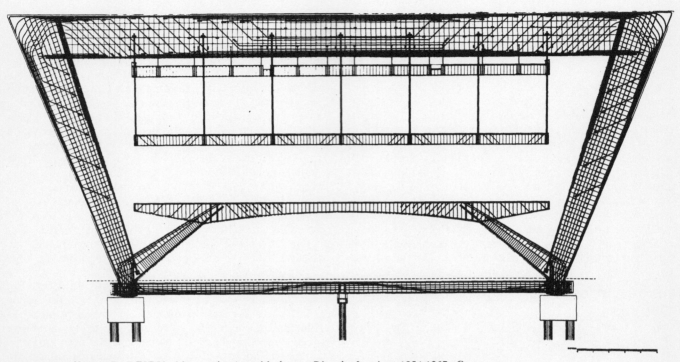

Fig. 193. Affonso E. REIDY. *Museu de Arte Moderna*. Rio de Janeiro. 1954-1967. Corte.

Fig. 194. Affonso E. REIDY. *Museu de Arte Moderna*. Rio de Janeiro. 1954-1967. Vista aérea.

Fig. 195. Affonso E. REIDY. *Museu de Arte Moderna*. Rio de Janeiro. 1954-1967. Pilotis e térreo.

Paraguai-Brasil, estendendo-o às duas fachadas principais. Esse processo apresentava, no caso concreto, uma série de vantagens. Permitia, inicialmente, a transparência completa do edifício e evitava cortar a esplêndida paisagem da Baía por um obstáculo que não podia ser penetrado pelo olhar; no caso, o respeito pelo panorama e a integração da arquitetura nele eram as qualidades (Figs. 193 e 196); além disso, como estas lajes só recobrem parcialmente o nível inferior, segundo uma alternância cuidadosamente estudada, de cheios e vazios, cria-se, tanto no sentido vertical como no horizontal, uma continuidade espacial, acentuada ainda mais pela

---

30. Essa solução foi retomada por Niemeyer em seu projeto para o Museu de Caracas (1955), mas desta vez a prioridade de invenção cabe incontestavelmente a Reidy.

instalação de uma iluminação indireta de cima, que completa com felicidade a luz lateral. Como sempre em Reidy, pode-se constatar uma simbiose perfeita entre as necessidades funcionais[31] e a expressão plástica. É difícil determinar até que ponto o triunfo da simetria e da geometria pura que notamos no edifício em questão resultou das imposições do programa ou de uma preocupação com a regularidade clássica mais acentuada do que antes. O impecável trapézio isósceles das faces laterais, que substitui o polígono irregular de essência aproximada que definia o corte transversal do Colégio Paraguai-Brasil, levou a um volume global onde desapareceu todo traço de dinamismo; a obra, solidamente assentada no solo, apesar da leveza de seus pontos de apoio e do vigoroso vôo de suas linhas oblíquas, agora está regida por um desejo de ritmo equilibrado que não existia em seu predecessor. Algumas vezes o resultado obtido foi julgado menos original no plano estético[32], mas essa opinião não é justificada quando se pensa na indiscutível filiação que se estabelece entre as criações de Niemeyer em Diamantina e a escola paraguaia; esta retoma exatamente a forma geral de seus modelos, enquanto o Museu de Arte Moderna, sob esse aspecto, é fruto de um amadurecimento pessoal claramente melhor caracterizado. A impressão de absoluta simplicidade que emana do edifício mascara a complexidade das soluções técnicas e fornece uma prova da grande perícia do arquiteto: a ossatura, embora composta de elementos variados (pilotis, pórticos, lajes apoiadas ou suspensas, vigas não-deformantes, abóbadas parciais onduladas, paredes cheias), constitui um todo homogêneo e indissociável, pensado com tanta habilidade que parece ser natural; ela é, ao mesmo tempo, mais lógica e mais audaciosa, tanto no conjunto quanto nos detalhes, que a do colégio de Assunção. É claro que, plasticamente, pode-se preferir a primeira tentativa, menos elaborada, assim como muitos amadores são mais seduzidos pela arte arcaica do que pela per-

Fig. 196. Affonso E. REIDY. *Museu de Arte Moderna*. Rio de Janeiro. 1954-1967. Interior em construção (os caixilhos de concreto no lugar dos futuros panos de vidro são provisórios).

31. Não se deve esquecer que a iluminação de cima é considerada como a melhor para a exposição de pinturas, enquanto que a luz natural é preferível para as esculturas; além disso, a disposição escolhida, não limitando em todas as partes o pé direito, facilitava a eventual instalação de objetos de grande tamanho.
32. G. VERONESI, em *Zodiac*, n.º 6, maio de 1960, p. 71.

feição clássica, mas isso é uma simples questão de gosto, que não envolve nenhum juízo de valor.

Cabe dizer que o Museu de Arte Moderna é uma autêntica obra-prima que desafia qualquer crítica? Achamos que não: em nossa opinião, existe um defeito bastante sério que diz respeito à falta de unidade entre as diversas partes, especialmente entre o bloco do Museu e o bloco da escola. Essa falta de coerência deve-se menos à oposição um tanto brutal dos volumes, sensível principalmente quando o edifício é visto pelo corte transversal, que à oposição, mais discutível, dos materiais. O tijolo nu, empregado sistematicamente para as paredes cheias que definem a fachada norte do edifício secundário, casa-se mal com o concreto nu do resto da obra; a justaposição de dois elementos igualmente rudes leva a uma aparência de coisa não acabada, que

que valoriza, com seus jogos de luz e sombra, um panorama excepcional, que o arquiteto conseguiu pôr à disposição do público (Fig. 199). Enfim, o passeio no mesmo nível que vai do restaurante até o saguão do teatro, passando, graças a passarelas, pelos jardins suspensos de Burle Marx e o andar principal das salas de exposição[34], assegura a continuidade desejada entre um bloco e outro e, principalmente, a íntima união dos

Fig. 197. Affonso E. REIDY. *Museu de Arte Moderna*. Rio de Janeiro. 1954-1967. Frente sul.

não se encaixa no estilo de Reidy e prejudica o bom gosto da realização; além do mais, o contraste de cores não é franco nem harmonioso[33] e o aspecto maciço, que emana da composição vista dessa ângulo, torna mais pesada sua leveza e distinção. Mas essas constatações não querem dizer que a escola de arte seja uma junção infeliz ao Museu, nem que a ligação feita termine em fracasso completo. Com efeito, a unidade desejável é restabelecida numa visão geral da fachada meridional (Fig. 197), talvez a mais importante no conjunto urbano, porque dá para a Baía e se integra ao Parque do Flamengo. Por outro lado, não se pode negar que constitui um sucesso admirável o pátio, ao mesmo tempo aberto e fechado, que faz a transição entre o Museu e os serviços anexos (Fig. 198). O mesmo se aplica ao restaurante, com paredes todas de vidro, implantado no terraço: a grande pérgola que o circunda é um verdadeiro achado,

espaços externos e internos, facilitada pela transparência absoluta destes últimos. Assim, o balanço do Museu de Arte Moderna é claramente positivo, apesar das reservas feitas quanto ao emprego abusivo do tijolo, no caso em questão: desempenha perfeitamente seu papel, tanto no plano prático (apesar da complexidade dos dados que tiveram de ser levados em consideração), quanto no plano estético; ela é digna do local esplêndido onde foi colocada; a nota monumental devida a sua arquitetura nobre e pura contribuiu para completar uma natureza pródiga, que as transformações feitas pelo homem haviam, até então, mais prejudicado que embelezado.

Os trabalhos posteriores de Reidy, embora continuando fiéis a um ideal racionalista, que visava ao equilíbrio entre os fatores funcionais e formais, algumas vezes deixam entrever uma nova inclinação no sentido destes, que tendem a assumir maior importância. Essa evolução é particularmente sensível em seus últimos projetos: as construções variadas destinadas ao

33. Ao contrário do que tinha ocorrido na escola de Pedregulho, onde se tinha lançado mão de uma parede lateral de tijolo para completar uma estrutura de cimento armado, coberta por um revestimento de brancura brilhante.

34. Essas mesmas passarelas comportam-se, no térreo, como se fossem marquises, desempenhando nesse plano uma idêntica função de traço de união.

240

Parque do Flamengo (1962-1964)[35]. As passarelas lançadas por cima das pistas de circulação rápida para permitir que os pedestres as atravessem sem perigo são de uma leveza admirável; elas comportam apenas um tabuleiro de concreto protendido lançado no espaço; a mais audaciosa, situada na frente do Museu de Arte Moderna e constituída por vigas triangulares de seção variada, justapostas no sentido longitudinal, parte do solo para descrever um arco bem acentuado em projeção horizontal; só a harmonia que daí emana justifica a escolha desse traçado brilhante e flexível a recortar-se contra as linhas rígidas do edifício que lhe serve de pano de fundo (Fig. 200).

Essa acentuada preocupação com a forma manifesta-se também pela freqüente adoção de desenhos geométricos regulares como vocabulário de base: as pistas de dança e de espetáculos ao ar livre e as destinadas às evoluções de aeromodelos são compostas pela interpenetração ou justaposição de círculos diversos; também é uma circunferência que define o contorno do pavilhão infantil previsto na extremidade do Parque, perto do Morro da Viúva, pavilhão cuja estrutura original é um sintoma a mais das novas tendências de Reidy[36]; quanto ao coreto, é um simples véu de concreto em forma de pirâmide invertida, repousando sobre um pilar central de mesma categoria, situado no centro de duas plataformas superpostas que formam uma estrela de oito pontas.

Esse coreto (Fig. 201), de magnífica pureza de concepção[37], pode ser comparado ao cogumelo criado por Bina Fonyat para o posto de serviços de Brasília; não é impossível que este tenha mais ou menos inspi-

Fig. 198. Affonso E. REIDY. *Museu de Arte Moderna.* Rio de Janeiro. 1954-1967. Pátio interno.

rado nosso arquiteto; de fato, em suas últimas realizações, pode-se encontrar uma inegável preocupação com a valorização plástica das coberturas, movimento que parece ter sido iniciado por seu colega baiano. É claro que se pode invocar, na obra pessoal de Reidy, alguns traços de uma inclinação prévia nessa direção, como certos detalhes das partes elevadas do Museu de Arte Moderna e, principalmente, o telhado separado do pavilhão pré-fabricado, imaginado em 1957 para a Lagoa Rodrigo de Freitas[38]; mas tratava-se de soluções cujo aspecto estético não era primordial; elas não afetavam a percepção do conjunto do edifício, no primeiro caso, e parece que, no último, esse aspecto da questão foi propositalmente sacrificado em favor das condições práticas. Em compensação, não se pode dizer o mesmo

35. *Habitat*, n.º 69, set. de 1962, p. 26 (maquete). *Módulo*, n.º 37, agosto de 1964, pp. 30-51 (planta, maquetes, fotos). *Arquitetura*, n.º 29, nov. de 1964, pp. 13-16 (planta, maquetes, fotos). *Acrópole*, n.º 337, março de 1967, pp. 24-31 (fotos, plantas, cortes).
36. As paredes e a cobertura parcial devem ser formados por placas de cimento triangulares e trapezoidais, colocadas de modo a formar uma estrutura contínua, pregada como uma sanfona sob todos os ângulos; essa disposição inédita, bem entendido, é de essência puramente formal.

37. Também ali ocorreu uma alteração lamentável na posição de Reidy: a substituição da iluminação indireta vinda do solo, que tinha sido prevista no projeto inicial, por uma luz direta, situada na cobertura, levou à colocação de múltiplas pequenas aberturas redondas que rompem a unidade das superfícies lisas desejadas pelo arquiteto.
38. S. GIEDION e K. FRANCK, *op. cit.*, pp. 50-51 (corte, planta, maquetes).

em relação à inspiração que originou o pavilhão de jogos construído no centro do *play-ground* infantil do Parque do Flamengo (Fig. 202). O arquiteto deleitou-se com a flexibilidade do concreto armado: ele curvou

fracas, Reidy sofreu, talvez mais do que seus colegas da equipe do Ministério da Educação, a influência direta de Le Corbusier, à qual se misturaram intimamente as de Lúcio Costa e Niemeyer. Genericamente

Fig. 199. Affonso E. REIDY. *Museu de Arte Moderna*. Rio de Janeiro. 1954-1967. Terraço do restaurante.

Fig. 201. Affonso E. REIDY. *Coreto*. Parque do Flamengo. Rio de Janeiro. 1962-1964.

Fig. 200. Affonso E. REIDY. *Museu de Arte Moderna*. Rio de Janeiro. 1954-1967. Frente norte e passarela que conduz a essa frente.

Fig. 202. Affonso E. REIDY. *Pavilhão de jogos*. Parque do Flamengo. Rio de Janeiro. 1962-1964.

as paredes longitudinais que sustentam a cobertura formada por quatro abóbadas invertidas, cuidadosamente juntadas e soldadas entre si; desta vez, a tônica recai incontestavelmente na originalidade formal desse tipo de cobertura, que não pode ser justificada por nenhum argumento de ordem estritamente racional[39]. Contudo, deve-se evitar falar em ruptura com a linha anterior; o uso exclusivo do concreto bruto e a permanência de uma linguagem clara que nada perdeu de sua firmeza são sinais evidentes de uma indiscutível continuidade.

Assim, a obra de Reidy apresenta-se como um conjunto coerente, baseado no respeito a um certo número de princípios básicos através de uma evolução que vai de 1930, ano do início de sua carreira, até 1964, data de sua morte prematura. Partindo de uma funcionalidade rígida, que se traduzia em obras plasticamente

ele não foi, no conjunto, um inventor de formas, mas soube aproveitar o novo vocabulário elaborado, para chegar a composições homogêneas que primam pela lógica e pelo bom gosto. Assim, conseguiu criar um estilo pessoal, situado entre o revolucionário vigor de imaginação de Niemeyer e a distinção inteligentemente conservadora de Lúcio Costa: Pedregulho é o exemplo mais típico e mais completo desse período de abertura. Os anos seguintes foram marcados pela conservação das mesmas fontes de inspiração e por uma evolução paralela a estas, com uma acentuada tendência para um rigor clássico, sensível na Gávea e no Museu de Arte Moderna. A adoção do concreto bruto, tal como sai das fôrmas, a partir de 1953-1954, encaixa-se bem com as preocupações constantes do arquiteto, mas não leva a uma mudança marcante de seu estilo: as pesquisas propriamente brutalistas, baseadas na valorização prioritária do material em seu aspecto original, apagam-se num contexto formal de leveza e equilíbrio significativos,

---

39. No máximo, pode-se alegar que as aberturas laterais existentes entre as paredes e o teto, por causa da forma deste, permitiam uma ventilação constante e ofereciam uma solução adequada para o clima do Rio.

onde o espírito jamais se deixava dominar pela matéria. O mérito de Reidy deve-se ao fato de que sempre conseguiu preservar o senso de medida e apreciar exatamente sua capacidade: ele não procurou competir com o gênio criador de Niemeyer no plano da pura plástica, mas não hesitou em aproveitar os achados deste, de Lúcio Costa e de Le Corbusier, sempre que julgou essas descobertas válidas. Pode-se dizer que seguiu um caminho médio, acessível à maioria dos arquitetos, propondo soluções muito estudadas em todos os setores; ele se esforçou ao máximo para fazer uma fusão dos fatores fundamentais; fiel ao racionalismo, evitou todos os setores; empenhou-se ao máximo para efetuar uma fusão dos fatores fundamentais; fiel ao racionalismo, evitou todos os excessos, mas sem cair, por isso, na objetividade fria e mecânica de uma sistematização por demais absoluta.

2. PESQUISAS PARALELAS DOS PRINCIPAIS ARQUITETOS BRASILEIROS

1. Jorge Machado Moreira: fidelidade ao espírito do Ministério da Educação

Sem dúvida alguma, Moreira é o arquiteto cujas preocupações mais se aproximam das de Reidy[40]. Ele sempre considerou o ofício que exerce com uma arte ao mesmo tempo utilitária e plástica, recusando-se a separar esses dois elementos ou a dar a um deles uma ênfase exclusiva. Não vacilou em advertir os jovens, e principalmente os estudantes, contra a tentação da originalidade a qualquer preço ou a de uma pesquisa exagerada da tradição local, tendências que lhe pareciam suscetíveis de levar a resultados infelizes nas mãos de talentos duvidosos ou insuficientemente amadurecidos. O discurso que pronunciou em 1955, por ocasião da distribuição dos prêmios de arquitetura na III Bienal de São Paulo[41], é muito instrutivo sob esse aspecto: ele não mencionou nome nenhum, mas era evidente a alusão feita à obra de Niemeyer e de Lúcio Costa; não se pode falar porém de crítica velada àquele ou de reservas em relação a este, na medida em que seus conselhos se dirigiam a iniciantes na profissão e visavam, antes de tudo, a preveni-los contra a tentação de competir, desde o começo, com os mais velhos, enveredando por um caminho difícil. Sua atitude não era menos significativa de seus gostos e modo de encarar o futuro: a atração exercida pelas realizações das figuras de proa da arquitetura brasileira não obtinha sua aprovação, pois só lhes atribuía um valor excepcional devido aos dotes de invenção de um Niemeyer ou à profunda cultura e segurança de julgamento de um Lúcio Costa; em sua opinião, as orientações propostas não constituíam um caminho acessível à maioria, que devia procurar seus modelos em considerações menos audaciosas do que as de Niemeyer e menos ligadas sentimentalmente a uma época ultrapassada do que as de Lúcio Costa. Aliás, as reticências relativas a esse assunto não são da mesma ordem: são nitidamente mais sensíveis em relação à influência de Niemeyer do que à de Lúcio Costa. Essa tomada de posição muito clara não foi inspirada por motivos fortuitos ou passageiros; ela corresponde a um profundo sentimento de Moreira, e toda a sua obra pessoal é uma ilustração inequívoca disso.

Ao contrário de Reidy, que sempre seguiu bem de perto as pesquisas formais de Niemeyer e se inspirou nelas sem vacilar, ao mesmo tempo que dava um sentido diferente a esses elementos tomados emprestados, Moreira não se interessou pelos achados do arquiteto da Pampulha no setor das estruturas e dos volumes inéditos. Permaneceu fiel à linha adotada em comum pela equipe do Ministério da Educação, de que havia participado. Apegou-se ao sistema, agora clássico, da ossatura independente, em recuo, e dos blocos em paralelepípedo, na maioria das vezes dispostos sobre pilotis para libertar o térreo; o valor de suas construções não foi fruto do uso de um vocabulário original, mas da segurança de uma linguagem baseada na exploração das descobertas anteriores habilmente desenvolvidas.

Antes e acima de tudo, Jorge Moreira foi o chefe do grupo de arquitetos encarregados de fixar o plano de conjunto da Cidade Universitária do Rio de Janeiro, bem como o projeto dos edifícios que aí seriam construídos[42]. Infelizmente, esse trabalho, executado entre 1950 e 1955, não foi acompanhado de uma realização imediata dos edifícios previstos: só o Instituto de Puericultura foi concluído rapidamente (1953); a Faculdade de Arquitetura e a Escola Politécnica ergueram-se lentamente e só começaram a funcionar em 1960, sem que possam ser consideradas realmente terminadas até hoje; o hospital é hoje uma enorme carcaça, abandonada devido a imposições externas[43]; quanto aos outros projetos, a maioria nem começou a ser executada, de modo que essa cidade universitária, que deveria ser um protótipo exemplar, não passa de uma série de obras esparsas, perdidas no meio de um imenso terreno vago. Assim, mesmo que o empreendimento seja realmente levado até o fim e se mantenha a unidade de estilo prevista (apesar das transformações que inevitavelmente seriam feitas numa nova concepção da Universidade), jamais poderá ter o significado que teria tido em 1955.

Mas essa melancólica constatação nada tira da qualidade dos edifícios efetivamente construídos e, principalmente, do Instituto de Puericultura[44], que,

---

40. Aliás, eles trabalharam juntos no projeto elaborado em 1944 para o edifício administrativo da companhia ferroviária do Rio Grande do Sul, em Porto Alegre (não construído). *Architecture d'aujourd'hui*, n.º 13-14, set. de 1947, pp. 78-79, e S. GIEDION e K. FRANCK, *op. cit.*, pp. 30-33 (maquetes, plantas, corte, desenhos).

41. *Brasil — Arquitetura Contemporânea*, n.º 6, 1955, p. 62.

42. *Arquitetura e Engenharia*, n.º 21, março-maio de 1952, pp. 24-42. *Habitat*, n.º 15, março-abril de 1954, pp. 2-28 (fotos, plantas, desenhos). *Architecture d'aujourd'hui*, n.º 53, março-abril de 1974, pp. 72-77 (plantas, fotos, elevações, corte, maquetes). *Domus*, n.º 310, set. de 1955, pp. 1-2 (fotos). H. MINDLIN, *op. cit.*, pp. 236-237 (fotos, planta).

43. O terreno destinado à Cidade Universitária surgiu com a reunião de nove ilhotas da Baía de Guanabara, formando uma só linha de grandes dimensões, perto da Ilha do Governador, que é ainda maior; o azar quis que esta fosse escolhida precisamente para instalar o aeroporto internacional; então, as autoridades responsáveis pelo tráfego aéreo opuseram-se à construção do hospital, cuja grande altura e cuja situação, quase no eixo das pistas de aterragem, eram uma fonte de perigo para os aviões.

44. Cf. nota 42 e *Brasil — Arquitetura Contemporânea*, n.º 4, 1954, pp. 2-9 (fotos, plantas, elevações, cortes). H. MINDLIN, *op. cit.*, pp. 148-153 (fotos, plantas).

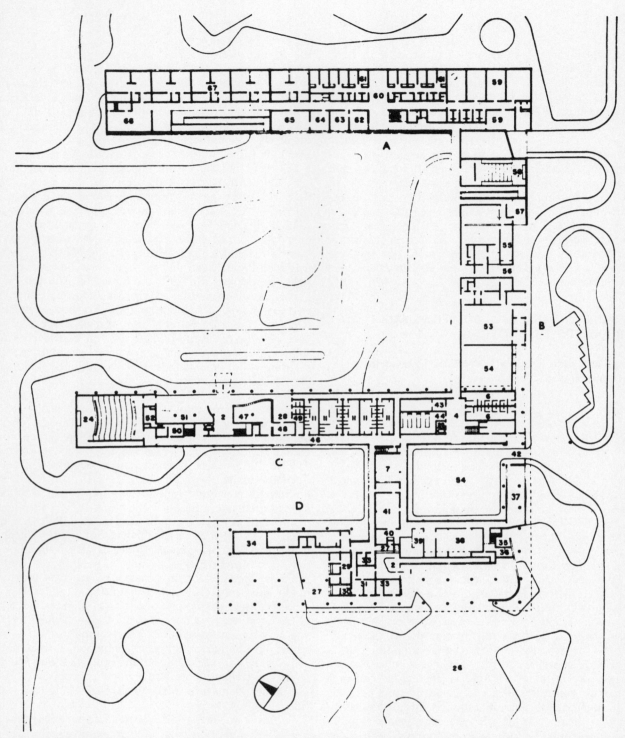

Fig. 203. Jorge MOREIRA e associados. *Instituto de Puericultura*. Cidade Universitária. Rio de Janeiro. 1953. Planta do nível superior.

Planta reduzida em 40%: 1: entrada principal; 2: vestíbulo principal; 3: informações; 4: vestíbulo de serviço; 5: entrada do pessoal; 6: vestiário do pessoal; 7: refeitório do pessoal; 8: *buffet*; 9: refeitório do pessoal; 10: sala de estar; 11: vestiário do pessoal; 12: filtros; 13: enfermaria; 14: sanitários das crianças; 15: área de jogos; 16: latas de lixo sujas; 17: latas de lixo limpas; 24: sala de conferências; 25: máquina dos elevadores; 26: jardins; 27: informações; 28: sala de espera; 29: serviço social; 30: registros médicos; 31: admissão e registro; 32: sanitários do público; 33: sanitários dos médicos; 34: serviço de patologia; 35: sala de espera; 36: cantina; 37: despensa; 38: cozinha geral; 39: *buffet*; 40-41: mamadeiras; 42: entrada de serviço; 43: rouparia; 44: depósito geral; 45: circulação suja; 46: circulação limpa; 47: escritório da administração; 48: escritório da administração; 49: escritório de admissão; 50: fotografia; 51: museu; 52: cabina de projeção; 53: jaulas dos animais; 54. pátio, 55, 56: lactário; 57: vestíbulo dos doadores de sangue; 58: sala de aula; 59: alojamento das enfermeiras; 60: sala de repouso das mães; 61: mães e crianças de peito; 62: administração; 63: médico; 64: copa; 65: refeitório das crianças; 66: sala de estar das crianças; 67: creche; A: creche (primeiro andar); B: lactário (térreo); C: hospital (térreo); D: dispensário (térreo).

mui justamente, obteve o primeiro prêmio de arquitetura hospitalar na II Bienal de São Paulo (1954). Cada um dos quatro blocos, de um a três níveis, corresponde a uma dada função: dispensário, hospital, creche e lactário (Fig. 203); os três primeiros estão disposto paralelamente e são ligados em uma de suas extremidades pelo quarto bloco, colocado em perpendicular. A articulação é clara e racional (Fig. 204): o

Fig. 204. Jorge MOREIRA e associados. *Instituto de Puericultura*. Cidade Universitária. Rio de Janeiro. 1953. Vista aérea do conjunto.

terreno foi aproveitado sem modificações, usando-se seu declive para justapor, num só plano, o andar do berçário e o térreo das outras alas; essa articulação assegurou a todos os serviços essenciais a melhor orientação e uma grande abertura para o jardim que os circunda; enfim, ela manteve a autonomia de cada um dos edifícios, sem prejuízo da continuidade necessária. Essas soluções simples e seguras traduziram-se numa expressão plástica apropriada: a composição horizontal não entra em choque com a paisagem; o emprego de volumes elementares, cuja geometria pura se destaca das formas flexíveis da natureza arranjada por Burle Marx, não exclui uma grande variedade de tratamento no quadro de uma indiscutível unidade; os arquitetos conseguiram jogar com diferenças de altura e implantação, com alternâncias de paredes opacas, paredes vazadas e faixas transparentes, com perícia consumada; eles souberam misturar a sobriedade (Fig. 205) com a

Fig. 205. Jorge MOREIRA e associados. *Instituto de Puericultura*. Cidade Universitária. Rio de Janeiro. 1953. Fachadas oeste e sul.

riqueza decorativa dos painéis de Burle Marx (Fig. 206), criar no interior um ambiente agradável, onde a lógica

utilitária jamais é fria e desumana, mas vem acompanhada de uma discreta elegância obtida por meios pouco dispendiosos. Para isso muito contribuiu a perícia em controlar a luz, manifestada pelos autores do projeto: os *brise-soleil* (de cerâmica vazada em forma de favo de colméia ou de treliça) protegem as galerias e os cômodos de recepção muito expostos, sem perturbar a ventilação natural desejada nesse clima e sem constituir um obstáculo que impeça a visão; a instalação de uma cobertura em *sheds,* particularmente bem adaptada às necessidades funcionais, permitiu misturar, à iluminação lateral clássica, uma iluminação de cima, cujos efeitos foram explorados com finalidades estéticas. O exemplo mais notável dessa combinação é o

Fig. 206. Jorge MOREIRA e associados. *Instituto de Puericultura*. Cidade Universitária. Rio de Janeiro. 1953. Entrada.

grande vestíbulo da entrada, situado no térreo do bloco que abriga o dispensário (Fig. 207): o espaço é bem delimitado e contínuo, ao mesmo tempo; não existe separação absoluta entre interior e exterior, entre os dois níveis ligados pelas rampas, entre os vários elementos que o compõem, mas a utilização impecável de simples grades de barras verticais basta para estabelecer a necessária transição, produzindo um jogo de linhas fechadas que se harmonizam com as horizontais das vigas da cobertura e as oblíquas dos planos inclinados de circulação ou da rede de fechos em treliça[45].

É verdade que se pode ver, em alguns detalhes dessa obra, a retomada de um vocabulário cuja primazia cabe a Niemeyer (marquise em abóbadas postas uma ao lado da outra na cobertura da creche) e principalmente o desenvolvimento de achados de Lúcio Costa em matéria de *brise-soleil* fixos. Mas não julgamos que seja um empréstimo direto. É provável que Pedregulho tenha servido como elo intermediário (vestiários da piscina, parede vazada da escola formada pelos mesmos elementos hexagonais de cerâmica oca). Aliás, a questão é secundária, na medida em que a adoção de uma forma típica de Niemeyer é verdadeira exceção em Moreira; quanto à influência de Lúcio Costa, talvez seja mais sensível como dado permanente, mas foi despojada de um de seus aspectos essenciais, a ligação com um passado considerado não totalmente superado; assim, nesse ponto, a atitude assumida é exatamente a mesma de Reidy e pouco importa que derive de uma

---

45. Processos semelhantes também serviram com o mesmo sucesso no bloco da creche, onde o pátio do térreo deu lugar a um tratamento especial baseado no jogo de rampas e de variações horizontais e verticais, conjugado com fontes luminosas opostas, uma direta e lateral, a outra quase de cima e fragmentada pela renda de cerâmica dos elementos vazados.

reflexão pessoal imediata ou da adoção de soluções já propostas. Só conta realmente o resultado prático e estético.

A Faculdade de Arquitetura, como o Instituto de Puericultura, é uma realização cuidada, onde o lado

Fig. 207. Jorge MOREIRA e associados. *Instituto de Puericultura.* Cidade Universitária. Rio de Janeiro. 1953. Vestíbulo.

plástico foi acentuado devido à sua significação de escola de arte. Ela se inspira claramente no Ministério da Educação em sua implantação geral: um bloco principal de vários andares é cortada a um terço de seu comprimento por um edifício baixo, perpendicular, que se infiltra sob os pilotis e termina com uma grande parede cega onde deverá ficar uma imensa composição esculpida de Burle Marx. A horizontalidade dominante, o cotovelo em ângulo reto da ala secundária, que determina uma espécie de pátio aberto, são variações que derivam, acima de tudo, do programa e da liberdade dada pelo terreno disponível, vasto e bastante livre; elas não alteram em nada a semelhança dos princípios. O mesmo ocorre quanto ao estilo: não é porque as colunas têm uma seção oval que se harmoniza com o maior comprimento do edifício ou porque os elementos vazados desempenham agora um papel importante que se pode falar de mudanças profundas. Existe uma indiscutível fidelidade para com a linha traçada em 1938-1943, quando do primeiro sucesso notável da arquitetura contemporânea no Brasil.

Não examinaremos com maiores detalhes a Escola Politécnica, que se aproxima bastante da faculdade acima, mas é claramente menos brilhante no aspecto formal, por ter sido respeitado seu caráter essencialmente tecnológico; em compensação, antes de deixar a Cidade Universitária carioca, é preciso dizer algumas palavras sobre a gráfica que lá foi construída em 1963, pois se trata de uma obra excepcional na carreira de Moreira, pouco inclinado às pesquisas estruturais. Uma ossatura metálica sustenta uma cobertura de concreto e vidro, composta de vigas transversais cujos finos véus em forma de canais alternados constituem *sheds* leves e originais; a iluminação de cima reforça, assim, a luz lateral, que penetra livremente na oficina através das paredes das faces pouco expostas ao sol; para estas, o arquiteto elaborou um sistema de elementos vazados de concreto, nos quais inseriu pequenos quadrados transparentes: assim, evitava o inconveniente dos vidros de grandes dimensões, pouco adaptados a um local onde há máquinas trabalhando, ao mesmo tempo que assegurava uma proteção eficaz contra o excesso de luminosidade. O conjunto, completado por paredes cheias, de tijolos nus, na fachada de acesso, alia habilmente, a austeridade dos materiais brutos à elaboração cuidada não isenta de requintes; simples e racional, ele se impõe como um belo êxito da construção industrial, não destoando do *campus* universitário de que faz parte[46].

A atividade de Moreira não se limitou a suas funções oficiais, e pelo menos dois dos edifícios que projetou, em caráter particular, tiveram repercussão internacional: o edifício Antonio Ceppas e a casa de mesmo nome, premiados respectivamente nas II e IV Bienais de São Paulo, em 1954 e 1961. O edifício Antonio Ceppas[47], construído em 1952 no bairro do Jardim Botânico, no Rio, é uma feliz mistura de riqueza e pureza racionalista. Tirou-se todo o proveito possível de um terreno difícil, numa encosta, sem que isso tenha alterado em nada a geometria maciça do bloco quase cúbico erguido sobre pilotis (Fig. 208). As fachadas são animadas por dois elementos fundamentais: a multiplicação das madeiras e o festival de cores em que se lançou o arquiteto. Aquelas são vigorosamente decorativas, mas têm um papel prático de primeira ordem; as treliças, que fecham os terraços de certos cômodos e formam a faixa superior da divisão ternária que define o fechamento das salas de estar, as venezianas de lâminas horizontais ou verticais giratórias que as complementam, as venezianas corrediças, não são apenas *brise-soleil* eficientes; também permitiram dispor de uma ventilação natural regulável em todos os cômodos, deram a estes uma nota de intimidade e conservaram a possibilidade de os moradores terem uma

---

46. Mas existe um perigo pairando sobre essa realização: o isolamento térmico da cobertura comprovou ser insuficiente e deverá ser reforçado. Ora, parece que nem Moreira (que depois de sofrer um acidente de automóvel em 1964 abandonou suas funções de arquiteto-chefe da Cidade Universitária), nem seus colaboradores responsáveis, serão consultados sobre a solução que convém dar a essa questão. Fala-se em erguer, em cima da primeira, uma nova cobertura que, se for encarada unicamente do ponto de vista técnico, corre o risco de destruir totalmente a estética do edifício.

47. *Architecture d'aujourd'hui*, n.º 45, nov. de 1952, pp. 36-37 (fotos, plantas). *Brasil — Arquitetura Contemporânea*, n.º 4, 1954, pp. 10-13 (fotos, plantas). *Architectural Review*, vol. 120, set. de 1956, pp. 168-171 (plantas, fotos). H. MINDLIN, *op. cit.*, pp. 100-101.

vista integral do excepcional local oferecido pela Lagoa Rodrigo de Freitas (Fig. 209); a engenhosidade do sistema ilustra o amor pelo detalhe impecável que sempre foi um dos critérios da arquitetura de Moreira. Quanto às tonalidades vivas acima mencionadas, elas contribuem para dar ao edifício um ar alegre que lhe assenta muito bem; não se pode falar de um abuso beirando o pitoresco, nem de luxo deslocado: o amarelo das treliças, a brancura das ferragens, os azuis de certos revestimentos das fachadas laterais recortam-se da ossatura cinza-pérola, mas não perturbam a rigorosa lógica do edifício; a valorização ornamental limita-se ao térreo, dedicado quase inteiramente a um jardim de Burle Marx, cujos caminhos pavimentados de mosaicos multicoloridos encontram uma continuação natural nas composições murais do mesmo artista. Desta vez, parece difícil negar a influência de Lúcio Costa: foi ele que, já em 1944, definiu o emprego conjugado de treliças e *brise-soleil* de madeira, aqui adaptados num outro espírito; foi ele também o primeiro, no Parque Guinle, a jogar com os tons coloridos em programas desse tipo, mas o edifício Antonio Ceppas, sob esse aspecto, está mais próximo do Pedregulho de Reidy que do delicado requinte com a marca indelével de Lúcio Costa.

A casa de Antonio Ceppas[48], terminada em 1958, no bairro do Leblon, no Rio, oferece mais uma prova da unidade da obra de Moreira. Este não hesitou em retomar, numa moradia individual, os princípios construtivos e formais em geral reservados às obras de maior amplitude; tratou essa residência como se fosse um pequeno prédio de apartamentos e acentuou propositalmente esse aspecto externo. É evidente que foi levado a adotar essa solução por causa da pequena largura relativa do terreno e das exigências do proprietário, decidido a não ser mesquinho quanto ao tamanho e número de cômodos desejados; mas não há

Fig. 208. Jorge MOREIRA e associados. *Edifício Antonio Ceppas*. Rio de Janeiro. 1952. Exterior.

dúvida de que essa solução agradou ao arquiteto desde o começo: ele a transformou num verdadeiro manifesto, provando que o espírito e a estética racionalistas conservavam seu valor em qualquer ocasião e aplica-

48. *Acrópole*, n.º 276, nov. de 1961, pp. 416-419 (fotos, plantas).

vam-se muito bem a todos os gêneros. A casa de Antonio Ceppas é um bloco de três andares, todo de concreto armado, que parece erguer-se sobre pilotis devido ao recuo do térreo; estende-se no sentido do comprimento para ocupar a quase totalidade do lote dispo-

Fig. 209. Jorge MOREIRA. *Edifício Antonio Ceppas*. Rio de Janeiro. 1952. Varanda dos quartos.

nível, deixando, dos dois lados, apenas um pequeno trecho de jardim ao ar livre; assim, quase que existem apenas duas fachadas, dispostas ligeiramente em recuo em relação aos lados menores do retângulo de base; as outras frentes são cegas, pois existem construções vizinhas coladas nelas ou que podem fazê-lo. O arranjo interno dessa massa, que se estende por quase 25m de profundidade, é de uma flexibilidade notável e contrasta com a rígida pureza do exterior: salas de estar e quartos foram situados nas duas extremidades, único lugar onde podem ter muita iluminação e gozar de uma vista desimpedida; a parte central, que os separa e une ao mesmo tempo, compreende uma série de vestíbulos, de galerias, de escadarias, cuja superposição e interpenetração criam jogos de espaço muito seguros; ali, a luz do dia penetra todas as partes, embora de modo comedido, graças às finas faixas laterais simétricas que correspondem, de um lado, a um jardim interno e, de outro, a um pequeno pátio de serviço (Fig. 210). As duas fachadas, orientadas respectivamente para nordeste e sudoeste, distinguem-se pela importância que nelas assumem plasticamente os meios

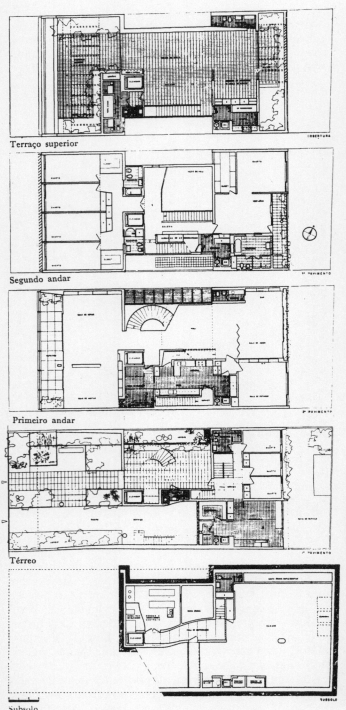

Fig. 210. Jorge MOREIRA. *Casa de Antonio Ceppas*. Rio de Janeiro. 1958. Plantas.

Fig. 211. Jorge MOREIRA. *Casa de Antonio Ceppas*. Rio de Janeiro. 1958. Fachada.

obter um equilíbrio harmônico impecável, baseado na distribuição de cheios e vazios, no tratamento das superfícies por zonas, na oposição de linhas verticais e horizontais, de cores e de materiais, no senso de proporção. A secção áurea intervém sutilmente na localização da única coluna visível, bem como na relação entre as janelas das salas de estar e os *brise-soleil:* a aplicação dessa divisão em função do número áureo levou o autor do projeto a fazer com que os *brise-soleil* ressaltem ligeiramente do andar inferior, sublinhando com uma moldura fina a situação real da laje do piso. Os meios empregados permanecem simples e de ordem estritamente arquitetônica, pois os complementos ornamentais (jardins e painéis decorativos de Burle Marx) não são visíveis desse ângulo. Sob muitos aspectos, levando em conta a diferença de ambiente, meio e tempo, a casa de Antonio Ceppas inscreve-se na tradição inaugurada por Le Corbusier com a casa Savoye, em Poissy: é uma aplicação original a uma residência urbana de proteção contra o sol. Nos fundos, a disposição em quincunce de elementos vazados pré-fabricados, de concreto, e de janelas na horizontal, protegidas por persianas de madeira, já produz um efeito notável; mas é a frente para a rua que constitui seu maior êxito (Fig. 211). O olhar é atraído imediatamente pelas lâminas verticais do *brise-soleil* móvel dos quartos, mas a composição inteira foi estudada com perícia para se construída em país tropical, num local cheio de obstáculos, dos cinco pontos do mestre racionalista e do classicismo geométrico aliado ao senso de inovação que caracterizou seu primeiro grande período de criação. Naturalmente, tal constatação não significa que se trate de uma obra anacrônica ou deslocada: a permanência dos princípios de base é acompanhada por uma linguagem que levou em consideração a evolução para a qual contribuiu a escola brasileira e as conquistas que esta conseguiu impor a um mundo espantado por seu florescimento inesperado.

Dentre os arquitetos do país, Moreira foi, portanto, um daqueles cujo estilo se manteve com maior firmeza durante sua carreira. Pouco tentado pela invenção formal propriamente dita, preferiu continuar fiel a uma linha de conduta que já dera provas de ser produtiva e que convinha a seu temperamento. Muito próximo de Reidy no plano das soluções funcionais, ele não o seguiu no desenvolvimento das pesquisas estruturais inspiradas pelas de Niemeyer; continuou a explorar o repertório elaborado pela equipe do Ministério da Educação, de que fizera parte, dispensado um cuidado muito particular ao tratamento dos detalhes; sua arquitetura extrai um encanto especial do amor que dedica à valorização dos elementos secundários, mas ele sempre os integrou numa composição de conjunto bem ordenada e solidamente equilibrada; é por isso que esta continuou sendo de uma pureza fundamentalmente clássica em sua expressão, apesar de um gosto inegável por uma grande riqueza no campo da cor e do ornamento[49]. A última realização cronológica de que se falou — a gráfica da Cidade Universitária, projetada em 1963 — é, por certo, muito diferente das anteriores: o emprego sistemático dos materiais sem revestimento e de um outro tipo de ossatura demonstra que Moreira ficou atento às transformações que foram introduzidas no Brasil durante os últimos anos, mas não nos parece que tenha ocorrido, nele, uma verdadeira mudança de estado de espírito; o novo caráter que surgiu talvez se devesse mais à abordagem de um gênero de programa até então inédito para ele do que a uma vontade sua deliberada, de modificar o estilo. Embora a austeridade viesse substituir uma certa exibição de luxo, a concepção mais profunda continuou a mesma: toda solicitação brutalista foi afastada e a matéria só vale como complemento de uma composição harmoniosa e regular, fiel ao ideal racionalista.

2. As grandes construções de Rino Levi: prédios, hospitais, fábricas, etc.[50]

Se excetuarmos o aspecto pioneiro da obra de Warchavchik, até agora pouco se falou da nova arquitetura feita em São Paulo, principalmente pelos arquitetos brutalistas. Para isso, houve dois motivos principais: de um lado, a menor vivacidade dos talentos paulistas e o atraso maior com que se impuseram, e, de outro, o fato de as criações mais originais não se encaixarem na linha propriamente racionalista, embora derivem dela indiscutivelmente. Nem mesmo Rino Levi, que por longo tempo surgiu como a personalidade local mais conhecida, pertence incontestavelmente a essa tendência, a não ser por suas construções de grande amplitude, ao passo que sua reputação nacional e internacional talvez se deva mais a suas casas, cujo estilo particular está estudado a seguir. Mas seria injusto limitarmos a esse aspecto apenas e silenciar sobre o trabalho considerável executado em outros setores por um escritório muito ativo.

Rino Levi (1901-1965), filho de italianos imigrados, estudou no Colégio Dante Alighieri de São Paulo antes de ir para a Itália a fim de receber sua formação superior; inicialmente aluno da Escola Politécnica de Milão e da Escola de Belas-Artes de la Brera, deixou a Lombardia, indo para Roma em 1921, e foi nessa cidade que obteve, em 1926, seu diploma de arquiteto, depois de ter trabalhado sob a direção de Piacentini. Voltando ao Brasil no ano seguinte, substituiu Warchavchik na Companhia Construtora de Santos, antes de se instalar por conta própria, depois de dezoito meses. Praticamente até o começo da Segunda Guerra Mundial, ele, juntamente com seu colega de origem russa e mesma formação romana, foi o único partidário decidido de uma renovação arquitetônica, fixado na capital paulista; mas não exerceu uma ação pioneira tão dinâmica quanto aquele e contentou-se em dar o exemplo com suas propostas sóbrias e funcionais. Aliás, suas idéias eram bem menos radicais que as de Warchavchik: quando enviou a O Estado de São Paulo[51], na época em que ainda estudava na Itália, sua carta sobre a arquitetura e a estética das cidades, que foi publicada apenas alguns dias depois do manifesto redigido pelo outro arquiteto, mais velho, evitou renegar formalmente o classicismo, considerado como uma fonte válida de inspiração (mas não de imitação); jamais admitiu uma concepção puramente mecânica de sua profissão e não se deixou influenciar pela tese que via na arquitetura uma arte social; defendeu vigorosamente seu valor plástico e seu caráter individual, mas isso não o impediu de erigir em princípio o apelo a múltiplos colaboradores; não consultou apenas engenheiros: levou em consideração, mais do que qualquer outra, a opinião dos especialistas na elaboração dos programas, de uma certa maneira reservando para a arquitetura a síntese final e a conformação definitiva do projeto[52]. Portanto, permaneceu fiel, mais do que Warchavchik, à marca recebida durante a estadia na Itália (o que pode ser facilmente explicado por suas origens) e revelou ser menos sensível à influência de Le Corbusier do que a maioria de seus colegas brasileiros, devido a sua profunda vinculação a um país europeu de alta tradição cultural.

A Faculdade de Filosofia, Ciências e Letras "Sedes Sapientiae" da Pontifícia Universidade Católica de São Paulo (1940), primeira consecução que realmente chamou a atenção[53], ressente-se fortemente dessa tradição, ao mesmo tempo que revela ser de concepção moderna tanto na técnica quanto na estética. A simplicidade fun-

---

49. O artista preferido de Moreira foi Burle Marx; a colaboração entre eles começou quando este foi encarregado do desenho dos jardins do Ministério da Educação, mas a seguir, ao contrário de seus colegas de equipe da época, Moreira apelou sistematicamente para ele e, em vez de isolá-lo em sua especialidade de arquiteto paisagista, confiou-lhe também as decorações murais com que gostava de realçar algumas paredes ou muros.
50. G. FERRAZ, Individualidades na História da Atual Arquitetura no Brasil. III. Rino Levi, em Habitat, n.º 30, maio de 1956, pp. 34-49 (fotos, plantas, elevações, desenhos). B. ALFIERI, Rino Levi: una nuova dignità all'habitat, em Zodiac, n.º 6, abril de 1960, pp. 84-95 (fotos, plantas); idem, O arquiteto Rino Levi, em Arquitetura, n.º 42, dez. de 1965, pp. 6-29 (fotos, plantas, cortes).
51. O Estado de S. Paulo, 15 de out. de 1925, texto transcrito em Depoimentos, I, pp. 32-33.
52. Architecture d'aujourd'hui, n.º 27, dez. de 1949, pp. 50-51.
53. P. GOODWIN, Brazil Builds, New York, 1943. Architecture d'aujourd'hui, n.º 13-14, set. de 1947, pp. 80-84 (plantas, fotos).

cional dos edifícios e sua nudez acomodaram-se perfeitamente com a organização em torno de um pátio de tipo mediterrâneo e com os princípios de uma composição rítmica. A alternância de pilares com painéis de pequenos quadrados de vidro inseridos num caixilho de cimento é tão feliz dentro quanto fora; ela se traduz em brilhantes jogos de luz e sombra, em discretas variações de profundidade num conjunto de ortogonalidade rígida; mas uma judiciosa nota de contraste é dada pela flexibilidade da laje do pórtico e seu aumento regular de volume nos pontos onde se apóia em leves colunatas. No máximo, pode-se lamentar o emprego sistemático de uma tonalidade ocre para os revestimentos, pois essa cor neutra, lembrança da Cidade Eterna transposta para os trópicos, não convinha a uma arquitetura austera que não era animada por diferenças marcantes de relevo.

O mesmo defeito surge no prédio de apartamentos Prudência[54], que é do ano em que Rino Levi aceitou um sócio, Roberto Cerqueira Cesar (1944). A obra foi considerada como um modelo pela flexibilidade obtida na disposição interna dos cômodos, mas o abuso de cores escuras, emprestadas da gama dos marrons, não contribuiu para valorizar a obra no plano plástico. A obra-prima desse gênero de programa da equipe é, sem dúvida alguma, o edifício Seguradora Brasileira[55], projetado em 1948, mas terminado só em 1956 (Fig. 212). Dois blocos de moradia de quatorze andares, um ao lado do outro, e ligados no centro por um corpo transversal que abriga os serviços comuns e os elevadores, foram erguidos numa plataforma-jardim, sob a qual foram estabelecidos dois níveis de lojas que abrem para a rua, no mesmo nível desta, e um subsolo que serve de garagem. A separação desses dois grupos de volumes é bem marcada, mas sua união é assegurada por uma estrutura original extremamente eficaz, que permite passar, sem solução de continuidade, da clássica coluna inferior para as paredes laterais sustentadoras dos alojamentos (Fig. 213): assim, o atravancamento causado pelos elementos da estrutura é reduzido ao mínimo e se adapta perfeitamente às necessidades intrínsecas de cada uma das partes; de fato, os apartamentos ganham em superfície disponível e facilidade de mobiliar aquilo que perdem em flexibilidade de transformação, por causa da existência de paredes irremovíveis. As fachadas são particularmente cuidadas: o desencontro entre janelas e peitoris evita a alternância, monótona, de faixas horizontais uniformes, ao mesmo tempo que conserva o uso de um material padrão e a unidade das lajes do piso do teto em toda a construção[56].

54. *Arquitetura e Engenharia*, n.º 17, maio-junho de 1951, pp. 42-49. *Architectural Review*, vol. 110, dez. de 1951, pp. 368-375. *Progressive Architecture*, t. XXXVIII, n.º 8, agosto de 1952, pp. 63-67. H. MINDLIN, *op. cit.*, pp. 96-97 (plantas, fotos).

55. *Architecture d'aujourd'hui*, n.º 31, set. de 1950, pp. 16-17 (maquete, plantas, desenhos de detalhes técnicos) e n.º 74, out.-nov. de 1957, pp. 94-95 (plantas, fotos). *Domus*, n.º 287, out. de 1953, p. 8 (plantas, maquetes). *Habitat*, n.º 45, nov.-dez. de 1957, pp. 40-43 (plantas, fotos).

56. O processo empregado é ao mesmo tempo simples e engenhoso: certos cômodos têm peitoris altos (1,15m), na frente dos quais os arquitetos instalaram um pequeno armário embutido, e janelas que chegam até o teto; outros cômodos têm peitoris baixos (50cm), cujas placas de mesmo tipo das precedentes sobressaem no andar inferior, o que restabelece, para cada faixa vertical, o equilíbrio entre aberturas e partes cheias.

Uma das preocupações predominantes de Rino Levi e seus associados[57] sempre foi a proteção eficaz contra o excesso de insolação. Embora tenham claramente preferido as venezianas ou persianas de madeira

Fig. 212. Rino LEVI e Roberto CERQUEIRA CESAR. *Edifício Seguradora Brasileira*. 1948-1956.

Fig. 213. Rino LEVI e Roberto CERQUEIRA CESAR. *Edifício Seguradora Brasileira*. 1948-1956. Corte.

nos prédios de habitação coletiva, não vacilaram em em utilizar sistematicamente diversos tipos de *brise-soleil*,

57. O escritório transformou-se efetivamente em firma tríplice em 1955, quando Luiz Roberto Carvalho Franco foi elevado a esse título, depois de uma colaboração de vários anos que começou quando ainda era estudante.

ao gosto da arquitetura brasileira, nos arranha-céus destinados a abrigar escritórios; nesse campo, chegaram mesmo a mostrar-se bem mais conservadores do que a maioria de seus colegas e continuaram a usar os *brise-soleil*, sem preocupar-se com as recentes possibilidades oferecidas pela fabricação de vidro refratário, considerado por eles um meio oneroso e insuficiente[58]. Essa posição muito firme, ditada por considerações de ordem racional e econômica, não constituía de modo algum uma rejeição ou um desconhecimento dos progressos técnicos realizados pela indústria; pelo contrário, Rino Levi e sua equipe sempre foram sensíveis a esse aspecto, e o melhor exemplo disso é a adoção do processo do pano de vidro para o anteparo de alumínio com que protegeram as fachadas do Banco Sul-Americano[59] na

Fig. 214. Rino LEVI, Roberto CERQUEIRA CESAR e Luís Roberto CARVALHO FRANCO. *Banco Sul-Americano* (atual Itaú). 1961-1965.

Avenida Paulista (1961-1965) (Fig. 214) .Aliás, não se deve hesitar em dizer que é nessa aliança estreita com a tecnologia que eles alcançaram os melhores resultados plásticos: o edifício que acabamos de citar, em sua simplicidade vigorosa e em sua linha (tradicional desde o Ministério da Educação)[60], é de uma beleza bem mais impressionante do que o edifício da Sociedade Plavinil (1961-1966), situado numa rua paralela, onde monótonos elementos vazados de cerâmica, repetidos ao infinito em todas as fachadas, lembram demais, adesar de serem pré-fabricados e terem um desenho propositalmente elementar, as pesquisas formais de Lúcio Costa no Parque Guinle.

Rino Levi e Roberto Cerqueira Cesar construíram para si uma sólida reputação internacional, graças a seus projetos de hospitais extremamente bem estudados no plano funcional. Sem dúvida alguma, o mais importante é o Instituto Central do Câncer[61] (Hospital Antônio Candido de Camargo) em São Paulo (1947-1954). As soluções achadas para resolver racionalmente os problemas de circulação interna, levando em conta a forte inclinação do terreno e as exigências do programa, foram notáveis, bem como a segurança da orientação e a ligação dos três blocos, que se harmonizam num todo equilibrado apesar da diferença de tamanho. A unidade global é assegurada pelo tratamento uniforme das janelas, dentro de uma geometria rígida de volumes, animados por saliências colocadas com segurança. Mas não parece que essa obra se imponha como um indiscutível êxito estético: as galerias aéreas em rampa, que unem os dois edifícios principais, conviriam mais a uma fábrica, e o coroamento denteado do corpo central, embora provocado por uma disposição inteligente do último andar (alternância de partes construídas no sentido transversal com estreitos pátios contíguos, orientados no mesmo sentido), lembra as fortificações medievais, coisa que aqui fica deslocada.

Sem dúvida alguma, o Hospital Albert Einstein, no bairro do Momumbi, teria sido mais feliz, mas o projeto vencedor do concurso de 1958[62] foi completamente desnaturado com a cumplicidade da sociedade comanditária e da empresa de construção a quem fora confiado o encargo, sem a aprovação dos arquitetos; aliás, foi preciso apelar novamente para estes a fim de tentar limitar os danos e modificar completamente suas primeiras propostas quando, durante os trabalhos, apareceram defeitos irreparáveis, causados pelas modificações irrefletidas. Praticamente não há nada em comum entre a concepção original, que previa uma planta em "T", com um bloco vertical para a hospitalização, destacando-se da horizontalidade da ala de serviço, e os dois edifícios longitudinais, superpostos na obra atual, começada em 1961.

Os sucessos mais nítidos de Rino Levi e seus colaboradores foram alcançados quando a qualidade plástica resultava da simples exploração racional dos ma-

---

58. De fato, este exige como complemento a instalação do ar condicionado no interior do edifício, enquanto que os *brise-soleil* permitem dispensá-los ou, pelo menos, reduzir o consumo de luz necessário aos aparelhos para manter a temperatura desejada. O único edifício onde os arquitetos utilizaram o vidro refratário em vez dos *brise-soleil* que tinham previsto é o edifício R. Monteiro (1960-1963), no centro de São Paulo, mas só o fizeram por imposição dos proprietários; a experiência comprovou que o ponto de vista deles era correto.

59. *L'Architettura*, n.º 84, out. de 1962, pp. 394-395, e *Habitat*, n.º 74, dez. de 1963, pp. 15-20 (maquetes, plantas, cortes), *Acrópole*, n.º 334, nov. de 1966, pp. 32-37 (fotos, plantas, cortes, desenhos).

60. Incontestavelmente, a parte menos feliz é a das superestruturas visíveis só de longe, onde o caráter vagamente náutico sugerido no Ministério da Educação transformou-se numa lembrança sem rodeios de uma chaminé de navio.

61. *Arquitetura e Engenharia*, n.º 11, out.-dez. de 1949, pp. 26-34. *Architecture d'aujourd'hui*, n.º 27, dez. de 1949, pp. 51a-51h (plantas, fotos, maquete); n.º 43-44, agosto de 1952, p. 90 (fotos, corte, esquema de circulação), e n.º 52, jan. de 1954, pp. 82-83 (fotos). *Architectural Record*, vol. 107, fev. de 1950, pp. 108-111 (fotos, plantas); e vol. 115, fev. de 1954, pp. 202-205 (fotos). *Habitat*, n.º 13, out.-dez. de 1953, pp. 11-18 (fotos, plantas, cortes). H. MINDLIN, *op. cit.*, pp. 154-157 (fotos, plantas, corte).

62. *Habitat*, n.º 48, maio-junho de 1958, pp. 109-112 (desenhos, planta, maquetes) e n.º 50, set.-out. de 1958, pp. 2-3 (maquetes). *Architecture d'aujourd'hui*, n.º 84, junho-julho de 1959, pp. 60-62 (maquete, esquema de circulação, corte, elevação). *Architectural Review*, vol. 126, agosto de 1959, pp. 109-112 (desenhos, plantas, maquetes).

teriais, escolhidos e utilizados em função da melhor adaptação possível a cada programa tratado. Assim, não é de espantar que a arquitetura industrial apareça como um dos setores onde eles se impuseram de modo mais brilhante. As estruturas metálicas eram muito convenientes para esse gênero, especificamente utilitá-do mesmo tipo. Infelizmente, a beleza natural que emana desses conjuntos era perceptível principalmente antes da conclusão das obras, quando as placas de alumínio ondulado do telhado ainda não estavam assentadas e uma perfeita transparência valorizava o desenho elegante dessas gigantescas teias de aranha (Figs. 215 e 216).

Fig. 215. Rino LEVI, Roberto CERQUEIRA CESAR e Luís Roberto CARVALHO FRANCO. *Galpão de plantação*. São José dos Campos. 1951-1955 (em construção).

rio, que freqüentemente exigia grandes espaços livres e uma cobertura leve[63]. Os vigamentos da fábrica Arno[64], em São Paulo (1950-1951), foram concebidos a partir das varas de aço comum, empregadas nas estruturas de concreto armado: constituem um modelo do gênero, com sua rede aérea de verdadeiras vigas de treliça que se cruzam audaciosamente no espaço. O mesmo se pode dizer dos hangares situados ao lado de uma plantação em São José dos Campos (1951-1955)[65], onde as duas abóbadas paralelas são formadas por uma série de ferros perfilados, completados por suportes longitudinais

63. Aliás os arquitetos não se limitaram a utilizar as estruturas metálicas só para as construções leves. Foram os primeiros no Brasil a construir um edifício de ossatura de aço (garagem América, Rua Riachuelo, em São Paulo, 1953-1954), mas não insistiram nesse caminho, preferindo, para os prédios de escritórios e de apartamentos, a clássica estrutura de concreto colocada em recuo, conforme o princípio tão caro a Le Corbusier.
64. *Habitat*, n.º 10, jan.-março de 1953, pp. 24-25 (plantas, fotos).
65. *Habitat*, n.º 50, set.-out, de 1958, pp. 2-3 (fotos, diagramas).

Fig. 216. Rino LEVI, Roberto CERQUEIRA CESAR e Luís Roberto CARVALHO FRANCO. *Galpão de plantação*. São José dos Campos. 1951-1955. (Terminado)

252

Os arquitetos trataram com a mesma perícia projetos de dimensões mais modestas. A Leiteria Parahyba (1963-1965)[66], numa das grandes fazendas nos arredores de São José dos Campos, a uns 100km de São Paulo, foi uma das últimas realizações que Rino Levi chegou a ver terminada, embora sem os jardins de Burle Marx, que haviam sido previstos para as imediações (Fig. 218). Trata-se de uma construção muito essencial, é engrossado no prumo dos suportes por nervuras que não são visíveis (de fato, houve uma inversão na disposição clássica de vigas e teto a fim de conservar um aspecto perfeitamente liso para a face inferior da laje); o isolamento térmico e a impermeabilização são assegurados por uma camada de 20cm de palha de arroz e por telhas onduladas de fibro-cimento, que repousam sobre um vigamento de madeira diretamente

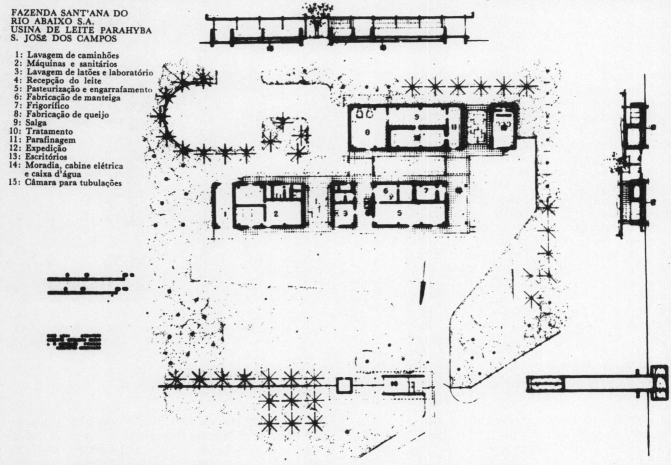

Fig. 217. R. LEVI, R. CERQUEIRA CESAR e L. R. CARVALHO FRANCO. *Leiteria Parahyba*. São José dos Campos. 1963-1965. Planta e elevações.

simples, composta por uma base de pilares finos e uma cobertura fina em cimento armado; a flexibilidade é total: os espaços livres alternam com as partes semifechadas ou inteiramente fechadas, de acordo com as necessidades práticas (Fig. 217), mas essa flexibilidade não prejudica a pureza geométrica e a unidade da arquitetura que se insere habilmente na paisagem, sem procurar apagar-se perante ela. A ausência de revestimentos confere a essa fábrica rural a austeridade que convém a um edifício industrial, sem fazer com que perca sua leveza tipicamente brasileira. Nesse ponto, é conveniente insistir na originalidade da cobertura, que é a chave da expressão que emana dos edifícios: o véu de concreto, sem espessura, que é seu elemento

66. *Arquitetura*, n.º 42, dez. de 1965, pp. 16-17 (maquete, fotos, plantas). *Arquitetura e Construção*, n.º 0 (experimental), julho de 1966, pp. 14-20 (fotos, plantas).

Fig. 218. R. LEVI, R. CERQUEIRA CESAR e L. R. CARVALHO FRANCO. *Leiteria Parahyba*. São José dos Campos. 1963-1965. (Fotografia).

apoiado na laje; mas essas superestruturas são mascaradas por uma beirada de concreto bruto, que permite manter a unidade de estilo e material, dando ao conjunto a aparência de um telhado plano; algumas fendas estreitas, verticais, judiciosamente distribuídas, evitam a impressão enganosa de um todo maciço e permitem apreender seu pequeno peso global, compatível com o diâmetro extremamente reduzido das colunas de sustentação. Portanto, não há nenhum artifício, nenhuma tentativa de produzir um contraste surpreendente; tudo é claro, compreensível ao primeiro olhar, conforme ao espírito racionalista mais agudo.

As preocupações propriamente formais jamais exerceram, na obra de Rino Levi e seus associados, um papel independente das considerações de ordem funcional. Mas, nos últimos anos, vinham manifestando uma tendência para pesquisas plásticas mais extensas, e os arquitetos não escaparam à influência exercida pelo prestígio reforçado de Lúcio Costa e Niemeyer, depois do triunfo alcançado em Brasília. Um exemplo característico disso é o Paço Municipal de Santo André[67]. Foi o último projeto de que participou Rino Levi (1965) e a vitória obtida no concurso instituído nessa ocasião foi pouco anterior à sua morte. Os autores da proposta premiada conceberam uma praça situada sobre uma plataforma elevada, dominada por três edifícios separados: os escritórios da Prefeitura, a Câmara de Vereadores e o Palácio da Justiça, numa evidente retomada do princípio da Praça dos Três Poderes da Capital Federal. Quem não conhece a organização administrativa dos municípios brasileiros pode ficar espantado com essa imitação ao pé da letra, para instituições puramente locais, de uma concepção imaginada para a sede do governo central. Mas nisso não há nada de aberrante: o prefeito, na escala do Município, é um verdadeiro presidente da República em grau menor, que detém um poder executivo muito amplo e nomeia seus secretários, que chefiam cada um dos departamentos e são responsáveis apenas perante ele: a Câmara de Vereadores, da qual não faz parte o prefeito, é uma espécie de Parlamento que vota leis e não tem qualquer controle direto sobre a administração propriamente dita; a semelhança com os órgãos federais é, portanto, completa; só a justiça escapa realmente à jurisdição municipal, mas a teoria de Montesquieu está tão fortemente arraigada no Brasil como sinônimo de democracia que dificilmente um paço municipal pode abstrair o terceiro elemento básico distinguido pelo filósofo francês; o tribunal de circunscrição devia estar naturalmente incluído no paço. Mas não se pode pretender que a solução da implantação geral adotada tenha sido ditada pelo programa: não só este não havia exigido a divisão em três que foi feita, como também não se limitava aos serviços mencionados acima; compreendia também um centro cultural, com um teatro (propositalmente situado fora da plataforma e instalado num nível mais baixo a fim de não prejudicar a ênfase dada aos três edifícios representativos das diversas faces da autoridade) (Fig. 219). Assim, houve uma vontade muito clara de retomar, no começo, o princípio que,

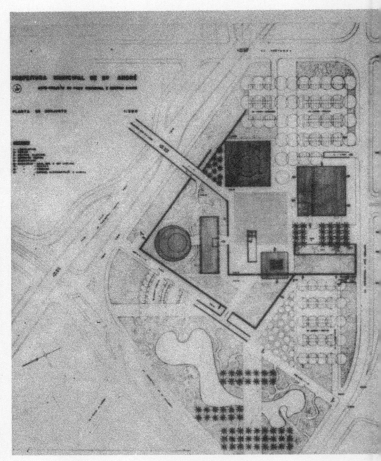

Fig. 219. R. LEVI, R. CERQUEIRA CESAR e L. R. CARVALHO FRANCO. *Paço Municipal.* Santo André. 1965. Planta do conjunto.

em Brasília, obtivera esplêndida consagração. Aliás, as semelhanças são impressionantes, tanto na organização da planta quanto na arquitetura propriamente dita. Em Santo André, assim como na Capital Federal, o arranjo da praça oficial levou a uma reviravolta da localização, com a restauração do desnível do terreno por meio de patamares que contribuem para dar-lhe um encanto estético dentro de perspectivas bem estudadas; as plataformas artificiais superpostas substituíram simplesmente os trabalhos de terraplenagem como meio de transformação. Nos dois casos, os traçados geométricos são rigorosos, com uma predominância absoluta dos ângulos sobre as curvas, sendo que estas desempenham apenas o papel de complemento plástico das principais figuras retilíneas e ortogonais; é notadamente o que acontece com os cogumelos destinados a cobrir os estacionamentos de Santo André, apesar da considerável superfície que ocupam. É claro que a arquitetura não é tipicamente formal como a de Brasília: os edifícios de volumes prismáticos puros, de fachadas sem relevo com estrutura externa exposta, conservam o racionalismo apreciado pelos autores do projeto; mas nem por isso a obra destinada à Câmara Municipal deixa de ter relações com certos monumentos de Niemeyer: a dispo-

---

67. *Acrópole*, n.º 320, agosto de 1965, pp. 24-28, e *Arquitetura*, n.º 38, agosto de 1965, pp. 5-7 (maquetes, plantas, cortes).

Fig. 220. R. LEVI, R. CERQUEIRA CESAR e L. R. CARVALHO FRANCO. *Paço Municipal.* Santo André. 1965. Construção da Câmara de Vereadores. 1965-1969.

sição da cúpula lembra o Palácio do Congresso e seu desenho em forma de coroa invertida sem dúvida alguma foi inspirado pela Catedral (Fig. 220). Embora não sejam cem por cento originais, essas variações sobre temas já tratados estão longe de ser isentas de interesse; elas mostram os desenvolvimentos que arquitetos sérios podem extrair de invenções de colegas que tenham dotes criativos mais agudos, sem cair na cópia e, principalmente, sem perder a personalidade própria. Com efeito, Rino Levi e sua equipe conseguiram remediar o principal defeito funcional do palácio legislativo de Brasília: a falta de iluminação natural na sala do plenário; não deixa de ser curioso pensar que, para isso, eles apelaram para uma forma derivada da imaginação fértil do próprio Niemeyer, adaptada com espírito bem diferente; o caráter simbólico e a orgulhosa autonomia plástica do modelo inicial apagaram-se perante um papel mais terra-a-terra, de difusor de uma luz que vem de cima e é cuidadosamente controlada, e de simples acento numa composição global destituída de qualquer nota dramática.

O Paço Municipal de Santo André marca o começo de uma evolução na obra do escritório Rino Levi ou trata-se de uma influência ocasional, devida a um parentesco de programas e situações, guardadas as devidas proporções? É tanto mais difícil responder, quanto o desaparecimento de Rino Levi coincidiu com o esboço dessa reviravolta; pode-se sempre pensar, qualquer que seja a direção tomada por seus associados e sucessores, que o mesmo não teria acontecido se ele estivesse vivo. Mas esse último argumento não é válido, pois o escritório era realmente um empreendimento coletivo há vários anos, e então seria igualmente lícito perguntar até que ponto Cerqueira Cesar e Carvalho Franco puderam exercer alguma influência no arquiteto mais velho. Parece provável que a continuidade de maneira e estilo notada até agora prosseguirá sem saltos sensíveis, mesmo depois do desaparecimento da personalidade fundadora.

3. As construções de ossatura metálica e a influência norte-americana

Já tivemos ocasião de assinalar que os arquitetos brasileiros sentiram-se pouco atraídos pelas grandes realizações de seus colegas dos Estados Unidos. Exceto o crédito ocasional de Wright e da corrente organicista, que será vista mais tarde, a influência dos E.U.A. — tão forte no Brasil em outros campos — praticamente não se fez sentir na arquitetura até época bem recente. Não voltaremos às razões psicológicas e culturais que explicam esse desafio natural em relação ao grande vizinho de instintos dominadores, cuja penetração econômica foi-se acentuando sem parar durante este século; nesse aspecto, as circunstâncias não mudaram e não é ali que se deve procurar uma explicação para o novo fenômeno do surgimento de algumas obras inspiradas pelos modelos norte-americanos. A modificação que ocorreu é, antes de mais nada, de ordem técnica, e surgiu com o progresso da indústria, condição necessária para o desenvolvimento de uma arquitetura de vidro e aço capaz de oferecer ao movimento racionalista brasileiro uma opção diferente da que deriva das teorias de Le Corbusier.

O edifício mais fortemente marcado nesse sentido, talvez o único que se prende a uma inegável origem norte-americana[68], é o imenso conjunto de trinta e três andares, chamado Avenida Central[69], situado em pleno centro do Rio de Janeiro, na zona mais ativa da cidade. Projetado em 1958 por Henrique Mindlin e seus colaboradores[70], construído entre 1959 e 1961, esse edifício vincula-se diretamente à obra de Mies van der Rohe[71]. São evidentes os empréstimos feitos às consecuções mais célebres do mestre germano-americano:

1) a ossatura metálica externa da torre retoma os princípios apreciados por este, embora ele os tenha empregado principalmente em construções horizontais (*Crown Hall* do Instituto de Tecnologia de Illinois, 1956); mas o relevo regular que se obtém assim não deixa de apresentar certas analogias com o efeito estético desejado por Mies, quando soldou imensas longarinas verticais sobre seus prédios de Lake Shore Drive, às margens do Lago Michigan, em Chicago (1951);

2) a necessidade de uma proteção eficaz contra o fogo levou os arquitetos brasileiros a adotarem o mesmo sistema de seus colegas dos Estados Unidos: eles imergiram os elementos estruturais de aço num invólucro de cimento e amianto, recoberto de placas metálicas cuidadosamente ajustadas a fim de lembrar a verdadeira natureza do material fundamental; é claro que Mindlin foi menos longe do que Mies em sua preocupação de proclamar o estado de coisas em questão, pois preferiu a leveza do alumínio a retomar pura e simplesmente a liga original, mas tomou muito cuidado para dar aos revestimentos uma tonalidade cinza-escuro que permite distinguir, ao primeiro olhar, a ossatura dos caixilhos dos panos de vidro (nestes, o alumínio foi deixado ao natural). Exatamente como no monumento comemorativo erguido em memória dos antigos alunos do Instituto de Tecnologia de Illinois (1945-1946), os revestimentos em questão terminam a alguns centímetros do solo, processo que permitiu tornar bem preciso seu caráter e evitar qualquer confusão quanto a seu papel real;

3) o emprego de dois tipos de vidro refratário, de capacidade absorvente e tons diferentes, permitiu criar um jogo de faixas coloridas, onde o verde e o rosa das partes transparentes alternam com o cinza escuro das placas de alumínio que recobrem as estruturas horizontais e verticais. O parentesco com o *Seagram Building* de New York, concluído em 1958, salta aos olhos, embora a riqueza do bronze tenha cedido lugar a uma matéria mais austera e menos decorativa.

Apesar de todos esses empréstimos que lhe asseguram um parentesco indiscutível com as grandes criações de Mies van der Rohe, o edifício Avenida Central distingue-se por uma série de traços que refletem outro estado de espírito. O mestre germano-americano não transigia com a estética rigorosa que havia erigido em sistema; a clientela que se dirigia a ele sabia de antemão que impor-lhe um programa especulativo não iria limitar sua liberdade de ação. O mesmo não ocorria no Rio de Janeiro, onde a ocupação máxima do terreno disponível se revelava uma exigência *sine qua non*, que os arquitetos não podiam deixar de lado. Assim, Mindlin viu-se na obrigação de instalar sua torre sobre um primeiro edifício baixo, de três níveis sobre o subsolo, com a forma de um trapézio retângulo delimitado pelas ruas que o contornam; nessas condições, não se tratava de jogar com a pureza do prisma retangular tão apreciado por Mies; o volume superior apresenta-se na planta como um hexágono próximo do quadrilátero, sendo que nenhum dos lados é paralelo ao traçado da base (Fig. 221), solução que nada tem de arbitrário, mas sim visa a diminuir por meio de oblíquas ligeiras a percepção que o observador tem da irregularidade básica da massa tratada; as correções feitas deram resultado e a maioria dos transeuntes ficaria surpresa de saber que se acha em presença de uma obra onde o ângulo reto não é uma das regras mestras da composição. Outra concessão surgiu das imposições econômicas e limitou o emprego de uma estrutura metálica, muito onerosa no Brasil, aos elementos de sustentação: as lajes horizontais são de concreto armado; o fato está habilmente mascarado pelo revestimento de alumínio colocado nas arestas da laje, mas a preocupação com a verdade total que inspirava o racionalismo miesiano desapareceu completamente, e a perda de unidade estrutural é sensível em certos pontos, especialmente no terraço situado no terceiro andar, como coroamento do bloco inferior. Também o tratamento das fachadas não tem mais o rigor absoluto do modelo; de fato, são misturados dois tipos de tratamento, normalmente utilizados independentemente um do outro pelo mestre germano-americano: a elevação plana e o quadriculado com um relevo vertical sensível, dos grandes edifícios em panos de vidro; as malhas da rede formada dessa maneira são menos fechadas, na medida em que agora é a ossatura que desempenha o papel antes confiado à armação das paredes externas[72]. A grande diferença entre as criações de Mies van der Rohe e as de Mindlin, portanto, reside na ordem de prioridade dada aos fatores: enquanto as soluções de um visavam, em primei-

---

68. É claro que Mies van der Rohe não é americano de origem, e é preciso levar em consideração sua formação e seu espírito alemão para explicar sua arquitetura; mas, embora seja quase certo que nenhum americano nato poderia ter realizado uma obra de um classicismo tão puro e tão requintado, é evidente que, em compensação, esta obra não teria podido nascer fora das condições excepcionais que lhe foram oferecidas pelo mercado americano e o alto nível tecnológico da indústria dos Estados Unidos.

69. *Acrópole*, n.º 277, dez. de 1961, pp. 5-9, e *Arquitetura*, n.º 50, agosto de 1966, pp. 12-14 (fotos, plantas, cortes).

70. Walmyr Amaral, Marc Foundoukas, Anneta Sirakoff, Olga Verjovsky e Omar de Castro.

71. P. JOHNSON, *Mies Van der Rohe*, New York, 1953. A edição em espanhol, publicada em Buenos Aires em 1960, compreende a obra do arquiteto até 1960.

72. A adoção dessa estrutura fora da obra, que Mies tinha recusado utilizar em seus arranha-céus, explica-se, por outro lado, por razões puramente materiais; ela permitia liberar ao máximo a superfície interna disponível e, assim, comprovou trazer benefícios no plano prático.

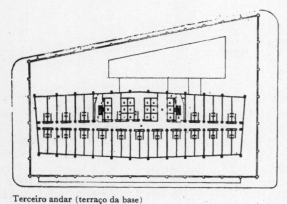

Terceiro andar (terraço da base)

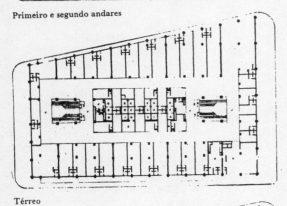

Primeiro e segundo andares

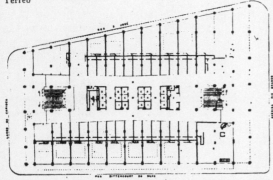

Térreo

Fig. 221. Henrique MINDLIN e associados. *Edifício Avenida Central*. Rio de Janeiro. 1958-1961. Plantas.

ro lugar, a uma plástica impecável, as do segundo preocupam-se, antes de tudo, em tirar maior proveito dos dados funcionais dentro de uma estética mais maleável. Toda comparação, sob este aspecto, do edifício Avenida Central (Fig. 222) com a impecável arquitetura de Mies van der Rohe estaria fora de lugar, dados os múltiplos compromissos impostos à equipe brasileira; a questão não será sequer abordada. Resta saber se o prédio estudado surge como um dos êxitos indiscutíveis de Mindlin; não o julgamos, apesar dos prodígios de engenharia que apresenta: de fato, o valor dos arranha-céus do mestre germano-americano deve-se, antes de mais nada, a uma perfeição formal não suscetível de acomodações e já difícil de imitar nas condições mais favoráveis; não teria sentido tentar o empreendimento no Brasil nas circunstâncias delicadas que se apresentavam.

Aliás, Mindlin compreendeu que era interessante evitar uma semelhança muito grande com a arquitetura de Mies van der Rohe e que valia mais procurar um caminho intermediário entre esta e a tradição brasileira contemporânea. Nos dois grandes bancos que construiu no Recife[73] e São Paulo[74] (Fig. 223) entre 1960 e 1963, ele voltou à clássica estrutura de concreto e ao princípio da fachada livre, mas adaptou a elas esplêndidos panos de vidro e alumínio, que dão ao edifício todo o seu encanto; o caráter tipicamente industrial dessas paredes externas padronizadas, seu tratamento muito seguro em função da moldura regular dos caixilhos metálicos e do jogo de cores produzido pelo emprego alternado de vidros transparentes tingidos (verdes no Recife, pretos

Fig. 222. Henrique MINDLIN e associados. *Edifício Avenida Central*. Rio de Janeiro. 1958-1961. Exterior.

em São Paulo) e de revestimentos opacos na mesma gama de tons, a pureza dos volumes simples acima obtidos, por certo aproximam mais essas realizações

---

73. First National City Bank. *Arquitetura*. n.º 50, agosto de 1966, pp. 15-16 (fotos, plantas, cortes).
74. Bank of London & South America Limited. *Arquitetura*, n.º 50, agosto de 1966, pp. 17-19 (fotos, plantas, cortes).

originais da estética miesiana do que a tentativa anterior, com seus empréstimos muito evidentes.

Existe também um parentesco sutil entre o pavilhão do Brasil (Figs. 224 e 225) em Veneza (1963-1966)[75]

Fig. 223. Henrique MINDLIN e associados. *Bank of London & South America Limited*. São Paulo. 1960-1963.

e as construções de aço, tijolo e vidro do notável conjunto imaginado pelo mestre germano-americano, para o Instituto de Tecnologia de Illinois em Chicago. Porém Mindlin utilizou materiais mais variados e o fez de maneira diferente: a laje de cobertura do corpo principal e a enorme viga transversal que sobressai nas duas extremidades, que corta e une ao mesmo tempo os dois blocos, são de concreto aparente; o pequeno paralelepípedo retângulo que abriga a sala de exposições destinada às gravuras é inteiramente recoberto de um revestimento de madeira; só a ala posterior — é verdade que é a maior — lembra, pela elegância de suas superfícies lisas (paredes de tijolos encimadas por uma faixa de janelas[76] encaixadas em montantes de aço), o processo plástico empregado por Mies van der Rohe. Mas também aí o espírito conta tanto ou mais do que a técnica; a profunda afinidade do pavilhão de Veneza com as requintadas criações de Chicago deve-se à redescoberta das qualidades essenciais dessa arquitetura: composição espacial baseada no equilíbrio das massas, geometria elementar destas, segurança absoluta na escolha das proporções.

O crédito atribuído à obra de Mies van der Rohe surge novamente num dos projetos terminados há pouco, o do Banco do Estado (1963-1966), na Avenida Rio Branco, defronte ao edifício Avenida Central. Mas desta vez a inspiração não é da mesma ordem dos casos anteriores; de fato, ela remonta aos começos do mestre alemão e a um de seus desenhos de 1922[77], onde havia proposto um prédio de escritórios em concreto e vidro, caracterizado pelo ritmo resultante da alternância dos peitoris de cimento com as faixas de vidro em todo o contorno do edifício. Mindlin e seus associados conseguiram partir desse esquema de acentuada horizontalidade para transformá-lo numa concepção nova, adaptada à fachada de um arranha-céu estreito (Fig. 227)[78].

É claro que o relevo dado à influência exercida por Mies van der Rohe não significa que se possa colar em todos os trabalhos de Mindlin um rótulo comum, nem que seja preciso negligenciar o valor das obras não incluídas na categoria estudada. Com efeito, não se deve esquecer que a fonte em questão só surgiu de modo sensível a partir de 1959 e que o arquiteto já antes disso se havia revelado por realizações de alta classe[79]. Embora estas tenham sido deixadas na sombra, não o foram para desmerecer sua qualidade individual ou por falta de interesse, mas somente porque os limites do assunto tratado exigiam que, antes e acima de tudo, fossem traçadas as linhas de força da arquitetura brasileira; ora, sob esse ponto de vista, o último período representa uma corrente cuja personalidade e importância são inegáveis, enquanto o período anterior, nitidamente menos homogêneo, confunde-se com maior facilidade com a evolução geral e não marca uma etapa.

É claro que seria exagero limitar a repercussão alcançada no Brasil pela arquitetura dos Estados Unidos à contribuição dada pelo estilo de Mies van der Rohe. Não se podem negar outros empréstimos, particularmente no setor técnico; mas estes permaneceram ocasionais e raramente desempenharam um papel fundamental no plano plástico. É especialmente o caso da cúpula geodésica de vigamentos de alumínio, mera aplicação do modelo elaborado pelo engenheiro norte-americano Buckminster Fuller depois de longas pesquisas, que David Libeskind colocou no terraço-jardim que cobre o centro comercial do imenso conjunto paulista chamado Conjunto Nacional (1955-1964)[80]; sua transparência deixa passar uma luz difusa até o térreo do grande bloco horizontal, do qual ela ocupa a parte do meio, e principalmente permite valorizar as vastas rampas que se enrolam em torno do cilindro dos elevadores; portanto, trata-se de uma solução prática eficaz, mas que só intervém indiretamente na estética do edifício; esta estética é resultado muito mais do emprego dos meios clássicos, novamente valorizados a partir da renovação da arquitetura brasileira.

---

75. *Módulo*, n.º 38, dez. de 1964, pp. 32-37 (fotos, planta).
76. A colocação dessas janelas imediatamente abaixo do forro difunde uma luz oblíqua, quase de cima, muito favorável para a valorização das pinturas que essa sala destinava-se a abrigar.
77. Cf. P. JOHNSON, *op. cit.*, edição em espanhol, p. 31.
78. Os arquitetos habilmente substituíram a ossatura em recuo do modelo por dois pilares fora da obra que valorizam a fachada principal, aos quais correspondem, na fachada posterior, paredes portantes internas que abrigam os poços dos elevadores (Fig. 226); assim, eles liberaram ao máximo o espaço disponível e serviram-se dessa solução funcional para tirar dela um proveito estético.
79. Cf. H. MINDLIN, *op. cit.*, passim.
80. *Arquitetura e Decoração*, n.º 13, set.-out. de 1955, pp. 2-5 (maquete, desenhos, plantas). *Brasil — Arquitetura Contemporânea*, n.º 12, 1957-1958, pp. 17-22 (fotomontagens, plantas, fotos da obra em construção). *Architecture d'aujourd'hui*, n.º 85, set. de 1959, pp. 92-93 (fotos, plantas, corte).

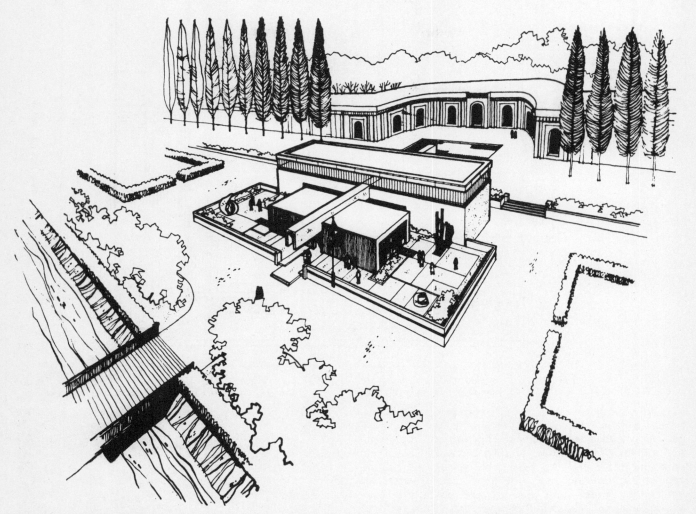

Fig. 224. Henrique MINDLIN e associados. *Pavilhão do Brasil*. Veneza. 1963. Desenho do projeto.

Fig. 225. Henrique MINDLIN e associados. *Pavilhão do Brasil*. Veneza. 1963-1966. Exterior.

Outro exemplo de retomada do processo elaborado por especialistas norte-americanos é oferecido pelo Pavilhão São Cristóvão, na praça de mesmo nome no Rio de Janeiro[81]. Projetado e construído (1957-1960) por Sérgio Bernardes para abrigar a Exposição Internacional da Indústria e do Comércio, é claro que não é uma repetição de uma obra semelhante, o *hall* edificado em 1953-1954 em Raleigh (Carolina do Norte, E.U.A.), por Novicki, Severud e Deirick, mas incontestavelmente inspira-se nele. Pode-se encontrar quase o mesmo sistema de cobertura suspensa, presa num gigantesco anel de concreto, embora a ossatura original inventada por Novicki[82] tenha desaparecido em proveito de clássicos pilares espaçados regularmente em todo o contorno do edifício; o arquiteto brasileiro também inverteu o movimento da superfície esquerda do telhado, dispondo as partes baixas de sua estrutura nas extremidades da elipse e não no centro; assim, o efeito final é diferente do plano formal, ao mesmo tempo que conserva um parentesco seguro com a concepção original. Mas é

preciso reconhecer que o resultado está longe de ser feliz: a audácia dinâmica da realização de Raleigh foi substituída por um peso espantoso, acentuado pelas maciças paredes de tijolo[83] que submergem totalmente a estrutura; as diferenças de altura, que vão de 2 a

81. *Acrópole*, n.º 220, fev. de 1957, pp. 128-130 (projeto) e n.º 265, nov. de 1960, pp. 18-21 (fotos, plantas, desenhos).
82. Cf. B. CHAMPIGNEULLE e J. ACHE, *L'architecture du XXe siècle*, Paris, 1962, p. 143.

83. Esses tijolos são perfurados a fim de manter, entre exterior e interior, uma circulação de ar contínua, destinada a combater o calor carioca, mas essa solução funcional engenhosa em nada aliviou a composição plástica.

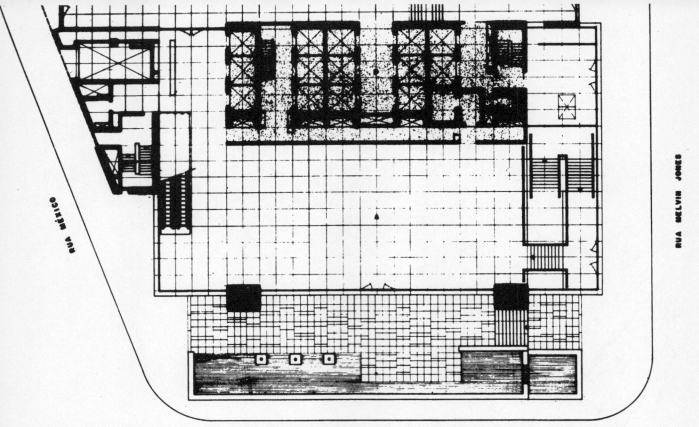

Fig. 226. Henrique MINDLIN e associados. *Banco do Estado da Guanabara*. Rio de Janeiro. 1963-1966. Plantas.

Fig. 227. Henrique MINDLIN e associados. *Banco do Estado da Guanabara*. Rio de Janeiro. 1963-1966. Exterior.

38m, só conseguem reforçar essa impressão; tudo é exagerado e nada é equilibrado nesse pavilhão de exposição, monstruoso sob todos os aspectos, que representa muito bem o lado ruim da civilização industrial em cuja glória foi erguido. Sérgio Bernardes, espírito inventivo, interessado nos problemas mais diversos da atualidade, perdeu aqui todo o senso de medida; deixou-se seduzir pelo orgulho: quis bater um recorde mundial, o da maior superfície coberta, livre de todo apoio (28.000m², as dimensões da elipse sendo respectivamente de 250 e 150m de comprimento e largura), mas pode-se perguntar se ele não se arriscou a bater, ao mesmo tempo, o recorde de feiúra nesse tipo de trabalho.

De classe bem diferente era o Pavilhão do Brasil[84] que recebeu o primeiro prêmio de arquitetura na Exposição Internacional de Bruxelas, em 1958. Como era uma construção provisória, Sérgio Bernardes não procurou dar-lhe uma ênfase extraordinária. Seus esforços centralizaram-se em dois pontos essenciais: utilizar soluções econômicas que não trouxessem problemas especiais para montar e desmontar e aproveitar ao máximo a localização caracterizada por diferenças de nível bastante acentuadas. Partindo desses dados estritamente funcionais, chegou a um êxito original sob todos os aspectos, que disfarçava habilmente a modéstia do material apresentado por seu país: de fato, a superfície disponível era constituída principalmente por uma vasta rampa, cujo cotovelo arredondado se desenvolvia em torno de um jardim tropical de Burle Marx; o visitante era habilmente guiado, conduzido através de todo o

---

84. *Arquitetura e Engenharia*, n.º 48, jan-fev. de 1958, pp. 20-23. *Habitat*, n.º 46, jan.-fev. de 1958, pp. 18-19. *Módulo*, n.º 9, fev. de 1958, pp. 22-25 (maquetes, plantas, cortes).

pavilhão e saía discretamente no andar inferior, sem precisar fazer um esforço de orientação nem voltar sobre seus passos. Esse solo artificial era abrigado por uma cobertura suspensa, apoiada numa rede de cabos de aço, e por paredes leves da mesma natureza, sustentadas por uma fina treliça de cobre; o conjunto estava solidamente preso a quatro postes situados nos cantos. O emprego judicioso de materiais modernos, ao mesmo tempo práticos e pouco onerosos, somando à exploração eficaz de um terreno difícil, levou a uma concepção estrutural e espacial de alta qualidade, perfeitamente adaptada às exigências especiais desse tipo de programa, muito conveniente para o arquiteto.

Aliás, este já tinha brilhado no mesmo gênero, por seu espírito inventivo, quando foi encarregado de erguer o pavilhão da usina siderúrgica de Volta Redonda, por ocasião da Exposição do IV Centenário de São Paulo, organizada em 1954 no Parque do Ibirapuera[85]. A idéia de transformar esse pavilhão numa ponte, lançada sobre o pequeno riacho que corre no local, permitiu-lhe multiplicar a eficácia publicitária do pavilhão, objetivo essencial da companhia que o tinha encomendado: não se contentou apenas em acentuar as possibilidades da construção metálica no Brasil — ressaltou sua plasticidade; enfim, atribuindo à obra um papel utilitário e colocando-a num ponto de passagem quase obrigatório, levou o público a percorrer a instalação onde uma documentação escolhida insistia na importância das realizações dessa sociedade nacional, considerada como um símbolo do desenvolvimento do país.

Portanto, a influência da arquitetura dos Estados Unidos, sem dúvida a primeira no mundo a fazer amplo uso da estrutura metálica, teve apenas importância secundária sobre sua rival brasileira, tanto pelo número de suas contribuições, quanto pela qualidade relativa das tentativas de imitação que provocou. Os sucessos mais probatórios foram obtidos quando os arquitetos locais contentaram-se em retomar, para adaptá-los a seu estilo pessoal, certos processos que já tinham comprovado sua validade e tinham-se difundido amplamente na América e na Europa: especialmente o pano de vidro e alumínio. Em compensação, todas as tentativas muito próximas da fonte original de inspiração revelaram ser sucessos duvidosos e até fracassos absolutos no plano estético, ou porque as condições materiais não eram as mesmas, ou porque a capacidade criadora dos arquitetos brasileiros não suportava ser quebrada pelo triunfo da técnica às custas da imaginação formal.

4. Outras realizações notáveis

Num capítulo anterior, foi mencionado o nome de Paulo Antunes Ribeiro[86] a propósito do engenhoso sistema de *brise-soleil* que ele elaborou no edifício Caramuru de Salvador[87]. Contudo esse arquiteto não pode ser considerado como um adepto fervoroso da tentativa de síntese entre tradição e modernismo, tão apreciada por Lúcio Costa; toda sua obra está marcada com o selo do mais puro racionalismo. Entre os numerosos êxitos que ele conheceu destaca-se um: o *hall* de exposição e venda de automóveis Hanomag (1952-1954) no Rio de Janeiro[88]. A preocupação principal consistiu em utilizar integralmente um terreno muito irregular na frente posterior, sem renunciar a uma composição dominada por uma clara geometria formal: os escritórios e a sala de exposição foram agrupados num só bloco, que ocupa toda a superfície disponível ao longo da Avenida Brasil; assim as oficinas, relegadas a um plano

Fig. 228. Paulo ANTUNES RIBEIRO. *Edifício para exposição e venda de automóveis*. Rio de Janeiro. 1952-1954.

secundário, estão disfarçadas e a estranha figura desenhada no solo por seu contorno externo em linha quebrada é imperceptível ao público. Toda a atenção é monopolizada pelo edifício de fachada e o jogo de arcos de concreto que o define (Fig. 228). Existe um parentesco seguro entre essa realização e o edifício construído em 1949 pelos irmãos Roberto para a Companhia Sotreq (Fig. 123-124); parece, portanto, evidente que Paulo Antunes Ribeiro não desprezou o modelo anterior; aliás, a semelhança dos programas incitava-o a fazer isso. Mas há diferenças sensíveis ao primeiro olhar, tanto na solução e técnicas adotadas, quanto na expressão plástica que delas resulta. Em ambos os casos, a composição baseia-se no vôo do grande arco que é seu elemento essencial, mas aí pára toda semelhança. Os Roberto haviam armado esse arco na parte central, abrigando a área destinada aos veículos expostos e a certos serviços secundários; eles criaram uma construção leve (estrutura de madeira e cobertura em placas de fibro-cimento), flanqueada por alas destinadas às oficinas e aos escritórios; tudo foi feito a fim de jogar com as noções de profundidade, de espaço e de contraste de cores. Paulo Antunes Ribeiro situou os locais para exposição numa das extremidades, numa espécie de anexo que valorizou por um jogo de abóbadas gêmeas, uma ao lado da outra, sustentadas por pilares externos em "V", finos e elegantes; ele reservou para outro fim a brilhante curva tensa que constitui a figura principal, alojando nela a administração; longe de procurar utilizar sistematicamente materiais industriais pré-fabricados, concebeu uma arqui-

---

85. *Arquitetura e Engenharia*, n.º 36, julho-set. de 1955, pp. 25-27. *Módulo*, n.º 2, agosto de 1955, pp. 14-15 (plantas, fotos).
86. Nascido em 1905, saiu da Escola de Belas-Artes do Rio de Janeiro em 1926.
87. Cf. *supra*, pp. 145-146.

88. *Architecture d'aujourd'hui*, n.º 67-68, out. de 1956, pp. 164-165 (plantas, fotos).

tetura em cimento armado e vidro cuja audácia[89] não altera seu classicismo: a obra apresenta-se como um conjunto de fachadas planas cuja transparência não prejudica o aspecto fechado do volume global; enfim, a cor não foi renegada e os revestimentos em alumínio verde-bronze que cobrem as coberturas de concreto e as altas vidraças receberam um papel importante; mas está-se longe das oposições de cores vivas a que se tinham entregue os Roberto. Sem dúvida alguma, a obra criada por estes ganha em originalidade e vigor de invenção, mas o *stand* Hanomag tem outras qualidades não desprezíveis: a perfeita solução dada aos problemas funcionais traduziu-se na elaboração de formas vigorosas e nítidas, de acentuado caráter geométrico, que oferecem um dos melhores símbolos do ideal racionalista brasileiro.

A estrutura particular — de efeito plástico brilhante — elaborada por Paulo Antunes Ribeiro para integrar a sala de exposição do conjunto à peça chave do edifício, ao mesmo tempo que, no plano estético, atribui-lhe um papel comparável ao que tem na prática, provavelmente foi inspirado pelas pesquisas pouco anteriores de um de seus colaboradores diretos, o baiano Diógenes Rebouças[90]. Este era engenheiro de formação, mas não demorou em revelar-se uma personalidade capaz no duplo campo do urbanismo [91] e da arquitetura. Ele conseguiu encontrar, no Centro Escolar Carneiro Ribeiro[92], erguido num dos bairros pobres de Salvador, a linguagem que convinha para um empreendimento ao mesmo tempo simples e ambicioso. O programa definido pelo secretário da Educação, Anísio Teixeira, visava assegurar à escola um novo significado e profundas possibilidades de ação profunda num meio onde o analfabetismo reinava absolutamente; o programa previa que as crianças ficassem na escola o dia inteiro (e não durante apenas algumas horas, como é geralmente o caso no Brasil), a fim de oferecer-lhes condições materiais suficientes (alimentação) e uma educação completa (particularmente no plano da higiene), capazes de compensar as insuficiências do ambiente familiar. Metade dos alunos trabalharia de manhã em quatro escolas primárias distribuídas na periferia da zona em questão, voltaria à escola central para fazer a refeição e receber uma formação técnica durante a tarde; a outra metade faria o inverso, a fim de que fosse utilizada ao máximo a capacidade dos edifícios; essa metade deixaria o grupo principal depois do almoço e iria para as unidades de ensino teórico. Naturalmente, o elemento fundamental do programa em questão era a escola central, por causa de sua situação privilegiada no centro do dispositivo, de seu tamanho (deveria abrigar quatro vezes o número de alunos de cada um dos satélites) e da variedade de construções necessárias; era nele e no fato de desempenhar ou não seu papel que repousavam, no final das contas, as esperanças de êxito dessa experiência totalmente nova. Assim, era lógico que recebessem uma certa ênfase, que pudessem impressionar as crianças e os pais, a fim de criar a atmosfera psicológica desejada para essa realização excepcional; mas era conveniente não perder de vista seu caráter utilitário e popular, que exigia uma construção econômica, que correspondesse às exigências de um orçamento limitado.

Rebouças conseguiu achar um vocabulário adequado para as circunstâncias: simples, funcional e expressivo. A composição repousa no emprego de elementos estruturais aparentados, que garantem ao conjunto a unidade de concepção desejável, ao mesmo tempo que evitam, por engenhosas variações, toda sensação de monotonia. De início, surgiu a vontade de projetar uma oficina com amplo espaço interno, livre de todo ponto de apoio, a fim de facilitar a instalação de máquinas e utensílios previstos ou a eventual modificação posterior acarretada pelo progresso industrial; assim, Rebouças adotou a solução, fácil, de arcos de concreto transversais que suportam uma cobertura leve. Teve então a idéia de retomar o mesmo princípio para os outros edifícios, mas sem se preocupar agora com o problema do grande vão, que não se colocava mais. Substituiu a curva tensa inicial por um engenhoso sistema de segmentos de retas e determinou a criação de uma ossatura de pórticos paralelos que podia dispor à vontade no sentido da largura ou justapor longitudinalmente numa armação fora da obra. O desenho rítmico homogêneo obtido neste caso parece fruto da fusão natural de um telhado em linhas quebradas e de elegantes suportes em "V" (Figs. 229-230); a semelhança dessa solução com a elaborada por Paulo Antunes Ribeiro, na sala de exposição de veículos Hanomag, não pode ser negada, mas a iniciativa cronológica cabe a Rebouças. Este comprovou ainda sua perícia de engenheiro e sua imaginação de arquiteto quando se dedicou, nesse mesmo Centro Carneiro Ribeiro, à obra à qual deu o caráter mais espetacular: a biblioteca. Conservou, com vistas à unidade formal, o traçado em linha quebrada dos telhados e conseguiu aliá-lo, habilmente, a uma planta perfeitamente circular, apesar da completa oposição que existe *a priori* entre os caracteres dessas figuras; a superposição em anéis concêntricos de abóbadas de concreto, dobradas qual uma sanfona, permitiu-lhe criar um movimento discreto, associado a achados originais (como as aberturas em forma de losango das janelas altas), sem prejudicar o equilíbrio básico e a pureza tipicamente racionalista, que deixa sua marca no espírito do projeto. Assim, a linguagem de Rebouças nada tem de mecânico e é a de um verdadeiro arquiteto; nela, as preocupações plásticas desempenham um papel essencial e jamais são esquecidas em proveito de soluções exclusivamente funcionais e técnicas, embora estas sempre se encontrem na base da composição; em compensação, o engenheiro reaparece no gosto manifesto pelas estruturas audaciosas que ele mesmo calcula: um dos exemplos mais claros disso é o jogo complicado de balanços e nervuras, que constituem a cobertura da Estação Rodoviária de Salvador.

---

89. O projeto original previa que os escritórios seriam suspensos de um arco de grande tamanho; assim, o solo ficaria inteiramente livre, mas o preço elevado desse empreendimento obrigou-o a voltar à solução comum da fila dupla de colunas.

90. Nascido em 1915, em Itabuna. A realização mais importante que resultou do trabalho em conjunto dos dois arquitetos é o Hotel da Bahia, em Salvador. Cf. *Architecture d'aujourd'hui*, n.º 27, dez. de 1949, pp. 88-90 (maquetes, plantas) e n.º 52, jan.-fev. de 1954, p. 32 (fotos, plantas). *Arquitetura e Engenharia*, n.º 17, maio-junho de 1951, pp. 40-41 (fotos, plantas).

91. Cf. *infra*, pp. 341-344.

92. Projetado entre 1950 e 1952, parcialmente construído a partir dessa época, mas terminado apenas em 1963.

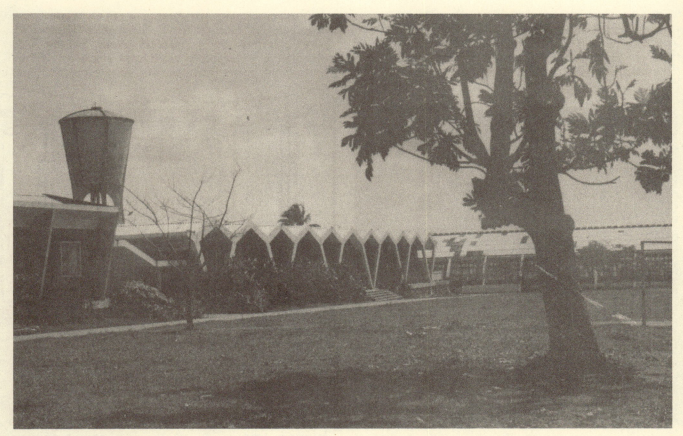

Fig. 229. Diógenes REBOUÇAS. *Centro Escolar Carneiro Ribeiro*. Salvador. 1950-1963. Conjunto.

Fig. 230. Diógenes REBOUÇAS. *Centro Escolar Carneiro Ribeiro*. Salvador. 1950-1963. Detalhe.

Uma das realizações recentes que honram a jovem geração brasileira é, sem dúvida alguma, o Monumento aos Mortos da Segunda Guerra Mundial[93], erguido no Rio por Hélio Ribas Marinho e Marcos Konder Netto (nascido em 1927). Estes conseguiram tirar um pro-

Fig. 231. Hélio RIBAS MARINHO e Marcos Konder NETTO. *Monumento aos mortos da Segunda Guerra Mundial.* Rio de Janeiro. 1956-1960.

veito notável do programa complexo[94] e do local excepcional que lhes foram propostos (Fig. 231). Eles respeitaram ao máximo a paisagem, esforçando-se para não cortar o panorama com um anteparo opaco e conseguiram integrar a arquitetura ao contexto natural, sem prejudicar sua personalidade própria: a dominante horizontal das cadeias de montanhas que encerram a Baía e os contrapontos bruscos feitos pelos célebres pães-de-açúcar semeados nelas inspiraram o ritmo da composição; o monumento impressiona por sua geometria elementar, que se destaca das linhas flexíveis do pano de fundo, mas esse contraste não é absoluto: a imensa plataforma suspensa e as flechas gêmeas lançadas no espaço acusam, num esquema vigoroso, as direções fundamentais do relevo circundante; então, chega-se facilmente a um compromisso, tanto com a natureza, quanto com o ambiente urbanístico, onde se impõe o estilo muito próximo dos edifícios de Reidy associados aos jardins de Burle Marx. Essa sensação de harmonia é reforçada ainda mais pela perfeita união entre a arquitetura e as demais artes plásticas; a escultura, em particular, não é um acréscimo mais ou menos artificial, ela forma um só corpo com a obra cujo princípio básico ela retoma; à horizontalidade do painel metálico abstrato, erguido em homenagem à aviação brasileira por Júlio Catelli Filho, corresponde o traço vertical do grupo de Alfredo Ceschiatti[95], colocado

93. *Arquitetura e Engenharia,* n.º 40, maio-junho de 1956, pp. 8-15; *Habitat,* n.º 31, junho de 1956, p. 37; *Brasil — Arquitetura Contemporânea,* n.º 8, 1956, pp. 48-53 (fotomontagem, maquetes, plantas, cortes, fotos dos projetos de pintura e de escultura). *Acrópole,* n.º 276, nov. de 1961, pp. 431-433 (fotos, plantas, corte).

94. Não se tratava apenas de um mero monumento comemorativo, mas sim de um vasto conjunto compreendendo: um mausoléu destinado a abrigar os corpos dos militares brasileiros caídos durante o conflito, um museu, dependências para alojar os serviços administrativos e o corpo de guarda previstos, enfim, o arranjo de uma vasta esplanada que se prestasse ao desenrolar de cerimônias oficiais e desfiles solenes.

95. O peso compacto desse grupo de granito pode parecer uma nota desafinada para um observador que examina a escultura em detalhes, mas não se deve esquecer que o artista havia previsto uma personagem única simbolizando o conjunto das Forças Armadas, concepção plasticamente muito mais feliz; a incompreensão das autoridades militares obrigou Ceschiatti a justapor um soldado, um marinheiro e um aviador, retirando-lhe o aspecto essencial de sua inspiração inicial.

como um contraponto discreto, mas eficaz, do campanário erigido em cima do túmulo do soldado desconhecido. O equilíbrio do monumento inteiro é assegurado pelo diálogo estabelecido entre arquitetura e escultura graças a suas respectivas posições, pelas evoluções feitas

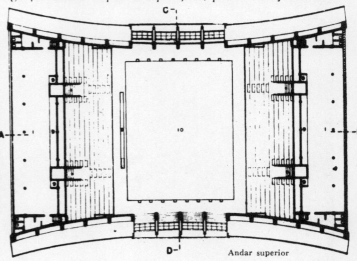

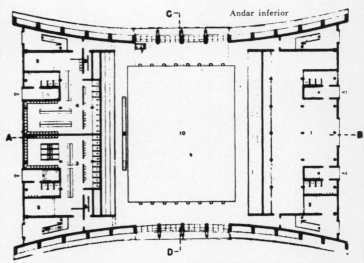

Fig. 232. Ícaro de CASTRO MELLO. *Piscina coberta.* Bairro da Água Branca. São Paulo. 1951-1953. Plantas.

pelas zonas opacas e transparentes, engenhosamente concebidas em conjunto por toda a equipe[96]; nesse caso, pode-se realmente falar de uma síntese impecável. Portanto, a obra é especialmente significativa: ela se inscreve com vivacidade na tradição iniciada pelo Ministério da Educação, porém é bem contemporânea de Brasília por seu vocabulário, ao mesmo tempo simples e expressivo, e por sua preocupação com a integração a um conjunto urbano ordenado, onde o homem só se apóia na natureza para dominá-la melhor.

Dentre os domínios que ofereceram, aos arquitetos brasileiros, um vasto campo de trabalho, não se

96. O caráter maciço surge na composição arquitetônica horizontal e na composição escultural vertical; em matéria de transparência, o que ocorre é o inverso.

264

deve omitir o das construções esportivas, no qual se especializou o paulista Ícaro de Castro Mello[97], autor de vários projetos de ginásios, piscinas, clubes em todas as partes do Brasil e até, recentemente, do Peru. A piscina coberta, que construiu no bairro da Água Branca[98] em São Paulo (1951-1953), é uma obra-prima de funcionalidade que desemboca numa brilhante criação do espaço interno (Fig. 234), traduzido fielmente no aspecto externo do edifício (Fig. 233): a planta

Fig. 233. Ícaro de CASTRO MELLO. *Piscina coberta*. Bairro da Água Branca. São Paulo. 1951-1953. Exterior.

Fig. 234. Ícaro de CASTRO MELLO. *Piscina coberta*. Bairro da Água Branca. São Paulo. 1951-1953. Interior.

curva (Fig. 232) das faces longitudinais e da cumeeira sublinham claramente a escala das necessidades respectivas da piscina central e das arquibancadas laterais, assegurando ao mesmo tempo uma iluminação cruzada, concentrada no ponto essencial e impecavelmente repartida pelas vidraças abertas nas quatro frentes; a construção em arcos parabólicos de concreto armado, ligados por elementos pré-moldados de tijolos vazados,

forma uma grande abóbada contínua que se presta muito bem ao programa estabelecido e à expressão procurada; a cobertura de placas de alumínio ondulado, repousando sobre um vigamento apoiado na superfície externa dos arcos, assegura a desejável impermeabilização e uma proteção eficaz contra o calor, por causa do colchão de ar de 50cm que a separa da abóbada propriamente dita.

O ginásio do Parque do Ibirapuera (1952-1954), edificado por ocasião da celebração do IV centenário da fundação de São Paulo, mostra outro aspecto do racionalismo claro de Ícaro de Castro Mello. O programa e a localização não se opunham à adoção de uma forma pura, muito pelo contrário, e o arquiteto optou sem vacilar pela figura geométrica mais perfeita: a planta é circular. Toda orientação do edifício foi cuidadosamente evitada: as cinco entradas, distribuídas a intervalos regulares, são estritamente iguais; o exterior é uniforme em todo o contorno; sua plasticidade resulta do jogo cruzado de suportes verticais aparentes e das lâminas horizontais dos *brise-soleil* da parte mais alta, a que se soma o aumento do volume global (Fig. 235). A cúpula leve, inteiramente metálica, permitiu arranjar um óculo central, que distribui largamente pelo terreno a luz que vem do alto, desejável nesse tipo de realização (Fig. 236). As soluções escolhidas, sempre motivadas por razões funcionais, levam a uma estética simples, dominada pelas preocupações estruturais.

Estas podem ser encontradas na obra posterior de Ícaro de Castro Mello, mas junto com uma tendência mais acentuada para pesquisas formais. É pena que o ginásio do Jockey Clube de Uberaba (1955) jamais tenha sido construído[99]: a calota elipsoidal, vazada por um lanternim e sustentada por pilares em forma de "V" invertido, que fora prevista, oferecia uma antecipação das propostas mais audaciosas que Nervi e Vitellozzi iriam desenvolver com sucesso, três anos depois, no pequeno ginásio de Roma. Essa evolução acentuou-se ainda mais em certas obras recentes, como os ginásios da colônia de férias do SESC, em Bertioga[100], e da Associação do Banco do Brasil, em Itapecerica[101], perto de São Paulo (1965-1967). Neste (Fig. 237), o tratamento dos grandes pórticos de concreto lembra o vocabulário brutalista de Vilanova Artigas[102], enquanto a cobertura em losangos que os encima retoma o desenho elaborado por Bina Fonyat no posto da Petrobrás em Brasília, adaptando-o a um princípio diferente de cobertura.

Outros arquitetos paulistas (ou estabelecidos em São Paulo) mereceriam ser aqui citados, mas não se pode ter a pretensão de esgotar o assunto. É preciso contentar-se com mencionar alguns nomes. Abelardo de Souza[103] impôs-se principalmente pelos prédios residenciais, dentre os quais se destaca o conjunto Três

---

97. Nascido em 1913, ele fez seus estudos na Escola de Engenharia Mackenzie e na Escola Politécnica da Universidade de S. Paulo, de onde saiu em 1935.
98. *Arquitetura e Engenharia*, n.º 17, maio-junho de 1951, pp. 32-35 (maquete, plantas, cortes). *Habitat*, n.º 11, abril-junho de 1953, pp. 4-6 (fotos da construção, planta, cortes). *Brasil — Arquitetura Contemporânea*, n.º 4, 1954 (fotos, planta, cortes). H. MINDLIN, *op. cit.*, pp. 176-177 (plantas, cortes, fotos).

99. *Brasil — Arquitetura Contemporânea*, n.º 5, 1955, pp. 34-35 (fotomontagens, plantas, cortes, elevações).
100. *Acrópole*, n.º 355, out. de 1968, pp. 34-35 (fotos, plantas, cortes).
101. Este foi premiado pelo Instituto dos Arquitetos do Brasil em 1967. *Acrópole*, n.º 354, set. de 1968, pp. 30-33 (fotos, plantas, cortes).
102. Cf. *infra*, pp. 298-305.
103. Nascido no Rio em 1908 e formado pela Escola Nacional de Belas-Artes em 1932, esse arquiteto fixou-se em São Paulo em 1939; foi nessa cidade e nesse Estado que realizou todas as suas obras importantes. Cf. G. FERRAZ, Novos Valores na Arquitetura Brasileira. I. Abelardo Reidy de Souza, em *Habitat*, n.º 39, fev. de 1957, pp. 2-21 (fotos, plantas, desenhos, maquetes).

Marias (1954), de fachadas harmoniosamente coloridas, onde balcões, janelas, paredes de canto parciais e alternadas constituem um modelo de bom gosto[104].

Dentre os adeptos de um estilo decididamente geométrico, a equipe formada por Rubens Carneiro Viana, Adolpho Rubio Morales e Ricardo Sievers[105] cha.nou

Fig. 235. Ícaro de CASTRO MELLO. *Ginásio do Ibirapuera*. São Paulo. 1952-1954.

Fig. 236. Ícaro de CASTRO MELLO. *Ginásio do Ibirapuera*. São Paulo. 1952-1954. Interior.

104. *Habitat*, n.º 30, maio de 1956, pp. 62-64.

105. Carneiro Viana, nascido em 1914 e formado pela Escola Politécnica de S. Paulo, para falar a verdade, é o único paulista da equipe; Sievers, nascido em 1922, é de origem argentina e fez seus estudos na Universidade de Buenos Aires, onde se formou em 1947; Rubio Morales, o mais novo do grupo, ex-aluno da Faculdade Nacional de Arquitetura do Rio de Janeiro, obteve ali seu diploma em 1951.

a atenção por uma série de construções monumentais, dentre as quais se destacam o Hotel Guarani, em Assunção (Paraguai), de plano triangular[106], e o edifício da Assembléia Legislativa de São Paulo (1961-1968)[107], onde os diversos elementos de um programa muito diversificado inscreveram-se num único bloco em paralelepípedo, estendido numa plataforma ligeiramente elevada, acessível por rampas lançadas sobre os fossos artificiais que a circundam.

Fig. 237. Ícaro de CASTRO MELLO. *Ginásio da Associação do Banco do Brasil.* Itapecerica (São Paulo). 1966-1967.

Os vários profissionais estrangeiros que se instalaram em São Paulo também tem sido partidários fervorosos do estilo simples da escola racionalista, quer se trate do francês Jacques Pilon, do alemão Arnold Heep, do polonês Lucjan Korngold ou dos italianos Giancarlo Palanti e Lina Bo Bardi. Principalmente esta alcançou renome internacional e encomendas em vários países da América Latina. A casa que construiu para si e para seu marido, o crítico de arte Pietro Bardi, no bairro do Morumbi[108], chama a atenção pela concepção audaciosa, que resulta de uma sutil mistura entre um gosto artesanal muito seguro e o emprego de uma técnica industrial avançada. A utilização, para a estrutura, de vulgares tubos de aço que suportam lajes finas de cimento armado levou a arquiteta a uma realização de extrema leveza; tirou proveito de um terreno muito inclinado e de um local excepcional para estabelecer neles uma residência quase que toda envidraçada, em comunicação direta com a natureza e usufruindo de um imenso panorama[109]. O novo Trianon (1957-1969), sede do Museu de Arte de São Paulo[110], também goza de uma localização privilegiada (na Avenida Paulista, num ponto de onde se domina grande parte da cidade)

Fig. 238. Lina BO BARDI. *Novo Trianon* (Museu de Arte). São Paulo. 1957-1968.

---

106. *Architecture d'aujourd'hui*, n.º 73, abril-maio de 1957, p. 70 (plantas, maquete).
107. *Módulo*, n.º 24, agosto de 1961, pp. 20-27 (desenhos, plantas).
108. *Habitat*, n.º 10, jan.-março de 1953, pp. 31-40 e n.º 12, julho-set. de 1953, p. 5; *Domus*, n.º 279, fev. de 1953, pp. 19-26; *Architecture d'aujourd'hui*, n.º 49, out. de 1953, pp. 38-41 (fotos, planta, corte, elevações). H. MINDLIN, *op. cit.*, pp. 42-43 (plantas, corte, fotos).
109. Hoje, este não é mais visível, pois as árvores do jardim cresceram e formaram um antepáro; portanto, a casa de vidro imaginada por Lina Bo Bardi mudou de caráter: perdida no meio de uma densa vegetação, agora é menos espetacular, mas mais íntima e mais protegida do calor do sol.
110. *Mirante das Artes*, n.º 5, set.-out. de 1967, pp. 20-23 (desenhos, plantas, corte, fotografias do local e da obra em construção).

e fornece uma visão diferente da caixa de vidro desligada do chão apreciada por Lina Bo Bardi (Fig. 238). De fato, os problemas comprovaram ser de escala diversa: uma das imposições da Prefeitura, que em 1960 aceitou financiar as obras, era que o belvedere previsto no mesmo nível da avenida, sob o edifício propriamente dito, estivesse inteiramente desimpedido em todo o seu comprimento, o que excluía os clássicos pilotis e exigia um vão de 70m sem o menor apoio intermediário! Então a arquiteta retomou a idéia de um bloco suspenso de pórticos que ela tinha proposto para o museu (não construído) de São Vicente[111], mas substituiu os cinco pórticos transversais desse projeto por dois enormes pórticos longitudinais em concreto protendido. Dadas as dimensões do edifício e a carga fantástica que iria resultar para os suportes assim espaçados, não era mais o caso de procurar reduzir a seção destes; conseqüentemente, toda expressão baseada na leveza inerente a uma obra desligada do chão chocava-se com a existência dos quatro pilares maciços das extremidades; é por isso que Lina Bo Bardi optou decididamente por uma solução monumental baseada numa força equilibrada, onde a tônica recai no impressionante *tour de force* técnico representado pelo edifício[112], pondo em relevo seu peso considerável, em vez de insistir em seu caráter aéreo. Assim, nesse caso, a arquiteta italiana afastou-se da tendência que até então fora uma das marcas registradas da arquitetura brasileira dominada pela escola carioca; ao mesmo tempo, ela se aproximou, mas sem mudar de estilo, tipicamente racionalista, das pesquisas opostas, feitas na mesma época pelo movimento original que florescia em São Paulo, sob a própria influência de Vilanova Artigas. De fato, os paulistas não viam com bons olhos afirmar-se a superioridade do Rio de Janeiro e a rivalidade entre as duas cidades, muito viva em todos os campos, não deixou de surgir igualmente no setor que interessa aqui: daí resultou um certo número de iniciativas, cujo valor e repercussões é preciso estudar agora.

---

111. *Habitat*, n.º 8, julho-set. de 1952, pp. 6-11; *Domus*, n.º 286, set. de 1955, p. 15 (plantas, cortes, elevações, maquete); *Aujourd'hui*, n.º 2, março-abril de 1955, pp. 64-65 (plantas, maquete).

112. Aliás, colocaram-se certos problemas não previstos no começo: a arquiteta teve de renunciar aos vidros de um único pedaço em que fora concebido inicialmente, pois nenhuma fábrica brasileira estava equipada para fabricar painéis de 70m de comprimento e uma das condições do financiamento das obras pelos poderes públicos era a utilização de materiais industriais locais; além disso, foi preciso elaborar um sistema de apoio sobre colchões de areia, pois cumpre prever um jogo de 12cm nas lajes de concreto!

4. À MARGEM DO RACIONALISMO: A CORRENTE ORGÂNICA E O BRUTALISMO PAULISTA

Todas as realizações estudadas até agora derivam do espírito e da estética do movimento racionalista, fonte fundamental da nova arquitetura brasileira. Mas não é por isso que se pode concluir que essa arquitetura comprovou ser completamente alérgica às demais correntes internacionais que contribuíram para dar, à arquitetura contemporânea, um aspecto mais diversificado do que geralmente se pensa. Assim, agora é preciso procurar ver até que ponto houve ou não, no Brasil, uma repercussão da tendência "orgânica" (tão importante nos Estados Unidos e na Europa setentrional) e depois focalizar o problema do brutalismo, que surgiu mais recentemente mas nem por isso pode ser deixado de lado. Deve ficar bem claro que, ao reunir num mesmo capítulo esses dois movimentos de amplitudes diferentes, tanto no plano cronológico, quanto no da difusão geográfica, não se está pretendendo comparar suas respectivas influências em escala mundial e só se está pensando no caso específico da situação brasileira. É evidente que a corrente orgânica — apresentada por alguns de seus defensores como uma superação do racionalismo e considerada pela maioria dos críticos como porta-voz de um estado de espírito e de um sentimento plástico radicalmente opostos a esse racionalismo — desempenhou um papel capital no panorama arquitetônico do século XX, papel que o brutalismo — nascido bem mais tarde e às vezes difícil de ser definido — no momento não parece destinado a igualar. Mas nos limitando à área que interessa fundamentalmente para este estudo, a perspectiva muda: a influência da concepção orgânica permaneceu ocasional e não pôde incrustar-se profundamente no Brasil; em compensação, a veia brutalista impôs-se com vigor, mas apenas numa região, e é cedo demais para saber se seu sucesso irá estender-se para outras. Portanto, o equilíbrio é restabelecido e fica-se em presença de duas tendências que têm em comum, ao menos pelo momento, um caráter marginal em relação ao conjunto da produção arquitetônica brasileira. Conseqüentemente, não é arbitrário agrupá-las, principalmente quando se pensa que, ao lado de divergências profundas, surgem vínculos indiscutíveis ou aproximações relativas: certas preocupações básicas, como a vontade de expressão espacial, passaram de uma tendência para a outra, e o *chef de file* da segunda foi inicialmente adepto fervoroso da primeira; ambas, enfim, não constituíram, salvo algumas exceções, uma ruptura em relação ao racionalismo, mas antes uma tentativa de adaptação deste, quer num sentido mais flexível, mais íntimo, quer — pelo contrário — numa preocupação de rigidez doutrinária mais acentuada do que nunca.

1. VERDADEIRA ARQUITETURA ORGÂNICA OU ORGANICIDADE RACIONALISTA?

A noção de arquitetura orgânica provocou vários debates e interpretações contraditórias[1]. Nós nos ateremos ao sentido admitido de modo mais geral, aquele que foi difundido, a partir de 1945, pela campanha vivamente levada a efeito por Bruno Zevi[2], que engloba sob essa denominação tanto a arquitetura de Frank Lloyd Wright e seus êmulos norte-americanos, quanto a da escola escandinava e finlandesa, cujos líderes são Gunnar Asplund e Alvar Aalto. Com isso não se quer dizer que o movimento orgânico assim definido seja de uma coerência absoluta, como o crítico italiano quis fazer crer quando o apresentou como um sucesso

---

1. Cf. *Dictionnaire de l'architecture moderne*, Paris, Hazan, 1964 (ed. original em alemão, Munique e Zurique, Knaur, 1963), pp. 220-222. Aliás, Arnold Whittick, autor do verbete em questão, evita dar uma verdadeira definição e seu artigo pretende ser, antes e acima de tudo, um recenseamento das várias acepções do termo «orgânico» aplicado à arquitetura; infelizmente, a mistura feita contribui mais para aumentar a confusão do que para resolvê-la.

2. Esse jovem arquiteto italiano alcançou grande notoriedade quando publicou, depois da Segunda Guerra Mundial, um ensaio intitulado *Verso un'architettura organica* (Turim, Einaudi, 1945) e principalmente a primeira tentativa de síntese histórica sobre a evolução da arquitetura durante a primeira metade do século XX (*Storia dell'architettura moderna*, Turim, Einaudi, 1950. 3.ª ed. revista e aumentada, 1955).

ideal, como uma síntese suprema da expressão arquitetônica contemporânea. A obra de Wright, nitidamente dividida em dois períodos cronológicos separados por um longo período de inatividade (1924 a 1935), é muito diversificada: suas realizações dos últimos vinte e cinco anos demonstram uma série de pesquisas em direções variadas e, sob muitos aspectos, estão bem distantes da inspiração que caracterizou a época das *Prairie houses*, mais homogênea, porém menos original. Francastel tornou claras essas divergências, bem como a distinção que convém fazer entre a contribuição pessoal do mestre norte-americano e a dos arquitetos do norte da Europa[3]. Mas essas constatações objetivas não querem dizer que a comparação feita por Zevi e o rótulo comum que colocou em correntes que não são perfeitamente idênticas não tem fundamento: a continuidade de pensamento que subsiste em Wright ao longo de toda a sua carreira, o parentesco de objetivos e métodos encontrado nos dois lados do Atlântico, as influências recíprocas sofridas, justificam amplamente essa classificação. Está-se perante uma tendência profunda, que recusa uma arquitetura de espírito clássico baseada na razão abstrata e na geometria, para opor a ela um funcionalismo natural ou psicológico, onde triunfam a intuição e a glorificação dos sentimentos interiores.

Portanto, a arquitetura orgânica diverge frontalmente do ideal racionalista e expressou-se em termos diferentes; mas seria um abuso querer tomar os dois movimentos como categorias absolutas, decididamente contrárias. Tanto um quanto o outro foram partidários convictos da tecnologia moderna; só a aplicação que fizeram dela com finalidades plásticas não foi a mesma. Trata-se de um fenômeno normal, que se repete durante todas as grandes épocas de criação da História. Mas ainda há mais, pois também surgem convergências no setor da estética, e Francastel insistiu corretamente na fonte comum que constitui a figuração cubista para todas as novas interpretações do tratamento do espaço que surgiram depois do começo do século[4]. Aliás, foi isso que permitiu a Zevi tentar comprovar a tese de que a arquitetura orgânica era uma superação do racionalismo: outra distorção da verdade, já que as duas tendências desenvolveram-se em paralelo e não sucessivamente; a liberação do dicionário formal cubista e de seu vocabulário retilíneo e ortogonal não foi apanágio exclusivo dos partidários da organicidade; a mesma operação ocorreu dentro da escola racionalista brasileira sob a influência de Niemeyer, que também conseguiu reintroduzir a curva na arquitetura ao mesmo tempo que permanecia fiel à preocupação com a ordenação rítmica e com o volume disciplinado de seus predecessores.

Esclarecidas essas premissas, e admitindo-se que a distinção essencial entre as duas grandes tendências que dominaram a arquitetura contemporânea seja de ordem espiritual e não material, deve-se ver quais foram, no plano prático e no do estilo, as conseqüências dessas duas concepções. Vários critérios foram propostos, tanto pelo inventor do termo "orgânico" (Wright), quanto pelo mais fervoroso defensor do movimento (Zevi), para caracterizar a arquitetura de que se tornaram paladinos; nem todos os critérios apresentam o mesmo interesse: alguns são imprecisos ou repetitivos, outros não são específicos da veia em questão e pertencem igualmente ao vocabulário racionalista; assim, pode-se reduzir a quatro elementos principais os traços fundamentais que definem a originalidade da corrente orgânica:

1) *Modéstia aparente*, sensível principalmente no aspecto externo do edifício e na maneira de situá-lo. Existe nisso uma recusa nítida da monumentalidade, que contrasta com a vontade de afirmação de todo edifício fruto da mística racionalista[5]. A simplicidade formal desta, levando à elaboração de volumes geométricos que se destacam daquilo que os circunda, é substituída, na arquitetura orgânica, por um outro tipo de simplicidade, marcado por uma preocupação de diluição na paisagem, por um desejo de confundir-se com a natureza, onde ressurge um velho fundo romântico.

2) *Preferência por materiais tradicionais*, sempre que suscetíveis de adaptar-se ao programa focalizado. Enquanto os arquitetos racionalistas, e especialmente os mestres alemães e franceses, entusiasmados com a aparição de novos elementos de construção, optavam decididamente por estes e elaboravam uma arquitetura do concreto e vidro ou do aço e vidro, os defensores da veia orgânica limitavam o emprego de processos cem por cento modernos. Embora não hesitassem em lançar mão deles, especialmente quando sua superioridade era evidente, recusavam atribuir-lhes qualquer exclusividade; nesse caso, faziam uma síntese, onde freqüentemente a tônica recaía nos materiais tradicionais. Por outro lado, estes materiais eram freqüentemente utilizados sozinhos, particularmente nas casas ou edifícios de pequenas dimensões. Essa escolha coerente decorria da atitude anterior: a integração no contexto por meio da simbiose com a natureza era facilitada pelo emprego de matérias-primas diretamente emprestadas da natureza, como a pedra e principalmente a madeira, ou resultante de transformações primárias conhecidas desde a Antiguidade, como o tijolo e a telha, cuja cor se harmonizava facilmente com as tonalidades do solo e da vegetação por causa do caráter ainda muito natural desses produtos artificiais. Assiste-se, portanto, a uma revalorização consciente das técnicas antigas, em oposição à primazia absoluta dos materiais recentes eleitos pela escola racionalista.

3) *Rejeição do tipo* standard *e da estrutura modulada* como base da composição arquitetônica. Reagindo contra uma civilização dominada pelo mito da máquina, os partidários da arquitetura orgânica não admitem que sua arte possa partir de dados estritamente materiais e obedeça a cânones rigorosos ditados pelas possibilidades da indústria ou por regras de proporção. Como conseqüência, eles insistem no lado individual de cada realização, nos motivos psicológicos que a orientaram; recu-

---

3. P. FRANCASTEL, *Art et technique aux XIXe et XXe siècles*, Paris, 1956, pp. 64-72 e 203-207, ou 2.ª ed., Genebra, 1964, pp. 57-65 e 188-193 (1.ª parte, cap. I e 3.ª parte, cap. I).
4. *Idem*, p. 204.

5. Nem por isso a mística orgânica é menos orgulhosa do que a racionalista. Wright estava tão persuadido quanto Gropius ou Le Corbusier da importância da arquitetura e do urbanismo como meios de reformar o mundo; sua certeza de deter a verdade que permitiria assegurar um futuro idílico às próximas gerações jamais foi desmentida durante sua longa carreira e parece que em nenhum momento ele teve qualquer dúvida a esse respeito.

sam todo sistema de ordenação rítmica, sejam quais forem suas fontes de inspiração. Essa vontade total de criação livre leva à rejeição de todo contexto preestabelecido e desemboca numa expressão de poesia sentimental, onde novamente surge a marca romântica.

4) *Primazia absoluta do interior sobre o exterior*. Partindo do princípio de que uma construção tem por objetivo essencial fornecer ao homem espaços protegidos necessários à sua vida quotidiana e suas atividades, os arquitetos orgânicos chegam à conclusão de que a concepção de um edifício é guiada exclusivamente por sua disposição interna; portanto, o aspecto externo deve traduzir essa disposição, compartilhar de suas linhas principais e não ter uma personalidade própria, fruto de uma preocupação estética. O invólucro arquitetônico é apenas uma forma que molda os vazios que constituem seu conteúdo; pouco importa que possa emanar uma certa confusão da aparência externa que resultar disso, pois a preocupação com a clareza não é mais considerada como uma qualidade; todo rigor geométrico é cuidadosamente eliminado e deixa lugar a uma flexibilidade de articulação que a qualificação de "orgânico" visava sublinhar. É nessa maneira de encarar a composição, mais do que na novidade de seu caráter espacial (tão louvado por Zevi) que reside a originalidade do movimento e, principalmente, sua relativa unidade. De fato, o tratamento do espaço interno varia conforme se considera a obra de Wright ou a de seus colegas alemães, suecos e finlandeses: o primeiro, baseando-se na tradição colonial norte-americana, desenvolvia seus projetos a partir de um núcleo central, colando ou soldando-lhe alas anexas estritamente integradas ao elemento inicial; Häring, Asplund e Aalto, ao contrário, procuraram uma fusão completa e indissociável dos espaços encadeados que formam a essência de sua arquitetura de motivações psicológicas, onde a casa é considerada como um abrigo que favorece a volta do homem para dentro de si mesmo.

Portanto, a corrente orgânica possui uma personalidade indiscutível e exprime aspirações diferentes das do racionalismo, mas não se pode falar de antinomia absoluta: as duas tendências estão fundadas na exploração da planta livre e vinculam-se à criação de uma continuidade espacial fruto da visão cubista. É por isso que existem obras intermediárias, às vezes de difícil classificação, influências difusas num sentido ou noutro, sem esquecer as confusões originadas de uma denominação genérica capaz de recobrir diferentes interpretações. De fato, a tentativa de monopolizar em proveito exclusivo de um movimento as qualidades contidas num simples adjetivo fez com que as vezes se perdesse de vista que a arquitetura racionalista também pode ser orgânica, no sentido próprio do termo, ao mesmo tempo que fica perfeitamente estranha ao ideal que presidiu às criações de pessoas como Wright ou Aalto. O problema que se coloca agora consiste, portanto, em ver em que medida existiu realmente no Brasil uma arquitetura orgânica tal como foi definida acima, ou se não se tratava, no conjunto, de uma arquitetura cuja eventual organicidade é de espírito puramente racionalista.

1. O período "wrightiano" de Vilanova Artigas (1938-1944)

O triunfo dos princípios defendidos por Le Corbusier não deve fazer esquecer que uma resistência ativa, desejosa de renovar a arquitetura por outros caminhos, manifestou-se durante vários anos antes de se apagar durante a Segunda Guerra Mundial. Essa tentativa abortada ficou bem localizada e não ultrapassou o âmbito da capital paulista, pois foi fruto de circunstâncias particulares, mais do que um movimento profundo. São Paulo, cidade comercial de desenvolvimento recente, ainda era muito provinciana por volta de 1930 e o espírito que nela reinava não favorecia a adoção de teorias ou estilos revolucionários, apesar das posições corajosas bem cedo adotadas por Warchavchik; em compensação, o estilo de Wright, menos suscetível de espantar a clientela particular (que ainda era a única que contava, face à falta total de interesse dos poderes públicos), oferecia em contrapartida uma solução mista, ao mesmo tempo moderna e tranqüilizante, apresentando várias vantagens. Deve-se acrescentar que as relações econômicas tendiam a favorecer as ligações entre a grande metrópole nascente e os Estados Unidos, que a rivalidade entre essa cidade e o Rio de Janeiro (inteiramente voltada para a Europa) tornava de bom tom uma influência cultural norte-americana, que o curso de arquitetura não passava de uma seção da Escola Politécnica, pouco inclinada por natureza a uma revisão total dos valores de ordem estética, e compreender-se-á que o ambiente paulista prestava-se bem a esse tipo de experiência. Assim, o prestígio de Wright — e principalmente do Wright das *Prairie houses* do começo do século — era enorme nos meios profissionais de São Paulo no momento em que a vanguarda carioca se prendia ao estudo da obra de Le Corbusier. Esse prestígio tinha penetrado no ensino oficial graças a Dubugras[6] e, a seguir, tinha aumentado consideravelmente. Portanto, não é de surpreender que os jovens arquitetos recém-saídos dos estabelecimentos paulistas de ensino tenham passado, por uma ou outra razão, por uma fase inspirada pelo espírito ou pelos modelos do mestre norte-americano.

Os maiores sucessos do gênero devem-se a João Vilanova Artigas[7], formado pela Escola Politécnica em 1937, com vinte e dois anos; três das mansões que construiu entre 1938 e 1945 no bairro do Pacaembu merecem ser citadas por sua qualidade e porque elas marcam bem as etapas de uma evolução visível, premissa da reviravolta completa que ocorreu com o arquiteto a partir de 1945. A casa de Roberto Lacase (1938-1939), situada no alto de uma colina, desaparece no verde que a circunda, com seu telhado baixo de duas águas dispostas no sentido da inclinação do ter-

---

6. Dubugras, que procurou seu caminho nas direções mais variadas (do neogótico ao neocolonial, passando pela *art nouveau*), também construiu algumas casas de inspiração formal nitidamente wrightiana; ora, ele foi a personalidade dominante no curso de arquitetura da Escola Politécnica, de onde saiu apenas pouco antes de sua morte em 1933.

7. L. BO BARDI, Casas de Vilanova Artigas, *Habitat*, n.º 1, out.-dez. de 1950, pp. 2-16.

reno (Fig. 239). Os materiais são extremamente simples: tijolos para as paredes, telhas para a cobertura, madeira para as vigas aparentes que a sustentam e para a barreira de proteção colocada na frente dos gran-

Fig. 239. João VILANOVA ARTIGAS. *Casa de Roberto Lacase*. São Paulo. 1939.

des vidros do salão, pedra para a escada rústica que leva até a porta de entrada. Esses materiais são usados no estado bruto, sem revestimento, mas se pode falar de um admirável requinte em sua escolha e disposição: os jogos de cores produzidos pela colocação de tijolos de várias tonalidades, cuja ordenação discreta pode parecer casual, valorizam a parte nobre da residência e a contrapõem à cozinha, que fica no canto e tem paredes nuas, constituídas por elementos comuns e uniformes. Essa procura de efeitos pitorescos encontra-se em toda a composição, embora seja particularmente sensível na fachada principal, dominada pelos reforços do patamar da entrada e da sala de estar, na sucessão de redentes, no jogo das oblíquas, no equilíbrio instável do pilar de canto e principalmente no corte inesperado produzido pela enorme parede perpendicular ao eixo do edifício que sobressai do telhado como uma gigantesca chaminé. A casa parece fechada sobre si mesma, concebida inteiramente em função de uma intimidade onde os contatos com o exterior foram limitados ao estritamente necessário; mas não é nada disso e a continuidade exterior-interior foi feita, sempre que era desejável, sob forma de uma transição sutil: o recuo dos painéis transparentes do cômodo principal combina-se com a instalação de uma clarabóia sumária que forma um anteparo afim de evitar toda ruptura de unidade, tanto num sentido, quanto no outro. Submissão à natureza, elegância rebuscada sob o aspecto de uma simplicidade rústica, personalidade de uma realização que recusa todo processo mecânico, criação de um ambiente especialmente imaginado para a família que está destinada a viver nele — todas as principais idéias de Wright foram expressas sem dificuldade nessa obra que retoma bem de perto o estilo das *villas* construídas entre 1900 e 1912 pelo mestre norte-americano.

Essa influência persiste na casa Paranhos (1942-1944), embora a ela se some um conhecimento agora sensível dos trabalhos mais recentes de Wright.

O aspecto geral (Fig. 240) faz pensar um pouco na casa Robie de Oak Park (Illinois, 1909): mesma articulação geral dos volumes com marcada acentuação das linhas paralelas ao solo, mesmo princípio de telha-

Fig. 240. João VILANOVA ARTIGAS. *Casa Paranhos*. São Paulo. 1940-1941.

dos superpostos bastante salientes, mesma disposição das janelas em faixas longitudinais contínuas, imediatamente abaixo dos telhados. Mas a impressão que essa casa dá é diferente: todo traço de romantismo foi eliminado em favor de uma composição que impressiona pela nitidez, pelo vigor e principalmente pela leveza; o papel atribuído à madeira como material de estrutura permitiu suprimir os maciços montantes de tijolo e apoiar os vigamentos do telhado em elementos delgados, que dão uma ênfase particular ao caráter alternadamente aberto e fechado da obra. Os dois locais também não têm nada em comum: o edifício paulista está numa encosta íngreme que o jovem profissional brasileiro conseguiu aproveitar sem incorrer em grandes despesas. Enfim, a nota decisiva surgiu do avançamento em balanço da sala principal, lançada no espaço como as lajes da célebre casa sobre a cascata de Bear Run (Pennsylvania, 1936), onde também Wright tinha tido de tratar de um programa audacioso numa localização original e difícil. Mas Vilanova Artigas recusou-se a utilizar para esse fim o concreto armado; preferiu finas vigas metálicas repousando sobre as clássicas paredes de tijolo. Essa fidelidade à construção tradicional, que também pode ser encontrada no sistema de arrimo do terreno, elaborado como fechamento para a rua[8], era sintomática de uma vinculação ainda sensível à concepção artesanal: sem chegar a rejeitar a técnica moderna, o arquiteto não procurava valorizá-la; limitava-a ao mínimo necessário e, em certa medida, tendia a disfarçá-la para manter uma profunda hegemonia em suas obras. É ainda das *Prairie houses* que Artigas toma emprestada sua concepção de espaço interno fluido transcrito nos volumes externos: vigamentos complicados desprovidos de tensores e pendurais (e que, além disso, estão parcialmente em balanço)

8. Esse sistema associava placas pré-fabricadas de cimento armado, dispostas no sentido longitudinal, com grandes pilares de tijolos, espaçados regularmente, que asseguravam a firmeza das placas; foi adotado pelo engenheiro Roberto Cardoso e serviu para arrimar os terrenos cujo solo estava sujeito a deslizamentos e desmoronamentos.

permitiram a supressão dos tetos planos e a unificação do vazio normalmente dividido entre cômodos e sótão, numa retomada das propostas tão apreciadas por Wright durante seu primeiro grande período de realizações.

A casa de Luiz Antonio Leite Ribeiro (1943-1945), na mesma rua da precedente[9], está presa ao lado mais íngreme da colina e situada em nível inferior à calçada; o acesso é feito pelo andar superior, que fica no mesmo nível daquela. A necessidade de fixar o solo móvel, cortado na vertical para poder apoiar o edifício, levou o arquiteto a abandonar o tijolo e preferir a pedra, para melhor desempenhar as funções essenciais de sustentação, mas ele pesquisou ainda mais o material bruto, sem revestimento. As paredes são constituídas por blocos não talhados, amontoados uns em cima dos outros, e fixados por uma simples camada de argamassa: novo empréstimo de Wright, que várias vezes usou esse processo arcaico, chamando-o erradamente de aparelho ciclópico[10]. Seduzido pelo aspecto pitoresco e próximo à natureza desse amontoamento aparentemente primitivo e, na verdade, extremamente cuidado, Artigas não vacilou em usá-lo para dar a seu edifício um ar de requinte rústico que então era uma de suas preocupações dominantes. Mas ele evitou desta vez ater-se exclusivamente ou quase exclusivamente aos meios tradicionais em matéria de construção: desejando criar, no interior, uma continuidade espacial no sentido vertical, bem como no horizontal, utilizou-se do cimento armado para lançar na sala de estar uma laje em balanço, que no conjunto desempenha um papel decisivo. É claro que esse recurso à técnica moderna não é visível de fora e, dentro, está associado aos elementos clássicos do vocabulário do arquiteto, próprios a esse período de sua carreira: janelas em linha formando uma faixa ininterrupta até o teto, ambiente criado por essa justaposição e pela percepção interna da inclinação da cobertura (desta vez de uma só água), sobriedade não isenta de uma certa rudeza, ênfase particular dada aos materiais naturais ou seminaturais. Mas também é verdade que existe uma evolução no sentido de novos modos de expressão; a transição para uma arquitetura mais francamente contemporânea, esboçada com timidez na casa Paranhos, torna-se mais precisa na casa de Leite Ribeiro, embora o estilo ainda seja tipicamente wrightiano e esteja vinculado principalmente à maneira do mestre norte-americano durante aos primeiros anos do século.

Mas Artigas não demorou para perceber o dilema em que se tinha colocado. Sua atitude de desconfiança perante as possibilidades estéticas, oferecidas pelos novos métodos que tinham transtornado os princípios da construção, não seria uma negação do progresso? A submissão do homem à natureza não nasceria de uma dúvida sobre as capacidades humanas, enquanto que o papel do arquiteto devia ser exprimir francamente tais capacidades, em função de sua época, como símbolo da vida do período? E escolher como modelo as realizações de Wright, ainda impregnadas da tradição colonial de seu país, não seria uma aberração no Brasil, país onde os valores antigos decorriam de uma civilização diferente? Enfim, o desejo de escapar à influência da Europa, de lhe pregar sistematicamente uma peça, uma das fontes de inspiração de Wright, por um momento tinha sido encarada como simpática por toda a América enquanto manifestação sentimental de independência cultural, mas o perigo de dominação pelo grande vizinho do Norte não era cada dia mais sensível nesses anos de guerra, anos que punham um ponto final em toda tentativa de hegemonia européia? Nem o ideal progressista de Artigas, nem suas convicções políticas (cada vez mais violentamente opostas àquilo que a civilização dos Estados Unidos representava no mundo) podiam satisfazer-se por muito tempo com uma arquitetura parcialmente voltada para o passado e capaz de constituir um elemento de propaganda para um patrimônio intelectual agora rejeitado. Portanto, a reviravolta ocorrida em sua obra em 1945 explica-se pelas circunstâncias e por uma reflexão mais aprofundada à medida que a maturidade se seguia aos primeiros entusiasmos da juventude. O abandono da herança wrightiana e sua substituição pela de Le Corbusier, apesar de tudo, não foi total em Artigas, que conservou, de suas primeiras experiências, um culto por uma concepção do espaço derivada da do mestre norte-americano.

2. As casas de Rino Levi: relações natureza-arquitetura e introspecção

Embora a obra de Vilanova Artigas esteja longe de ser homogênea e se divida claramente em vários períodos cronológicos de inspirações diversas, a de Rino Levi — ao contrário — é um modelo de continuidade, conforme foi ressaltado quando foram estudados seus grandes edifícios inteiramente orientados pelos princípios racionalistas. Assim poderia espantar um pouco que seu nome apareça neste capítulo se ele não se tivesse tornando célebre por um certo número de residências elegantes, das quais muitas revistas especializadas sublinharam o caráter introvertido, bem como a íntima integração natureza-arquitetura que nelas era feita. Ora, tais traços são qualidades altamente reivindicadas pelos partidários do movimento orgânico, como sendo próprias desse movimento. Portanto, convém examinar se essa tese tem fundamento e principalmente determinar até que ponto a corrente em questão pode ter ou não influenciado Rino Levi quando ele se dedicava a um programa de casa urbana ou de campo.

O primeiro sucesso do gênero foi a casa do arquiteto (1944-1946), situada num dos mais belos bairros-jardins de São Paulo[11]. A vontade de dar prioridade

---

9. Rua Heitor de Morais, dominando o Estádio Municipal do Pacaembu.
10. O verdadeiro aparelho ciclópico não comportava argamassa: os interstícios eram preenchidos com pedras de dimensões menores e só o peso dos blocos mantinha essas paredes pré-históricas em equilíbrio.

11. *Architecture d'aujourd'hui*, n.º 18-19, julho de 1948, pp. 74-75. *Art & décoration*, n.º 13, 1949, pp. 16-18. *Domus*, n.º 258, maio de 1951, pp. 6-7. H. MINDLIN, *L'architecture moderne au Brésil*, Paris, sem data, pp. 26-27 (planta, fotos).

à intimidade sem romper o contato com a natureza aparece com grande nitidez, tanto mais que o terreno utilizado, no cruzamento de duas ruas e de extensão modesta (de acordo com o ponto de vista brasileiro), não parecia prestar-se facilmente a esse duplo objetivo. Rejeitando a solução clássica da construção compacta distanciada ao máximo dos limites externos do terreno, Rino Levi optou por uma obra só com o pavimento térreo, ocupando a maior parte do lote, e tratou esse lote como se fosse um todo fechado sobre si mesmo, onde edifícios e jardins vinculam-se intimamente (Fig. 241). Para tanto, ele não hesitou em deixar do lado

1: sala de estar
2: sala de jantar
3: canteiro
4: telheiro
5: dormitório
6: escritório
7: quarto de empregada
8: copa-cozinha
9: garagem
10: quarto de despejo

Fig. 241. Rino LEVI. *Casa do arquiteto*. São Paulo. 1944-1946. Planta.

Fig. 242. Rino LEVI. *Casa do arquiteto*. São Paulo. 1944-1946. Pátio interno.

de fora, como canteiros ligados à calçada, as faixas além das quais a legislação municipal proibia erguer as paredes da casa: essa amputação voluntária de uma parte do solo disponível permitiu manter a unidade do espaço fechado, onde a vida familiar deveria desenrolar-se sem possibilidade de interferências externas. Todos os cômodos dão para um dos três pátios internos[12], correspondendo respectivamente ao conjunto salão-sala de jantar, à série de dormitórios e às dependências de serviço. Assim, não se pode pensar numa concepção mais intimista, mas é evidente que se trata de uma nova versão do pátio mediterrâneo, o que é facilmente explicado pelas origens e pela formação italiana de Rino Levi, mais do que por uma inspiração da corrente orgânica. Outra prova disso é a disposição das galerias abertas, protegidas apenas por um *brise-soleil* de cimento, nos dois lados da casa ladeados pelo jardim principal (Fig. 242): corredor ao mesmo tempo arejado e abrigado ou elemento de transição entre o ambiente reservado interno e a orgia de luz e verde para a qual abre esse ambiente, o papel e o modo de emprego são os da tradição romana, sempre viva, adaptada a um contexto moderno e tropical. O mesmo se aplica às relações entre a arquitetura e a vegetação que nela se integra: não se trata da submissão à moldura natural, tão apreciada por Wright e pelos nórdicos europeus; pelo contrário, existe uma harmonização de duas criações puras do espírito humano: a flora escolhida por Burle Marx serve como complemento cuidadosamente estudado da construção, ela não a condiciona. Some-se a isso o uso predominante de materiais artificiais tipicamente contemporâneos (telhados ondulados de fibro-cimento, elementos vazados de concreto), a preferência dada à pré-fabricação em série para esses materiais, a brancura dos revestimentos que disfarçam a cor crua do tijolo (deixado aparente só em alguns pontos para criar uma oposição secundária), o fato de que a planta adotada tenha sido orientada por preocupações materiais (forma do terreno, orientação) e não pela vontade de fazer pesquisas psicológicas, o fato de que ela foi concebida a partir de um traçado periférico e de uma boa lógica distributiva, e de que ela foi traduzida por uma clara geometria das superfícies e dos volumes, apesar da irregularidade da localização, e compreender-se-á que a obra em questão nada deve ao movimento orgânico, apesar de sua modéstia externa, de seu caráter voltado para si mesmo e da importância dada à ligação arquitetura-natureza.

Os mesmos princípios e o mesmo espírito podem ser encontrados também na casa de Milton Guper (1951-1953)[13], mas sua aplicação foi aperfeiçoada. A situação no cruzamento de duas ruas, num bairro-jardim vizinho ao anterior, incitou Rino Levi e seu associado Roberto Cerqueira Cesar a retomar a solução anterior dos jardins externos puramente decorativos

---

12. Na realidade, só a área de serviço é totalmente fechada pelos edifícios, mas os dois jardins separados pela ala dos quartos estão protegidos de qualquer olhar indiscreto pelos muros altos que os delimitam nos lados livres.
13. *Arquitetura e Decoração*, n.º 3, dez. de 1953-jan. de 1954, pp. 18-23 (fotos, plantas). *Architecture d'aujourd'hui*, n.º 52, jan. de 1954, pp. 4-5 (planta, fotos, desenhos). *Domus*, n.º 292, março de 1954, pp. 16-19 (numerosas fotos). *Arquitetura e Engenharia*, n.º 32, jul.-set. de 1954, pp. 3-7 (planta, fotos).

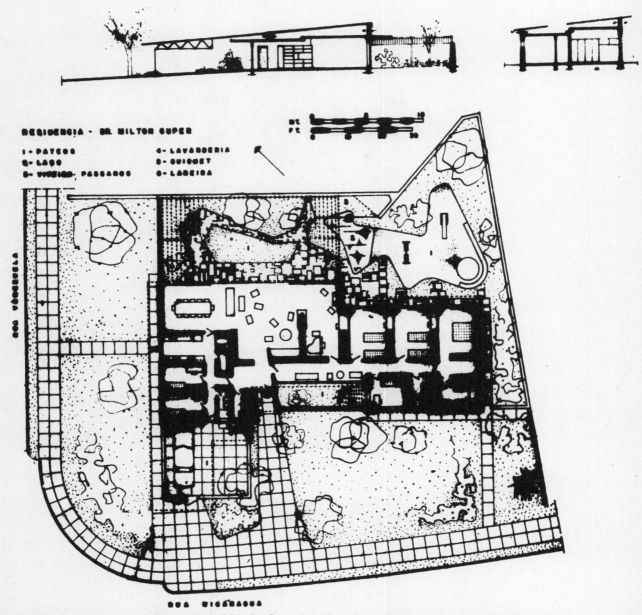

Fig. 243. Rino LEVI e Roberto CERQUEIRA CESAR. *Casa de Milton Guper*. São Paulo. 1951-1953. Planta e cortes.

formando um só corpo com as calçadas, sem se preocupar com as superfícies abandonadas dessa maneira, já que, uma vez mais, a residência era encarada como uma unidade interior bastando-se a si mesma (Fig. 243). Assim, as fachadas são voluntariamente simples, até mesmo apagadas. A fachada principal, muito baixa, tende a desaparecer dentro do verde e é difícil imaginar que sua aparência modesta e algo informe (Fig. 244) oculta uma casa suntuosa: de fato, ela abrange as partes menos nobres (garagem, dependências de serviço, corredor disfarçado por um *brise-soleil* de cimento, banheiros) numa inversão das regras geralmente aplicadas e sem que se sinta a menor intenção de corrigir esse aspecto por meio de uma valorização de ordem plástica. A frente lateral, para a Rua Venezuela (Fig. 245), é mais homogênea, com seu telhado de uma só água cobrindo, em uma linha única, o corpo habitacional e as dependências de serviço, ao mesmo tempo que deixa perceber o caráter anexo destas porque sua função é reduzida a um simples anteparo; mas essa frente continua sendo inspirada por considerações idênticas às da fachada principal: funcionalismo declarado, sobriedade absoluta, ausência de pesquisas de essência estritamente estética. O interior, em compensação, embora conservando uma grande simplicidade de expressão, é de uma perfeição requintada em todos os planos. O sistema de divisão do espaço por móveis em vez de alvenaria, já adotado com êxito na residência particular do arquiteto para os cômodos de estar, foi levado ao máximo: os próprios quartos agora são separados por armários com o fundo revestido por uma camada de lã de vidro, o que permite uma perfeita flexibilidade e um ganho de espaço ao mesmo tempo que assegura o necessário isolamento acústico. Mas o grande êxito é a criação original de uma continuidade interior-exterior tão completa que ela leva a fundir o lado de dentro e o de fora em proveito exclusivo daquele; de fato, o salão e a sala de

Fig. 244. Rino LEVI e Roberto CERQUEIRA CESAR. *Casa de Milton Guper*. São Paulo. 1951-1953. Fachada principal.

Fig. 245. Rino LEVI e Roberto CERQUEIRA CESAR. *Casa de Milton Guper*. São Paulo. 1951-1953. Fachada lateral.

jantar formam um só corpo com o jardim, graças às grandes portas de correr de vidro, que se apagam quase totalmente e constituem o único obstáculo material; a intimidade, porém, é preservada pelo fechamento rigoroso desse prolongamento externo por meio de um jogo de paredes e grades associado a uma pérgola de cimento armado (Fig. 246). O efeito dessa espécie de jaula protetora de puro traçado geométrico é notável: os jogos de luz e sombra que daí resultam trazem uma contribuição plástica de primeira ordem, que vem juntar-se às funções psicológicas e práticas exercidas. Sem dúvida alguma, trata-se de uma idéia nova, explorada com habilidade, fruto de um desenvolvimento coerente seguida. Mais clássica do que as anteriores em sua disposição compacta no centro de um terreno cuja pequena superfície e situação não permitiam nenhum abandono gratuito; ela não comporta qualquer pátio interno (Fig. 247); mas ainda preponderam a intimidade e o contato com a natureza. O papel de transição entre salão e jardim, colocados nos fundos, como sempre, é assegurado por uma varanda integrada no espaço vital da sala, ao mesmo tempo que deixa penetrar em seu seio os canteiros e a vegetação de fora (Fig. 248). A adoção de um material único (elementos retangulares de concreto pré-moldado) para a armação transparente das paredes externas, tanto no

Fig. 246. Rino LEVI e Roberto CERQUEIRA CESAR. *Casa de Milton Guper*. São Paulo. 1951-1953. Sala de estar e jardim anexo.

brilhante das preocupações já surgidas na própria casa do arquiteto. A galeria aberta, munida de *brise-soleil* e vasos de plantas, destinada a assegurar a transição entre os cômodos de estar e o jardim, foi substituída por uma unificação dos três elementos, transformados num conjunto indivisível com a utilização do mesmo vocabulário fundamental.

A casa de Paulo Hess (1953-1955), na Rua Campo Verde, em São Paulo[14], é outro exemplo da linha

14. *Habitat*, n.º 54, maio-junho de 1959, pp. 2-7 (fotos, planta, corte).

caso do aposento habitacional fechado, quanto no caso de seu prolongamento não fechado, contribuiu vigorosamente para a impressão de profunda unidade que emana dessa composição mista muito feliz. A escolha da flora adequada, tanto para neutralizar a proximidade da via pública, ao interpor uma cortina de verde entre a fachada principal e o muro, quanto para criar um ambiente repousante e artístico, valorizando o ambiente da casa, foi objeto de atenção particular; o apelido de "pequeno bosque" dado a essa casa urbana bastante modesta pelos padrões das classes abastadas brasileiras prova que a finalidade procurada foi atingida plenamente.

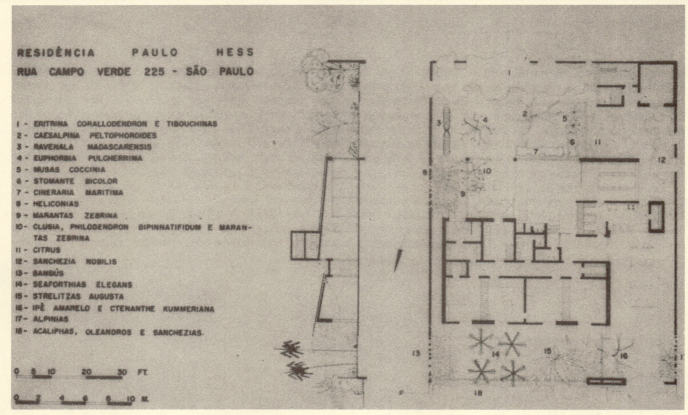

Fig. 247. Rino LEVI e Roberto CERQUEIRA CESAR. *Casa de Paulo Hess.* São Paulo. 1953-1955. Planta e corte.

Fig. 248. Rino LEVI e Roberto CERQUEIRA CESAR. *Casa Paulo Hess.* São Paulo. 1953-1955. Salão e varanda.

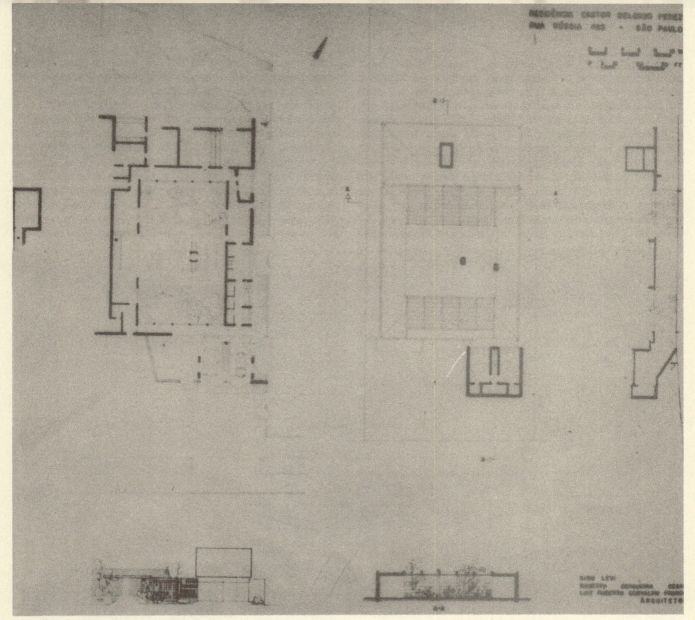

Fig. 249. R. LEVI, R. CERQUEIRA CESAR e L. R. CARVALHO FRANCO. *Casa de Castor Delgado Perez*. São Paulo. 1958-1959. Planta e corte.

Fig. 250. R. LEVI, R. CERQUEIRA CESAR e L. R. CARVALHO FRANCO. *Casa de Castor Delgado Perez*. São Paulo. 1958-1959. Fachada.

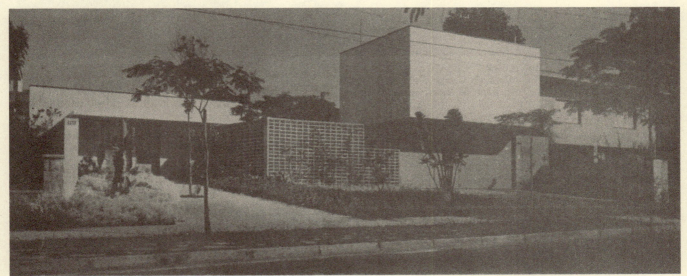

A casa de Castor Delgado Perez (1958-1959)[15] por certo oferece a síntese mais perfeita de todas as tentativas anteriores, mas também marca uma mudança de estilo quanto ao aspecto externo. Sua fachada, que dá para uma artéria de circulação rápida (na realidade, a Rua Rússia não passa de uma das pistas laterais da Avenida 9 de Julho quando esta atravessa o bairro do Jardim Europa), abriga como sempre garagem e dependências de serviço; mas a aparência neutra usual nos projetos anteriores cedeu lugar a oposições vivas de volumes e de cores, mais próximas de uma estética racionalista um pouco agressiva do que da maneira discreta de Rino Levi e Roberto Cerqueira Cesar, agora

lado, a parede vazada da área de serviço, entre a brancura brilhante das paredes cheias e a coloração vermelha da cerâmica deixada ao natural, foram explorados com evidentes finalidades plásticas (Fig. 250). Em compensação, o interior é uma nova variação sobre o tema principal até então tratado com tanto êxito pelos arquitetos. O retorno ao pátio mediterrâneo (Fig. 249) é conjugado com o jardim particular provido de uma pérgola que se funde com a sala de estar criada na casa de Milton Guper; desta vez a colocação foi audaciosamente dobrada, embora o grande cômodo central não passe de um longo espaço abrigado, totalmente aberto para os dois pátios que o ladeiam, oferecendo-lhe

Fig. 251. R. LEVI, R. CERQUEIRA CESAR e L. R. CARVALHO FRANCO. *Casa de Castor Delgado Perez.* São Paulo. 1958-1959. Sala de estar entre os dois pátios.

auxiliados por um novo associado, Luiz Roberto Carvalho Franco. A composição ainda é inspirada pelo programa funcional e continua não se preocupando com a homogeneidade global, mas, de um lado, os contrastes violentos entre o bloco cego dos quartos de empregada, que sobressaem da garagem e, de outro

15. *Habitat*, n.º 58, jan.-fev. de 1960, pp. 13-16 (plantas, fotos). *Acrópole*, n.º 258, abril de 1960, pp. 121-126 (fotos, cortes, plantas) e n.º 286, set. de 1962, p. 332 (fotos e desenhos da mobília). *Architecture d'aujourd'hui*, n.º 90, junho-julho de 1960, pp. 62-63 (fotos, planta, cortes). *Architectural Review*, vol. 128, nov. de 1960, pp. 250 e 338-340 (fotos, plantas). *Zodiac*, n.º 6, maio de 1960, p. 85 (plantas, cortes, fotos).

o prolongamento de sua vegetação adaptada à penumbra do local (Fig. 251). Jamais a integração entre arquitetura e natureza disciplinada tinha sido levada tão longe, jamais a continuidade interior-exterior realizada em proveito exclusivo de uma concepção intimista tinha sido levada até suas últimas conseqüências antes dessa experiência, que marca o término de uma longa evolução.

Mas seria ousadia concluir que a tomada de posição de Rino Levi e seus associados no tratamento de suas *villas* era ditada por uma ideologia estabelecida *a priori*. Pelo contrário, é um profundo empirismo e o estudo das condições particulares de cada caso que levou os arquitetos a pronunciar-se pela solução escolhida, embora se possa notar uma progressão global na definição dos processos sucessiva ou conjuntamente utilizados[16]. A melhor prova de que nenhum princípio imutável entrava nesse gênero de programa é fornecida pela composição totalmente diferente da casa de Olivo Gomes (1950-1953), nos arredores de São José dos Campos[17]. Desta vez, tratava-se de uma residência rica, isolada em pleno campo, conseqüentemente não submetida às limitações de toda ordem das obras urbanas; a liberdade de expressão dos autores do projeto era completa. Ora, bem longe de pensar numa criação intimista, voltada para dentro, Rino Levi e Roberto Cerqueira Cesar imaginaram uma obra amplamente aberta para a paisagem, onde ressurge todo o vocabulário apreciado pelo movimento brasileiro: blocos puros de contornos reti-

uma profunda unidade na obra do escritório Rino Levi e não duas maneiras distintas, uma para os prédios e as fábricas, outra para as residências particulares. O caráter especial das casas urbanas deve-se às imposições de ordem estritamente racional, assim como ocorre nas realizações de grande envergadura. Querer encontrar nisso uma influência da corrente orgânica não parece ter qualquer fundamento; a única comparação possível diz respeito à prioridade dada ao interior sobre o exterior, mas essa prioridade resulta apenas de fatores ocasionais e se traduz, na prática, por um tratamento geométrico do espaço, radicalmente oposto ao ideal romântico dos partidários da tendência orgânica. As casas voltadas para si mesmas dos arquitetos paulistas, por-

Fig. 252. Rino LEVI e R. CERQUEIRA CESAR. *Casa de Olivo Gomes*. São José dos Campos. 1950-1953.

líneos, pilotis, paredes de vidro protegidas por grandes telhados salientes, terraço em balanço, escada em caracol e degraus suspensos, cerâmicas murais e jardim artificial de Burle Marx exercendo um papel de transição com o contexto natural, mas marcando bem a recusa de submeter-se cegamente a ele (Fig. 252). Existe, portanto,

tanto, não devem nada à arquitetura contemporânea nórdica; tipicamente mediterrâneas na origem e na inspiração, elas também fornecem uma demonstração da flexibilidade do racionalismo, apto a resolver problemas diversos sem se fixar num esquema estilístico preestabelecido.

3. A organicidade racional das casas de Oswaldo Bratke[18] e de alguns outros projetos

Algumas das principais preocupações de Rino Levi surgem também nas mais notáveis criações de Oswaldo

---

16. Por exemplo, não se deve esquecer que a introspecção, traço principal da casa de Castor Delgado Perez, deve-se à presença, nos limites do terreno, de pequenos edifícios de vários andares, que tornavam impossível a existência de jardins abertos mantidos fora da vista de cima para baixo das construções vizinhas.

17. *Habitat*, n.º 2, jan.-mar. de 1951, pp. 19-26 (maquete, plantas, elevações, cortes, desenhos). *Aujourd'hui*, n.º 1, jan.-fev. de 1955, pp. 34-35 (planta, fotos). *Arquitetura e Engenharia*, n.º 34, jan.-mar. de 1955, pp. 26-32 (plantas, fotos). H. MINDLIN, *op. cit.*, pp. 70-71 (plantas, fotos).

18. G. FERRAZ, «Novos Valores na Arquitetura Moderna Brasileira. II. Oswaldo Bratke, em *Habitat*, n.º 45, nov.-dez. de 1957, pp. 21-26 (plantas, fotos).

Bratke, embora sejam expressas numa linguagem totalmente diferente. Nascido em 1907, Bratke estudou na Escola de Engenharia Mackenzie, de São Paulo, formando-se em 1931; trabalhou por muito tempo numa empresa de construções antes de começar a projetar por conta própria, em 1945. De acordo com seu próprio testemunho, aliás ilustrado claramente por suas primeiras realizações pessoais[19], no começo ele sofreu a influência de Wright; não é de espantar, já que nessa época o prestígio do mestre norte-americano estava no auge em São Paulo; todos os arquitetos ali formados, nessa época, foram sensíveis a essa influência; com efeito, Warchavchik e Rino Levi são as únicas figuras de proa paulistas que conseguiram escapar, por causa da formação recebida na Itália. Mas o período wrightiano de Bratke está longe de ser tão caracterizado quanto o de Vilanova Artigas: o ofício de empreiteiro que exercia então não se prestava às pesquisas estilísticas e o conduzia a preocupações com a economia, prioritária e mais terra-a-terra. Portanto, não recusava empregar os materiais modernos e os elementos padronizados quando estes comprovavam ser mais práticos e mais baratos do que a construção tradicional, e ele o fez abertamente, sem se preocupar em disfarçá-los num conjunto onde a tônica recaísse exclusivamente sobre o tijolo, a telha ou a madeira. Ele também ficou insensível ao aspecto romântico das *Prairie houses* e não as tomou como modelo formal, preferindo inspirar-se, conforme o caso, nos telhados coloniais luso-brasileiros.

Essa falta de preconceitos, tanto no plano material, quanto no doutrinário, persistiu ao longo de toda a sua carreira, dominada por um agudo senso prático. Mas as considerações de ordem estética assumiram um papel bem mais importante a partir do momento em que o arquiteto instalou-se por conta própria: a opção em favor da cobertura plana e da ossatura exposta, conforme aos princípios racionalistas, são exemplos característicos disso. Contudo, Bratke jamais renunciou a uma síntese pessoal abeberada em fontes diversas. Ele se impôs à atenção internacional com a casa que fez para si mesmo em 1953, no bairro do Morumbi, então muito isolado e quase deserto[20]. O edifício, incontestavelmente sua obra-prima, era uma audaciosa mistura de rigor geométrico com flexibilidade de disposição, dentro de uma moldura rígida ditada por uma estrutura uniforme. Essa estrutura tinha um papel decisivo em toda a composição: os traçados retangulares que ela determinava, dominavam inteiramente a planta (Fig. 253) e elevações (Fig. 254); sua disposição externa indicava sua função de elemento motor do projeto e lhe conferia uma plasticidade reforçada ainda mais pelo recuo mais ou menos acentuado dos fechamentos verticais que nela se inseriam. A maleabilidade permitida por esse tipo de ossatura independente foi explorada ao máximo num jogo de cheios e vazios que contribuía para a união do local com a arquitetura

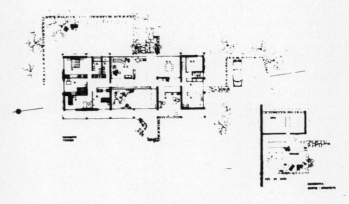

B: banheiro
C: copa cozinha
D: dormitório
E: entrada

Q.C.: quarto de costura
S.E.: sala de estar
S.J.: sala de jantar
Serv.: área de serviço

Fig. 253. Oswaldo BRATKE. *Casa do arquiteto*. São Paulo. 1953. Planta.

Fig. 254. Oswaldo BRATKE. *Casa do arquiteto*. São Paulo. 1954. Exterior.

que o valorizava. O pátio interno oferecia um meio eficaz de ligação com a natureza circundante, autorizada a penetrar na construção mas sem fazê-la perder sua pureza abstrata e sua autonomia; não tinha nada em comum com o lugar fechado e íntimo, complemento dos cômodos de habitação, tão caro a Rino Levi: fechado por paredes cheias ou um anteparo *brise-soleil* nas três faces onde poderia assegurar uma continuidade espacial com a parte interna, ele só se abria para a frente ocidental, isto é, para fora, pois a galeria que corria desse lado não constituía uma separação absoluta. A semelhança entre Bratke e Levi, em compensação, era mais acentuada no uso essencial que cada um fez dos móveis como sistema de divisão interna,

---

19. *Idem*, pp. 22-23 (fotos).

20. *Architecture d'aujourd'hui*, n.º 49, out. de 1953, pp. 50-51 (fotos, planta). *Arquitetura e Decoração*, n.º 5, maio-junho de 1954, pp. 16-19 (plantas, fotos). *Arquitetura e Engenharia*, n.º 34, jan.-mar. de 1955, pp. 14-17 (plantas, fotos). *Módulo*, n.º 1, março de 1955, pp. 34-35 (fotos, planta). H. MINDLIN, *op. cit.*, pp. 58-60 (plantas, fotos). Infelizmente, a obra em questão desapareceu, pois seu proprietário não resistiu à tentação de uma boa operação financeira; o comprador, o milionário Pignatari, conhecido por suas aventuras românticas, transformou de ponta a ponta sua aquisição, sem nenhum respeito pelo valor artístico original.

mas também nisso pode-se notar uma diferença sensível: embora a aplicação do princípio fosse mais ou menos idêntica nos dormitórios, a estante no centro do salão (Fig. 255) não era um verdadeiro corte, mas um meio surgia, contudo, nitidamente no lugar atribuído aos materiais brutos e principalmente ao tijolo nu na caracterização das fachadas e do ambiente interno.

Essa tendência era ainda mais chamativa no pavi-

Fig. 255. Oswaldo BRATKE. *Casa do arquiteto*. São Paulo. 1954. Sala de estar.

de combater o aspecto muito chamativo do pilar deixado aparente nesse lugar; a associação realizada entre elemento de estrutura e mobília era perfeita e mantinha, por meio de sua transparência, a unidade dos cômodos de estar, cuja comunicação imediata com o jardim prosseguia através do pano de vidro móvel. Assim, a casa de Bratke formava um todo coerente, onde composição geral e detalhes foram estudados com o maior cuidado e levavam a uma síntese das grandes tendências da arquitetura contemporânea. O papel primordial atribuído a um tipo de ossatura padrão, o tratamento dos espaços e volumes segundo uma geometria pura, e até a organicidade básica dessa residência, de que já foi ressaltada a extrema flexibilidade dentro da moldura rígida que a definia, derivavam do ideal racionalista; os vários *brise-soleil* fixos, as grades de proteção, as galerias externas (das quais uma era uma verdadeira varanda enquanto a outra não ia além de um estreito jogo de cornijas), eram resquícios da tradição luso-brasileira adaptados à linguagem de hoje; a influência orgânica propriamente dita

lhão independente que continha um ateliê e um quarto de hóspedes[21], que Bratke construiu como anexo ao edifício acima (Fig. 256). A madeira substituiu o concreto, tanto na estrutura, quanto nos degraus que levam à entrada, e também serve para o fechamento dos cômodos (venezianas de correr de lâminas horizontais, que exercem a tripla função de portas-janelas, de meio de controle da luminosidade e de sistema de proteção contra o calor e os ladrões). A união desse material natural com o tijolo opaco ou perfurado, sem revestimento, deu a esse pequeno edifício um acentuado aspecto rústico, adequado ao lugar, ao mesmo tempo que manteve o estilo da obra principal de que era complemento.

Bratke reutilizou a fórmula elaborada na maioria das casas que projetou durante os anos seguintes. Não se insistirá na casa de Oscar Americano[22], exatamente

---

21. *Brasil — Arquitetura Contemporânea*, n.º 5, 1955, pp. 14-15 (fotos, planta, desenhos). H. MINDLIN, *op. cit.*, p. 61 (fotos, planta).

22. *Habitat*, n.º 10, jan.-mar. de 1953, pp. 41-44 (fotos, planta). *Arquitetura e Decoração*, n.º 12, julho-agosto de 1955, pp. 8-9 (fotos, planta). *Acrópole*, n.º 226, agosto de 1957, pp. 358-362 (fotos, plantas).

contemporânea à casa do arquiteto e situada no mesmo bairro; aquela é muito semelhante a esta, apesar de suas dimensões mais vastas, que levaram a abandonar a inscrição do edifício numa única figura: a planta o circunda, embora ligeiramente desligado do solo[24]. Dentre as residências com andares, nitidamente mais citadinas, impõe-se a casa Fleider (1957) como o maior êxito[25]. A moldura de concreto determina uma série

Fig. 256. Oswaldo BRATKE. *Casa do arquiteto*. São Paulo. 1954. Pavilhão anexo.

surge desta vez da justaposição de uma série de retângulos articulados em volta do pátio. Em compensação, a casa Joly[23], sempre no mesmo setor de São Paulo (1955), parece mais original, embora mais modesta. O terreno acidentado foi dominado com habilidade graças a um tipo de estrutura semelhante ao que foi visto acima: os pórticos de cimento armado assumem uma amplitude maior do que nunca, transbordando da construção propriamente dita para envolver o jardim e anexá-lo, num gesto de posse inequívoco (Fig. 257), onde a superioridade do homem sobre a natureza e o gosto pela ordem geométrica são claramente afirmados, de acordo com a estética racionalista.

Mas não se deve crer que o processo estrutural, que Bratke tinha tornado uma espécie de marca registrada de sua arquitetura da época, só convinha a casas isoladas numa paisagem semi-urbana, onde era fácil conceber um edifício de um só nível ligado ao meio que

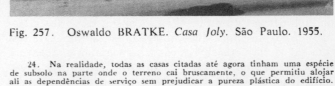

Fig. 257. Oswaldo BRATKE. *Casa Joly*. São Paulo. 1955.

24. Na realidade, todas as casas citadas até agora tinham uma espécie de subsolo na parte onde o terreno cai bruscamente, o que permitiu alojar ali as dependências de serviço sem prejudicar a pureza plástica do edifício.

23. *Acrópole*, n.º 231, jan. de 1958, pp. 90-91 (planta, fotos).

25. *Acrópole*, n.º 233, março de 1958, pp. 176-180 (fotos, plantas).

de células, que bastou preencher ou deixar vazias para produzir um efeito plástico de primeira ordem ligado às necessidades funcionais do arranjo (Fig. 258). Sem dúvida alguma, a frente para a rua (Fig. 259) é o ponto quartos do andar que dão para esse lado; efetivamente, estes abrem lateralmente para o pequeno pátio central e não para a própria fachada; as paredes cheias que são produzidas por essa disposição nas alas superiores

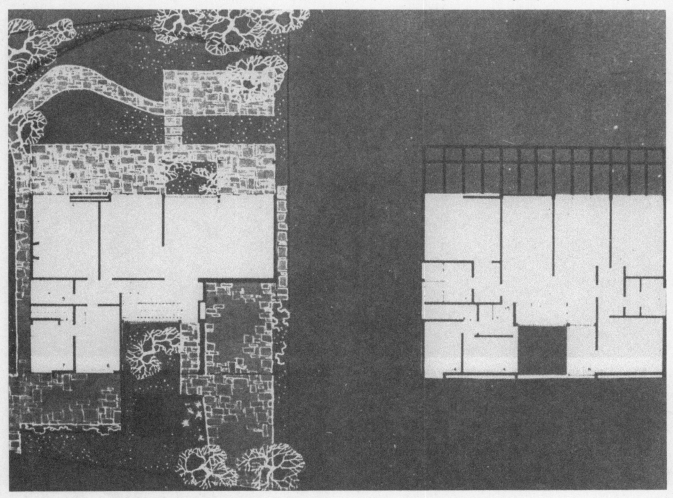

Fig. 258. Oswaldo BRATKE. *Casa Fleider*. São Paulo. 1957. Plantas.

dessa fachada são disfarçadas por revestimentos rústicos de madeira, formados por simples pranchas colocadas uma ao lado da outra, que indicam a alternância rígida das superfícies planas opacas e semitransparentes; o desencontro de planos e os jogos espaciais que contribuem de modo essencial para o valor estético da obra, são assim sublinhados com força. A sutil oposição entre materiais naturais e artificiais não se traduz num contraste violento por causa da modéstia proposital de ambos, o que não impediu que o autor do projeto extraísse dela uma espantosa força decorativa, bem na linha de sua arquitetura.

Por volta de 1960, ocorre uma mudança em Bratke. É claro que a casa de Francisco Matarazzo Sobrinho em Ubatuba (São Paulo)[26] pode ser considerada como uma exceção devida às condições particulares (praia isolada, onde é conveniente contar com materiais locais, falta de mão-de-obra especializada); mas a verdade é

Fig. 259. Oswaldo BRATKE. *Casa Fleider*. São Paulo. 1957. Fachada.

alto da composição: a intimidade dos cômodos foi obtida, quer por *brise-soleil* que ocultam a área envidraçada da parte de serviço, quer pela disposição particular dos

26. *Acrópole*, n.º 278, jan. de 1962, pp. 52-53 (plantas, fotos).

que nela aparece uma influência muito forte da tradição luso-brasileira: telhado clássico de duas águas, varanda que corre ao longo de todo o primeiro andar, venezianas, etc. Ora, essa evolução não foi ocasional, dão agora atribuída à vontade de síntese entre a tradição local antiga e a construção moderna. Ela sempre tinha existido de modo mais ou menos latente em Bratke, mas agora ela explode, enquanto, em compensação, ten-

Fig. 260. Oswaldo BRATKE. *Segunda casa do arquiteto*. São Paulo. 1965. Fachada.

pois é sensível nos últimos trabalhos do arquiteto, dentre os quais destaca-se sua nova casa (1965), perto do Jockey Clube[27]. A cobertura plana e a ossatura ortogonal externa de cimento armado foram mantidas, garantindo uma filiação com as realizações do período anterior, mas o espírito não é mais o mesmo (Fig. 260). Agora, os pórticos estruturais são unicamente laterais, deixando as grandes fachadas inteiramente livres; as vigas que os compõem são bem diferençadas: a variação de espessura entre suportes verticais e suportes horizontais e a acentuada saliência das extremidades desses suportes rompem o princípio da composição baseada numa armação retangular de duas dimensões que antes prevalecia; o resultado é uma aproximação muito nítida com o sistema clássico de arquitetura em madeira, impressão essa que é ainda mais reforçada pela distinção feita entre a laje do telhado (ou melhor, o conjunto complexo que faz as vezes de laje) e seus elementos de sustentação, cujo avançamento em balanço relembra, a ponto de confundir, as saliências de sustentação da época colonial. Acrescentando-se a superposição das duas galerias externas que correm ao longo de toda a frente principal, o papel capital desempenhado pelas grades *brise-soleil* do corredor superior e o cuidado com que a estrutura mista de concreto-tijolo vazado do forro (correspondendo ao desenho geométrico do piso) foi deixada aparente (Fig. 261), pode-se apreender a ampli-

27. *Acrópole*, n.º 333, out. de 1966, pp. 38-42 (fotos, plantas).

Fig. 261. Oswaldo BRATKE. *Segunda casa do arquiteto*. São Paulo. 1965. A galeria superior.

dem a apagar-se os últimos vestígios wrightianos; só o muro de arrimo de pedra bruta e o arranjo interno com uma nota rústica habilmente calculada (Fig. 262) talvez possam ainda ser considerados como vagos traços da tendência orgânica norte-americana, que tinha causa-

uma organicidade que concentra, numa geometria pura, o conjunto do projeto e especialmente seu aspecto externo, jamais negligenciado.

É esse mesmo tipo de organicidade que se pode encontrar na notável escola primária criada por Wilson

Fig. 262. Oswaldo BRATKE. *Segunda casa do arquiteto*. São Paulo. 1965. Salão.

do tanta impressão no arquiteto no começo de sua carreira.

Portanto vê-se que, afinal de contas, se se atribui à palavra "orgânico" o sentido que lhe foi dado por Wright e seus êmulos, as obras mais significativas de Bratke não merecem esse adjetivo; elas só conservaram, da fonte de inspiração original, uma preocupação com a valorização dos materiais naturais ou seminaturais empregados em estado bruto (principalmente tijolo e, em menor grau, madeira) e provaram, se é que era preciso, que, de sua associação franca com as técnicas recentes, podiam sair excelentes resultados estéticos (prova aliás também fornecida ocasionalmente por defensores puros da escola racionalista). Contudo isso não impede que a flexibilidade e a organicidade das plantas de Bratke sejam indiscutíveis, mas trata-se de uma organicidade racional, que recusa submeter o todo à parte, a parte de fora à parte de dentro, trata-se de

Reis Netto e construída pelo Banco do Brasil na superquadra 114, ala sul, em Brasília[28]. Cada sala foi concebida de modo a abrir para um pequeno jardim tropical particular que constitui seu prolongamento natural, embora não seja acessível[29]. Assim, o conjunto sala de aula-pátio decorativo forma uma unidade que goza seguramente de uma tranquilidade absoluta e de uma moldura alegre, favorável ao desenvolvimento dos estudos; essa unidade foi tomada como modelo de composição e repetida tantas vezes quantas exigia o programa, combinando essa sucessão de elementos de base com os corredores que servem as salas de aula; um grande pátio no eixo de entrada serve como espaço livre e área de jogos para as crianças e separa a parte dedicada ao trabalho escolar dos cômodos da adminis-

28. *Módulo*, n.º 34, agosto de 1963, pp. 16-17 (fotos).
29. A parede envidraçada que separa a sala do jardim está orientada para sudeste e, portanto, ao abrigo dos raios do sol desde as primeiras horas da manhã; as outras paredes são cegas, mas a luminosidade é mais do que suficiente, e essa disposição permite a justaposição jardim-classe-corredor que dá a cada cômodo o isolamento necessário e a exclusividade do gozo do jardim anexo.

tração (Fig. 263). A articulação é de uma lógica e regularidade impecáveis e se traduz num estilo claro e simples, na melhor tradição do racionalismo brasileiro; os jogos de espaço nascem da alternância segura de cheios e vazios definidos geometricamente e da continuidade desses vazios graças ao emprego de uma compartimentação sutil, onde marquises e vigas transversais lançadas ao ar livre separam e unem ao mesmo tempo (Fig. 264). Num certo sentido, o exterior, modesto e quase inteiramente fechado em sua sucessão de paredes cheias quase uniformemente brancas (Fig. 329), é resultado do arranjo interno, onde incidiu o efeito funcional e o acento plástico, mas apenas fatores de ordem prática intervieram nessa escolha; a preocupação de criar um ambiente de calma e uma relativa autonomia da escola em relação aos prédios altos que a circundam foi preponderante. Seria inútil procurar nessa obra perfeitamente orgânica (no sentido amplo do termo) a nota de liberdade romântica do movimento arquitetônico que tentou apropriar-se do termo em questão.

Se se entende por organicidade a flexibilidade e a possibilidade que tem um edifício de aumentar facilmente, à medida que aumentam as necessidades utilitárias, sem desnaturar seu caráter, nenhum projeto merece mais esse adjetivo do que o que foi elaborado em 1964 por Sérgio Bernardes para o Centro de Pesquisas do Cacau em Itabuna (Bahia). A adoção de uma estrutura uniforme, baseada na justaposição de cogumelos quadrados, constituídos por elementos pré-fabricados de concreto, permite um aumento em todas as

Fig. 263. Wilson REIS NETTO. *Escola Primária, Superquadra 114*. Brasília. 1961. Pátio e conjunto salas de aula-jardim.

Fig. 264. Wilson REIS NETTO. *Escola primária, Superquadra 114*. Brasília. 1961. Entrada.

direções laterais de acordo com a progressão desejada e permite até variações verticais: de fato, foram previstas três possibilidades para responder à necessidade mais ou menos acentuada de um pé-direito alto segundo se trate de oficinas, armazéns, laboratórios, escritórios ou outras dependências; no caso de mudança de destinação, a posição original pode ser modificada por uma simples adjunção ou retirada de uma série de bases em forma de tronco de pirâmide invertido que serve de pé para cada cogumelo. As vantagens oferecidas pela industrialização e a padronização da construção são aqui levadas ao máximo; elas se traduzem por uma concepção que é a antítese da arquitetura orgânica no sentido histórico que lhe foi conferido. E Sérgio Bernardes não foi tão alérgico a esse movimento quanto pode fazer pensar a maior parte de sua obra[30]. Sua casa particular, que alcançou considerável repercussão no Brasil e no estrangeiro, é uma prova tangível da influência ocasional exercida sobre ele pela corrente em questão.

4. A casa de Sérgio Bernardes e as raras tentativas entrevistas a partir de 1960

Quando Sérgio Bernardes, que tinha quarenta anos na época, pensou, em 1960, em instalar seu escritório de arquitetura e sua casa numa ponta rochosa da Avenida Niemeyer, em plena costa selvagem da metrópole carioca, sua reputação já estava solidamente estabelecida por causa das várias casas que construiu no Rio e em Petrópolis[31], dos pavilhões de exposição que já estudamos[32] e de alguns outros projetos de envergadura amplamente divulgados embora não realizados[33]. O estilo desses trabalhos era bastante heterogêneo: a freqüente retomada das formas inventadas por Niemeyer estava lado a lado com pesquisas de geometria pura mais pessoais, sem que se pudesse notar uma evolução cronológica precisa; a preferência absoluta manifestada pelas técnicas modernas não levava a nenhuma especialização e o arquiteto passava, sem constrangimento, do concreto armado, aos vários tipos de estrutura metálica, numa série de tentativas bastante ecléticas; os materiais tradicionais surgiram freqüentemente, junto com materiais mais recentes, como meio de acabamento e estes ou aqueles, conforme o caso, eram deixados aparentes, no estado bruto, ou eram disfarçados com revestimentos. Assim, os traços comuns ao conjunto resumiam-se numa nítida paixão pelas experiências de todo tipo e uma vontade marcante de fazer uma construção econômica. Essa falta de preconceitos teóricos e de uma linha bem definida, fruto de uma abertura de espírito e uma disponibilidade tão completas que às vezes beiravam a utopia e a dispersão[34], sempre deixaram Sérgio Bernardes acessível às influências externas. Como conseqüência, não é de espantar que a vinda ao Brasil (um pouco barulhenta) do principal apóstolo da arquitetura orgânica, Bruno Zevi, não o tenha deixado indiferente.

Achamos, com efeito, que não é simples acaso cronológico o fato de que a casa de Sérgio Bernardes[35] tenha sido concebida apenas alguns meses depois da rápida estadia de Zevi em Brasília, São Paulo e Rio de Janeiro, por ocasião do Congresso Internacional Extraordinário de Críticos de Arte (17 a 25 de setembro de 1959). O arquiteto e professor italiano, que se fez notar pela acerbidade de seus ataques contra a nova capital do país e contra as realizações de que seus hospedeiros mais se gabavam, desencadeou nos meios especializados locais uma verdadeira tempestade polêmica; essa atitude pouco cortês e muito parcial feriu vários interlocutores, não por sua louvável franqueza, mas pela falta total de compreensão com que foi manifestada. Alguns jovens profissionais brasileiros, desejando sair dos caminhos batidos, foram sensibilizados pela vigorosa convicção desse brilhante adversário e seduzidos por algumas das idéias emitidas; Sérgio Bernardes, a quem seu estado de espírito tornava particularmente receptivo a toda novidade embora não o predispusesse a tornar-se um discípulo fiel fosse lá do que fosse, não era pessoa que deixasse escapar a ocasião de tentar um passo numa direção até então ignorada: ora, nenhum programa prestava-se melhor a esse gênero do que sua própria residência e o local extraordinário, com uma nota romântica, onde pretendia estabelecer-se.

Afirmar que a casa em questão é um modelo de arquitetura orgânica ou que ela resulta de uma ruptura brusca na obra de seu autor seria um exagero inegável e uma deformação da verdade. O exame das plantas do edifício deixa aparecer uma vontade absoluta de fazer geometria pura baseada no triunfo do ângulo reto, que se inscreve muito bem na linha racionalista (Fig. 266);

---

30. Aliás, convém notar que, no caso do Centro de Pesquisas do Cacau, o arquiteto afirma que se inspirou na vegetação local e imaginou a estrutura em cogumelos de altura variável a partir do exame dos célebres coqueirais da região.

31. *Habitat*, n.º 7, abril-junho de 1952, pp. 11-17; n.º 20, jan.-fev. de 1955, pp. 26-28; n.º 24, set.-out. de 1955, pp. 34-36; n.º 32, jul.-ag. de 1956, pp. 48-51. *Architecture d'aujourd'hui*, n.º 42 e 43, agosto de 1952, pp. 70-72. *Arquitetura e Engenharia*, n.º 29, jan.-fev. de 1954, pp. 28-36; n.º 37, nov.-dez. de 1955, pp. 24-32. *Architectural Review*, vol. 115, março de 1954, pp. 162-167. *Arquitetura e Decoração*, n.º 8, nov.-dez. de 1954, pp. 4-5; n.º 9, jan.-fev. de 1955, pp. 24-25. *Brasil — Arquitetura Contemporânea*, n.º 4, 1954, pp. 14-20. *Aujourd'hui*, n.º 1, jan.-fev. de 1955, p. 33. *Módulo*, n.º 1, março de 1955, pp. 39-41. *Acrópole*, n.º 209, março de 1956, pp. 170-172; n.º 213, julho de 1956, pp. 344-348; n.º 217, nov. de 1956, pp. 15-19. H. MINDLIN, *op. cit.*, pp. 44-45, 50-51, 56-57.

32. Cf. *supra*, pp. 259-261.

33. Igreja circular imaginada em 1951 para os dominicanos de São Paulo, premiada na exposição internacional de arte sacra de Darmstadt em 1956 (*Architectural Review*, vol. 114, julho de 1953, pp. 10-15; *Brasil — Arquitetura Contemporânea*, n.º 1, ago.-set. de 1953, pp. 17-20; *Arquitetura e Engenharia*, out.-dez. de 1954, pp. 30-31; H. MINDLIN, *op. cit.*, p. 17). Anteprojeto (1954) vencedor do concurso para o novo Senado Federal no Rio de Janeiro, concurso cujo resultado perdeu o sentido com a decisão de transferir a capital para Brasília (*Módulo*, n.º 4, 1956, pp. 22-27; *Arquitetura e Engenharia*, n.º 41, julho de 1956, pp. 2-9; *Habitat*, n.º 34, set. de 1956, pp. 32-39). Projeto do aeroporto intercontinental de Brasília (*Módulo*, n.º 19, agosto de 1960, pp. 12-29; *Arquitetura e Engenharia*, n.º 58, nov.-dez. de 1960, pp. 2-32; n.º 61-63, jul.-dez. de 1961, pp. 144-168; *Architectural Review*, vol. 114, maio de 1961, pp. 88-93). Houve uma retrospectiva da obra de Sérgio Bernardes na VII Bienal de São Paulo, em 1963 (*Acrópole*, n.º 301, dez. de 1963, pp. 1-19).

34. Em sua opinião, o arquiteto é «o analista» por excelência de sua época e também seu criador; assim, ele não pode se contentar com a arquitetura, nem mesmo com o urbanismo, mas deve intervir em todos os setores da vida cotidiana; pondo em prática esse princípio, Sérgio Bernardes chegou a desenhar uma carroceria de automóvel, propôs teses litúrgicas e políticas e esforçou-se, nos últimos anos, para apresentar suas idéias arquitetônicas como uma contribuição decisiva para a solução dos problemas da sociedade atual e até mesmo com um pressentimento sobre o futuro. Em 1967, não vacilou em projetar, para os arredores de Manaus, um hotel de turismo internacional, em plena floresta virgem, digno do ano 2000!

35. *Zodiac*, n.º 11, nov. de 1962, pp. 48-55 (fotos, plantas).

o mesmo se aplica às preocupações funcionais que desempenharam um papel determinante: orientação ditada pela necessidade de proteção contra os ventos fortes que vêm do sul, lugar primordial atribuído aos problemas de arejamento e luta contra a umidade[36], escolha dos materiais e das soluções arquitetônicas em razão dessas considerações e de uma economia estrita, nítida preferência pela construção industrial baseada no emprego de elementos padronizados com a adoção de um módulo estrito (1,20m) comandando toda a composição. Nessa composição podem ser encontrados os traços principais que sempre caracterizaram o estilo de Sérgio Bernardes, apesar da diversidade de suas criações; sob esse aspecto, então, existe uma continuidade evidente e não uma modificação de tendência. A mudança surge no estabelecimento de relações com a natureza e numa vontade explícita de explorar ao máximo a paisagem tendo em vista a satisfação psicológica do morador.

Não se pode falar de uma confusão completa da construção dentro da moldura excepcional para a qual foi imaginada (Fig. 265). De fato, a casa divide-se

Fig. 265. Sérgio BERNARDES. *Casa do arquiteto*. Rio de Janeiro. 1960-1961. O local.

em duas partes bem distintas: o andar de cima, no mesmo nível da plataforma de acesso colocada na última plataforma natural do esporão rochoso, e os níveis inferiores, presos aos flancos desse esporão e parecendo mais uma infra-estrutura do que o próprio corpo da obra. O primeiro nível, dedicado às dependências de estar, é assim posto em relevo e é ressaltada francamente sua arquitetura ortogonal de concreto e vidro, com telhado plano e tripartido em fibro-cimento (Fig. 267). Em compensação, o aspecto das partes de baixo inspira-se em princípios bem diferentes: as paredes grossas do plano médio, que abriga os dormitórios, tendem a integrar-se na colina e a fazer-se passar por um simples rebaixamento do terraço que constitui a base do elemento nobre; o uso da pedra talhada de modo grosseiro, retomando as tonalidades da franja

---

36. O sistema elaborado para isso consistiu em separar telhado e teto por uma armação de vigas de concreto e madeira, entrecruzadas e deixadas aparentes (Fig. 267); assim, o ar circula livremente entre os dois, formando um colchão protetor, constantemente renovado; ele também circula através do teto e das paredes internas graças às canalizações contínuas, fruto da justaposição de tijolos vazados que constituem o elemento fundamental daquelas.

de rochas ao pé da enseada e retomando a inclinação no sentido do declive, facilitam essa assimilação, que não chega a ser perturbada pela existência de uma piscina isolada; de fato, um rústico vigamento de ma-

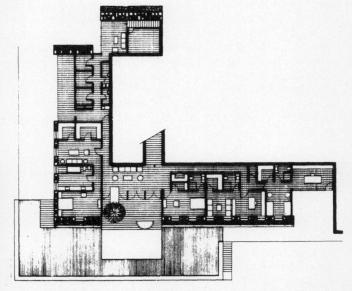

Fig. 266. Sérgio BERNARDES. *Casa do arquiteto*. Rio de Janeiro. 1960-1961. Planta do nível inferior.

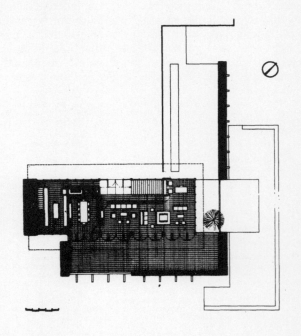

Fig. 266a. Sérgio BERNARDES. *Casa do arquiteto*. Rio de Janeiro. 1960-1961. Planta do nível superior (estar).

deira em balanço oculta essa piscina, prolongando sua beirada num vasto solário. Portanto, Sérgio Bernardes fez uma mistura das concepções racionalista e orgânica quanto à implantação do edifício e seus relacionamentos

Fig. 267.   Sérgio BERNARDES. *Casa do arquiteto*. Rio de Janeiro. 1960-1961. Face norte.

com a paisagem: ele afirmou a presença do homem e sua habilidade técnica por meio de um volume geométrico e de linhas claramente indicadas que se destacam do contexto circundante[37], mas ao mesmo tempo ele se esforçou para atenuar o contraste, fazendo uma transição onde é a natureza que parece estar impondo suas leis à criação humana[38]. Mas não haverá uma certa falta de unidade nessa justaposição, ou melhor, nessa superposição audaciosa de tendências modernas opostas, combinadas com uma nota de simbolismo espiritual e um vestígio do passado (no aspecto proposital de fortaleza que foi dado ao centro da casa)? O único traço de união é uma modéstia formal e material presente em todas as partes, aliás, fruto de uma atitude proposital do arquiteto mais do que de um reflexo de seu caráter íntimo[39].

As mesmas constatações podem ser feitas no interior. A casa toda foi concebida em função do panorama (a entrada da Baía da Guanabara) que é oferecido com exclusividade aos felizes possuidores. Sérgio Bernardes não hesitou em tratá-lo como se fosse uma série de quadros montados numa moldura impecável, formada pela ossatura das salas de estar ou pelas janelas quadradas dos quartos; ele levou esse ponto de vista em consideração quando fez os cálculos da colocação da casa e por vezes acrescentou, com finalidades estéticas, um elemento não indispensável, como a grande viga horizontal de cimento armado que corta a varanda na frente da piscina (Fig. 267): a razão de ser desta é completar a moldura retangular necessária para a melhor apresentação da visão reservada aos hóspedes do pequeno salão do andar do meio. Mas a semelhança entre os dois corpos da obra, também sensível no emprego preferencial de materiais brutos em ambos os casos, termina aí. Não é exagero falar de uma ruptura violenta e proposital entre a parte alta do edifício e sua base, onde se abrigam as dependências mais íntimas: leveza, transparência, continuidade exterior-interior, tônica colocada na estrutura, jogo acentuado de cores[40] no caso da primeira, aspecto maciço e fechado, intimismo austero, triunfo da parede, tons neutros dominantes no segundo caso. Foi preciso muita habilidade para conseguir encontrar uma transição segura entre os níveis principais, graças ao tratamento misto dado ao con-

Fig. 268.   Sérgio BERNARDES. *Casa do arquiteto*. Rio de Janeiro. 1960-1961. Vestíbulo.

junto vestíbulo superior-escada-saleta inferior (Fig. 268).

O ideal de Sérgio Bernardes foi realizar uma grande síntese, ao mesmo tempo voltada para o passado e para o futuro, sempre levando em conta as possibilidades presentes. Ele procurou materiais simples suscetíveis de envelhecer bem, sem alterações, aproveitando as lições extraídas dos edifícios que conseguiram resistir aos estragos do tempo; isso não impediu que se preocupasse, antes e acima de tudo, com a atualidade e que fizesse uma opção quanto ao futuro, escolhendo decididamente os produtos industriais pré-fabricados, mas sem renunciar a uma criação mais pessoal que nunca. No plano plástico, ele quis unir, numa mesma composição, a tradição luso-brasileira e as tendências mais repre-

---

37. E mesmo nesse caso pode-se notar a evolução que ocorreu com o arquiteto quando se compara a discrição dessa superestrutura com a massa bem recortada do prédio de apartamentos situado no topo do mesmo promontório. A seção trapezoidal, muito em voga depois dos sucessos de Niemeyer e Reidy nesse setor, teria, aliás, sido mais acentuada se o projeto primitivo tivesse sido respeitado (cf. *Brasil — Arquitetura Contemporânea*, n.º 5, 1955, pp. 18-20, plantas, corte, elevações, maquete). Sob esse edifício, Sérgio Bernardes instalou seu ateliê, em 1961, cavado na rocha em frente de sua casa e, conseqüentemente, imperceptível na paisagem que foi totalmente respeitada.

38. Mas convém observar que Sérgio Bernardes não conservou a natureza virgem que originalmente separava a casa do mar (como na Fig. 265); ele preferiu criar um jardim em terraços superpostos, presos ao declive, recolocando em jogo o equilíbrio procurado.

39. Espírito entusiasta, pouco acessível às dúvidas, Sérgio Bernardes de fato está sempre convencido da excelência das soluções que propõe e disposto a abordar sem complexos qualquer tema; ele adora as perspectivas futuristas ou proféticas e não hesita em justificar seus projetos mais importantes como uma ilustração das teorias de valor universal que nascem de sua própria reflexão.

40. Tijolos vermelhos envernizados nas paredes e no forro, uma camada de preto fosco para proteger todos os elementos de concreto, vigas de madeira amareladas com óxido de cobre, pintura azul nos panos de vidro da fachada da entrada, pavimento verde-esmeralda no terraço que dá para o mar. Aliás, convém observar que essas duas últimas cores estabelecem um relacionamento preciso com o céu e o oceano e que essa ligação entre arquitetura e elementos naturais que a circundam é uma das aspirações mais vivas do movimento orgânico. Assim, apesar de tudo, existe um cruzamento de influências, necessário para a unidade relativa da composição, e não uma separação absoluta entre as duas metades do edifício.

sentativas da arquitetura contemporânea. Aquela é lembrada discretamente pelo telhado muito saliente e pelo cruzamento das vigas aparentes que o sustentam, bem como pelo aspecto de fortaleza que é dado à parte inferior do edifício; ela se torna patente na mobília colonial que guarnece toda a casa, numa prova evidente da harmonia que pode ser estabelecida entre a construção moderna e autênticas obras-primas da arte antiga. Quanto às tendências contemporâneas, a pureza formal e os princípios racionalistas continuam sendo traços essenciais, mas não excluem uma inclinação precisa para uma aproximação com a natureza ou mesmo alguns traços de sentimento romântico, que parecem vir diretamente do movimento orgânico.

Mas essa influência só podia ser inteiramente excepcional em Sérgio Bernardes, cujas profundas aspirações iam na direção contrária. O mesmo ocorreu com Marcos de Vasconcellos, autor de um projeto de casa celular de grande flexibilidade[41]: cada dependência ou conjunto de dependências capaz de formar uma unidade foi estudado separadamente em função das necessidades e dos desejos do cliente; as células assim constituídas foram então agrupadas numa combinação originada pela necessidade natural de aproximação entre umas e outras; as preocupações com uma estética de conjunto só foram levadas em consideração depois dessa operação preliminar, como última correção de detalhes; o resultado é um escalonamento flexível, extremamente livre, adaptado à forte inclinação do terreno, e uma perfeita continuidade interna obtida pela justaposição ou encaixamento dessas unidades de volumes semelhantes (mas de dimensões diferentes), apesar da aparência de dispersão que *a priori* era dada pela visão rápida da maquete apresentada. A planta obtida lembra um pouco as plantas cruciformes tão apreciadas por Wright em seu período das *Prairie houses*, mas a articulação flexível do todo, partindo de elementos de base uniformes, está muito mais próxima das realizações dos pioneiros orgânicos europeus[42], mas sem que se possa entrever uma filiação direta caracterizada.

O caso é bem diferente na fábrica Olivetti de Guarulhos (1956-1958), nos arredores de São Paulo, projetada por Marco Zanuso e construída em duas secções sucessivas, sendo que a segunda foi terminada em 1963, mas não esgotou — longe disso — as possibilidades de crescimento previstas desde o começo[43]. Nesse caso, está-se perante uma importação pura e simples da escola orgânica em voga em certos meios profissionais da Itália. De fato, tudo é italiano nesse edifício: a empresa que o encomendou, o arquiteto e até a companhia construtora local que foi encarregada dos trabalhos da primeira fase. A adoção do estilo celular para edifícios industriais destinados a serem erguidos por etapas era das mais lógicas, mas não implicava — como já foi dito — uma ruptura com o racionalismo. Se a fábrica Olivetti, independentemente de sua origem, surge como um fenômeno à parte no panorama brasileiro, isso não se deve tanto ao princípio de composição usado, quanto à aplicação formal e técnica deste. É claro que a unidade de base é perfeitamente geométrica (e dificilmente poderia deixar de sê-lo), mas a percepção do triângulo equilátero de 12m de lado que constitui a projeção no solo de cada uma das células da obra principal é atenuada pelo jogo de curvas que substituíram as retas; já perceptível na planta (Fig. 269), essa rejeição do retilíneo e do ortogonal assume todo o seu significado quando se passa de duas para três dimensões: as clássicas lajes de cobertura cederam lugar a abóbadas rebaixadas de dois tipos complementares, cuja justaposição alternada em alturas diferentes permitiu a instalação de verdadeiros *sheds* em forma de crescente (Fig. 270). O fato de que essa disposição comprovou ser plenamente funcional pouco importa em relação ao significado plástico que ela assume: assiste-se uma expressão de uma vontade firme de criar um conjunto complexo, unificado por um espaço interno contínuo, variado, difícil de apreender globalmente, aspiração que corresponde bem ao ideal orgânico. Zanuso preocupou-se muito pouco com que isso se tenha traduzido no exterior por uma monotonia que a estranheza das formas obtidas aumentava mais do que atenuava; nisso, também era coerente consigo mesmo e punha em prática uma das teses favoritas da tendência em questão; também é significativo que ele tenha preferido o tijolo em vez do concreto para as cúpulas em triângulo curvilíneo, embora não tenha chegado a deixar aparente o material empregado. Os escritórios, a oficina de montagem e os demais anexos foram concebidos num desenho mais simples, onde surge novamente a linha reta, mas o ângulo de 90° permanece afastado na medida do possível. A figura de base agora é o hexágono, capaz de associar-se facilmente à unidade anterior, acentuando as oblíquas e facilitando os redentes, os desencontros, o movimento das fachadas. A retomada da ossatura de colunas ocas encimadas por bocas de ventilação, cuja cor preta destaca-se violentamente da brancura dominante, também contribui para assegurar a homogeneidade geral; mas o papel desses múltiplos tocheiros de novo tipo vai muito além no caso específico: de fato, era essencial que se rompesse inapelavelmente a horizontalidade da cobertura plana para manter a coerência estética do projeto.

Algumas realizações recentes, devidas a jovens arquitetos paulistas, vêm somar-se à lista muito limitada das tentativas propriamente brasileiras inspiradas pelo espírito orgânico; sob esse aspecto, são significativas duas casas de fim de semana à beira-mar, que oferecem um exemplo das direções variadas em que essa influência, conforme o caso, pode ser exercida. Sem dúvida alguma, a mais original é a que Eduardo Longo[44] construiu na pequena enseada ao lado da Praia de Pernambuco, no Guarujá (São Paulo). A planta dessa casa, construída em 1964, ilustra de imediato o individualismo não-conformista e a liberdade absoluta de criação

---

41. *Módulo*, n.º 28, junho de 1962, pp. 34-37 (maquetes, plantas). Marcos de Vasconcellos foi o colaborador de Sérgio Bernardes nos planos da Universidade Católica do Paraná (cf. *Módulo*, março de 1962, pp. 13-19), de essência tipicamente racionalista.
42. Escola para a formação de dirigentes sindicais, em Bernau, perto de Berlim (1929-1930), de Hannes Meyer. Plano urbanístico para Rovaniemi (Finlândia) de Alvar Aalto (1945).
43. *Acrópole*, n.º 265, nov. de 1960, pp. 5-9 (fotos, plantas) e n.º 303, fev. de 1964, pp. 101-105 (fotos, planta).
44. *Acrópole*, n.º 341, julho de 1967, pp. 18-21 (fotos, planta) e *Mirante das Artes*, n.º 2, abril de 1967, p. 24 (desenho).

1: escritórios
2: portaria
3: garagem de bicicletas

4: escada
5: garagem
6: oficina de montagem

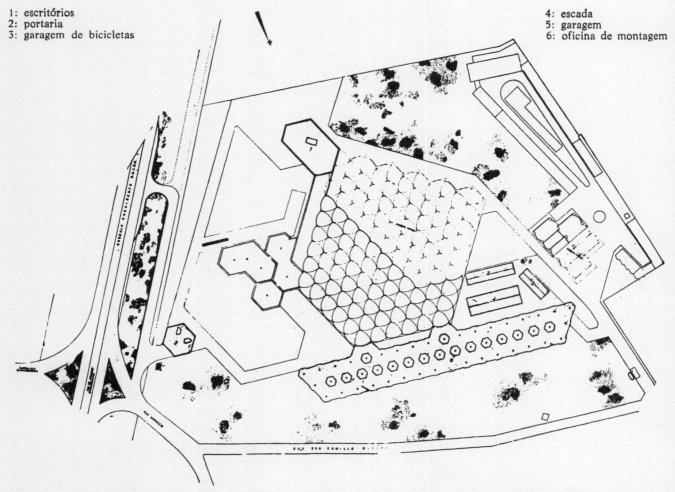

Fig. 269. Marco ZANUSO. *Fábrica Olivetti*. Guarulhos. 1959-1963. Planta.

Fig. 270. Marco ZANUSO. *Fábrica Olivetti*. Guarulhos. 1959-1963. Interior.

que inspiraram semelhante composição (Fig. 271); a divisão funcional em três zonas distintas é a única concessão nítida feita à razão num conjunto dominado inteiramente pela fantasia do desenho e por uma concepção escultórica do espaço que recusa a simetria e a regularidade. É interessante notar que essa concepção expressou-se com maior vigor pela rejeição sistemática da curva e pelo triunfo da linha quebrada: contorno das paredes externas e das paredes do corredor central, elevação geral, perfil da abóbada constituída por uma série de planos triangulares oblíquos que se encaixam num movimento contínuo escalonado em 2,60m e 5,15m, tudo foi ordenado tendo em vista esse traçado diretor inesperado. A plasticidade do concreto, único material capaz de se prestar a formas tão flexíveis e complexas quanto as imaginadas pelo arquiteto, foi explorado sob todos os ângulos com um virtuosismo comparável ao de Niemeyer, mas com finalidades exatamente opostas. O aspecto confuso assumido pela parte de fora lembra uma tenda, uma casamata e a *kasbah* (Fig. 272); não se trata de compreensão clara nem de valorização da paisagem pela arquitetura; esta tende a apagar-se numa massa fugidia em vez de se impor ao contexto, apesar do caráter geométrico dos elementos que definem seu

volume compósito e apesar da brancura luminosa dos revestimentos, destinados a atenuar o calor intenso que reina nesse local. Mas o invólucro externo não pode ser encarado como um produto independente de seu conteúdo; ele não passa do resultado do vazio interno, que é traduzido fielmente, de uma ponta a outra. Essa modelagem do espaço por meio dos cheios espessos e pesados que o encerram estreitamente ilustra a concepção intimista da obra. As aberturas são raras e estão dispostas de modo a não monopolizar a atenção: os

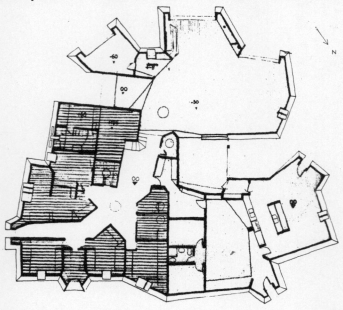

Fig. 271. Eduardo LONGO. *Casa do arquiteto no Guarujá*. 1964-1965. Planta.

Fig. 272. Eduardo LONGO. *Casa do arquiteto no Guarujá* 1964-1965. Exterior, frente nordeste.

painéis laterais de vidro são discretos e evitam convidar o morador a desfrutar todo o tempo do panorama; a outra fonte luminosa responde ainda melhor à mesma preocupação, pois trata-se de uma iluminação pelo alto, à base de óculos feitos no teto[45]; a combinação dos dois sistemas permitiu difundir uma luz parcimoniosa e suave, de surpreendentes efeitos que se aliam muito bem às bruscas escapadas espaciais provocadas pelas contínuas mudanças de direção ou de dimensões das paredes e abóbadas (Fig. 273). Casa-abrigo voltada para dentro de si mesma, ao mesmo tempo modesta

---

45. Esta disposição também foi utilizada para assegurar uma ventilação constante: pequenos orifícios perto dos *oculi* se conjugam com os espaços livres deixados na base do teto, acima dos painéis de vidro, para criar a ventilação desejada.

na aparência e audaciosa na complicação de suas formas livres, tão individual quanto possível em sua inspiração poética inteiramente pessoal, essa é uma criação excepcional no Brasil por seu espírito tipicamente orgânico, que se inscreve mais na linha de Aalto do que na de Wright.

É exatamente o contrário que ocorre na construção muito simples que Rubens Gil De Camillo projetou para seu próprio uso na Praia de Maranduba[46], em Ubatuba (São Paulo). Ela se resume em dois grandes telhados de duas águas (abrigando respectivamente os cômodos e a garagem de barcos), apoiados em paredes de aparelho grosseiro. A tônica recaiu nos materiais naturais: blocos de pedra amontoados de modo rústico e revestimentos de madeira ocultando os vigamentos da cobertura são os elementos essenciais da composição, quase os únicos que surgem à primeira vista; eles levam a uma concordância perfeita com o local selvagem e as montanhas que servem de pano de fundo. As relações com a natureza fazem pensar de imediato nos edifícios do mestre norte-americano nas zonas desérticas do Arizona, embora a preocupação com a clareza geométrica não tenha sido descartada pelo jovem brasileiro.

Assim, a corrente orgânica fica muito marginalizada no desenvolvimento da arquitetura contemporânea no Brasil. Ela só desempenhou um papel — aliás limitado aos círculos paulistas — por volta de 1944 e, embora tendo um novo impulso depois de 1960, não conseguiu impor-se realmente. O ideal que propunha

Fig. 273. Eduardo LONGO. *Casa do arquiteto no Guarujá*. 1964-1965. Interior, salão.

não correspondia nem a uma tradição local, nem às aspirações fundamentais de ordem estética e técnica dos arquitetos do país, nem à psicologia individual ou coletiva dos principais interessados, nem à mentalidade do povo e de seus dirigentes. Não foi por acaso que, exceto a fábrica Olivetti, puramente italiana, teve de se isolar no setor da casa residencial ou de férias; e mesmo nesse setor, que, em suma, foi seu melhor campo de ação mundial, sua influência permaneceu ocasional ou secundária; nunca ou quase nunca foi exercida em estado puro. A organicidade indiscutível que triunfou em várias realizações, principalmente em São Paulo, deve-lhe apenas muito pouco de sua inspiração e fica, no conjunto, inteiramente ligada ao racionalismo, tanto nas fontes, quanto em seu espírito e expressão.

---

46. *Acrópole*, n.º 351, junho de 1968, pp. 32-35 (fotos, cortes, planta).

2. O APARECIMENTO DO BRUTALISMO E SEU SUCESSO EM SÃO PAULO

Assim como a denominação de "orgânica" aplicada à arquitetura, o termo "brutalismo" e o adjetivo correspondente foram empregados para abarcar realidades mais ou menos amplas segundo a pessoa que escreveu sobre o tema. Embora seja certo que, conforme esclareceu Rayner Banham[47], a palavra surgiu em 1954, na Inglaterra, e no começo visava qualificar as aspirações de um grupo de jovens arquitetos desse país, logo assumiu uma extensão considerável no tríplice plano cronológico, geográfico e artístico; é assim que se chegou a englobar sob esse nome um movimento internacional heterogêneo que extravasa para outros ramos (principalmente a pintura) e para criações anteriores ao nascimento do vocábulo. Limitando-nos ao setor da arquitetura e tendo em vista compreender bem as origens e o sentido do fenômeno brasileiro (que é o que interessa aqui), deve-se fazer, portanto, uma distinção entre as duas tendências essenciais: o brutalismo de Le Corbusier e o brutalismo inglês. O primeiro, conforme acabou de ser insinuado, é um brutalismo *avant la lettre,* pois precedeu a invenção do termo propriamente dito; aliás, a aplicação retroativa desse termo a obras que só correspondiam parcialmente ao ideal e ao modo de expressão dos pioneiros britânicos foi contestada, mas a discussão tem pouca importância: é fácil compreender a confusão que se estabeleceu quando se pensa na ênfase assumida pelo emprego do concreto *bruto* na obra do mestre franco-suíço a partir da unidade habitacional de Marselha (1947-1952), ainda mais que a família Smithson e seus discípulos, por seu lado, punham ênfase numa franqueza puritana quanto às estruturas e aos materiais. Porém, enquanto o brutalismo de Le Corbusier — se é que é brutalismo — não vai além dessa técnica (que convinha bem a seu estilo pesado e vigoroso) e se conjuga com uma plástica nova que rompe definitivamente com o funcionalismo estrito, o brutalismo inglês, pelo contrário, aparece como uma espécie de volta extremada aos princípios da década de vinte, sem qualquer concessão a uma estética que não seja de essência material; esse desejo de austeridade absoluta e a recusa de todo subterfúgio traduziram-se pela apresentação sincera de todos os elementos, inclusive do equipamento em geral oculto e especialmente das canalizações de todos os tipos, agora aparentes; em compensação, não existia nenhuma preferência, nem qualquer exclusão *a priori* quanto à escolha de materiais e formas, escolha essa ditada unicamente por uma questão de conveniência adequada a cada caso. Assim, o movimento britânico deu lugar a realizações variadas, indo desde uma inspiração imediato na pureza retilínea tão apreciada por Mies van der Rohe, até a flexibilidade topográfica da planta serpenteante que surge no conjunto de Park Hill em Sheffield[48]; mas nisso não há nenhuma incoerência, pois o individualismo de cada obra não é resultado de um capricho pessoal; ele se baseia num rigor doutrinário que julga encontrar em cada ocasião a relação estrutural e espacial necessária no caso; aliás, a rudeza da expressão contribui para restabelecer a unidade estilística das diversas manifestações que reivindicam essa ideologia. Portanto, no plano do vocabulário, o brutalismo de Le Corbusier e o brutalismo inglês não têm nenhum ponto em comum, exceto o gosto pelo emprego dos materiais no estado bruto, e nem se trata dos mesmos materiais, pois aquele lança mão exclusivamente do concreto, enquanto este não vacila em jogar com a gama completa. Contudo, ambos expressam um desafio tingido de violência, uma revolta contra os usos estabelecidos e os regulamentos que entravam o progresso, uma segurança quanto ao caminho a seguir e uma vontade de impor esse caminho. Sem querer fazer *tabula rasa* do pensamento arquitetônico moderno a que eles continuam vinculados, ambos recolocam em questão, embora de maneira oposta, e da paixão que os anima, surgiu uma linguagem áspera, decidida, que pode ser reencontrada na versão brasileira, cujo *chef de file* sem dúvida alguma é Vilanova Artigas.

1. A obra de Vilanova Artigas depois de 1945[49]

Depois de começar por uma inspiração orgânica[50], a obra de Vilanova Artigas continuou por um período de integração dentro do movimento racionalista brasileiro, para desembocar, enfim, num brutalismo muito pessoal correspondente à época da maturidade e da afirmação mais original do arquiteto. A existência dessas três fases nitidamente diferençadas, que um exame superficial poderia fazer pensar que estão isentas de continuidade em razão dos saltos bruscos manifestados, explica-se por uma evolução profunda no pensamento, evolução onde os fatores políticos desempenharam um papel de primeira linha. Com efeito, para Artigas, não pode haver separação entre a arte, a sociedade e a ação individual, que sempre deve refletir uma tomada de posição filosófica traduzida em termos utilitários no plano prático. A escolha do estilo wrightiano no começo de sua carreira esteve ligada a uma concepção liberal, que via esse tipo de arquitetura norte-americana como a melhor expressão da democracia. Quando as transformações do mundo, durante e depois da guerra de 1939-1945, incitaram-no a abandonar esse ideal de liberdade, considerado incompatível com um desenvolvimento rápido dos países não-industrializados, procurou uma estética caracterizada pela atualidade, pelas possibilidades técnicas revolucionárias e pela disciplina rígida que ele achava ser necessária para guiar as regiões atrasadas até o progresso: a doutrina de Le Corbusier, cuja versão brasileira acabava de surgir, não podia deixar de tentá-lo; satisfazia essas aspirações e seu público internacional encontrava um correspondente indiscutível na escala nacional, prova de sua capacidade de adaptação. Para ele, contudo, jamais

---

47. *Dictionnaire de l'architecture moderne*, Paris, Hazan, 1964, pp. 75-77.
48. *L'information d'histoire de l'art*, 10.º ano, n.º 1, jan.-fev. de 1965, pp. 18-29.

49. L. BO BARDI, Casas de Vilanova Artigas, *Habitat*, n.º 1, out.-dez., 1950, pp. 2-16; B. ALFIERI, João Vilanova Artigas: ricerca brutalista, *Zodiac*, n.º 11, maio de 1960, pp. 97-107.
50. Cf. *supra*, pp. 271-273.

se tratou de uma conversão absoluta e incondicional. Suas convicções de esquerda e o aumento da tensão mundial depois da Guerra da Coréia, em 1950, levaram-no a publicar artigos onde atacava claramente as concepções "burguesas" dos grandes mestres racionalistas. Suas acusações sucessivas contra Le Corbusier e Gropius foram formuladas numa linguagem de asperidade inauditas: o *modulor* do primeiro teria sido apenas uma tentativa de arruinar o sistema métrico e seria um retorno velado às antigas medidas ciosamente conservadas pelos anglo-saxões, e, conseqüentemente, um serviço prestado aos interesses do imperialismo norte-americano[51]; quanto ao segundo, sua atitude por ocasião da Segunda Bienal de São Paulo, onde tinha sido convidado a fazer parte do júri, provava que não passava de um agente desse mesmo imperialismo e que tinha aceitado transformar seu imenso renome num instrumento de propaganda, encarregado de demonstrar a superioridade *yankee*[52]. Essa violência passional, exacerbada pelas crises políticas que se sucederam no Brasil em 1954-1955, não podia deixar de repercutir nas atividades profissionais de Artigas; logo ele sentiu necessidade de expressá-la em suas construções, propondo soluções radicais, onde os conflitos existentes na sociedade capitalista iam refletir-se por meio de oposições francas e pesadas. É nesse sentido que se deve interpretar sua passagem para um brutalismo que, sem dúvida alguma, muito deve ao brutalismo de Le Corbusier no plano formal, mas que, no plano da ação, visou objetivos bem diferentes. Como não podia criar a arquitetura popular com que sonhava[53], dedicou-se a tratar os programas que lhe eram confiados com um espírito combativo e comunitário, onde vieram convergir seu amor pelo material puro, suas preocupações com o espaço interno unificado e com a organização racional com fins psicológicos precisos. Assim, a obra de Artigas não pode ser separada de seu contexto político, essencial para o arquiteto; mas este sempre esteve consciente de que o valor de uma realização provinha de seu sentido estético, e que só essa contribuição podia dar à obra um significado decisivo no plano de uma civilização[54].

Os anos que se seguiram à guerra viram redobrar a atividade de Artigas, exercida, como antes, no setor da casa individual[55]. Abandonando definitivamente a submissão à natureza que tinha marcado sua primeira fase, optou decididamente pelos materiais modernos, pela estrutura independente em concreto armado[56], pelos volumes geométricos claros (com uma preferência sistemática pelo telhado em "V" resultante da junção de prismas trapezoidais), pelos jogos de rampas e níveis desencontrados, pela transparência e continuidade exterior-interior das salas de estar, pela leveza geral — em suma, por todo o repertório racionalista brasileiro em seu jogo espetacular de variações formais. O fato de que suas casas, apesar de tudo, não se confundem com o panorama de conjunto e conservam uma personalidade *sui generis,* deve-se a uma certa severidade na aplicação dos princípios, severidade que repercute no estilo, e principalmente a um propósito de unidade espacial que caracteriza tais casas. Duas realizações exatamente contemporâneas (1948-1949) ilustram claramente as aspirações do arquiteto nessa época e a maneira surgida com a colocação em prática dessas aspirações. A casa de Mario Bittencourt[57], no bairro do Sumaré, desenvolve-se em torno de um bloco central, verdadeira coluna de água que se ergue como uma enorme chaminé por cima do resto da composição; a parte superior é ocupada pela caixa de água (obrigatória em São Paulo por causa dos freqüentes cortes no fornecimento) e a base, pelo banheiro, fechado por todos os lados e iluminado só por aberturas laterais, altas, que difundem uma luz quase de cima; de um lado, a cozinha e os quartos, do outro, sala de estar e escritório articulam-se em torno desse núcleo num movimento ascendente que se traduz pelo volume final. O rigor das soluções é típico de uma concepção da arquitetura onde não há concessões: a organização adotada corresponde a uma preocupação com a economia levada ao máximo, a uma valorização do necessário às custas do supérfluo, bem como à imposição de um modo de viver e a um ideal estético. O fato de partir de um elemento normalmente considerado como anexo (a caixa de água, agora integrada plenamente no projeto, tanto prática, quanto plasticamente) e dos cômodos destinados às atividades puramente materiais, para ordenar o resto em função deles, a falta de separação entre a cozinha e o salão no bloco do meio, a existência de um único espaço que se desdobra em planos sucessivos na parte dedicada à vida quotidiana — são esses os traços significativos das principais preocupações de Artigas enquanto homem e arquiteto. Sua própria casa[58], retoma os mesmos princípios, a mesma disposição (Fig. 274), a mesma elevação formal, com algumas variantes nos detalhes e uma maior distinção (Fig. 275). Existe mais leveza e elegância no conjunto, bem como maior pureza no volume global: a coluna central agora está imergida nele em vez de destacar-se violentamente por sua vigorosa vertical; uma certa delicadeza superou a asperidade do manifesto funcional e ideológico da obra anterior, mas sem que isso signifique qualquer recuo em relação ao assunto. A sala de estar e o escritório

---

51. Artigo publicado numa revista local pouco conhecida, *Fundamentos*, em maio de 1951, republicado pela Faculdade de Arquitetura e Urbanismo da USP em 1960: *Depoimentos*, n.º 1, pp. 71-76.

52. *Arquitetura e Decoração*, n.º 7, set.-out. de 1954, pp. 4-5.

53. *Ibid.*, p. 5. Ao contrário de seu jovem colega Edgar Graef, também de esquerda, que queria transpor a luta ideológica pela renovação da arquitetura num ataque contra o movimento «moderno» brasileiro, Artigas defendeu vigorosamente Niemeyer e seus êmulos da acusação de farisaísmo; adepto resoluto de uma arquitetura simbólica de seu tempo e de seu meio, Artigas achava que eles se tinham colocado frente à realidade, adotando uma posição correta do ponto de vista materialista; no máximo, lamentava que eles se estivessem contentando apenas com esperar a possibilidade de criar uma arquitetura popular, em vez de participar ativamente da elaboração dessa possibilidade através de uma ação direta.

54. *Acrópole*, n.º 319, julho de 1965, pp. 21-22.

55. Cf. L. BO BARDI, Casas de Vilanova Artigas, art. cit. (fotos, plantas, cortes). Mas são dessa época os prédios de apartamentos Louveira, na Praça Vilaboim, em São Paulo (1950), célebres pelo jogo de rampas de acesso comuns aos dois edifícios (*Arquitetura e Engenharia*, n.º 17, maio-junho de 1951, pp. 50-51; H. MINDLIN, *op. cit.*, pp. 94-95 (plantas, fotos, corte).

56. Algumas vezes misto, como na casa de Teixeira de Barros, onde as lajes são suportadas por tubos de ferro finos. Cf. *Arquitetura e Decoração*, n.º 2, out.-nov. de 1953, pp. 25-27 (fotos).

57. L. BO BARDI, art. cit., e *Architecture d'aujourd'hui*, n.º 42 e 43, julho-agosto de 1952, p. 77 (fotos, corte, planta).

58. H. MINDLIN, *op. cit.*, p. 36 (planta, corte, fotos).

sobre pilotis agora estão separados por um pátio que substitui o simples entalhe feito na massa da construção precedente: a continuidade interior não é afetada com isso, pois todas as paredes são envidraçadas e nenhum

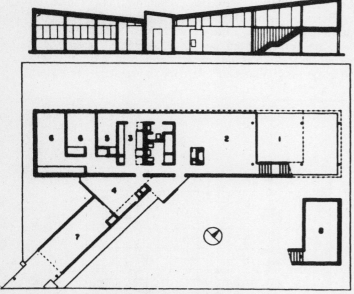

Fig. 274. João VILANOVA ARTIGAS. *Casa do arquiteto.* São Paulo. 1948-1949. Planta e corte.

Fig. 275. João VILANOVA ARTIGAS. *Casa do arquiteto.* São Paulo. 1948-1949. Exterior.

obstáculo real corta a vista de um cômodo ao outro; os jogos espaciais ficam ainda mais fortes com a interpenetração da parte de dentro e da parte de fora e com a concentração da ênfase no único meio de ligação, a escada, encerrada num verdadeiro relicário de vidro. A atitude que consiste em atribuir um sentido fundamental aos pontos de passagem inscreve-se, aliás, numa política precisa, que repercute na escala de todo o projeto: todos os efeitos de profundidade e de unificação não são comandados pelos corredores, cuja discrição aparente só consegue ampliar seu papel capital? Os cheios e as cores escuras são ali dominantes e contrastam com a claridade do salão e suas dependências, mas a alternância das superfícies foscas e transparentes (sensível nos dois casos embora em ordem inversa) resolve-se numa perfeita fusão do ambiente geral. A escolha do

tijolo, nu ou com uma demão de cal, para paredes, chaminé, armários e estantes fixas permitiu uma aliança extremamente feliz entre materiais tradicionais e materiais modernos, ao mesmo tempo que conservou a linha de absoluta simplicidade que Artigas havia fixado para si mesmo. Nisso pode-se encontrar um claro vestígio do período orgânico pelo qual passou o arquiteto antes de sua conversão ao racionalismo, prova evidente de uma permanência parcial de linguagem, apesar da mudança completa de doutrina[59] e de vocabulário que ocorreu por volta de 1945.

A fórmula plástica então elaborada, repetida com variações na maioria das residências particulares que datam dessa época[60], também teve uma brilhante aplicação na Estação Rodoviária de Londrina (Paraná), construída em 1951[61]. Todos os serviços (restaurante, guichês, escritórios, lojas, etc.) foram integrados num bloco em forma de prisma trapezoidal deitado, que apresenta, em sua fachada principal, uma parede contínua quase toda de vidro (Fig. 276), enquanto as costas do mesmo bloco são cortadas em dois por um profundo vão onde se desenvolve o jogo múltiplo de rampas que ligam os diversos níveis habilmente desencontrados e inseridos numa unidade espacial complexa. O contrapeso é formado, não mais por um volume da mesma natureza, invertido em relação ao primeiro, mas por uma fila de sete abóbadas colocadas uma ao lado

Fig. 276. João VILANOVA ARTIGAS. *Estação Rodoviária.* Londrina (Paraná). 1951.

da outra, pousadas sobre colunas finas que abrigam a plataforma de partida e chegada de ônibus. Distinção nítida entre o edifício propriamente dito e as plataformas, oposição sutil entre retas e curvas, entre espaços abertos e fechados, originalidade das formas e leveza da composição aliadas a uma lógica impecável tornam essa realização um dos maiores sucessos de Artigas durante a fase em que se inspirou na escola carioca.

59. Sem dúvida alguma, sob esse aspecto, a casa de Alfredo Rosenthal (1949-1950) é o exemplo mais acentuado de inversão dos valores antes defendidos: uma laje de concreto sobre colunas foi lançada sobre o terreno acidentado, recobrindo-o inteiramente na altura da rua. Sobre esse solo artificial, foram construídos a casa, bem como o jardim que a circunda, numa variação local do passeio arquitetônico sobre o terraço de cobertura pregado por Le Corbusier. É a vitória orgulhosa do homem sobre a natureza domada, posta a serviço dele, reconstituída por ele (*Acrópole*, n.º 212, junho de 1956, pp. 308-311, planta, fotos).
60. Cf. L. BO BARDI, art. cit., *passim*.
61. H. MINDLIN, *op. cit.*, pp. 228-229 (fotos, plantas, corte).

A partir de 1953, em seu projeto para o estádio do Morumbi[62], iniciado nesse ano, Vilanova Artigas adotou o concreto bruto, no estado como sai das fôrmas, lançado por Le Corbusier no edifício de Marselha. Não é de espantar, pois tudo o impelia por esse caminho: sua resolução de optar pela economia funcional, pela rejeição do supérfluo, vinha juntar-se agora ao amor manifestado desde as primeiras obras pelos materiais sem revestimento, amor que depois não tinha desaparecido, conforme comprovam as paredes de sua própria casa.

ção entre duas maneiras mais do que o símbolo de uma nova tendência.

Mais uma vez é no setor da habitação particular que essa tendência vai se afirmar inicialmente, antes de encontrar sua expressão máxima numa série de edifícios públicos. Da casa de Olga Baeta (1956-1957)[63] até a segunda casa Bittencourt (1960)[64], passando pela casa de Rubens Mendonça (1957-1958)[65], assiste-se a várias modalidades de emprego do concreto bruto em tipos de programas onde ele parecia ser menos indicado.

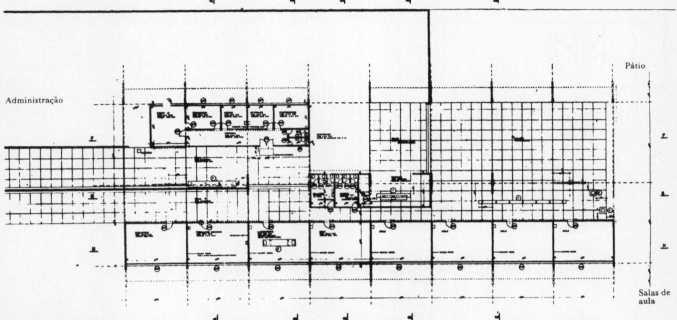

Fig. 277. João VILANOVA ARTIGAS. *Colégio de Itanhaém* (São Paulo). 1960-1961. Planta.

Fig. 279. João VILANOVA ARTIGAS. *Colégio de Itanhaém* (São Paulo). 1960-1961. Fachada da entrada.

Mas ainda é muito cedo para falar de brutalismo: uma técnica não basta para definir um estilo e já foi visto especialmente que o de Reidy não mudou quando ele se lançou à nova técnica; embora o caso de Artigas não seja o mesmo, esse estágio continua sendo uma transi-

Mesmo quando são tornadas mais leves por um jogo de pinturas geométricas abstratas (como na última casa acima citada), essas grandes paredes maciças, cujos apoios vão afinando à medida que se aproximam do solo, erguem-se ao mesmo tempo como um desafio vigoroso aos hábitos locais de ostentação externa e como uma vontade de mudança radical na expressão estética.

Essa vontade pode ser apreendida ainda melhor nas obras de envergadura que se sucederam rapidamente no começo da década seguinte. Em 1960 e 1961, Artigas e seu associado Carlos Cascaldi foram encarregados, por um órgão oficial do Estado de São Paulo, da realização de duas escolas secundárias do primeiro ciclo, destinadas a Itanhaém (pequena cidade do litoral paulista) e Guarulhos, nos arredores de São Paulo. Os trabalhos foram prontamente executados em ambos os casos e os arquitetos conseguiram criar, em alguns meses e dentro de um orçamento muito limitado, edifícios econômicos e funcionais de indiscutível originalidade plástica. O colégio de Itanhaém[66] é definido por uma estrutura de concreto bruto, constituída por uma laje de cobertura suportada por pórticos trape-

62. *Habitat*, n.º 11, abril-junho de 1953, pp. 12-17 (maquete, planta, cortes, elevações). *Zodiac*, n.º 6, maio de 1960, pp. 102-105 (maquetes, plantas, fotos).

63. *Zodiac*, n.º 6, maio de 1960, pp. 106-107 (plantas, fotos).
64. *Acrópole*, n.º 299, set. de 1963, pp. 328-331 (fotos, plantas, cortes).
65. *Acrópole*, n.º 282, abril de 1962, pp. 192-194 (planta, corte, fotos). *Zodiac*, n.º 6, maio de 1960, pp. 100-101 (fotos, plantas).
66. *Zodiac*, n.º 6, maio de 1960, pp. 98-99 (maquetes, planta, elevações, cortes). *Acrópole*, n.º 271, junho de 1961, pp. 241-243 (planta, fotos).

zoidais espaçados com regularidade (Fig. 278). No interior da superfície retangular coberta que é assim determinada, a disposição lógica dos três blocos (que correspondem respectivamente às salas de aula, às salas da direção e às instalações sanitárias) fez surgir um pequeno pátio, um corredor e um vasto pátio, com personalidades bem marcadas, apesar da articulação flexível que os unifica numa sucessão contínua (Fig. 277): um ligeiro desencontro de níveis e uma hábil colocação de pilares intermediários criou a distinção natural entre vestíbulo e corredor sempre que podiam confundir-se, enquanto um profundo vão cavado no telhado basta para separar os dois *halls*, o da entrada e o do recreio, sem produzir uma oposição à transparência total do edifício no sentido longitudinal (Fig. 279). Retomada de um volume clássico na arquitetura brasileira desde os sucessos de Niemeyer e Reidy, imitação simplificada da estrutura do Museu de Arte Moderna do Rio de Janeiro, flexibilidade espacial notável no arranjo interno de um invólucro rigidamente geométrico, preocupação mais viva do que nunca com a racionalidade das formas[67] e com a economia de meios — poder-se-ia pensar que o estilo de Artigas não se modificou e que se está em presença de uma nova produção inscrita na linha seguida depois de 1945. Mas um exame atento revela que não se trata disso. Em vez de desprender-se orgulhosamente do solo como os projetos semelhantes dos arquitetos cariocas, a escola de Itanhaém achata-se contra ele: a enorme largura que resulta da incorporação dos espaços livres numa construção baixa inteiramente abrigada já teria contribuído naturalmente para dar esse efeito, mas houve ainda uma ampliação do fenômeno com a redução sistemática dos pés-direitos[68]. O fato de que essa redução tenha sido ditada em grande parte por uma vontade de diminuir os custos

Fig. 279. João VILANOVA ARTIGAS. *Colégio de Itanhaém* (São Paulo). 1960-1961. Fachada posterior.

ou em virtude de outras considerações práticas em nada diminui sua exploração no plano estético. E notá-

vel que, dessa obra aberta de ponta a ponta, emane uma sensação de massa, que contribui para fechá-la sobre si mesma, numa hábil justaposição de duas concepções em geral consideradas contraditórias. Assim, está-se frente a uma evolução, onde o toque de leveza — até então verdadeira marca registrada do movimento "moderno" do Brasil — é recolocado em questão, embora subsista um certo equilíbrio entre estática e dinamismo por causa do papel decisivo desempenhado

Fig. 280. João VILANOVA ARTIGAS e Carlos CASCALDI. *Colégio de Garulhos*. 1961. Exterior.

pelas oblíquas ascendentes; e essa recolocação em questão coincide com uma maneira mais brutal de colocar os problemas, um desejo de expor os contrastes em vez de resolvê-los por uma fusão harmoniosa e suave.

A escola de Guarulhos[69] não tem a extrema simplicidade da de Itanhaém, embora retome os mesmos princípios: de fato, ela responde a um programa mais vasto e mais complexo e se estende num terreno de

Fig. 281. João VILANOVA ARTIGAS e Carlos CASCALDI. *Colégio de Guarulhos*. 1961. Vestíbulo.

ligeiro desnível, que foi aproveitado do ponto de vista utilitário, bem como do plástico. O bloco é mais atarracado, mais achatado do que o anterior (Fig. 280): ele é totalmente fechado num dos lados menores e os vigorosos ângulos agudos das tesouras transversais foram abatidos na medida em que não era mais necessário

---

67. Mais uma vez o volume trapezoidal demonstrava ser a melhor solução para incorporar à composição os *brise-soleil* horizontais destinados a proteger as salas.

68. De fato, Artigas e seu colega estimaram que as alturas até então consideradas necessárias para salas de aula eram apenas fruto de preconceitos superados. A partir do momento em que tomava cuidado para estabelecer uma boa ventilação cruzada (no caso presente, graças à substituição das paredes cheias por paredes constituídas parcialmente de elementos vazados), a redução que se tinha em vista só apresentava vantagens, segundo eles: limpeza mais fácil, melhor iluminação, ambiente mais íntimo.

69. *Acrópole*, n.º 259, maio de 1960, pp. 171-173 (maquetes, plantas, desenhos) e n.º 281, abril de 1962, pp. 156-157 (fotos). *Módulo*, n.º 28, junho de 1962, pp. 1-6 (fotos, plantas, cortes).

um sistema de proteção contra o sol[70]. Por outro lado, o arranjo interno centralizado no vestíbulo de funções múltiplas, verdadeiro órgão regulador do edifício, é mais livre e mais engenhoso em seus jogos de espaços, de cores e de iluminação, onde intervêm escadas, galerias e pilares com um audacioso desenho recortado (Fig. 281); o papel desses pilares revela-se essencial,

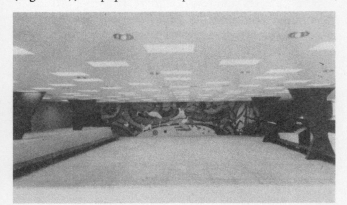

Fig. 282. João VILANOVA ARTIGAS e Carlos CASCALDI. *Colégio de Garulhos*. 1961. Vestíbulo.

pois combatem a sensação de peso que não deixaria de ser provocada sem essa nota de variedade, num edifício onde a relação usual entre dimensões horizontais e verticais foi ciosamente invertida. Sob esse aspecto, também a composição mural do pintor Mario Gruber se tornava uma necessidade, um complemento exigido pela arquitetura e não mais um simples ornamento supérfluo (Fig. 282). Dessa violência contida dentro de limites suportáveis por um gosto muito seguro, dessa mistura da austeridade draconiana dos materiais com a riqueza decorativa das formas coloridas, nasceu um conjunto excepcional, que alia com perícia a atmosfera de descontração e distração necessária para a vida quotidiana e a dose de monumentalidade digna de um centro cultural que deve fazer sentir sua ação por toda a comunidade[71].

No mesmo ano em que foram terminadas as duas escolas acima, uma ocasião única foi oferecida a Artigas para afirmar seu novo estilo: com efeito, foi-lhe confiado o encargo de projetar a futura Faculdade de Arquitetura e Urbanismo que seria construída no *campus* da Cidade Universitária de São Paulo. Professor dessa faculdade (até então instalada na antiga casa Penteado, obra-prima de *art nouveau* de Ekman) e tendo um terreno plano não gravado por compromisssos, toda liberdade de ação lhe foi dada e ele aproveitou-a amplamente. A obra, cujos planos (Fig. 283) datam de 1961, mas cuja construção só foi iniciada em 1966 para terminar no começo de 1969, apresenta-se externamente como um vasto paralelepípedo retangular de faces laterais cegas, todo em concreto bruto, montado

70. As salas de aula são orientadas para o sul e um corredor protege a face norte; as salas da administração, colocadas desse lado, não dão mais para fora, mas para um pátio que substitui o vestíbulo de Itanhaém; o pátio aberto, em compensação, foi substituído por um imenso vestíbulo situado no centro da obra e iluminado por cima.

71. De fato, a escola foi dotada de um auditório para poder servir para as manifestações que extravasam as atividades purante escolares.

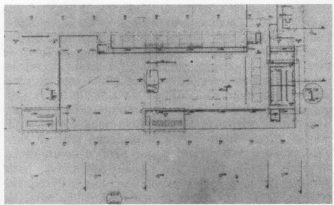

Fig. 283. João VILANOVA ARTIGAS. *Faculdade de Arquitetura e Urbanismo*. São Paulo. 1961-1969. Plantas do subsolo.

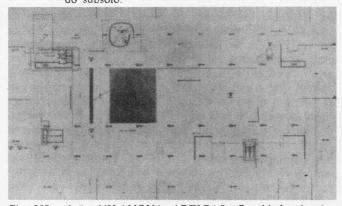

Fig. 283a. João VILANOVA ARTIGAS. *Faculdade de Arquitetura e Urbanismo*. São Paulo. 1961-1969. Plantas do térreo e da sobreloja.

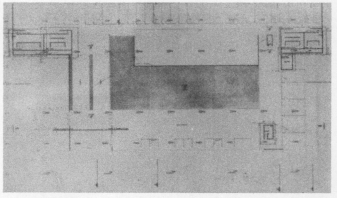

Fig. 283b. João VILANOVA ARTIGAS. *Faculdade de Arquitetura e Urbanismo*. São Paulo. 1961-1969. Plantas do primeiro e segundo andares.

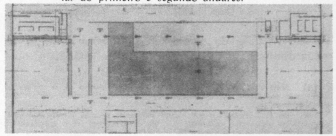

Fig. 283c. João VILANOVA ARTIGAS. *Faculdade de Arquitetura e Urbanismo*. São Paulo. 1961-1969. Plantas do terceiro e quarto andares.

em pilares do mesmo material, dos quais só os que ficam no contorno são claramente visíveis — e tão bem que parecem sustentar todo o peso dessa enorme massa (Fig. 284). O desenho dos pilares em forma de funcionalidade. O contraste prossegue entre as partes altas, totalmente fechadas por superfícies planas puras, e as partes de baixo abertas ou envidraçadas, cujo recuo mais ou menos acentuado em profundidade deixa

Fig. 284. João VILANOVA ARTIGAS. *Faculdade de Arquitetura e Urbanismo*. São Paulo. 1961-1969. Exterior. Frente sul.

trapézios duplos, mais altos do que largos e opostos pela base menor, oferece uma síntese das pesquisas originais desenvolvidas em Itanhaém e Guarulhos: os elementos de sustentação são, como no primeiro caso, a continuação natural do corpo sustentado (laje simples em Itanhaém, verdadeira parede estrutural na Faculdade de Arquitetura), mas não lhes é negada uma relativa autonomia e uma vivacidade formal que derivam incontestavelmente da segunda tentativa. O contraste impressionante entre a finura dos pontos de apoio e a pesada carga que repousa sobre eles, apenas esboçada nas realizações precedentes, é bruscamente aumentado além de toda a expectativa como um meio de expressão psicológica essencial. Portanto, a ossatura que assim surge não é só fruto de uma técnica impecável, onde as juntas de dilatação estão ocultas com engenhosidade pelo vôo de flechas triangulares que partem do solo, aplicadas dos dois lados da superfície dos pilotis para reforçar-lhes o vigor efetivo e plástico; ela adquire um **significado estético que ultrapassa de muito sua simples**

perceber discretamente, sem revelar na realidade, o jogo complexo dos espaços internos. Esse jogo constitui um verdadeiro espetáculo de pirotécnica, onde todo o arsenal do arquiteto foi usado ao mesmo tempo e separadamente (Fig. 285): grande vazio central com mais de quinze metros de altura indo do subsolo até a cobertura, com variações bruscas de andar para andar, desencontro de níveis produzindo saliências impressionantes (como as do bloco de trabalho em grupo que completa as salas do departamento de projetos), alternância da abertura total com fechamentos de vidro ou paredes de cimento cujas formas foram tão cuidadas que de longe parecem mármore, vigorosas oblíquas das rampas destacando-se das horizontais dominantes mas fragmentadas das lajes dos pavimentos e das verticais das colunas da estrutura, combinação da iluminação lateral inferior com iluminação de cima na parte superior e mista no centro do prédio, acentuação divergente de algumas curvas (como o caracol do escritório destinado à direção do museu) numa composição ortogonal e retilínea, enfim um ambiente de unidade total, de um espaço às vezes fluido, outras vezes canalizado, cujas divisões jamais constituem uma verdadeira solução de continuidade[72], exceto nas salas de aula, anfiteatros e outros cômodos para os quais o isolamento é uma necessidade (aliás, todos dispostos no subsolo ou no contorno dos andares superiores onde era fácil o

informal e comparando sua maneira com a de Niemeyer (a quem admira profundamente), o autor sem dúvida alguma deixou escapar a palavra-chave:

Oscar e eu temos as mesmas preocupações e encontramos

Fig. 285. João VILANOVA ARTIGAS. *Faculdade de Arquitetura e Urbanismo*. São Paulo. 1961-1969. Interior. O grande vestíbulo central.

recolhimento e não prejudicavam a manutenção do caráter predominante dado ao tratamento interno). Nisso pode-se encontrar o ideal de um modo de vida comunitário, tão apreciado por Artigas, sua preocupação com criar uma arquitetura que facilita os contatos humanos, lutando contra as tendências individuais de fechar-se numa torre de marfim, mas mantendo uma flexibilidade suficiente para não haver uma coação insuportável. Sem dúvida alguma, jamais antes se conseguiu fundir uma rígida geometria disciplinante externa com uma completa liberdade de arranjo interno, lançando-se mão de uma linguagem de violência alternadamente desencadeada e contida. Aqui, o brutalismo é total, material e espiritualmente: ele se manifesta tanto no emprego sistemático dos materiais nus, quanto na evidenciação dos conflitos com que se choca todo artista criador. Comentando seu projeto durante uma conversa

os mesmos problemas, declarou ele, mas enquanto ele sempre se esforça para resolver as contradições numa síntese harmoniosa, eu as exponho claramente. Em minha opinião, o papel do arquiteto não consiste numa acomodação; não se deve cobrir com uma máscara elegante as lutas existentes, é preciso revelá-las sem temor.

Plasticamente, esse brutalismo deve muito ao de Le Corbusier: uso quase exclusivo do concreto bruto como sai das fôrmas, rejeição da tradicional leveza brasileira para substituí-la por uma impressão de peso raramente alcançada — tudo se encaixa na linha traçada pelo mestre franco-suíço depois da Segunda Guerra Mundial. Mas o brutalismo de Artigas vai bem mais além por suas implicações teóricas e seu radicalismo; visto sob esse ângulo, aproxima-se mais de seu homônimo britânico, embora não tendo qualquer vínculo com ele no plano formal. Assim, é uma concepção nova que nasceu do espírito e do lápis de Artigas, concepção que se traduziu num estilo pessoal que fez escola.

Esse estilo afirmou-se durante os últimos meses de 1961, quando Artigas e Cascaldi terminaram, com algumas semanas de intervalo, os desenhos referentes a duas encomendas importantes feitas por clubes paulistas. Ao

---

72. Aliás, esse espaço não é limitado no interior; nos andares inferiores existe uma continuidade com o exterior através de caixilhos com vidro e é preciso assinalar o papel capital que assumem os pilotis da periferia na perspectiva assim obtida; é daí que suas arestas e linhas de fuga tomam todo seu vigor, daí que se pode realmente apreciá-las em toda sua beleza.

contrário do que tinha ocorrido com a Faculdade de Arquitetura, cuja execução dependia da abertura de créditos governamentais (sempre lentos), a execução dessas duas propostas foi feita rapidamente e a inaugu-

comprimento conjugado com o emprego de pilares baixos, esmagados sob o peso do bloco superior. Embora este bloco seja rompido por duas aberturas profundas que correspondem respectivamente às rampas de acesso

Fig. 286. João VILANOVA ARTIGAS e Carlos CASCALDI. *Vestiário do São Paulo F. C.* São Paulo, 1961-1963. Restaurante e salão.

ração das construções ocorreu em 1963, tanto para um quanto para outro. O imenso edifício longilíneo que abriga os vestiários e a sede provisória do poderoso São Paulo F. C.[73], proprietário do estádio do Morumbi, estende-se por mais de 130m, com uma largura média de apenas 15m. Maciças paredes cegas sobre pilotis externos de forma complexa um pouco inesperada (embora racional), pavimento térreo, transparente, livre ou fechado por caixilhos de vidro, segundo as necessidades de uma distribuição flexível das superfícies cobertas, iluminação pelo alto do primeiro andar (consagrado em dois terços de sua superfície para os vestiários e o terço restante para um grande salão de festas) — a retomada dos princípios da estrutura e da solução estética expressadas nas plantas da escola superior destinada à Cidade Universitária era evidente. Mas a ênfase, muito mais do que antes, foi colocada no peso da obra e na pesquisa de uma homogeneidade completa nesse sentido. O prédio é menos alto, parece estar agachado no chão por causa de seu maior

aos vestiários e ao grande salão de recepções, seu caráter dominante não é alterado com isso. Esses vãos cavados na massa eram necessários não só do ponto de vista funcional, como também plasticamente, para evitar a insuportável monotonia de uma parede contínua que se alonga por uma distância dessas; contudo, em vez de considerá-los como um paliativo, os arquitetos fizeram com que eles contribuíssem para aumentar a sensação de peso que emana do conjunto. Mais ainda do que o jogo transbordante de rampas do primeiro vão, os vigorosos "Y" que mergulham e cortam o segundo vão impressionam pela audácia (Fig. 286); repousam, assim como toda a parede estrutural a que pertencem, sobre pilotis transversais cujo estranho traçado ilustra o papel de sustentáculo comum a essa mesma parede e à laje do piso (Fig. 287). O contraste entre elementos sustentadores e volume sustentado, tão caro a Artigas, exige sempre, mas não se pode mais falar de graciosidade daqueles em relação à carga que lhes é confiada, ao menos numa visão lateral que valoriza sua solidez; o contraste agora é devido ao apagamento produzido por sua apresentação de perfil e principalmente ao reforço desse apagamento por meio da aplicação de uma cor escura ou de vários tipos de cores

73. *Acrópole*, n.º 305, abril de 1964, pp. 23-27 (fotos, cortes, plantas).

escuras que se destacam da luminosa brancura das paredes. Estas parecem estar suspensas num equilíbrio que não se pode chamar de precário, mas que visa trazer a composição para a terra em vez de procurar

é a obra mais revolucionária da série. Seu programa muito particular, dando imensa liberdade aos arquitetos, permitiu que eles se lançassem em pesquisas aonde convergem suas mais vivas preocupações espaciais,

Fig. 288. João VILANOVA ARTIGAS e Carlos CASCALDI. *Garagem de barcos do Clube Santa Paula*. Interlagos. 1961-1963.

Fig. 287. João VILANOVA ARTIGAS e Carlos CASCALDI. *Vestiário do São Paulo F. C.* São Paulo. 1961-1963. Pilar.

Fig. 289. João VILANOVA ARTIGAS e Carlos CASCALDI. *Garagem de barcos do Clube Santa Paula*. Interlagos. 1961-1963. Detalhe dos pilares e de suas juntas.

fazer com que ela alce vôo à moda carioca. A volta à pintura aplicada diretamente no concreto, depois do abandono provisório desse sistema decorativo na Faculdade de Arquitetura, não constituía um recuo no plano do brutalismo puro; Artigas não parou de defender o emprego da cor cada vez que a ocasião se prestava a isso, e é mais o edifício anterior que figura como uma exceção a esse respeito com sua austera radicalidade. Aliás, não se pode ver como um clube tão rico e orgulhoso quanto o São Paulo F. C. poderia ter admitido essa austeridade, tão pouco conforme a sua preocupação com o papel representativo. Aliás, será que ela teria sido realmente conveniente no caso específico? Os autores do projeto sabiam o que estavam fazendo quando adotaram a solução de sublinhar os vários componentes da ossatura por meio de cores diferentes; o notável resultado obtido só pode ser creditado ao ativo de uma das melhores realizações desse escritório.

A garagem de barcos do Clube Santa Paula em Interlagos[74], nos subúrbios de São Paulo, com certeza

Fig. 289a. João VILANOVA ARTIGAS e Carlos CASCALDI. *Garagem de barcos do Clube Santa Paula*. Interlagos. 1961-1963. Detalhe dos pilares e de suas juntas.

estéticas e construtivas. Trata-se de uma cobertura autoportante, praticamente independente das fundações

74. *Acrópole*, n.º 331, agosto de 1966, pp. 23-27 (fotos, lantas, cortes). *Arquitetura e Construção*, n.º zero, julho de 1966, pp. 32-38 (fotos, plantas, cortes).

sobre as quais se apóia (Fig. 288). Simplesmente, pousada sobre juntas metálicas de natureza variada, correspondendo a um cálculo estruturado apurado (Fig. 289), ela fica no lugar graças apenas à força de gravidade que estes cálculos lhe deram. A solução técnica oferece uma resposta perfeita ao problema da dilatação, tão importante nas estruturas de concreto armado submetidas a bruscas e contínuas variações de temperatura, mas também levou a uma oposição dramática entre a estaticidade inerente a toda massa e a força dinâmica que dela emana por causa de sua implantação e de sua forma audaciosa ditada pela redução draconiana dos pontos de contato com o embasamento artificial que lhe serve de base. Essa é a expressão final das aspirações mais recentes de Artigas, intimamente misturadas a outras mais antigas, ou mesmo permanentes nele. A preocupação com a continuidade do espaço, mantida nos limites do tratamento interno durante a fase orgânica e depois ampliada para a ligação entre

Fig. 290. João VILANOVA ARTIGAS e Carlos CASCALDI. *Garagem de barcos do Clube Santa Paula*. Interlagos. 1961-1963. Bar.

o interior e o exterior a partir de 1945, encontra nesse caso as possibilidades de expressão máxima: todo fechamento real, mesmo sob o aspecto atenuado de caixilhos com vidro, desapareceu; só as diferenças de nível e algumas paredes baixas separam os locais destinados a funções diferentes; o próprio bar (cuja utilização com mau tempo lhes parecia pouco provável) não passa de um terraço abrigado de onde se domina a paisagem do lago (Fig. 290). E, apesar de tudo, essa interpenetração absoluta da parte de fora na parte de dentro não prejudica a clara definição da arquitetura, tanto num sentido, quanto noutro; a abolição de todos os detalhes que normalmente contribuem de modo ativo para esse papel teve como conseqüência a concentração de toda atenção apenas na estrutura, tendência que se esboça depois do abandono da inspiração wrightiana, como vimos. Quanto a esta, será que não reaparece, por sua vez, na ênfase dada à parte de baixo da construção feita de pedra bruta, embora não haja mais a menor vontade de submeter-se à natureza? Assim, é uma verdadeira síntese de toda a obra de Artigas que ressurge de uma maneira própria com essa criação original, conjugação de uma arquitetura de massa com uma arquitetura do espaço, concebidas dinamicamente; mas essas considerações não devem nos fazer esquecer que estamos, antes e acima de tudo, em presença de um edifício cem por cento brutalista, em sua espantosa combinação de rusticidade aparente com racionalidade técnica, em sua violência de linguagem e de contrastes, em sua plástica pesada e vigorosa, onde as nuanças são propositalmente ignoradas.

O exame do longo caminho percorrido por Vilanova Artigas num quarto de século permite compreender melhor os motivos mais profundos de uma evolução que pode desconcertar por seus ziguezagues. "De Wright ao brutalismo, eis um itinerário pouco banal", não hesitou em declarar Bruno Alfieri[75]. Pode ser, mas os dois movimentos partilharam do mesmo amor pelos materiais sem revestimento e essa é uma constante do arquiteto paulista, perceptível mesmo durante o intervalo em que, convertido ao racionalismo, ele ainda não ousava utilizar o cimento armado no estado puro, sem ocultá-lo. Desde o tijolo nu, do começo, ao concreto bruto, do último período, a seqüência de idéias não está destituída de lógica, mesmo se, sob outros aspectos, a expressão orgânica e o brutalismo corresponderam a preocupações opostas. É claro que, por essa razão e por questões cronológicas (espaço de alguns anos entre o abandono, por Artigas, do ideal wrightiano e o aparecimento das tendências brutalistas no mundo), a passagem dificilmente poderia ser direta: foi preciso a reviravolta de 1945 e a adesão ao funcionalismo geométrico, então em plena voga no País, para criar as condições necessárias ao nascimento de novas modalidades estilísticas. De uma certa maneira, a última fase surge como uma fusão das duas experiências precedentes, conservando, da primeira, a simplicidade de emprego dos materiais e, da segunda, uma estética baseada no uso da técnica contemporânea. O fato de que as três têm em comum uma arquitetura pensada em termos de economia e de sobriedade e até mesmo uma certa secura, assegura-lhes um grau não desprezível de unidade através das bruscas viradas que ocorreram. Nem por isso elas são menos nitidamente diferençadas no plano do vocabulário arquitetônico e das aspirações espirituais e plásticas. A mais importante é, evidentemente, a terceira, a da maturidade do arquiteto, a da afirmação decisiva de sua personalidade; é ela que o tornou um verdadeiro *chef de file,* pois não é exagero falar de uma escola paulista de ambições vigorosas, decidida a suplantar, no futuro, sua rival carioca no panorama brasileiro.

2. Os discípulos de Vilanova Artigas

A influência de Artigas exerceu-se nos alunos da Faculdade de Arquitetura e Urbanismo da Universidade de São Paulo, onde logo sua cultura e dinamismo o impuseram como um dos professores mais respeitados; são raros os estudantes que passaram por essa escola sem terem ficado seduzidos pelo espírito bri-

75. *Zodiac,* n.º 11, maio de 1960, p. 98.

lhante, pela solidez do pensamento, pelo rigor doutrinário acompanhado de uma grande compreensão humana nas relações pessoais daquele que muitos dentre eles começaram a considerar como seu verdadeiro mestre. Essa reputação nascente cresceu como uma bola de neve; os primeiros discípulos levaram jovens colegas formados por outras instituições a tomar contato e agrupar-se em torno de um homem cuja vocação de orientador era evidente, embora ele sempre tenha dado a maior liberdade a seus admiradores; de fato jamais procurou atuar como um guia autoritário, nem corrigir, por meio de conselhos precisos, as tentativas que considerava serem erros devidos ao entusiasmo da juventude, estimando que a experiência adquirida durante essas tentativas seria mais proveitosa do que toda correção *a priori*. Assim, foi mais por suas idéias francamente expostas nos cursos e em conversas informais e pelo exemplo de suas realizações do que pelo desejo de sobressair que Artigas se tornou, no plano local, uma espécie de profeta ouvido atentamente pela geração que surgia.

Dentre os arquitetos que seguiram a veia brutalista, traçada a partir de 1955, aproximadamente, por seu inspirador, o mais próximo da fonte original por suas preocupações com o equilíbrio nos contrastes é, em nossa opinião, Joaquim Guedes[76]. Nascido em 1932, formado pela Faculdade de Arquitetura e Urbanismo em 1954, para logo entrar na Escola de Sociologia e Política, Guedes pensava inicialmente em especializar-se nos problemas de planejamento urbano e regional, esperando encontrar aí um terreno favorável para o exercício profissional de seus desejos de ação social; mas não demorou para que percebesse que as condições materiais existentes em nada se prestavam para essa ambição; assim, pouco inclinado para as construções utópicas destinadas a ficar no papel, depressa retornou à arquitetura pura e não hesitou em aceitar encomendas de todo gênero, mesmo quando não podiam satisfazer, por seu caráter individual, as antigas aspirações do arquiteto, no sentido de uma organização mais ampla. Ele se esforçou apenas em conciliar as exigências naturais da classe abastada, que o procurava, com uma certa austeridade funcional e plástica dos meios utilizados, vendo nessa fórmula um passo inicial válido para a elaboração de um sistema capaz de ser estendido, se fosse o caso, a realizações de maior envergadura.

A casa de Cunha Lima (1958-1963)[77], situada num terreno a pique abaixo de uma rua sinuosa do bairro do Pacaembu, expõe à luz do dia sua estrutura de concreto bruto, formada por quatro pilares centrais e vastas lajes salientes superpostas; os balanços dessas lajes são reforçados por uma rede múltipla e fechada de contrafixas cujas oblíquas quebram a rígida ortogonalidade da composição, animando-a com um jogo complexo de linhas que se soma à variedade dos efeitos de planos, superfícies e volumes criados pela liberdade da disposição espacial interna e externa (Figs. 291, 292 e 293). Tudo nessa obra é verdade cruamente ressal-

76. *Acrópole*, n.º 347, fev. de 1968, pp. 11-40 (fotos, plantas, desenhos).
77. *Ibid.*, pp. 18-23 (fotos, plantas, cortes, desenhos dos detalhes).

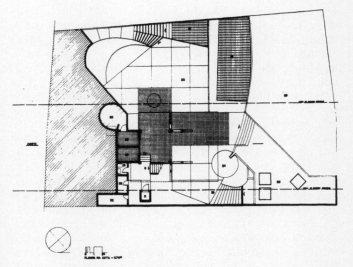

8: escada
9: elevador
13: sanitários
19: banheiro
20: sauna
21: piscina

22: maquinário
23: pátio e jardim
24: tanque de águas pluviais
25: acesso ao salão das crianças
28: cobertura da sala de jogos das crianças
29: jardim

Fig. 291. Joaquim GUEDES. *Casa de Cunha Lima*. São Paulo. 1958. Planta do nível inferior.

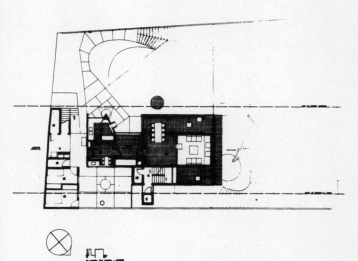

3: escada de serviço
5: encanamento, ar condicionado
8: escada
9: elevador
11: lavanderia
12: despensa
13: sanitários

14: cozinha
15: copa
16: saleta de almoço
17: sala de estar
18: quarto de empregada

Fig. 291a. Joaquim GUEDES. *Casa de Cunha Lima*. São Paulo. 1958. **Planta do segundo nível.**

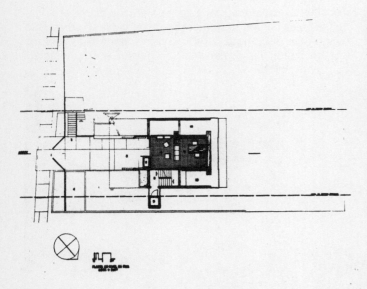

1: entrada
2: espaço coberto
3: escada de serviço
4: tanque
5: encanamento, ar condicionado
6: sala de recepção (vestíbulo)
7: escritório
8: escada
9: elevador
10: espaço vazio em cima da sala de estar

Fig. 291b. Joaquim GUEDES. *Casa de Cunha Lima*. São Paulo. 1958. Planta do terceiro nível (nível da rua).

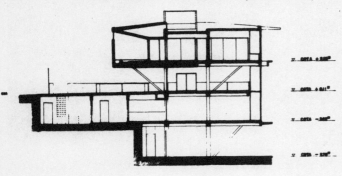

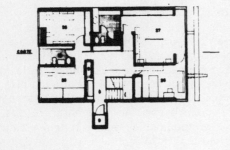

5: encanamento, ar condicionado
8: escada
9: elevador
19: banheiro
26: dormitório das crianças
27: dormitório do casal

Fig. 291c. Joaquim GUEDES. *Casa de Cunha Lima*. São Paulo. 1958. Planta do quarto nível (andar superir) e corte.

tada e corresponde a uma série de razões materiais precisas, logicamente encadeadas. A ordenação do edifício em profundidade e as imensas paredes cegas das fachadas laterais foram ditadas pela pequena largura do terreno original[78], solução essa que automaticamente acarretou o uso de fechamentos envidraçados para as outras duas frentes a fim de garantir, ao interior, a luminosidade necessária; aliás, a solução em questão impunha-se para a fachada que dominava um panorama urbano excepcionalmente desimpedido: era conveniente que os moradores pudessem usufruí-lo plenamente, o que foi obtido com a instalação de panos de metal e vidro habilmente colocados nos cotovelos dos cantos; em compensação, a solução era mais delicada no lado que dava para a calçada — daí o recuo do bloco dedicado aos cômodos de estar, para aumentar a distância e principalmente o arranjo, muito feliz, de uma intensa zona de sombra protetora com a vigorosa projeção do andar dos quartos; assim, o conjunto cozinha-escritório-saleta de almoço, no mesmo nível da parte inferior do setor nobre, como era exigido pelas necessidades de serviço, pôde discretamente ocupar um lugar mais baixo e articular-se flexivelmente num corpo autônomo, ao mesmo tempo que oferecia, graças a seu telhado-terraço parcialmente coberto pela marquise natural mencionada acima, uma entrada impecável; enfim, não se deve esquecer que a orientação da casa tinha por corolário a instalação de um meio de proteção contra o sol que batia em cheio nos painéis transparentes, tanto de manhã, quanto de tarde, o que levou à invenção de mecanismos originais à base de estores de tecido e persianas basculantes e corrediças, engenhosamente conjugadas. O funcionalismo perfeito da composição, porém, não passa de um de seus aspectos; o valor principal dessa composição provém da expressão plástica que a intensa imaginação do arquiteto conseguiu dar-lhe. Embora Guedes não haja retomado o princípio da parede estrutural de concreto armado, tão apreciado por Artigas a partir da casa Baeta, e haja optado pela distinção entre ossatura independente e paredes de simples fechamento munidas de um revestimento clássico, não se pode deixar de comparar mestre e aluno na relação estabelecida entre massa suspensa e suportes; um feixe de elementos finos, cuja rede converge para o solo, veio substituir os pilotis de mesmo movimento (já esboçados por Artigas nessa época), mas as pesquisas foram levadas no mesmo sentido; a diferença reside no fato de que Guedes não renunciou aos métodos que haviam assegurado a glória da arquitetura brasileira e permaneceu fiel a um espírito de leveza comedida que o inventor do brutalismo paulista já tinha repudiado. Embora a importância dada ao concreto aparente não chegue a atingir a amplitude que alcançou nas realizações de Artigas, ela não é menos fundamental, tanto no exterior, quanto no interior. No primeiro caso, o

---

78. A seguir, o proprietário comprou o lote vizinho para aumentar o jardim de que dispunha, bem como uma estreita faixa de terreno à direita da fachada principal para poder acrescentar um elevador a essa residência desenvolvida na vertical; o arquiteto o instalou fora da casa, numa coluna maciça de concreto acrescida de uma caixa de vidro vertical contendo as passarelas de ligação de cada andar. Assim, a estética original da casa, baseada na alternância e na fusão harmoniosa de paredes cheias com fechamentos transparentes pôde ser não só respeitada, mas até reforçada.

307

desejo de confiar a esse material um papel preeminente e o de evitar a nota pouco elegante das calhas de zinco, traduziram-se num sistema de escoamento das águas pluviais que se tornou um dos motivos favoritos do

Fig. 292. Joaquim GUEDES. *Casa de Cunha Lima*. São Paulo. 1958. Exterior.

movimento brutalista local: as águas ou são lançadas longe por uma gárgula, ou são drenadas por condutores verticais interrompidos a meia altura e de lá são lançadas em cascata dentro de canteiros (aqui, em avançamentos sucessivos) que as recolhem; essa solução engenhosa e econômica, tão radical em seu princípio quanto as canalizações francamente expostas dos Smithson e seus êmulos, possuía, além disso, a enorme vantagem de uma dupla exploração estética no sentido da unidade material e da diversidade formal. Ainda mais significativo é o tratamento interno, onde a secura do cimento nu não foi considerada indigna de participar da elaboração de uma atmosfera requintada, onde luxo e austeridade fundem-se sutilmente. Em toda parte, as estruturas são apresentadas em estado bruto (lajes em balanço, vigas, contrafixas) e são elas que definem os sucessivos desdobramentos de um espaço contínuo que engloba a totalidade dos cômodos de estar num conjunto monumental e íntimo (Fig. 293); são elas (escadas audaciosas que parecem lançadas no vazio, separadas das salas e corredores apenas por vidros transparentes) que estabelecem a comunicação desse espaço, ao mesmo tempo bem delimitado e fluido, com o andar dos quartos e as dependências situadas sob os pilotis, sem que jamais haja uma interrupção completa entre os vários níveis, considerados não como células individuais estanques, mas como um todo solidário; são elas, enfim, que compõem a transição com o espaço externo, canalizando-o para os pontos de acesso ou de saída (rua e jardim), em varandas ao mesmo tempo abrigadas e amplamente abertas. Essa arquitetura rude na matéria e delicada nos efeitos combina-se harmoniosamente com uma decoração rica e uma mobília meio antiga, meio moderna, que a suaviza: o balcão de ferro forjado e o piso de desenhos coloridos correspondem a uma intenção comum do arquiteto e do proprietário, embora um dos modelos de azulejo originalmente escolhido tenha sido substituído no último momento à revelia do autor do projeto. Aliás, a preocupação com a perfeição dos detalhes é característica da maneira de Guedes, que jamais separou intenção funcional e intenção plástica; sem dúvida alguma, a melhor prova disso é o estudo aprofundado que levou ao achado das persianas basculantes que, com as lâminas na horizontal, desimpedem a vista, servem de *brise-soleil* e acrescentam à composição um brilhante jogo de planos que lembra o neoplasticismo holandês.

Provavelmente a casa de Cunha Lima, premiada na VIII Bienal de São Paulo, em 1965, até hoje é o êxito mais convincente do jovem aluno de Artigas, mas seria ousadia demais ver aí a expressão de um estilo na posição, amor pela curva gratuita e pelas oblíquas irregulares mais adequadas para criar um certo tipo de espaço interno, retraimento da obra para dentro de si mesma, paredes de tijolo nu e até mesmo, na frente

Fig. 293. Joaquim GUEDES. *Casa de Cunha Lima.* São Paulo. 1958. Sala de estar.

fixado. O tribunal de Itapira, projetado no mesmo ano (1958), não tem nada da geometria ortogonal e da leveza aérea da realização anterior. Os volumes encadeiam-se com flexibilidade para se confundir numa massa estranha, solidamente implantada no chão, que quer ser, na parte de fora, a expressão das pesquisas espaciais livres e da complexidade da parte de dentro (Fig. 294). Ali, é evidente a influência orgânica finlandesa e pode-se pensar estar vendo surgir, nessa aparente irracionalidade, o toque tão pessoal de Aalto (Fig. 295). As formas obtidas pelo arranjo das partes (das quais cada uma foi concebida ao menos tanto por ela mesma quanto tendo em vista sua integração num conjunto homogêneo) parecem ser inspiradas diretamente pelo espírito do *chef de file* finlandês e até mesmo por seu repertório lingüístico: aspecto externo fechado valorizando a parede (menos no lado da entrada, onde predominam os vazios compartimentados, esmagados pelo peso das enormes lajes que daí sobressaem), janelas raras e estreitas, tão inesperadas no desenho quanto

sudeste, um paramento de cimento que imita os revestimentos de madeira das casas nórdicas. Mas não se deve exagerar: embora o tribunal de Itapira seja, no Brasil, a tentativa que mais se aproxima da linha seguida na Europa setentrional, não se insere inteiramente nessa linha e continua sendo uma vigorosa afirmação de brutalismo. Pode-se notar uma progressão visível nesse sentido em relação à casa de Cunha Lima: o concreto bruto não é mais reservado à estrutura e à canalização de escoamento da chuva, segundo o sistema descrito acima, estende-se às partes de baixo e aos fechamentos cuja plasticidade se quis acentuar. É uma evidente aproximação com as recentes experiências de Artigas, embora os meios empregados sejam diferentes: apesar das paredes de cimento armado de Guedes não serem elementos constitutivos da ossatura, elas retomam a estética pregada e insistem nos efeitos de massa e peso, graças a sutis contrastes de volumes e a pesadas coberturas que repousam sobre colunas finas ou estão em balanço. Enfim, não se deve esquecer que a grande liberdade de articulação revelada por esse tribunal é fruto de uma reflexão de ordem essencialmente racional onde as considerações materiais intervieram em primeiro lugar, suplantando inapelavelmente as de ordem psicológica e espiritual.

Os edifícios posteriores, enquanto conservam as mesmas preocupações básicas, deixam aparecer uma influência bem diferente, a de Le Corbusier. A casa de Costa Netto[79] (bairro do Pacaembu, São Paulo, 1963), com sua inegável monumentalidade (símbolo do sucesso financeiro e social do proprietário), sua forte laje de cobertura, oblíqua, que vai afinando nas extremidades, os jogos de balcões, de escadas, de mezaninos salien-

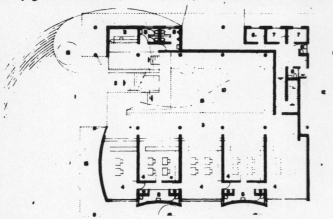

Fig. 294. Joaquim GUEDES. *Tribunal de Itapira (São Paulo).* 1958. Planta do térreo.

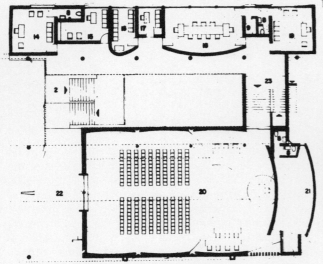

Fig. 294a. Joaquim GUEDES. *Tribunal de Itapira* (São Paulo). 1958. Planta do andar superior.

tes sempre tratados em concreto maciço, adota o vocabulário do mestre franco-suíço definido a partir da unidade residencial de Marselha e dos edifícios de Chandigarh, mas tempera sua expressão de vigor com uma leveza relativa, devida, mais uma vez, ao contraste entre a espessura dos planos horizontais e a secção reduzida dos quatro pilares sustentadores situados fora da obra. As casas de Dalton Toledo (Piracicaba, São Paulo) e Sergio Ferreira Leite (São Paulo, Pacaembu)[80],

que datam de 1963, desenvolvem as pesquisas sobre o tema das abóbadas colocadas uma ao lado da outra, elaborado nas casas de Jaoul de Neuilly em 1954-1956; a aliança do cimento bruto com o tijolo nu, já presente no tribunal de Itapira, reaparece com um caráter novo, que se manifesta tanto nas preocupações estruturais, quanto nas formais. Como se pode ver por esses exemplos, não se pode falar, em Guedes, de uma maneira única, e as soluções propostas demonstram uma grande versatilidade dentro de alguns princípios bem estabelecidos. Aliás, isso foi bem ressaltado pelo arqui-

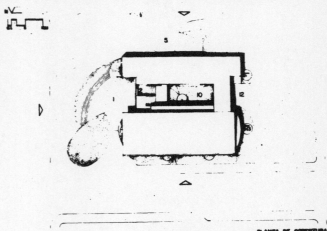

Fig. 294b. Joaquim GUEDES. *Tribunal de Itapira* (São Paulo). 1958. Planta de cobertura.

Fig. 295. Joaquim GUEDES. *Tribunal de Itapira* (São Paulo). 1958. Exterior.

teto nas páginas de apresentação que encabeçam a publicação de seus trabalhos mais significativos[81]: para ele não existe nem verdade absoluta, nem resultado definitivo.

Mais do que Guedes (que o apresentou a Artigas e, assim, desempenhou um papel na adesão de seu colega ao brutalismo), Carlos Millan (1927-1964) encontrou no brutalismo uma unidade estilística[82]. Formado pela Universidade Mackenzie em 1951, inicialmente sofreu a influência de Bratke e Rino Levi;

---

79. *Acrópole*, n.º 347, fev. de 1968, pp. 24-29 (fotos, plantas, cortes, desenhos dos detalhes).
80. *Ibid.*, pp. 15-17 e 30-33 (fotos, plantas, cortes, desenhos).
81. *Ibid.*, pp. 13-14.
82. *Acrópole*, n.º 317, maio de 1965, pp. 21-44 (fotos, plantas, cortes, desenhos) e n.º 332, set. de 1966, pp. 19-42 (fotos, plantas, desenhos).

depois de ter conseguido dar um discreto encanto japonês à casa Fujiwara (1954), voltou-se para um funcionalismo estrito na casa Feitosa (1957); sua entrada na Faculdade de Arquitetura e Urbanismo da USP como assistente de uma das cadeiras de Composição (1958) foi decisiva, pois entrou em contato mais amplo com o grupo que estava se esforçando para forjar um tipo de arquitetura paulista inteiramente novo e entrou em contato principalmente com o *chef de file* incontestável desse grupo. Mas Millan jamais se deixou tentar pela linguagem formal inventada por Artigas e não procurou imitá-lo; sua admiração por aquele que considerava como um dos maiores arquitetos contemporâneos não provinha da plasticidade dos vastos pórticos apoiados em alguns pontos do solo ou dos contrastes obtidos com a colocação de vigorosas paredes cegas em suportes infinitamente mais leves; o que o atraía na lição dada era a vivacidade das soluções técnicas de ordem construtiva, a franca utilização dos materiais e a recusa firme dos compromissos, preocupações que ainda não estavam muito explícitas em sua obra anterior, mas que uma análise aprofundada revela como um dos motores da evolução já constatada. Portanto, o brutalismo de Millan, despojado de todas as considerações puramente estéticas, logo assumiu um aspecto muito mais radical do que o de Artigas: sua intransigência chegava a recusar os detalhes que poderiam dar à composição uma maior qualidade plástica, com o objetivo único de conservar uma total coerência de pensamento e de inspiração em seus desenhos[83]. Essa rejeição proposital de tudo que poderia parecer um efeito de estilo teve como conseqüência o nascimento de um verdadeiro estilo, quer seu autor tenha desejado ou não, e embora ele provavelmente fosse estremecer à idéia de que um dia esse termo pudesse ser aplicado a ele.

A casa de Nadir de Oliveira[84], isolada em plena natureza no bairro ainda deserto do Morumbi (1960), é um paralelepípedo retângulo de um só nível, montado sobre colunas finas a fim de dominar a natureza que a circunda, tendo como superestrutura uma caixa de água cuja verticalidade acentuada destaca-se da horizontalidade geral; os volumes, tão simples e claros quanto possível, correspondem a uma função precisa, num retorno à mais rigorosa tradição racionalista. Como em Guedes, o concreto bruto é empregado só na estrutura, nas escadas e em alguns elementos aparentemente secundários, mas que, na realidade, sempre são dotados de um papel estrutural efetivo. É absolutamente típico o caso dos peitoris superpostos que alternam com as faixas envidraçadas das janelas da cozinha: não se trata de puros painéis de fechamento, mas sim de suportes fora da obra onde estão apoiados ou pendurados pias e armários; nasceram do triplo desejo de ganhar espaço, de pôr os objetos de uso freqüente ao alcance da mão e numa altura boa e, enfim, de garantir bastante iluminação, repartida com habilidade. O resultado traduz-se numa brilhante modulação dessa fachada (Fig. 296), sem dúvida alguma a de maior sucesso no plano estético, com sua divisão ternária entre fechamento cego da ala dos quartos, parede vazada da lavanderia[85] e disposição acima descrita; mas não houve pesquisas exclusivas nesse sentido e a beleza surgiu de um funcionalismo estrito. Talvez nunca, desde que a nova arquitetura deu os primeiros passos no Brasil, os princípios dessa corrente foram expressados de modo tão absoluto, mas isso não quer dizer que Millan tenha retornado à concepção européia da década de vinte ou às primeiras tentativas feitas em seu país; o modo como resolveu os problemas de proteção contra o sol e de ventilação demonstra como ele levou em consideração um vocabulário pacientemente elaborado por seus compatriotas; chega-se mesmo a constatar, na leveza ainda sensível da composição de conjunto, vestígios da influência carioca. Porém, o mais interessante não é essa semelhança superficial, mas os traços inegáveis do nascimento de um novo espírito (e, com isso, de um novo gênero de expressão) que a acompanha. A nota brutalista aparece claramente na valorização das estruturas e principalmente no material bruto que as constitui: tudo o que assume um papel plástico primordial é de concreto, e esse concreto jamais é escondido, mesmo quando foi preciso fazer com que as colunas da estrutura em recuo atravessassem o salão ou outros cômodos; ela também está presente na oposição violenta entre as formas ortogonais da construção propriamente dita e os traçados circulares de seus anexos (piscina, escada de serviço fora da obra, em caracol), bem como no peso proposital da escada, fechada dentro de um cilindro maciço de cimento (é verdade que mais ou menos disfarçado por uma espessa cortina de vegetação).

Por outro lado, essa linguagem — ainda com nuanças na realização acima — desenvolveu-se sem hesitações nem subterfúgios na casa de Roberto Millan[86], também ela de 1960 e premiada na VI Bienal de São Paulo, no ano seguinte. O concreto bruto continua reservado aos elementos estruturais, mas as paredes agora são compostas de placas de cimento preparadas no próprio canteiro: a unidade de materiais é completa, com tudo que isso pode comportar de austeridade no

Fig. 296. Carlos MILLAN. *Casa de Nadir de Oliveira*. São Paulo. 1960.

83. Depoimento de Paulo Bastos, ex-associado, *ibid.*, p. 19.
84. *Acrópole*, n.º 317, maio de 1965, pp. 36-39 (fotos, corte, plantas).

85. Os blocos vazados de cimento, pré-fabricados, não servem aqui de *brise-soleil*, pois a fachada está orientada para o sul e sua razão de ser é proteger essa parte do vento muito forte e da chuva sem fechá-la realmente; apresentavam também a vantagem de ocultá-la.
86. *Acrópole*, n.º 276, nov. de 1961, pp. 420-423 (plantas, desenhos, fotos) e n.º 317, maio de 1965, pp. 28-32 (fotos, plantas, corte).

caso em questão. Além disso, o desejo de vigor afirma-se definitivamente na ênfase dada às escadas externas, mais pesadas do que nunca, contrastando com as escadas internas, tratadas com delicadeza. A evolução torna-se mais precisa no Clube Paineiras (1961), nas casas Elboux (1962) e Wagner (1964). Nesta, um de seus últimos projetos, o rigor geométrico é acompanhado por um certo simbolismo nas superestruturas, lembrando a ponte de um navio, mas parece pouco provável que isso decorra de uma vontade explícita. Aliás, nunca se saberá se era o esboço de uma mudança, pois a carreira do arquiteto foi ceifada em pleno desenvolvimento pelo acidente de automóvel que lhe custou a vida. Seja como for, pode-se dizer que, com Carlos Millan, tinha ocorrido uma virada. Mais intransigente que Artigas, repudiando toda plasticidade pura e vinculado à matéria e à vida prática mais do que às fontes espirituais de inspiração, tornou sua arquitetura uma manifestação de franqueza, não isenta de brutalidade.

Essa brutalidade surge ainda mais virulenta com Paulo Mendes da Rocha e João Eduardo de Gennaro[87], para quem ela se torna um meio de expressão artística associado a um programa revolucionário. Contudo, a obra mais conhecida desses dois arquitetos, nascidos em 1928 e formados pela Universidade Mackenzie em 1954, não pertence a essa corrente; ela precedeu a adesão ao brutalismo propriamente dito, que só se concretizou em 1960, embora se possa ver que essa adesão se esboça em certos aspectos dos projetos anteriores. De fato, o ginásio do Clube Atlético Paulistano[88], em pleno centro dos bairros residenciais da capital paulista, cebido em 1958, ano que marca o começo da associação profissional dos dois colegas de escola, aproximados pela idade e pelos estudos. O ginásio (que, para uma experiência, foi realmente um golpe de mestre) compreende duas partes ao mesmo tempo distintas e harmoniosamente fundidas: um edifício baixo retangular, onde estão instalados os vestiários e anexos, e a sala de esportes, situada em pleno centro, abrigada sob uma vasta cobertura circular suspensa em cima da arena e das arquibancadas. Essa cobertura, apoiada apenas em seis pontos sobre o grande terraço-passeio que serve de telhado ao corpo inferior, assume um tal sentido plástico que chega a ser considerada como a essência da obra (Fig. 297), chamando a atenção para o que constitui sua razão de ser e evitando que a decisão funcional de colocar no centro das dependências o dispositivo fundamental chegue a apagá-lo irremediavelmente. A perfeição da solução técnica, conjugando pilares alongados em placas de concreto com um anel horizontal do mesmo material, armado de um poste central, de onde partem nervuras em balanço que sustentam um véu fino, e com um telhado metálico pousado sobre essa espécie de marquise e ligado à ossatura vertical por cabos de tração que asseguram sua sustentação, levou a um resultado notável no plano estético. A pureza das formas e a leveza escultórica da composição situam-na na mesma linha da tradição racionalista brasileira, que o emprego do cimento bruto não bastou para alterar, como já foi constatado em relação a Reidy. Mas a influência do meio paulista é sensível na preocupação de não negligenciar as possibilidades das estruturas industriais, no cuidado com

Fig. 297. Paulo MENDES DA ROCHA e João Eduardo DE GENNARO. *Ginásio do Clube Atlético Paulistano*. São Paulo. 1958. Exterior.

Fig. 298. P. MENDES DA ROCHA e J. E. DE GENNARO. *Ginásio do Clube Atlético Paulistano*. São Paulo. 1958. Interior.

recebeu, na VI Bienal de São Paulo, de 1961, o grande prêmio internacional de arquitetura, mas, embora tivesse acabado de ser terminado nessa data, tinha sido con-

a elaboração de um sistema original e na vontade de reduzir ao mínimo a superfície de apoio dos suportes que aumentam de tamanho para o alto. Há nisso uma concordância com as aspirações de Artigas e talvez um traço de suas lições teóricas, embora Paulo Mendes da Rocha e seu associado jamais tenham sido seus alunos e sem dúvida alguma o tenham precedido cronologicamente quanto ao sucesso absoluto obtido em

---

87. *Acrópole*, n.º 342, agosto de 1967, pp. 15-39 e n.º 343, set. de 1967, pp 17-45 (fotos, plantas, cortes, elevações, desenhos).

88. *Habitat*, n.º 47, março-abril de 1958, pp. 16-26 (desenhos, plantas, cortes). *Acrópole*, n.º 276, nov. de 1961, pp. 410-413 (plantas, fotos) e n.º 342. agosto de 1967, pp. 16-20 (fotos, plantas, desenhos). *IAB — Guanabara*, n.º 3, 1962, pp. 11-14 (plantas, fotos). *Módulo*, n.º 27, março de 1962, pp 39-43 (fotos, plantas, corte).

relação ao último ponto[89]. Também é notável a preocupação com a fusão dos espaços interno e externo: existe uma abertura completa em todo o contorno entre a cobertura metálica e o anel de concreto e, principalmente, entre este e a base que é abrigada por ele, o que mantém a transparência da construção e assegura, tanto para os jogadores, quanto para o público, um ambiente intermediário entre o de um espetáculo ao ar livre e o de um ginásio fechado (Fig. 298); a comunicação direta com o terraço — magnífico belvedere para os jardins, a piscina, as quadras de tênis e outros jogos — cria, além do mais, um ar de liberdade natural e um lugar para passear durante os intervalos.

Existe uma enorme diferença entre a elegância

São José dos Campos (1960) e de São Bernardo (1962), no tribunal de Avaré (1961), no projeto da Faculdade de Filosofia, apresentado em 1962, no Jockey Clube de Goiânia (1963)[90]. Em compensação, os edifícios destinados a moradia, embora derivando da mesma veia, são muito mais interessantes e pessoais. A casa de Gaetano Miani (1962), num bairro da periferia de São Paulo[91], oferece um belo exemplo dessa arquitetura de concreto bruto onde tudo é maciço, duro, sem a menor concessão à atmosfera de repouso e encanto que em geral se procura num programa desse gênero: a casa está orientada de modo a apresentar na fachada uma enorme parede cega digna de uma prisão; até mesmo os elementos que poderiam aliviar o aspecto

Fig. 299. P. MENDES DA ROCHA e J. E. DE GENNARO. *Casa de Gaetano Miani*. São Paulo. 1962.

aérea, a audaciosa simplicidade, a harmonia perfeita dessa realização e a violência das paredes pesadas, a complexidade dos vazamentos de iluminação, a estranheza dos efeitos procurados nos edifícios posteriores. A conversão foi tão brusca quanto total. A adoção da linguagem e das formas de Artigas, isentas do toque do mestre, surge sem pudor nas escolas primárias de

externo por um contraste qualquer, como a marquise *brise-soleil* da frente ocidental e a escada de serviço que forma um só corpo com ela, servem para reforçar a impressão dominante e é difícil não experimentar uma sensação de mal-estar perante uma solução dessas (Fig. 299). O interior inspira-se nos mesmos princípios, mas a brutalidade do cimento nu desta vez é atenuada por vigorosos jogos de espaço e de luz que lhe conferem uma inegável monumentalidade (Fig. 300). A

89. As experiências de Artigas ainda se manifestavam timidamente na casa Baeta e na casa de Rubens Mendonça, só assumindo toda a sua amplidão nas realizações posteriores, nos desenhos do ginásio em questão, com um significado plástico bem diferente, pois, em Artigas, tratava-se de uma ruptura com um ideal formal, enquanto que havia uma continuação provisória do mesmo ideal em Mendes da Rocha.

90. *Acrópole*, n.º 342, agosto de 1967, pp. 21-38 (fotos, plantas, cortes, desenhos).

91. *Acrópole*, n.º 343, set. de 1967, pp. 17-25 (fotos, plantas, cortes).

espessa estrutura mural externa, aliada aos vastos vãos permitidos pelo sistema, deu aos arquitetos uma grande liberdade de arranjo, deu a possibilidade de jogar com o desencontro dos níveis, de unir num todo contínuo

Fig. 300. P. MENDES DA ROCHA e J. E. DE GENNARO. *Casa de Caetano Miani*. São Paulo. 1962. Interior.

Primeiro andar

1: dependências de serviço
2, 3: cozinha
4: sala de jantar
5: corredor
6: dormitórios
7: banheiros ou chuveiros
8: sala de estar
9: galeria-escritório

Nível inferior

1 a 4: maquinário e dependências de serviço
5: pátio coberto sob os pilotis

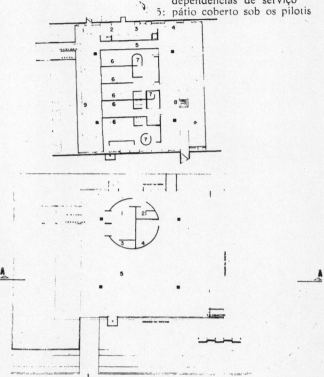

Fig. 301. Paulo MENDES DA ROCHA. *Casa do arquiteto*. São Paulo. 1964. Plantas.

o conjunto dos cômodos e meios de circulação de uso comum: salão, sala de jantar, escadas, corredor-balcão dos quartos. Aí pode ser novamente encontrada a idéia de Artigas, sua maneira de acentuar os elementos destinados à simples passagem tanto quanto nas salas de estar propriamente ditas, enfim, o vocabulário que ele preferia. Mas ele jamais foi tão longe no sentido da rudeza e da frieza, principalmente numa residência particular; parece que, em relação ao tratamento interno, existem certas reminiscências dos desenhos propostos no ano anterior para a Faculdade de Arquitetura, o que explicaria a nota de grandeza que é perceptível na obra; mas a verdade é que se está em presença de uma tentativa nitidamente pessoal e que essa tentativa é significativa. Pode-se apreciar ou não sua concepção de choque e seus excessos, expressão de um estilo cem por cento brutalista, mas não se pode negar sua importância.

Paulo Mendes da Rocha esteve ainda mais livre para expor seu ponto de vista sobre a arquitetura residencial nas casas gêmeas que construiu para si e para seu cunhado no bairro do Butantã (1964-1966)[92]. Também ali pode-se encontrar novamente o triunfo da massa geométrica, toda de concreto, com um desenvolvimento horizontal extremamente acentuado pela existência de um andar único que reúne, no mesmo plano, todos os aposentos. A simetria domina em todos os lados, tanto na implantação paralela das duas casas, separadas por um espaço estreito, quanto na disposição geral de cada uma delas, e aparece tanto no corte longitudinal, quanto no transversal. As frentes nordeste e sudoeste oferecem apenas imensas paredes cegas e as poucas aberturas nelas feitas foram cuidadosamente escondidas no fundo de saliências que parecem vigorosas gárgulas e formam um só corpo com essas paredes cujo material retomam (Fig. 302). Mais uma vez essa disposição absolutamente fechada, não desprovida de agressividade, afeta as fachadas mais amplamente expostas e principalmente a que costeia a rua de acesso. As janelas foram concentradas nos lados noroeste (Fig. 303) e sudeste, ligeiramente mais estreitos, onde formam faixas contínuas que ocupam a maior parte da superfície disponível; mas mesmo nesse caso os vidros se apagam e deixam ao cimento o papel principal: o avançamento da cobertura e das paredes laterais é repetido a leste por um anteparo refletor vertical que não constitui apenas uma proteção necessária num país tropical — contribui para lançar numa sombra profunda as superfícies transparentes, assegurando a preeminência incontestável dos

92. *Ibid.*, pp. 32-37 (fotos, cortes, plantas, desenhos).

painéis de concreto bruto e a opacidade em relação a qualquer outro fator; além disso, essa opacidade foi reforçada pelo desaparecimento quase que completo dos pilotis por trás do aterro feito quando o terreno foi preparado para a obra em questão. Mas as considerações estéticas que levaram a essa composição unitária, embora sua importância não possa ser desprezada, não passam de reflexos das preocupações ambiciosas que visavam propor soluções revolucionárias que influíssem no modo de vida dos moradores. Sob esse aspecto, o edifício destinado a alojar o arquiteto e sua família

Fig. 302. P. MENDES DA ROCHA. *Casa do arquiteto*. São Paulo. 1964. Fachada de acesso.

Fig. 303. P. MENDES DA ROCHA. *Casa do arquiteto*. São Paulo. 1964. Frente noroeste.

é o mais característico, pois algumas modificações foram feitas no arranjo interno de sua irmã gêmea, já que seu proprietário não estava inclinado a aceitar uma radicalização tão acentuada. A solução adotada é extremamente simples (Fig. 301): no centro, os quartos, com banheiros munidos de iluminação e bocas de ventilação pelo alto; dos dois lados, ocupando todo o comprimento das frentes envidraçadas, os dois cômodos de estar, sendo que o maior e que tem a melhor vista compreende salão e sala de jantar, enquanto que o situado na fachada posterior faz as vezes de vestíbulo e corredor, ao mesmo tempo que desempenha o papel de local de descontração (Fig. 304); cozinha e dependências de serviço ficam do lado desfavorável, de frente para o imóvel vizinho. Os quartos não podem ser isolados nem fechados: as divisões estabelecidas entre eles e a varanda de entrada não foram concebidas como

Fig. 304. P. MENDES DA ROCHA. *Casa do arquiteto*. São Paulo. 1964. Interior: escritório na frente dos quartos.

verdadeiras separações; vazadas, não chegam até o teto e as portas têm de ficar abertas para que a luz lateral possa penetrar. Aqui, Paulo Mendes da Rocha impõe seu ideal de vida comunitária, impedindo qualquer morador dessa casa de escapar dele, fato que fez que Flávio Motta dissesse que se trata de uma "favela racionalizada"[93], termo final das pesquisas sobre a concretização do "espaço impessoal" louvado por Artigas. Mas Artigas jamais tinha ido tão longe e pensado num empreendimento desses; durante uma conversa informal, ele não hesitou em chamar de "ato de heroísmo" o fato de viver num meio desses. Aliás, pouco importam as opiniões emitidas sobre o assunto; a experiência do arquiteto, até nova ordem, diz respeito apenas a ele e sua família, mas simboliza uma concepção social nitidamente autoritária e uma recusa de concessões, bem na linha brutalista. Esses traços podem ser reencontrados na preocupação de fixar definitivamente a mobília, ao construir em cimento mesas, sofás, estantes de livros e todos os elementos essenciais que pertencem às salas de estar, naturalmente com a nota de austeridade que isso acarreta. O concreto tanto triunfa dentro como fora: paredes, vigas e laje da cobertura são deixados como saem das fôrmas, de acordo com um uso, agora bem implantado, que conjuga finalidades práticas, doutrina intelectual e expressão plástica. Essa linguagem rude, que se destaca pela frieza calculada, não deixa nada ao acaso; ela não exclui nem os jogos delicados, como o reflexo da luz no anteparo vertical instalado na extremidade da pérgola que prolonga o telhado a sudeste, nem a elaboração de dispositivos engenhosos, como os caixilhos dos peitoris; aquilo que pode parecer primitivo ou grosseiro na realidade é fruto de um raciocínio apurado, intencional, jamais fruto de uma pura intuição ou de uma atitude de indiferença qualquer.

O amor de Paulo Mendes da Rocha e seu asso-

---

93. *Ibid*., p. 18.

ciado pelos processos elementares, limitando ao mínimo o acabamento, aparece em toda a sua amplitude na casa que construíram no bairro da Mooca (1964)[94]. Para evitar as despesas de impermeabilização (que até então eram consideradas como complemento obrigatório de toda cobertura em cimento armado) e para resolver, ao mesmo tempo, os problemas de dilatação e retração devidos às bruscas mudanças de temperatura em São Paulo, eles tiveram a idéia de experimentar um novo sistema: fundiram uma laje cujas beiradas permitiam reter uma camada líquida de alguns centímetros e a inundaram antes mesmo que o concreto tivesse tempo de secar; a água mantida constantemente em toda a superfície a ser protegida serve como isolante e torna inútil a camada impermeabilizante. Sem dúvida alguma é uma solução original e econômica, que mostrou ser eficaz durante o uso, embora comporte um perigo latente: se, por uma razão qualquer, essa pequena piscina secar, mesmo que seja por um momento, haverá imediatamente fissuras irreparáveis e a necessidade de refazer todo o edifício, mas essa espada de Dâmocles não parece inquietar os arquitetos, que consideram a hipótese como muito pouco provável; quanto ao proprietário, ignora essa ameaça que pende sobre sua cabeça.

A secura das grandes paredes de cimento que Paulo Mendes da Rocha tanto aprecia, freqüentemente chocam o público, que tem a impressão de estar perante obras inacabadas; mas essa opinião, externada inúmeras vezes perante as várias casas erguidas pelo arquiteto, é emitida com menor freqüência em relação aos prédios de apartamentos de que é o autor. O motivo disso explica-se facilmente. A austeridade do material bruto é menos sensível numa grande composição, onde ele pode, em mãos hábeis, adquirir uma majestade e dignidade apropriadas a esse gênero de projeto; conseqüentemente, o material perde o caráter de violência e provocação que quase sempre tem em residências de essência e, principalmente, proporções mais modestas. O edifício estreito de treze andares (Fig. 305) situado na Rua Haddock Lobo, em São Paulo (1964)[95], é um belo exemplo dessa afirmação. A vontade de racionalizar ao máximo o sistema de construção levou os autores a propor paredes laterais portantes, executadas de uma só vez, graças a moldes metálicos que deslizariam à medida que as paredes se elevassem; as lajes horizontais, pré-fabricadas como todos os acessórios complementares, seriam instaladas a seguir. A insuficiência dos meios técnicos disponíveis na época, no local, fez com que se preferisse o processo clássico de fusão simultânea das estruturas verticais e horizontais no próprio canteiro de obras; mas Paulo Mendes da Rocha e seu associado continuaram achando que seu pensamento inicial oferecia a solução teoricamente ideal para esse gênero de edifícios. Esse abandono forçado de uma arquitetura industrializada, aspiração fundamental do escritório focalizado agora, naturalmente não teve qualquer repercussão plástica, pois em nada modificou as formas previstas. A oposição de duas frentes cegas (ou de dominante cega) com duas frentes onde se concentram as aberturas retoma um dos traços característicos das casas imaginadas pela equipe em questão, mas sua aplicação é radicalmente diferente. Os dois lados fechados não estão mais de frente um para o outro, estão de lado. Uma das paredes da estrutura agora está vazada por numerosas janelas e elementos vazados; em compensação, a única face totalmente fechada é constituída por um simples fechamento, sem papel de sustentação. De fato, o aumento do comprimento da obra tornava impossível uma iluminação reduzida às duas extremidades; além disso, a orientação do prédio exigia que os moradores se beneficiassem com as melhores exposições (norte e oeste) e que fossem protegidos dos ventos frios do sul e do leste, temíveis no inverno em alojamentos elevados e sem aquecimento. A proteção contra o excesso de insolação da fachada ocidental foi realizada pela associação de placas de concreto extras, cujo perfil alternadamente triangular ou em arco de círculo permite conjugar uma perfeita eficácia funcional com uma dilatação do espaço interno; essa dilatação conduz a uma transição com o espaço de fora e a uma animação notável da composição externa naquela que, afinal de contas, é sua frente nobre. O estilo continua duro, ditado por preocupações utilitárias e pela preocupação de transcrevê-las numa estética comandada pelo amor ao absoluto e ao material bruto. O desejo

Fig. 305. P. MENDES DA ROCHA e J. E. DE GENNARO. *Prédio de apartamentos*. São Paulo. 1964. Frentes sul e oeste.

94. *Ibid.*, pp. 40-42 (fotos, cortes, plantas, desenhos).

95. *Ibid.*, pp. 29-31 (fotos, corte, plantas, desenhos).

de lançar mão de uma técnica de vanguarda e de racionalizar os métodos de trabalho é mais manifesto do que nunca; contudo, a violência da linguagem choca menos, pois não está mais marcada pela nota psicológica de desafio, característica dos programas habitacionais destinados a abrigar uma só família.

O estilo de Sérgio Ferro (nascido em 1938) sob muitos aspectos é ainda mais radical do que o de Paulo Mendes da Rocha. Embora este não tenha hesitado em deixar aparentes certas canalizações externas e bocas de ventilação, em sua própria residência, jamais pensou em transformar os condutores num modo de expressão plástica, como quis fazê-lo seu jovem colega na casa de Boris Fausto[96], também situada no bairro do Butantã (1961-1964). Os canos, sistematicamente postos em evidência (Fig. 306) e simplesmente pintados com zarcão, destacam-se inapelavelmente do fundo neutro da laje de cobertura! A caixa de água metálica está apoiada no telhado como um apêndice que não se procurou esconder, nem integrar. Aqui é evidente a influência do brutalismo inglês, embora o vocabulário pesado e o aspecto maciço do edifício sejam típicos do movimento paulista, do qual a casa representa uma nova versão. Desapareceu o cuidado que Artigas, Guedes, Mendes da Rocha e seus colegas punham na feitura das fôrmas a fim de obter um concreto puro, tão liso quanto o mármore ou com desenhos regulares e har-

Fig. 306. Sérgio FERRO. *Casa de Boris Fausto*. São Paulo. 1961-1964.

moniosos. Desta vez, a brutalidade do cimento é total, sem nenhuma procura de beleza em seu tratamento. Em compensação, não se pode deixar de ficar impressionado com o cuidado na elaboração dos detalhes e com a vontade de elaborar soluções capazes de enquadrar-se numa linha de produção industrial. Todas as divisões verticais, tanto externas quanto internas, são feitas por meio de painéis fabricados em série, de preferência de madeira, quer se trate de fechamentos, venezianas, persianas *brise-soleil*, armários ou portas engenhosas (que giram sobre um eixo central e, quando abertas, apresentam-se segundo o corte transversal, permitindo um máximo de continuidade espacial de um cômodo para outro ou do lado de fora para o de dentro, e que chegam até a valorizar essa continuidade com seus finos planos médios canalizando os espaços de transição). Assim, o papel do arquiteto foi concebido como duplo: prever uma estrutura a mais simples possível, praticamente limitada, nesse caso, a um vasto telhado de plano aproximadamente quadrado e a seus elementos de apoio, e depois transformar-se em desenhista industrial para o acabamento do projeto (naturalmente, sem perder de vista as preocupações especificamente arquitetônicas

---

96. *Acrópole*, n.º 319, julho de 1965, pp. 34-35 (fotos, corte, elevação, planta).

com a organização do edifício). É principalmente no segundo aspecto que se concentrou a atenção de Sérgio Ferro, que ainda era aluno da Faculdade quando se entregou a essa iniciativa, na esperança de que a evo-

Fig. 306a. Sérgio FERRO. *Casa de Boris Fausto*. São Paulo. 1961-1964.

lução esboçada no Brasil logo iria exigir o desenvolvimento de um vasto mercado de arquitetura popular, onde o papel atribuído ao arquiteto seria precisamente o que ele tinha imaginado. A experiência em questão não comprovou ser econômica em comparação com a construção tradicional (o que tinha sido previsto numa espécie de protótipo), e algumas decepções quanto à qualidade dos produtos recebidos da indústria local iriam arrefecer um pouco o entusiasmo do jovem profissional. Isso nada tira de seu mérito pioneiro, nem do interesse dessa realização, onde espantosamente se mistura uma preocupação com a *art brut*, sensível na estrutura e nos acessórios, e uma inegável delicadeza de atenção tanto na escolha dos materiais complementares quanto na aplicação racional das soluções imaginadas.

Nem sempre Sérgio Ferro demonstrou essa mesma flexibilidade que torna a casa de Boris Fausto menos fria do que se poderia pensar *a priori*. Ele não chegou a instalar em Cotia, a uns 40km de São Paulo, quartos que, pelas dimensões e mobília de tijolos nus (inclusive a cama), parecem celas monásticas mais do que cômodos íntimos de uma casa de campo? Sua primeira tentativa nesse sentido não foi seguida por outras suas realizações posteriores, em colaboração ou não com Rodrigo Lefevre[97], tenderam a acentuar as preocupações com a economia imediata e voltaram a uma concepção essencialmente artesanal e estrutural, onde a dureza da estética brutalista não foi mais contida. Além disso, convém insistir no fato de que, embora esse ideal paulista se tenha expressado principalmente em construções de concreto, com isso seguindo uma linha traçada desde as origens do movimento moderno brasileiro, essa técnica não foi a única. A casa de Simão Fausto[98], em Ubatuba, obra de Flávio Império (nascido em 1935), é um dos melhores exemplos disso; ela também apresenta outro interesse, o de demonstrar que o brutalismo local, assim como o brutalismo internacional, é um estado de espírito muito mais do que uma linguagem formal fixa. É claro que nessa casa podem ser encontradas as habituais calhas e gárgulas de cimento e as partes mais elevadas foram revestidas com um austero paramento da mesma natureza, mas o edifício em si é de tijolos fabricados no local pelas manufaturas dessa pequena cidade costeira; isso não impediu que se criasse, sobre toda a superfície construída, um terraço-jardim, que

97. *Ibid.*, pp. 28-32, 38-39 (fotos, plantas, cortes).
98. *Ibid.*, pp. 36-37 (fotos, planta, elevação, corte).

repousa sobre uma série de abóbadas transversais colocadas uma ao lado da outra, apoiadas por sua vez nas paredes de divisão interna e nos pilares da fachada que permitiram criar uma vasta varanda voltada para a praia. A obra é maciça, embora amplamente aberta em sua frente principal, de aparência primitiva, embora resultando de um estudo aprofundado, tipicamente contemporâneo, apesar de suas arcadas rebaixadas muito próximas da volta inteira que lhe asseguram um parentesco longínquo com as *orangeries* da época clássica.

É claro que se poderia citar outros nomes de arquitetos, como Ruy Ohtake[99], ou a equipe Siegbert Zanettini, Cândido Campos e Manoel Corrêa[100], para evidenciar a amplidão da veia brutalista, que — como já foi dito — marcou toda a nova geração paulista. Mas não é o caso de se tratar mais demoradamente do assunto. De fato, não se deve esquecer que, até nova ordem, essa escola não se expandiu fora do meio onde nasceu e onde triunfou, permanecendo um fenômeno localizado geograficamente, sem uma verdadeira penetração no resto do Brasil. É claro que seus jovens fanáticos estão convencidos de que são os donos da verdade e que esta não pode deixar de triunfar em todo o país, mais cedo ou mais tarde, mas só o futuro pode dizer se eles estão com a razão. De qualquer modo, o movimento que acabou de ser descrito é indiscutivelmente original: constitui o primeiro questionamento de sua arquitetura pelos brasileiros depois do triunfo internacional obtido após a Segunda Guerra Mundial e merece grande respeito em razão de sua honestidade básica. Trata-se, ao mesmo tempo, de uma volta aos princípios de um funcionalismo estrito, de essência decididamente técnica e aspirando a uma industrialização da construção, mesmo quando se expressa pelo caminho artesanal, e de uma estética que valoriza a força, a massa e o peso, amando os contrastes violentos e a psicologia de choque. Nos dois planos, racional e plástico, ocorre uma reviravolta da tendência anterior, que fez a glória do Brasil: Lúcio Costa, Niemeyer e seus êmulos aos poucos se tinham libertado das impurezas doutrinárias e da composição mecânica em voga por volta de 1930, abandonando a austeridade subseqüente por uma brilhante riqueza formal; na mesma ocasião, elaboraram um vocabulário elegante e leve, oposto à solidez básica que sempre marcou a obra de seu predecessor e mestre, Le Corbusier. Artigas e seus alunos, a partir de 1955, percorreram um itinerário inverso, mas sem volta ao ponto de partida, mas é difícil saber no que isso vai dar: o iniciador desse novo estilo, ligado a uma concepção de equilíbrio entre fatores materiais e espirituais, criou uma arquitetura vigorosa e dramática, que permanece basicamente bela em sua audácia despojada; seus discípulos foram bem mais longe e desembocaram num ascetismo que pode levar, cedo ou tarde, a uma revolta da opinião pública. Até agora, esta vem-se acomodando à situação; a clientela particular não retirou, desgostosa, seu apoio, mas será por um gosto real, para parecer estar na crista da moda ou por orgulho bairrista (a fim de combater a supremacia carioca e tentar afirmar a de São Paulo num setor onde a metrópole paulista estava nitidamente em desvantagem em relação a sua grande rival tradicional, sem falar na estrela em ascensão, Brasília)? Quanto aos poderes públicos, talvez tenham visto, em pleno período de penúria, mais as vantagens econômicas do gênero que seu significado estético. Também em relação a isso não se pode dizer a última palavra e só o futuro decidirá. Aliás, deve-se observar que, em todo caso, a maneira em questão insere-se bem dentro da civilização que lhe deu origem: São Paulo, cidade fria, hostil, desumana e implacável, encontrou uma arquitetura que pode muito bem ser sua imagem se chegar a se impor inapelavelmente na desordem e na confusão urbanística que reinam. Porém, mesmo que isso não aconteça e que o brutalismo paulista evolua para uma maturidade mais amena, continuará sendo um fenômeno importante e não poderá ser desprezado, assim como seus homônimos europeus, de que ele não é, apesar das influências seguras, nem um simples reflexo, nem uma versão regional superficialmente adaptada. Ele extrai sua seiva de raízes profundas, como prova sua difusão rápida e geral numa zona bem determinada; quanto a sua personalidade, ela é das mais marcantes e sem dúvida mais coerente, mais unitária e mais inovadora no plano estilístico do que a das outras manifestações englobadas sob uma denominação semelhante no resto do mundo. Sob esse aspecto, o brutalismo paulista, portanto, não se separa do movimento moderno brasileiro tomado em sua totalidade; mas sua linguagem, por mais diferente que seja das outras correntes locais, está intimamente aparentada com elas através de uma ênfase nas preocupações formais que jamais foi desmentida.

---

99. *Acrópole*, n.º 323, nov. de 1965, pp. 30-33; n.º 335, dez. de 1966, pp. 38-39; n.º 339, maio de 1967, pp. 31-34 (fotos, plantas, cortes, maquetes).
100. *Acrópole*, n.º 332, julho de 1968, pp. 13-41 (fotos, plantas, cortes, desenhos).

TERCEIRA PARTE

ARQUITETURA E URBANISMO

Seria uma aberração falar da arquitetura contemporânea do Brasil deixando totalmente de lado o urbanismo que a acompanhou. Desde a mais remota Antiguidade[1], a arte de organizar e arranjar as cidades influenciou a arte de construir e vice-versa; assim, com bastante freqüência, as duas tarefas foram confiadas aos mesmos homens; mas nunca os arquitetos se interessaram de modo tão sistemático no estudo dos problemas urbanos quanto a partir do começo deste século e jamais antes eles se esforçaram por definir, nesse setor, soluções tão revolucionárias quanto as que surgiram desde então. Acrescentando-se que os grandes mestres racionalistas distinguiram-se particularmente nesse caminho e que sua arquitetura foi concebida em função de uma total renovação do urbanismo, compreende-se que não se pode tratar da primeira questão sem abordar a segunda num país que adotou e pôs em prática as teses do apóstolo mais virulento do referido movimento.

Evitaremos focalizar todos os aspectos de uma matéria tão ampla quanto o urbanismo, onde encaixam-se fatores geográficos, econômicos, sociais, políticos e estéticos. Isso nos levaria muito longe e nos faria fugir ao nosso assunto, fatalmente mais limitado. Contentar-nos-emos em examinar as relações entre urbanismo e arquitetura no Brasil de nossa época, procurando estabelecer até que ponto um condicionou a outra ou vice-versa e os fenômenos de base só serão vistos em função de sua ligação com o objetivo que se tem em vista. Aliás, deve-se dizer de imediato que essa ênfase colocada voluntariamente nos aspectos propriamente arquitetônicos do urbanismo brasileiro não tem nada de arbitrário: ela corresponde à situação real encontrada no local durante o período que interessa. As tentativas de reordenar as cidades antigas, afligidas por um crescimento súbito, e os planos de várias criações feitas em locais virgens quase sempre foram confiados aos profissionais da construção — engenheiros, principalmente antes de 1930, e depois arquitetos; todos deram prioridade aos traçados geométricos, às grandes avenidas retilíneas e à harmonia do desenho global; todos se preocuparam, em primeiro lugar, com o gabarito e a forma dos edifícios que seriam feitos, enquanto freqüentemente a análise dos outros dados permanecia superficial, quando não estava simplesmente ausente. Sob esse aspecto, o triunfo do racionalismo e a aplicação do método de Le Corbusier não levaram a uma reviravolta na hierarquia. É certo que o brilhante polemista franco-suíço queria reformar a sociedade, dar-lhe novamente um equilíbrio rompido pelas transformações da cidade tradicional sob o efeito de uma industrialização e de uma concentração cada vez mais acentuadas; mas ele achava que esse trabalho poderia ser feito por meio de uma reorganização completa das relações adotadas até então entre volumes construídos e espaços livres, achava que uma reviravolta das proporções reservadas a cada categoria, aliada a uma distribuição funcional das atividades humanas por setores diferençados, bastaria para remediar os males da cidade moderna e fazer nascer uma civilização feliz, onde nada seria sacrificado. Portanto, as considerações sociais, que desde a segunda metade do século XIX tinham começado a assumir um papel cada vez maior em matéria de urbanismo, não foram desprezadas; elas serviram de ponto de partida, de suporte para a elaboração da nova teoria, mas a última palavra pertencia ao arquiteto; é a ele que cabia a síntese definitiva e não ao geógrafo ou ao sociólogo, cujo papel não ultrapassava o contexto da informação preliminar. Esses princípios foram aceitos no Brasil mais do que em todo o resto do mundo; cursos de urbanismo foram criados na maioria das faculdades de arquitetura que vieram substituir, a partir de 1943, as antigas seções especializadas das escolas de belas-artes ou politécnicas; essas novas instituições tenderam a monopolizar esse ensino e considerá-lo como apanágio seu; apesar de algumas tentativas recentes de ampliar as

---

1. P. LAVEDAN, *Histoire de l'urbanisme: Antiquité, Moyen Age*, Paris, Laurens, 1926.

equipes encarregadas de traçar os planos pilotos de algumas cidades grandes, pode-se dizer que todas as realizações notáveis foram obra exclusiva ou quase exclusiva de arquitetos, quer se trate do arranjo de aglomerações preexistentes, quer da fundação *ex nihilo*, tão freqüente em países novos.

1. O ARRANJO DAS CIDADES ANTIGAS

Em matéria de urbanismo, as cidades portuguesas da América[1] obedeceram a critérios radicalmente opostos aos que orientaram a ordenação das cidades espanholas do mesmo continente, embora a fundação de todas elas tenha sido ditada, em seu conjunto, pelas mesmas considerações políticas; de fato, tratava-se, antes de mais nada, de tomar posse da terra e de afirmar sua ocupação definitiva[2]. Enquanto os colonizadores hispânicos esforçavam-se para criar conjuntos urbanos disciplinados, com planos regulares em xadrez, com uma praça central agrupando os edifícios monumentais administrativos e religiosos, seus vizinhos deixavam-se guiar pela natureza dos locais, explorando a topografia e deixando que as aglomerações crescessem livremente, sem nenhum esquema imutavelmente preconcebido[3]. Eles se instalaram sistematicamente nas alturas, mais fáceis de proteger e mais salubres do que as terras baixas freqüentemente pantanosas e, em todo caso, menos ventiladas. Essa preferência absoluta pelas colinas, que semeiam um relevo movimentado, explica parcialmente a flexibilidade do traçado adotado nas velhas praças do Brasil, onde com muita freqüência as ruas serpenteiam para prender-se melhor a um terreno difícil. Contudo, mesmo quando o crescimento dos núcleos primitivos levava à ocupação das planícies vizinhas, nenhuma tentativa de organização racional foi realmente perceptível e a expansão ocorreu de maneira espontânea na medida das necessidades. A única exceção notável é Recife, instalada desde o começo num solo plano e cuja planta radiocêntrica inicial subsiste até hoje[4]; mas isso só serve para reforçar as constatações precedentes por sua oposição chocante, que deixa bem claro seu caráter de corpo estranho implantado no contexto brasileiro pela vontade de Maurício de Nassau e pela ação da equipe de engenheiros e artistas trazidos por ele para esse fim depois da conquista de Pernambuco pelos holandeses, em 1630. Assim, o urbanismo português foi mais negativo do que positivo em relação à tarefa de planificação propriamente dita, embora muitas vezes tenha conseguido aproveitar empiricamente as condições locais. Em compensação, ele foi altamente positivo no setor arquitetônico, onde revelou ser admirável a unidade dos edifícios construídos; ora, essa unidade de estilo, que pode ser encontrada, apesar das diferenças de técnica de uma ponta a outra das terras submetidas à dominação de Portugal em todos os continentes, nada tem de fortuito; ela não se explica apenas pela transferência de hábitos artesanais solidamente enraizados nos colonos vindos da metrópole; foi desejada pelas autoridades, que se dedicaram a conferir às regiões conquistadas um caráter que lembrasse a mãe-pátria. É ela que deu, aos antigos centros urbanos que se conservaram, o encanto delicado e um pouco anacrônico que deles emana hoje, muito mais do que a falta de rigidez geométrica na repartição das artérias e dos edifícios que algumas vezes é considerada como sendo a causa principal desse encanto[5].

As tradições da época colonial tenderam a perder-se aos poucos durante o século XIX, sob a dupla influência de fatores práticos internos e culturais externos. Os planos em xadrez, fáceis de estabelecer onde o terreno não apresentava problemas de relevo acentuado, como nas cidades em acrópole dos primeiros tempos,

---

1. A. DE AZEVEDO, *Vilas e Cidades do Brasil Colonial*, São Paulo, 1956. P. F. SANTOS, *Formação de Cidades no Brasil Colonial*, Coimbra, 1968. N. GOULART REIS FILHO, *Evolução Urbana do Brasil (1500-1720)*, São Paulo, 1968.

2. Cf. J. TRICART, em *Caravelle*, n.º 3, 1964, p. 37, e C. ANGLADE, *ibid.*, p. 234.

3. S. BUARQUE DE HOLANDA, *Raízes do Brasil*, Rio de Janeiro, 2.ª ed., 1948, pp. 72 e 155-157. NESTOR GOULART REIS FILHO, *op. cit.*, *passim*, contestou essa afirmação e mostrou que existiu um urbanismo colonial português que não desprezava os traçados geométricos e não hesitou em retomar as criações ideais da Renascença — verdade indiscutível nas Índias e África, porém mais sujeita a cautelas no Brasil: é verdade que o plano primitivo de Salvador, no qual está baseada sua demonstração, tinha uma regularidade relativa, mas permanecia muito flexível em sua adaptação ao relevo; além disso, ele foi logo imerso na confusão que tomou conta da cidade durante seu crescimento posterior; por outro lado, é evidente que os portugueses jamais rejeitaram o xadrez como princípio e que eles o utilizaram quando as circunstâncias eram favoráveis, mas sem lhe dar aquela rigidez absoluta, típica das criações espanholas na América.

4. A. de AZEVEDO, *op. cit.*, pp. 72-73.

5. S. BUARQUE DE HOLANDA, *op. cit.*, p. 72.

começaram a surgir em todo lado; infelizmente, em geral faltava a coordenação indispensável perante o pequeno interesse das prefeituras e governos, inclinados a dar livre curso à iniciativa privada nesse setor. Essa maior regularidade estava de acordo com a nova estética neoclássica que tinha sido trazida pela missão francesa de 1816 (estética que penetrou aos poucos e acabou por se impor sem reservas depois de 1850), mas a aplicação que foi feita demonstrou uma total incompreensão dos princípios fundamentais dessa estética em matéria de urbanismo. Longe de estabelecer uma ordem mais estrita, as novas tendências levaram a uma perda de homogeneidade sem qualquer proveito real. O mesmo aconteceu com a arquitetura, embora a resistência da construção tradicional tenha sido ativa e se tenha mantido até tarde.

Assim, o panorama das grandes cidades brasileiras por volta de 1900, no momento em que se esboçava um crescimento em progressão geométrica de algumas delas, logo seguido pelo crescimento da maioria das capitais estaduais e de outras aglomerações mais recentes, não era encorajador. Os problemas acumulavam-se e exigiam soluções vigorosas: disciplina do crescimento natural desordenado que se acelerava, reorganização dos serviços públicos para que eles pudessem desempenhar seu papel e seguir o aumento fenomenal da população, nova modelagem do centro das cidades que não correspondiam mais às necessidades modernas da administração, do comércio e principalmente da circulação. A tarefa era imensa e ficou maior nas décadas seguintes, com a transformação das principais cidades em metrópoles gigantescas sem que as medidas adequadas tenham sido encaradas em tempo hábil. Mal preparadas para enfrentar essa situação e mal equipadas para tentar enfrentá-la, as autoridades locais quase sempre se deixaram contornar. Por seu lado, os engenheiros e arquitetos encarregados de conceber os planos pilotos ou retificadores não tinham à sua disposição senão exemplos limitados, tomados de empréstimo ao estrangeiro e mais ao passado do que ao presente; de fato, as teorias racionalistas interessaram-se antes de tudo nas criações *ex nihilo* e suas propostas de arranjo de cidades antigas levando à destruição e reconstrução sistemáticas não passavam de panfletos publicitários sem nenhuma possibilidade de serem adotados na prática. Assim, três possibilidades essenciais apresentavam-se aos responsáveis: a primeira era a abstenção pura e simples, verdadeira abdicação da coletividade perante os interesses privados e do futuro perante o imediato; a segunda era a técnica aplicada por Haussmann em Paris, durante o Segundo Império (vazar grandes avenidas no meio de bairros antigos para estabelecer as necessárias facilidades de comunicação e evitar a asfixia ameaçadora, sem consideração para com as eventuais perdas de capital imobiliário e cultural que isso poderia provocar); a terceira era o estudo das condições próprias do país e de cada caso a fim de definir as linhas diretoras de um urbanismo capaz de conservar o que valia a pena, adaptando ao máximo a cidade a suas funções presentes.

Essas três opções podem ser encontradas em graus diversos na evolução que é constatada durante o século XX quando se examina os centros urbanos do Brasil; com freqüência elas estão misturadas ou seguem-se cronologicamente ao sabor das circunstâncias sem que jamais tenha havido uma progressão regular de uma para outra. Seria inútil querer estudar aqui todas ou mesmo um grande número das tentativas de arranjo que apresentam algum interesse; é preciso limitarmo-nos a alguns exemplos característicos das várias orientações assinaladas. Ora, por acaso, três das principais cidades brasileiras de hoje, todas as três de importância histórica essencial por sua antiguidade e seu passado notável, oferecem respectivamente uma clara predominância de cada um dos fatores indicados acima. São Paulo, atual capital comercial e industrial, Rio de Janeiro, capital política e administrativa até a criação de Brasília, e Salvador, primeira sede do governo na época colonial, e até hoje uma importante capital regional, são excelentes demonstrações dos problemas que se colocaram ao urbanismo contemporâneo no setor focalizado agora. O estudo das soluções apresentadas ou em vias de serem, dos sucessos e dos fracasso a que levaram, dos obstáculos com que se chocaram, chocam-se ou correm o risco de chocar-se, permite montar um quadro fiel da situação na escala do país, onde esforços válidos e negligências imperdoáveis estão lado a lado incessantemente.

1. SÃO PAULO OU A NEGAÇÃO DO URBANISMO

A mera enumeração de algumas cifras sobre a população dá uma idéia do crescimento fantástico de São Paulo[6], que passou de 31.000 habitantes em 1872, a 240.000 por volta de 1900, a mais de 3.300.000 quando foi feito o recenseamento em 1960, continuando a crescer no mesmo ritmo durante a década seguinte. A secura dos números basta para fazer apreender a amplidão dos problemas que se colocaram ao município para acompanhar esse aumento fenomenal e a dificuldade que teria havido para controlá-lo racionalmente, se essa experiência tivesse sido tentada. Mas ela não o foi e a expansão automática no espaço, que resultou da imigração maciça devido à concentração, na capital paulista, das funções comercial, administrativa e intelectual da mais rica unidade da federação, fez-se praticamente à revelia das autoridades oficiais e à vontade dos interesses privados. Essa situação revelou-se ainda mais grave porque o contexto topográfico e as seqüelas da tradição colonial portuguesa não simplificavam as coisas. A escolha do espigão escarpado formado pela confluência do Anhangabaú com o Tamanduateí convinha admiravelmente à instalação de uma cidade fortificada, posto avançado da penetração para o interior do país, mas não se prestava para servir de núcleo para uma grande aglomeração, papel que o "triângulo" pri-

---

6. P. MONBEIG, La croissance de la ville de São Paulo, *Revue de géographie alpine*, t. XL, 1953, pp. 59-97 e 261-309. ASSOCIAÇÃO DOS GEÓGRAFOS BRASILEIROS, *A Cidade de São Paulo*, São Paulo, 1958, vol. II, pp. 67-247.

mitivo assumiu a partir de 1870. Os obstáculos naturais impediram um desenvolvimento sem solução de continuidade; de um lado, eles favoreceram o nascimento de verdadeiros tentáculos ao longo das antigas vias de comunicação estabelecidas nas cristas das montanhas, de outro, favoreceram a criação de núcleos dispersos mais ou menos autônomos que só vieram fundir-se bem mais tarde. A conjunção desses fatores geográficos e históricos com uma especulação que recebeu toda liberdade de ação resultou rapidamente numa extensão caótica que prossegue até hoje. Uma rápida olhada numa planta de fins do século XIX (Fig. 307) basta para

uma participação ativa nos encargos públicos, assegurando-lhes, pelo contrário, todos os benefícios financeiros[7]. A preferência pelo sistema ortogonal deve-se a que ele constituía a solução mais simples e menos onerosa e não a uma vontade de ordem e clareza[8]; aliás, a multiplicação desses tabuleiros de xadrez, orientados em todos os sentidos segundo as conveniências pessoais de seus respectivos criadores, e a falta completa de ligação racional entre uns e outros foram a fonte principal da espantosa anarquia que continua pesando grandemente no destino posterior da capital paulista.

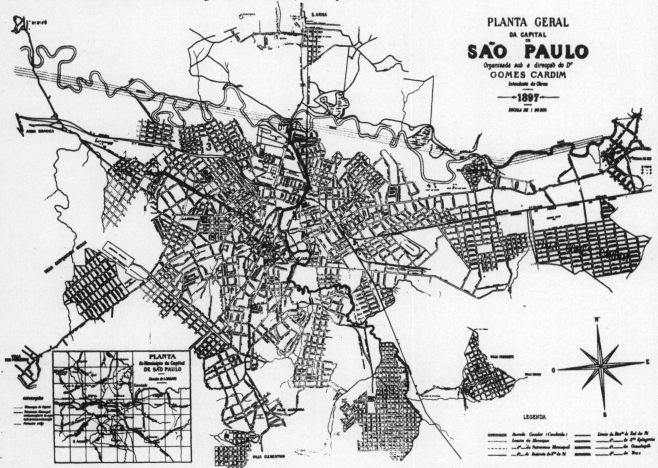

Fig. 307. *Planta de São Paulo*. 1897.

evidenciar a evolução desordenada da cidade e para fazer com que se compreendam os motivos disso: está-se em presença de uma série de tabuleiros de xadrez, mais ou menos autônomos, arbitrariamente justapostos ou separados por longos vazios que correspondem às terras baixas ou às encostas muito inclinadas difíceis de utilizar; cada uma dessas unidades nasceu de um loteamento feito pelo proprietário da plantação, fazenda ou horta situada na zona em questão — donde a oposição impressionante entre a regularidade do traçado das ruas no interior de cada lote e a irregularidade acentuada do contorno da maioria deles. Não houve qualquer preocupação com o interesse geral nessas operações lucrativas, feitas individualmente e facilitadas por uma legislação que isentava praticamente os particulares de

A mentalidade não se modificou com a transformação de São Paulo no século XX: a política (ou falta de política) que comandou o crescimento da cidade dos plantadores de café continuou a ditar as linhas mestras do crescimento da metrópole comercial e industrial. Os locais abandonados durante a fase anterior foram ocupados à medida que sua localização perto do centro ou entre partes já construídas os valorizava e compensava

---

7. Só em 1909 a Lei Municipal n.º 1193 previu que o particular que quisesse abrir uma nova rua devia pagar a metade das despesas de calçamento e das calçadas; ela foi ab-rogada em 1913 e foi preciso uma luta encarniçada do engenheiro Anhaia Mello, de 1920 a 1923, para que fosse restabelecida uma contribuição; aliás, a aplicação da medida por muito tempo foi precária. Cf. *Revista Polytéchnica*, n.º 83, junho de 1927, pp. 343-365.

8. É sintomático que, à primeira vista, nada permite distinguir no plano os bairros elegantes do oeste e os bairros populares do leste; a disposição das ruas é idêntica e a diferença só aparece na taxa de ocupação das construções: mansões isoladas em meio a enormes jardins no primeiro caso, casas estreitas enfileiradas ao longo das calçadas no segundo.

as desvantagens de um relevo difícil, mas o processo anterior repetiu-se em vagas sucessivas para as novas zonas periféricas. Avanço descontínuo, evitando os obstáculos, ravinas e brejos deixados intactos no meio de espaços já urbanizados, e depois finalmente absorvidos por sua vez quando não passavam de ilhotas já superadas pela progressão ininterrupta dos limites externos da aglomeração — são esses os traços marcantes dessa expansão impressionante pela rapidez, mas dramática quanto aos efeitos totalmente descontrolados. Já em 1926, uma revista especializada em arquitetura não hesitou em declarar que o plano da cidade parecia uma colcha de retalhos[9] e é inútil acrescentar que essa comparação hoje é mais válida do que nunca. É verdade que houve brilhantes realizações locais (como os bairros-jardins que nasceram nessa época e até agora continuam sendo conjuntos residenciais privilegiados), mas, ao contrário da opinião do autor citado acima, esses sucessos indiscutíveis não alteraram o contexto global e não consagraram uma ruptura com o estado de espírito que tinha reinado até então. Mais uma vez, tratou-se de uma operação financeira, e o fato de que ela tenha sido feita em escala maior e com uma visão mais ampla não pode fazer esquecer que o interesse geral não foi uma das principais preocupações dos organizadores. A companhia britânica "City" investiu, em 1915, enormes capitais na compra de imensos terrenos ao sul e oeste do centro de São Paulo, jogando com sua valorização; ela conseguiu atrair uma clientela rica, disposta a abandonar as antigas zonas residenciais (ou mesmo as recém-conquistadas) à classe média e baixa, graças a um programa novo que se inspirou nos princípios aplicados nas cidades-jardins inglesas, cujas vantagens foram refletidas por uma propaganda inteligente. Em 1916, chamou-se Barry Parker, um dos arquitetos da cidade pioneira de Lechtworth, para traçar os planos do Jardim América: foi elaborado um regulamento preciso, exigindo um recuo de seis metros em relação à rua e de quatro metros em relação aos lados para as casas desse bairro, bem como cercas de separação entre as casas; todas as ruas deviam ter árvores, assegurando à natureza um papel preponderante e visando a reconciliação das concepções urbana e rural. Os bairros do Jardim Europa, Pacaembu, Alto da Lapa, desenhados na década seguinte[10], retomaram o modelo, mas multiplicaram as artérias em diagonal ou em curva para dar mais variedade e uma impressão de intimidade aos habitantes, vantagem essa que foi contrabalançada, aliás, por uma orientação difícil nos verdadeiros labirintos assim surgidos. Muito superiores a tudo que tinha sido realizado até então e agradáveis apesar da falta de setores comerciais, inicialmente negligenciados pelos idealizadores, essas novas zonas residenciais exerceram uma influência considerável: permitiram o desenvolvimento de uma arquitetura atuante, fundada na casa isolada, fenômeno bastante raro numa cidade muito grande, e não foi por acaso que os arquitetos paulistas se distinguiram particularmente nesse setor; elas também funcionaram, graças à sua vegetação, como verdadeiros pulmões e evitaram a asfixia de São Paulo quando o crescimento vertical veio somar-se ao crescimento horizontal e levou, a partir de 1940, à completa transformação do centro, onde os arranha-céus começaram a brotar como cogumelos. Mas é preciso não perder de vista que esses bairros-jardins foram concebidos como relicários guardados para os privilegiados que tinham bastante dinheiro para instalar-se neles e como unidades fechadas sobre si mesmas, independentes, sem ligação racional prevista entre uma e outra e sem que a noção de continuidade global da cidade tenha chegado a passar pela mente de seus realizadores; assim, esses bairros se inserem na sucessão desordenada dos tabuleiros de xadrez, tão característica da capital paulista, contribuindo, por sua vez, para a criação de problemas insolúveis resultantes da falta total de uma visão de conjunto.

Até agora insistiu-se na predominância esmagadora da iniciativa privada, responsável pelo aspecto ou pelos aspectos que São Paulo assumiu durante essa mudança ininterrupta que se pode constatar há vários anos. Isso não quer dizer que as autoridades oficiais não participaram, mas é evidente que elas se limitaram a seguir o impulso da iniciativa privada; jamais a dirigiram. Foi a elas que coube a tarefa de desviar ou canalizar os cursos de água cujos meandros e cheias violentas tornavam inutilizáveis os vales por onde passavam; foi a elas que se impôs a necessidade de lançar uma série de viadutos sobre as ravinas que isolavam o triângulo primitivo dos núcleos populacionais nascidos do outro lado desses cortes brutais; foi a elas que se deveu a idéia de transformar em parques públicos essas áreas recuperadas em proveito do interesse geral. Todos esses trabalhos começados durante a última década do século XIX prosseguiram lentamente nos vinte primeiros anos deste século, com sortes diversas: as comunicações foram seriamente melhoradas e tornaram-se, por um curto lapso de tempo, quase satisfatórias; o Parque do Anhangabaú (Figs. 4 e 5) ofereceu um ambiente agradável e repousante com seus canteiros, palmeiras e caminhos serpenteando pelas encostas, até o dia em que teve de apagar-se perante o progresso do automóvel e transformar-se numa artéria de ligação entre as zonas norte e sul; em compensação, o Vale do Tamanduateí, ou Várzea do Carmo, hoje Parque Dom Pedro II, sempre foi indigno desse nome e permaneceu como uma espécie de terreno baldio poeirento. Os parcos recursos de que dispunha a Prefeitura explicam essa incapacidade permanente de dominar a situação; como já foi dito, a quota-parte da Prefeitura consistia em encarregar-se de tudo que era não rentável para os particulares sem que estes se dispusessem a assegurar-lhe os meios de fazê-lo com uma apreciável contribuição financeira. Essa concepção egoísta conduzia, naturalmente, a uma orientação bastante especial na prioridade dada ao emprego dos fundos disponíveis e a um certo declínio de tudo que não apresentava um rendimento ou um serviço imediatos para a aristocracia ou alta burguesia que ocupava as posições de responsabi-

---

9. *Architectura no Brasil*, vol. V, n.º 29, junho-julho de 1926, pp. 173-182 (plantas, fotos).
10. É claro que freqüentemente decorria um lapso de tempo razoável, indo de dez a vinte anos, entre a confecção dos planos e a ocupação integral dos terrenos em questão.

lidade à frente da administração. O único edifício público notável dessa época é o Teatro Municipal, terminado em 1912, enquanto a Prefeitura e o governo do Estado se viam obrigados a dispersar-se por vários edifícios, comprados ou alugados na medida das necessidades quando os locais anteriores revelavam-se muito pequenos ou eram destruídos, sem reformas. São Paulo viu-se então na situação inverossímil de não ter Prefeitura nem sede para a Assembléia Legislativa; prefeito, vereadores, deputados e os vários órgãos do Poder Executivo instalaram-se como puderam nos quatro cantos da cidade e freqüentemente ficaram vagando durante dezenas de anos entre antigas residências de plantadores ricos e pavilhões de exposição que ninguém se preocupava em adaptar para as novas funções, já que se tratava de locais provisórios. Não existe uma melhor demonstração da falta total de respeito pelos poderes oficiais do que essa indiferença em relação às obras destinadas a abrigá-los e representá-los. Ainda hoje, quando a maioria dos municípios vizinhos constrói paços municipais monumentais, as autoridades paulistas distinguem-se por um desprezo completo em relação a isso: o novo palácio do governo, adquirido em 1963, foi construído pela família Matarazzo no bairro periférico do Morumbi para instalar ali uma faculdade; a sede definitiva da Assembléia Legislativa (inaugurada em 1968, depois que a Constituição local incluiu em seu preâmbulo a decisão de transferir a capital para o interior do Estado) é um projeto concebido especificamente para isso, mas está isolada no Parque do Ibirapuera, que poderia ter oferecido um terreno favorável para um agrupamento[11]; só a Câmara de Vereadores, enorme edifício de múltiplos avatares cuja construção ficou abandonada durante anos e foi terminado parcialmente em 1969, permaneceu no centro, onde sua massa descaracterizada soma-se aos arranha-céus que o circundam e se confunde numa paisagem inorgânica.

O único urbanista que estudou seriamente os problemas de São Paulo em seu conjunto foi o engenheiro Francisco Prestes Maia (1896-1965). Encarregado pelo Prefeito Pires do Rio de traçar um plano das avenidas a serem feitas para tentar assegurar um sistema de comunicações que pudesse remediar a situação caótica encontrada, Prestes Maia publicou em 1930 o resultado de seus trabalhos[12]. Longe de limitar-se ao encargo preciso que lhe tinha sido confiado, o jovem profissional formado pela Escola Politécnica local fez preceder o enunciado de suas propostas por um estudo detalhado de todas as questões que deviam ser consideradas: legislação em vigor comparada com a de outros países, expropriações, recursos financeiros necessários, vantagens e inconvenientes dos diversos meios de transporte coletivo existentes no mundo (ferrovias, bondes, ônibus, metrôs). Sua análise dos defeitos do centro histórico, pequeno demais para comportar a vida de uma grande cidade, de difícil acesso por ruas de declive muito forte

[11]. Aliás, o fato de querer festejar o quarto centenário da fundação de São Paulo, em 1954, com a criação de um parque de exposições em vez de tentar resolver definitivamente o problema crucial de um alojamento decente para os órgãos governamentais, não será típico dessa mentalidade paulista inteiramente voltada para os interesses privados?
[12]. F. PRESTES MAIA, *Estudo de um Plano de Avenidas para a Cidade de São Paulo*. São Paulo, 1930.

e por viadutos já congestionados em certas horas, tendo engendrado, com sua localização, um desenvolvimento só radial das principais artérias (por demais estreitas, aliás), não está isento de méritos e não há dúvida de que o problema tinha sido apontado em cheio. As soluções encaradas eram lógicas: aumento do centro da cidade pela extensão da zona comercial ao outro lado do Parque do Anhangabaú, criação de anéis de circulação que permitissem evitar a convergência de todo o trânsito para o centro, praticamente obrigatório para passar de um bairro para outro, mesmo quando se tratava de um grande desvio — em suma, previa-se a substituição do plano puramente radial existente por um plano radiocêntrico mais adequado. Excelente em teoria, como o mostra o esquema ideal desenhado por Prestes Maia e seu colega Ulhoa Cintra (Fig. 308), o

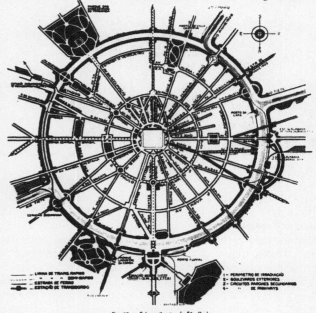

Fig. 308. *Esquema ideal dos grandes eixos de São Paulo, imaginado por PRESTES MAIA e ULHOA CINTRA. 1930.*

projeto estava longe de ser tão claro quando se tratava de aplicá-lo na prática, e mesmo no papel (Fig. 309), apesar de que neste não apareciam as dificuldades do relevo. A falta completa dessas grandes avenidas circulares que são um dos elementos básicos da maioria das aglomerações que cresceram por faixas periféricas sucessivas era muito mais resultado das condições geográficas sempre presentes do que de condições históricas já superadas; assim, foi preciso fazer rodeios para tentar evitar encostas e declives muito acentuados e só o primeiro círculo — batizado de perímetro de irradiação e contornando o centro ampliado — pode ser percebido, embora ele não tenha nada da perfeita figura geométrica do esboço teórico; os outros círculos (aliás, os dois últimos não figuravam na parte central, que era a única reproduzida) eram acima de tudo construções intelectuais. Em compensação, as vastas avenidas radiais previstas em todas as direções pelo alargamento de ruas já existentes ou pela criação de artérias novas no antigo leito seco de riachos ou ao longo dos cursos de água canalizados aproveitavam inteligentemente a topografia e esforçavam-se para oferecer vias rápidas que rompessem o isolamento dos setores desfa-

Fig. 309. *Planta das avenidas do centro de São Paulo. Projeto de* PRESTES MAIA *e* ULHOA CINTRA.

vorecidos pela falta total de ligação com o núcleo original. Esse plano urbanístico poderia ter oferecido uma solução satisfatória se tivesse sido posto em prática imediatamente, mas o que aconteceu foi o contrário. Embora não tenha deixado de servir como orientação e seu autor tenha obtido a direção dos negócios municipais por duas vezes, trinta anos foram necessários para que o plano chegasse a tomar forma. Nomeado prefeito de 1938 a 1945, durante a ditadura de Getúlio Vargas e gozando de amplos poderes, Prestes Maia teve de contentar-se com abrir uma parte do anel de contorno central e a dupla pista da Avenida 9 de Julho (que ele propôs chamar de Anhangabaú em 1930) que passa num túnel sob o espigão da Avenida Paulista para chegar aos bairros-jardins; quando reassumiu essas funções de 1961 a 1965, depois de eleito pela via direta, os recursos financeiros disponíveis estavam em nível tão baixo que ele teve de contentar-se praticamente com aumentá-los sem empreender a maioria das grandes obras preconizadas; foi seu sucessor, o Brigadeiro Faria Lima (1965-1969), que lhes deu impulso, aliás respeitando as linhas mestras do plano traçado um quarto de século antes. Mas não é certo que os sacrifícios impostos por uma série de operações brutais feitas com decisão tiveram como saldo definitivo uma melhoria durável. A infelicidade de São Paulo é que as tentativas feitas vêm sempre muito tarde e visam remediar uma situação já superada no momento de sua realização. O aumento do centro, que ocorreu como um fato natural muito mais do que em função das previsões dos urbanistas, não levou a uma desconcentração, mas sim ao fenômeno contrário: as atividades comerciais multiplicaram-se

num ritmo bem maior do que o ganho de superfície e os arranha-céus brotaram como cogumelos, invadindo setores cada vez maiores, mas sem afugentar os moradores e desembocar num zoneamento de fato; os prédios de apartamentos puseram-se a competir com os prédios de escritórios, aumentando a densidade da população e a confusão resultante da inadaptação das ruas antigas a essa ocupação intensiva. O mais grave é que o fenômeno não pára de avançar: os bairros-jardins já estão ameaçados pela rápida absorção e parece que nada irá deter essa evolução inexorável, enquanto na periferia os loteamentos desordenados continuam a acumular-se. Assim, compreende-se que os problemas de circulação estão se agravando, tanto mais que os transportes coletivos são unicamente de superfície[13] e que sua mediocridade contribui para incitar os particulares a servirem-se dos automóveis cada dia mais numerosos; surgem congestionamentos insolúveis e a duplicação dos eixos principais em geral só transfere os engarrafamentos de um ponto para outro, pois não suprime os permanentes pontos de estrangulamento devidos à conjunção de um relevo desfavorável com uma cidade construída sem bom senso. Praticamente seria preciso revirá-la de ponta a ponta para obter algum resultado, operação essa cujo custo seria proibitivo onde reinam os arranha-céus; além disso, a extensão da aglomeração (que prossegue num ritmo alucinante) coloca problemas regionais; o desenvolvimento de fábricas ao longo das grandes estradas rapidamente ultrapassou os limites do município, e ocorreu uma junção com os municípios industriais vizinhos. Conseqüentemente, toda planificação deve ser concebida na escala da metrópole de mais de seis milhões de habitantes que resultou disso e não se trata mais, sob pena de catástrofe iminente, de aplicar o princípio do *laisser-aller* que até então tem sido a nota dominante. O governo do Estado compreendeu essa situação e fundou, em 1967, um órgão especialmente encarregado dessa tarefa, o GEGRAN (Grupo de Estudos da Grande São Paulo): geógrafos, arquitetos, sociólogos, economistas fazem parte dele e vão tentar resolver as dificuldades que se acumulam e dirigir a evolução futura. Essa iniciativa merece todos os louvores e espera-se que ela seja coroada de sucesso, mas não é impossível que o monstro continue indomável se São Paulo continuar crescendo no mesmo ritmo e absorvendo o essencial do dinamismo econômico brasileiro e de seus capitais às custas das outras unidades da federação.

Assim, o urbanismo foi essencialmente negativo na Capital paulista e não é de espantar que não tenha engendrado arquitetura; pelo contrário, teve de curvar-se perante os tipos de construção que foram impostos pelos interesses privados; os regulamentos editados pelas autoridades jamais dirigiram o movimento e apenas ratificaram um fato consumado e impediram certos abusos. Segue-se que não existe qualquer unidade entre os edifícios de gabaritos e estilos diferentes e toda

---

13. A criação de um metrô estava prevista para 1971, mas serão necessárias várias linhas antes que o efeito salutar dessa medida possa ser verdadeiramente sentido, sem falar do risco de revalorização excessiva e da superconcentração no centro que podem ser conseqüências de um novo traçado essencialmente radial.

Fig. 310. *Vista aérea do centro de São Paulo.* 1968.   Fig. 310a. *Vista aérea do centro de São Paulo.* 1968.

Fig. 310b. *Vista aérea do centro de São Paulo.* 1968.   Fig. 310c. *Vista aérea do centro de São Paulo.* 1968.

vista do centro da cidade dá uma boa idéia desse dinamismo anárquico (Fig. 310). O único homem que pensou em dotar o centro da cidade de conjuntos coordenados de grande envergadura foi Prestes Maia. Seu plano das avenidas publicado em 1930 era acompanhado por propostas precisas, onde podia-se encontrar o sistema de perspectivas e a preocupação com a monumentalidade que tinham orientado a transformação de Paris feita por Haussmann; mas esses projetos ficaram só no papel, e é preciso confessar que não é o caso de lamentá-lo, pois eles eram de uma pobreza aflitiva. Houve também duas tentativas mais limitadas, desta vez baseadas em princípios modernos, que foram realizadas embora parcialmente: o arranjo do Parque do Ibirapuera (1950-1954), que foi estudado com referência à obra de Niemeyer, e a Cidade Universitária, cuja pedra fundamental foi assentada em 1949, mas que ainda hoje está muito incompleta[14]. Situada num vasto terreno às margens do rio Pinheiros, no limite sudoeste da cidade, essa realização ambiciosa só atingiu parcialmente seu objetivo, que consistia em reunir toda a universidade num só *campus*, quebrando a compartimentação por faculdades e agrupando em institutos de ensino e pesquisa as cadeiras, disciplinas e laboratórios de um mesmo setor do saber humano, fosse qual fosse sua administração de origem. A lentidão das obras, por falta de créditos regulares, trouxe problemas consideráveis e contribuiu para isolar os primeiros departamentos que foram transferidos para lá; além do mais, a deficiência crônica dos transportes coletivos, não só para chegar à cidade, mas também dentro dela, para circular entre um pavilhão e outro, corre o risco de invalidar totalmente as esperanças de contatos e intercâmbios permanentes que inspiraram todo o empreendimento. De fato, cada edifício está isolado dos vizinhos, gozando da vista desimpedida, do ar e da luz louvados pelo urbanismo racionalista. As distâncias são variáveis, mas muitas vezes são consideráveis entre um setor e outro, o que impede o amontoamento e permite uma arquitetura menos unitária. Ao contrário das disposições adotadas na Cidade Universitária do Rio de Janeiro, concebida em sua totalidade por uma equipe única que se encarregou de todas as plantas, os responsáveis pela Cidade Universitária de São Paulo preferiram distribuir a tarefa de projetar os vários edifícios previstos por uma série de arquitetos. Essa solução evitava que alguém se sentisse prejudicado e satisfez vários profissionais locais, que competiram em ardor numa rivalidade sadia, mas o outro lado da moeda foi uma certa desigualdade e um acordo nem sempre perfeito entre edifícios vizinhos. Enfim, é preciso lamentar que modificações sensíveis tenham sido feitas em muitas obras durante a construção e sem se ouvir a opinião do responsável, quer porque as condições tenham mudado, quer simplesmente porque a administração era versátil. Um certo reitor, incompetente em matéria de urbanismo moderno, chegou mesmo a alterar brutalmente um dos elementos fundamentais do plano geral, cortando um conjunto residencial homogêneo e destruindo a estrutura já erguida de um pavilhão destinado aos estudantes, para prolongar em linha reta, até a Reitoria, a avenida de acesso à Cidade Universitária. Ora, tanto essa avenida, quanto o horrível edifício promovido à categoria de perspectiva final da mesma só desempenhavam tais funções provisoriamente enquanto não se terminava o projeto global!

Assim, não é em São Paulo que se deve procurar uma contribuição prática válida para o urbanismo contemporâneo, embora recentemente algumas propostas interessantes tenham sido apresentadas[15]. Seria possível consolar-se com isso se a falta de criatividade nesse setor ao menos tivesse contribuído para proteger os vestígios do passado, mas não aconteceu nada disso, muito pelo contrário: em parte alguma a fúria destrutiva foi exercida com maior constância e o foi tão bem que essa cidade de mais de quatrocentos anos não conserva quase nada dos séculos passados, e as testemunhas do começo do século atual desapareceram, por sua vez, há uma década. Como a grandeza de uma civilização não está somente no movimento que provoca, mas diz respeito aos valores permanentes ou ao menos duráveis que produz, pode-se perguntar o que irá ficar daquela da capital paulista se não surgir uma estabilização relativa e se a febril renovação contínua constatada, signo de um profundo desequilíbrio, de uma falta de solidez e de uma desumanização impiedosa, prosseguir no mesmo ritmo? É essa a pergunta que hoje se coloca. Enquanto se espera que o futuro forneça uma resposta, é forçoso reconhecer que um passivo bem pesado influi fortemente na balança, em oposição a um ativo muito leve, com respeito ao assunto de que ora nos ocupamos.

2. RIO DE JANEIRO: LUTAS CONTRA O RELEVO E GRANDES TRAÇADOS

Se o relevo variado de São Paulo se prestava mal à construção de uma grande metrópole na escala do século XX, que dizer da localização do Rio de Janeiro, onde a cidade foi literalmente espremida entre o mar e a montanha, semeada por todos os lados de morros que constituíam terríveis obstáculos a um desenvolvimento racional! A instalação de uma capital moderna num tal sítio lembrava uma aposta, e no entanto a cidade carioca é infinitamente melhor traçada que sua rival paulista. E isso por numerosas razões. De início, convém não se fiar muito nas aparências; a geografia não era tão negativa quanto a princípio se poderia supor, uma vez que a impossibilidade de escalar os contrafortes dos morros, muito abruptos, forçou a aglomeração a estirar-se ao longo da baía e das praias; ora, ao lado das notórias inconveniências no que concerne às distâncias, a cidade linear que disso resultou tinha suas vantagens e era mais fácil de organizar que o monstro informe em que São Paulo depressa se transformou. Ademais, as colinas do Rio não faziam parte de um sistema orográfico contínuo: aquelas onde se

---

14. «Cidade Universitária Armando Salles de Oliveira», em *América Magazine*, n.º 2, 1962, edição especial (plantas, fotos).

15. É o caso da Nova Paulista, imaginada por Jorge Wilheim (cf. *Acrópole*, n.º 303, fev. de 1964, pp. 108-116, plantas, desenhos, fotos), e dos estudos desse mesmo arquiteto reunidos no volume *São Paulo Metrópole 65, Subsídios para seu Plano Diretor* (São Paulo, 1965). Aliás, é quase certo que nenhuma das propostas será levada em consideração.

instalaram os portugueses quando fundaram e depois aumentaram a cidade erguiam-se em meio a mangues que, depois de drenados, forneceram uma grande extensão plana; seu isolamento permitiu que fossem parcialmente arrasadas quando essa solução surgiu como um meio eficaz; enfim, as águas da Baía não constituíam um obstáculo insuperável e o aterro da faixa costeira permitiu criar um azona desimpedida que tornou muito mais fácil a tarefa das autoridades. Também as condições históricas eram bem mais favoráveis: o Rio de Janeiro era a capital do Brasil e o governo central reservava-lhe toda a sua atenção; o Prefeito, nomeado pelo Presidente da República, tinha poderes consideráveis e dispunha de créditos necessários sempre que o chefe de Estado achava conveniente apoiar um programa de envergadura, fato que ocorreu várias vezes. Assim, as coisas não ficaram só nas boas intenções e não se está, como em São Paulo, em presença de uma evolução anônima; as etapas da transformação do Rio de Janeiro estão intimamente ligadas a um certo número de nomes de políticos e urbanistas.

O primeiro, ao mesmo tempo político e urbanista, surgiu nos alvores deste século. Trata-se de Francisco Pereira Passos, prefeito durante a presidência de Rodrigues Alves (1902-1906), que gozou da constante ajuda deste e do ministro dos Transportes, Lauro Müller[16]. Na época, o Rio de Janeiro era uma cidade de mais ou menos quinhentos mil habitantes, concentrada em torno do núcleo primitivo, com ruas estreitas pavimentadas com pedras redondas e sem calçadas, ladeadas por casas de um ou dois andares no máximo; tinha conservado muito de seu aspecto colonial, embora tenha ganhado em superfície; os transportes eram feitos principalmente com tração animal; os particulares ainda podiam criar uma rua sem a anuência prévia da prefeitura[17]. Pereira Passos decidiu pôr em ordem os abusos e dotar a capital de fisionomia e serviços modernos. Exigiu que toda via aberta à circulação fosse devidamente pavimentada e munida de canalizações de água, gás e esgotos, mas seu esforço essencial incidiu no traçado de grandes artérias monumentais que facilitaram as comunicações e romperam o esquema intrincado do plano anterior. Duas vigorosas diagonais dispostas em "V", a Avenida Central (hoje, Rio Branco) e a Avenida Mem de Sá, cortaram o xadrez das ruelas do centro da cidade, e não se vacilou em arrasar o pequeno morro que se encontrava no percurso, inaugurando um processo que iria ser repetido várias vezes em outra escala; assim as duas extremidades do porto (reformado totalmente para poder absorver um tráfego em plena expansão) foram ligadas diretamente à Avenida Beira-Mar, cujo lançamento ao longo da baía serviu de base para o desenvolvimento da zona sul, que iria tornar-se a mais elegante do Rio. Outras vias importantes foram feitas ou alargadas para completar essa nova rede; praças e jardins bonitos vieram inserir-se nela com felicidade. Em alguns anos o aspecto da cidade mudou radicalmente. A planta do centro assumiu os traços que ainda hoje o marcam. É indiscutível a imitação de Haussmann: mesma atividade transbordante, mesmo renome cuidadosamente cultivado de destruidor sistemático e sem escrúpulos (embora as maiores perdas do patrimônio artístico local não lhe possam ser imputadas e sejam claramente posteriores), mesmo princípio das grandes artérias com árvores arrasando impiedosamente tudo que estava no caminho e desembocando nos monumentos que servem como perspectivas finais; chegou-se até a retomar, para a largura da Avenida Central, peça chave do dispositivo, as dimensões dos bulevares do prefeito parisiense (33 metros). A arquitetura não foi deixada de lado: o prefeito e seu auxiliar para esse setor, o arquiteto Paulo de Frontin, instituíram um concurso internacional para a escolha das fachadas que iriam alinhar-se na avenida principal, retomando uma tradição monumental francesa aplicada com sucesso na época clássica, mas esqueceram que o motivo fundamental dessa divisão um tanto arbitrária em duas etapas dos projetos de construção era assegurar uma unidade perfeita ao conjunto visado. Ora, a idéia de que se pode confiar a uma só mão a totalidade da concepção jamais passou pela mente dos organizadores e as propostas apresentadas só se referiam a edifícios isolados. Foram premiados muitos deles e vieram somar-se ainda muitos outros trabalhos, pois, afinal, todos os destacados profissionais locais participaram da tarefa de ladear a rua nobre da cidade com uma decoração composta por elementos díspares. O resultado foi uma pletora de edifícios maneiristas inspirados nos estilos históricos mais variados, freqüentemente misturados num mesmo edifício, e um fracasso total em matéria de urbanismo, embora algumas obras tivessem uma certa dignidade. Mas nem por isso a obra de Pereira Passos merece menos respeito; é claro que não foi um inovador, mas a respeito dele pode-se retomar, *mutatis mutandis,* a controvérsia que surgiu em relação a Haussmann, seu modelo indiscutível; contudo as transformações que ele impôs ao Rio de Janeiro foram decisivas e elas é que permitiram que a capital tivesse um novo começo.

Aliás, esse novo começo e o crescimento fulminante que se seguiu logo tornaram insuficientes as obras de Pereira Passos. Uma primeira operação de envergadura, mas parcial e sem objetivo bem pensado, foi feita de 1922 a 1928 sob as administrações de Carlos Sampaio e Antônio Prado Júnior. O Morro do Castelo, sede do primeiro estabelecimento duradouro dos portugueses, foi impiedosamente arrasado, e a terra jogada na Baía na Ponta do Calabouço formou um solo artificial que mais tarde iria servir para a instalação do Aeroporto Santos Dumont; a decisão tomada tinha conseqüências ponderáveis, pois fazia desaparecer vestígios históricos e monumentos antigos importantes, como o Colégio dos Jesuítas; o presente destruía fria e inescrupulosamente o passado, sem qualquer plano preciso quanto ao arranjo da área tornada disponível. O carro tinha sido posto na frente dos bois, mas a obrigação de pensar em organizar a zona desimpedida pouco a pouco fez germinar a idéia de

---

16. P. F. SANTOS, «Quatro Séculos de Arquitetura na Cidade do Rio de Janeiro», em *Quatro Séculos de Cultura...* (Rio de Janeiro, 1966), pp. 134-141.
17. Sobre a evolução da legislação sobre esse assunto, cf. *Revista da Diretoria da Engenharia*, ano I, n.º 1, julho de 1932, pp. 24-27.

um estudo global da cidade, confiado a um especialista. Em 1927, o prefeito em exercício chamou o urbanista francês Alfred Agache, que tinha ficado célebre por seus cursos e livros, por um terceiro lugar obtido no concurso para a escolha do plano de Camberra em 1911 e por sua atuação em Chicago. Agache dedicou-se à tarefa com a seriedade habitual, examinou todos os problemas teóricos e práticos, fez uma série de conferências sobre o assunto e finalmente apresentou suas soluções num vasto relatório solidamente documentado e ilustrado, publicado a seguir[18]. O mérito de Agache consistia em encarar o urbanismo como uma disciplina ampla onde intervinham todas as questões referentes à vida da cidade: as causas de seu desenvolvimento, os elementos que deviam ser conservados, as necessidades gerais (caráter dos bairros, trânsito local, circulação de conjunto), a superfície e o número de habitantes, os edifícios públicos e a repartição dos espaços livres, os melhoramentos que deviam ser feitos no subsolo. Para ele, os três pontos principais eram a circulação, a higiene e a estética, e foi no sentido dessas prioridades que ele concebeu suas propostas para o Rio de Janeiro. Uma planificação regional foi esboçada: o papel das cidades de temporada de montanha, como Petrópolis e Teresópolis, foi devidamente ressaltado e a idéia de prever cidades-jardins nas ilhas do Governador e de Paquetá, então consideradas recantos perdidos, mostra que o autor tinha visão. Mas os esforços essenciais incidiram no centro, onde a política de Pereira Passos foi continuada com amplitude decuplicada e maior coerência (Fig. 311): execução de grandes avenidas e praças cuidando-se das perspectivas terminais constituídas quer por edifícios existentes utilizados para esse fim, quer por monumentos modernos a serem erguidos, jardins à francesa completando uma arquitetura que desta vez devia formar um todo majestoso, previsão de um zoneamento destinado a pôr em ordem a capital da época e assegurar um crescimento harmonioso da periferia por meio de uma acentuada especialização. Dificilmente poderia ter ocorrido coisa diversa com um discípulo da escola francesa, que continuava seguindo o impulso de Haussmann quanto aos princípios de base. De Pereira Passos a Agache não havia solução de continuidade, mas sim a diferença que existe entre a obra de um amador e a de um profissional. O sistema viário estava melhor definido e não respondia mais apenas às necessidades práticas, ele tinha sido estudado com finalidades mais nobres; agora girava em torno de uma geometria mais pura, onde a multiplicação dos balões assumia um papel decisivo. O próprio arquiteto desenhou os edifícios que deviam valorizar a composição; ele desejava uma harmonia unitária, baseada no equilíbrio e na solenidade. Apesar de tudo, não se deve lamentar que os edifícios imaginados não tenham sido executados porque sua frieza e falta de caráter inovador não teriam sido convenientes para o contexto exuberante da paisagem carioca; a imitação de Perret era evidente, sem que o autor tenha conseguido se libertar de uma implantação geral e de um vocabulário clássicos: peças salientes para sustentar pontas de vigas, pilastras, colunas, frontões, aparelho com nervuras eram vestígios deslocados e supérfluos numa arquitetura onde as estruturas tradicionais não eram levadas em conta (Fig. 312).

O Plano Agache, elaborado entre 1928 e 1930, não foi adotado oficialmente por causa da falta de continuidade administrativa habitual no Brasil (o sucessor do Prefeito Antônio Prado Júnior depois da Revolução de 1930 não quis ratificar uma iniciativa

Fig. 311. *Planta do centro do Rio de Janeiro.* Projeto de A. AGACHE, 1929-1930.

18. A. AGACHE, *A Cidade de Rio de Janeiro (Extensão, Remodelação, Embelezamento. Organizações Projetadas na Administração Prado Júnior)*, Paris, 1930.

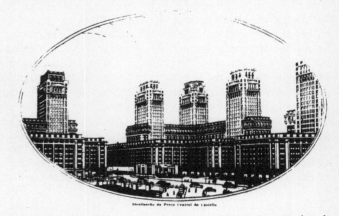

Fig. 312 *Praça do Castelo no Rio de Janeiro.* Projeto de Alfred AGACHE (não executado). 1928-1930.

de seu predecessor). Mas nem por isso deixou de exercer uma influência considerável e serviu de base

335

para estudos posteriores dos órgãos criados logo depois para chegar aos mesmos objetivos: comissão do plano e departamento de urbanismo da prefeitura, do qual um dos membros mais ativos foi Affonso Reidy, que justamente tinha começado como assistente do arquiteto francês. Por conseguinte, a missão de Agache foi positiva, não pelos resultados práticos imediatos, mas porque preparou um grande número de profissionais brasileiros para compreender melhor a complexidade e a amplitude de uma ciência nova para eles. Embora a que lhes tenha sido então revelada representasse uma concepção superada, foi um primeiro passo necessário e não é certo que a lição de Le Corbusier pudesse ter sido aprendida de modo tão rápido sem o estágio prévio da estadia de seu colega. Também não se deve esquecer que os planos urbanísticos cariocas executados a seguir derivam sob muitos aspectos muito mais dos planos de Agache do que das idéias do mestre franco-suíço. De fato, convém observar que a doutrina de Le Corbusier, pura e inflexível, prestava-se mal aos compromissos que sempre surgem durante a transformação das cidades antigas; não é por acaso que todos os projetos que ele fez a esse respeito e em ocasiões diversas jamais foram levados em consideração, exceto o do centro de Saint-Dié (mas tratava-se de uma zona destruída onde o campo estava livre e mesmo assim o plano não teve seguimento); suas propostas eram polêmicas ou visionárias, jamais eram realistas. Um dos exemplos mais chocantes desse fato foi justamente o esboço que fez quando passou pelo Rio em dezembro de 1929 e que foi completado em Paris em julho de 1930[19]: seu viaduto-rodovia de cem metros de altura, abrigando imóveis de quinze andares, para ligar o centro com a zona sul não tinha qualquer possibilidade de triunfar[20]. Quando voltou em 1936 como arquiteto-consultor para o Ministério da Educação e Saúde e se entregou, com a equipe reunida por Lúcio Costa, a um projeto de cidade universitária que também ficou apenas como exercício de estilo, ele não teve dificuldades em converter definitivamente os que trabalhavam sob suas ordens aos princípios do urbanismo racionalista. Mas entre teoria e prática muitas vezes há muita distância e foi o que ocorreu na capital brasileira: é verdade que Reidy e Moreira puderam se beneficiar de uma liberdade sensível nas realizações limitadas onde dispunham de terrenos virgens (unidades habitacionais de Pedregulho e Gávea, Cidade Universitária da Ilha do Fundão; em compensação, quando por duas vezes Reidy tentou aplicar no centro do Rio a nova óptica, fracassou redondamente; seus planos de arranjo da Esplanada do Castelo, publicados em 1938 para substituir os de Agache[21], e seu grande projeto revolucionário para o bairro que iria resultar da derrubada do Morro de Santo Antônio[22], dez anos mais tarde, chocaram-se com a oposição das autoridades, quer por incompreensão, quer porque não levavam em consideração os interesses financeiros; e Reidy era funcionário dos serviços municipais de urbanismo e chegou até a dirigi-los, em 1947-1950, momento crucial para a aprovação da segunda operação.

Como já ficou dito, foi o plano de Agache que serviu de base para o estabelecimento de planos posteriores. O regime ditatorial de 1937 deu ao Prefeito Henrique Dodsworth plenos poderes e este fundou, em 1938, um órgão especialmente encarregado de elaborar um plano piloto (Comissão do Plano). Esse órgão trabalhou dez anos no plano e concluiu por um projeto cujas linhas mestras continuam válidas até hoje[23], apesar de certos retoques e de uma execução mais ou menos intensa pelas várias administrações municipais e governamentais que se sucederam. As três ordens de problemas indicadas por Agache (circulação, higiene e estética) foram aceitas como dados básicos essenciais com a simples modificação do último ponto, onde a expressão concreta "edifícios" veio substituir a abstração genérica do arquiteto francês. Na verdade, todos os esforços incidiram na circulação, questão particularmente difícil de ser resolvida. As duas zonas da cidade — norte e sul, uma principalmente industrial, a outra residencial — estão separadas de fato por uma cadeia de montanhas e durante muito tempo o acesso de uma para a outra só pôde ser feito passando pelo centro que reunia o essencial das atividades comerciais, embora na realidade esse centro estivesse numa posição periférica e o fato de tomar esse caminho constituísse um desvio. O único meio de descongestionar esse centro de negócios (que, por suas funções, já atraía uma boa parte da população ativa e, portanto, do trânsito, situação agravada ainda mais com o aumento vertiginoso da cidade e do número de automóveis) era cortá-lo por vastas artérias de escoamento rápido e assegurar uma série de ligações diretas entre a zona norte e a zona sul por meio de túneis atravessando as montanhas. O plano piloto elaborado (Fig. 313) desempenhou perfeitamente sua função, pois conseguiu melhorar a situação, hoje relativamente favorável sob esse aspecto, embora apenas uma parte das obras tenha sido terminada.

Essas obras tiveram duas fases de atividade acelerada separadas por um longo período de calmaria. A primeira foi de 1942 a 1943, quando o Prefeito Dodsworth demoliu em tempo recorde, em pleno bairro antigo, quatro filas de grupos de casas e três das igrejas mais bonitas do Rio para criar, no eixo da Igreja da Candelária, uma enorme avenida de oitenta metros de largura, ladeada por prédios altos destinados a centralizar as atividades bancárias[24]. Também aí a marca de Haussmann estava presente mais do que nunca: visão ampla quanto às dimensões (pelo que foi chamado de megalomaníaco), preocupação com a perspectiva monumental (mas esquecimento das proporções

---

19. *Le Corbusier 1910-1960*, Zurique, 1960, pp. 296-297 (dois desenhos, uma planta).
20. Cf. *supra*, p. 72, nota 55. Aliás, o crescimento fulminante do Rio de Janeiro logo o teria tornado insuficiente.
21. *Revista da Diretoria da Engenharia*, vol. V, n.º 5, set. de 1938, pp. 604-607 (maquetes, plantas).
22. S. GIEDION e K. FRANCK, *Affonso Eduardo Reidy — Bauten und Projekte*, Munique, 1960, pp. 136-143 (plantas, fotos, maquetes).

23. *PDF Revista Municipal de Engenharia*, vol. VIII, n.º 4, julho de 1941, pp. 213-268 (plantas); *id.*, vol. X, n.º 3, julho de 1943, pp. 157-160. H. MINDLIN, *L'architecture moderne au Brésil*, Paris, sem data, pp. 230-231 (plantas, foto).
24. O traçado dessa avenida retomava uma proposta de Agache, mas aumentava-a desmesuradamente.

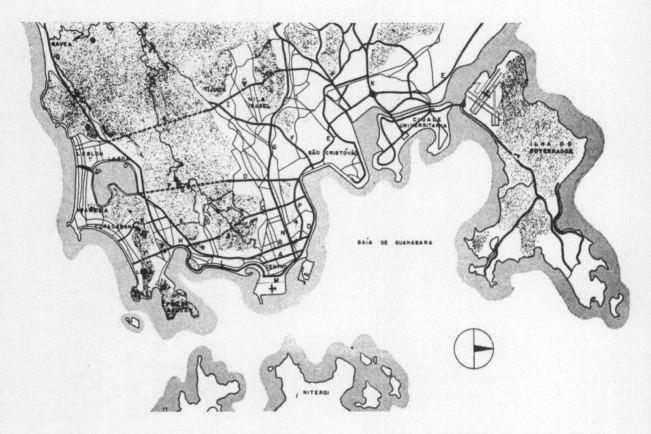

Fig. 313. *Plano piloto do Rio de Janeiro, elaborado pela Comissão do Plano da cidade. 1938-1948.*

e perda da escala adequada porque o edifício religioso que serve como ponto focal está esmagado pelos arranha-céus vizinhos, tanto mais que o número de andares destes passou de quinze para vinte e dois depois de pressões especulativas), pressa febril e falta de respeito pelos vestígios do passado (chegou-se até a recusar, ao serviço dos monumentos históricos brasileiros, um prazo de três meses para transferir a Igreja de São Pedro dos Clérigos para outro local, e essa era uma igreja que merecia ser salva a qualquer preço). No plano da circulação, o resultado foi excelente e a Avenida Vargas ainda hoje absorve facilmente o essencial do trânsito entre o centro e a zona norte; foi mesmo possível instalar no meio dela um estacionamento, ajudando a resolver esse problema. No plano da extensão do centro empresarial, a evolução demorou para esboçar-se e só o primeiro pedaço desse gigantesco bulevar tomou mais ou menos forma vinte e cinco anos depois de feito. Em compensação, no plano monumental, foi um fracasso completo pelas razões já indicadas acima e porque os edifícios revelaram não estar à altura de sua missão, mas esse aspecto será abordado novamente.

Foi preciso esperar a transformação do antigo Distrito Federal em Estado autônomo (com o nome de Guanabara), quando a capital foi transferida para Brasília, em 1960, e principalmente a ascensão à chefia dessa nova unidade da federação de um homem político dinâmico, Carlos Lacerda, para que o Rio de Janeiro desse um outro salto espetacular no setor que nos interessa. A ação do governo Lacerda (1960-1965) não foi fundamentalmente inovadora, como às vezes se pensa como conseqüência de uma propaganda bem feita, mas foi eficaz. Os serviços de urbanismo não fizeram mais do que aplicar e algumas vezes desenvolver as soluções do plano piloto já fixado[25], mas os trabalhos foram feitos com tal ritmo que a cidade mudou de fisionomia. O nivelamento do Morro de Santo Antônio tinha fornecido a terra necessária para o aterro da Baía ao longo da Praia do Flamengo, e a instalação de pistas rápidas ligando diretamente o centro a Botafogo e a Copacabana era anterior a 1960; mas havia uma certa desordem na utilização dessas pistas multiplicadas sem razão e que acabavam prejudicando-se mutuamente; sua redução para quatro a fim de não usurpar terreno dos jardins projetados e o restabelecimento de uma disciplina mais lógica para as respectivas funções das pistas provaram ser benéficas. Foi incentivada a execução dos principais túneis destinados a ligar diretamente as zonas norte e sul[26], bem como a construção de viadutos duplicando as ruas ou visando a supressão dos cruzamentos múltiplos, causas de engarrafamento. O resultado não se fez esperar e as obras inauguradas pela administração Lacerda ou pela de seu sucessor (que continuou com o mesmo impulso) melhoraram radicalmente a circulação

---

25. *Revista de Engenharia do Estado da Guanabara*, vol. XXX, n.º 1-2, jan.-jun. de 1963, pp. 14-25 (fotos, plantas).
26. O túnel Santa Bárbara, de 1400m de comprimento, liga os bairros de Catumbi e Laranjeiras; começou a funcionar em 1963; os dois túneis Rio Comprido-Cosme Velho e Cosme Velho-Lagoa Rodrigo de Freitas (sendo que este mede pouco mais de 4km) só começaram a funcionar cinco anos mais tarde, mas as obras estavam muito adiantadas quando Lacerda deixou o governo.

e os transportes dentro da cidade; em compensação, o problema da saída permanece intacto, pois o conjunto de estradas previstas está longe de se realizar e a totalidade do trânsito escoa praticamente por uma só saída, seja qual for a destinação definitiva; é inútil que a Avenida Brasil seja larga e comporte várias pistas: ela não basta nas horas do *rush* e principalmente nos fins de semana.

A segunda preocupação de Agache e do plano piloto oficial, a higiene, não teve um sucesso tão espetacular quanto tiveram, no começo do século, no tempo de Rodrigues Alves e Pereira Passos, as medidas de Oswaldo Cruz para acabar com a febre amarela, endêmica até essa data. Por muito tempo as reservas de água foram deficientes e só depois dos grandes trabalhos de Carlos Lacerda é que o problema parece ter ficado resolvido; o mesmo acontece com os esgotos e a luta contra as cheias; os riachos que aumentavam demais de volume com as chuvas de verão tiveram de ser sistematicamente canalizados ou retificados, suas imediações drenadas, continuando uma política de saneamento levada com maior ou menor vigor mas com constância por todas as administrações cariocas. O aumento espetacular da população e a falta de espaço levaram a uma valorização enorme dos terrenos melhor situados, valorização que se traduziu num impulso vertical dos prédios de escritórios e apartamentos, principalmente depois de 1945. Essa concentração abusiva assume sua maior significação em Copacabana, estreita faixa costeira de menos de quatro quilômetros de comprimento por quinhentos metros de lagura máxima, compreendida entre o Atlântico e a montanha, onde amontoam-se mais de duzentos mil habitantes. Embora a praia permita mais ou menos que esse antigo bairro aristocrático respire, o mesmo não acontece com a maioria das zonas populares, apesar de uma densidade menor; o distanciamento do mar e sua brisa refrescante, a falta de parques e vegetação, o calor úmido quase sempre tornam essas zonas insalubres. Mas o pior flagelo provém da acumulação dos migrantes de outras regiões do Brasil e especialmente do Nordeste em favelas que se prendem em todos os morros disponíveis (Fig. 314). Esse fenômeno teve repercussão mundial por seu lado pitoresco e folclórico, de tal modo que a palavra "favela"[27] tornou-se um termo internacional, mas, no plano humano, ela constitui uma lepra que só aumenta. Foram muito discutíveis as tentativas que o governo Lacerda fez para acabar com algumas delas; essas tentativas visaram principalmente as favelas cuja localização tinha-se tornado atraente para a construção de edifícios residenciais; além do mais, a transferência dos expulsos para cidades artificiais de desencorajante banalidade apresentou um grande inconveniente por causa da distância a que essa gente foi jogada, com todas as conseqüências que isso tinha para os trabalhadores obrigados a trajetos de várias horas em meios de transportes deficientes. Agora pensa-se numa urbanização do próprio local, mais satisfatória em si, mas a amplidão dos recursos necessários e o

Fig. 314. *Favela da Gávea*. Rio de Janeiro. 1964.
Fig. 314a. *Favela da Gávea*. Rio de Janeiro. 1964.

27. Generalização do nome do morro onde nasceu o primeiro aglomerado desse tipo.

interesse apenas ocasional das autoridades deixam pairar sérias dúvidas a propósito da execução desse projeto, que, aliás, corre o risco de se transformar num tonel de Danaide se não se conseguir deter o afluxo externo.

No que diz respeito à arquitetura, terceiro aspecto do plano piloto, é preciso admitir que o saldo é decididamente negativo. Sem dúvida alguma, o Rio de Janeiro possui uma boa parte dos edifícios que fizeram a glória da escola brasileira, mas trata-se de realizações individuais, independentes de todo urbanismo digno desse nome. Cada vez que surgiu a oportunidade de criar um conjunto coerente, ela foi perdida, quer na Esplanada do Castelo, que ficou livre durante uns

mente os edifícios válidos e voltou-se contra as intenções dos promotores da operação. De fato, o poder dos interesses privados era muito forte no Rio de Janeiro para que os poderes oficiais pudessem impor-lhes a disciplina necessária para a criação de uma arquitetura de caráter urbanista.

Mas houve um êxito de primeira linha na antiga capital brasileira: o Parque Glória-Flamengo[28], mas dessa vez era uma obra puramente pública criada numa localização pública ganha à Baía e não submetida a pressões externas. Essa ampla realização é uma das mais completas do urbanismo brasileiro. Nela pode-se encontrar os grandes traços a que Agache dava tanta impor-

Fig. 314b. *Favela da Gávea*. Rio de Janeiro, 1964.

quinze anos antes de ser-lhe aplicada uma fórmula aprovada pelas autoridades competentes, quer nos terrenos nivelados do Morro de Santo Antônio, ainda parcialmente desocupados por uma falta de acordo final, mas já roídos pela especulação. A única tentativa efetiva foi a da Avenida Vargas, onde o gabarito dos prédios laterais e o fato de estarem obrigados a ter um térreo em recuo e uma ossatura de colunas uniformes expostas, formando galerias contínuas na fachada, visavam obter a monumentalidade desejada. Infelizmente, essas prescrições em si não bastavam para garantir a qualidade dos projetos e a maioria dos proprietários preferiu operar com custos baixos, de modo que a mediocridade generalizada afogou irremediavel-

tância: ela contribuiu para resolver o problema das comunicações graças às pistas de circulação rápida que tornam facilmente acessível a zona sul, oferece uma contribuição valiosa para a higiene geral (pondo à disposição de um bairro muito povoado um lugar muito agradável para passear, para espetáculos e jogos, bem como quadras de esportes), enfim, ela melhora cem por cento a estética dessa parte da cidade dotando-a de um conjunto notável, onde se harmonizam as construções do homem, a natureza domada e a paisagem. E, apesar disso, sua concepção nada tem do classicismo estreito e velho do arquiteto francês; pertence plenamente

28. *Módulo*, n.º 37, agosto de 1964, pp. 30-51 (planta, fotos). *Arquitetura*, n.º 29, nov. de 1964, pp. 13-16 (plantas, fotos). Também ali o impulso decisivo foi dado pelo governo Lacerda, que fez desenvolver, numa escala inesperada pelos autores, os projetos que se arrastavam há dez anos.

à brilhante escola brasileira representada, ali, por Reidy[29] e Burle Marx, e sem dúvida alguma é a obra-prima deste.

Assim, o Rio de Janeiro não teve um urbanismo conservador inteligente, que conseguisse preservar e valorizar suas riquezas naturais e históricas; com muita freqüência, preferiu-se cortar a carne viva, modificar o relevo em vez de procurar explorá-lo, liquidar sem escrúpulos morros e edifícios que perturbavam, embora tenha havido progressos nítidos sob esse aspecto de vinte anos para cá: enquanto foram arrasados sem escrúpulos todos os primeiros morros e se destruiu impiedosamente o Colégio dos Jesuítas entre 1922 e 1928 e a Igreja de São Pedro dos Clérigos em 1942, alguns anos mais tarde foi cuidadosamente poupada a parte do Morro de Santo Antônio onde havia o convento de mesmo nome, e a magnífica Capela da Ordem Terceira de São Francisco, bem como o aqueduto do século XVIII que ligava esse morro ao Morro de Santa Teresa[30]. O Rio de Janeiro também não conheceu o urbanismo revolucionário dos grandes teóricos racionalistas do século XX e, apesar de tudo, a cidade conservou seu caráter de cidade velha, misturado ao dinamismo freqüentemente mal controlado de um impulso vertical devido à especulação imobiliária. As soluções adotadas quase sempre foram soluções de compromisso visando uma adaptação ao presente sem renunciar aos princípios tradicionais. Sucessos e fracassos misturaram-se intimamente, mas finalmente, apesar dos defeitos e do caráter híbrido, ou talvez por causa deles, e, em todo caso, por causa de sua localização extraordinária e magnífica, o Rio de Janeiro continua sendo uma das cidades mais lindas e mais atraentes do Brasil.

3. SALVADOR OU A INTELIGÊNCIA DE UM URBANISMO AO MESMO TEMPO CONSERVADOR E AUDACIOSO

Capital do Brasil colonial até 1763, quando essa função passou para o Rio de Janeiro, ratificando o deslocamento do centro de gravidade econômico do país depois da descoberta de ouro na capitania de Minas Gerais, Salvador é, sem dúvida alguma, a cidade brasileira mais rica em monumentos antigos de valor e constitui o mais belo conjunto urbano dos séculos XVII e XVIII que foi legado pelos portugueses ao continente americano. A conservação desse conjunto foi facilitada pela decadência relativa que atingiu a cidade quando ela perdeu a qualidade de sede administrativa da Colônia. De fato, sua fortuna tinha surgido de suas funções e de seu papel de praça comercial para a exportação da cana-de-açúcar cultivada nas grandes plantações da região; quando a mudança daquelas veio somar-se à baixa no rendimento destas, já esboçada fazia tempo, Salvador estagnou. É claro que não houve uma diminuição no número de habitantes, nem mesmo uma parada da expansão em termos absolutos: o aumento da população continuou regular e lentamente, bem como o aumento da extensão da aglomeração[31]; mas por isso, e em razão do declínio dos recursos disponíveis, não se sentiu nenhuma necessidade de uma transformação geral para enfrentar o progresso, nem mesmo o de construções monumentais esparsas, em estilo novo, no centro da cidade antiga, que assim evitou ser desfigurada. Esses problemas só começaram a apresentar-se em nossa época, quando a situação financeira melhorou um pouco e o crescimento da cidade acelerou-se bruscamente. Já no começo deste século várias igrejas e alguns edifícios civis importantes foram destruídos para deixar lugar a edifícios de um gosto duvidoso, mas o essencial do patrimônio artístico e do caráter urbano foi pelo menos preservado. Mais tarde o surgimento dos arranha-céus que acompanhou o desenvolvimento rápido da capital baiana a partir de 1940[32] atingiu principalmente a zona do porto, mais ou menos aniquilando a antiga cidade baixa e ocultando parcialmente a encosta abrupta que a separava da cidade alta; mas esta — principal elemento de concentração dos valores do passado — foi poupada, apesar de alguns acréscimos infelizes devidos a uma especulação imobiliária tão ativa como no resto do país. Esse resultado foi obtido graças à conjunção de vários fatores. A migração maciça dos pobres vindos do campo não modificou fundamentalmente o equilíbrio urbano; os recém-chegados instalaram-se na periferia, em barracos sem higiene nem conforto, erguidos em terrenos livres, sem que as autoridades realmente se preocupassem. O despertar tardio de uma economia moderna de centralização financeira e comercial fez com que Salvador não sentisse qualquer necessidade de modificações profundas antes que surgissem no Brasil as premissas de uma mentalidade nova, colorida por um certo respeito pelas obras-primas de outrora: a fundação do serviço de proteção dos monumentos históricos em 1937 não deixou as mãos totalmente livres aos homens de negócios e aos políticos, como tinha sido antes. Além disso, o prestígio histórico da capital original e dos tesouros que ela continha inspirava mais deferência do que nas demais cidades; quer por razões sociais ou culturais, quer por uma ligação sentimental a um passado ainda não completamente superado na região, quer pela avaliação sadia da importância do testemunho deixado por uma civilização brilhante em suas manifestações mais belas, as classes cultas demonstraram uma sensibilidade bastante viva frente ao problema da conservação dos vestígios notáveis da grandeza do século áureo local. Essa situação particular tornou possível a conjunção de uma administração municipal com dirigentes esclarecidos e um pessoal técnico competente interessado pelos problemas de um urbanismo atual aplicado racionalmente ao caso típico de uma cidade de arte datando de outra época.

---

29. Cf. *supra*, pp. 237-242.
30. Também foi valorizada, por um jogo discreto de rampas e escadarias, a bonita Capela de Nossa Senhora da Glória no morro do mesmo nome (cf. *Módulo*, n.º 28, junho de 1962, pp. 25-28, fotos, plantas, desenhos).
31. As cidades coloniais, saídas de uma economia quase inteiramente rural, eram de fato pouco povoadas e sem dúvida alguma a antiga capital ainda superava o Rio de Janeiro em fins do século XVIII. AROLDO DE AZEVEDO, *op. cit.*, p. 51, faz uma estimativa de 50 000 a 70 000 pessoas nessa data.
32. Na época, a população era de 290 000 pessoas, mas o recenseamento de 1960 registrou mais de 600 000, ou seja, um aumento de mais de 100% em vinte anos.

Fig. 315. Situação de Salvador. Mapa elaborado por meio de fotografias aéreas pela EPUCS. 1945. (Os traços assinalados ressaltam as grandes linhas de comunicação natural, base da rede prevista.)

Em 1934 foi criada uma "Comissão do Plano da Cidade" que funcionou até 1937 e foi uma espécie de prefácio ao "Escritório do Plano de Urbanismo da Cidade de Salvador" (EPUCS), fundado como serviço oficial em 1943, mas cujas bases já tinham sido lançadas em 1939. Para dirigi-lo, o Prefeito Landulfo Alves de Almeida foi procurar um técnico originário da Bahia, que, depois de completar sua formação nos Estados Unidos, na Alemanha e na França, tinha-se instalado no Rio de Janeiro onde ensinava hidráulica na Escola Politécnica, ao mesmo tempo que dava cursos de saneamento urbano aos alunos da seção de arquitetura da Escola de Belas-Artes. Mário Leal Ferreira logo se rodeou de uma equipe de especialistas em todos os gêneros e lançou-se num estudo de envergadura onde meio físico, fatores históricos, condições sociológicas e sanitárias foram objeto de pesquisas extremamente aprofundadas, prelúdio ao trabalho final que consistia em traçar um plano piloto destinado a

dar à cidade uma nova estrutura, a permitir que ela se desenvolva progressiva e racionalmente, ao mesmo tempo que se protege a beleza da paisagem urbana e os valores espirituais que ela contém[33].

Esse notável programa teórico foi seguido ao pé da letra (apesar da morte prematura do diretor-fundador e da falta de continuidade administrativa inerente ao Brasil), graças à personalidade dominadora do engenheiro Diógenes Rebouças, que se tornou o arquiteto baiano mais destacado. O plano geral de reorganização da cidade foi adotado em 1949 (Decreto-lei n.º 701), de modo que nem a mudança de prefeito, nem o congelamento do serviço e depois sua supressão, em 1951, tiveram conseqüências trágicas. É claro que foram feitas algumas modificações nas propostas iniciais, mas o essencial destas foi mantido quando se passou à execução; de fato, Diógenes Rebouças conservou o comando de todas as questões de urbanismo em Salvador, mesmo depois do desaparecimento do órgão oficial; assim, ele pôde pôr em prática os princípios adotados e começar a aplicação do plano piloto que ele mesmo tinha traçado, só lamentando a extrema lentidão dos trabalhos por causa do volume pequeno dos créditos atribuídos pela municipalidade a esse setor.

33. O registro completo dos trabalhos da EPUCS encontra-se hoje com o engenheiro-arquiteto Diógenes Rebouças, diretor do serviço na época de sua extinção oficial, em 1951. O jornalista Evandro Santos publicou um resumo numa série de artigos no *Diário de Notícias* entre 13 e 24 de fevereiro de 1951.

Não se insistirá nas pesquisas preliminares, devendo-se apenas sublinhar a seriedade e amplidão inteiramente excepcionais das mesmas. Não foi feita economia de meios, usando-se até a fotografia aérea (Fig. 315) para um estudo mais completo do local e sua topografia. Viu-se claramente que as linhas naturais de comunicação passavam pelos vales que cortavam um relevo movimentado constituído por uma série de colinas, sobre as quais tinha-se desenvolvido a maior parte da aglomeração, a fim de evitar as inundações que normalmente afetavam as partes baixas na estação das chuvas; ora, esses vales, virgens de toda construção importante e, conseqüentemente, recuperáveis sem outras despesas fora os trabalhos de drenagem de qualquer modo necessários por razões de higiene, formavam uma vasta rede radiocêntrica em meia-lua que se prestava ao estabelecimento de grandes linhas de circulação absolutamente vitais para qualquer metrópole do século XX. A adoção desse esquema de base, que conciliava as condições geográficas, o respeito pela tradição histórica e os interesses imediatos e mais distantes da população, ao mesmo tempo que evitava os problemas humanos e financeiros das expropriações maciças, com todas as seqüelas que um procedimento brutal pode acarretar, permitia encarar um ordenamento da cidade, que tinha crescido de modo um tanto anárquico, permitia resolver as questões urgentes e lançar as bases de um desenvolvimento futuro equilibrado e harmonioso.

O plano piloto elaborado fez com que seus esforços incidissem em três setores essenciais: preservação das riquezas do passado, circulação e zoneamento. Convém deter-nos em cada um desses pontos, embora eles não tenham sido tratados como capítulos independentes, mas como elementos de um todo inseparável, onde o êxito só podia ser global. A conservação dos monumentos e bairros antigos não foi concebida como uma manutenção estática da cidade no estado em que se achava, com uma proibição absoluta de fazer a menor modificação. Uma das primeiras decisões tomadas foi, pelo contrário, estabelecer uma distinção entre os verdadeiros valores históricos que teriam direito a uma proteção total e as construções ou locais simplesmente pitorescos que não se vacilaria em destruir sempre que fosse necessário, quer por razões de higiene, quer por comodidade urbana, pela estética ou qualquer outro motivo. Essa atitude era lógica e digna de um urbanismo conservador bem compreendido, isento das nostalgias românticas dos amadores de casebres e ruínas para quem a miséria não passa de um tema para poesia[34]. O segundo princípio proposto decorria de uma interpretação inteligente da tradição cultural portuguesa no Brasil e da maneira que convinha para a localização de Salvador: ela levou à rejeição das grandes avenidas monumentais e dos edifícios imponentes, contrários ao espírito da arquitetura existente e ao caráter da cidade que se desejava preservar. A aplicação dessas idéias foi mais delicada do que sua enunciação e foi preciso passar pela prova de fogo perante as pressões de todo gênero que surgiram. Tentar evitar os edifícios de vários andares no centro comercial, que, desde o começo do século XIX, tinha sido transferido para a parte baixa da aglomeração, ao longo do porto, teria sido estranhamente parecido com a luta de Dom Quixote contra os moinhos; não se correu esse risco e defendeu-se apenas o que não era suscetível de compromissos: as igrejas coloniais, o edifício da Associação Comercial, aliás mais recente do que os edifícios do velho centro de Salvador, bem como a maioria das construções originais dessa zona, os fortes, o cais dos veleiros; houve uma preocupação com a preservação não só das obras em si, mas também dos espaços livres nas imediações (combate difícil em qualquer tempo), e principalmente limitou-se a altura dos arranha-céus num nível que permitia não tapar inapelavelmente a magnífica vista para a Baía que se tinha da cidade alta, munida de praças-belvederes únicas no país. Também não se procurou impedir a construção de bairros residenciais constituídos por prédios de apartamentos freqüentemente bem altos sempre que não constituíam um atentado irremediável ao patrimônio artístico da cidade e à beleza do local, autorizando-se por exemplo o desenvolvimento nesse sentido da extremidade da península na entrada da Baía que, por causa de sua localização à beira-mar, atraía particularmente os capitais dos especuladores. É claro que o sucesso não foi completo: alguns edifícios de gabarito deslocados surgiram apesar de tudo onde jamais deveriam encontrar-se, especialmente na Rua Chile, principal via comercial da acrópole primitiva, mas no conjunto o resultado provou ser válido; a arquitetura contemporânea não foi arbitrariamente maltratada e encontrou um vasto campo de ação, mesmo no gênero monumental que de início tinha-se pensado eliminar; longe de ser aniquilada, sua liberdade de expressão foi apenas isolada em setores definidos, onde ela não corria o risco de comprometer um conjunto excepcional ainda bem vivo. A tarefa de liberar zonas críticas invadidas por uma população não raro sórdida foi mais difícil: foi preciso esperar 1964 e dois incêndios sucessivos com alguns dias de intervalo (não é certo que eles tenham sido puramente acidentais) para que as autoridades pudessem fazer desaparecer o mercado permanente de Água dos Meninos que poluía toda a região portuária e formava um obstáculo sério ao escoamento normal do trânsito entre o centro e a península de Itapagipe; a aldeia sobre pilotis construída em pleno mangue entre essa península e a terra firme sobreviveu a todos os projetos que visavam sua destruição e o alojamento de seus moradores em condições de higiene menos atrozes; pode-se multiplicar, sem esforço os exemplos de fracassos relativos que marcaram esse campo.

O problema da circulação foi atacado com vigor, e pode-se dizer sem receio que ele é o elemento mais inovador do plano piloto. Como já foi assinalado, o exame atento da topografia tinha feito surgir uma repartição radiocêntrica dos vales que desmentia o aspecto confuso que se percebia inicialmente. É claro que os três anéis entrevistos e suas ligações radiais não tinham o mesmo rigor geométrico dos semicírculos e

---

34. Para dizer a verdade, esse tipo de pitoresco não corria o risco de desaparecer da noite para o dia na Bahia, apesar de todos os esforços previstos nesse sentido; a extensão contínua da cidade e a acumulação de favelas nos morros periféricos e nos mangues da Baía bastavam plenamente para manter o caráter de um fenômeno aliás recente e muito mais autêntico nos lugares onde nasceu do que no centro antigo.

porções de raios com que foram esquematizados na figura ideal traçada por Diógenes Rebouças como ponto de partida; mas nem por isso eram menos reais, embora algumas vezes incompletos; aliás, esse inconveniente não era um verdadeiro obstáculo, pois os trabalhos de terraplenagem, as obras de arte e especialmente os túneis permitiam completar a obra da natureza, efetuando as junções necessárias. O primeiro desses anéis já existia e contornava o núcleo inicial da cidade, sempre tendo servido como traço de união entre cidade alta e cidade baixa junto com os planos inclinados onde logo foram instalados funiculares sumários. O segundo e o terceiro, muito mais vastos e exigindo grandes preparações, foram concebidos à imagem do primeiro e com as mesmas funções numa aglomeração consideravelmente aumentada, mas sem esquecer a necessidade agora evidente de linhas transversais de comunicação direta. A utilização dos vales até então quase abandonados para o estabelecimento do trânsito geral permitiu dotar Salvador de uma excelente rede viária rápida sem trazer prejuízos para a maior parte da população; avenidas úteis eram criadas, ao mesmo tempo conservando uma certa discrição e inscrevendo-se perfeitamente numa óptica de salvamento dos valores históricos: evitavam-se traçados retilíneos, demolições brutais e mantinha-se o caráter da capital colonial, assegurando-lhe meios de integrar-se sem choques na vida moderna. Essa rede principal era acompanhada de uma rede secundária que seguia os espigões (quando estes formavam uma seqüência contínua) e era completada por vias de acesso local aos vários bairros. O plano de Rebouças e sua equipe (Fig. 316) era notável tanto pela amplidão de visão quanto pela preocupação com os detalhes. Infelizmente não teve uma realização tão rápida quanto merecia. Os anéis e as grandes radiais previstas ainda hoje estão incompletos, o que lhes tira toda eficácia real, mas, apesar de tudo, grandes progressos foram feitos e pode-se esperar que o conjunto termine com algumas modificações justificadas. É assim que a artéria que devia acompanhar o sopé da montanha, desde o porto até o Farol da Barra na entrada da Baía, foi abandonada em seu trajeto final: pareceu que seu traçado iria custar muito, que se corria o risco de prejudicar o encanto dos fortes enfileirados ao longo da costa e que sua interrupção no meio do percurso, na altura da fortificação que leva à grande praça chamada Campo Grande, centro da cidade moderna, não iria cortar o escoamento dos veículos que querem ganhar a extremidade da península, pois estes poderiam tomar um vale paralelo, mais para dentro, acessível por uma passagem subterrânea. Embora essa última parte do programa remodelado ainda deva ser cumprida, não se pode insistir demais no admirável êxito que foi seu primeiro corte: a Avenida do Contorno, construída quase inteiramente em viadutos presos na cornija, assegura eficazmente a ligação direta desejada entre a cidade baixa de funções comerciais e o centro da cidade nova, situado no espigão além da antiga cidade alta, evitando assim o tampão natural que era a aglomeração antiga, habilmente protegida das transformações brutais que não teriam deixado de surgir com qualquer outra solução. A audaciosa concepção dessa estrada externa inteiramente artificial foi acom-

Fig. 316. *Plano piloto de Salvador, elaborado por Diógenes REBOUÇAS: rede de circulação. 1945-1949.*

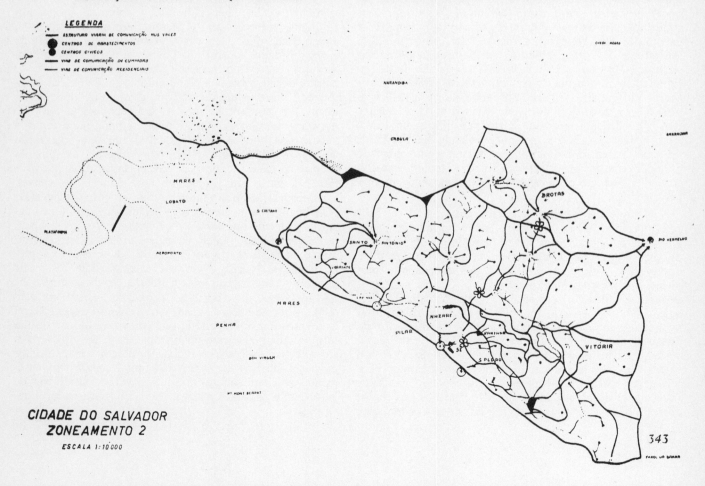

panhada por uma perfeita modéstia formal: as estruturas de concreto integram-se discretamente na paisagem abaixo ou acima das casas e conventos da época colonial, jamais ocultando-os ou destoando deles com qualquer nota de oposição brutal. A localização conservou todo seu encanto, de longe e de perto; chegou mesmo a ganhar uma série de pontos de vista, antes inacessíveis, por causa da criação dessa artéria excepcional, ao mesmo tempo utilitária e panorâmica.

É claro que a defesa do patrimônio histórico e o estabelecimento de um sistema de circulação capaz de acompanhar o progresso eram apenas elementos de um plano mais vasto que visava dar a Salvador uma nova estrutura, equilibrada e racional. Assim, o problema do zoneamento assumiu uma importância primordial. Baseando-se nas tradições culturais e econômicas da primeira capital do Brasil, Rebouças e sua equipe manifestaram, desde o começo, a intenção de conservar, da cidade, o caráter original de sede da região, fundamentada no setor terciário. Administração, comércio e universidade surgiram como as funções lógicas da cidade propriamente dita, onde a indústria não teria lugar. Mas essa atitude não implicava a recusa de dar ao setor secundário a categoria que mais cedo ou mais tarde iria assumir dentro de um desenvolvimento necessário; ela visava apenas orientar inteligentemente esse desenvolvimento na escala de uma planificação mais vasta que o território municipal. De fato, a Baía de Todos os Santos oferecia em seu contorno grandes extensões livres, acessíveis por terra e por mar, que podiam acolher perfeitamente fábricas e empresas de todo o tipo em condições bem superiores às que se podia encontrar na própria aglomeração ou em seus subúrbios imediatos. Assim Salvador se tornaria a cabeça de uma vigorosa circunscrição industrial, sem ser vítima dos inconvenientes em geral ligados a essa situação. Hoje o acerto dessa visão assume todo seu significado: a descoberta de importantes jazidas petrolíferas no Estado da Bahia, no fundo da própria Baía e no interior, teve por corolário a construção de refinarias e a edificação de um porto petrolífero em Mataripe, e o atual governo está encorajando a criação de um grande centro industrial em Aratu, tendo chamado Sérgio Bernardes para fazer o plano piloto. Portanto a evolução prevista está vigorosamente esboçada em proveito geral.

No que diz respeito à cidade em si, não se insistirá mais na divisão em zonas mais ou menos protegidas ou mais ou menos livres para desenvolver o tipo de arquitetura que desejavam os proprietários ou mandantes. De fato, essa questão já foi abordada a propósito da preservação dos principais valores históricos e estéticos. Mas convém sublinhar que a utilização dos vales até então quase abandonados foi objeto de medidas de envergadura fundamental, onde a consideração do interesse público teve um papel decisivo. Como já foi visto, as partes planas no fundo dessas depressões foram reservadas para a instalação de grandes avenidas periféricas ou radiais necessárias à vida urbana, mas se se tivesse permitido a edificação de prédios ao longo dessas novas vias, elas logo teriam sido afogadas por um mar de edifícios, perdendo todo o significado, antes mesmo de estarem terminadas. Portanto, proibiu-se toda construção, exceto a de escolas e obras de caráter social, as áreas adjacentes foram reservadas para parques, quadras de esportes e espaços verdes que até então faziam uma falta atroz; a legislação foi mais liberal nas encostas vizinhas quando o solo pertencia a particulares: estes foram autorizados a levantar edifícios isolados, imersos em árvores, o que não afetava a função de pulmão da cidade que tinha sido prometida a essas grandes faixas de verde. A feliz conjunção do sistema viário com os locais de lazer, passeio e jogos, reintroduzia na aglomeração uma estrutura coerente, um corte seguro e uma individualização de cada bairro, ao mesmo tempo unido ao conjunto e separado dos vizinhos pelas faixas contínuas consagradas às atividades de interesse público. Nisso pode-se encontrar, vitoriosamente proclamado, o espírito da concepção racionalista, adaptado com flexibilidade a uma realidade objetiva cuidadosamente analisada e habilmente interpretada. Também ali, infelizmente, a execução do plano foi feita com uma lentidão desesperadora e, embora nada tenha sido perdido, ainda se está longe de perceber na prática seus profundos efeitos salutares.

Assim, não pode subsistir qualquer dúvida: Diógenes Rebouças e sua equipe realizaram um trabalho enorme e de primeira linha. Podia parecer uma aposta impossível de cumprir colocar Salvador em condições de absorver a civilização contemporânea e de enfrentar suas necessidades sem destruir seu caráter de testemunha de outra época, suas maravilhas arquitetônicas e sua localização admirável. Ora, essa aposta foi notavelmente ganha, demonstrando a falta de incompatibilidade entre passado e presente em matéria de urbanismo desde que se aborde o problema com inteligência e sensibilidade. É claro que houve sacrifícios, tanto num sentido, quanto no outro, mas eram necessários. O mérito dos autores do plano piloto da Bahia foi compreender que nenhuma defesa duradoura dos monumentos e conjuntos antigos era concebível se não houvesse um esforço, ao mesmo tempo, para dotar a cidade das condições que facilitariam sua integração na vida moderna; e que, em compensação, as soluções propostas nesse sentido deveriam mostrar-se bastante flexíveis para não prejudicar uma função de conservação específica, que era primordial no caso em questão. Não havia dois setores distintos, mas apenas um, com vários aspectos intimamente encaixados. Assim, o plano de Salvador é um modelo do gênero e o estado de espírito que o inspirou é digno de ser citado como exemplo. Excelente no papel, é verdade que até hoje não pôde desempenhar integralmente a função reparadora que lhe foi atribuída, mas ter sido capaz de resistir às condições adversas não é uma de suas menores qualidades: os atrasos consideráveis de que foi vítima não o desnaturaram, nem o tornaram ultrapassado. E foi graças a ele que as posições essenciais puderam ser mantidas, graças a ele que o futuro da capital baiana foi sutilmente ordenado apesar das aparências superficiais de desordem e confusão perceptíveis a um observador atual desavisado.

2. A CRIAÇÃO DE NOVAS CIDADES

Não nos deteremos na categoria intermediária entre o assunto anterior e o atual, constituída pela urbanização de zonas virgens destinadas a servir de complemento a municípios antigos ou recentes cujo núcleo central já está solidamente implantado. Esse tipo de programa, aplicado à faixa litorânea, tentou vários arquitetos, pois o desenvolvimento das praias do Atlântico ganhou um impulso brusco a partir de 1950, quando as estradas que levam a elas foram criadas ou melhoradas. Os projetos de Mindlin em Guarujá[1], de Eduardo Paiva e Carlos Fayet em Porto Alegre[2], e principalmente o magnífico trabalho do escritório M. M. M. Roberto, que havia imaginado em seus mínimos detalhes um plano piloto regional englobando toda a península de Cabo Frio e Búzios[3], ofereciam exemplos significativos do triunfo da concepção racionalista mais pura nesse setor. Mas, na prática, quase todos os estudos feitos ficaram no papel e não puderam impor-se senão às custas de considerações financeiras muito mais terra-a-terra.

Também não se insistirá nas muitas cidades nascidas umas após as outras no Oeste do Estado de São Paulo e no Estado do Paraná, à medida que as plantações de café avançavam para o interior, prosseguindo a evolução esboçada no século passado. Uma rede, muito densa para o Brasil, surgiu dessa maneira em alguns anos; cidades como Marília e Londrina, fundadas em 1933, ou como Maringá, uns dez anos mais nova, hoje estão beirando, se não superaram, a cifra de 100.000 habitantes. É claro que esse fenômeno é de interesse primordial do ponto de vista geográfico, mas o mesmo não acontece quando se limita o problema ao valor e novidade das soluções propriamente urbanísticas. Situadas numa frente pioneira que avança com rapidez impressionante, essas aglomerações eram fruto de improvisações rápidas e não de uma planificação cuidadosamente preparada. Como no século XIX, os grandes princípios não atrapalharam em nada, e a geometria rígida do traçado das vias públicas e dos quarteirões provinha de que esse era o meio mais simples e mais rápido de traçá-las; o tabuleiro de xadrez impunha-se sistematicamente, com alguns quadrados ou retângulos deixados livres para futuras praças, não raro sem uma preocupação maior com uma relativa adaptação ao relevo encontrado; toda pesquisa de ordem arquitetônica era descartada *a priori* e as construções cresciam diariamente, em função das necessidades, tendo por motivo principal uma preocupação bem explicável com a facilidade e a economia. Assim, não é de espantar que todas essas aglomerações acabem parecendo-se estranhamente, em sua monotonia, sua falta de caráter, seu aspecto de grande aldeia triste ou de perpétuo canteiro de obras conforme seu crescimento já tenha parado ou ainda esteja em plena efervescência. Guardadas as devidas proporções, encontra-se o mesmo processo já constatado a propósito das cidades antigas, e não é ali que se deve procurar uma contribuição válida do Brasil ao urbanismo contemporâneo. O esforço de organização necessário para um empreendimento desse gênero exigia uma sustentação e uma intervenção das autoridades públicas, que são as únicas que podem fornecer, desde o começo, o apoio pedido e que são capazes de manter por longo prazo a continuidade dos projetos elaborados; exigia também meios que superavam em muito os das coletividades locais. Por essas razões e dadas as condições particulares do país, uma tentativa dessas só podia ocorrer dentro de uma política de prestígio que envolvesse a responsabilidade de uma vasta comunidade. A operação não era rentável, econômica, administrativa ou ideologicamente, se não obtivesse uma repercussão considerável que justificasse o enorme investimento feito. Só um tipo de programa comprovou ser capaz de reunir em seu favor o conjunto dessas

---

1. *Habitat*, n.º 14, jan.-fev. de 1954, pp. 11-22 (fotos, plantas, desenhos, maquetes). H. MINDLIN, *L'architecture moderne au Brésil*, Paris, sem data, pp. 234-235 (foto, plantas, maquete).

2. *Habitat*, n.º 32, julho de 1956, pp. 33-35 (plantas, maquetes).

3. *Módulo*, n.º 5, set. de 1956, pp. 26-37 (plantas, mapas, fotos, gráficos, tabelas). Cf. P. SANTOS, Marcelo Roberto II, em *Arquitetura*, n.º 38, agosto de 1965, pp. 8-18 (plantas, desenhos).

circunstâncias: a criação *ex nihilo* de novas capitais, inicialmente em escala regional, com Belo Horizonte e Goiânia, e agora em escala nacional com Brasília.

1. NOVAS CAPITAIS REGIONAIS

Nossa época não teve a primazia dessas bruscas fundações de cidades novas destinadas desde o início a tornarem-se sedes dos poderes políticos e administrativos, suplantando da noite para o dia as cidades históricas a quem esse papel havia sido confiado até então. Em 1852 e 1855, Teresina e Aracaju tornaram-se as respectivas capitais das províncias do Piauí e Sergipe, às custas de Oeiras e São Cristóvão, abandonadas depois de uma resistência vigorosa dos habitantes frustrados. Mas não existe nenhuma medida comum entre o caráter de improvisação das operações mencionadas, efetuadas às pressas, nas circunscrições mais pobres do país, e as tentativas ponderadas, de grande envergadura, desenvolvidas a partir de 1894 em Belo Horizonte e em 1933 em Goiânia. No primeiro caso, o fato deveu-se a uma idéia pessoal dos presidentes de província: estes se instalaram na localização que escolheram, quando ainda estava deserta ou quase, e puseram as populações que tinham a seu cargo perante o fato consumado, contando com um desenvolvimento natural das aglomerações assim fundadas; aliás, os parcos recursos de que dispunham não lhes teriam permitido agir de outra maneira e, para dizer a verdade, as antigas capitais não passavam de burgos miseráveis que não era difícil igualar rapidamente. A regularidade do traçado em xadrez, longe de ser o sinal verdadeiro de pesquisas, era uma solução fácil que se encaixava nos hábitos brasileiros em matéria de urbanismo no século XIX, hábitos largamente prolongados até hoje, como já foi constatado. Mas esses precedentes têm um valor simbólico, pois são o sinal inequívoco de um estado de espírito empreendedor, típico de um povo de pioneiros, de estruturas ainda bastante frouxas, que autorizava audaciosas mudanças, desde que alguns indivíduos decididos não vacilassem em correr os riscos. Foi essa mesma mentalidade que permitiu o nascimento de empreendimentos mais recentes, de grande envergadura, dos quais o primeiro cronologicamente foi a fundação da nova sede de uma das mais vastas e importantes unidades da federação, o Estado de Minas Gerais.

1. Criação e evolução de Belo Horizonte[4]

No século XVIII, a Capitania de Minas Gerais desempenhou um papel importante na economia do país, graças ao ouro que seus rios e solo continham em abundância. O esgotamento dos filões que constituíram sua fortuna e contribuíram de modo decisivo para seu povoamento, sensível desde antes do fim da era colonial, levaram a um declínio passageiro e depois a uma reconversão progressiva das atividades para a agricultura e a criação de gado. Assim, quando foi proclamada a República, em 1889, e adotado o regime federativo pela Constituição de 1891, o Estado de Minas Gerais era, depois de São Paulo, em plena euforia do ciclo do café, a segunda unidade do país, tanto em população, quanto pelas possibilidades econômicas, esperando tornar-se também em política durante os anos seguintes. Ora, sua capital, Ouro Preto, pendurada nas encostas de um vale escarpado que tinha sido a principal mina de ouro do Brasil, não estava em condições de desempenhar um papel ativo como pólo de desenvolvimento. O relevo selvagem que a circundava tornava difícil toda expansão real, mas esse era apenas um dos menores inconvenientes em relação aos outros fatores que condenavam a cidade a vegetar. De fato, ela havia perdido sua razão de ser econômica, que lhe permitira conhecer uma viva prosperidade, e sua localização numa zona montanhosa, de difícil acesso, fora dos grandes eixos de circulação, impedia que se adaptasse às novas circunstâncias: não podia integrar-se às zonas de exploração agrícola agora preponderantes, nem servir de mercado para elas ou de centro comercial de redistribuição; seu isolamento físico tornava até mesmo sua eficácia puramente administrativa. Portanto, tratava-se de uma sobrevivência de caráter histórico, que não correspondia mais às necessidades novas da vasta unidade que ela encabeçava, e não é de espantar que se haja pensado numa transferência de responsabilidades. Esta poderia ter sido feita para outra aglomeração já existente, mas as rivalidades não teriam deixado de surgir entre as eventuais concorrentes; a solução radical da criação *ex nihilo* oferecia muito mais atrativos: escolha da melhor situação, falta de construções capazes de prejudicar a elaboração de um plano racional, regular e monumental que pudesse impressionar, caráter espetacular do empreendimento, que imporia respeito e contribuiria para o prestígio do Estado inteiro, bem como dos responsáveis pela iniciativa, todos estes argumentos mostraram-se decisivos. A energia do Presidente Afonso Pena venceu as resistências locais e o poder legislativo, em 17 de dezembro de 1893, votou a lei que estabelecia um prazo de quatro anos para que a capital fosse integralmente transferida para a cidade, que surgiria, nesse intervalo de tempo, no antigo local chamado Curral D'El-Rey, rebatizado como Belo Horizonte. A posição fora escolhida com muito bom senso e apresentava enormes vantagens: estava situada quase no centro geográfico da unidade federativa de que iria se tornar a sede e, em todo caso, no centro da zona mais ativa, destinada a um grande futuro; o fato de distar apenas 100km de Ouro Preto facilitava a supervisão dos trabalhos e a operação de mudança propriamente dita em tempo útil; acessível por todos os lados, embora circundada de montanhas, a localização em questão tinha todos os fatores para se transformar numa encruzilhada de vias de comunicação que iriam cortar Minas Gerais[5]; o relevo cheio de ravinas, como é normal no planalto central brasileiro, não era bastante acentuado para constituir um obstáculo ao estabelecimento de uma grande cidade e, pelo contrário, podia trazer-lhe uma certa di-

---

4. A. BARRETO, *Bello Horizonte. Memória histórica e descriptiva... História média*, Belo Horizonte, 1936.

5. A ferrovia já passava perto e bastava construir alguns quilômetros de linha para fazer a ligação; a existência prévia de uma via férrea que podia trazer os materiais necessários era uma condição *sine qua non* para que o prazo curto fosse respeitado.

versidade; os cursos de água numerosos forneciam a água necessária; enfim, a altitude de 800m e condições climáticas excelentes para um país tropical completavam um contexto eminentemente favorável. O sucesso alcançado e o desenvolvimento fulminante de Belo Horizonte, que superou tudo que seus fundadores podiam ter imaginado, depressa justificaram o acerto da visão destes[6].

Os prazos previstos para a inauguração da capital e a instalação efetiva de toda a administração central do Estado eram extremamente curtos, mas foram cumpridos. A cerimônia oficial teve lugar em 12 de dezembro de 1897 e não se tratou de um ato de princípio. A cidade havia tomado forma e desde essa data demonstrou sua capacidade de funcionamento. Um resultado desses só pode ser obtido mediante uma organização aprimorada, um esforço maciço concentrado no objetivo a ser atingido, uma energia individual e coletiva constante. Quatro nomes dominaram o empreendimento: Afonso Pena (até 7 de setembro de 1894) e seu sucessor Bias Fortes, detentores do poder executivo, cuja vontade de levar as coisas a bom termo assegurou o apoio político e os meios econômicos necessários; Aarão Reis e Francisco Bicalho, ambos engenheiros, que dirigiram sucessivamente a "Comissão de Construção" da nova capital, órgão criado especificamente para esse fim, subordinado apenas ao presidente da província e munido de completa autonomia em relação aos demais serviços gerais. Mas nem todos interessam pelas mesmas razões; em matéria de urbanismo, Aarão Reis domina toda a cena. Embora não tenha ocupado uma posição de responsabilidade à frente das obras por mais do que um ano (pois pediu demissão em 22 de maio de 1895, por motivos de saúde), foi ele que, em 1894, elaborou o plano da cidade, depois respeitado em suas linhas gerais. Portanto, merece o título de verdadeiro pai de Belo Horizonte, mais ainda porque em 1892-1893 já havia assumido um papel importante na escolha do local da futura capital, enquanto chefe da comissão de peritos encarregados dessa tarefa.

O traçado adotado por Aarão Reis (Fig. 317) superpunha uma dupla trama ortogonal rígida, cujas malhas estavam orientadas em dois sentidos diversos. A rede de base desenhava ruas retilíneas que se cortam em ângulos retos e quarteirões quadrados semelhantes em todas as dimensões; ela foi completada por um sistema de avenidas largas, diagonais, que constituíam uma rede menos fechada do que a anterior, mas tão rigorosa em sua clareza e regularidade. A conjunção dos dois elementos respeitava o princípio do tabuleiro de xadrez, fazendo nele as correções destinadas a remediar seus inconvenientes: a multiplicação dos eixos de direção reduzia as distâncias e evitava deslocamentos em linha quebrada; a variedade das combinações possíveis quebrava a monotonia absoluta do xadrez puro sem alterar a perfeição da figura geométrica global; esta era mesmo reforçada pela operação. Mas o autor do plano recusara-se a ver a cidade como um todo definido de uma vez por todas, surgindo abruptamente no campo; ele previu, entre os dois, uma zona suburbana um pouco mais solta; a transição foi assim habilmente disposta, mas ainda era preciso evitar todo rompimento brutal entre a aglomeração e seu subúrbio:

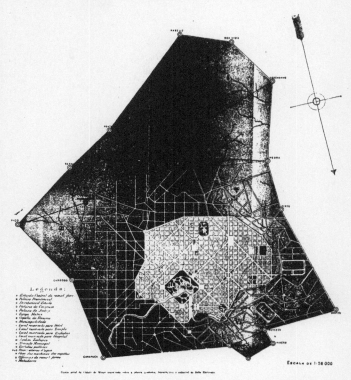

Fig. 317. *Planta de Belo Horizonte*, Projeto de Aarão REIS. 1894.

daí por que a aglomeração foi dotada de um bulevar circundante (Avenida Contorno), bastante flexível para desempenhar o papel em questão, integrando-se sem dificuldade na composição essencial.

O plano de Aarão Reis foi um pouco modificado durante a realização e rapidamente superado quanto aos seus limites geográficos, mas ainda deixou sua marca indelével na capital de Minas Gerais. Comparando-se o esquema original proposto e um mapa do centro atual (Fig. 318), constata-se que as alterações incidiram nos seguintes pontos:

1) O parque foi reduzido e disposto segundo uma orientação diferente; deveria ter sido limitado pela Avenida Afonso Pena, pelo Viaduto Santa Teresa, pelas Avenidas Francisco Sales e Alfredo Balena, ocupando uma superfície quase o triplo da atual. O quadrado impecável, flanqueado nos cantos e nos lados por uma série de praças geométricas, desapareceu totalmente; o contraste desejado entre o rigor do traçado da cidade e a liberdade desse lugar de repouso com aléias serpenteando na vegetação foi notavelmente atenuado.

2) Os demais jardins públicos não foram executados, bem como a maioria das praças projetadas; estas deveriam ser constituídas pelos espaços de um ou mais quarteirões ou até uma ou mais metades de quarteirão consecutivas deixadas livres; os quadrados, retângulos ou triângulos formados assim em nada alterariam o quadro geral. Só a Praça Liberdade (aliás, a única que

---

[6]. É verdade que um novo fato, em que não tinham pensado, veio acrescentar-se aos precedentes: a extraordinária riqueza em ferro das regiões vizinhas levou a uma nova reconversão da economia para a exploração dos recursos minerais e o nascimento de uma indústria ativa.

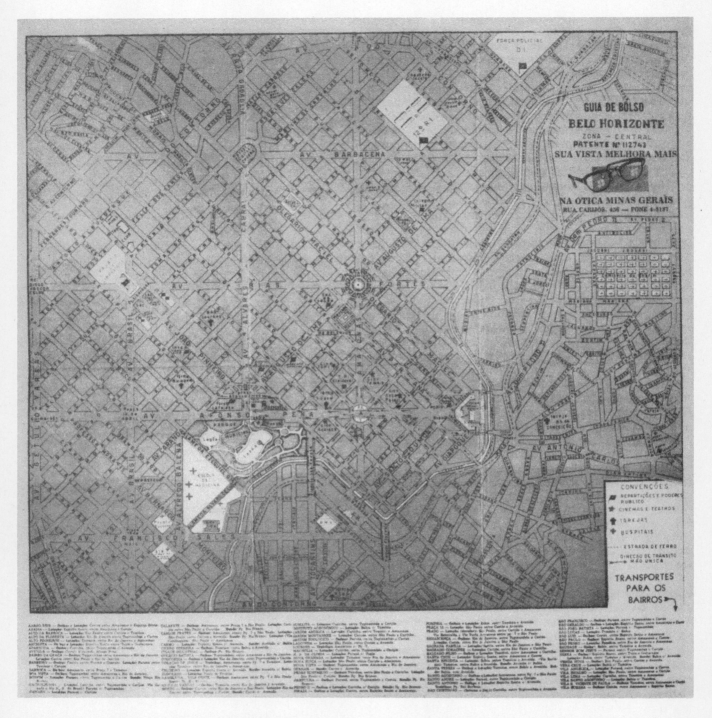

Fig. 318. *Plano do centro de Belo Horizonte*. 1960.

foi feita) escapava um pouco, na medida em que estava aberta no eixo de uma artéria e modificava sensivelmente as dimensões dos quarteirões vizinhos, reduzidos à área congruente; essa disposição especial tinha por objetivo sublinhar o significado desse lugar eminente, concebido para servir de moldura ao palácio do governo.

3) Todas as praças previstas por Aarão Reis destinavam-se a abrigar os edifícios públicos essenciais, propositalmente dispersos, a fim de emaranhar ao máximo a trama urbana e desempenhar o papel de perspectivas axiais a valorizar as artérias nobres[7]. Mas, na realização, optou-se por um dispositivo diferente: os edifícios administrativos foram, no conjunto, agrupados em torno do palácio presidencial, formando um verdadeiro paço, manifestação inicial de um hábito duradouro na arquitetura contemporânea brasileira.

A concepção de Aarão Reis oferecia uma mistura das tradições americana e européia do século XIX em matéria de urbanismo; o engenheiro brasileiro tomou

7. Sob esse aspecto, a sede do poder executivo ou Palácio da Liberdade, na praça de mesmo nome, era privilegiada: erguida sobre a colina mais alta do local, situava-se no eixo de cinco grandes avenidas e três ruas secundárias que convergiam para ela.

emprestado o tabuleiro de xadrez da primeira, mas corrigiu-o por meio de amplas artérias oblíquas, de estrelas, de balões, uma preocupação constante com as perspectivas monumentais que provinha diretamente do Velho Mundo e onde aparecia mais uma vez a influência de Haussmann. Portanto, o plano de Belo Horizonte era uma tentativa de síntese original e uma experiência interessante. O objetivo — criar uma cidade ordenada, arejada, não isenta de uma certa grandeza natural — foi atingido, embora a mediocridade da arquitetura das primeiras décadas depois da fundação não tenha contribuído para reforçar esse sentimento. Mas pode-se fazer sérias críticas. O desejo de não obscurecer a geometria teve como conseqüência o desprezo pelo relevo, que não deixa de oferecer inconvenientes: não raro ruas e avenidas abordam os morros no sentido do declive mais forte, o que leva a subidas penosas e descidas impressionantes, que ficaram ainda mais perigosas com a circulação de automóveis. O desenvolvimento desse meio de transporte, difícil de prever em 1894, lançou luz sobre o aumento dos riscos de colisão, resultante de um traçado que multiplica os ângulos agudos sem visibilidade, já que estão ocupados pelas construções. Por outro lado, os terrenos triangulares, que são abundantes, por muito tempo trouxeram problemas complicados, mas ao contrário do que ocorreu nos casos anteriores, desta vez o progresso foi benéfico: a arquitetura em concreto armado permitiu a edificação de torres perfeitamente adaptadas à forma dos lotes, até então difíceis de utilizar, e o jogo desses audaciosos volumes novos contribuiu para valorizar os principais cruzamentos que antes eram tão difíceis de tratar. Mas essas reservas não passam de criancices, quando comparadas com a constatação fundamental de que uma cidade criada de ponta a ponta sobre um plano pre-estabelecido não evitou cair na mesma confusão de suas predecessoras: o projeto de Aarão Reis, realizado com as alterações mencionadas acima, não constitui mais do que o centro da aglomeração e uma parte mínima de sua superfície total (aproximadamente 5%); essa aglomeração literalmente explodiu na vertical (arranha-céus brotando como cogumelos) e mais ainda na horizontal, sem que nada tenha sido tentado para coordenar um crescimento fantástico que atingiu a taxa de 98% em dez anos (1950-1960). Ora, pode-se realmente censurar Aarão Reis? Por certo ele imaginou uma cidade fechada, de área rigorosamente fixada, sem possibilidade de extensão maciça além dos limites previstos, mas quem teria ousado prever um fenômeno desses numa época onde o programa estabelecido já era considerado ambicioso? Uma concepção aberta, preparando o desenvolvimento futuro segundo certos eixos, teria dado melhores resultados e teria sido respeitada? Pode-se duvidar, pois nenhum controle é possível quando se está frente a um fenômeno cuja extensão atinge tamanha amplidão. Enfim, não se deve esquecer a data da fundação de Belo Horizonte (1893-1897), uma das maiores cidades brasileiras do século XX, mas cujo nascimento pertence ainda aos últimos anos do século anterior, sendo, por conseqüência, nitidamente anterior à renovação profunda dos princípios do urbanismo contemporâneo. O plano de Belo Horizonte pertence à sua época; ele encerra um período, mais do que inicia outro, embora tenha dado provas de uma preocupação com a pesquisa que então era bastante excepcional no Brasil e embora, com isso, tenha sido o reflexo de uma tendência promissora para o futuro.

2. Goiânia[8]

Quarenta anos depois da experiência de Belo Horizonte, uma operação semelhante foi feita no Estado limítrofe de Goiás, em pleno Brasil Central. Sendo o quarto Estado em superfície, superando até mesmo Minas Gerais, Goiás estava longe de ter o mesmo vigor econômico de seu vizinho; muito alongado na direção norte-sul, estendendo-se desde os confins da Floresta Amazônica até o centro geográfico do País, não possuía nenhuma unidade profunda e só a região meridional tinha tido algum desenvolvimento, primeiro com o garimpo de ouro no século XVIII e depois, mais recentemente, com o crescimento de uma florescente agricultura extensiva. Ora, a velha capital, também chamada Goiás, assim como Ouro Preto tinha sido instalada na zona aurífera principal, de acesso difícil e situada agora um pouco fora da zona ativa de exploração. A absoluta semelhança de situação e o extraordinário êxito econômico que foi Belo Horizonte encorajou as autoridades a imitar o exemplo e criar uma nova capital, que somaria às funções administrativas a de mercado distribuidor de que se precisava tanto. A posição escolhida, em pleno distrito agrícola, a pouco mais de 100km da antiga sede, foi assim ditada por considerações práticas imediatas, sem que surgisse qualquer traço da vontade de unificar um território díspar; a parte norte, sem meios de comunicação, ficou mais do que nunca abandonada à própria sorte miserável e a transferência para o sudeste acentuou ainda mais o caráter já excêntrico da chefia do Estado.

A decisão definitiva foi regulamentada em 6 de julho de 1933 (Decreto n.º 3547) e os trabalhos começaram no início de 1934. A suspensão das garantias constitucionais deu rédea solta ao detentor do poder executivo, Pedro Ludovico, nomeado por Getúlio Vargas. Para traçar o plano da cidade foi chamado Attílio Correa Lima, um dos raros arquitetos brasileiros que se especializou na época nas questões de urbanismo[9]. A primeira medida tomada por ele foi deslocar em alguns quilômetros o lugar que tinha sido previsto para o núcleo central da futura aglomeração[10]. Os dois argumentos empregados para isso demonstraram uma mistura de preocupações técnicas e formais típica de uma mentalidade profissional das mais sérias: de um lado, o ponto originalmente fixado na elevação dominante convinha muito mais à instalação dos vastos reser-

---

8. Cf. A. DE AZEVEDO, Goiânia. Uma cidade «criada», *Revista Brasileira de Geografia*, ano III, n.º 1, jan.-março de 1941, pp. 1-19. Attílio Correa Lima, em *Arquitetura*, n.º 14, agosto de 1963, pp. 3-17 (fotos, plantas).

9. De fato, ele aproveitou sua estadia na França, ganha por sua classificação quando saiu da Escola Nacional de Belas-Artes do Rio de Janeiro, para estudar a matéria no Instituto de Urbanismo da Universidade de Paris; chegou até a defender uma tese propondo um plano piloto para Niterói. Cf. *supra*, p. 103, nota 85.

10. A escolha do local foi fixada pelo engenheiro João Argenta.

vatórios de água para a cidade; de outro lado, a configuração do terreno preferido, com sua concavidade regular e sua declividade decrescente muito suave (inclinação de 1 a 2% em vez de 3 a 4% na outra localização), permitiam um desenvolvimento equilibrado e sistemático tão apreciado pelo arquiteto.

O plano de Attílio Correa Lima (Fig. 319) explorava ao máximo a topografia, tanto no sentido prático quanto no sentido estético. Só as vias principais, destinadas a ser imediatamente calçadas ou asfaltadas, seguiram as linhas do declive; as outras ruas modelaram-se de acordo com o relevo, evitando assim o risco de serem transformadas em torrentes pelas terríveis chuvas tropicais que caem na região; o traçado adotado favoreceu em todos os lados a evacuação pela gravidade dessas águas e dos esgotos que as recolhiam para lançá-las em coletores gerais situados no fundo dos vales. A essas vantagens funcionais, o partido adotado acrescentou o estabelecimento de efeitos de perspectiva valorizando o centro administrativo, no centro da cidade, situado no ponto culminante do eixo urbano, esse centro foi para onde convergia um denso feixe de artérias importantes e especialmente as três grandes avenidas monumentais que desembocavam na praça em torno da qual o centro está ordenado, lembrando a concepção clássica utilizada em Versalhes e depois, no século XVIII, em Karlsruhe e Washington.

A indiscutível inspiração de caráter histórico constatada sob esse aspecto não impede que o plano de Goiânia surja como uma criação original, que leva em conta os fatores locais e da vida moderna. Duas das principais preocupações de Attílio Correa Lima foram a disciplina do trânsito e um zoneamento eficiente. Ele separou cuidadosamente o centro político-administrativo e o centro comercial. Embora instalado num ponto mediano da composição e servido por numerosas ruas, o centro político-administrativo ficava fora da circulação densa; só atraía a circulação que estava diretamente destinada a ele e, em grau menor (graças a anéis periféricos de evacuação), a da zona residencial situada atrás dele; em suma, ele se comportava como se estivesse numa posição excêntrica no fim da espinha dorsal formada pela Avenida Pedro Ludovico (hoje Goiás). O verdadeiro centro empresarial estava no cruzamento dessa avenida com a Avenida Anhangüera, situada no prolongamento da estrada de acesso, tendendo a criar um desenvolvimento perpendicular ao anterior e a canalizar o trânsito intenso desse tipo de bairro para direções laterais que não prejudicariam o significado essencialmente monumental do eixo norte-sul.

A cidade prevista era linear, mas sem que essa concepção implicasse uma definição irreversível: o crescimento para oeste era esperado e as grandes direções desse desenvolvimento futuro foram esboçadas por um começo de rede rodoviária coerente. A escolha feita tinha vantagens seguras: desde o começo, a cidade era dotada de um conjunto ordenado, compreendendo os elementos essenciais, assegurando-lhe assim seus traços fundamentais qualquer que fosse a evolução futura; ela garantia a rapidez do acesso às rodovias e uma via completa nos melhores prazos e preços, estabelecendo as prioridades necessárias sem sacrificar a população, cujos interesses não foram esquecidos. A repartição das funções principais em setores bem localizados não excluiu a flexibilidade de suas respectivas articulações e estava longe de ser absoluta. Sob esse aspecto, é significativo o caso da atual Avenida Goiás: sua largura, excepcional para uma aglomeração pequena, não era explicada pela expectativa de uma circulação intensa, já que vinha dar no centro político e canalizaria apenas uma parte do trânsito secundário destinado a esse centro; ela se justificava pelo papel monumental que lhe era atribuído e pela possibilidade de ser utilizada para os desfiles ou paradas oficiais, bem como porque

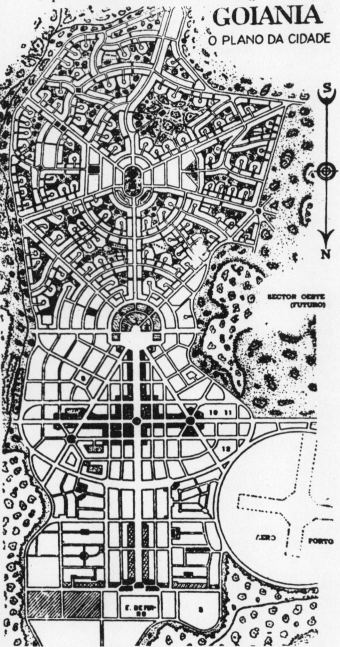

Fig. 319. *Plano de Goiânia.* Projeto de Attílio CORREA LIMA. 1934.

o urbanista responsável a tinha imaginado como um vasto jardim público sombreado por muitas árvores, que iria servir como um lugar privilegiado para passear; aliás, ele pretendia que o mesmo acontecesse com a Avenida Anhangüera, e o conjunto teria constituído um belo parque de vegetação regular, integrado na composição geral e em seu espírito voltado para uma síntese entre o útil e o agradável.

Mais uma vez, o desenvolvimento de Goiânia (Fig. 320) foi mais rápido do que previsto e o desaparecimento prematuro de Attílio Correa Lima num acidente aéreo (27 de agosto de 1943) impediu que ele estudasse as soluções que poderiam ter sido apresentadas. O plano inicial foi respeitado, embora amputado o jardim central em cruz, erradamente considerado como um luxo supérfluo quando na verdade era um elemento importante; de fato, o abandono, enquanto espaços verdes de terrenos valorizados por bairros com traçados autônomos que vão desde o xadrez puro e simples até uma retomada parcial de certos esquemas de Correa Lima, passando por diversas variantes que alternam diagonais ou semicírculos[11]. A unidade, o equilíbrio global, a facilidade de comunicações foram perdidos; os princípios modernos adotados para a primeira zona residencial não foram mantidos: em vez de se distribuir as casas em recuo das ruas movimentadas em tranqüilas ruas sem saída, voltou-se à quadriculação tradicional dos quarteirões definidos pelas artérias destinadas à circulação. Com perto de duzentos mil habitantes alcançados em pouco mais de trinta anos[12], Goiânia hoje é uma cidade que, tomada no conjunto, não difere fundamentalmente da maioria das outras mais velhas.

Com isso pode-se dizer que a obra de Attílio Correa Lima apresenta como saldo um fracasso? Isso seria uma grande injustiça. A parte da cidade cujo plano ele

Fig. 320. *Plano de Goiânia*. O centro atual.

sua situação privilegiada, não era conveniente para a mentalidade especulativa inerente ao Brasil e esta terminou por se impor às custas da lógica e do interesse público acertadamente compreendido. Por outro lado, os acréscimos que logo revelaram ser necessários, em razão do crescimento acelerado da população, devido ao sucesso da operação, fizeram nascer uma série de

traçou não foi totalmente sufocada pela explosão posterior. Sua clareza, seu equilíbrio, seu caráter arejado permanecem perceptíveis, apesar da ausência do parque

11. A responsabilidade por essas transformações do plano primitivo coube ao urbanista Armando Godói.
12. É verdade que a criação de Brasília, a duzentos e cinqüenta quilômetros de distância, contribuiu grandemente, a partir de 1957, para o impulso fenomenal de Goiânia, mas esse impulso já se vinha esboçando bem antes, pois a cidade obteve, entre 1950 e 1960, o recorde de crescimento proporcional do Brasil durante essa década (188%).

central, e até mesmo os arranha-céus puderam começar a brotar com menores inconvenientes do que na maioria das partes. Não houve deslocamento de funções e cada zona conservou sua razão de ser original[13], coisa bastante rara no caso de crescimento fulminante. É verdade que o urbanista não percebeu as fantásticas possibilidades que se descortinavam perante a nova capital de Goiás, mas não se pode censurá-lo por isso quando se pensa que a antiga capital não passava de uma grande povoação com alguns milhares de habitantes. Por conseguinte, o centro de Goiânia, longe de ser inorgânico como muitos de seus congêneres, desempenha corretamente seu papel e não deixa de ter um certo caráter, embora nem sempre a arquitetura esteja à altura do plano. Este foi concebido para uma capital, valorizando o centro administrativo e retomando, como já foi dito, a disposição solene de Versalhes; infelizmente os edifícios que deveriam ter sido favorecidos pelas perspectivas essenciais não demonstraram ser dignos dessa atenção. Em vez de atribuir o encargo a um verdadeiro arquiteto, que poderia ter sido o autor do plano piloto, preferiu-se edifícios construídos com economia, cuja austeridade medíocre fazia as vezes de modernismo sob exteriores mais ou menos classicizantes. É verdade que, entre 1930 e 1940, o movimento renovador brasileiro ainda dava os primeiros passos, e teria sido surpreendente ver surgir, num Estado pobre e atrasado, perdido no Planalto Central, obras de vanguarda que já era difícil implantar no Rio de Janeiro e em São Paulo.

Contudo, mais do que por seu legado material, a contribuição de Attílio Correa Lima ao urbanismo contemporâneo é notável pelo pensamento fecundo que contina. Sob muitos aspectos, Goiânia é a prefiguração de Brasília, e com certeza Lúcio Costa inspirou-se nela, consciente ou inconscientemente, quando germinou em seu espírito a idéia-chave que iria materializar-se na Capital Federal. É verdade que ele transformou a cidade linear projetada por seu colega numa cruz, deslocando os bairros residenciais do prolongamento do eixo longitudinal para instalá-los nos dois lados da estrada de acesso transversal, conferindo a essas alas um significado maior na composição, mas a Avenida Anhangüera de Correa Lima, guardadas as devidas proporções, tinha função e localização semelhantes em seu desenvolvimento apenas esboçado. Não foi Correa Lima que assumiu a iniciativa de distinguir a cabeça e o coração, o centro governamental e o verdadeiro centro das atividades, situando este no ponto crucial do trânsito e aquele um pouco afastado, mas numa posição privilegiada em termos de espinha dorsal da cidade?[14] Enfim, não foi ele o primeiro a fornecer um esquema de eixo monumental cujos componentes e ordenação foram retomados, *grosso modo,* por Lúcio Costa, com uma amplitude multiplicada e um senso do espaço que naturalmente não poderiam surgir numa cidade secundária como Goiânia, nem numa época onde as características da arquitetura e do urbanismo do século XX ainda se impunham com dificuldade? Assim, a capital de Goiás, inicialmente concebida num padrão ao mesmo tempo modesto quanto à estimativa da superfície e ambicioso quanto aos modelos escolhidos e à significação desejada, não tem nada de uma criação revolucionária: ela permaneceu tradicional em sua essência, embora sensível a certos princípios novos, referentes, por exemplo, à distribuição da habitação; mas foi muito mais fecunda do que parece à primeira vista e é preciso fazer justiça ao espírito de síntese de Attílio Correa Lima, que, sem afetar muito os hábitos solidamente enraizados e ainda irremovíveis, conseguiu realizar uma obra original e lançar bases para o futuro. Goiânia, que o autor de seu plano queria que fosse monumental, racional e humana, surge afinal de contas como uma etapa marcante na evolução do urbanismo no Brasil, embora ainda se esteja longe do coroamento que é o gigantesco empreendimento de Brasília.

2. BRASÍLIA, APOTEOSE DO URBANISMO BRASILEIRO

1. Origem e finalidade da operação

O sucesso alcançado no plano prático pela criação de novas capitais regionais só podia incitar o Brasil a realizar um antigo sonho, acalentado desde a Independência ou mesmo antes: a mudança para o interior da chefia administrativa do país[15]. Portanto a operação que culmina com o nascimento de Brasília muito deve às experiências anteriores, feitas em escala mais reduzida e menos ambiciosa; convém, porém, assinalar uma diferença essencial quanto à finalidade procurada. Em Belo Horizonte e Goiânia, os fatores econômicos tinham precedido as finalidades políticas e imposto uma solução visando sair de uma situação irremediavelmente ultrapassada; em suma, tratava-se de uma atualização, tanto quanto de uma projeção para o futuro. Em Brasília, aconteceu o contrário: a política não seguiu a economia — ela a precedeu; a cidade foi concebida como um fermento, um meio de esboçar o desenvolvimento e o povoamento de zonas até então abandonadas;

---

13. Exceto, porém, o aeroporto, cuja proximidade logo se revelou uma heresia; mas não se deve esquecer que em 1934, a aviação comercial ainda estava iniciando; os dados precisos sobre os serviços que ela podia prestar e suas necessidades ainda não tinham sido avaliados corretamente. O loteamento do terreno deu origem a um novo bairro, que, de modo curioso, guardou o nome de «Aeroporto» como lembrança da destinação originária que tinha sido dada ao local.

14. De fato, é preciso não se deixar iludir pela existência do bairro residencial além do paço municipal. Este marcava o fim da coluna vertebral da cidade e, aliás, funcionava como um verdadeiro freio, contribuindo para a expansão prioritária, não prevista, da cidade no sentido leste-oeste. Em 1963, a zona sul, embora planificada desde o começo, ainda era formada inteiramente por ruas não pavimentadas e parecia pouco ocupada, enquanto bairros muito mais recentes se tinham desenvolvido rapidamente nas outras direções.

15. Surgida pela primeira vez, em 1789, durante a Inconfidência Mineira, reaparecendo em 1822, na Independência, sob a pena de José Bonifácio de Andrada e Silva, que via nessa medida a afirmação da nova personalidade do país, essa aspiração política ficou mais definida depois da proclamação da República, em 1889; a Constituição de 1891 previu que seria recortado, no Estado de Goiás, um território destinado ao futuro Distrito Federal, e uma missão chefiada por Luís Cruls foi até o local para traçar seus limites (1892-1894); embora então se tenha ficado só nisso, aos poucos a idéia foi tomando corpo e a Constituição de 1946, promulgada depois da queda da ditadura de Getúlio Vargas, retomou a cláusula da transferência para o Planalto Central; seguiram-se estudos sérios, que levaram à confirmação (com ligeiras modificações) da área antes delimitada pela missão Cruls para o novo Distrito Federal (1948), após a escolha do local definitivo (decreto de 10 de setembro de 1955, firmado pelo Presidente Café Filho). Ver retrospectiva completa e cronolgia da questão em O. ORICO, *Brasil, Capital Brasília*, 2.ª ed., sem lugar de publicação, 1960, pp. 63-74.

situada na ponta da frente pioneira de penetração para Norte e Oeste, em pleno Planalto Central semideserto, acompanhada pela abertura de uma rede de estradas de primeira ordem, a cidade, desde o começo, assumiu um duplo papel material e psicológico; de um lado, pólo de atração e base de partida para uma conquista ulterior e, do outro, símbolo das possibilidades futuras do país e da união nacional, Brasília foi a expressão de uma vontade de afirmação da grandeza e vitalidade do Brasil, uma prova de sua capacidade de empreender e da confiança em seu destino, uma idéia-força capaz de galvanizar a opinião[16].

Nenhuma dúvida subsiste quanto à responsabilidade pela fundação da nova Capital Federal; incontestavelmente, ela cabe a Juscelino Kubitschek. É verdade que, quando este assumiu a presidência da República em janeiro de 1956, encontrou o terreno preparado: o local tinha sido determinado com precisão, havia sido prevista sua transformação por uma barragem que criaria um imenso lago artificial e chegou até a ser apresentado um esboço do plano piloto pela comissão de localização dirigida pelo Marechal José Pessoa. O fato de que essas condições preliminares foram preenchidas facilitou a tarefa e tornou viável o extraordinário nascimento, numa região virgem, de uma cidade completamente artificial capaz de desempenhar aproximadamente sua função primordial no prazo extremamente curto de menos de cinco anos. Mas também é verdade que, sem a ação decisiva e muito pessoal de Kubitschek, muita água teria passado por baixo da ponte antes que o projeto recebesse um impulso real. Basta constatar a oposição encarniçada que foi preciso vencer, o desejo confessado de vários políticos e homens de negócios que queriam adiar a operação para dias melhores que foi preciso persuadir. Se Kubitschek não tivesse prometido em sua campanha eleitoral de 1955 efetuar a transferência antes do fim de seu mandato e se, quando investido do poder, não tivesse dado prioridade absoluta a esse objetivo, Brasília não teria saído da terra como num passe de mágica aos olhos espantados do mundo inteiro. Pode-se achar estranho tanta pressa depois de uma lentidão secular na abordagem da questão, mas isso era uma prova de realismo por parte do presidente; não podendo ser reeleito de acordo com a constituição em vigor e conhecendo bem a repugnância natural dos políticos brasileiros em continuar os empreendimentos de seu predecessor imediato, Kubitschek compreendeu que o único meio de evitar um retrocesso e o abandono de sua obra depois de iniciada era conduzir a construção num ritmo que pudesse colocar seus adversários perante o fato consumado; nisso ele teve pleno êxito e inscreveu seu nome na História com esse lance de audácia, sem precedentes na amplidão e rapidez de execução. Mas será que se deve dizer que isso foi uma manifestação de teimosia ruinosa e pouco refletida, fruto de uma mentalidade "faraônica", como seus detratores não deixaram de acusá-lo? Embora esse aspecto de manifestação de orgulho individual não possa ser totalmente descartado, aspecto que desempenhou seu papel na escolha da ordem das prioridades, seria extremamente injusto vê-lo como o móvel principal de uma tentativa que superou em muito, por sua finalidade e implicações, toda espécie de ambição puramente pessoal. Por outro lado, não se deve esquecer que Kubitschek, com seu ardor, não fez mais do que tornar específica e concreta uma profunda aspiração que já estava definida em suas linhas gerais antes dele se manifestar[17]. Seja como for, seu grande mérito foi ter realizado o empreendimento, ter conseguido dotá-lo de um caráter excepcional apto a canalizar o entusiasmo geral, e ter contribuído ativamente para a transformação desse entusiasmo numa das mais interessantes manifestações do urbanismo de nossa época.

Em todo o mundo muito se discutiu sobre o valor de Brasília[18], e não raro desencadearam-se paixões fortes sobre o assunto. Não é o caso de julgar aqui as conseqüências econômicas da criação da cidade, o que nos levaria muito longe; mas é preciso observar que a finalidade desejada foi atingida no que se refere ao povoamento e exploração de zonas antes abandonadas ao cerrado ou à floresta virgem: o Distrito Federal conta com muito mais de quinhentos mil habitantes (na maioria de qualidade discutível, é verdade); cidades e povoações brotaram ao longo das estradas abertas em todas as direções, e essa nova ocupação do solo foi particularmente sensível no eixo Brasília-Belém, que desempenhou um papel fundamental no desbravamento e integração do Norte do Estado de Goiás e boa parte da região amazônica; por conseguinte, a nova capital serviu como pólo de atração, como traço de união e base de partida para a conquista interna do território, segundo os planos estabelecidos. Quanto a saber se os sacrifícios financeiros foram rentáveis ou serão rentáveis a longo prazo, ainda é cedo demais para responder; aliás, as principais objeções locais sempre visaram menos o princípio da transferência do que sua oportunidade cronológica. Enfim, o problema levantado por vários estrangeiros, relativo à possibilidade de desenvolver o interior do país sem transportar para lá a chefia administrativa, demonstrou simplesmente o desconhecimento das condições específicas: jamais teriam

---

16. C. J. O. DE MEIRA PENNA, artigos publicados em maio de 1956 na revista norte-americana de geografia humana, *Landscape*, depois em *Módulo*, n.º 7, fev. de 1957, pp. 18-19 e *Architecture d'aujourd'hui*, n.º 80, out. de 1958, p. 50. O texto completo do estudo em questão encabeça a brochura *Brasília*, publicada em várias línguas sob os cuidados do Ministério das Relações Exteriores do Brasil (edição em francês de maio de 1960). R. CORBISIER, Brasília e Desenvolvimento Nacional, *Módulo*, n.º 18, junho de 1960, pp. 3-9. E. KNEESE DE MELLO, «Porque Brasília», e J. WILHEIM, Brasília, 1960. Uma Interpretação, *Acrópole*, número especial sobre Brasília, 2.ª ed., 1960, pp. 9-21 e 23-53.

17. O geógrafo francês F. Ruellan, que tinha participado da expedição encarregada de estudar as possíveis localizações para a instalação da futura Capital Federal, já em 1948 tinha colocado o problema: a capital devia ser «exclusivamente um centro político e administrativo, gozando de todas as comodidades possíveis por si mesma e seus arredores, situada no centro de uma zona já muito povoada» ou, pelo contrário, «um fermento, um centro de colonização e irradiação para o grande sertão, ou interior do Norte e do Oeste», caso em que seria preciso «situá-la como as grandes cidades, às portas da estepe ou do deserto, como por exemplo Pequim, capital política ao mesmo tempo que grande porto terrestre e ponto de partida das caravanas para a Mongólia e a Manchúria»? *(Bulletin de l'Association des géographes français*, n.º 194-195, maio-junho de 1948, separata, 12 p.). O relatório apresentado ao governo brasileiro depois da expedição declarava-se abertamente favorável ao segundo termo da alternativa e, assim, propôs que se voltasse à área delimitada de 1892 a 1894 pela missão Cruls, com algumas ligeiras modificações: essa conclusão foi aceita sem reservas pelas autoridades e mantida até o fim.

18. Os debates mais sérios e mais objetivos tiveram lugar durante um colóquio internacional sobre «O problema das capitais na América Latina», em Toulouse, de 24 a 27 de fevereiro de 1964, cujas atas foram publicadas por *Caravelle*, n.º 3, 1964 (simpósio sobre Brasília nas pp. 363-368). Deve-se consultar também o artigo de P. PINCHEMEL em *Vie urbaine*, 1967, n.º 3, pp. 201-234.

sido permitidos os investimentos maciços necessários em circunstâncias que não fossem a criação de uma nova capital; não é verdade que, no Brasil, seja possível separar a economia da política e da administração; aquela sempre segue estas, às quais está ligada pela complicação de uma máquina complexa e minuciosa, talvez parasitária mas invencível; dentro das estruturas do Terceiro Mundo, o meio mais eficaz para acarretar o desenvolvimento de uma zona pioneira desfavorecida é concentrar nela os órgãos dirigentes.

A controvérsia sobre a lógica e os efeitos materiais de Brasília não impediu que ela alcançasse um inegável sucesso no plano psicológico. A atmosfera de epopéia com que foi envolta a obra nascente por uma hábil propaganda nacional e internacional e a imagem magnífica que foi sendo criada à medida que a obra tomava forma produziram o impacto desejado; elas transformaram a cidade num objeto de orgulho indizível, no símbolo de uma maioridade finalmente atingida e de uma nova era aberta às ambições de um povo bruscamente conscientizado de suas possibilidades de afirmação. A melhor prova da penetração profunda e irreversível do ideal encarnado pela capital plantada da noite para o dia no Planalto Central é sua manutenção apesar das peripécias de várias mudanças de governo; os adversários mais ferrenhos do empreendimento converteram-se por bem ou por mal e não procuraram recolocá-lo em questão quando subiram ao poder; quase todos endossaram decididamente as conseqüências, pregando sem hesitar a marcha para a frente e retomando, por conta própria, as finalidades designadas por Kubitschek. É por isso que, apesar da oposição frenética de alguns meios poderosos e da má vontade patente ou discreta de várias pessoas atingidas em seus interesses imediatos, a capital não cessa de consolidar-se ao longo dos anos. Inaugurada em 21 de abril de 1960, ainda era um imenso canteiro de obras nove meses mais tarde, quando partiu seu fundador; então eram raros os blocos residenciais completamente terminados e só uma pequena parte da administração tinha realmente sido transferida para lá. Hoje as coisas estão bem mudadas e a cidade está bem viva e cada dia tende mais a assumir integralmente suas funções intrínsecas. A partida foi inapelavelmente ganha graças ao impulso inicial, graças à mitologia com que foi cercada, graças, enfim, à admirável realização arquitetônica e urbanística que ela permitiu e que, para nós, bem entendido, é o ponto fundamental.

2. A organização do concurso para a escolha do plano piloto

Logo depois de instalado no poder, Kubitschek passou à ação. Em 18 de abril de 1956, criou a Companhia Urbanizadora da Nova Capital, cuja denominação logo foi abreviada para Novacap; esse órgão do Estado, encarregado de todas as operações visando a implantação e a construção da cidade, gozava de liberdade e autonomia quase totais: só estava subordinado à autoridade direta do Presidente da República e podia gerir à vontade seu enorme orçamento. Em suma, era a retomada do método elaborado em Belo Horizonte e depois em Goiânia, com uma amplidão inédita e um caráter mais nitidamente político; de fato, os quadros técnicos foram multiplicados, mas, ao contrário do que tinha ocorrido nos casos anteriores, a direção suprema dessa vez coube a um antigo parlamentar, homem de confiança de Kubitschek, que provou ser um administrador eficaz e um brilhante propagandista do empreendimento — Israel Pinheiro.

A primeira medida tomada referia-se à elaboração de um plano da cidade[19]. A comissão que escolheu o local já tinha se preocupado com a questão; é verdade que o Marechal José Pessoa, que a presidia, não era uma sumidade na matéria, mas na comissão também estavam dois arquitetos interessados fundamentalmente nos problemas de urbanismo: Reidy e Burle Marx. Estes tinham esboçado um programa e feito a proposta de chamar Le Corbusier para coordenar os trabalhos, voltando à concepção que prevaleceu em 1936 para o Ministério da Educação e Saúde. Mas as circunstâncias tinham mudado desde então; nesse meio tempo, a arquitetura brasileira tinha-se imposto em escola mundial e os meios profissionais mostraram ter plena consciência disso; vinte anos depois, os arquitetos locais não estavam mais dispostos a eclipsarem-se como aprendizes perante o mestre, mesmo num campo mais ou menos virgem para eles; a reação quase unânime de seus colegas obrigou Reidy e Burle Marx a abandonarem a idéia. Aliás, convocar um estrangeiro inseria-se mal no contexto psicológico da mística nacional, cuja expressão suprema, imaginada por Kubitschek, iria ser a nova capital. Assim ele recusou uma oferta de serviços feita, sem esperar que fosse solicitada, pelo próprio Le Corbusier, numa carta pessoal ao presidente, carta que teve o dom de inflamar ainda mais os espíritos já superaquecidos.

A partir de 1940, Kubitschek tinha encontrado em Niemeyer um colaborador ideal para sua política de prestígio, onde as construções monumentais desempenhavam papel decisivo; depois de ter podido contar, durante as etapas anteriores de sua carreira pública, com o talento genial daquele que ele mesmo tinha contribuído para impor como o arquiteto número um do Brasil, não poderia dispensá-lo no momento crucial do coroamento de sua obra. Assim, encarregou Niemeyer das funções de diretor do Departamento de Arquitetura da Companhia Urbanizadora, confiou-lhe a missão de projetar pessoalmente o conjunto dos edifícios mais representativos da futura Brasília e decerto teria visto com bons olhos que ele mesmo traçasse o plano da cidade. Mas Niemeyer recusou-se a fazer isso e aconselhou a instituição de um concurso puramente brasileiro, organizado com a participação do Instituto dos Arquitetos do Brasil; desta maneira ele dava uma satisfação importante a seus colegas ao mesmo tempo que reservava para si sólidas garantias. De fato, as condições básicas publicadas no *Diário Oficial* de 20 de setembro de 1956 não foram as que a Ordem dos Arquitetos tinha redi-

---

19. *Habitat*, n.º 35, out. de 1956, pp. 1 e 63, e n.º 37, dez. de 1956, p. 52. *Arquitetura e Engenharia*, n.º 42, nov.-dez. de 1956, pp. 26-28.

gido durante um trabalho coletivo, onde tinham prevalecido os critérios do escritório M. M. M. Roberto: encontrou-se nelas apenas um programa vago, especificando o número final de habitantes previstos (500.000), o que obrigou os candidatos a fazerem as vezes do governo na elaboração dos dados político-administrativos previstos, mas assegurou-lhes a mais ampla liberdade; não se exigia nenhum estudo geográfico e sociológico prévio, o que evitava a preeminência de equipes já constituídas[20] e a exclusão de iniciativas individuais que dessem à imaginação criadora e aos critérios formais uma prioridade sobre a análise mecânica dos elementos materiais; enfim, não havia um compromisso absoluto quanto à realização do anteprojeto classificado em primeiro lugar e estava bem especificado que os edifícios iriam depender de decisões ulteriores da Comissão do Plano (em vez de ser submetido a concurso, conforme a lei referente aos edifícios públicos). Além do mais, o júri devia ser composto na maioria por representantes designados direta ou indiretamente pela própria companhia e Niemeyer tinha, nela, voz predominante tanto pela competência quanto por seus relacionamentos[21].

Essa situação não teve o condão de agradar a todos, e surgiu uma crise na Ordem dos Arquitetos: as críticas acerbas de Reidy, de Moreira e dos Roberto acarretaram a demissão de Niemeyer do posto de vice-presidente daquela instituição, mas nada mudaram; a intervenção do presidente da associação, Ary Garcia Roza, junto a Israel Pinheiro só obteve uma concessão importante: o prolongamento até 11 de março de 1957 do prazo de cento e vinte dias previsto inicialmente. É notável que, nessas condições de extrema rapidez, explicáveis pela pressa do chefe da Nação em ver erguer-se a futura capital, tenha havido vinte e seis trabalhos apresentados[22]. É verdade que algumas figuras de proa como Reidy e Moreira negaram-se a participar, estimando que o problema estava mal colocado, mas, no conjunto, a elite da arquitetura brasileira lançou-se com decisão na aventura, seguida por muitos grupos de jovens profissionais, sinal inegável do entusiasmo e da emulação desencadeados por essa oportunidade única. Embora algumas vezes contassem com a colaboração de técnicos de outra formação, todos os candidatos responsáveis eram arquitetos, ilustrando claramente uma tendência significativa do urbanismo brasileiro.

O júri reuniu-se pela primeira vez em 12 de março e esteve reunido até 16 de março de 1957, quando pronunciou seu julgamento definitivo, coroando por unanimidade (exceto Paulo Antunes Ribeiro) o anteprojeto de Lúcio Costa e distribuindo os outros prêmios previstos[23]. A publicação dos resultados desencadeou discussões ásperas na imprensa carioca e paulista, onde os autores das propostas não acolhidas não hesitaram em deixar escapar seu rancor. Sob esse aspecto, Marcelo Roberto, porta-voz da equipe classificada em terceiro lugar, foi o mais virulento e seus ataques não tiveram objetividade[24]. Mas, no conjunto, a crítica nacional[25] foi extremamente favorável, reconhecendo a evidente superioridade da obra vencedora, sua impecável clareza e sua perfeita coerência com o ideal de que Brasília devia ser o símbolo eficiente. A simplicidade do desenho e da concepção, a admirável concisão do memorial explicativo, onde todas as palavras importavam, tornaram acessível aos leigos a compreensão do documento e seu alcance excepcional. No plano internacional, as reações foram menos rápidas e manifestaram-se principalmente quando a cidade começou a tomar forma, mas a repercussão foi imensa e as reservas enunciadas em algumas revistas especializadas[26] perderam-se em meio ao concerto de louvores surgidos de todos os lados. Assim, importa pouco que, no mesmo momento, alusões esparsas tenham questionado a honestidade do concurso, chegando a acusar sub-repticiamente Lúcio Costa e Niemeyer de estarem conluiados. É certo que existiam relações de amizade entre os dois e que um tinha impulsionado o outro no começo de sua carreira, chegando mesmo a eclipsar-se perante ele depois de ter reconhecido seu talento; mas seria conhecer mal aquele pensar que ele possa ter tramado intrigas para obter uma vantagem qualquer e também conhecer mal a este supor que ele possa ter saído de seu papel de árbitro devido a um impulso de agradecimento. Sem dúvida alguma, o anonimato dos projetos não impediu que Niemeyer entrevisse a mão de Lúcio Costa na proposta apresentada por ele, mas essa proposta prestava-se tão bem ao desenvolvimento do tipo de arquitetura que lhe convinha que não é preciso procurar outras explicações para sua escolha resoluta. Por outro lado, era apenas um dos vários membros do júri e sua influência não teria sido suficiente para impor

---

20. Como a dos Roberto que, nesse setor, estava consideravelmente à frente; mas é verdade que a aspereza dos ataques feitos por Marcelo Roberto na imprensa sobre esse ponto específico se deveu a convicções reais e não por ambições egoístas.

21. Esse júri foi formado pelo presidente da Novacap, Israel Pinheiro (presidente, sem direito a voto), por um representante do Instituto dos Arquitetos do Brasil (Paulo Antunes Ribeiro), um representante da Associação dos Engenheiros (Horta Barbosa), dois representantes do departamento de urbanismo da Novacap (Niemeyer e o heleno-norte-americano Stamo Papadaki, grande admirador de Niemeyer e editor de sua obra) e dois urbanistas estrangeiros (que deveriam ser Maxwell Fry, presidente dos C.I.A.M. e o norte-americano Charles Asher, titular da cadeira de ciências políticas no Brooklin College, mas que, no final, foram substituídos por William Holford, um dos responsáveis pelo plano regulador de Londres, e o francês André Sive, arquiteto-conselheiro do Ministério da Reconstrução). De fato, só a designação dos dois membros representantes do Instituto dos Arquitetos e da Associação de Engenheiros escapava realmente ao controle da Novacap.

22. Pedia-se dois documentos aos candidatos: 1) um projeto básico da cidade, onde figurassem a localização dos elementos principais da estrutura urbana, a dos diversos setores, centros, instalações e serviços bem como suas interconexões, a distribuição dos espaços livres e das vias de comunicação (escala 1/25 000); 2) um memorial explicativo.

23. Sobre o processo das deliberações, cf. *Arquitetura e Engenharia*, n.º 44, março-abril de 1957, pp. 2-32; *Módulo*, n.º 8, julho de 1957, pp. 17-21; *Architectural Review*, vol. 122, dez. de 1957, pp. 395-402; J. PEIXOTO DA SILVEIRA, *A Nova Capital. Por Que, Para Onde e Como Mudar a Capital Federal*, 2.ª ed., sem lugar nem data, pp. 330-331 (1.ª ed., 1957).

24. Aliás, compreende-se que foi difícil para ele admitir que a enorme soma de trabalho e dinheiro gasta nos estudos preliminares de planificação regional foi inútil e que tenha sido preferido um esboço cujas linhas nem eram feitas a régua e que só tinha custado reflexão. Era um pouco vexatório ver Lúcio Costa embolsar, sem qualquer gasto, a recompensa de um milhão de cruzeiros dada ao vencedor, enquanto o escritório M. M. M. Roberto, depois de ter investido no negócio uns Cr$ 500.000,00, achava-se com um sensível déficit apesar de um terceiro lugar muito honroso.

25. O artigo mais importante e completo sobre o assunto foi publicado por MÁRIO PEDROSA, em *Brasil, Arquitetura Contemporânea*, n.º 10, 1957, pp. 32-35. Dentre os críticos especializados, só Geraldo Ferraz recusou juntar-se ao coro de declarações que proclamavam que o anteprojeto de Lúcio Costa era a única escolha possível (*Habitat*, n.º 40-41, março-abril de 1957, pp. 1-3).

26. *Casabella*, n.º 218, março de 1958, pp. 33-39. *Progressive Architecture*, t. 40, out. de 1959, pp. 68-69. *L'Oeil*, n.º 59, nov. de 1959, pp. 76-83. *L'Architettura*, n.º 51, jan. de 1960, pp. 608-619. *Zodiac*, n.º 6, maio de 1960, pp. 129-139 e n.º 11, fev. de 1963, pp. 2-17.

355

a seus colegas uma decisão que estes não aprovassem; segundo o depoimento insuspeito de Paulo Antunes Ribeiro[27], único jurado que se opôs ao voto final, parece até que todas as iniciativas importantes quanto ao caminho a seguir, quanto aos critérios de julgamento e classificação definitiva, provieram dos três arquitetos estrangeiros; longe de provocá-los, Niemeyer não fez mais do que endossá-los. Além disso, as divergências surgidas com a proclamação dos resultados por causa da abstenção de Paulo Antunes Ribeiro explicam-se mais pelos escrúpulos do representante do Instituto dos Arquitetos do Brasil do que pela recusa em reconhecer os méritos fundamentais do plano de Lúcio Costa[28]. É significativo que, depois da unanimidade que levou, no primeiro dia, à pré-seleção de dez trabalhos, Ribeiro, retomando a título pessoal os projetos descartados para garantir que nenhuma injustiça tinha sido feita durante o rápido exame preliminar, tenha precisamente ressaltado as qualidades de um trabalho que se aproximava do de Lúcio Costa, que ele se recusou a premiar. Em todo caso, a oferta que fez no sentido de declarar conjuntamente vencedores os onze trabalhos em questão e de formar uma grande comissão encarregada de elaborar o plano definitivo, quer fosse ditada por uma discutível preocupação com a perfeição levada ao extremo, quer por um profundo desejo de acomodar suscetibilidades aguçadas, estava isenta de realismo. Não era certo, nem mesmo provável que, da solução proposta, resultasse uma obra válida; de qualquer maneira, ela não tinha qualquer possibilidade de ser aceita dentro de um programa que exigia máxima celeridade para a nova capital.

3. Os projetos não aceitos do plano piloto

Não se pretende examinar todos os projetos apresentados no concurso; aliás, a maioria deles logo caiu no esquecimento e não teve qualquer publicidade. Em compensação, há outros que merecem ser citados, pois deram uma contribuição interessante, embora não tenham sido vencedores. Naturalmente, serão vistos mais demoradamente aqueles que foram classificados e examinados detalhadamente pelo júri[29], mas sem que isso seja um limite imperativo.

No que se refere à escolha do local propriamente dito, os candidatos gozavam de uma liberdade bem ampla; a única restrição dizia respeito à ocupação de uma zona próxima do futuro lago artificial, reservada para a edificação do Palácio do Presidente e de um hotel destinado aos hóspedes de categoria que viriam visitar os trabalhos; de fato, na pressa de chegar ao fim e de possuir rapidamente um instrumento de propaganda eficiente, Kubitschek tinha feito começar essas duas construções em questão sem esperar a definição do plano piloto, razão pela qual estavam excluídas do plano. Apesar de tudo, a topografia trazia problemas, na medida em que era impossível ocupar ao mesmo tempo as margens do lago, local naturalmente atraente numa paisagem monótona, e o espigão das colinas situadas a uma distância entre dois e seis quilômetros do lago, sem que se estendesse desmesuradamente uma cidade prevista para quinhentos mil habitantes, com todos os problemas de infra-estrutura e de custos que isso teria acarretado. Assim, alguns candidatos optaram pela utilização prioritária das margens[30], outros preferiram centralizar a aglomeração no espigão[31], enquanto o terceiro grupo não recuou perante a enorme ampliação no comprimento e na largura que resultava da tentativa de síntese das duas soluções anteriores[32].

Mas todos os projetos divulgados pelas revistas especializadas[33] tinham um ponto em comum: sua inspiração racionalista. Neles encontra-se sistematicamente a divisão entre as quatro funções principais enunciadas pela Carta de Atenas de 1933 (habitar, trabalhar, cultivar o corpo e o espírito, circular), a atribuição de setores bem definidos a cada uma delas, a preocupação de substituir a antiga rua por uma nova concepção que desse prioridade aos espaços livres e aos blocos isolados pontuando com sua massa ordenada as vastas superfícies não construídas, a definição de um tipo de célula de base cuja multiplicação constituiria um dos elementos fundamentais do plano de conjunto, enfim a regularidade e a geometria estrita tanto do conjunto quanto das partes que o formam. Quase todos tinham previsto um crescimento orgânico para a realização sucessiva dessas estruturas justapostas à medida que a cidade se desenvolvesse, mas em caso algum tratava-se de um urbanismo que se fiava na escola "orgânica" de Wright ou dos finlandeses; a lógica pura e a disciplina dominavam em todo lado, opondo-se a toda fantasia sentimental. Em suma, podia-se encontrar as qualidades fundamentais da arquitetura brasileira, seu gosto pela ordem e pela simplicidade e a influência mais do que nunca presente de Le Corbusier, porém mais uma vez a influência do primeiro grande período do mestre

---

27. Expresso num relatório particular anexo ao processo-verbal das deliberações publicado no *Diário Oficial* de 25 de março de 1957 (pp. 6951-6952) e reproduzido em *Módulo*, n.º 8, julho de 1957, pp. 17-21.

28. Contudo, segundo Sir William Holford, membro do júri que, na imprensa especializada, foi o advogado mais vibrante do projeto premiado, Paulo Antunes Ribeiro teria querido no começo rejeitar o plano de Lúcio Costa com base nos critérios de apresentação (sem estudo de população, sem linhas feitas à régua, sem maquete). Cf. *Architectural Review*, vol. 122, dez. de 1957, pp. 395-402.

29. *Módulo*, n.º 8, julho de 1957, pp. 13-16 e 22-28.

30. Baruch Milman, João H. Rocha e Ney Gonçalves (2.º lugar), Rino Levi e associados (3.º lugar *ex aequo*), M. M. M. Roberto (3.º lugar *ex aequo*), Jorge Wilheim (não classificado), Carlos Millan, Domingos Azevedo, Joaquim e Liliane Guedes (não classificados). Como observou J. Wilheim sobre certos projetos (*Acrópole*, número especial, 2.ª ed., 1960, p. 32), foram raras as tentativas de utilizar as penínsulas laterais como elemento ativo, para que o lago desempenhasse um papel semelhante ao de um rio que cortasse a cidade. De fato, essa atitude não tinha nada de ilógica: um lago não é um curso de água e sua largura, mesmo numa parte estreita, era um obstáculo para uma integração real das duas margens.

31. Além do projeto vencedor, de Lúcio Costa, essa solução foi adotada pela equipe Henrique Mindlin-Giancarlo Palanti e pelo escritório Construtécnica (formado por Milton Ghiraldini, Clovis Olga, N. Lindenberg, W. Maia Fina, M. Peixoto, R. Gennari), ambos classificados em quinto lugar.

32. O anteprojeto mais notável desse tipo foi o de João Vilanova Artigas, Carlos Cascaldi. Mário Wagner da Cunha e Paulo de Camargo e Almeida, também classificado em quinto lugar.

33. *Arquitetura e Engenharia*, n.º 44, mar.-abr. de 1957, pp. 2-32 (decisão fundamental do júri, projetos de Lúcio Costa, 1.º; Ney Gonçalves, 2.º; H. Mindlin, 5.º; n.º 45, maio-julho de 1957, pp. 4-28 (M. M. M. Roberto, 3.º); n.º 46, ago.-out. de 1957, pp. 4-21 (R. Levi, 3.º; M. Ghiraldini, 5.º). *Habitat*, n.os 40-41, março-abril de 1957, pp. 4-29 (R. Levi, 3.º; M. Ghiraldini, 5.º; J. Wilheim, não classificado); n.º 42, maio-junho de 1957, pp. 2-24 bis (M. M. M. Roberto, 3.º); n.º 45, nov.-dez. de 1957, pp. 2-20 (H. Mindlin, 5.º; Pedro Paulo Guimarães e associados, não classificado). *Aujourd'hui*, n.º 13, junho de 1957, pp. 56-63 (L. Costa; B. Milman e N. Gonçalves, M. M. M. Roberto; R. Levi). *Módulo*, n.º 8, julho de 1957, pp. 29-86 (todos os planos premiados). *Acrópole*, número especial, 2.ª ed., 1960, pp. 31-36 (planos premiados e plano de J. Wilheim, autor do artigo).

franco-suíço, entre as duas guerras, principalmente a influência de sua contribuição teórica.

Mas havia diferenças notáveis entre uma proposta e outra. Algumas tinham se preocupado com elaborar um estudo aprofundado dos dados sociais e econômicos que a operação poderia acarretar e tinham juntado ao projeto um relatório detalhado de suas conclusões sobre o assunto; o escritório M. M. M. Roberto destacou-se pela seriedade sob esse ponto de vista, o que contribuiu para que lhe fosse atribuído o terceiro lugar. De fato, o júri acolheu bem as sugestões ou informações coletadas sobre a matéria, mas não se deixou influenciar decisivamente por esse trabalho; o júri achou que isso não era o essencial, na medida em que essas previsões deviam ser tomadas com cautela e não tinham sido exigidas dos candidatos; preferiu ater-se a outros fatores e não hesitou em endossar a posição de Lúcio Costa, descartando toda tentativa do gênero[34]. O plano dos Roberto também se distinguia de seus concorrentes pelo esforço de descentralização que o caracterizava; é claro que existia uma Praça dos Três Poderes e um centro cultural instalados num parque federal, mas o resto da administração e o grande comércio estavam distribuídos entre sete unidades urbanas de 72 000 habitantes (que passariam a dez ou eventualmente a quatorze), organizadas num tipo rígido radiocêntrico em torno de um núcleo hexagonal contendo os edifícios públicos correspondentes a cada uma das unidades. Essa espécie de atomização da capital numa série de circunscrições autônomas, eclipsando com sua personalidade a sede do governo, explicava-se por uma recusa proposital do conceito de monumentalidade, rejeitado com desprezo como sendo uma sobrevivência do século XIX. Compreende-se o amargor dos autores quando viram que era preferido o projeto de Lúcio Costa justamente porque correspondia às preocupações opostas, amargor reforçado ainda mais com os comentários oficiais dos jurados; estes declararam que a cidade do bem-estar desejada pelos arquitetos teria provado ser desumana por causa das dificuldades impostas pela falta de flexibilidade das células constitutivas e pelas restrições feitas à circulação[35]. Aliás, a polêmica travada pelo chefe da equipe, Marcelo Roberto, não terminou a seu favor; ele foi nitidamente refutado pelo crítico de arte Mário Pedrosa, que observou a existência permanente do monumental no curso dos séculos, sua dimensão essencialmente humana e a distinção existente entre a verdadeira monumentalidade e "o exibicionismo pomposo"[36].

Muito diverso do projeto dos Roberto, o projeto elaborado por Rino Levi e seus associados, também classificado em terceiro lugar, apresentava apesar de tudo preocupações semelhantes em dois pontos: a amplidão dada aos estudos técnicos e a falta proposital de valorização dos edifícios administrativos. Essa falta chegou a ser levada ao extremo, pois o efeito plástico da composição iria provir dos prédios de apartamentos de trezentos metros de altura perto dos quais as outras construções teriam parecido subalternas (Fig. 321). Não há dúvida de que a experiência do escritório Rino Levi era vigorosamente original e revolucionária na maneira

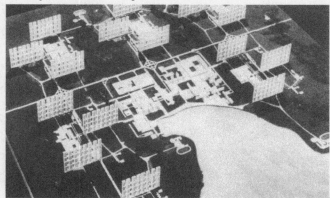

Fig. 321. Rino LEVI, Roberto CERQUEIRA CESAR e Luís Roberto CARVALHO FRANCO. *Projeto apresentado no concurso de escolha do plano piloto de Brasília*. Maquete. 1957. Conjunto do projeto.

de colocar os problemas. Nesse sentido ela era uma aposta, como a própria Brasília, mas pode-se perguntar se seus autores concorreram realmente com a idéia de ganhar, dando provas de muita ingenuidade, ou se se entregaram a um brilhante exercício de estilo e a uma demonstração teórica das possibilidades oferecidas por uma cidade vertical ideal. No plano puramente técnico, os gigantescos blocos constituídos por oito torres alinhadas de setenta e cinco andares, ligadas por passarelas e servidas por uma dupla rede de elevadores[37], eram perfeitamente realizáveis, mas, na prática, no que teria resultado uma concepção dessas? Já discutível em países muito avançados, onde os serviços funcionam bem em princípio[38] e onde uma mentalidade de responsabilidade comunitária teria substituído um individualismo ainda bem enraizado na maioria da população, uma tentativa dessas irremediavelmente teria deixado como saldo uma catástrofe numa região pioneira que ainda estava inteiramente por ser equipada e habitada por pessoas de nível intelectual e de desenvolvimento muito diverso. Aliás, mesmo no plano funcional, a solução proposta era muito discutível, como o júri corretamente observou: a resistência ao vento acarretaria graves complicações, não só para os construtores, como também para os moradores, que se veriam quase sempre impossibilitados de abrir as janelas como quisessem; as mudanças de elevador trariam uma carga pesada para a vida cotidiana; enfim, não era lógico fazer com que a aglomeração crescesse em altura e levasse a uma forte concentração relativa[39] quando o que faltava menos era justamente espaço.

---

34. André Sive declarou sem rodeios que deu preferência aos projetos pouco extensos, Sir W. Holford que se tratava de uma competição de idéias, não de detalhes, ponto de vista manifestado também por Niemeyer (*Módulo*, n.º 8, julho de 1957, pp. 22-28).
35. *Módulo*, n.º 8, julho de 1957, pp. 13-16.
36. *Brasil, Arquitetura Contemporânea*, n.º 10, 1957, pp. 32-35.

37. Elevadores externos ultra-rápidos que só param no nível das passarelas a cada dezesseis andares (cada grupo serve à metade do prédio) e elevadores internos assegurando a correspondência em cada seção vertical e horizontal do bloco (Fig. 322).
38. Mas nenhuma está livre de acidentes e a repentina falta de luz durante vários dias em vastas regiões dos Estados Unidos, com conseqüências catastróficas em New York, estão aí para prová-lo. Também não se deve esquecer o instrumento de pressão que podem ser as greves capazes de parar totalmente a vida de uma cidade, incapaz de passar sem eletricidade mesmo por um curto período de tempo.
39. 16 000 pessoas por bloco e 288 000 no conjunto de blocos distribuídos numa superfície inferior a 1 000 hectares.

Fig. 322. Rino LEVI, Roberto CERQUEIRA CESAR e Luís Roberto CARVALHO FRANCO. *Maquetes apresentadas no concurso para a escolha do plano piloto de Brasília.* 1957. Um bloco de habitação.

Já o projeto do escritório Vilanova Artigas caía no extremo oposto; a primazia dada ao *habitat* disperso levava em conta as aspirações naturais do povo e seu estado de desenvolvimento social, mas conduzia à fraca densidade de 50 pessoas por hectare e a uma enorme infra-estrutura. Não se insistirá nas outras experiências premiadas, inclusive a que recebeu o segundo lugar, pois sua personalidade era menos notória; suas qualidades e defeitos foram bem sublinhados nos comentários oficiais dos membros do júri[40]. Mas antes de estudar detalhadamente o plano vencedor, é preciso dizer algo sobre o projeto da equipe Carlos Millan, Domingos Azevedo, Joaquim e Liliane Guedes, grupo de jovens necém-saídos da Faculdade de Arquitetura e Urbanismo da USP. De fato, as soluções propostas aproximavam-se das de Lúcio Costa, embora estivessem longe de ser tratadas com a mesma perícia e autoridade (Fig. 323). Cidade linear composta por duas asas de traçado curvo, organização das zonas residenciais aos dois lados de uma estrada que percorre a cidade em toda a sua extensão, com uma circulação paralela destinada ao tráfego local, centro comercial no centro do conjunto, ou seja, na conjunção das duas alas, centro governamental e administrativo ligado ao anterior pelo setor cultural e colocado como uma excrescência em relativo isolamento, que lhe asseguraria calma e valorização, área industrial relegada à outra extremidade, perto da estação, além da estrada externa — eis os elementos de base e os princípios de composição que levaram a uma espantosa semelhança de inspiração entre esse projeto e o projeto vencedor. É claro que estavam faltando o achado do Eixo Monumental, a pureza e o equilíbrio da figura global, a audácia do sistema viário ordenado em função do cruzamento central, que contribuíram para impor a obra de Lúcio Costa, mas não se pode deixar de ficar espantado com o fato de que essa associação de novatos conseguiu tratar com brio o tema de uma cidade linear pressentindo todo o proveito que o urbanismo contemporâneo poderia extrair dela[41]. Nessas condições, não é curioso pensar que Paulo Antunes Ribeiro, o único membro do júri que recusou associar-se ao julgamento que deu o primeiro lugar a Lúcio Costa, foi precisamente quem tentou recuperar esse plano, sumariamente descartado durante o exame preliminar concluído pela pré-seleção de dez trabalhos? Essa constatação, vindo depois do exame das semelhanças observadas, não deixa de reforçar a opinião já manifestada: o representante do Instituto dos Arquitetos do Brasil recusou associar-se a seus colegas em seu voto, não porque desaprovava o anteprojeto de Lúcio Costa e as idéias que nele estavam contidas, mas sim por razões de solidariedade profissional para com a grande massa dos concorrentes e por causa de sua consciência por demais escrupulosa, que o impedia de tomar uma decisão rápida e irreversível.

Seja como for, o conjunto das propostas apresentadas era de um nível brilhante e honrava a escola brasileira. Os prêmios dados corresponderam a uma lógica segura: o segundo foi para uma equipe jovem, que se tinha destacado por soluções inteligentes facilmente aplicáveis; os dois terceiros reconheceram o esforço de estudos técnicos extremamente apurados, um

---

40. *Módulo*, n.º 8, julho de 1957, pp. 13-16.

41. Girando menos do que Lúcio Costa em torno de uma cidade concebida em função do automóvel, além da rodovia central, eles tinham colocado um metrô de superfície, que lhes parecia ser o meio mais adequado para os transportes coletivos.

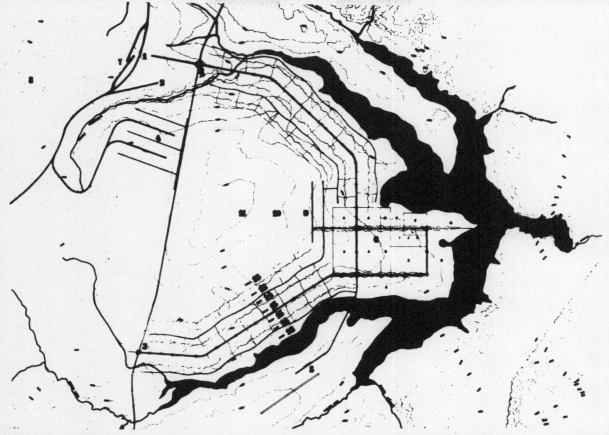

1: estação ferroviária; 2: armazéns; 3: estação rodoviária; 4: zona industrial; 5: aeroporto; 6: centro; 7: dependências da estação ferroviárias; 8: reservatório; 9: hospitais, cemitérios, etc.; 10: quartéis, prisões, etc.; 11: zona agrícola; 12: casas; 13: esportes de campo; 14: creches e escolas, esportes urbanos; 15: alojamentos (apartamentos); 16: esportes náuticos; A: comércio; B: cultura; C: cidade universitária; D: esportes e diversões; E: parques; F: grande praça com catedral; G: administração federal; H: palácio do governo; I: administração municipal; J: poder legislativo; K: poder judiciário; L: serviços governamentais; M: residências oficiais e embaixadas.

Fig. 323. C. MILLAN, D. AZEVEDO, J. e L. GUEDES. *Projeto do plano piloto de Brasília*. 1957.

Fig. 323a. C. MILLAN, D. AZEVEDO, J. e L. GUEDES. *Projeto do plano piloto de Brasília*. 1957. Detalhe: o centro.

em matéria de sistema construtivo, o outro no domínio da planificação regional, e premiaram trabalhos que se destacavam pela originalidade mesmo que, sob muitos aspectos, os resultados fossem discutíveis; os três quintos prêmios ofereceram uma consolação a projetos de mérito, mas menos vigorosos em sua novidade. Mas nenhum deles, e *a fortiori* nenhum dos não classificados, resolveu o problema específico colocado pela criação de uma capital e achou um meio de valorizar a função particular a ela vinculada[42]. Só um dos planos preenchia realmente esse requisito, e o júri teve tanto menos trabalho em recompensá-lo com a atribuição do primeiro lugar quanto essa qualidade era apenas um dos elementos de um perfeito estudo racional do conjunto dos fatores em jogo, desembocando numa solução de impecável clareza, de vigor e inteligência.

4. O plano de Lúcio Costa[43] (Fig. 324)

O memorial explicativo que acompanhava o simples esboço com que Lúcio Costa tinha decidido participar do concurso começava desculpando-se pela apre-

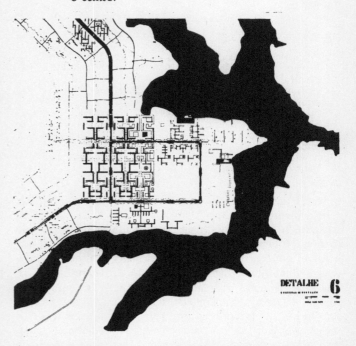

42. Os edifícios administrativos de todo gênero estavam geralmente concentrados numa superfície retangular pouco maleável e esse setor exclusivo aparecia quer afogado num conjunto do qual mal se destacava, quer isolado numa posição invejável mas isenta de uma boa articulação com o resto da cidade. A dispersão completa imaginada pelos Roberto tinha o inconveniente de romper toda unidade e tornar difíceis os intercâmbios necessários.

43. Esse plano foi publicado inúmeras vezes pelas principais revistas de arquitetura do mundo e figura em todos os livros de síntese sobre a arquitetura ou o urbanismo contemporâneos. Pode-se achar uma reprodução do esboço apresentado no concurso em *Aujourd'hui*, n.º 13, junho de 1957, pp. 56-63 e *Architecture d'aujourd'hui*, n.º 80, out. de 1958, pp. 51-53.

O texto completo do memorial original de Lúcio Costa, documento fundamental que conservou toda a sua atualidade e continua sendo indispensável para a perfeita compreensão de Brasília, foi editado em várias línguas pelo Ministério das Relações Exteriores do Brasil, que o incluiu na brochura *Brasília*, impressa em Zurique em 1960. Pode também ser encontrado em *Módulo*, n.º 8, julho de 1957, pp. 29-48 (com traduções em alemão, inglês e francês) e n.º 18, junho de 1960, pp. 53-72 (com traduções em espanhol, inglês e francês).

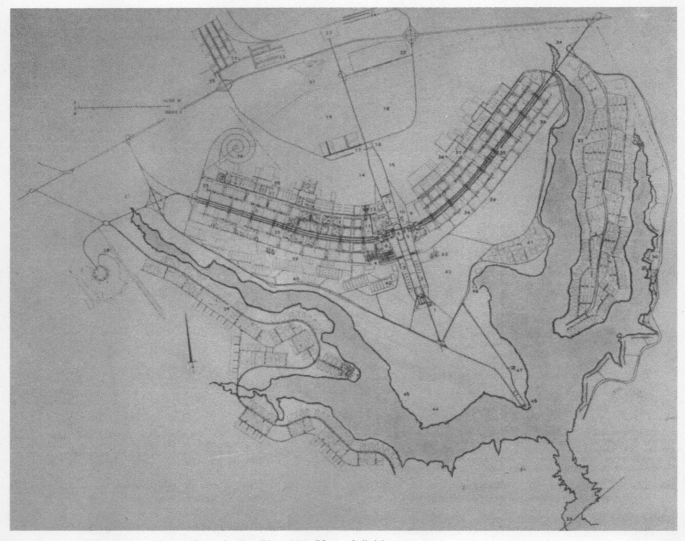

Fig. 324. Lúcio COSTA. *Plano piloto de Brasília.* 1957. Plano definitivo.

1: Praça dos Três Poderes
2: Esplanada dos Ministérios
3: catedral
4: setor administrativo
5: setor cultural
6: plataforma da estação rodoviária
7: setor de espetáculos e lazer
8: setor bancário
9: setor comercial
10: hotéis
11: setor dos hospitais
12: torre de televisão
13: setor de rádio e televisão
14: setor esportivo
15: Jóquei Clube
16: praça municipal
17: imprensa
18: bosque
19: meteorologia
20: quartéis
21: residências populares
22: estação ferroviária
23: zona industrial
24: estação de triagem
25: cemitério
26: jardim zoológico
27: jardim zoológico
28: aeroporto provisório
29 a 32: zonas residenciais (casas)
33: lago
34: Jardim Botânico
35: superquadra
36: superquadra dupla
37: casas geminadas
38, 39: superfícies livres
40: embaixadas
41: casas individuais
42: cidade universitária
43: Petrobrás
44: golfe
45: hipódromo
46: clube náutico
47: Hotel Brasília Palace
48: Palácio da Alvorada

sentação medíocre do material fornecido. É verdade que, à primeira vista, o plano e os esboços do memorial, traçados a mão, podiam passar por um esboço que não merecia reter a atenção do júri. Mas Lúcio Costa não hesitou em correr esse risco e propositalmente colocou-se num nível diferente do resto dos candidatos, os quais se tinham dedicado a trabalhos de equipe de fôlego, baseados em considerações técnicas e cuidados sob todos os aspectos. Conforme admitia sem rodeios na introdução, Lúcio Costa entrou na competição unicamente porque tinha tido, sobre o assunto, uma idéia que lhe parecia interessante e que ele oferecia como sugestão; sob esse ponto de vista particular e em virtude de um raciocínio elementar surgiam duas possibilidades: se a proposta fosse julgada aceitável, os "dados, embora aparentemente sumários, seriam suficientes, pois revelariam que, apesar da espontaneidade inicial, depois essa sugestão tinha sido *pensada* e *resolvida*"[44]; caso não fosse aceita, seria rejeitada sem discussão e seu responsável não teria "nem perdido seu tempo, nem feito perder o dos outros". A sorte de Lúcio Costa (e conseqüentemente a do Brasil) foi precisamente ter encontrado jurados de espírito aberto, pouco inclinados a deter-se em detalhes e que estimaram, como o autor do anteprojeto vencedor, que, nesse estágio, o concurso era, antes de mais nada, um concurso de idéias[45]. Assim, longe de descartar de imediato um desenho apa-

44. L. COSTA, *Relatório do Plano Piloto de Brasília*, p. 1 (cf. nota anterior).
45. Cf. *Módulo*, n.º 8, julho de 1957, pp. 22-28.

rentemente sumário, eles ficaram impressionados pela originalidade e facilidade de compreensão que emanava dele; a partir desse momento, a partida estava ganha, pois o estudo atento do memorial anexo não podia deixar de reforçar a primeira opinião e transformá-la numa certeza, demonstrando claramente a maturação segura e refletida da solução imaginada: as explicações necessárias eram fornecidas num estilo límpido e conciso onde todas as palavras tinham importância, sem que fosse feito o menor acréscimo supérfluo.

As duas qualidades fundamentais que seduziram os jurados foram o caráter específico do plano de Lúcio Costa e sua clareza absoluta. Enquanto a maioria dos candidatos tinha-se dedicado a definir mais uma cidade do que uma capital e tinha elaborado esquemas cujos princípios podiam ser utilizados em situações variadas, a Brasília concebida por Lúcio Costa oferecia a expressão de um tipo de cidade unicamente aplicável ao caso dado. Por outro lado, baseando-se em exemplos do passado e da atualidade, que permitiam verificar que, em matéria de urbanismo, os melhores resultados são fruto de um pensamento simples transcrito numa linguagem gráfica e numa expressão definitiva compreensível a todos à primeira vista, Sir William Holford, André Sive e Niemeyer ressaltaram, em suas apreciações, que o projeto vencedor inscrevia-se notavelmente numa linha gloriosa que ele não desmerecia.

Basicamente racionalista na concepção e derivando diretamente dos princípios da Carta de Atenas, o plano de Lúcio Costa distinguia-se, contudo, radicalmente das tentativas mais notáveis da primeira metade do século, baseadas essencialmente em propostas sociológicas e estudos técnicos. A solução oferecida não foi o fruto de pesquisas minuciosas, "nasceu do gesto inicial de quem designa um local e toma posse dele: dois eixos cortando-se em ângulo reto, ou seja, o próprio sinal da cruz"[46]. Ali pode-se encontrar uma das fontes de inspiração preferidas do arquiteto: a figura em questão ligava-se à mais pura tradição colonial, transposta para um novo campo em função das necessidades do presente; nem por isso ela tinha um significado simbólico menos vigoroso: se adaptava muito bem ao espírito e às condições que presidiram à fundação de Brasília, capital-oásis plantada no Planalto Central para servir como ponto de partida para a colonização.

Partindo dessa primeira idéia dos dois eixos perpendiculares, consagrados respectivamente ao setor público e à vida particular com concentração de atividades mistas na intersecção dos dois elementos, Lúcio Costa preocupou-se em desenvolvê-la levando em conta a topografia local e a orientação desejável. Assim ele chegou à forma definitiva da cidade, cujo desenho lembra um avião de fuselagem reta e curta, dotado de imensas asas ligeiramente curvas acompanhando o nível da colina. Indiscutivelmente a composição era de suprema elegância em sua nitidez total e sua simetria quase completa. Tratava-se de uma obra de arte, imaginada desde o princípio como um todo acabado e perfeito, mas seria um erro pensar que esse lado formal prejudicou a expressão das preocupações fundamentais do autor; pelo contrário, facilitou-a. De fato, para ele, uma capital digna desse nome devia ser monumental, a fim de desempenhar o papel de prestígio que lhe era atribuído: ora, a criação de uma perspectiva principal única, englobando todos os edifícios mais representativos, resolvia melhor o problema; além do mais, uma cidade moderna digna de seu tempo não podia ser concebida sem se levar em conta um fenômeno próprio do século XX, a civilização do automóvel: ora, a aplicação ao núcleo urbano do princípio da rodovia, permitindo suprimir os cruzamentos e separar as diversas espécies de tráfego e possibilitando, assim, a circulação rápida e fácil de uma ponta a outra da aglomeração, era infinitamente mais simples e eficaz no caso de um traçado linear.

Não nos demoraremos na ênfase dada ao Eixo Monumental, verdadeira artéria triunfal que constitui a espinha dorsal da cidade; seu êxito excepcional já foi debatido quando se falou dos edifícios que caracterizam esse eixo[47]; com efeito, ele exigiu o tipo de arquitetura original, equilibrada e vigorosa, que o gênio de Niemeyer era capaz de assegurar, e não é exagero dizer que Lúcio Costa elaborou seu projeto sabendo que podia contar com aquele, já oficiosamente designado como o grande responsável pelas construções essenciais. Mas nem por isso se deve admirar menos a perícia demonstrada pelo urbanista, que nesse caso agiu como um verdadeiro regente de orquestra: determinou não só a implantação precisa dos edifícios, como também o próprio terreno, arranjado numa série de esplanadas de amplidão, configuração e níveis variados a fim de criar e explorar a vasta gama de perspectivas permitidas por essa disposição[48]. Ele levou em consideração as condições do local, colocando judiciosamente a torre de televisão no ponto culminante e servindo-se habilmente do ligeiro relevo existente, porém evitou o respeito absoluto pela natureza, pouco conforme à sua mentalidade racionalista que afirmava a primazia do homem e sua capacidade de melhorar o quadro que lhe é confiado.

No plano da organização, pode-se encontrar o mesmo princípio esboçado em Goiânia por Correa Lima, com a distinção entre centro real e centro administrativo, mas dessa vez a repartição foi mais rigorosa, mais equilibrada e demais eficiente sob o aspecto funcional e plástico. A simetria inerente à composição toda reaparece discretamente com a divisão do Eixo Monumental em duas zonas cívicas que se contrabalançam em relação à linha demarcatória formada pelo elemento transversal da cruz inicial, sendo uma dedicada à autoridade governamental, a outra à autoridade municipal; mas inexiste qualquer igualdade: o respeito pela hierarquia faz com que toda a atenção incida no setor nobre destinado ao poder federal, que assim fica tão valorizado que se destaca francamente do conjunto e sua posição o torna visível de todos os lados. Também na prática a vantagem dessa situação excêntrica não era

---

46. L. COSTA, *op. cit.*, p. 1.

47. Cf. *supra*, pp. 204-208.
48. Durante uma conversa informal, Lúcio Costa confessou que, nessa ocasião, lembrou-se da perícia dos povos do Extremo Oriente em tirar proveito dos declives por meio de terraços escalonados.

desprezível: evitava a agitação inerente a um tráfego intenso e garantia aos ministros e funcionários a tranqüilidade necessária para um trabalho eficiente; enfim, ela permitia oferecer um quadro ideal para os desfiles oficiais e as grandes cerimônias públicas que semeiam a vida de uma capital nacional, sem perturbar em nada os habitantes que não quisessem assistir a elas, nem as atividades essenciais, nem as faculdades de deslocamento da população. Sob esse ponto de vista tríplice — estético, simbólico e utilitário — o termo final assumia um significado de lugar privilegiado por excelência; a instalação dos três poderes supremos reunidos numa única praça erguida em honra deles, versão modernizada da praça real francesa dos séculos XVII e XVIII[49], derivava portanto da mais estrita lógica e coroava como uma apoteose o espetáculo pirotécnico cuidadosamente dosado pela perícia de Lúcio Costa.

Agora convém examinar o outro painel do díptico apresentado, ou seja, a cidade propriamente dita, com sua dupla preocupação de elaboração de uma rede de vias rápidas na escala do automóvel e de comunidades habitacionais na escala humana. Não se pode separar os dois elementos, aliados numa síntese estreita, designada sob o nome significativo de Eixo Rodoviário-Residencial; de fato, a novidade e originalidade da composição consistia na combinação de duas invenções nascidas trinta anos antes e típicas da civilização do século XX: a rodovia de trevos (suprimindo todo cruzamento no mesmo nível) e a unidade de vizinhança (agrupando todos os serviços necessários à vida cotidiana local dentro de um contexto urbano arejado e verde). Mais uma vez a simplicidade do princípio geral e a aparente facilidade das soluções encontradas ocultavam o caráter meditado e a lenta maturação resultante de um raciocínio impecável, onde nada foi deixado ao acaso. A adoção da figura quadrada e de dimensões uniformes para os quarteirões de 240m de lado, previstos para conter, cada um, onze prédios de cinco andares e uma escola primária (daí a denominação de *superquadras*), visava facilitar sua implantação numa fila dupla ao longo das grandes vias de comunicação: acesso fácil a estas, constituição de unidades de vizinhança por quatro superquadras e ruas de separação segundo um esquema global definitivamente estabelecido, clareza geométrica absoluta dando ao conjunto um caráter nobre sem excluir uma certa flexibilidade de repartição interna — eis a aliança íntima de preocupações funcionais, psicológicas e plásticas que já tinha marcado o Eixo Monumental. Contudo, mais do que no *habitat* em si, a tônica foi colocada no sistema de circulação, pois o autor do projeto pensava que a felicidade da futura população dependia, antes e acima de tudo, do estabelecimento de comunicações eficientes. Longe de rejeitar o automóvel (que lhe parecia ser um fenômeno característico de nossa época), decidiu valorizá-lo enquanto controlava os abusos por meio de uma rigorosa canalização. A coluna vertebral do dispositivo foi assim composta por cinco pistas de rodagem separadas por jardins, uma central (muito larga e com duas mãos, para o tráfego acelerado entre as extremidades da cidade e o centro) e quatro laterais (de uma só mão, servindo as coletividades residenciais estabelecidas nos dois lados delas); a falta de cruzamentos e a criação de um circuito independente destinado aos caminhões, nos fundos das superquadras habitacionais, permitia velocidades altas em plena cidade, reduzindo com isso as distâncias reais e remediando o principal inconveniente de uma aglomeração linear estendida por mais de doze quilômetros.

O problema da junção dos dois eixos no centro da cidade foi magistralmente resolvido por uma imensa plataforma de três níveis: no andar superior uma praça pública construída sobre pilotis, oferecendo uma bela perspectiva para o conjunto monumental; embaixo, um vasto espaço semi-abrigado, no mesmo nível da Esplanada dos Ministérios, estação rodoviária e cruzamento para os veículos que querem ir de um dos braços da cruz para o outro; enfim, passagem subterrânea para os veículos que vão da Asa Sul do plano para a Asa Norte ou vice-versa. Assim, o trânsito era orientado e diversificado; uma hábil disposição dos desvios de ligação evitava como sempre todo encontro em ângulo reto das várias correntes. Assim, a ênfase dada ao sistema de circulação impunha-se em toda parte e chegava a ponto de participar de modo decisivo no efeito provocado pela zona privilegiada, concebida em termos de magnificência estética e política. Organizar o centro da cidade em torno de um cruzamento de rodovias e de uma estação rodoviária poderia parecer um desafio; a imaginação de Lúcio Costa viu nisso imensas possibilidades práticas e um significado simbólico digno de uma capital nascida na era da civilização do automóvel. Ele agrupou por meio de um zoneamento preciso, em torno de sua plataforma, os setores públicos e privados cuja concentração sempre fez nascer a vida ativa e a animação próprias das verdadeiras metrópoles. Facilmente acessíveis a todos por causa de sua situação e destinados a formar o complemento natural do comércio e dos meios de distração locais atribuídos às comunidades habitacionais, esses setores tinham, conseqüentemente, uma função econômica e social essencial; sua distribuição engenhosa fazia também com que eles resolvessem, com uma lógica rigorosa, o problema delicado da transição entre o eixo administrativo e o eixo residencial.

Sob todos os aspectos, o plano de Lúcio Costa constituía uma criação original. Adotava os grandes princípios do urbanismo do século XX (abandono da rua tradicional ladeada por casas ou prédios, implantação de uma arquitetura com base em blocos isolados dentro de vastos espaços verdes, multiplicação de elementos formando divisões autônomas justapostas, de importância quase igual), mas reagia contra a tendência à dispersão e à falta de unidade que até então tinham sido suas conseqüências. Enquanto o próprio Le Corbusier, cuja doutrina serviu como fonte de inspiração e foi sistematicamente aplicada em Brasília, não conseguiu, num programa semelhante (em Chandigarh), escapar desse perigo, Lúcio Costa repensou o problema e chegou a uma concepção hierarquizada onde o cen-

---

49. Sobre essa filiação, que nos parece muito clara, cf. *L'Information d'histoire de l'art*, set.-out. de 1961, n.º 4, pp. 115-116.

tro revalorizado integrava-se numa composição global, cujas partes estavam todas destinadas a viver em íntima simbiose. Assim ele reencontrou as vantagens que contribuíram para a grandeza, o encanto e a eficiência das cidades antigas, sem renunciar às grandes conquistas hodiernas. Conforme previu no memorial que acompanhava a apresentação do anteprojeto, a premiação de sua proposta pelo júri tinha sido, antes de tudo, a vitória de uma idéia e a demonstração impressionante da superioridade do espírito sobre todo método mecânico, mesmo na época da civilização da máquina. Mas esse ponto de vista não obteve a unanimidade das opiniões: reservas e violentas críticas surgiram a propósito do caráter ideal desse plano, de sua geometria estrita, de seus vínculos com o passado; seria inútil abordar aqui essa discussão sob o aspecto puramente teórico; a discussão será muito mais proveitosa se aplicada à realização em si, que hoje é um fato inegável apesar de não estar totalmente terminada.

5. A realização[50]

Sem dúvida alguma, o plano de Lúcio Costa é inteiramente clássico em sua pureza, simetria e concepção de distribuição racional dos elementos no interior de uma figura preestabelecida, imaginada em função de preocupações materiais, psicológicas e formais estreitamente fundidas num todo indivisível. Nesse plano pode-se encontrar o mesmo espírito dos teóricos italianos dos séculos XV e XVI — a combinação de dois dados fundamentais do urbanismo enunciados por Alberti (*commoditas* e *voluptas*), a preocupação com o equilíbrio e a regularidade geométrica das propostas de cidade ideal que se sucederam de Filarete a Scamozzi e que repercutiram em toda a Europa bem além da Renascença[51]. Mas pretender com isso que a composição estava voltada para o passado não teria sentido: não só Brasília não poderia ter sido concebida senão no século XX e punha em funcionamento invenções tipicamente contemporâneas, como também era preciso que assim fosse para que uma filiação dessas pudesse ser evocada. A noção de *commoditas*, tão cara a Alberti e seus sucessores, implicava essa necessidade de atualidade, sob pena de traição; excluía radicalmente toda forma de imobilismo esclerosado. Assim, os vários críticos que invocaram argumentos desse tipo[52] evitaram remontar tão longe na cronologia: contentaram-se em vincular arbitraria-

---

50. As publicações sobre Brasília são muito numerosas e principalmente de um interesse por demais desigual para que se pense em dar uma bibliografia exaustiva. Há alguns anos, tentamos fazer uma síntese das principais obras em dois artigos publicados em *L'information d'histoire de l'art*, set.-out. de 1961, pp. 111-120 e nov.-dez. de 1961, pp. 142-152. Mas convém acrescentar à lista de obras levantadas alguns estudos dos quais tomamos conhecimento depois: a curta nota de S. MOHOLY-NAGY em *Progressive Architecture*, t. 40, out. de 1959, pp. 88-89, a análise de F. CHOAY em *L'Oeil*, n.º 59, nov. de 1959, pp. 76-83, e as opiniões contraditórias manifestadas em *Zodiac*, n.º 6, maio de 1960, pp. 129-139. Dentre as publicações mais recentes, deve-se assinalar as ilustrações sempre abundantes de *Architecture d'aujourd'hui* (n.º 101, abril-maio de 1962, pp. 22-37), os estudos de DAVID CREASE (*Architectural Review*, vol. 131, abril de 1962, pp. 256-262), MARIO BARATA (*Zodiac*, n.º 11, fev. de 1963, pp. 36-47). C. CASATI (*Domus*, n.º 434, 1966, pp. 2-29). P. PINCHEMEL (*La vie Urbaine*, 1967, n.º 3, pp. 201-234), F. LOYER (*L'Oeil*, n.º 184, abril de 1970, pp. 8-15) e a obra de W. STÄUBLI, *Brasilia* (Stuttgart, 1965).
51. P. LAVEDAN, *Histoire de l'urbanisme. Renaissance et Temps modernes*, 2.ª ed., Paris, 1959, pp. 2-34 e *passim*.
52. MARCELO ROBERTO (cf. *supra*, p. 305 e nota 36), SYBIL MOHOLY-NAGY (*Progressive Architecture*, t. 40, out. de 1959, pp. 88-89) e principalmente BRUNO ZEVI (*L'Architettura*, n.º 51, jan. de 1960, pp. 608-619).

mente o projeto de Lúcio Costa ao século XIX, época onde a tradição anterior tendeu a degenerar e cujos fracassos em matéria de urbanismo são mais conhecidos do que os sucessos.

Contudo, além desse problema de parentesco, utilizado para fins polêmicos, existe uma questão básica: a das qualidades e defeitos respectivos dos planos "abertos" ou "fechados". Enquanto aqueles recusam-se a prever a futura evolução de uma cidade e querem ser bem flexíveis para que o crescimento posterior possa somar-se ao núcleo inicial sem perturbar seu funcionamento, estes visam definir desde o começo uma aglomeração concebida como uma totalidade, espécie de obra-prima correspondendo a necessidades específicas limitadas no espaço e no tempo, síntese e símbolo de uma dada civilização. Lúcio Costa optou conscientemente pela segunda solução, achando que só ela iria permitir atingir os objetivos fixados (monumentalidade, significado psicológico, equilíbrio) e que a rigidez absoluta do plano seria, no caso de uma criação *ex nihilo* de grande amplidão, uma salvaguarda preciosa contra a eventual incoerência de iniciativas futuras. Tem-se censurado nessa composição seu caráter autoritário e a falta de possibilidades de adaptação no caso em que as previsões não fossem confirmadas pelo uso, ou fossem superadas. Essas críticas são realmente justificadas? Principalmente a primeira parece uma querela sem sentido; não se deve esquecer que todo urbanismo comporta por definição medidas de ordem e restrições às liberdades individuais no interesse da coletividade; ora, sendo Brasília uma realização governamental, cujos esforços repousavam antes de tudo no setor público, não é de espantar que a iniciativa privada tenha sido, mais do que em outros lugares, enquadrada dentro de normas muito estritas. Quanto ao segundo ponto, convém não se deixar enganar pelas aparências: o rigor do esquema geral de modo algum exclui uma certa flexibilidade de aplicação. Não se pode deixar de admirar a perícia com que o autor conseguiu desenvolver seu projeto a fim de ultrapassar a previsão inicial de 500 000 habitantes para uma capacidade de 700 000 pessoas sem alterar o caráter da composição; o loteamento dos terrenos na margem oriental do lago permitiu que ele preenchesse duas lacunas essenciais de sua primeira proposta: a falta de um setor de casas particulares, cuja demanda sempre é forte no Brasil, e o abandono sem emprego útil de zonas nitidamente privilegiadas por sua situação. Também ocorreram mudanças mais discutíveis, que, afinal, foram absorvidas, embora fossem contrárias ao espírito da obra: a transformação do "núcleo pioneiro" (verdadeira favela de faroeste que acolheu a população vinda ao Planalto Central para edificar a futura capital) numa cidade definitiva às portas de Brasília criou uma excrescência artificial; o mesmo se pode dizer do estabelecimento de superquadras inteiramente consagradas à habitação individual além da Avenida Oeste 3, tendo por corolário a falta no setor de uma saída viária rápida, o reaparecimento local das artérias tradicionais com cruzamentos em nível, a transformação em ruas de comércio de vias que originalmente tinham sido concebidas apenas para a circulação de caminhões e fornecimento de mercadorias. Portanto o debate plano aberto-plano fechado é mais acadêmico do que parece à primeira vista e Philippe Pinchemel, geógrafo, não hesitou em falar paradoxalmente a propósito de Brasília de um plano "relativamente aberto"[53]. É verdade que ele tinha em mente não a capital propriamente dita, mas sim o conjunto do Distrito Federal, cujo crescimento ocorreu de modo totalmente inesperado; de fato, as cidades-satélites, previstas por Lúcio Costa, deveriam desenvolver-se apenas mais tarde, como complemento da aglomeração central; sua criação tinha sido concebida como um meio de não bloquear o crescimento regional quando a própria Brasília tivesse atingido o limite além do qual se arriscava a cair em problemas incontroláveis pela maioria das grandes metrópoles do mundo contemporâneo; portanto, o vencedor do concurso não tinha estudado os planos dessas cidades secundárias, que iriam constituir uma segunda etapa. Era não levar em conta o dinamismo brasileiro; a migração interna, vinda das regiões mais pobres, foi tal que a administração logo se viu superada; várias favelas começaram a nascer em torno dos canteiros de obras e não houve outro remédio senão evacuar para as cidades-satélites essa massa humana cujas vagas sucessivas vieram abater-se ali como na Terra Prometida[54]. O resultado dessa situação foi que, para uma população que supera o meio milhão para o conjunto do Distrito Federal, apenas duzentas mil pessoas moram propriamente em Brasília; em compensação, Taguatinga já é uma cidade que superou a marca de cem mil pessoas, e a progressão das comunas anexas, embora desigual, é feita num ritmo muito mais rápido do que o da capital propriamente dita.

Essa evolução, caracterizada pelo triunfo da geração espontânea às custas da planificação, pode ser considerada como um fracasso em matéria de urbanismo: na escala regional, os planos pilotos das cidades-satélites foram elaborados posteriormente pelos serviços competentes, como meros paliativos e não como elementos de orientação amadurecidos cuidadosamente; assim, apresentam um interesse dos mais limitados e não há como procurar neles uma contribuição válida para o setor da criação de cidades novas. Mas esse fenômeno, que logo surgiu como inelutável, constitui uma demonstração pelo absurdo do acerto das opiniões de Lúcio Costa e da falta de compreensão daqueles que criticaram a concepção de seu projeto. A definição *a priori* e completa do aspecto da futura Brasília, a impossibilidade de fazer emendas com exceção de alguns detalhes na proposta premiada levaram à defesa rigorosa de seus princípios originais. É verdade que faltou um derivativo, encontrado na coroa de aglomerações complementares nascidas em torno da própria capital, mas esse era o único meio de salvaguardar o empreendimento e conservar seu valor e seu caráter. Pode-se imaginar a catástrofe que teria resultado de um plano flexível, onde se teria tentado integrar toda uma população miserável incapaz de curvar-se perante as normas urbanas de uma metrópole digna do século XX.

Embora a rigidez da composição a tenha preservado de alterações desfigurantes, sua simetria levantou um problema prático, cuja solução discutível comprometeu um pouco o resultado futuro na hora da realização. A prioridade absoluta dada ao arranjo do Eixo Monumental (e especialmente da parte consagrada aos edifícios políticos e administrativos) provou ser lógica: o programa presidencial assim o exigia e a escolha estava em conformidade com a natureza do projeto de Lúcio Costa, organizado em torno desse eixo, verdadeiro fulcro de todo o dispositivo. Infelizmente uma concordância idêntica não pôde ser encontrada no sistema de desenvolvimento adotado para as asas residenciais. O respeito absoluto pelo desenho premiado e principalmente pelo estado de espírito que o tinha inspirado teria conduzido as autoridades a preverem um crescimento equilibrado da cidade a partir do centro, mas considerações de economia imediata e principalmente de ganho de tempo[55] levaram a uma concentração dos esforços no ramo sul e a decisão de construí-lo de ponta a ponta antes de passar, num segundo momento, à asa norte correspondente. O resultado foi que o centro da cidade perdeu a função essencial: sua situação provisoriamente excêntrica não exerceu qualquer atração sobre as atividades que deviam preencher os vários setores; os particulares e as empresas preferiram instalar-se próximos ao público e abrir lojas e filiais ao longo da Avenida Oeste 3. Essa artéria, prevista originalmente como uma via destinada aos caminhões para o fornecimento das superquadras, transformou-se portanto numa imensa rua de tipo clássico, com uma série ininterrupta de lojas, estabelecimentos de créditos, bares, restaurantes e outras casas semelhantes. A distinção entre comércio local e grande comércio ou comércio de luxo para a comunidade urbana inteira tendeu a apagar-se com o abandono de fato do zoneamento inicial. É claro que essa situação não é irreversível e parece provável que, num futuro mais ou menos próximo, o verdadeiro centro reencontrará sua razão de ser: os arranha-céus destinados a servir como sede social dos bancos (que desempenham um papel essencial na economia brasileira) brotaram como cogumelos no local a eles destinados; os hotéis e os prédios de escritórios multiplicaram-se e sua presença provocou o interesse pela criação de lojas elegantes destinadas a uma nova clientela; enfim, a instalação, entre a estação rodoviária e a torre de televisão, de um imenso parque com belas plantações multicoloridas, uma vasta fonte, várias quadras de jogos e equipamentos de lazer, sendo o todo facilmente acessível graças aos vários estacionamentos abertos, constituiu um vigoroso pólo de atração para os habitantes, que gostam de ali passear, espairecer ou levar as crianças para divertirem-se com toda tranqüilidade. Portanto, esboça-se uma evolução favorável, e a impressão de vazio, de canteiro de obras inacabadas e em certa medida a

---

53. *La Vie Urbaine*, 1967, n.º 3, p. 225.

54. Aliás, as favelas não foram completamente extirpadas da zona incluída no plano piloto de Brasília, nem de suas vizinhanças imediatas consagradas a um imenso cinturão verde. A tarefa será demorada, precisará de ação e vigilância contínuas; mas não se trata de transformar esses povoamentos provisórios em estabelecimentos definitivos, como foi feito com o «núcleo pioneiro» ou «cidade livre», que continuará sendo uma exceção.

55. É claro que desde o começo foi implantada a totalidade da rede viária a fim de garantir a coerência do conjunto e fazer arranjos para o futuro, mas muitas outras despesas puderam ser adiadas: evitou-se construir simultaneamente a dupla rede de esgotos, as duas estações de tratamento de águas servidas, etc., cada uma das alas residenciais tendo independência total sob esse aspecto.

falta de vida autêntica que ainda pode ser sentida hoje, com relação ao centro de Brasília, só tende desaparecer progressivamente com os anos[56].

Em compensação, o que subsistirá sempre é a nova concepção do espaço, traço fundamental do plano de Lúcio Costa. O movimento racionalista, sob o impulso de Le Corbusier, tinha proposto substituir o espaço fechado das ruas e praças determinadas pelos alinhamentos contínuos dos edifícios por um espaço aberto e fluido, pontilhado de edifícios isolados que o canalizariam, torná-lo-iam sensível à percepção mas não o delimitariam de modo absoluto. Tratava-se de uma revolução estética, que vinha somar-se à revolução prática inspirada pela preocupação de assegurar ar, sol e luz à população, elementos até então muito medidos e dos quais se tendia a desconfiar. Chegava-se a uma reviravolta das proporções entre cheios e vazios, estes agora ganhando muito daqueles pela multiplicação de suas dimensões, e a uma grande perturbação nos princípios da perspectiva, pois a noção de inifinito vinha substituir o jogo clássico do ponto de vista final com o erguimento de uma construção axial. No primeiro plano, Lúcio Costa adotou integralmente o espírito das propostas feitas pelo mestre franco-suíço entre as duas guerras mundiais, mas amplificou seus efeitos: a articulação de toda a composição ordena-se em função de espaços livres, que se estendem por imensas distâncias e atingem trezentos metros de largura no centro de cada eixo; ora, esses espaços fundamentais nascem da implantação paralela de prédios de seis a oito andares e não de arranha-céus gigantescos, que teriam levado à relativa manutenção das proporções habituais, como fora o caso nos primeiros projetos de urbanismo de Le Corbusier; disso resultou uma acentuação dos efeitos espaciais externos, seu desenvolvimento numa escala totalmente inédita. O segundo ponto talvez seja ainda mais importante, pois assistimos à reconciliação de dois sistemas de perspectiva, que se tornam completamentares e não mais concorrentes: o olhar só se detém definitivamente na linha do horizonte; por todo lado ele goza, de modo mais ou menos completo, de um local inicialmente bastante neutro, mas magnificamente explorado pelo arranjo da natureza e a escolha muito segura da posição da cidade; essa perspectiva longínqua sempre presente não passa, porém, de um dos elementos de uma combinação óptica infinitamente mais complexa, pois multiplica-se numa série de perspectivas a meia distância ou próximas que surgem da implantação de edifícios conforme os princípios utilizados há séculos. É claro que uma concepção dessas não deixa de ter precedentes e a arquitetura grega foi a primeira a fazer isso de modo admirável; mas convém notar que realizações semelhantes quase sempre estavam ligadas à utilização de uma localização natural de excepcional qualidade (o que não era o caso em Brasília) e que até então jamais se tinha feito uma mistura tão sistemática, tão completa. Assim, mais uma vez foi a uma magnífica síntese que se entregou Lúcio Costa, desenvolvendo as pesquisas esboçadas no passado para adaptá-las à estética do presente e criar, assim, uma vigorosa visão nova.

Tome-se o Eixo Monumental. Quer seja visto rapidamente da torre de televisão (Fig. 325), quer da posição terrestre de quem o percorre, fica-se imediatamente impressionado pela amplidão do espaço que constitui sua essência, verdadeira espinha dorsal; esse espaço está marcado de modo tão nítido que a falta de certos edifícios ainda não construídos não chega a apagá-lo: a dupla fila dos ministérios basta para sublinhá-lo, para fazer funcionar o espírito do espectador que supre mentalmente e mais ou menos inconscientemente as faltas provisórias. Portanto, espaço preciso, espaço real mas espaço contínuo, aberto por todos os lados para o ambiente, onde jamais se tem a impressão de estar isolado num compartimento fechado. O mesmo fenômeno pode ser encontrado no jogo de perspectivas. As flechas gêmeas e as cúpulas do Palácio do Congresso asseguram à esplanada oficial um termo solene, mas não detêm implacavelmente o olhar, que prossegue seu caminho até as colinas situadas do outro lado do lago; a plataforma rodoviária e a torre de televisão desempenham um papel semelhante de ponto focal transparente e não definitivo, no caso de uma vista inversa de leste para oeste. O vigor do conjunto e a harmonia que dele emana, aliás, não podem ser plenamente apreendidos senão no próprio local. Toda tentativa de julgamento feita unicamente sobre o plano ou sobre imagens corre o risco de levar a aventuras desagradáveis[57]. Nem as melhores fotos reproduzem a qualidade espacial dessa concepção urbana, pois elas só apreendem bem elementos parciais; a escala real aparece não natural quando se tenta abarcar, com uma objetiva grande angular, um panorama muito vasto. Essa constatação foi feita por todos que tiveram a oportunidade de conhecer a cidade *de visu*; a impressão primeira, extraída unicamente dos documentos divulgados em todo o mundo, na maioria das vezes foi modificada pelo contato com a realidade. Sob esse aspecto, o caso mais significativo é do arquiteto norte-americano Edmond Bacon, autor de uma história do urbanismo fartamente ilustrada, que teve a honestidade de publicar num apêndice de sua obra o texto que tinha preparado antes de ir a Brasília; a comparação com a opinião emitida no corpo do livro é instrutiva: no intervalo das duas redações ocorreu uma reviravolta completa[58]. É claro que nem todo o mundo foi convencido da mesma forma pela experiência direta: Sybil Moholy-Nagy[59] e Bruno Zevi[60] entregaram-se a uma condenação total da concepção de Lúcio Costa, recusando à arquitetura contemporânea o direito à monumentalidade. Não entraremos

---

56. A ala norte começa a ser construída: a universidade foi implantada ali, na zona próxima ao lago que lhe era destinada, e algumas superquadras foram erguidas; mas ainda sobram quarteirões vazios.

57. É significativa a de Siegfried Giedion (prefácio da obra de K. FRANCK, *Affonso Eduardo Reidy — Bauten und Projekte*, Stuttgart, 1960, p. 11): o professor suíço criticou Lúcio Costa por criar um eixo monumental de seis quilômetros de comprimento enquanto o olho humano não consegue apreender uma perspectiva normal além de dois quilômetros; ele simplesmente esqueceu do relevo do terreno, criteriosamente explorado pelo arquiteto brasileiro. De fato, este calculou suas perspectivas à distância média em função de dados clássicos e a cifra apresentada por Giedion na crítica como sendo o máximo foi considerada como tal em Brasília: não há mais de dois quilômetros desde o Palácio do Congresso até a estação rodoviária, um pouco mais de um quilômetro entre esta e a torre de televisão, um pouco menos de dois quilômetros entre este último ponto até a praça municipal.
58. E. N. BACON, *D'Athènes à Brasilia*, Lausanne, 1967, pp. 220-227 e 283.
59. S. MOHOLY-NAGY, Brasilia, majestic concept or autocratic monument?, *Progressive Architecture*, t. 40, out. de 1959, pp. 88-89.
60. Inchiesta su Brasilia, *L'Architettura. Cronache e storia*, n.º 51, jan. de 1960, pp. 608-619.

Fig. 325. *Brasília. O Eixo Monumental visto da torre de televisão.* 1968.

nessa discussão, que não está isenta de preconceitos e tanto mais violenta quanto a viúva do ex-professor da Bauhaus e o paladino da arquitetura orgânica sentiam-se contrários à evolução mundial, constatando com amargura que o triunfo de Brasília dava um golpe decisivo nas possibilidades do ideal baseado na prioridade absoluta da habitação privada e da democracia individualista; de fato, esse assunto já foi abordado[61]. Além do mais, o urbanismo não é uma questão de dogma e é lógico admitir que podem existir vários caminhos aceitáveis; o não-reconhecimento do valor dos espaços criados por Lúcio Costa, portanto, foi uma exceção devida a considerações apaixonadas e não um questionamento objetivo de sua qualidade intrínseca.

No eixo rodoviário-residencial, a situação não é tão clara. Também ali a imensa superfície não construída da rodovia que separa as duas séries de superquadras é o fulcro em torno do qual organiza-se a composição, mas trata-se de um espaço propositalmente menos bem definido e menos puro que no eixo monumental: a hierarquia desejada pelo autor do projeto não podia acomodar-se a um concorrente, que teria atenuado o prestígio vinculado à zona-símbolo da função principal da cidade. Aliás, o problema colocava-se de modo diferente: a continuidade absoluta das pistas era uma necessidade imperativa e não teria sido lógico prever uma compartimentação qualquer por meio de obras de arte que limitassem a visão. Mas o prolongamento por doze quilômetros dessa imensa artéria teria provocado uma monotonia intolerável se se tratasse de uma linha reta; a inflexão acompanhando a curva de nível do terreno evitou esse inconveniente, proporcionando um horizonte sempre aberto, acompanhado de sucessivos primeiros planos de perfeita unidade. Por conseguinte, o princípio de mistura do jogo de perspectivas frontais e laterais é o mesmo da via triunfal, mas os processos variaram para levar, em cada caso, a uma solução que tira proveito do local e corresponde exatamente ao efeito desejado, levando em conta os respectivos papéis. Esse espaço no centro da asa residencial não possui nem a simetria, nem a unicidade de seu correspondente monumental: ele é cortado por filas de árvores plantadas entre as pistas da estrada e, embora os prédios tenham a mesma altura dos dois lados, sua disposição no declive cria uma desigualdade entre o lado ocidental (relativamente fechado, dominado pela massa das construções) e o lado oriental (onde a vista de cima para baixo permite admirar sem obstáculos o panorama do lago, bem como a escalada dos edifícios do setor governamental, visível de todas as partes e solenemente valorizado). Assim, apesar da mesma posição central, existe uma di-

---

61. Cf. *L'Information d'histoire de l'art*, set.-out. de 1961, pp. 114-116 e *supra*, pp. 203-204.

Fig. 326. *Brasília. A ala residencial sul vista da torre de televisão.* Vista parcial. 1968.

ferença fundamental entre os dois tipos de espaço em torno do qual ordenam-se os dois braços da cruz imaginada por Lúcio Costa. Um é tratado de modo plástico, unitário, impõe-se sem reservas; visível de qualquer lado, goza de uma valorização particular a partir de certos pontos privilegiados. O outro é tratado de modo mais discreto; sua existência não impressiona permanentemente, exceto quando percorrido de carro ou quando se passeia nos quarteirões próximos; ele se apaga nas vistas gerais e mesmo nas vistas aéreas de perto, tomadas fora de seu eixo vertical (Figs. 326 e 327): não raro são os edifícios da dupla fila de superquadras do oeste (séries 100 e 300) que definem o traçado dessa parte da cidade, e não o conjunto das quatro séries implantadas em torno da artéria de base. Enquanto o espaço do Eixo Monumental era, desde o começo, representativo e magnífico, com um caráter prático que só intervinha em segunda instância, a proporção inverteu-se nas asas residenciais, onde incontestavelmente domina a função utilitária.

Essa segurança na manipulação do espaço de acordo com a expressão e as necessidades, com as variações sutis sobre um único tema, levou ao resultado global previsto por Lúcio Costa. O desenho que seduziu o júri passou sem dificuldades para a realidade. A forma imaginada, tão sedutora no papel, comprovou ser, na execução, totalmente diversa de um desenho gratuito: pode ser apreendida de relance não só na vista aérea, mas também quando vista do interior da própria cidade, e sua nitidez contribui para impressionar o morador ou o visitante, banhado numa atmosfera de pureza e grandeza equilibrada que impõem respeito. Trata-se de uma obra de arte verdadeiramente concebida pelo planificador: os efeitos esperados não decepcionam. Além disso, a simplicidade do esquema torna fácil a orientação, qualidade prática que vale seu peso em ouro. Houve verdadeiramente uma conquista do lugar, audaciosamente valorizado pela cidade, sem a qual esta teria um significado estético muito restrito; mas essa conquista não se traduziu num esmagamento da natureza: esta foi arranjada pela mão do homem, domada, melhorada para seu próprio proveito, mas não foi violentada. O urbanista levou em consideração seus traços essenciais, originais ou modificados (topografia, hidrografia) e, embora tenha dado primazia à criação do espírito humano, tomou a precaução de prever um imenso ambiente de verde em torno da aglomeração, solução essa que apresenta as duas vantagens de realçar a arquitetura e assegurar aos moradores um agradável ambiente para o futuro. É verdade que serão parques artificiais, com vegetação replantada (o que acarretará um custo considerável, tanto mais que o solo de laterite não facilita as coisas), mas esse é um dado permanente dentro do contexto natural brasileiro, muito árido ou muito hostil pa-

Fig. 327. Brasília. *A ala residencial sul em vista aérea*. Vista do oeste. (No primeiro plano as casas populares a oeste da Avenida W-3, em segundo plano, os blocos das superquadras das séries 300 e 100.)

ra poder ser deixado como está. O tratamento do espaço na escala total do lugar foi portanto realizado com a mesma perícia que o tratamento da aglomeração propriamente dita, e não é dos méritos menores de Lúcio Costa o ter conseguido aproveitar magnificamente uma localização que *a priori* não apresentava nenhuma virtude excepcional.

Embora o tratamento do espaço sempre tenha constituído o elemento essencial de um bom êxito urbanístico, jamais foi um ato gratuito. Não deixa de estar ligado a considerações práticas e especialmente à organização da rede de circulação. Ora, o plano de Brasília estava baseado, mais do que qualquer outro, nesse último dado, já que se caracterizava por uma dupla ênfase colocada no caráter monumental da cidade e no sistema viário. De fato, pela primeira vez uma cidade era construída em função de uma rodovia urbana, prevista desde o começo e não acrescentada depois como nas grandes metrópoles da América do Norte; portanto, o resultado da experiência apresentava um interesse de primeira ordem. É verdade que, como já foi ressaltado, a capital brasileira ainda não está terminada, mas sua construção está bastante adiantada para que se possa tirar dela ensinamentos preciosos. Realizado tal como tinha sido concebido, o conjunto viário dos grandes eixos prestou os serviços esperados: as comunicações são fáceis e rápidas, pondo as quadras mais afastadas a alguns minutos do centro; as pistas são bastante largas para que os inúmeros carros particulares e transportes coletivos possam tomá-las sem perturbar uns aos outros[62]; os acessos às superquadras não apresentam problemas e o ligeiro desvio que é imposto aos automóveis para penetrarem nelas serve para salvaguardar sua tranqüilidade; a complexidade do cruzamento central em três níveis é apenas aparente e os motoristas não têm dificuldade alguma em aprender em algumas horas os segredos dos vários trevos que permitem deslocar-se sem dificuldade por toda a cidade. As previsões do arquiteto autor do plano, portanto, confirmaram-se em todos os pontos e raros foram os retoques necessários: a constatação da ausência de tráfego intenso na via do meio do eixo residencial, devido ao fato de que essa artéria só pode ser aproveitada por veículos que se dirigem de fora para o centro e vice-versa, levou os responsáveis a pensar em três trevos em cada ala a fim de repartir melhor a capacidade de utilização da vasta rede estabelecida[63]. Também houve a já mencionada transformação da Avenida Oeste 3 em rua de comércio e o desenvolvimento arbitrário da zona situada além dessa avenida,

---

62. Ora, Brasília apresenta a maior densidade de veículos motorizados por habitante em todo o Brasil; os serviços de ônibus inicialmente deficientes agora estão regularizados e as queixas dizem respeito principalmente às ligações com as cidades-satélite, cujo distanciamento constitui um obstáculo para uma população que vem trabalhar em massa na própria capital.

63. Aliás, não se deve esquecer que esse abandono da pista principal de grande raio de ação pode ser explicado pela falta provisória de atrativos

agora coberta por casas individuais, chamadas de populares mas na verdade ocupadas principalmente pela classe média; mas isso foi uma imposição política, à qual os urbanistas tiveram de acomodar-se. A adoção de um sistema de quadras servidas por calçadas descontínuas permitiu a domesticação do automóvel, como nas superquadras originais; em compensação, os moradores não gozam de vantagens semelhantes no que se refere às comunicações, já que a Avenida Oeste 3 não é uma rodovia; a multiplicação de funções a ela atribuídas levou à colocação de semáforos, tanto para veículos, quanto para pedestres, exatamente como nas aglomerações tradicionais, quando Lúcio Costa tinha querido banir de Brasília esse modo de regular a circulação; mas é verdade que, mesmo assim, essa circulação flui com uma facilidade invejada pelos motoristas acostumados aos engarrafamentos clássicos das outras cidades.

Aliás, o caso da Avenida Oeste 3 merece ser estudado em todos os seus aspectos, já que coloca um problema fundamental para o urbanismo contemporâneo. De simples via de abastecimento destinada aos caminhões no projeto inicial, ela foi promovida à categoria de calçada nobre margeada de lojas, acontecimento motivado em grande parte pelas circunstâncias e pela ordem de desenvolvimento adotada para a futura capital[64]. Mas essa explicação não basta. A idéia do planificador era suprimir completamente a rua antiga e separar as funções que até então ela vinha desempenhando: ele só conservou o papel de passagem de veículos, retirando-lhe não só os prédios de apartamentos que a rodeiam (agora agrupados nas superquadras), como também as vitrinas comerciais; estas deviam abrir-se nos caminhos voltados para o interior dos quarteirões habitacionais; só os fundos das lojas dariam para as calçadas destinadas ao tráfego motorizado. Ora, os comerciantes não aceitaram essa solução e inverteram as fachadas para voltarem à ordem usual, e isso tanto na grande artéria em questão quanto nas ruas secundárias entre as quadras residenciais. Essa rebelião, que não se tentou combater por causa de seu caráter profundo e espontâneo, sem dúvida alguma foi parcialmente devida a uma natural atitude conservadora e à recusa em tentar adaptar-se a novas normas; mas seria inútil não ver aí a expressão de uma necessidade de abertura para o exterior sentida pelos interessados e pelo público. O comércio local não quis ser aquartelado num setor exclusivo, mesmo na escala da superquadra que abriga vários milhares de pessoas, e, por seu lado, a clientela ficou mais à vontade na via tradicional, onde o agrupamento de vitrinas dava a impressão de uma escolha mais efetiva. Esse fracasso em suprimir a rua clássica não é significativo, nem encerra a condenação de toda tentativa do gênero, pois existem dois fenômenos distintos: é verdade que a rua comercial conserva seus atrativos e seria um erro tentar fazê-la desaparecer, substituindo-a unicamente por grandes supermercados dotados de imensos estacionamentos, mas pode-se pensar em adaptá-la, excluindo dela a circulação de automóveis.

Essa separação de tráfego e freguesia é desejável: favorece o pedestre apressado que faz compras, da mesma forma que aquele que está passeando, e tende a devolver à cidade um de seus atrativos de sempre, não raro perdido depois do triunfo absoluto dos veículos mecânicos. Ora, era isso mesmo que queria Lúcio Costa, mas ele manteve as duas funções muito próximas uma da outra e principalmente no mesmo plano horizontal: a facilidade oferecida foi explorada contra sua idéia diretora, enquanto um desvio desses teria sido impossível se a diferenciação fosse por níveis verticais (por exemplo, Cumbernauld, na Escócia). Assim, no fenômeno constatado houve mais falta de compreensão da finalidade desejada do que verdadeiro vício de forma, e não se pode dizer que a realização da experiência não deu mais satisfação do que o estado atual. Mas persistem dúvidas quanto a saber se a fórmula proposta, que provou ser adequada para o tratamento do centro de uma grande cidade reconstruída como Rotterdam e que parece dever dar bons resultados no caso de Brasília, teria os mesmos atrativos se aplicada sistematicamente na escala do bairro.

Chegou o momento de abordar o último capítulo importante do urbanismo de Brasília: as comunidades residenciais. Também ali as disposições muito simples adotadas por Lúcio Costa funcionaram perfeitamente. As superquadras quadradas de superfície idêntica permitiram organizar um *habitat* coletivo adaptado à concepção geral, oferecendo aos beneficiários múltiplas vantagens: contexto arejado, onde os prédios ocupam uma pequena proporção da superfície do solo, o resto sendo transformado em vastos jardins públicos para o uso permanente da população vizinha; completa tranqüilidade dentro das quadras graças à exclusão da circulação de automóveis que não seja o trânsito puramente local (só têm interesse em penetrar nelas os proprietários, locatários e visitantes que guardam os automóveis; as vias internas sinuosas, cortadas por canaletas ou obstáculos obrigam os motoristas a andar devagar); proximidade da rodovia evitando toda perda de tempo nos deslocamentos (os carros particulares são forçados a um pequeno desvio, pois entrada e saída situam-se apenas nos fundos das superquadras a fim de agrupar o fluxo motorizado e limitar o número de pontos dispostos para o acesso às pistas de velocidade; em compensação, o pedestre chega diretamente aos pontos de ônibus instalados nessas mesmas pistas); disposição ao alcance imediato de todas as comodidades essenciais, que permitem viver no próprio local se se quiser (escola primária dentro da quadra, lojas nas ruas periféricas, ginásio, cinema, quadra de esportes, capela numa zona mais afastada). Foram feitas críticas pelos primeiros visitantes de Brasília, que temiam que emanasse do conjunto uma monotonia perturbadora, devida à repetição sistemática de uma única forma de divisão do terreno acompanhada pela repetição de blocos idênticos. Ora, desde o começo Lúcio Costa esteve perfeitamente consciente desse risco, mas resolveu corrê-lo, achando que podia ser combatido pela repartição diferente dos prédios no interior de cada quadrado e pela utilização de espécies vegetais determinadas para os cinturões verdes destinados a cada um desses quadrados. E foi isso que

---

exercidos por um centro ainda pouco desenvolvido, mas sem dúvida alguma essa situação irá mudar daqui a alguns anos.
64. Cf. *supra*, p. 364.

aconteceu: a imposição, pelo autor do plano piloto, de normas muito estritas para os edifícios de apartamentos (construção sobre pilotis, fixação de um gabarito preciso e do número de andares exigidos em cada quadra, em geral seis) assegurou à capital uma rara unidade monumental, mas sem levar a uma distribuição estereotipada, nem excluir a variedade técnica e plástica (Figs. 328 e 329). A liberdade dos arquitetos encarregados da realização de uma ou mais quadras sem dúvida alguma foi limitada, mas isso não impediu que eles criassem obras harmoniosas marcadas com o selo de sua personalidade.

Fig. 328. Brasília. *Superquadra 108*. Arquiteto: Oscar NIEMEYER.

Fig. 328a. Brasília. *Superquadra 108*. Arquiteto: Oscar NIEMEYER.

Os quarteirões situados além da Avenida Oeste 3, originalmente não previstos, não gozam das mesmas vantagens de comunicação e comércio local ao alcance imediato, apesar da transformação do caráter dessa avenida. Aliás, eles abrigam uma população menor, já que são formados unicamente de casas; estas estão habilmente dispostas, a fim de assegurar a necessária intimidade ao mesmo tempo que se mantém no domínio público a área bastante vasta compreendida entre suas duplas filas; de fato, em vez do minúsculo jardim individual que poderia ter sido destinado a essas moradias, concebidas inicialmente para as classes menos abastadas, preferiu-se um belo gramado comum oferecendo mais possibilidades de recreação para adultos e de divertimento para crianças. Aliás, o mesmo princípio foi utilizado para as luxuosas mansões destinadas aos ministros e altas personalidades, situadas numa das penínsulas do lago; dispostas em quincunce e bem espaçadas entre si, não são cercadas, gozando, assim, de um grande jardim comum. Com isso a estética sai ganhando, mas não é essa a explicação fundamental da escolha feita.

Uma das finalidades de Lúcio Costa foi criar uma cidade inteiramente nova, onde as pessoas não vivessem mais de modo egoísta, onde elas fossem membros ativos de uma comunidade. Ele chegou mesmo a sonhar uma integração social progressiva baseada na unidade de vizinhança, que faria uma mistura cautelosa da população: com os quarteirões mais próximos da rodovia ocupados pelos ricos, as superquadras exteriores destinadas à classe média, haveria uma justaposição na vida cotidiana e manutenção de certas relações, ao mesmo tempo que se evitariam as combinações explosivas; as crianças de meios diferentes ficariam isoladas nos primeiros anos e especialmente na escola primária (único meio de as classes abastadas não desertarem da escola pública), mas se reuniriam no ginásio, onde os elementos mais dotados das classes modestas poderiam ser aceitos como colegas dos filhos de pais favorecidos pela fortuna. Espírito requintado, idealista e positivo ao mesmo tempo, conhecendo bem a mentalidade dos habitantes de seu país, Lúcio Costa não procurava precipitar as coisas; lançava as bases de uma transformação de grande fôlego, que só tinha possibilidade de ser esboçada por meio de um passo discreto. Contudo, os fatos provaram que mesmo assim ele foi muito otimista: desavergonhadamente, os políticos ocuparam todos os apartamentos da asa sul, entregando-se a uma especulação desenfreada, e exigiram a criação de quadras de casas particulares além da Avenida Oeste, com o pretexto de que a população pouco evoluída não estava capacitada a morar nos prédios; mas, como essas casas foram bem concebidas e provaram ser agradáveis, foram as classes médias que as receberam, enquanto os pequenos funcionários eram relegados a lugares mais distantes situados perto da zona industrial e da estação; quanto aos migrantes pobres que servem de mão-de-obra barata e maleável, que desabaram no Distrito Federal e lá se fixaram, não tiveram outra solução senão a favela ou a cidade-satélite (que, aliás, originalmente foi uma favela). Niemeyer, mais marcado politicamente do que Lúcio Costa, também mais intransigente em suas idéias e mais violento em suas reações, ergueu-se vigorosamente contra essa situação, mas não pôde fazer mais do que deplorá-la em seu livro de depoimentos[65] e em inúmeras declarações. Em 1963, ele pensou impedir essa transferência de destinação de alojamentos modestos projetando, para certos prédios da asa norte, apartamentos onde o tanque ficava na sala de estar (único meio de afastar definitivamente a burguesia), mas a crise do regime em 1964 e o afastamento espontâneo do arquiteto depois desses acontecimentos impediram que uma iniciativa tão curiosa tivesse prosseguimento. Mas é possível que, com a atenuação progressiva da falta de moradia, o problema do açambarcamento das

---

65. O. NIEMEYER, *Minha Experiência em Brasília*, Rio de Janeiro, 1961, pp. 63-65.

novas unidades construídas se torne menos crucial na asa norte e um equilíbrio social mais coerente se estabeleça naturalmente. Também convém dizer que o sistema adotado[66] para financiar a edificação das comunidades residenciais de Brasília levou a uma segregação: de fato, o programa foi confiado ou a um regime de previdência social, ou a uma grande administração ou empresa, que tomava a seu cargo o equipamento de uma ou mais superquadras e alugava os apartamentos a seus associados ou a seu pessoal; por isso não se pôde deixar de assistir a um agrupamento da habitação por profissões e por empresas, com todas as conseqüências dessa introduziu-se a diversificação em conjuntos na origem rigidamente reservados a comunidades profissionais. Mas também é verdade que desde já a ala sul surge como o bairro elegante e duvida-se de que o equilíbrio sonhado por Lúcio Costa para o conjunto da cidade possa ser restabelecido no plano social. Mas esse relativo fracasso não deve ocultar o sucesso real dos quarteirões residenciais imaginados pelo urbanista. Está longe o tempo em que os primeiros beneficiários fugiam da cidade no primeiro feriado. Esse movimento não passava de uma reação provisória contra os incômodos de um imenso canteiro de obras. Hoje a tendência é

Fig. 329. Brasília. *Superquadra 114*. Arquiteto: Ary GARCIA ROSA.

falta de maleabilidade e a criação de núcleos de vida em circuitos fechados. Paradoxalmente, desta vez foi a especulação imobiliária que trouxe um corretivo benéfico para esse estado de coisas. Inicialmente, tinha-se pensado em excluí-la completamente da nova capital; o terreno era propriedade pública e as sociedades construtoras iriam apenas alugar os alojamentos; a falta de recursos financeiros para prosseguir no programa e as pressões dos particulares levaram bem cedo a um plano de venda aos moradores com grandes facilidades de crédito; ora, grande número deles logo revendeu com lucros sua parte para comerciantes ou profissionais liberais que tinham mais condições financeiras; assim,

66. Mas a responsabilidade não cabe de modo algum a Lúcio Costa.

inversa: os moradores sentem-se em casa, bem fixados e felizes com o tipo de vida que lhes é proposto. Eles têm consciência de serem privilegiados, de participar de uma experiência, e isso lhes dá satisfação.

Não se insistirá nos elementos complementares específicos de Brasília devidos a sua função ou contexto topográfico. As embaixadas, localizadas nas encostas da ala sul, estão magnificamente situadas: isoladas no verde e bem distanciadas entre si para não se incomodarem mutuamente, formam um conjunto discreto que domina a Avenida das Nações; cada país pôde ou poderá afirmar sua personalidade arquitetônica, se desejar, sem correr o risco de desnaturar o conjunto (as únicas restrições impostas dizem respeito, de fato, à altura dos edifícios, obrigando os responsáveis a um desenvolvimento horizontal mais do que vertical). As margens do lago ofereciam uma localização magnífica para a instalação de locais para lazer e atividades esportivas: ali multiplicaram-se clubes, assegurando uma vasta gama de distrações de todo tipo. É claro que ainda falta preencher o imenso espaço que circunda a cidade e deve ser arranjado em parques: até mesmo os terrenos que separam a cidade do lago ainda estão, em sua maioria, no estado primitivo de cerrado, apesar de alguns esforços como a criação de um embrião de jardim zoológico. Assim, ainda há muito que fazer nesse setor, mas é uma questão de tempo e dinheiro e o essencial é que nenhuma disposição, invalidando irremediavelmente o espírito do plano de Lúcio Costa, foi tomada nem parece que irá ser tomada. É verdade que se pode lamentar o fato de que o aeroporto provisório, imediatamente além do lago, do lado sul, tenha sido mantido e que se esteja assistindo à sua transformação em implantação definitiva; sua proximidade tinha uma razão de ser por ocasião da construção inicial da cidade, mas sua permanência por certo irá apresentar sérios inconvenientes para os moradores da vizinhança, quando teria sido fácil evitar tudo isso transferindo-o, conforme previsto, para uma zona deserta mais distante. Mas não se trata de uma modificação fundamental, nem de um drama irreversível.

Portanto, pode-se concluir desde já que, apesar de certos aspectos discutíveis e alguns defeitos inevitáveis, Brasília constitui um brilhante êxito: a cidade existe e vive, embora os que a critiquem a tenha chamado de loucura e profetizado que se estava construindo "a mais bela ruína do século"; ela é a capital do país (embora ainda divida certas atribuições dessa função com o Rio de Janeiro) e, com o tempo, cada vez o será mais; ela desempenhou bem o papel de pólo de atração, de ponto de partida de uma verdadeira conquista e ocupação do Brasil Central, que lhe foi atribuído pela mística que presidiu a seu nascimento; enfim, e é o que nos interessa principalmente no presente caso, está-se perante uma notável realização urbanística. Na contracapa de um livro recente, consagrado a uma retrospectiva do assunto através dos tempos[67], um escritor competente não hesitou em declarar:

A primeira exigência para construir uma cidade é ter o senso de espaço, antes de mais nada. Outra condição é saber integrar os sistemas de circulação — pedestres, automóveis, transportes coletivos — à cidade, à topografia. E isso é tão difícil, se não mais... do que compor uma sinfonia.

Ora, a que essa definição das principais qualidades de um urbanismo bem compreendido se aplicaria melhor do que ao plano de Lúcio Costa, ilustração evidente e brilhante desses princípios, válidos para o passado bem como para o presente? Brasília demonstrou a capacidade de criação de nossa época, oferecendo uma síntese original dos valores permanentes e das pesquisas recentes num setor a cada dia mais amplo. É claro que houve outras experiências interessantes no mundo de hoje e não se trata de propor a capital brasileira como uma panacéia que se poderia imitar servilmente. Isso seria esquecer, de um lado, o caráter muito particular da cidade, de outro, o fato de que não existe um urbanismo válido para todo lugar; o êxito nesse campo depende inicialmente da perfeita adaptação ao caso dado. Mas não deixa de ser verdade que a obra ultrapassa o contexto local e interessa fundamentalmente a civilização contemporânea por seu caráter corajoso e a franqueza das opções feitas: é possível que o futuro não conserve a solução das rodovias urbanas, um dos fundamentos da concepção da cidade, nem as comunidades residenciais geométricas, que estão associadas àquelas; em compensação, permanecerá sempre o crédito dado a toda tentativa pioneira de importância referente à vida do homem. Mas Brasília vai além das lições práticas que não deixarão de ser extraídas. A cidade toda, inspirada por um ideal humanitário e baseada (seja o que for que seus adversários tenham dito) na preocupação com o bem-estar dos habitantes, é uma obra de arte, e isso foi proposital. Só esse título bastaria para garantir seu renome. A comunhão do urbanismo com a arquitetura é ali total; ela leva a uma apoteose plástica cuja audácia e equilíbrio asseguram à nova capital uma glória durável, que a situa numa categoria invejável em meio às grandes realizações de todos os tempos.

---

67. E. N. BACON, *D'Athènes a Brasilia*, op. cit.

CONCLUSÃO

Chegados ao término deste estudo, onde tentamos focalizar o desenvolvimento histórico da arquitetura contemporânea no Brasil, as várias tendências que podem ser discernidas e suas ligações com o urbanismo, não tentaremos retomar esses problemas num breve resumo, que correria o risco, ou de ser inútil, ou de deformar a realidade por uma excessiva esquematização. Mas há dois pontos que devem ser analisados rapidamente para completar a exposição feita e permitir uma conclusão geral: de um lado, as respectivas importâncias, no plano quantitativo e qualitativo, dos vários tipos de edifícios agrupados por categorias funcionais, e de outro, o levantamento das características de conjunto da nova arquitetura brasileira.

1. CLASSIFICAÇÃO DOS EDIFÍCIOS

Esse assunto foi mencionado na introdução, mas tratava-se apenas de uma apresentação global girando em torno da existência de condições favoráveis ou não à implantação dos vários tipos de edificações que correspondem às necessidades da civilização atual. Portanto, convém retomar o debate de modo mais amplo, tomando por base os dados obtidos durante este trabalho, a fim de determinar os pesos respectivos e o alcance dos vários setores por onde se estende o fenômeno examinado.

Impõe-se uma primeira constatação. A arquitetura religiosa, que no passado forneceu as realizações monumentais mais significativas, hoje não passa de um ramo secundário. É claro que foram construídas igrejas, principalmente nas cidades novas e nos bairros periféricos das grandes aglomerações, mas seu número foi relativamente pequeno em comparação com épocas passadas; além disso, uma proporção muito pequena desses lugares de culto foi construída em estilo contemporâneo. Só foram citadas as criações originais de Niemeyer em Belo Horizonte e Brasília, a capela incluída por Bolonha na residência secundária do embaixador Accioly em Petrópolis, alguns projetos sem seguimento de Lúcio Costa ou Sérgio Bernardes e o Seminário Regional do Nordeste, em Camaragibe, perto de Recife. É pouco, mesmo quando se acrescentam outras obras não desprezíveis, como a Igreja dos Dominicanos em São Paulo, de Arnold François Heep, a Catedral de Blumenau (Santa Catarina) ou algumas tentativas de dimensões modestas disseminadas pelo imenso território. Contudo, quando se trata da qualidade e não mais de uma simples avaliação numérica, a perspectiva muda de modo notável: a Igreja de São Francisco de Assis na Pampulha e a Catedral de Brasília são monumentos de primeiríssimo plano; eles marcam época na obra de Niemeyer e no desenvolvimento da arquitetura brasileira; aliás, sua repercussão ultrapassou as fronteiras do país, e neles se encontram elementos marcantes em escala internacional.

É também no plano qualitativo que se impõem os edifícios públicos: sua proporção em relação às outras construções por certo é muito elevada quando comparada à maioria dos países, mas isso não teria bastado para assegurar ao Brasil a reputação de que goza hoje nesse setor. Desde o começo, a renovação da arquitetura foi orientada num sentido monumental com o Ministério da Educação e Saúde, onde foi abordado o tema do prédio administrativo tratado com magnificência, inúmeras vezes retomado pelos governos locais (por exemplo, o do Paraná, em Curitiba) ou por prefeituras ambiciosas (principalmente no Estado de São Paulo); assim, passou-se progressivamente da concepção de obra isolada à de um conjunto ordenado, para chegar, quando surgiu oportunidade, ao tratamento do tema no contexto mais vasto: a nova Capital Federal. Mas a transformação do ponto de vista abordado não se limitou a essa questão da implantação urbanística; surgiu um novo tipo, derivado do anterior sem dúvida alguma, mas também vinculado a uma tradição muito antiga, um pouco esquecida há pelo menos um século e meio. A renascença do verdadeiro palácio em Brasília não foi fortuita: o declínio do gênero não se devia à sua falta de utilidade na civilização contemporânea, mas sim ao fato de que os políticos e seus serviços podiam permitir-se viver à sombra do passado, nas cidades antigas, graças à riqueza do legado dos períodos anteriores[1]. Uma criação *ex nihilo* logicamente fez reviver uma categoria de edificação que sempre constituiu um florão essencial da arte desde a mais remota Antigüidade. Mas o problema era delicado, porque a menor nota desafinada corria grandes riscos de acarretar o fracasso irremediável dessa categoria de programa. O êxito de Niemeyer e sua contribuição para o saldo credor de nossa época são, por isso, ainda mais válidos.

Palácios, ministérios, prefeituras e paços municipais não foram as únicas realizações monumentais em matéria de arquitetura civil pública. Teatros e museus também tiveram um papel importante. Embora o período áureo daqueles, no plano numérico, esteja situado no começo do século e só tenha engendrado construções medíocres na maioria das grandes cidades, a situação depois inverteu-se: só os teatros de Salvador e Brasília apresentam um tamanho comparável ao de seus ancestrais e um significado equivalente na escala urbana, mas dessa vez trata-se de tentativas notáveis, fruto de pesquisas destinadas a marcar época, mesmo que os resultados obtidos não tenham recebido a unanimidade dos votos. Em outras partes, viu-se a multiplicação de pequenas salas de bairro e os anexos escolares e universitários, onde se desenvolveram brilhantes temas funcionais e plásticos (teatro do bairro Marechal Hermes, de Reidy, auditório do Colégio de Belo Horizonte, de Niemeyer). Em compensação, a eclosão de museus é um fenômeno recente, posterior a 1945; desde então eles se multiplicaram e alguns foram dotados de edifícios notáveis, que ocasionalmente são melhores do que o conteúdo apresentado (Museu de Arte Moderna do Rio de Janeiro); outros ainda têm de contentar-se com instalações provisórias, mas tudo faz pensar que sua vez chegará mais cedo ou mais tarde: o interesse das autoridades por essas instituições, que, aliás, freqüentemente são sociedades particulares, deve-se principalmente ao proveito político que se pode tirar de uma ação oficial em favor da cultura; e a participação num programa de arquitetura grandiosa demonstrou ser, como já foi dito, um dos melhores meios de propaganda pessoal no Brasil.

As mesmas razões levaram governos e administrações a cuidar solicitamente de construções escolares e universitárias. A amplidão das necessidades era tal que um vasto campo de ação oferecia-se naturalmente aos profissionais, mas é evidente que essa situação poderia ter desembocado numa vontade de planificação econômica visando construir aos menores custos, a fim de fazer frente às circunstâncias nos melhores prazos. Não houve nada disso e o desejo de qualidade não foi varrido pelas preocupações de ação de massa. Nesse campo, encontra-se uma escala considerável de variações. Geralmente as universidades gozam de um vasto *campus* onde o espaço não é contado; em certos casos, mas não em todos, impôs-se uma concepção unitária; há realizações suntuosas, conjuntos austeros mas dignos, outros muito monótonos, enfim misturas cuja variedade, conforme o caso, é feliz ou não. As limitações financeiras foram mais estritas para os colégios secundários e as escolas primárias, mas algumas vezes os arquitetos receberam créditos bastante amplos para permitir criações espetaculares, às quais se atribuía um papel psicológico importante (Escola de Pedregulho, de Reidy, Centro Carneiro Ribeiro, em Salvador, de Rebouças, Colégio de Guarulhos, de Artigas, escolas de Brasília). Não houve uma planta geral, repetida na escala do município ou do Estado; mesmo quando o orçamento era limitado, os responsáveis sempre gozaram de considerável liberdade para aproveitá-lo, o que não raro permitiu obter excelentes resultados sob todos os aspectos (escolas de Luís Nunes em Recife, colégio de Artigas em Itanhaém). É significativo que, nesse ponto, o setor privado, que gozou de recursos consideráveis e de condições privilegiadas em todos os níveis de ensino do país, não tenha sido capaz de competir com o Estado.

O mesmo não se pode dizer das edificações surgidas da civilização industrial e comercial que se afirmou sem rodeios nas grandes cidades brasileiras. É verdade que a atividade pública não está ausente, mas limita-se a dois ramos essenciais, os transportes e os pavilhões de exposição. O crescimento súbito e a profunda transformação dos meios de comunicação exigiram a construção de vários novos locais para acolher carga e passageiros. Mas o balanço arquitetônico é bastante restrito. As instalações portuárias foram dotadas apenas de tristes armazéns; as estações ferroviárias, quase todas datando do grande período de desenvolvimento da via férrea (fins do século XIX, começo do século XX), são imensas construções horrendas ou simples casas de campo descaracterizadas (exceto a estação de Mayrink, de Dubugras). Foram feitos esforços consideráveis pelos aeroportos; mas os únicos sucessos estéticos indiscutíveis situaram-se entre 1936 e 1944 (Aeroporto Santos Dumont do Rio de Janeiro, de Correa Lima para os hidraviões, e de M.M.M. Roberto para os aviões), ou seja, durante as primeiras experiências, quando as autoridades deram a esses edifícios o valor de exemplos; depois, tornou-se muito freqüente confiar a tarefa a técnicos, em vez de verdadeiros arquitetos, e foi isso que ocorreu recentemente em Brasília, onde o projeto de Niemeyer foi descartado em favor dos planos de engenheiros dos serviços aeronáuticos. Em compensação, as estações rodoviárias, necessárias por causa do fantástico aumento do tráfego de ônibus a partir da construção de uma importante rede de vias pavimentadas, depois de 1950, deram origem a uma série de obras de boa qualidade, iniciada por Artigas em Londrina. Também os pavilhões de exposição corresponderam a uma exigência de que os políticos não podiam abrir mão: a indústria e o comércio precisavam de locais que permitissem tornar conhecidas periodicamente as amostras de seus produtos; essa imposição econômica condicionou a vida moderna e as personalidades ou coletivida-

---

[1]. É claro que houve a exceção dos novos organismos internacionais (Sociedade das Nações, ONU, UNESCO), mas os palácios erguidos para abrigá-los apresentam como saldo uma mediocridade total ou soluções um pouco bastardas por causa das imposições do meio ambiente.

des responsáveis estavam bem pouco inclinadas a subtrair-se a ela, já que se tratava de um excelente meio de propaganda capaz de servir igualmente bem na escala municipal (pavilhões do Ibirapuera em São Paulo, São Cristóvão no Rio), quanto na escala internacional (Exposições de New York e Bruxelas).

A intervenção das autoridades públicas, quando se procurava qualidade, foi exercida no sentido monumental, fosse qual fosse o campo abordado. O que não é de espantar, mas essa mesma preocupação também pode ser encontrada no setor privado. Um esforço considerável foi feito pelas empresas para que suas fábricas não fossem prisões sinistras, mas sim estabelecimentos arejados, claros e funcionais, dotados de audácia ou elegância para chamar a atenção. Embora os velhos bairros industriais de São Paulo e Rio de Janeiro estejam aparentados, pela tristeza e feiúra, com seus congêneres europeus do século passado, freqüentemente as novas construções destacam-se por uma notável distinção, notada tanto em simples *stands* comerciais (*hall* de exposição Hanomag no Rio, de Paulo Antunes Ribeiro), ou oficinas (gráfica de Moreira na Cidade Universitária do Rio), quanto nos conjuntos médios (Sotreq no Rio, de M. M. M. Roberto, leiteria Parahyba em São José dos Campos, de Rino Levi) ou de maior envergadura (fábrica Duchen, de Niemeyer, fábrica Olivetti, de Zanuso, ambas na periferia de São Paulo). Também foi assinalado o interesse plástico de certas realizações utilitárias como os postos de serviço (Clube dos Quinhentos em Guaratinguetá, de Niemeyer, posto da Petrobrás em Brasília, de Bina Fonyat), sendo inútil especificar que as obras citadas neste estudo não são mais do que amostras de uma produção abundante e variada. Por certo não é das menores essa contribuição da arquitetura brasileira para um tipo de edifício por muito tempo considerado por seus responsáveis como indigno de uma verdadeira estética.

Embora a indústria sem dúvida alguma seja um dos elementos básicos da civilização atual, ela não surge como o fenômeno mais característico dessa civilização no plano urbano, onde o setor terciário ganha de longe. O que é verdade na América do Norte e na Europa talvez seja ainda mais acentuado no Brasil, onde a administração e o comércio sempre proliferaram mais do que as fontes de produção. Assim, não é de espantar que o ramo mais ativo em matéria de edifícios para uso de profissionais tenha sido constituído pela categoria dos prédios de escritórios. A evolução no sentido do arranha-céu, esboçada desde 1935 no Rio de Janeiro e São Paulo, foi-se acelerando durante os anos em todas as grandes cidades, antigas ou recentes, afogando seu centro num mar de concreto, material preferido às ossaturas metálicas utilizadas nos Estados Unidos desde que esse gênero foi criado. As dificuldades econômicas impostas na maioria dos casos, como a ocupação máxima do terreno e a feitura da maior superfície de piso possível dentro dos limites dos regulamentos em vigor, limitaram seriamente a iniciativa dos arquitetos, especialmente na escolha dos volumes e não raro levaram-nos a preocupar-se essencialmente com o tratamento das fachadas quando se entregaram a pesquisas plásticas. Mas não existe monotonia, pois os autores deram mostras de muita imaginação. A qualidade do conjunto permanece elevada, e pode-se contar um grande número de brilhantes êxitos, que marcaram época, assinados pelos irmãos Roberto, por Niemeyer, Mindlin, Rino Levi, etc. Trata-se de um dos campos onde o Brasil conseguiu afirmar sua originalidade e escapar da mediocridade. Houve fracassos indiscutíveis, e nem mesmo as figuras de proa escaparam deles, mas esses fracassos permaneceram ocasionais, fato ainda mais notável por se tratar de uma produção em massa. Em compensação, é evidente que, no plano urbanístico, os resultados foram infinitamente piores em razão da extrema concentração ocorrida e dos problemas que se seguiram, sem falar da impressão de desordem que reina em muitos casos, como fruto da impotência da legislação face a uma conjuntura de expansão desmesurada.

Esta acarretou a construção de numerosos hotéis, que, também eles, adotaram a forma de arranha-céus nas cidades onde o espaço era contado; as realizações realmente notáveis nesse setor, contudo, corresponderam a programas particulares, quando o ambiente permitiu a adoção de um partido horizontal (hotéis de Ouro Preto e Diamantina, Brasília Palace, de Niemeyer, hotel do Parque São Clemente em Nova Friburgo, de Lúcio Costa). Pode-se encontrar o bloco horizontal ou os blocos horizontais, mas geralmente de vários andares, em hospitais, aos quais se deu uma atenção constante; o freqüente benefício de bastante terreno livre e a diminuição das servidões em relação aos edifícios anteriores permitiu que muitos arquitetos se distinguissem (Luís Nunes: Hospital da Brigada Militar no Recife; Moreira: Berçário da Cidade Universitária do Rio; Niemeyer: Hospital Sul-América no Rio; Rino Levi e associados: vários projetos e realizações que tornaram esse escritório uma espécie de especialista na matéria).

No plano quantitativo, ainda mais importante do que a categoria dos edifícios destinados ao trabalho surge a dos alojamentos. A amplidão das necessidades, devida ao rápido crescimento da população e à urbanização acelerada, bem como à especulação imobiliária, considerada como o investimento mais rentável, explicam facilmente essa situação. Os dois tipos de programas que podiam corresponder à demanda, casas e prédios, tiveram o mesmo desenvolvimento e ofereceram aos profissionais da construção no Brasil o mais vasto campo de ação de que dispunham. Mas houve uma desproporcionalidade entre a habitação de caráter social, cujos canteiros ficaram muito secundários e não deram origem senão a algumas poucas tentativas válidas (unidades habitacionais de Pedregulho e Gávea, de Reidy, projetos recentes de Artigas nos subúrbios de São Paulo), a classe intermediária mais abundante mas sem interesse profundo e as casas ou apartamentos de luxo que dominam o mercado pelo número e pela qualidade. Esta última série é que examinamos de modo mais essencial, por razões evidentes: ela constituiu a parte dominante da obra da maioria dos arquitetos e, em muitos casos, a parte onde eles conseguiram expressar-se melhor. As constatações feitas a propósito dos prédios de escritório podem ser retomadas para os prédios de apartamentos, que freqüentemente se transformaram em arraha-céus no centro das cidades; e mesmo quando as proporções foram mais modestas, os problemas continuaram sendo mais ou menos semelhantes, com um volume simples imposto pelas circunstâncias e um tratamento plástico limitado às fachadas. Por outro lado, as mansões, urbanas ou rurais, permitiram muito mais flexibilidade, especialmente no arranjo interno; o gosto pelas formas geométricas facilmente apreensíveis continuou sendo dominante no aspecto externo. A variedade das criações foi considerável, mas sem excluir uma unidade real.

Dos quatro aspectos da Carta de Atenas (habitar, deslocar-se, trabalhar, divertir-se), este último não foi negligenciado no Brasil; foi abordado apenas incidentalmente, quando se falou dos teatros, onde o papel das autoridades públicas foi considerável. Não se voltará a esse ponto e também não se insistirá nas outras salas de espetáculos, especialmente cinemas, numerosos mas sem características especiais que mereçam um estudo mais detido. Foram principalmente as instalações esportivas e seus anexos sociais que se desenvolveram com amplitude, pelas razões sociológicas indicadas na introdução. Imensos estádios, quase sempre de futebol, e sedes dos vários clubes, freqüentemente muito ricos, ocupam um lugar de destaque no conjunto do assunto que nos interessa; são raros os arquitetos que não abordaram um desses temas, participando dos concursos feitos regularmente pelas sociedades esportivas; alguns, como Ícaro de Castro Mello, chegaram a fazer uma verdadeira especialidade desse gênero de programa, que forneceu esplêndidas realizações (os dois Iates Clubes da Pampulha, de Niemeyer, os clubes de Artigas em São Paulo, especialmente).

Por conseguinte, o panorama da arquitetura contemporânea no Brasil apresenta uma gama muito vasta, da qual nenhum setor foi excluído. É claro que existem diferenças notáveis entre as várias categorias; algumas são mais privilegiadas pelo número de edifícios, outras pela qualidade, mas não se pode dizer que a relação entre esses fatores seja inversamente proporcional: casas e grandes edifícios de apartamentos ou escritórios possibilitaram magníficos êxitos, da mesma forma que os programas excepcionais (igrejas ou palácios). Aliás, não existe uma oposição de estilos quando se muda de tema, graças à existência de características globais que agora é preciso definir.

2. CARACTERÍSTICAS GERAIS E ESPECIFICIDADE DA NOVA ARQUITETURA BRASILEIRA

Essas características são de três ordens distintas — técnica, metodológica e formal — que se traduzem num certo número de traços significativos intimamente ligados.

1. Arquitetura de concreto armado

O concreto é o material de estrutura por excelência. É claro que existem exceções notáveis: ossaturas de madeira (hotel do Parque São Clemente, de Lúcio Costa) ou metálicas (edifício Avenida Central, de Mindlin, ministérios de Brasília); pode-se dizer que elas apenas confirmam a regra. Quanto à construção tradicional de paredes portantes, não desapareceu nas casas baratas, mas não desempenha mais nenhum papel na arquitetura digna desse nome. A escolha do concreto armado, explicável pelas condições econômicas, também correspondeu a um desejo manifesto de liberdade: adoção sistemática do princípio dos pilares em recuo nos grandes edifícios a fim de liberar a fachada de toda servidão estrutural, exploração da flexibilidade do material para criar novas formas.

2. Arquitetura artesanal

A personalidade do arquiteto é dominante e suas faculdades de invenção não estão tolhidas pela obrigação de se servir de elementos padronizados preexistentes. É claro que não existe uma recusa em utilizar os acessórios feitos em série, mas freqüentemente o protótipo é desenhado pelo próprio arquiteto, quer sejam modelos de elementos vazados (prédios do Parque Guinle, de Lúcio Costa), quer sejam caixilhos pré-fabricados destinados às fachadas (edifício do I.R.B., dos irmãos Roberto), ou venezianas e persianas (edifício Antonio Ceppas, de Moreira) ou vários detalhes. Até mesmo as pesquisas mais intensas, em colaboração com a indústria, feitas nestes últimos anos, não perturbaram as relações antes estabelecidas, apesar do indiscutível esboço de uma evolução.

3. Arquitetura racionalista

Os arquitetos brasileiros deram provas de muita imaginação, mas essa imaginação sempre esteve regulada pela razão; ela se apoiou num sentimento de ordem e equilíbrio, sensível nas criações mais ousadas, bem como nas mais contidas. Não se verá novamente nesse capítulo nem a influência de Le Corbusier, que contribuiu de modo decisivo para essa orientação, pois já se insistiu bastante sobre isso no corpo da obra.

4. Arquitetura simbólica

O funcionalismo puro, levando em conta unicamente os dados materiais, constituiu apenas uma breve etapa no desenvolvimento da nova arquitetura brasileira. A partir do Ministério da Educação e Saúde pode-se ver surgir o desejo de dar aos projetos um sentido simbólico, desejo que cresce com os anos. Reconciliação do passado com o presente em Lúcio Costa, vontade de expressar a personalidade de cada edificação em Niemeyer, desejo de impor uma concepção social de vida em comum em Artigas e seus alunos são alguns dos aspectos mais significativos desse simbolismo; este alcançou a plenitude em Brasília, personificação da conquista do país por seus próprios habitantes, marca de orgulho e de confiança no futuro.

5. Monumentalidade

A característica em questão deriva em parte das duas anteriores e também se deve ao fato de que os edifícios públicos ocuparam um lugar de importância capital na história do movimento brasileiro. Mas essas constatações não bastam para explicar esse gosto profundo pela monumentalidade, presente em todos os tipos de programas (fábricas, prédios de escritórios ou apartamentos e em muitos casos em simples casas, categoria que pareceria dever escapar por sua própria natureza). Deve-se a uma profunda necessidade de afirmação por meio de realizações espetaculares, partilhada por uma clientela ávida de publicidade e por arquitetos felizes em explorar uma oportunidade dessas para satisfazer sua vocação mais profunda. Por isso a preocupação com a aparência externa foi extremamente importante.

6. Plasticidade

O sucesso da arquitetura brasileira foi devido a sua intensa plasticidade, fruto de pesquisas formais presentes em todos os setores e em todos os espíritos, mesmo que as preocupações funcionais tenham continuado a desempenhar, em alguns desses espíritos, um papel essencial. Essa plasticidade manifestou-se em todos os compartimentos dos projetos (plantas, fachadas, volumes, arranjos internos), apelando para jogos lineares, efeitos de superfície, de massa e de profundidade, para a modelagem do espaço, em suma, para um repertório dos mais extensos. Mas ela girou em torno de algumas direções prioritárias: equilíbrio, audácia, valorização das qualidades estéticas do concreto armado, insistindo-se quer em sua flexibilidade escultural quer em sua delicadeza ou vigor.

7. Simplicidade

Essa prioridade dada à plástica poderia ter excluído toda simplicidade. Mas isso nunca aconteceu, muito pelo contrário. A arquitetura brasileira é de uma clareza perfeita, compreensível à primeira vista. Sua inspiração geométrica na base de figuras simples é sensível tanto no tratamento dos volumes e das massas quanto no das superfícies. A originalidade das formas surge sempre fundamentada numa vontade absoluta de pureza.

8. Leveza

Também não se insistirá neste ponto, pois ele já foi enfatizado ao longo de todo este trabalho, mostrando como os arquitetos brasileiros nesse aspecto se separaram de Le Corbusier. Trata-se de um dos traços mais característicos da escola local. Mas há uma exceção, mais recente e limitada geograficamente: o questionamento desse dado pelo brutalismo paulista faz uma dezena de anos.

9. Riqueza decorativa

O contexto político e social que permitiu o nascimento e desenvolvimento da nova arquitetura no Brasil levou-a naturalmente a procurar a riqueza decorativa; o desejo de impressionar o público ou a clientela, o gosto pela representação, ou mesmo a exibição de vastas possibilidades financeiras orientaram-se ainda mais facilmente nesse sentido, pois o estilo adotado continuou sendo de grande simplicidade no tratamento geral. Essa riqueza decorativa exerceu-se em quatro direções principais: revestimentos de qualidade (mármore, granito, cerâmica), plasticidade dos acessórios (*brise-soleil*, venezianas, persianas), colaboração com as demais artes (escultura, pintura, cerâmica) e efeitos de cor. Esses meios de expressão impuseram-se a partir da segunda estadia de Le Corbusier, em 1936, e a influência do mestre franco-suíço é inegável, mas esses meios logo se personalizaram e tornaram-se um dos elementos típicos da maneira brasileira. Há algum tempo pode-se constatar uma certa retração em seu emprego, sinal evidente de uma evolução. Mas não se pode falar de ruptura: o concreto bruto é tão cuidado que adquire uma nobreza igual à dos mais belos revestimentos; o declínio dos processos habituais de proteção contra o sol é apenas relativo e novos sistemas surgiram; a escultura desempenhou ainda um papel importante em sua tentativa de chegar a um acordo com a arquitetura em Brasília; os azulejos continuam obtendo um sucesso certo, embora tenham mudado de caráter (repetição de alguns motivos em vez da composição num quadro contínuo tão cara a Portinari); enfim, embora algumas vezes as cores vivas e alegres, que por muito tempo desempenharam um papel de primeiro plano no tratamento dos edifícios e na animação das fachadas, tendam a apagar-se, trata-se de um fenômeno limitado sobre o qual é bastante difícil dizer se é ou não irreversível.

A arquitetura contemporânea no Brasil passou por duas fases diametralmente opostas. Durante a primeira, até 1930, assiste-se a um fenômeno de interesse muito limitado: reino do ecletismo, cópias extemporâneas de estilos europeus do século XIX, falta absoluta de originalidade; só o movimento neocolonial conseguiu produzir alguns edifícios de qualidade; ora, nenhum futuro podia abrir-se diante de pesquisas puramente formais voltadas para o passado; se essa tentativa não pode ser desprezada, isto se deve principalmente ao fato de ela surgir como o sintoma inicial de uma mudança de atitude na mentalidade da elite do país, incapaz até então de se desfazer, em relação à Europa, de um complexo de inferioridade mesclado com um certo masoquismo. A libertação progressiva das cadeias políticas, econômicas e sociais que aprisionavam toda ação criadora, iniciada com a Revolução de 1930, permitiu a eclosão da segunda fase: triunfo de uma arquitetura nova, fruto do racionalismo internacional e da influência preponderante de Le Corbusier, mas tendo adquirido imediatamente uma real autonomia e se imposto como tal aos olhos de todo o mundo. Não se tem notícia de uma reviravolta mais completa: enquanto que, no começo do século, o Brasil devia tudo ao estrangeiro, inclusive os melhores arquitetos que trabalhavam em seu solo, hoje é ele que tende a exportar sua influência e seus homens. Vários países da América do Sul (Paraguai, Peru e mesmo a Venezuela, que está totalmente voltada para a América do Norte e além do mais possui uma escola local não desprezível) apelaram para arquitetos brasileiros. Pode-se argumentar que eram territórios vizinhos, que falam uma língua próxima, e, portanto, constituindo um domínio de fácil penetração. Mas isso não ocorria com a América do Norte, com a Europa, com a África ou com o Oriente Médio: ora, Niemeyer é autor de vários projetos na França, Alemanha, Líbano, Israel, Gana; os Roberto foram convidados para trabalhar na Itália; Mindlin tem uma importante clientela em Portugal e Reidy, pouco antes de sua morte, alcançou uma bela vitória no concurso internacional para o Museu de Bagdá. Esses exemplos mostram o público obtido pelo Brasil no plano mundial, público ainda mais reforçado pela emigração devida a razões políticas, faz alguns anos, de alguns de seus maiores talentos.

Mas será o futuro tão promissor quanto o passado recente e o presente? Esse é um grande ponto de interrogação, pois dois motivos de dúvida lançam uma sombra no quadro. A geração de arquitetos que fez a glória do Brasil está de fato em fim de carreira; ela já foi dizimada pela morte de algumas grandes personalidades: Milton e Marcelo Roberto, Affonso Reidy, Rino Levi; Moreira está praticamente aposentado; quanto às demais figuras de proa, Lúcio Costa, Niemeyer, Artigas, eles já superaram os sessenta anos ou estão aproximando-se deles. Existe, contudo, uma renovação necessária e, embora aos jovens e menos jovens esteja longe de faltar ambição, no momento não parecem ter atingido a estatura dos mais velhos. Ainda mais grave é a outra causa possível de uma degradação da qualidade das realizações brasileiras. O valor destas deveu-se à capacidade de invenção dos líderes em matéria formal e essa capacidade correspondeu, como foi assinalado, a uma concepção artesanal da arquitetura, também ela perfeitamente adaptada ao estado de desenvolvimento do país. Ora, a situação mudou e o problema da passagem para o estádio de arquitetura industrial começa a se colocar. Pode-se perguntar se essa transformação não vai ocorrer às custas da liberdade que existia até aqui e levar a uma uniformidade esclerosante. Talvez essa dificuldade seja superada de modo brilhante e se possa assistir a um novo impulso da arquitetura contemporânea no Brasil, mas aí já se está entrando no terreno das hipóteses. Não nos cabe fazer apostas sobre o futuro e será ele quem decidirá. Por outro lado, parece-nos justificado afirmar que um período histórico acaba de se encerrar.

APÊNDICE

Justificação

MANIFESTO DE GREGORI WARCHAVCHIK, publicado no domingo, 14 de junho de 1925, no jornal italiano de São Paulo, *Il Piccolo* (p. 4, colunas 4, 5 e 6).

FUTURISMO?

Da un giovane architetto russo, che l'intelligenza e la profondità di dottrina renderanno presto ben noto, abbiamo ricevuto questo scritto, che siama ben lieti di poter publicare, perchè pensiamo che le questioni in esso trattate, sebbene tenute nei limiti di una particolare disciplina, involvano un problema d'interesse ben più ampio e universale, quale e quello delle nostre abitazioni e della costruzione delle nostre città e, più ampiamente ancora, il problema stesso dell'arte.

Ci pare che lo scritto che riproduciamo esprima idee sacrosante, ed in una forma quant'altre mai chiara e convincente, anche se i radicati pregiudizi di molti faranno ostacolo alla loro pacifica accettazione.

Del resto, il concetto che la bellezza debba scaturire spontaneamente dalle ragioni costruttive, dai caratteri dei materiali, e che solo abbandonando le vecchie forme decorative prese a prestito da stili passati (forme che anch'esse a loro volta scaturirono da ragioni e caratteri peculiari dei loro tempi) si possa far nascere quello che sarà il nostro stile, e chei goi già vediamo ed ammiriamo in quelle costruzioni nelle quali il lavoro di un pseudo-artista non si sovrappone, nascondendolo e mascherandolo, a quello del costruttore, non è una idea futurista.

Il futurismo é nato del nostro tempo, e ha detto le sciochezze che ha dette, solo perchè il nostro tempo è marcio di cultura e di spirito d'imitazione. E invero, quando si vedono le belle estrade dei quartieri dei ricchi infestate da una mascherata di casette moderne, vestite in costume, e il barocco di Luigi XV accanto al moresco di Maometto, e il classico de Leone X accanto al gotico di Lutero, come in una incomposta mascherata storica, viene veramente fatto di pensare con raccapriccio, a che cosa diranno di noi e del nostro secolo i nostri posteri.

E solo la "limousine" che scivola silenziosamente davanti a quelle case di stucco, di finto marmo e di cemento che vuol sembrare granito; solo la macchina perfetta, nelle sue linee meravigliose di armonia, con la sua bellezza indubitabile, matematica, indiscutibile; ci possono dare una riposta che lenisca il nostro rammarico: esiste anche nel nostro tempo il bello che non morrà: solo que quelli che fanno di esso una professione, ahimè, se ne sono irreparabilmente allontanati, dietro chimere che già furono realtà.

Solamente un contatto continuou, ininterrotto, amoroso col presente, potrà far sussistere e vivere nel nostro tempo quell'uomo che il mondo forse sopra tutti ama ed ammira, e di cui già pure il nome suona quasi anacronismo: "l'artista".

INTORNO ALL'ARCHITETTURA MODERNA

La nostra comprensione della bellezza, le nostre esigenze intorno ad essa, fanno parte dell'ideologia umana e si evolvono incessantemente con lei, e ciò fa si che ogni epoca istorica [sic] possegga la propria logica della bellezza: Cosi, per esempio, all'uomo moderno, abituato alle forme ed alle linee degli oggetti famigliari che lo circondano, i medesimi oggetti appartenenti ad epoche passate appaiono antiquati e a volte ridicoli.

Osservando le macchine del nostro tempo, automobili, piroscafi, locomotive, ecc. riscontriamo in esse, insieme con la razionalità della costruzione, anche una bellezza di forme e di linee. E in verità il progresso, è cosi' rapido, che i tipi di tali macchine, creati pur ieri, già ci sembrano imperfetti e brutti.

Queste macchine son costruite da ingegneri, che, nel concepirle, sono guidati solamente da principii d'economia e di comodità senza neppur sognare di imitare alcun prototipo.

È è perciò che le nostre macchine moderne portano la vera impronta del nostro tempo.

La cosa é ben diversa se osserviamo le macchine per abitazione: gli edifici. Una casa, é, in fin dei conti, una macchina, il cui perfezionamento tecnico permette, per esempio, una distribuzione razionale di luce, calore, acqua fredda e calda, ecc. La costruzione di questi edifici é concepita da ingegneri, che prendono in considerazione il materiale da costruzione della nostra epoca, il cemento armato.

Già lo scheletro di un tal edificio potrebbe essere un monumento caratteristico dell'architettura moderna, come pure lo sono i ponti di cemento armato e altre opere, puramente costruttive, del medesimo materiale.

E questi edifici, una volta terminati, sarebbero realmente monumenti dell'arte della nostra epoca, se al lavoro dell'ingegnere costruttore non si sostituisse in seguito quello dell'architetto decoratore. È qui che, in nome dell'"Arte", comincia a esser sacrificata la "nostra arte". L'architetto, educato nello spirito delle tradizioni classiche, non comprendendo che l'edificio è un organismo costruttivo la cui facciata é il suo viso, appiccica [sic] una facciata posticcia, imitazione di qualche vecchio stile, e arriva molte volte a sacrificare le nostre comodità per une bellezza illusoria. Una bella concezione di un ingegnere, uno slanciato sporto di cemento armato senza colonne o mensole che lo sostengano, ancora nuova ai nostri occhi, è subito mascherata con fragili colonne posticce, assicurate con dei fili di ferro, che aumentano inutilmente e stupidamente tanti il peso quanto il costo della costruzione.

Cosi pure, cariatidi sospese, numerose decorazioni non costruttive, e un'abbondanza di cornici che attraversano l'edificio sono cose che si osservano ad ogni passo nella costruzione di case delle città moderne.

È una imitazione cieca della tecnica dell'architettura classica, con la differenza che quello che era allora una necessità costruttiva é diventato ora un particolare inutile e assurdo. Le mensole servivano anticamente di sostegno per i balconi, le colonne e le cariatidi sopportavano realmente gli sporti di pietra. Le cornici servivano di mezzo estetico preferito dall'architettura classica acciocchè l'edificio costruito interamente con pietra da taglio, potesse apparire più leggiero in virtù delle proporzioni trovate fra le linee orizzontali. Tutto ciò era logico e bello, ma non lo è più.

L'architetto moderno deve studiare l'architettura classica per sviluppare il proprio sentimento estetico, e perchè le sue composizioni riflettano il sentimento d'equilibrio e misura, sentimento proprio alla natura umana. Studiando l'architettura classica, egli potrà osservare quanto gli architetti delle epoche antiche, purchè forti, sapessero corrispondere alle esigenze del loro tempo. Mai, nessuno di loro pensò di creare uno stile, ed assi erano soltanto schiavi dello spirito del tempo loro. Fu cosi che si crearono, spontaneamente, gli stili della architettura, conosciuti non solamente attraverso i monumenti conservati (edifici) come pure attraverso gli oggetti di uso famigliare raccolti nei musei. Ed è notevole che gli oggetti di uso famigliare sono del medesimo stile delle case dove si trovavano, permanendo tra loro una perfetta armonia. Una berlina di cerimonia è ornata con le stesse decorazioni della casa del suo padrone.

Troveranno i nostri figli la stessa armonia tra gli ultimi tipi d'automobili e aeroplani, da un lato, e la architettura delle nostre case, dall'altro? No, e tale armonia non potrà esistere fin tanto che l'uomo moderno continuerà a sedersi in saloni in istile Luigi tale o in sale da pranzo stile Rinascenza e non metterà da parte i vecchi metodi di decorazione e di costruzioni.

Guardate i pilastri classici, con capitello e base, estesi fino all'ultimo piano di un gratta-cielo, in una stretta via delle nostre città! E una monstruosità estetica! L'occhio non può abbracciare in uno sgardo l'enorme pilastro, se ne vede la base ma non si puo scorgerne la parte superiore. Simili esempi non mancano.

L'uomo moderno, in mezzo a stili antiquati, dove sentirsi come in un ballo in maschera. Un "jazz-band" con le danze moderne in un salone stile Luigi XV, un apparecchio radiotelefonico in una sala stile Rinascenza, sono il medesimo assurdo che se un fabricante de automobili, alla ricerca di nuove forme per le sue macchine, si decidesse a adottare quella delle carrozze dei papi del secolo XV.

Benchè la nostra architettura abbia la propria impronta originale, come l'hanno le nostre macchine, l'architetto moderno deve tralasciare non solo il copiare i vecchi stile, mas anche di pensare a loro. Il carattere della nostra architettura, come quello delle altre arti, non può essere propriamente uno stile ai nostri occhi, ma a quelli delle generazioni che ci succederanno.

La nostra architettura deve soltanto essere razionale, deve basarsi soltanto sulla logica, e questa logica noi dobbiamo oppore a coloro che vanno cercando per forza di mitare qualche stile nella costruzione. E molto probabile che tale punto di vista trovi una opposizione accanita per parte degli adepti della "routine". Ma anche i primi architetti della Rinascenza, come pure i lavoratori sconosciuti che cercarono lo stile gotico, ebbero a subire una critica intollerante per parte dei loro contemporanei.

Ciò non impedi che le loro opere costituissero monumenti, dei quali s'illustrano ora i libri di storia dell'arte.

Ai nostri industriali, propulsori del progresso tecnico, incombe la parte dei Medici dell'epoca del rinascimento, e dei Luigi di Francia. I principii della grande industria, la "standardisation" (cioè, la produzione in grande scala basata sul principio della divisione del lavoro) dovrano trovare la loro applicazione, nelle più vaste proporzioni, nella costruzione degli edifici moderni. La "standardisation" delle porte e finestre, per esempio, invece di pregiudicare l'architettura moderna, potrà solamente aiutare l'architetto a creare ciò che, nel futuro, si chiamerà lo stile del nostro tempo. L'architetto sarà costretto a pensare con maggiore intensità, e la sua attenzione non sarà presa dalle decorazioni di finestre e porte, ricerca di proporzioni, ecc. Le parti "standardizzate" dell'edificio sono come i toni nella musica, con i quali il compositore costruisce un edificio musicale.

Costruire la casa più comoda ed economica possibile, ecco quelle che deve preoccupare l'architetto construttore della nostra epoca di piccolo capitalismo, nella quale il problema della economia predomina su tutti gli altri. La bellezza della facciata deve risultare dalla razionalità del piano de disposizione interna, come la forma de una macchina e determinata dal meccanismo, che ne é l'anima.

L'architetto moderno deve amare la propria epoca, con tutte le sue grandi manifestazioni dello spirito umano, come l'ama il pittore moderno, il compositore moderno o il moderno poeta; e deve conoscere la vita di tutti i ceti della società. Prendendo per base il materiale da costruzione di cui dispone, studiandolo e conoscendolo come i vecchi maestri conoscevano la loro pietra, senza il timore de metterlo in mostra nel loro miglior aspetto sotto il punto di vista della statica, facendo riflettere nelle proprie opere le idee del nostro tempo, la nostra logica, l'architetto moderno saprà comunicare all'architettura una impronta originale, la "nostra" impronta, che sarà forse tanto differente da quella classica, come quella lo fu dal gotico.

Abbasso le decorazioni assurde e viva la costruzione logica! ecco la divisa che deve essere adottata dall'architetto moderno.

Gregorio Warsciawcik [sic].

MANIFESTO DE GREGORI WARCHAVCHIK*

ACERCA DA ARQUITETURA MODERNA

A nossa compreensão de beleza, as nossas exigências quanto à mesma, fazem parte da ideologia humana e evoluem incessantemente com ela, o que faz com que cada época histórica tenha sua lógica da beleza. Assim, por exemplo, ao homem moderno, acostumado às épocas passadas parecem obsoletos e às vezes ridículos.

Observando as máquinas do nosso tempo, automóveis, vapores, locomotivas, etc., nelas encontramos, a par da racionalidade da construção, também uma beleza de formas e linhas. Verdade é que o progresso é tão rápido que tipos de tais máquinas, criadas ainda ontem, já nos parecem imperfeitos e feios. Essas máquinas, são construídas por engenheiros, os quais ao concebê-las, são guiados apenas pelo princípio de economia e comodidade, nunca sonhando em imitar algum protótipo. Esta é a razão porque as nossas máquinas modernas trazem o verdadeiro cunho de nosso tempo.

A coisa é muito diferente quando examinamos as máquinas para habitação — edifícios. Uma casa é, no final das contas, uma máquina cujo aperfeiçoamento técnico permite, por exemplo, uma distribuição racional de luz, calor, água fria e quente, etc.

A construção desses edifícios é concebida por engenheiros, tomando-se em consideração o material de construção da nossa época, o cimento armado. Já o esqueleto de um tal edifício poderia ser um monumento característico da arquitetura moderna, como o são também pontes de cimento armado e outros trabalhos, puramente construtivos, do mesmo material. E esses edifícios, uma vez acabados, seriam realmente monumentos de arte da nossa época, se o trabalho do engenheiro construtor não se substituísse em seguida pelo do arquiteto decorador. É aí que, em nome da ARTE, começa a ser sacrificada a arte. O arquiteto, educado no espírito das tradições clássicas, não compreendendo que o edifício é um organismo construtivo cuja fachada é sua cara, prega uma fachada postiça, imitação de algum velho estilo, e chega muitas vezes a sacrificar as nossas comodidades por uma beleza ilusória. Uma bela concepção do engenheiro, uma arrojada sacada de cimento armado, sem colunas ou consolos que a suportem, logo é disfarçada por meio de frágeis consolos postiços assegurados com fios de arame, os quais aumentam inútil e estupidamente tanto o peso como o custo da construção.

Do mesmo modo cariátidas suspensas, numerosas decorações não construtivas, como também abundância de cornijas que atravessam o edifício, são coisas que se observam a cada passo na construção de casas nas cidades modernas. É uma imitação cega da técnica da arquitetura clássica, com essa diferença que o que era tão-só uma necessidade construtiva ficou agora um detalhe inútil e absurdo. Os consolos serviam antigamente de vigas para os balcões, as colunas e cariátidas suportavam realmente as sacadas de pedra. As cornijas serviam de meio estético preferido da arquitetura clássica para que o edifício, construído inteiramente de pedra de talho, pudesse parecer mais leve em virtude de proporções achadas entre as linhas horizontais. Tudo isso era lógico e belo, mas não é mais.

O arquiteto moderno deve estudar a arquitetura clássica para desenvolver seu sentimento estético e para que suas composições reflitam o sentimento do equilíbrio e medida, sentimentos próprios à natureza humana. Estudando a arquitetura clássica, poderá ele observar quanto os arquitetos de épocas antigas porém fortes, sabiam corresponder às exigências daqueles tempos. Nunca nenhum deles pensou em criar um estilo, eram apenas escravos do espírito do seu tempo. Foi assim que se criaram, espontaneamente os estilos de arquitetura conhecidos não somente por monumentos conservados (edifícios), como também por objetos de uso familiar colecionados pelos museus. E é de se observar que esses objetos de uso familiar são do mesmo estilo que as casas onde se encontram, havendo entre si perfeita harmonia. Um carro de cerimônia traz as mesmas decorações que a casa de seu dono.

---

* Publicado a 1.º de novembro de 1925, no jornal *Correio da Manhã*, do Rio de Janeiro.

Encontrarão os nossos filhos a mesma harmonia entre os últimos tipos de automóveis e aeroplanos de um lado e a arquitetura das nossas casas do outro? Não, e esta harmonia não poderá existir enquanto o homem moderno continue a sentar-se em salões estilo Luís tal ou em salas de jantar estilo Renascença, e não ponha de lado os velhos métodos de decoração das construções. Vejam as clássicas pilastras, com capitéis e vasos, estendidas até o último andar de um arranha-céu, numa rua estreita das nossas cidades! É uma monstruosidade estética! O olhar não pode abranger de um golpe a enorme pilastra, vê-se a base e não se pode ver o alto. Exemplos semelhantes não faltam.

O homem, num meio de estilos antiquados, deve sentir-se como num baile fantasiado. Um *jazz-band* com as danças modernas num salão estilo Luís XV, um aparelho de telefonia sem fio num salão estilo Renascença, é o mesmo absurdo como se os fabricantes de automóveis, em busca de novas formas para as máquinas, resolvessem adotar a forma de carro dos papas do século XIV.

Para que a nossa arquitetura tenha seu cunho original, como o tem as nossas máquinas, o arquiteto moderno deve não somente deixar de copiar os velhos estilos, como também deixar de pensar no estilo. O caráter da nossa arquitetura como das outras artes, não pode ser propriamente em estilo para nós, os contemporâneos, mas sim para as gerações que nos sucederão. A nossa arquitetura deve ser apenas racional, deve basear-se apenas na lógica e esta lógica devemos opô-la aos que estão procurando por força imitar na construção algum estilo. É muito provável que este ponto de vista encontre uma oposição encarniçada por parte dos adeptos da rotina. Mas também os primeiros arquitetos do estilo Renascença, bem como os trabalhadores desconhecidos que criaram o estilo gótico, os quais nada procuravam senão o elemento lógico, tiveram que sofrer uma crítica impiedosa de seus contemporâneos. Isso não impediu que suas obras constituíssem monumentos que ilustram agora os álbuns da história da arte.

Aos nossos industriais, propulsores do progresso técnico, incumbe o papel dos Medici na época da Renascença e dos Luíses da França. Os princípios da grande indústria, a estandardização de portas e janelas, em vez de prejudicar a arquitetura moderna, só poderão ajudar o arquiteto a criar o que no futuro se chamará o estilo do nosso tempo. O arquiteto será forçado a pensar com maior intensidade, sua atenção não ficará presa pelas decorações de janelas e portas, buscas de proporções, etc. As partes estandardizadas do edifício são como tons de música dos quais o compositor constrói um edifício musical.

Construir uma casa a mais cômoda e barata possível, eis o que deve preocupar o arquiteto construtor da nossa época de pequeno capitalismo, onde à questão de economia predomina todas as mais. A beleza da fachada tem que resultar da racionalidade do plano da disposição interior, como a forma da máquina é determinada pelo mecanismo que é a sua alma.

O arquiteto moderno deve amar sua época, com todas as suas grandes manifestações do espírito humano como a arte do pintor moderno, compositor moderno ou poeta moderno, deve conhecer a vida de todas as camadas da sociedade. Tomando por base o material de construção de que dispomos, estudando-o e conhecendo-o como os velhos mestres conheciam sua pedra, não receando exibi-lo no seu melhor aspecto do ponto de vista da estética, fazendo refletir em suas obras as idéias do nosso tempo, a nossa lógica, o arquiteto moderno saberá comunicar à arquitetura um cunho original, cunho nosso, o qual será talvez tão diferente do clássico como este o é do gótico.

Abaixo as decorações absurdas e viva a construção lógica, eis a divisa que deve ser adotada pelo arquiteto moderno.

FONTES

1. FONTES ORAIS

Essa categoria de fontes, secundária para todos os assuntos que não se refiram a um passado recente, é, pelo contrário, essencial para uma matéria relativa a um período contemporâneo e a fatos próximos no tempo; o testemunho direto dos homens que participaram da eclosão e desenvolvimento da arquitetura nova no Brasil constitui uma insubstituível documentação de primeira mão. Assim, fizemos esforços para obter entrevistas pessoais com:

1) *Os arquitetos:* tivemos longas conversas, algumas vezes acompanhadas por visitas aos edifícios construídos ou em construção, com a maioria dos arquitetos citados nesta obra; sempre fomos acolhidos com grande amabilidade; os arquitetos falaram de modo muito livre de seus objetivos, suas dificuldades, suas esperanças e suas decepções; ficaram ainda mais à vontade porque se tratava de um estrangeiro e um historiador de arte; de fato, eles ficaram lisonjeados por alguém se interessar por seu trabalho no plano histórico, sem segundas intenções (pois não se tratava de um colega que poderia aproveitar as informações obtidas para sua obra pessoal de arquiteto).

2) *Alguns políticos:* não foi possível conseguir uma audiência com o Presidente Juscelino Kubitschek, mas ele já tinha deixado muito claras as suas intenções de discursos e escritos, para que essa falta de contato direto prejudicasse nossa informação; aliás, não parece que o ex-chefe de Estado, acostumado a sobrevoar os problemas mais do que a deter-se em detalhes de execução, poderia ter dado detalhes mais precisos sobre pontos que nos interessam. O mesmo não ocorreu com o ex-ministro da Educação e Saúde, Gustavo Capanema, que, levando a bom termo a realização do edifício destinado a abrigar os serviços de que era encarregado, contribuiu efetivamente para o sucesso da nova arquitetura brasileira; a entrevista que tivemos com ele permitiu-nos conhecer detalhes importantes que só ele poderia ter fornecido, graças a suas lembranças e aos arquivos particulares que possui. Em compensação, comprovaram não ter grande utilidade as conversas com outras personalidades políticas.

3) *O ex-diretor do serviço de monumentos históricos brasileiros,* Rodrigo Mello Franco de Andrade: advogado, depois alto funcionário e fundador do serviço em questão, foi para nós um guia precioso; as conversas que tivemos com esse homem muito fino, dotado de um espírito ordenado e excelente memória, ao mesmo tempo participante ativo e espectador privilegiado do movimento de renovação da arquitetura no Brasil, foram muito frutíferas.

2. DOCUMENTAÇÃO DE ARQUIVO

Essa categoria, que constitui em geral um dos principais elementos de toda documentação, aqui está reduzida ao mínimo. Os arquivos nacionais e estaduais não recolheram documentos sobre o assunto. Quanto aos arquivos municipais, conservam sem dúvida alguma uma documentação interessante, já que são as prefeituras que concedem a licença para construir, mas essa documentação é mal conservada e a consulta é difícil, ou mesmo impossível em muitos casos; no Rio de Janeiro, ela foi colocada em caixas que só serão abertas quando os serviços forem reorganizados e houver bastante espaço. Felizmente para nós, é principalmente sobre os trinta primeiros anos do século que se poderia colher, ali, informações impossíveis de obter em outro lugar. Também não se deve esperar nada dos papéis conservados nos ministérios e outros órgãos administrativos, com exceção de órgãos como a Novacap, encarregado da urbanização e construção de Brasília, cuja documentação essencial é publicada com regularidade.

Os arquivos particulares constituem um conjunto de fontes ao menos tão precioso quanto os arquivos públicos. Aliás, nem sempre os políticos fazem a distinção entre arquivos oficiais e arquivos pessoais; quando deixam o cargo, os ministros têm o hábito de destruir ou levar embora os principais papéis referentes à sua administração e é muito difícil ter acesso a essas coleções particulares; Gustavo Capanema, que nos recebeu de modo muito amável, aceitou apenas uma comunicação indireta através de seu depoimento pessoal. Quanto aos arquitetos, nem sempre conservam arquivos bem organizados e alguns chegam mesmo a deixar desaparecer seus planos e desenhos; as obras que não foram publicadas imediatamente por uma revista especializada correm o risco de serem rapidamente esquecidas se não forem realizadas; a situação não é nada melhor para as construções efetivamente feitas no que se refere à documentação gráfica; freqüentemente esta é inacessível, quer por não ter sido conservada, quer simplesmente por falta de uma classificação rigorosa. Um escritório como o de Rino Levi e seus associados, onde existe um verdadeiro centro de documentação aberto aos pesquisadores, é uma exceção; em todos os outros lugares é preciso passar pela intermediação do arquiteto ou seus assistentes, que fazem, eles mesmos, a triagem do documentos apresentados.

3. FONTES IMPRESSAS

Felizmente, a maioria dos arquitetos brasileiros adquiriu o hábito de publicar regularmente seus projetos e realizações nas muitas revistas especializadas locais de que dispõem. A abundância da documentação reunida por esses periódicos exigiu uma triagem rigorosa e não impediu um certo desequilíbrio,

385

devido a que só os arquitetos de maior destaque e os que se interessavam pela divulgação de sua obra beneficiaram-se plenamente dessa vantagem; figuram muitas plantas ou fotos de edifícios secundários, enquanto outras nitidamente mais válidas não foram enviadas às revistas em questão por descaso dos autores; os arquitetos do Rio e de São Paulo foram claramente beneficiados em relação a seus colegas interioranos. Mas não há dúvida de que, desde que se preencham as lacunas evidentes por meio de contatos diretos (cf. fontes orais), o leque oferecido pelos projetos publicados nas revistas especializadas cobre o essencial da produção arquitetônica brasileira e fornece um panorama relativamente completo.

Também as revistas internacionais tiveram um papel capital nesse setor, operando naturalmente uma seleção mais caracterizada. Enfim, pode-se contar alguns livros que são, antes de mais nada, coleções de plantas, desenhos e fotos, e apresentam quer um panorama geral da arquitetura brasileira (H. MINDLIN, *L'Architecture moderne au Brésil*, Paris, sem data), quer as obras principais dos arquitetos mais importantes (2 vols. de S. PAPADAKI sobre Niemeyer, a obra de S. GIEDION e K. FRANCK sobre Reidy).

Periódicos ou volumes propriamente ditos, todas essas fontes logicamente teriam um lugar neste parágrafo; mas elas não serão enumeradas e descritas aqui, pois também são trabalhos que merecem figurar entre os títulos bibliográficos; assim, sobre esse assunto, o leitor deve consultar as rubricas posteriores.

BIBLIOGRAFIA

1. LIVROS

1. Livros sobre Arquitetura Contemporânea

BACON, Edmond N. *D'Athènes à Brasilia*. Lausanne, Edita Lausanne, e Paris, Bibliothèque des Arts, 1967, in-4.°, 296 p., il.
BANHAM, Reyner. *The New Brutalism, Ethic or Aesthetic*. Londres, Architectural Press, 1966, in-4.°, 196 p., il.
BENEVOLO, Leonardo. *Storia dell'architettura moderna*. Bari, Laterza, 1960, 2 vols., in-8.°, 1042 p., il. [Trad. bras.: *História da Arquitetura Moderna*, São Paulo, Perspectiva, 1976.]
CHAMPIGNEULLE, Bernard & ACHE, Jean. *L'architecture du XX° siècle*. Paris, P.U.F., 1962, in-8.°, VIII+ 164 p., il.
DICTIONNAIRE de l'architecture moderne. Paris, F. Hazan, 1964, in-8.°, 328 p., il. (1.ª ed. em alemão, Munique e Zurique, Knaur, 1963).
DORFLES, Gillo. *La Arquitectura moderna*. Barcelona, Seix Barral, 1957, in-16, 157 p. (1.ª ed. em italiano, Milão, A. Garzanti, 1956).
――――. *Ultime tendenze nell'arte di oggi*. Milão, Feltrinelli, 1961, in-16, 240 p.
FRANCASTEL, Pierre. *Art et technique aux XIX° et XX° siècles*. Genebra e Paris, Gonthier, 2.ª ed., 1964, in-16, 304 p. (1.ª ed., Paris, Éd. de Minuit, 1956).
GIEDION, Siegfried. *Space, Time and Architecture. The Growth of a New Tradition*. Cambridge (EUA), The Harvard University Press, 1944, in-4.°, XVI+ 601 p., il.
HITCHCOCK, Henry Russel. *Architecture, Nineteenth and twentieth centuries*. Hardmonworth, 1958, gr. in-8.°, XXX + 498 p., il.
――――. *Latin American Architecture since 1945*. New York, Museum of Modern Art, 1955, pequeno in-4.°, 204 p., il.
JOEDICKE, Jürgen. *Architecture contemporaine. Origines et perspectives*. Paris, Delpire, sem data, in-8.°, 236 p. (1.ª ed. alemã, Stuttgart, Gerd Hatje, 1958).
JOHNSON, Philip C. *Mies Van der Rohe*. Buenos Aires, Leru, 1960, in-8.°, 244 p., il. (1.ª ed. em inglês, New York, 1953).
JONES, Cranston. *Architecture to-day & to-morrow*. New York, McGraw Hill Book Company, 1961, in-8.°, 240 p., il.
LAVEDAN, Pierre. *Histoire de l'urbanisme. Renaissance et temps modernes*. Paris, H. Laurens, 1941, in-4.°, 504 p., il.
――――. *Histoire de l'urbanisme. Epoque contemporaine*. Paris, H. Laurens, 1952, in-4.°, 477 p., il.

LE CORBUSIER, Charles-Edouard Jeanneret, chamado. *Vers une architecture*. Paris, G. Crès, sem data, in-8.°, XI + 230 p., il. (Collection de l'Esprit Nouveau). [Trad. bras.: *Por uma Arquitetura*, São Paulo, Perspectiva, 1973.]
LE CORBUSIER & JEANNERET, Pierre. *Oeuvre complète de 1929-1934*. Publicado por Willy Boesiger, Erlenbach-Zurique, 4.ª ed., 1947, in-8.° oblongo, 208 p., il. (1.ª ed., 1935).
――――. *Oeuvre complète 1934-1938*. Publicado por Max Bill, Erlenbach-Zurique, 3.ª ed., 1947, in-8.° oblongo, 176 p., il. (1.ª ed., 1939).
――――. *Le Corbusier 1910-1960*. Zurique, Girsberger, 1960, in-8.° oblongo, 334 p., il.
LURÇAT, André. *Formes, composition et lois d'harmonie*. Paris, Vincent et Fréal, 1953-1957, 5 vols. in-4.°, 364, 426, 366, 522 e 424 p., il.
RAGON, Michel. *Esthétique de l'architecture contemporaine*. Neuchâtel, ed. du Griffon, 1968, in-4.°, 156 p., il.
――――. *Le livre de l'architecture moderne...* Paris, R. Laffont, 1958, in-8.°, 357 p., il.
――――. *L'urbanisme et la cité*. Paris, Hachette, 1964, in-16, 128 p., il.
REVEL, Jean-François, ALEXANDRIAN, Sarane, HABASQUE, Guy & SCHULZ VAN TREECK, Martin. *L'architecture du XX° siècle*. Paris, Julliard, 1964, in-folio, 284, p., il.
RICHARDS, J. M. *L'architecture moderne*. Paris, Le livre de poche, 1968, in-16, 350 p., il.
SARTORIS, Alberto. *Encyclopédie de l'architecture nouvelle. T. III. Ordre et climat américains*. Milão, Hoepli, 1954, in-4.°, (8) + 732 p., il.
SCULLY JUNIOR, Vincent. *L'architecture moderne*. Adaptação francesa de Henri Delgove, Paris, Editions des Deux-Mondes, 1962, 128 p. 152 il.
ZEVI, Bruno. *Storia dell'architettura moderna*, 3.ª ed., Turim, Einaudi, 1955, in-8.°, 788 p., il. (1.ª ed., ibid., 1950).

2. Livros sobre o Brasil (Arquitetura, Urbanismo, Geografia)

AGACHE, Alfred. *Prefeitura do Distrito Federal. Cidade do Rio de Janeiro. Extensão. Remodelação. Embellezamento. Organisações Projectadas pela administração Antônio Prado Junior...* Paris, Foyer brésilien, 1930, *in-folio*, 324 + CIII p., il.
ASSOCIAÇÃO DOS GEÓGRAFOS BRASILEIROS (seção regional de São Paulo). *A Cidade de São Paulo. Estudos de Geografia Urbana*. São Paulo, Companhia Editora Nacional. 1958, 4 vols., in-8.° (coleção "Brasiliana" série grande formato, n.°s 14 a 14c), vol. II: *A Evolução Urbana*, 256 p., mapas, il.
AZEVEDO, Aroldo de. *Vilas e Cidades do Brasil Colonial. Ensaio de Geografia Urbana Retrospectiva*. São Paulo, Universidade, 1956, 96 p., il. (Faculdade de Filosofia, Ciências e Letras, *Boletim* n.° 208, *Geografia* n.° 11).
AZEVEDO, Fernando de. *A Cultura Brasileira*. São Paulo, ed. Melhoramentos, 4.ª ed., 1964, in-8.°, 804 p., il. (1.ª ed., 1943).
BARDI, Pietro Maria. *The Tropical Gardens of Burle Marx*. Amsterdã, Colibris, 1964, in-4.°, 160 p., il.
BARRETO, Abilio. *Bello Horizonte. Memória histórica e descriptiva. História Média*. Belo Horizonte, Rex, 1936, in-8.°, 762 p., il.
BAZIN, Germain. *L'architecture religieuse baroque au Brésil*, t. I. Paris. Plon. 1956, in-4.°, XIV + 380 p., il.
BUARQUE DE HOLANDA, Sérgio. *Raízes do Brasil*. Rio de Janeiro, José Olímpio, 1936, in-8.°, X + 179 p.
COSTA, Lúcio. *Arquitetura Brasileira*. Rio de Janeiro, Ministério da Educação e Saúde, 1952, in-16, 44 p. (coleção "Os Cadernos de Cultura").
――――. *Considerações sobre Arte Contemporânea*, Rio de Janeiro, Ministério da Educação e Saúde, 1952, in-16, 40 p. (col. "Os Cadernos de Cultura").
――――. *Relatório do Plano Piloto de Brasília*. Rio de Janeiro, Ministério das Relações Exteriores, grande in-8.° estreito, 36 p., il. (brochura publicada em várias línguas).
――――. *Sobre Arquitetura*. Porto Alegre, Centro dos Estudantes Universitários de Arquitetura, 1962, 364 p., il.

CORREA LIMA, Attílio. *Aménagement et extension de la ville de Niterói*. Paris, 1932 (tese de mestrado defendida no Instituto de Urbanismo de Paris).

DEBENEDETTI, Emma & SALMONI, Anita. *Architettura italiana a San Paolo*. São Paulo, Instituto Cultural Ítalo-Brasileiro, 1953, in-8.°, 106 p., il. [Trad. bras.: *Arquitetura Italiana em São Paulo*, S. Paulo, Perspectiva, 1981.]

FERNANDES, Florestan. *Mudanças Sociais no Brasil. Aspectos do Desenvolvimento da Sociedade Brasileira*. São Paulo, Difusão Européia do Livro, 1960, in-8.°, 403 p., il.

FERRAZ, Geraldo. *Warchavchik e a Introdução da Nova Arquitetura no Brasil: 1925 a 1940*. Prefácio de P. M. Bardi, São Paulo, Museu de Arte, 1965, in-4.°, 278 p., il.

FRANCK, Klaus & GIEDION, Siegfried. *Affonso Eduardo Reidy. Bauten und Projekte*. Stuttgart, Hatje, 1960, in-8.° oblongo, 144 p., il.

GOMES MACHADO, Lourival. *Retrato da Arte Moderna no Brasil*. São Paulo, Departamento de Cultura, 1947, in-8.°, 98 p., il.

GOODWIN, Philip L. *Brazil Builds: Architecture New and Old, 1652-1942*. Fotografias de G. E. Kidder Smith, New York, The Museum of Modern Art, 1943, in-4.°, 198 p., il.

GOULART REIS Filho, Nestor. *Contribuição ao Estudo da Evolução Urbana do Brasil (1500-1720)*. São Paulo, Livraria Pioneira, 1968, in-8.°, 236 p., il.

―――――. *Urbanização e Teoria*. São Paulo, 1967, in-8.°, XVI + 164 p., il.

MARIANNO Filho, José Marianno Carneiro da Cunha, chamado José. *Debates sobre Estética e Urbanismo*, Rio de Janeiro, 1943, in-8.°, 162 p., il.

MINDLIN, Henrique E. *L'architecture moderne au Brésil*. Paris, Vincent et Fréal, sem data, in-4.°, XIV + 258 p., il. (ed. em inglês, 1956).

IOTTA, Flávio. *Contribuição ao Estudo do "Art Nouveau" no Brasil*. São Paulo, 1957, in-8.°, 83 p., il.

NIEMEYER, Oscar. *Minha Experiência em Brasília*. Rio de Janeiro, Vitória, 1961, in-8.°, 87 p., desenhos.

ORICO, Osvaldo. *Brasil, Capital Brasília*. Sem lugar de impressão, 2.ª ed., 436 p., il.

PAPADAKI, Stamo. *The Work of Oscar Niemeyer*. New York, Rheinhold, 2.ª ed., 1951, in-8.° oblongo, "a" a "1" + 228 p., il. (1.ª ed., ibid., 1950).

―――――. *Oscar Niemeyer: Works in Progress*. New York, Rheinhold, 1955, in-8.° oblongo, 192 p., il.

PEIXOTO DA SILVEIRA, José. *A Nova Capital. Por Que, Para Onde e Como Mudar a Capital Federal*. 2.ª ed., sem lugar nem data, Pongetti, in-8.°, VIII + 357 p., il. (1.ª ed., 1957).

PRESTES MAIA, Francisco. *Estudo de um Plano de Avenidas para a Cidade de São Paulo*. São Paulo, Melhoramentos, 1930, in-folio, 355 p., il.

―――――. *Quatro Séculos de Cultura. Ciclo de conferências comemorativas do IV centenário da cidade do Rio de Janeiro*... Rio de Janeiro, Universidade do Brasil, 1966, 610 p., il. (Estudo muito importante de Paulo F. SANTOS, "Quatro Séculos de Arquitetura", p. 43 a 202, sendo 70 p. sobre o século XX).

SAIA, Luís. *Notas Sobre a Evolução da Morada Paulista*. São Paulo, ed. Acrópole, 1957, pequeno in-4.°, (12) + 60 p., il. 2.ª ed. ampliada: *Morada Paulista*, São Paulo, Perspectiva, 1972.

SANTOS, Paulo F. *Formação de Cidades no Brasil Colonial*. Coimbra, 1968, in-8.°, 127 p., il. (Atas do V.° colóquio internacional de estudos luso-brasileiros).

SÃO PAULO Antigo e São Paulo Moderno. 1554-1904, São Paulo, Vanorden, sem data, série de fascículos in-4.° de 16 p. (ao menos seis), abundantemente ilustrados.

SÃO PAULO Antigo e São Paulo Moderno. Álbum Comparativo. São Paulo, Ed. Melhoramentos, 1953, in-4.°, 78 p., il.

SILVA BRITO, Mário da. *História do Modernismo Brasileiro. I. Antecedentes da Semana de Arte Moderna*. 2.ª ed., Rio, Ed. Civilização Brasileira, 1964, in-8.°, 322 p., il. (1.ª ed., São Paulo, Saraiva, 1958).

STÄUBLI, Willy. *Brasilia*. Stuttgart, Koch, 1965, in-4.°, 200 p., il.

TAUNAY, Afonso de E. *A Missão Artística de 1816*. Rio de Janeiro, Ministério da Educação e Cultura, 1956, in-8.°, 354 p., il. (Publicações da Diretoria do Patrimônio Histórico e Artístico Nacional, n.° 18).

UNIVERSIDADE DE MINAS GERAIS. ESCOLA DE ARQUITETURA. *Inquérito Nacional de Arquitetura*. Belo Horizonte, 1963, in-8.°, 236 p. (Reedição da pesquisa feita pelo *Jornal do Brasil* e publicada pelo suplemento de domingo desse jornal em 25 de fevereiro, 4, 11, 18 e 25 de março de 1961. Essa reportagem, dando as respostas de vinte arquitetos brasileiros a dez perguntas específicas, também foi publicada pela revista *IAB — Guanabara* (que adotou o novo título de *Arquitetura* a partir do n.° 7) em seus sete primeiros números, de agosto de 1961 a janeiro de 1963).

VILELA LUZ, Nícia. *A Luta pela Industrialização do Brasil (1808 a 1930)*. São Paulo, Difusão Européia do Livro, 1961, in-8.°, 217 p. (coleção "Corpo e Alma do Brasil", 5).

WILHEIM, Jorge. *São Paulo Metrópole 65. Subsídios para seu Plano Diretor*. São Paulo, Difusão Européia do Livro, 1965, in-8.°, 172 p., il.

2. REVISTAS E PERIÓDICOS

Classificação das revistas em ordem alfabética e dos artigos em ordem cronológica.

ACRÓPOLE

Revista de arquitetura contemporânea publicada em São Paulo desde 1938. Mensal. Poucos artigos de fundo, mas vasta documentação gráfica sobre as construções executadas no Brasil e, principalmente, em São Paulo. Paginação anual até março de 1964; a partir de então, paginação mensal. In-4.°.

- *Residência do arquiteto (Rio de Janeiro)*. Arquiteto: Paulo Candiota. Colaboradores: Arqs. Lúcio Costa e Bela Torok. Jardim: Roberto Burle Marx. N.° 196, jan. de 1955, pp. 173-175.
- *Edifício Triângulo*. Projeto: Oscar Niemeyer. N.° 202, agosto de 1955, pp. 444-447.
- *Edifício Guarabira. Praia do Flamengo*. Projeto: M. M. M. Roberto. N.° 211, maio de 1956, pp. 266-267.
- *Residência no Pacaembu*. Projeto: J. Vilanova Artigas. Proprietário: Alfredo Rosenthal. N.° 212, junho de 1956, pp. 308-311.
- *Residência no Morumbi*. Projeto: Oswaldo Arthur Bratke, arquiteto. Proprietário: Dr. Oscar Americano de Caldas F.°. N.° 226, agosto de 1957, pp. 358-362.
- *Residência no Morumbi*. Projeto: Oswaldo Arthur Bratke, arquiteto. Proprietário: A. Joly. N.° 231, jan. de 1958, pp. 90-91.
- *Residência no Jardim Europa*. Projeto: Oswaldo Arthur Bratke, arquiteto. Proprietário: Benjamin Fleider. N.° 233, março de 1958, pp. 176-180.
- N.° especial bilíngüe português-inglês: *Brasília*, N.° 256-257, fev.-mar. de 1960; 2.ª ed. aumentada, contendo os seguintes artigos: *21 de abril, 1960*, pp. 3-7; *Porque Brasília*, de E. Kneese de Mello, pp. 9-22; *Brasília 1960. Uma interpretação*, de J. Wilheim, pp. 23-54; *Plano piloto de Brasília*, de L. Costa, pp. 55-64; *Palácio da Alvorada*, pp. 66-75; *Praça dos Três Poderes*, pp. 76-77; *Congresso Nacional*, pp. 78-84; *Palácio do Planalto*, pp. 85-91; *Supremo Tribunal Federal*, pp. 92-93; *Esplanada dos Ministérios*, pp. 94-95; *Museu*, p. 96; *Catedral*, pp. 97-99; *Plataforma rodoviária*, pp. 100-103; *Rede hospitalar*, p. 104; *Brasília Palace Hotel*, pp. 105-108; *Zona residencial*, pp. 109-113; *Sistema escolar*, pp. 114-117; *Zona comercial-residencial*, pp. 118-119; *Zona bancária*, pp. 120-121; *Projetos de Brasília*, pp. 122-124; *Informações*, pp. 125-128; *Brasília 1970. Um roteiro*, de J. Wilheim, pp. 129-132.
- *Residência no Jardim Europa*. Rino Levi, arquiteto, Roberto Cerqueira Cesar e Luiz R. Carvalho Franco, arquitetos associados. N.° 258, abril de 1960, pp. 121-126.
- *Ginásio estadual de Guarulhos*. J. Vilanova Artigas e Carlos Cascaldi, arquitetos, N.° 259, maio de 1960, pp. 171-173.
- *Teatro Castro Alves em Salvador*. Projeto: José Bina Fonyat Filho. N.° 261, julho de 1960, pp. 232-237.

- *Fábrica Olivetti em Guarulhos.* Projeto: Marco Zanuso, arquiteto. N.º 265, nov. de 1960, pp. 5-9.
- *Exposição internacional de indústria e comércio da cidade do Rio de Janeiro.* Projeto arquitetônico: Sérgio Bernardes. N.º 265, nov. de 1960, pp. 18-20.
- *Posto de serviço da Petrobrás em Brasília.* Projeto: José Bina Fonyat Filho. N.º 268, fev. de 1961, pp. 146-149.
- *Ginásio de Itanhaém.* Projeto: J. Vilanova Artigas e Carlos Cascaldi. N.º 271, julho de 1961, pp. 241-243.
- *Ginásio coberto.* Grande Prêmio Presidente da República (VI Bienal de São Paulo, 1961). Projeto: Paulo Mendes da Rocha e João E. de Gennaro. Proprietário: Club Atlético Paulistano. N.º 276, nov. de 1961, pp. 410-413.
- *Residência Antonio Ceppas.* 1.º prêmio (diploma e medalha) — Habitação individual (VI Bienal de São Paulo, 1961). Jorge Machado Moreira, arquiteto. *Ibid.*, pp. 416-419.
- *Residência no alto de Pinheiros.* Habitação individual — Menção honrosa. Carlos Barjas Millan, arquiteto. *Ibid.*, pp. 420-423.
- *Monumento aos mortos da II Guerra Mundial.* Problemas vários — Menção honrosa (VI Bienal de São Paulo). Hélio Ribas Marinho, Marcos Konder Netto, arquiteto. *Ibid.*, pp. 431-433.
- *Edifício Avenida Central.* Projeto: Henrique E. Mindlin. Local: Rio de Janeiro. N.º 277, dez. de 1961, pp. 5-9.
- *Residência em Ubatuba.* Projeto: Oswaldo Arthur Bratke. Proprietário: Francisco Matarazzo Sobrinho. N.º 278, jan. de 1962, pp. 52-53.
- *Ginásio Estadual de Guarulhos.* Projeto: J. Vilanova Artigas. N.º 281, abril de 1962, pp. 156-157.
- *Residência no Sumaré.* Projeto: J. Vilanova Artigas, Carlos Cascaldi, arquitetos. Proprietário: Dr. Rubens de Mendonça. N.º 282, maio de 1962, pp. 192-194.
- *Parque Eduardo Guinle.* Projeto: M. M. M. Roberto. N.º 288, nov. de 1962, pp. 394-395.
- N.º especial para o 25.º aniversário da revista: *São Paulo.* N.º 295-296, junho de 1963, contendo os seguintes artigos: *Roteiro de arquitetura contemporânea em São Paulo,* de Eduardo Corona e Carlos Lemos (suplemento de 54 p. in-18). *O sítio urbano inicial da aglomeração paulistana,* de Aziz Nacib Ab'Saber, pp. 205-208); *Notas para a teorização de São Paulo,* de Luiz Saia, pp. 209-222; *São Paulo: seus pontos de encontro,* de Jorge Wilheim, pp. 223-238; *Originalidade do sítio da cidade de São Paulo,* de Aziz Nacib Ab'Saber, pp. 239-246.
- *Residência no Sumaré.* Projeto: J. Vilanova Artigas e Carlos Cascaldi, arquitetos. Proprietário: José M. T. Bittencourt. Local: Rua Votuporanga. N.º 299, set. de 1963, pp. 328-331.
- *Sala especial Sergio Bernardes* (VII Bienal de São Paulo). N.º 301, dez. de 1963, pp. 1-19.
- *Setor residencial da Cidade Universitária.* Projeto: Eduardo Kneese de Mello, Joel Ramalho Jr. e Sidney de Oliveira, arquitetos. N.º 303, fev. de 1964, pp. 93-101.
- *Aumento da fábrica Olivetti.* Projeto: Marco Zanuso. N.º 303, fev. de 1964, pp. 103-105.
- WILHEIM, Jorge. *Projeto da "Nova Paulista".* N.º 303, fev. de 1964, pp. 108-116.
- *Vestiário do S.P.F.C.* Projeto: J. Vilanova Artigas, Carlos Cascaldi. Proprietário: São Paulo Futebol Clube. Local: Morumbi. N.º 305, abril de 1964, pp. 23-27.
- *Edifício Souza Cruz.* Projeto: M. M. M. Roberto. Local: Rio de Janeiro. N.º 306, maio de 1964, pp. 31-33.
- *Carlos Millan, arquiteto. 29-8-1927 † 5-12-64.* N.º 317, maio de 1965, pp. 21-44.
- *(Flávio Império, Rodrigo Lefèvre, Sergio Ferro.)* N.º 319, nov. de 1965, pp. 23-29.
- *Paço e centro cívico de S. André. 1.º prêmio.* Projeto: Rino Levi, Roberto Cerqueira Cesar, Luiz R. Carvalho Franco, arquitetos. N.º 320, agosto de 1965, pp. 24-28.
- *Residência em Vila Mariana.* Projeto: Ruy Ohtake. N.º 323, nov. de 1965, pp. 30-33.
- GOULART REIS Filho, Nestor. *O lote urbano e a arquitetura colonial.* N.º 326, março de 1966, pp. 39-41.
- ———. *Implantação da arquitetura urbana brasileira: 1800-1850.* N.º 330, julho de 1966, pp. 37-39.
- *Garagem de barcos.* Projeto: J. Vilanova Artigas e Carlos Cascaldi, arquitetos. Proprietário: Santa Paula Melhoramentos S.A. Local: Interlagos, S.P. N.º 331, agosto de 1966, pp. 23-27.
- BASTOS, Paulo. *Depoimento sobre Carlos Millan.* N.º 332, set. de 1966, pp. 19-42.
- *Banco drive-in.* Projeto: Ennes Silveira Mello. N.º 333, out. de 1966, pp. 31-35.
- *Residência do arquiteto.* Projeto: Oswaldo Arthur Bratke. Local: Rua São Valério, 335, S.P. N.º 333, out. de 1966, pp. 38-42.
- *Sede de banco e escritórios.* Projeto: Rino Levi, Roberto Cerqueira Cesar e L. R. Carvalho Franco. N.º 334, nov. de 1966, pp. 32-37.
- GOULART REIS Filho, Nestor. *Implantação da arquitetura urbana brasileira: 1850-1900.* N.º 334, nov. de 1966, pp. 41-43.
- ———. *Implantação da arquitetura urbana brasileira. 1900-1920.* N.º 335, dez. de 1966, pp. 40-42.
- *O parque de Flamengo.* N.º 337, março de 1967, pp. 24-31.
- *Residência na Vila Romana.* Projeto: Ruy Ohtake. N.º 339, maio de 1967, pp. 31-34.
- *Casa de praia.* Projeto: Eduardo Longo, arquiteto. Local: Praia do mar casado, Guarujá, S.P. N.º 341, julho de 1967, pp. 18-21.
- *(Obra de Paulo Mendes da Rocha e João Eduardo De Gennaro).* N.º 342, agosto de 1967, pp. 15-39 e 343, set. de 1967, pp. 17-45.
- *(Obra de Joaquim Guedes).* N.º 347, fev. de 1968, pp. 11-40.
- GOULART REIS Filho, Nestor. *Habitações econômicas de 1920-1940: sua implantação.* N.º 348, março de 1968, pp. 23-25.
- *Casa de praia.* Projeto e proprietário: Rubens Gil de Camillo, arquiteto; local: Maranduba, Ubatuba, S.P. N.º 351, junho de 1968, pp. 32-35.
- GOULART REIS Filho, Nestor. *Arquitetura urbana de 1920-1940: apartamentos, escritórios e indústrias.* N.º 351, junho de 1968, pp. 36-38.
- *Associação Atlética Banco do Brasil.* Projeto: Ícaro de Castro Mello, arquiteto; local: Estrada de Itapecerica, 2987, S.P. N.º 354, set. de 1968, pp. 30-33.
- GOULART REIS Filho, Nestor. *Implantação de residências de maior porte: 1920-1940.* N.º 354, set. de 1968, pp. 37-39.
- *Ginásio de esportes.* Projeto: Ícaro de Castro Mello. Local: Bertioga, S.P. N.º 355, out. de 1968, pp. 34-35.
- GOULART REIS Filho, Nestor. *Condições de implantação da arquitetura urbana: 1940-1960.* N.º 355, out. de 1968, pp. 39-41.

AMÉRICA MAGAZINE

Revista de publicidade publicada em São Paulo. Seu n.º 2, de 1962, é inteiramente dedicado à Cidade Universitária Armando de Salles Oliveira, de São Paulo. In-4.º.

ANNALES. ÉCONOMIES. SOCIÉTÉS. CIVILISATIONS

Revista de história, publicada em Paris desde 1946. Trimestral. In-8.º.

- CHARPENTRAT, Pierre. *L'architecture contemporaine: au delà du baroque?* 16.º ano, n.º 3, maio-junho de 1961, pp. 457-468.

ARCHITECTURA NO BRASIL

Revista de arquitetura brasileira, publicada no Rio de Janeiro a partir de outubro de 1921. Mensal. Publicação interrompida em 1926. Numeração contínua de 1 a 29; paginação anual. In-4.º.

- *Edifício em estylo Persa, à avenida Rio Branco, 103, onde se acha a redacção de Architectura no Brasil.* A. Morales de los Rios, architecto. N.º 1, out. de 1921, p. 5.
- *Igreja e convento da Ordem Carmelitana Descalça no Rio de Janeiro.* Raphael Galvão, engenheiro architecto premiado pela E. N. de Belas-Artes. N.º 1, out. de 1921, pp. 8-13.

- *Homenagem a Heitor de Mello*. N.° 1, out. de 1921, pp. 29-30.
- *Prêmio Heitor de Mello*. N.° 1, out. de 1921, pp. 38-39.
- *O renascimento da architectura no Brasil (A Exposição internacional do Centenário)*. N.° 3, dez. de 1921, pp. 93-112.
- *O plano de embellezamento do Rio de Janeiro*. N.° 22, julho de 1923, pp. 72-75.
- *A Exposição Internacional do Centenário*. N.° 24, set. de 1924, pp. 143-157.
- MARIANNO Filho, José *Os dez mandamentos do estylo neo-colonial. Aos jovens architectos*. N.° 24, set. de 1924, p. 161.
- *Duas residências em estylo "Missões hespañolas" a Rua Mauá, n.°s 62 e 64. Santa Teresa*. Edgar P. Viana, architecto. N.° 25, nov. de 1925, pp. 16-23.
- *Salão de architectura de 1925*. N.° 25, nov. de 1925, pp. 25-33.
- *Projecto de residência*. Architectos: Lúcio Costa e F. Valentim. N.° 27, fev.-março de 1926, pp. 86-87.
- *Concurso de ante-projectos para o pavilhão do Brasil na Exposição de Philadelphia*. N.° 28, abril-maio de 1926, pp. 117-128.
- *Palácio da Câmara dos Deputados*, n.° 29, junho-julho de 1926, pp. 145-163.
- BARROS SARAIVA, Amadeu de. *As recentes creações urbanas em São Paulo*. N.° 29, junho-julho de 1926, pp. 173-182.

ARCHITECTURAL FORUM

Revista de arquitetura publicada em New York desde 1892. Mensal. In-4.°. Sem numeração.

- *Office Building for Ministry of Education and Health, Rio de Janeiro, Brazil*. Fev. de 1943, pp. 37-44.
- *IRB Building, Rio de Janeiro, Brazil. A new government agency sponsors architecture of significance and promise in the largest Latin American Republic*. Architects: Marcelo, Milton and Mauricio Roberto. Agosto de 1944, pp. 65-67.
- N.° quase todo dedicado ao Brasil. Nov. de 1947, pp. 65-112.
- *Niemeyer's Church* (Pampulha). Março de 1950, p. 48.
- *Arched Industrial Building integrates display, repair and office space* (M. M. M. Roberto). Nov. de 1950, pp. 136-137.
- MAC QUADE, Walter. *Brasilia's beginning*. Abril de 1959, pp. 93-103.
- HASKELL, Douglas. *Brasilia: a new type of national city*. Nov. de 1960, pp. 126-133.
- MAC QUADE, Walter. *Brasilia's shiplike plan for a jet port: an imaginative essay in multilevel logic*, maio de 1961, pp. 88-93.

ARCHITECTURAL RECORD

Revista de arquitetura publicada em Concord (New Hampshire, EUA) desde 1891. Mensal. In-4.°.

- *ABI. From new techniques spring new forms*. Vol. 88, dez. de 1940, pp. 74-79.
- *Brazil*, n.° especial. Vol. 95. março de 1944, pp. 58-84.
- *Prize winning apartments in Brazil. Apartment house in São Paulo, Brazil*. Gregori Warchavchik, Architect. Vol. 96, n.° 4, out. de 1944, pp. 88-89.
- *Instituto Central do Câncer, São Paulo. Hospital Antonio Candido de Camargo*; Rino Levi, Roberto Cerqueira Cesar, Architects. Vol. 107, fev. de 1950, pp. 108-111.
- *Office Building for São Paulo, Brazil*. Rino Levi, Architect. Roberto Cerqueira Cesar, Associate Architect. Vol. III, jan. de 1952, pp. 154-158.
- *Instituto Central do Câncer, São Paulo*. Vol. 115, fev. de 1954, pp. 202-205.
- *Roberto Burle Marx art and the landscape*. Vol. 116, out. de 1954, pp. 145-151.
- SMITH, Carleton Sprague. *Architecture of Brazil*. Vol. 119, abril de 1956, pp. 187-194.
- *South American House on a mountainside. House for Dr. Couto e Silva, Tijuca, Brazil*. Affonso Eduardo Reidy, Architect. Vol. 119, junho de 1956, pp. 173-175.
- *Neighbourhood Public Housing Units in Rio de Janeiro*. Vol. 124, julho de 1958, pp. 166-170.
- *Brasilia: a new city rises*. Vol. 125, jan. de 1958, pp. 14-15.

ARCHITECTURAL REVIEW

Revista de arquitetura publicada em Londres desde 1896. Mensal. In-4.°.

- *Flats at Rio de Janeiro*. Lúcio Costa: architect. Vol. 108, agosto de 1950, pp. 88-94.
- BYDEN, Alf. *Report on Brazil*. Vol. 108, out. de 1950, pp. 221-230 e 249-258.
- *Factory at Rio de Janeiro*. Marcelo, Milton and Mauricio Roberto: architects. Vol. 109, jan. de 1951, pp. 25-28.
- *Three buildings by Rino Levi in São Paulo, Brazil*. Vol. 110, dez. de 1951, pp. 368-375.
- *Pedregulho Neighbourhood. Rio. Gymnasium and Primary School*. Affonso Reidy: architect. Vol. 112, julho de 1952, pp. 16-19.
- *Brazilian Review*. Vol. 114, julho de 1953, pp. 10-15.
- *Three Houses by Sergio Bernardes*. Vol. 115, março de 1954, pp. 162-167.
- *Report on Brazil*. Vol. 116, out. de 1954, pp. 234-250.
- *Flats in Rio de Janeiro*. Architect: Jorge Machado Moreira. Vol. 120, set. de 1956, pp. 168-171.
- HOLFORD, William. *Brasilia. A new capital city for Brazil*. Vol. 122, dez. de 1957, pp. 395-402.
- RICHARDS, J. M. *Brasilia*. Vol. 125, fev. de 1959, pp. 94-104.
- *Hospital at São Paulo, Brazil*. Architect: Rino Levi. Vol. 126, agosto de 1959, pp. 109-112.
- *Four foreign Houses. 4. At São Paulo, Brazil*. Architect: Rino Levi (casa de Castor Delgado Perez). Vol. 128, nov. de 1960, pp. 338-340.
- CREASE, David. *Progress in Brasilia*. Vol. 131, abril de 1962, pp. 256-262.

ARCHITECTURE D'AUJOURD'HUI

Revista internacional de arquitetura contemporânea publicada em Boulogne-sur-Seine desde 1929. Bimestral. In-4.°.

- GUEGEN, Paul. *Chapelle à Pampulha (Brésil)*. O. Niemeyer, architecte; peintures de Portinari. N.° 9, dez. de 1946, pp. 54-56.
- N.° especial sobre o Brasil. N.° 13-14, set. de 1947, contendo os seguintes artigos: NIEMEYER, Oscar. *Ce qui manque à notre architecture*. p. 12; *Ministère de L'Education Nationale et de la Santé Publique*, pp. 13-19; *Pavillon du Brésil. Exposition internationale de New York*, pp. 20-21; *Pampulha*, pp. 22-35; *Jardins d'esprit nouveau. Burle-Marx, paysagiste*, pp. 36-37; *Yacht Club Botafogo*, (Niemeyer), p. 40; *Projet de centre de loisirs* (Niemeyer), p. 41; *Projet de stade olympique* (Niemeyer), pp. 42-43; *Projet d'hôtel de montagne* (Niemeyer), p. 44; *Pouponnière* (Niemeyer), p. 45; *Hôtel d'Ouro Preto* (Niemeyer), pp. 46-47; *Première maison de Niemeyer*, pp. 48-49; *Park Hotel São Clemente* (Costa), pp. 50-52; *Colonie de vacances à Gávea* (M. M. M. Roberto), pp. 53-58; *ABI* (M. M. M. Roberto), pp. 60-61; *IRB* (M. M. M. Roberto), pp. 62-65; *Aéroport Santos Dumont* (M. M. M. Roberto), pp. 66-69; *Aérogare* (A. Correa Lima), p. 70; *Institut Vital Brasil* (A. Vital Brasil), pp. 72-75; *Pavillon d'Araxá* (Bolonha), pp. 76-77; *Administration des Chemins de fer R.G.S.* (Reidy, Moreira), pp. 78-79; *Sedes Sapientiae* (R. Levi), pp. 80-84; *Usine de torréfaction Jardim* (R. Levi), pp. 85-87; *Cie des Téléphones Rio* (M. M. M. Roberto), p. 91; *Country Club à Petrópolis* (projet, S. Bernardes), p. 96; *Cité des moteurs* (P. L. Wiener et J. L. Sert), pp. 99-119.
- *Habitations individualles au Brésil*. N.° 18-19, julho de 1948, pp. 72-82.
- LEVI, Rino. *L'architecture est un art et une science. — Hôpital Antonio Candido de Camargo, São Paulo*. N.° 27, dez. de 1949, pp. 50-51 h.
- *Hôtel à Bahia (Brésil)*. Paulo Antunes Ribeiro et Diógenes Rebouças, architectes. N.° 27, dez. de 1949, pp. 88-90.

- *Immeuble d'appartements à São Paulo.* Rino Levi, architecte, Roberto Cerqueira Cesar, architect associè. N.° 31, set. de 1950, pp. 16-17.
- *Urbanisme au Brésil.* N.° 33, dez. de 1950, pp. 56-70.
- *École professionnelle, Rio de Janeiro.* Marcelo, Milton et Mauricio Roberto, architectes. N.° 34, fev. de 1951, pp. 76-77.
- N.° especial sobre o Brasil. N.° 42-43, agosto de 1952, contendo os seguintes artigos: GIEDION, Siegfried. *Le Brésil et l'architecture contemporaine,* p. 3; COSTA, Lúcio. *Architecture, art plastique,* pp. 4-7; *Jardins de Carlos Perry,* p. 10; GIEDION, Siegfried, *Burle Marx et le jardin contemporain,* p. 11; *Villa à Petrópolis* (Mindlin), pp. 15-17; *Résidence d'été à Petrópolis* (Bolonha), pp. 18-21; *Ensemble résidentiel dans l'île de Paquetá* (Bolonha), pp. 22-23; *Edifice Caramuru à Bahia* (P. Antunes Ribeiro), pp. 24-25; ROBERTO, Milton. *Dix années d'architecture,* p. 26; *Usines Peixe et Duchen à São Paulo* (Niemeyer), pp. 28-29; *Ateliers et magasins de la Sotreq à Rio de Janeiro* (M. M. M. Roberto), pp. 33-35; *Immeubles de bureaux à Rio de Janeiro* (M. M. M. Roberto), p. 34; *Edifice "Seguradoras" à Rio de Janeiro* (M. M. M. Roberto), p. 39; *Banque "Boavista" à Rio de Janeiro* (Niemeyer), pp. 42-43; *Banque de Bahia à Ilheus* (Antunes Ribeiro), pp. 44-45; *Édifice Paulista à São Paulo* (Levi, Cerqueira Cesar), pp. 46-47; *Aéroport Santos Dumont à Rio de Janeiro* (M. M. M. Roberto), pp. 50-51; *Immeuble à appartements à Rio de Janeiro* (M. M. M. Roberto), pp. 56-57; *Résidence d'été à São José dos Campos* (R. Levi), pp. 65-66; *Villa à Friburgo* (C. F. Ferreira), p. 68; *Habitation aux environs de Petrópolis* (S. Bernardes), pp. 70-71; *Deux villas à São Paulo* (Vilanova Artigas), pp. 76-77; *Trois types d'habitation en bandes continues* (Niemeyer), pp. 79-81; *Hôpital de Cataguazes* (Bolonha), pp. 86-87; *Hôpital A. C. de Camargo à São Paulo* (Levi, Cerqueira Cesar), p. 90; *Piscine à São Paulo* (Castro Mello), p. 106; *Club Libanais à Belo Horizonte* (projet Niemeyer), p. 107; *Contribution d'architectes et d'artistes du Brésil aux recherches actuelles,* p. 114; *Recherches formelles d'Oscar Niemeyer,* p. 115; *Édifice d'habitation Mauá à Petrópolis* (projet Niemeyer), pp. 116-119; *Hôtel Imperator et immeuble à appartements à São Paulo* (projet Niemeyer), pp. 120-121; *Église à Rio de Janeiro* (projet M. M. M. Roberto), p. 123; *L'unité d'habitation de Pedregulho à Rio de Janeiro* (Reidy), pp. 124-129 (menos as duas fotos no alto da página 128); *Exposition internationale de 1954 à São Paulo — Quatrième centenaire* (Niemeyer), pp. 130-133.
- *Immeuble Antonio Ceppas, Rio de Janeiro.* Jorge Machado Moreira, architecte. N.° 45, nov. de 1952, pp. 36-37.
- *Maison pour un critique d'art aux environs de São Paulo.* Lina Bo Bardi, architecte. N.° 49, out. de 1953, pp. 38-41.
- *Maison d'un architecte aux environs de São Paulo.* Oswaldo A. Bratke, architecte. N.° 49, out. de 1953, pp. 50-51.
- *Maison pour un médecin à São Paulo.* Rino Levi, architecte. Roberto Cerqueira Cesar, architecte collaborateur. N.° 52, fev. de 1954, pp. 4-5.
- *Brésil, hôtel à Bahia,* P. A. Ribeiro et D. Rebouças. N.° 52, fev. de 1954, p. 32.
- *Banque de Bahia à Salvador.* Paulo Antunes Ribeiro, architecte. N.° 52, fev. de 1954, pp. 42-43.
- *Brésil. Hôpital A. C. de Camargo à São Paulo.* Rino Levi et Roberto Cerqueira Cesar, architectes. N.° 52, fev. de 1954, pp. 82-83.
- *Musée d'Art Moderne à Rio de Janeiro.* Affonso Eduardo Reidy, architecte. N.° 52, fev. de 1954, pp. 100-101.
- *Cité Universitaire de Rio de Janeiro.* J. Machado Moreira, architecte en chef. N.° 53, abril de 1954, pp. 72-77.
- *Habitations individuelles.* N.° 62, nov. de 1955, pp. 24-29.
- *Hôpital Sul-América à Rio de Janeiro, Brésil.* Oscar Niemeyer et Hélio Uchôa, architectes. N.° 62, nov. de 1955, pp. 77-80.
- *Construction en pays chaud: Brésil.* N.° 67-68, nov. de 1956, pp. 152-167.
- LEVI, Rino. *Problèmes de circulation et de stationnement au Brésil.* N.° 70, fev. de 1957, pp. 80-82.
- *Aperçu sur la jeune architecture brésilienne.* N.° 73, abril de 1957, pp. 70-71.

- *Unité résidentielle de Gávea à Rio de Janeiro.* Affonso Eduardo Reidy, architecte. N.° 74, out. de 1957, p. 93.
- *Immeuble à São Paulo.* Rino Levi, architecte. Roberto Cerqueira Cesar, architecte collaborateur. N.° 74, out. de 1957, pp. 94-95.
- (Berlin, Interbau). *Habitations collectives, Brésil.* Oscar Niemeyer Filho, architecte. N.° 75, dez. de 1957, p. 8.
- *Brésil. Centre sportif de la Cité Universitaire de São Paulo.* Ícaro de Castro Mello, architecte. N.° 76, fev. de 1958, pp. 12-13.
- *Hall des sports à Ibirapuera à São Paulo, Brésil.* Ícaro de Castro Mello, architecte. N.° 76, fev. de 1958, pp. 26-27.
- *Le siège du Parlement de la nouvelle capitale du Brésil.* Oscar Niemeyer, architecte. N.° 76, fev. de 1958, pp. 78-79.
- (Exposition internationale de Bruxelles 1958). *Pavillon du Brésil.* Sergio Bernardes, architecte. N.° 78, junho de 1958, p. 32.
- *Brasilia, nouvelle capitale du Brésil.* N.° 80, out. de 1958, pp. 48-71.
- *Hôpital Albert Einstein à São Paulo.* Rino Levi, Roberto Cerqueira César et Luis Roberto Carvalho Franco, architectes. N.° 84, junho de 1959, pp. 60-62.
- *Coupole géodésique en aluminium. São Paulo.* David Libeskind, architecte. N.° 85, set. de 1959, pp. 92-93.
- *Brésil, Brasilia, Actualités,* n.° especial. N.° 90, junho de 1960: *Brasilia Plan directeur,* p. 4; MEIRA PENNA, J. O. de. *Brasilia, urbanisme politique,* pp. 4-7; NIEMEYER. *Mes expériences à Brasilia,* pp. 8-9; *Le palais du Congrès National,* pp. 10-13; *Le palais du Gouvernement,* pp. 14-15; *Le palais de la Haute Cour,* p. 16; *Le musée commémoratif,* p. 17; *Les ministères,* pp. 18-19; *Les superquadras,* pp. 23-27; *Habitations économiques,* p. 28; *Brasilia Palace Hotel,* p. 29; *La cathédrale,* p. 30; *Le Théâtre,* p. 31; *Noeuds routiers principal et secondaire,* pp. 32-33; *Réalisations diverses. Musées d'Art Moderne, Rio de Janeiro.* (Reidy), pp. 34-37; *Hôpital Sul-América, Rio de Janeiro,* p. 38; *Cité universitaire, Rio de Janeiro* (Moreira et collaborateurs), pp. 40-45; *Gratte-ciel de bureaux et commerce, Rio de Janeiro* (Mindlin), p. 48; *Habitation à São Paulo* (Levi, Cerqueira Cesar, Carvalho Franco), pp. 62-63; *Deux habitations à Rio de Janeiro* (Moreira), pp. 66-67; *Hangar pour une ferme à São José dos Campos* (Levi, Cerqueira Cesar), pp. 68-69.

L'ARCHITETTURA. CRONACHE E STORIA

Revista de arquitetura publicada em Roma, sob a direção de Bruno Zevi. Mensal. In-4.°.

- *Inchiesta su Brasilia.* N.° 51, jan. de 1960, pp. 608-619.
- ZEVI, Bruno. *La registrazione veritiera di Le Corbusier,* n.° 68, junho de 1961, pp. 74-75.

ARQUITETURA

Revista de arquitetura contemporânea publicada no Rio de Janeiro pelo Instituto dos Arquitetos do Brasil, seção do Estado da Guanabara. Foi publicada com o nome de *I. A. B. Guanabara* do n.° 1, de agosto de 1961, ao n.° 6, de dez. de 1962, e depois com o título *Arquitetura* a partir do n.° 7, de jan. de 1963. Periodicidade irregular do n.° 1 ao n.° 6, mensal a partir do n.° 7.

- *Inquérito nacional de arquitetura* (A. G. Borsoi, A. Rubio Morales, A. E. Reidy), N.° 1, agosto de 1961, pp. 13-21.
- *Inquérito nacional de arquitetura* (C. M. Fayet, D. Ribeiro, E. Graeff). N.° 2, pp. 24-27.
- *Inquérito nacional de arquitetura* (F. Marinho Rêgo), n.° 3, pp. 5-8.
- *Arquitetura na VI.ª bienal: Ginásio coberto do Clube Paulistano.* João Eduardo De Gennaro e Paulo Mendes da Rocha, arquitetos. N.° 3, pp. 11-14.
- *Inquérito nacional de arquitetura* (G. Warchavchik, H. E. Mindlin). N.° 4, pp. 12-14.
- *Inquérito nacional de arquitetura* (J. H. Rocha, J. C. Gomes, L. Costa, M. M. M. Roberto). N.° 5, pp. 13-19 e 38.
- *Inquérito nacional de arquitetura* (M. Accioly Fragelli, M. Konder Netto). N.° 6, dez. de 1962, pp. 22-24 e 41-52.

- *Inquérito nacional de arquitetura* (O. Niemeyer, S. W. Bernardes, S. de Vasconcelos). N.º 7, jan. de 1963, pp. 33-40.
- VINHAS DE QUEIROZ, Mauricio. *Arquitetura e desenvolvimento.* N.º 8, fev. de 1963, pp. 25-32.
- *Luís Nunes.* N.º 13, julho de 1963, pp. 3-21. Retrospectiva acompanhada de três artigos: BEZERRA BALTER, J., *Luís Nunes;* Joaquim Cardozo e o D.A.U.; NUNES, Luís, *Uma Diretoria de Arquitetura.*
- *Attílio Correa Lima* (retrospectiva de sua obra). N.º 14, agosto de 1963, pp. 3-17.
- MIRANDA CORREA, Luiz de. *Aspectos do Art Nouveau no Pará.* N.º 22, abril de 1964, pp. 12-15.
- *Marcelo Roberto e a sua obra pioneira.* N.º 28, out. de 1964, pp. 3-13.
- BAUZER MEDEIROS, Ethel. *Aterro Glória-Flamengo. Um milhão de metros quadrados para recreação pública.* N.º 29, nov. de 1964, pp. 13-16.
- SANTOS, Paulo F. *Marcelo Roberto.* N.º 36, junho de 1965, pp. 4-13.
- *Centro cívico de Santo André.* Arquitetos: Rino Levi, Roberto Cerqueira Cesar, L. R. Carvalho Franco. N.º 38, agosto de 1965, pp. 5-7.
- SANTOS, Paulo F. *Marcelo Roberto II.* N.º 38, agosto de 1965, pp. 8-18.
- N.º especial dedicado a Rino Levi. N.º 42, dez. de 1965: *O arquiteto Rino Levi 1901/1965,* p. 6; *Pensamento de Rino Levi,* pp. 7-10; *A obra de Rino Levi,* pp. 11-19; *Estacionamento, problema urbano,* pp. 20-22; *Planejamento de hospitais,* pp. 23-25; *Depoimentos sobre Rino Levi,* pp. 26-28; *Rino Levi. Curriculum vitae* .p. 29.
- *Edifício Avenida Central,* Avenida Rio Branco, 156, Rio de Janeiro; *First National City Bank,* Rua Marquês de Olinda, 114, Recife; *Bank of London of South America Limited,* Rua 15 de Novembro, 143, São Paulo. Arquiteto Henrique Mindlin. N.º 50, agosto de 1966, pp. 12-19.

ARQUITETURA E CONSTRUÇÃO

Revista de arquitetura publicada em São Paulo, tendo começado por um n.º zero experimental. Publicação interrompida depois do n.º 2. In-4.º.

- TEPERMAN, Sergio. *Vilanova Artigas e a garagem de barcos de Interlagos.* N.º 0, julho de 1966, pp. 38-43.

ARQUITETURA E DECORAÇÃO

Revista de arquitetura e decoração publicada em São Paulo, de agosto de 1953 a dezembro de 1957 (n.ºs 1 a 28). Bimestral. In-4.º.

- *Paço municipal de São Paulo.* Arquitetos: Oscar Niemeyer, etc. N.º 3, dez. de 1953-jan. de 1954, pp. 2-5.
- *Residência Dr. Milton Guper — S. Paulo.* Rino Levi, arquiteto. N.º 3, dez. de 1953-jan. de 1954, pp. 18-23.
- *Residência no Morumbi.* Arquiteto: Oswaldo Arthur Bratke. N.º 5, maio-junho de 1954, pp. 16-19.
- VILANOVA ARTIGAS, J. *Considerações sobre arquitetura brasileira.* N.º 7, set.-out. de 1954, p. 25.
- *Residência em Petrópolis.* Arquiteto Sergio Bernardes. N.º 8, nov.-dez. de 1954, pp. 24-25.
- *SENAI — Escola de construção civil, Rio de Janeiro.* Arquitetos: M. M. M. Roberto. N.º 10, março-abril de 1955, pp. 2-3.
- *Residência no Morumbi.* Arquiteto: Oswaldo Arthur Bratke. Proprietário: Oscar Americano. N.º 12, julho-agosto de 1955, p. 8-9.
- *Conjunto Nacional.* Arquiteto: David Liebeskind. N.º 13, set.-out. de 1955, pp. 2-5.
- NIEMEYER, Oscar. *O problema social na arquitetura.* N.º 13, set.-out. de 1955, pp. 10-11.

ARQUITETURA E ENGENHARIA

Revista de arquitetura contemporânea e de construção civil publicada em Belo Horizonte desde 1947. Trimestral ou bimestral. In-4.º.

- *Hospital Antonio Candido Camargo,* arquitetos: Rino Levi, Roberto Cerqueira Cesar. N.º 11, out.-dez. de 1949, pp. 26-34.
- *Sotreq, agência Caterpillar, Avenida Brasil, Rio de Janeiro,* M. M. M. Roberto, arquitetos. N.º 11, out.-dez. de 1949, pp. 35-37.
- *Residência do Barão de Saavedra, Petrópolis.* Lúcio Costa, arquiteto. N.º 11, out.-dez. de 1949, pp. 41-43.
- *Novas fábricas Peixe-Duchen, São Paulo.* Arquitetos: Oscar Niemeyer e Hélio Uchôa. N.º 15, jan.-fev. de 1951, pp. 16-21.
- *Piscina coberta. Departamento de Esportes do Estado de São Paulo.* Icaro de Castro Mello, arquiteto. N.º 17, maio-junho de 1951, pp. 32-35.
- *Prédio de apartamentos Prudência. São Paulo.* Arquiteto: Rino Levi. N.º 17, maio-junho de 1951, pp. 42-49.
- *Edifício Seguradoras. Rio de Janeiro.* Arquitetos: M. M. M. Roberto. N.º 18, julho-set. de 1951, pp. 36-45.
- *Condomínio hoteleiro Quitandinha. Petrópolis.* Arquiteto: Oscar Niemeyer. N.º 19, out.-dez. de 1951, pp. 26-39.
- *Club Libanês de Belo Horizonte. Pampulha.* Arquiteto: Oscar Niemeyer. N.º 20, jan.-fev. de 1952, pp. 44-47.
- *Cidade Universitária do Rio de Janeiro.* N.º 21, março-maio de 1952, pp. 24-32.
- *Escola primária do conjunto residencial de Pedregulho.* Affonso Eduardo Reidy, arquiteto. N.º 24, jan.-fev. de 1953, pp. 32-38.
- *Colégio Paraguai-Brasil — Assunção, Paraguai.* Affonso Eduardo Reidy, arquiteto. N.º 24, jan.-fev. de 1953, pp. 32-38.
- *Conjunto Governador Kubitschek.* Oscar Niemeyer, arquiteto. N.º 28, out.-dez. de 1953, pp. 30-43.
- *Residência de verão na serra de Friburgo.* Carlos Frederico Ferreira, arquiteto. N.º 28, out.-dez. de 1943, pp. 48-49.
- *Museu de Arte Moderna. Rio de Janeiro.* Affonso Eduardo Reidy, arquiteto. N.º 30, março-abril de 1954, pp. 29-35.
- SANTOS, Paulo. *Raízes da arquitetura contemporânea.* N.º 30, março-abril de 1954, pp. 57-65.
- *Residência em Jacarepaguá. Rio de Janeiro.* Affonso Eduardo Reidy, arquiteto. N.º 31, maio-junho de 1954, pp. 36-40.
- *Residência em Jacarepaguá. Rio de Janeiro.* M. M. M. Roberto, arquitetos. N.º 31, maio-junho de 1954, pp. 41-45.
- *Residência em São Paulo* (Dr. Milton Guper). Rino Levi, arquiteto. N.º 32, julho-set. de 1954, pp. 3-7.
- *Conjunto residencial em Paquetá.* Arquiteto, Francisco Bolonha. N.º 34, jan.-março de 1955, pp. 2-7.
- *Residência em São Paulo.* Oswaldo Bratke, arquiteto e proprietário. N.º 34, jan.-março de 1955, pp. 14-17.
- *Residência de fazenda. Local: São José dos Campos, São Paulo.* Arquiteto: Rino Levi. N.º 34, jan.-março de 1955, pp. 26-32.
- *Pavilhão de Volta Redonda. Parque Ibirapuera, São Paulo.* Sergio W. Bernardes, arquiteto. N.º 36, julho-set. de 1955, pp. 25-27.
- *Conjunto residencial. Local: Rio de Janeiro (Gávea).* Affonso Eduardo Reidy, arquiteto. N.º 37, nov.-dez. de 1955, pp. 8-13.
- *Urbanização do Morro de Sto. Antonio.* Affonso Eduardo Reidy, arquiteto. N.º 38, jan.-fev. de 1956, pp. 2-9.
- *Escola de construção civil do SENAI, Rio de Janeiro.* M. M. M. Roberto, arquitetos. N.º 38, jan.-fev. de 1956, p. 17.
- *Monumento Nacional aos Mortos da II Guerra.* N.º 40, maio-junho de 1956, pp. 8-15. (Projeto de Francisco Bolonha, Alfredo Volpi, Bruno Giorgi, pp. 8-11; projeto de Hélio Ribas Marinho e Marcos Konder Netto, pp. 12-13; projeto de Heitor Maia Netto, pp. 14-15).
- *Edifício Marquês de Herval, D.F.* M. M. M. Roberto, arquitetos. N.º 42, nov.-dez. de 1956, pp. 2-5.
- *Notícias. Em torno do concurso de plano piloto para a nova capital do país.* N.º 42, nov.-dez. de 1956, pp. 26-32.
- *Brasília* (n.º especial sobre o concurso para o plano piloto). N.º 44, março-abril de 1957, pp. 2-32: decisão fundamentada do júri (p. 4), projetos de Lúcio Costa, classificado em 1.º lugar (pp. 7-13), Ney Gonçalves, Baruch Milman, João Henrique Rocha, classificado em 2.º (pp. 14-24). Henrique Mindlin e Giancarlo Palanti, classificado em 5.º (pp. 25-29), com a crítica de Sir William Holford.

- (Concurso para o plano piloto de Brasília, projeto de M. M. M. Roberto, classificado em 3.°). N.° 45, maio-julho de 1957, pp. 4-28.
- (Concurso para o plano piloto de Brasília, projeto de Rino Levi e associados, classificado em 3.°, e projeto de Milton C. Ghiraldini e associados, classificado em 5.°). N.° 46, agosto-out. de 1957, pp. 4-9 e 10-21.

ARQUITETURA E URBANISMO

Revista de arquitetura e urbanismo publicada no Rio de Janeiro de 1936 a 1940. Bimestral. In-4.°.

- *O Palácio da Imprensa.* Arquitetos, Marcelo Roberto e Milton Roberto. Ano II, n.° 2, março-abril de 1937, pp. 64-72.
- *XIV Congresso Internacional de Arquitetos. Tema IV. Evolução da profissão de arquiteto no Brasil.* Ano II, n.° 4, julho-agosto de 1937, pp. 117-130.
- *Anteprojeto da estação central do Aeroporto Santos Dumont.* 1.° prêmio, arquitetos, Marcelo Roberto e Milton Roberto. Ano II, n.° 6, nov.-dez. de 1937, pp. 298-301.
- *Feira Mundial de New York. Termo de julgamento do concurso de anteprojetos. O pavilhão brasileiro na feira de New York.* Ano III, n.° 2, março-abril de 1938, pp. 98-99.
- *As residências do Dr. João Daudt de Oliveira e exma. senhora D. Adelaide Daudt de Oliveira.* Arquitetos: Lúcio Costa e F. Valentim. Ano III, n.° 5, set.-out. de 1938, pp. 238-250.
- *Estação de Hidroavião do Aeroporto Santos Dumont — Rio,* Arquiteto: Correa Lima. N.° 6, nov.-dez. de 1938, pp. 286-296.
- *O Pavilhão brasileiro na Feira Mundial de New York.* Arquitetos: Lúcio Costa, Oscar Niemeyer Filho. Ano IV, n.° 3, maio-junho de 1939, pp. 471-480.
- *O edifício da A.B.I.* Arquitetos, Marcelo Roberto, Milton Roberto. Ano V, n.°s 5-6, set.-dez. de 1940, pp. 261-278.

ARTS & ARCHITECTURE

Revista de arte publicada em Los Angeles desde 1911. Mensal. In-4.°.

- *House and studio in Brazil.* Oswaldo Bratke, architect. Vol. 65, out. de 1948, pp. 32-33.
- *House in Brazil.* Vol. 73, julho de 1956, p. 18-19.
- *Brasilia: a new national city.* Vol. 76, abril de 1959, pp. 15-21.

ART NEWS

Revista de arte publicada em New York desde 1902. Mensal. In-4.°.

- SMITH, Robert C. *Brazil builds on tradition and to-day.* Vol. 41, n.° 18, fev. de 1943, pp. 14-19 e 33.

AUJOURD'HUI. ART ET ARCHITECTURE

Revista de arte publicada em Boulogne-sur-Seine desde 1955. Bimestral. In-4.°.

- *Habitation individuelle à Petropolis, Brésil.* Sergio Bernardes, architecte. Aménagement du jardin par Roberto Burle Marx. N.° 1, jan.-fev. de 1955, p. 33.
- *Habitation individuelle à São José dos Campos, Brésil.* Rino Levi, architecte et Roberto Cerqueira Cesar, collaborateur. N.° 1, jan.-fev. de 1955, pp. 34-35.
- *Musée d'Art à São Paulo.* Lina Bo Bardi et G. C. Palanti, architectes. *Musée à São Vicente.* Projet de Lina Bo Bardi, architecte. *Musée d'Art Moderne à Rio de Janeiro.* A Reidy, architecte, N.° 2, março-abril de 1955, pp. 62-65.
- *Oeuvres de l'architecte A. E. Reidy,* N.° 5, nov. de 1955, pp. 48-55.
- *Musée d'art moderne, Caracas, Vénézuela.* Oscar Niemeyer, architecte. N.° 7, março de 1956, pp. 48-49.
- *La nouvelle capitale du Brésil.* Oscar Niemeyer, architecte. N.° 12, abril de 1957, pp. 56-61.
- *Berlin-Ouest. Exposition internationale du bâtiment 1957. Reconstruction du quartier Hansa.* N.° 12, abril de 1957, pp. 62-65.
- *Concours pour la nouvelle capitale du Brésil.* N.° 13, junho de 1957, pp. 56-63.
- *Station-service et restaurant à Brasilia.* José Bina Fonyat Filho, architecte. N.° 32, julho de 1961, p. 79.
- *Nouveau musée de São Paulo.* Lina Bo Bardi, architecte. N.° 34, dez. de 1961, p. 97.

BAU UND WERK

Revista da associação dos arquitetos e dos engenheiros austríacos, publicada em Viena desde 1948. In-4.°.

- *Reidys Bauten — 1961 gesehen.* Vol. 15, n.° 1, 1962, pp. 7-29: *Das Museum für Moderne Kunst in Rio de Janeiro,* pp. 7-13; *Das Wohngebiet Pedregulho und Wohngebiet Gavea bei Rio de Janeiro,* pp. 17-24; *Volkstheater Marechal Hermes,* p. 27; *Entwurf für ein neues Stadtzentrum,* pp. 28-29.

BRASIL — ARQUITETURA CONTEMPORÂNEA

Revista de arquitetura contemporânea brasileira publicada no Rio de Janeiro de 1953 a 1958. Bimestral em 1953, trimestral a partir de 1954, mas depois sem menção do mês de publicação. In-4.°.

- COSTA, Lúcio. *A crise na arte contemporânea* (tradução da intervenção de L. Costa no Congresso Internacional de Artistas de Veneza, em setembro de 1953.) N.° 1, agosto-set. de 1953, pp. 2-3.
- *Conjunto residencial Prefeito Mendes de Moraes. Pedregulho.* N.° 1, agosto-set. de 1953, pp. 3-16.
- *Igreja de São Domingos — São Paulo.* Sergio Bernardes, Arquiteto. N.° 1, agosto-set. de 1953, pp. 17-20.
- *Edifício Seguradoras. Rio de Janeiro.* Arquitetos M. M. M. Roberto. N.° 1, agosto-set. 1953, pp. 23-28.
- GROPIUS, Walter. *O arquiteto na Sociedade industrial.* N.° 2-3, nov.-dez. de 1953 — jan. de 1954, pp. 47-48.
- CARDOZO, Joaquim. *O conjunto arquitetônico de Ibirapuera.* Oscar Niemeyer — Hélio Uchôa — Zenon Lotufo — E. Kneese de Mello. N.° 2-3, nov.-dez. de 1953 — jan. de 1954, pp. 49-62.
- *Instituto de puericultura da Universidade do Brasil. Rio de Janeiro.* Arquitetos da Cidade Universitária, Jorge Machado Moreira, arquiteto chefe. N.° 4, 1954, pp. 2-9.
- *Edifício Antonio Ceppas — Rio de Janeiro.* Jorge Machado Moreira, arquiteto. N.° 4, 1954, pp. 10-13.
- BARATA, Mário. *Arquitetura, tradição e realidade brasileira.* N.° 4, 1954, pp. 21 e 66.
- *Residência do arquiteto — Rio de Janeiro.* Oscar Niemeyer — arquiteto. N.° 4, 1954, pp. 24-27.
- *Piscina coberta — São Paulo.* Ícaro de Castro Mello — arquiteto. N.° 4, 1954, pp. 30-31.
- *Anteprojeto da nova sede do M. A. M. do Rio de Janeiro.* Affonso Eduardo Reidy — arquiteto. N.° 4, 1954, pp. 58-61.
- *Colégio experimental Paraguai — Brasil.* Affonso Eduardo Reidy, arquiteto. N.° 5, 1955, pp. 2-6.
- *Ateliê junto a residência no Morumbi.* Oswaldo Arthur Bratke, arquiteto. N.° 5, 1955, pp. 14-15.
- *Jockey Club de Uberaba.* Ícaro de Castro Mello, arquiteto. N.° 5, 1955, pp. 34-37.
- *Palavras do arquiteto Jorge Machado Moreira na cerimônia da distribuição dos prêmios e de encerramento da III exposição internacional de arquitetura da Bienal de São Paulo.* N.° 6, 1955, p. 62.
- *XXXVI Congresso eucarístico internacional.* O risco original: Lúcio Costa, arquiteto. O desenvolvimento: arquitetos: Alcides Rocha Miranda, Elvin Mackay Dubugras, Fernando Cabral Pinto. N.° 6, 1955, pp. 63-67.
- BARATA, Mário. *A arquitetura como plástica e a importância atual da síntese das artes.* N.° 7, 1956, pp. 11-12.
- *Edifício Marquês de Herval.* M. M. M. Roberto, arquitetos. N.° 8, 1956, pp. 38-44.

- *Monumento nacional aos mortos da 2.ª guerra mundial.* Hélio Ribas Marinho e Marcos Konder Netto, arquitetos. Colaboradores: Alfredo Ceschiatti, Anísio Medeiros, Júlio Catelli Filho. N.º 8, 1956, pp. 48-53.
- ALMEIDA MATTOS, Joaquim de. *A mirabolante nova capital brasileira.* N.º 9, 1957, pp. 3-20.
- *Residência Accioly.* Francisco Bolonha, arquiteto. N.º 10, 1957, pp. 22-25.
- *Aeroporto Santos Dumont.* M. M. M. Roberto, arquiteto. N.º 10, 1957, pp. LV-LVII.
- GIEDION, Siegfried. *Roberto Burle Marx.* N.º 11, 1957, p. 46.
- *Teatro Castro Alves. Salvador, Bahia.* Projeto: José Bina Fonyat Filho, arquiteto. N.º 12, 1957-1958, pp. 2-16.
- *Conjunto Nacional — São Paulo.* Arquiteto — David Libeskind. N.º 12, 1957-1958, pp. 17-22.

CADERNOS BRASILEIROS

Revista publicada no Rio de Janeiro desde 1960. Bimestral. In-8.º.

- MOTTA, Flávio. *Art nouveau: um estilo entre a flor e a máquina.* N.º 28, março-abril de 1965, pp. 54-63.

CARAVELLE

Cadernos do mundo hispânico e luso-brasileiro publicados pelo Instituto de Estudos Hispânicos, Hispano-Americanos e Luso-Brasileiros da Universidade de Toulouse desde 1963. Semestral. In-8.º.

- *Le problème des capitales en Amérique Latine.* N.º especial dedicado às Atas do colóquio do C. N. R. S. N.º 3, 1964: MONBEIG, Pierre. *Réflexions sur les capitales latino-américaines,* pp. 24-35; TRICART, Jean. *Quelques caractéristiques générales des villes latino-américaines,* pp. 36-59; ANGLADE, Christian. *Une tentative de répartition territoriale du phénomène de la capitale: le municipe brésilien,* pp. 228-258; ROCHE, Jean. *Symposium sur Brasilia. Exposé introductif,* pp. 363-368; SANTOS, Milton. *Brasília, a nova capital brasileira,* pp. 369-385; PFEIFER, Wolfgang. *Remarques,* pp. 386-400.

CASABELLA — CONTINUITÀ

Revista de arquitetura contemporânea publicada em Milão desde 1928, como complemento de *Domus.* Mensal. In-4.º.

- ROTTA COTTA, Anna e MARCOLLI, Attilio. *Considerazioni su Brasilia.* N.º 218, março de 1958, pp. 33-39.
- NERVI, Pier Luigi. *Critica delle strutture.* N.º 223, jan. de 1959, p. 55.
- ROGERS, Ernesto N. *Il dramma del palazzo dell'Unesco.* N.º 226, abril de 1959, pp. 2-25.
- MORAVIA, Alberto. *Brasilia* (retomada de um artigo publicado no *Corriere Della Sera* de 28 de agosto de 1960). N.º 243, set. de 1960, p. 57.

CRITIQUE

Revista geral sobre publicações francesas e estrangeiras, publicada em Paris desde 1946. In-8.º.

- CHARPENTRAT, Pierre. *De l'abus de la méthode en architecture. Réflexions sur la notion de disparate.* T. XXI, n.º 221, out. de 1965, pp. 864-874.

DOMUS

Revista de arte e arquitetura publicada em Milão desde 1928. Mensal. In-4.º.

- *Il quartiere Pedegrulho a Rio de Janeiro.* Affonso E. Reidy, arch. N.º 254, an. de 1951, pp. 2-4.
- SANTI, Carlo, *Oscar Niemeyer.* N.º 255, fev. de 1951, pp. 15-18.
- *Casa a S. Paolo.* Rino Levi, arch. N.º 258, maio de 1951, pp. 6-7.
- *Stile de Niemeyer.* N.º 278, jan. de 1953, pp. 8-9.
- *Burle Marx o dei giardini brasiliani.* N.º 279, fev. de 1953, pp. 14-18.
- *La "casa de vidro",* Lina Bo Bardi, arch. N.º 279, fev. de 1953, pp. 19-26.
- PONTI, Gio. *Uma grande esposizione semplice, ideata da Niemeyer.* N.º 281, abril de 1953, p. 1.
- *Graticci brasiliani.* N.º 281, abril de 1953, pp. 6-7.
- *Museo sulla sponda dell'oceano.* Lina Bo Bardi, arch. N.º 286, set. de 1953, p. 15.
- *Antologia de Rino Levi.* N.º out. de 1953, pp. 5-8.
- *Il patio-pergola.* Rino Levi, arch. Roberto Cerqueira Cesar, collaboradore. N.º 292, março de 1954, pp. 16-19.
- *La casa di Oscar Niemeyer.* N.º 302, jan. de 1955, pp. 10-14.
- *L'"isola universitaria" di Rio, un'impresa brasiliana.* N.º 310, sep. de 1955, pp. 1-2.
- *Venezuela, patria della libertà. A Caracas, il Museo d'Arte Moderna di Oscar Niemeyer.* N.º 317, abril de 1956, pp. 2-8.
- *A Brasilia.* Oscar Niemeyer, arch. N.º 331, junho de 1957, pp. 1-2.
- *A Berlino, gli edifici dell'Hansaviertel.* Oscar Niemeyer. N.º 333, agosto de 1957, p. 5.
- DORFLES, Gillo. *"Neo barocco", ma non neoliberty!* N.º 358, set. de 1959, p. 19.
- CASATI, Cesare. *Immagini di Brasilia.* N.º 434, jan. de 1966, pp. 2-29.

I. A. B. GUANABARA

Cf. *Arquitetura* (título posterior da mesma revista).

HABITAT

Revista de arte e arquitetura quase exclusivamente dedicada a São Paulo, publicada em São Paulo de 1950 a 1965. Trimestral, bimestral ou mensal. In-4.º.

- BO BARDI, Lina. *Casas de Vilanova Artigas.* N.º 1, out.-dez. de 1950, pp. 2-16.
- *Duas construções de Oscar Niemeyer.* N.º 2, jan.-março de 1951, pp. 6-11.
- *Um gymnasium de Ícaro de Castro Melo.* N.º 2, jan.-março de 1951, p. 16.
- *Residência em São José, dos Campos, de Rino Levi.* N.º 2, jan.-março de 1951, pp. 19-26.
- *Museu a beira do oceano.* Arq. Lina Bo Bardi. N.º 8, julho-set. de 1952, pp. 6-11.
- MOTTA, Flávio. *São Paulo e o "art nouveau".* N.º 10, jan.-março de 1953, pp. 3-18.
- *Arquitetura industrial.* N.º 10, jan.-março de 1953, pp. 24-25.
- *Residência no Morumbi.* Arq. Lina Bardi. N.º 10, jan.-março de 1953, pp. 31-40.
- *O Colégio Paraguai-Brasil em Assunção.* Arq. Affonso Eduardo Reidy. N.º 10, jan.-março de 1953, pp. 41-44.
- *Outra residência no Morumbi.* Arq. Oswaldo Bratke. N.º 10, jan.-março de 1953, pp. 41-44.
- *Piscina coberta.* Arq. Ícaro de Castro Mello. N.º 11, abril-junho de 1953, pp. 4-6.
- *Estádio em São Paulo.* Arq. Vilanova Artigas. N.º 11, abril-junho de 1953, pp. 12-13.
- *O arquiteto Milton Roberto.* N.º 12, julho-set. de 1953, p. 12.
- *Max Bill, o inteligente iconoclasta.* Entrevista de Flávio d'Aquino em *Manchete.* N.º 12, julho-set. de 1953, pp. 34-35.
- *Floreal.* N.º 12, julho-set. de 1953, pp. 58-61.
- *Instituto central do câncer, São Paulo, Hospital Antonio de Camargo.* Projeto: Arq. Rino Levi. N.º 13, out.-dez. de 1953, pp. 11-18.
- *Plano de Urbanização da Praia de Pernambuco, Guarujá.* Arquiteto Henrique E. Mindlin. N.º 14, jan.-fev. de 1954, pp. 11-22.
- *Cidade Universitária do Rio de Janeiro.* N.º 15, março-abril de 1954, pp. 2-28.
- *Arquitetura no Parque Ibirapuera. As obras para a Exposição do IV Centenário de São Paulo.* N.º 16, maio-junho de 1954, pp. 20-27.

- *Museu de Arte Moderna do Rio de Janeiro.* Anteprojeto do arq. Affonso Eduardo Reidy. N.º 17, julho-agosto de 1954, pp. 12-15.
- *Conjunto residencial. Paquetá, Rio de Janeiro.* Projeto: arq. Francisco Bolonha. N.º 18, set.-out. de 1954, pp. 17-19.
- *Residência no Jacarepaguá, Rio de Janeiro.* Projeto: arqs. M. M. M. Roberto. N.º 20, jan.-fev. de 1955, pp. 22-25.
- *Pavilhão Lowndes em Petrópolis.* Projeto: arqs. M. M. M. Roberto. N.º 22, maio-junho de 1955, pp. 16-17.
- *Teatro Popular em Marechal Hermes, Rio de Janeiro.* Projeto: arq. Affonso Eduardo Reidy. N.º 23, julho-agosto de 1955, pp. 28-29.
- *Conjunto residencial. Gávea, Rio de Janeiro.* Projeto: arq. Affonso Eduardo Reidy. N.º 24, set.-out. de 1955, pp. 23-27.
- *Edifício de apartamentos em Copacabana, Rio.* Arquitetos M. M. M. Roberto. N.º 26, jan.-fev. de 1956, pp. 16-17.
- FERRAZ, Geraldo. *Cidade Universitária da Universidade de São Paulo. Uma constatação polêmica dos resultados do plano e da execução das obras no Butantã.* N.º 27, fev. de 1956, pp. 5-10.
- FERRAZ, Geraldo. *Individualidades na história da atual arquitetura no Brasil. I. Gregori Warchavchik.* N.º 28, março de 1956, pp. 40-48.
- *Uma residência em S. Paulo.* Projeto arq. Oswaldo Arthur Bratke. N.º 28, março de 1956, pp. 61-63.
- FERRAZ, Geraldo. *Individualidades na história da atual arquitetura no Brasil. II. Affonso Eduardo Reidy.* N.º 29, abril de 1956, pp. 38-55.
- FERRAZ, Geraldo. *Individualidades na história da atual arquitetura no Brasil. III. Rino Levi.* N.º 30, maio de 1956, pp. 34-49.
- *Monumento nacional aos mortos da II Grande Guerra.* Projeto: arqs. Hélio Ribas Marinho e Marcos Konder Netto. N.º 31, junho de 1956, p. 37.
- FERRAZ, Geraldo. *Individualidades na história da atual arquitetura no Brasil. IV. M. M. M. Roberto.* N.º 31, junho de 1956, pp. 49-66.
- *Urbanização da Praia de Belas, em Porto Alegre, R. G. S.* Projeto: prof. Edvaldo Paiva e arq. Carlos M. Fayet. N.º 32, julho de 1956, pp. 33-35.
- *Museu de Arte Moderna, Rio de Janeiro.* N.º 34, set. de 1956, pp. 40-45.
- FERRAZ, Geraldo. *Construção da nova cidade: Brasília.* N.º 35, out. de 1956, p. 1.
- FERRAZ, Geraldo. *Individualidades na história da atual arquitetura no Brasil. V. Lúcio Costa.* N.º 35, out. de 1956, pp. 28-43.
- *O I. A. B. e a construção da nova capital.* N.º 35, out. de 1956, p. 63.
- FERRAZ, Geraldo. *Individualidades na história da atual arquitetura no Brasil. VI. Roberto Burle Marx.* N.º 36, nov. de 1956, pp. 12-24.
- FERRAZ, Geraldo. *Construção da nova capital Brasília.* N.º 37, dez. de 1956, p. 52.
- *4 projetos de garages coletivas.* N.º 38, jan. de 1957, pp. 18-23.
- FERRAZ, Geraldo. *Novos valores na arquitetura brasileira. I. Abelardo Reidy de Souza.* N.º 39, fev. de 1957, pp. 2-21.
- *Escolha do Plano Piloto para Brasília.* N.º 40-41, março-abril de 1957, pp. 1-3.
- *Plano Piloto para Brasília.* (Rino Levi, R. Cerqueira Cesar e L. R. Carvalho Franco). N.ºs 40-41, março-abril de 1957, pp. 4-11.
- *Plano Piloto para Brasília* (Construtécnica S.A., arquiteto-chefe: Milton C. Ghiraldini). N.ºs 40-41, março-abril de 1957, pp. 12-18.
- *Plano Piloto para Brasília* (Jorge Wilheim). N.ºs 40-41, março-abril de 1957, pp. 19-29.
- *Plano Piloto da nova Capital do Brasil.* Arqs. M. M. M. Roberto. N.º 42, maio-junho de 1957, pp. 1-24.
- *Plano Piloto para Brasília* (Henrique E. Mindlin e Giancarlo Palanti). N.º 45, nov.-dez. de 1957, pp. 2-5.
- *Plano Piloto da nova Capital-Brasília* (Pedro Paulino Guimarães e associados). N.º 45, nov.-dez. de 1957, pp. 6
- FERRAZ, Geraldo. *Novos valores na arquitetura moderna brasileira. II. Oswaldo Bratke.* N.º 45, nov.-dez. de 1957. pp. 40-43.
- *Edifício de apartamentos, na Liberdade.* Projeto: arq. Rino Levi. Colaboração: arq. Roberto Cerqueira Cesar. N.º 45, nov.-dez. de 1957, pp. 40-43.
- *O Museu de Arte Moderna do Rio de Janeiro.* Arq. Affonso Eduardo Reidy. N.º 46, jan.-fev. de 1958, pp. 20-23.
- *A nova sede do Clube Atlético Paulistano.* Arq. Gregori Warchavchik. N.º 47, março-abril de 1958, pp. 10-15.
- *Hospital Albert Einstein.* Arquitetos: Rino Levi, Roberto Cerqueira Cesar e L. R. Carvalho Franco. N.º 48, maio-junho de 1958, pp. 2-7.
- *Teatro Castro Alves, Salvador, Bahia.* Projeto: José Bina Fonyat Filho e Humberto Lemos Lopes — colaboradores: Ubirajara M. L. Ribeiro e João Carlos Bross. N.º 48, maio-junho de 1958, pp. 10-12.
- *Maqueta do hospital "Albert Einstein", S. Paulo.* Arqs.: Rino Levi. N.º 50, set.-out. de 1958, pp. 2-3.
- *Galpão para fazenda em São José dos Campos,* arqs. Rino Levi e Roberto Cerqueira Cesar. N.º 50, set.-out. de 1958, pp. 2-3.
- MAURÍCIO, Jayme. *Palácio Rio Branco, Brasília.* Projeto: arq. Oscar Niemeyer Filho. N.º 53, março-abril de 1959, pp. 2-3.
- *Residência em São Paulo.* Projeto, decoração e jardins: arqs. Rino Levi e Roberto Cerqueira Cesar. N.º 54, maio-junho de 1959, pp. 2-7.
- *Congresso internacional extraordinário de críticos de arte. A cidade nova. Síntese das artes.* N.º 57, nov.-dez. de 1959, pp. 2-19 e n.º 58, jan.-fev. de 1960, pp. 3-8.
- *Residência aberta para pátios.* Projeto: arq. Rino Levi. Arqs. associados: Roberto Cerqueira Cesar e L. R. Carvalho Franco. Proprietário: Castor Delgado Perez. N.º 58, jan.-fev. de 1960, pp. 13-16.
- MAGALDI, Sábato. *Teatros oficiais de Brasília.* N.º 62, (jan.-fev.) 1961, pp. 3-6.
- FERRAZ, Geraldo. *Cuaso. A Cidade Universitária de São Paulo.* N.º 69, set. de 1962, pp. 16-25.
- FERRAZ, Geraldo. *Nova ponte no M. A. M. no Rio de Janeiro.* N.º 69, set. de 1962, p. 26.
- GASSIOT-TALABOT, Geraldo. *A personalidade e a obra de Reidy.* N.º 71, março de 1963, pp. 13-15.
- Projeto dos arquitetos associados: Rino Levi, Roberto Cerqueira Cesar e L. R. Carvalho Franco. *Banco Sul-Americano do Brasil em São Paulo.* N.º 74, dez. de 1963, pp. 15-20.

JARDIN DES ARTS

Revista de vulgarização publicada em Paris desde 1954. Mensal. In-8.º.

- DELACHAISE, Jacques. *Brasilia.* N.º 68, 1960, pp. 42-53.
- RAGON, Michel. *Niemeyer, architecte baroque du XX⁰ siècle.* N.º 178, set. de 1996, pp. 14-25.

JOURNAL OF THE ROYAL INSTITUTE OF BRITISH ARCHITECTS (às vezes abreviado como RIBA)

Revista de arquitetura publicada em Londres desde 1894 (3.ª série). Mensal. In-4.º.

- HOLFORD, William. *Brasilia.* Vol. 67, março de 1960, pp. 154-159.
- PEVSNER, Nikolaus. *Modern architecture and the Historian or the return of historicism.* Vol. 68, abril de 1961, pp. 230-240.

MIRANTE DAS ARTES

Revista de arte publicada em São Paulo desde 1967. Bimestral. In-4.º.
- BO BARDI, Lina. *Na América do Sul: após Le Corbusier, o que está acontecendo?* N.º 1, jan.-fev. de 1967, pp. 10-14.
- *Ao limite da casa popular. Comunidade de Cajueiro Seco* (Pernambuco). Acácio Gil Borsoi, arquiteto, N.º 2, março-abril de 1967, pp. 20-23.
- *Uma casa diferente* (Guarujá, arquiteto Eduardo Longo). N.º 2, março-abril de 1967, p. 24.
- BO BARDI, Lina. *O novo Trianon 1957-67.* N.º 5, set.-out. de 1967, pp. 20-23.

MÓDULO

Revista de arte e arquitetura publicada no Rio de Janeiro de 1955 a 1965. Periodicidade variável (2 a 5 n.ºs por ano). In-4.º. Tradução dos artigos publicados em inglês e francês, alemão ou espanhol.

- NIEMEYER, Oscar. (Homenagem a Le Corbusier). N.º 1, março de 1955, p. 3.
- CARDOZO, Joaquim. *Arquitetura brasileira. Características mais recentes.* N.º 1, março de 1955, pp. 6-9.
- *Mutilado o conjunto do Parque Ibirapuera.* N.º 1, março de 1955, pp. 18-31.
- *Residência do arquiteto* (Oswaldo Bratke). N.º 1, março de 1955, pp. 34-35.
- *Pavilhão Lowndes em Petrópolis* (M. M. M. Roberto). N.º 1, março de 1955, pp. 36-38.
- COSTA, Lúcio. *O arquiteto e a sociedade contemporânea.* N.º 2, agosto de 1955, pp. 17-24.
- *Exposição internacional de arquitetura em Berlim* (O. Niemeyer). N.º 2, agosto de 1955, pp. 25-33.
- *Moradia em Jacarepaguá* (M. M. M. Roberto). N.º 2, agosto de 1955, pp. 34-36.
- NIEMEYER, Oscar. *Problemas atuais da arquitetura Brasileira.* N.º 3, dez. de 1955, pp. 19-22.
- *Edifícios Finusia e Dna. Fátima (Copacabana, Rio)* (M. M. M. Roberto). N.º 3, dez. de 1955, pp. 36-38.
- *25 anos de arquitetura* (M. M. M. Roberto). N.º 3, dez. de 1955, p. 71.
- *Museu de arte moderna de Caracas* (O. Niemeyer). N.º 4, março de 1956, pp. 37-45.
- CARDOZO, Joaquim. *Dois episódios da história da arquitetura moderna Brasileira.* N.º 4, março de 1956, pp. 32-36.
- *Urbanização Cabo Frio — Búzios. Plano diretor regional.* N.º 5, set. de 1956, pp. 40-45.
- NIEMEYER, Oscar. *A capela de Ronchamps.* N.º 5, set. de 1956, pp. 40-45.
- *Brasília* (primeiros projetos de Niemeyer). N.º 6, dez. de 1956, pp. 10-23.
- NIEMEYER, Oscar. *Considerações sobre a arquitetura brasileira.* N.º 7, fev. de 1957, pp. 5-10.
- MEIRA PENNA. *O Brasil constrói uma nova capital.* N.º 7, fev. de 1957, pp. 18-19.
- *Palácio residencial de Brasília* (O. Niemeyer), n.º 7, fev. de 1957, pp. 20-27.
- (Concurso para o plano de Brasília). *Resumo das apreciações do júri.* N.º 8, julho de 1957, pp. 13-16.
- *Atas da comissão julgadora do plano piloto de Brasília.* N.º 8, julho de 1957, pp. 17-21.
- *O concurso para o Plano Piloto de Brasília. Declarações de membros do júri.* N.º 8, julho de 1957, pp. 22-28.
- COSTA, Lúcio. *Plano Piloto de Brasília.* N.º 8, julho de 1957, pp. 29-48.
- (Outros planos premiados). N.º 8, julho de 1957, pp. 49-86.
- NIEMEYER, Oscar. *Depoimento.* N.º 9, fev. de 1958, pp. 3-6.
- *Praça dos Três Poderes e Palácio do Congresso Nacional.* (O. Niemeyer). N.º 9, fev. de 1958, pp. 14-21.
- *Pavilhão do Brasil na Exposição Internacional de Bruxelas* (S. Bernardes). N.º 9, fev. de 1958, pp. 22-25.
- *Museu de Arte Moderna, Rio de Janeiro.* N.º 9, fev. de 1958, pp. 38-41.
- CARDOZO, Joaquim. *Forma estática — Forma estética.* N.º 10, agosto de 1958, pp. 3-6.
- *Palácio do Planalto e Palácio do Supremo Tribunal* (O. Niemeyer). N.º 10, agosto de 1958, pp. 7-15.
- AQUINO, Flávio de. *Azulejos e vitral de Athos Bulcão para Brasília.* N.º 10, agosto de 1958, pp. 26-29.
- *A catedral de Brasília* (O. Niemeyer). N.º 11, dez. de 1958, pp. 7-15.
- PEDROSA, Mário. *Volpi e a arte religiosa.* N.º 11, dez. de 1958, pp. 20-23.
- *Habitação coletiva em Brasília* (O. Niemeyer e H. Uchôa). N.º 12, fev. de 1959, pp. 12-19.
- *Decoração do Palácio da Alvorada* (A. M. Niemeyer). N.º 12, fev. de 1959, pp. 20-27.
- *Brasília Palace Hotel* (O. Niemeyer). N.º 12, fev. de 1959, pp. 28-31.
- *Museu de Brasília* (O. Niemeyer). N.º 12, fev. de 1959, pp. 36-37.
- *Setor Bancário de Brasília.* N.º 13, abril de 1959, pp. 9-15.
- RICHARDS, J. M. *Brasília vista por um Inglês.* N.º 14, agosto de 1959, pp. 3-5.
- *Plataforma central. Estação rodoviária.* N.º 14, agosto de 1959, pp. 8-11.
- *Hospital Sul-América* (O. Niemeyer). N.º 14, agosto de 1959, pp. 12-17.
- NIEMEYER, Oscar. *A Imaginação na Arquitetura.* N.º 15, out. de 1959, pp. 6-13.
- PEDROSA, Mário. *Lições do Congresso Internacional de Críticos.* N.º 16, dez. de 1959, pp. 7-11.
- HOLFORD, William. *Problemas e perspectivas de Brasília.* N.º 17, abril de 1960, pp. 2-3.
- *Teatros oficiais no Setor Cultural de Brasília* (O. Niemeyer). N.º 17, abril de 1960, pp. 4-13.
- CORBISIER, Roland. *Brasília e o desenvolvimento nacional.* N.º 18, junho de 1960, pp. 11-26.
- SÁ BARBOSA, Raul. *Brasília, evolução de uma idéia.* N.º 18, junho de 1960, suplemento não paginado.
- HOLFORD, William. *Sobre Brasília.* N.º 19, agosto de 1960, pp. 3-8.
- *Aeroporto intercontinental América do Sul — Brasília.* (Sergio Bernardes). N.º 19, agosto de 1960, pp. 12-29.
- TEIXEIRA, Anísio S. *Plano de construções escolares de Brasília.* N.º 20, out. de 1960, pp. 2-3.
- *Construções escolares em Brasília* (José de Souza Reis). N.º 20, out. de 1960, pp. 4-15.
- NIEMEYER, Oscar. *Forma e função na arquitetura.* N.º 21, dez. de 1960, pp. 3-7.
- *Praça Municipal de Brasília* (Nauro Esteves). N.º 21, dez. de 1960, pp. 8-12.
- *Casa de campo em Teresópolis* (Marcos Vasconcelos). N.º 22, abril de 1961, pp. 27-29.
- COSTA, Lúcio. *O novo humanismo científico e tecnológico.* N.º 23, junho de 1961, pp. 2-7.
- *Casa pré-fabricada e individual (Sérgio Rodrigues).* N.º 23, junho de 1961, pp. 26-29.
- PAPADAKI, Stamo. *Brasília: um retorno.* N.º 24, agosto de 1961, pp. 2-5.
- *Concurso de anteprojetos da Assembléia Legislativa do Estado de São Paulo. 1.º prêmio. 2.º prêmio.* N.º 24, agosto de 1961, pp. 20-30.
- *Escola de Minas. Ouro Preto* (Sérgio Bernardes). N.º 25, out. de 1961, pp. 2-29.
- MELLO FRANCO DE ANDRADE, Rodrigo. *Joaquim Cardozo.* N.º 26, dez. de 1961, pp. 3.
- NIEMEYER, Oscar. *Joaquim Cardozo.* N.º 26, dez. de 1961, pp. 4-7.
- RAWET, Samuel. *O mestre de obras Joaquim Cardozo.* N.º 26, dez. de 1961, pp. 11-13.
- (Série de desenhos e fotos que ilustram os cálculos de estrutura executados por Joaquim Cardozo para alguns monumentos característicos). N.º 26, dez. de 1961, pp. 16-28.
- *Pampulha Iate Clube* (O. Niemeyer). N.º 27, março de 1962, pp. 2-12.
- *Habitação pré-fabricada em Brasília O. Niemeyr).* N.º 27, março de 1962, pp. 27-38.
- *Ginásio coberto do Clube Atlético Paulistano — São Paulo* (Paulo Mendes da Rocha e João Eduardo De Gennaro). N.º 27, março de 1962, pp. 39-43.
- *Ginásio Estadual de Guarulhos, São Paulo* (J. Vilanova Artigas). N.º 28, junho de 1962, pp. 1-6.
- *Praça Maior da Universidade de Brasília* (L. Costa e O. Niemeyer). N.º 28, junho de 1962, pp. 7-15.
- *Feira Internacional e Permanente do Líbano em Trípoli* (O. Niemeyer). N.º 30, out. de 1962, pp. 1-24.
- *Sede do Touring Club do Brasil em Brasília* (O. Niemeyer). N.º 30, out. de 1962, pp. 32-34.
- NIEMEYER, Oscar. *Contradição na arquitetura.* N.º 31, dez. de 1962, pp. 17-18.
- *Conjunto esportivo no Líbano* (O. Niemeyer). N.º 31, dez. de 1962, pp. 25-28.
- *Escritório do Ceplan* (Centro de Planejamento da Universidade de Brasília). N.º 32, março de 1963, pp. 26-31.
- *Praça Maior (da Universidade de Brasília)* (O. Niemeyer). N.º 32, março de 1963, pp. 32-33.

- *Instituto de Ciências* (O. Niemeyer). N.º 32, março de 1963, pp. 34-38.
- *Escola primária* (O. Niemeyer). N.º 32, março de 1963, pp. 46-47.
- *Escola de Teologia* (O. Niemeyer). N.º 32, março de 1963, pp. 50-56.
- CARDOZO, Joaquim. *Algumas idéias novas sobre arquitetura.* N.º 33, junho de 1963, pp. 1-5.
- CHAVES, Gilberbet. *Uma experiência de arquitetura baiana.* N.º 33, junho de 1963, pp. 25-29.
- *Escola primária em Brasília* (Wilson Reis Netto). N.º 34, agosto de 1963, pp. 16-17.
- VINHAS DE QUEIROZ, Maurício. *Arquitetura e desenvolvimento.* N.º 37, agosto de 1964, pp. 1-24.
- *Urbanização do Parque do Flamengo.* N.º 37, agosto de 1964, pp. 30-51.
- VASCONCELLOS, Sílvio de. *Aspectos e detalhes da arquitetura em Minas Gerais.* N.º 38, dez. de 1964, pp. 1-31.
- *Pavilhão de Veneza* (H. Mindlin). N.º 38, dez. de 1964, pp. 32-37.

L'OEIL

Revista de arte publicada em Paris desde 1955. Mensal. In-4.º.

- CHOAY, Françoise. *Une capitale préfabriquée: Brasilia.* N.º 59, nov. de 1959, pp. 76-83.
- LOYER, François. *Les progrès de Brasilia.* N.º 184, abril de 1970, pp. 8-15.

P.D.F.

Cf. *Revista da Diretoria de Engenharia da Prefeitura do Distrito Federal.*

PROGRESSIVE ARCHITECTURE

Revista de arquitetura publicada em New York desde 1920. Mensal. In-4.º.

- *Apartment house. Location: São Paulo, Brazil.* Architect: Rino Levi. Collaborating architect: Roberto Cerqueira Cesar. T. XXIII, n.º 8, agosto de 1952, pp. 63-67.
- *Neibourghood group. Location: Rio de Janeiro.* Architect: Affonso Eduardo Reidy. T. XXXVI, n.º 8, agosto de 1955, pp. 104-109.
- *Bridgehead to "Brazilia".* Architect: Oscar Niemeyer, T. XXXVIII, n.º 4, abril de 1957, pp. 136-138.
- MOHOLY-NAGY, Sibyl. *Brasilia. Majestic concept or autocratic monument?* T. XL, n.º 10, out. de 1959, pp. 88-89.

REVISTA DA DIRETORIA DA ENGENHARIA DA PREFEITURA DO DISTRITO FEDERAL

Revista bimestral publicada no Rio de Janeiro com esse título de 1932 a 1935. Em 1936, adota o nome de *P. D. F. Revista da Diretoria da Engenharia.* A partir de então, os exemplares são numerados anualmente de 1 a 6. Em 1938, adota o nome de *Revista Municipal de Engenharia P. D. F.* Torna-se trimestral a partir de 1943. Em 1960, adota o nome de *Revista de Engenharia do Estado da Guanabara* e torna-se semestral. In-4.º.

- *Ante-projecto de um edifício destinado a conter dependências de serviços municipais.* Affonso Eduardo Reidy. N.º 1, julho de 1932, pp. 2-5.
- *Apartamentos econômicos Gamboa.* Architectos: Warchavchik-Lúcio Costa. N.º 1, julho de 1932, p. 6.
- *Parecer sobre o Decreto 3549.* N.º 1, julho de 1932, pp. 24-26.
- *Regulamento para abertura de ruas e divisão em lotes.* N.º 1, julho de 1932, pp. 26-27.
- *Projecto de escola rural em construção na quadra 71 da Villa Pompéia Ricardo de Albuquerque.* Affonso Eduardo Reidy. N.º 5, julho de 1933, pp. 3-4.
- *Estudo para o Palácio da Prefeitura do Distrito Federal.* Affonso Eduardo Reidy. N.º 11, julho de 1934, p. 3.
- *Projecto para a construção da sede da Diretoria Geral da Engenharia.* Affonso Eduardo Reidy. N.º 11, julho de 1934, pp. 4-9.
- *Projecto do Hospital da Força Pública do Estado de Pernamcubo.* Arq. Luís Nunes. N.º 14, jan. de 1935, pp. 231-235.
- *Club esportivo.* Arq. Oscar Niemeyer Soares. N.º 14, jan. de 1935, pp. 236-240.
- *Concurso de ante-projectos para o Ministério de Educação e Saúde Pública.* N.º 18, set. de 1935, pp. 510-519.
- *Ante-projecto de residência.* Arq. Oscar Niemeyer Soares. N.º 19, nov. de 1935, pp. 588-590.
- COSTA, Lúcio. *Razões da nova arquitetura.* Vol. III, n.º 1, jan. de 1936, pp. 3-9.
- *Escola para anormaes.* Arq. Luís Nunes. Vol. III, jan. de 1936, pp. 10-14.
- *Ante-projecto para a Villa de Monlevade. Memorial descriptivo.* Arq. Lúcio Costa. Vol. III, n.º 3, maio de 1936, pp. 114-128.
- *Projecto de residência a ser construída na Urca.* Arq. Oscar Niemeyer Filho. Vol. III, n.º 5, set. de 1936, pp. 258-259.
- *Ante-projecto para a Associação Brasileira de Imprensa.* Arqs. Jorge Machado Moreira, Ernani M. de Vasconcelos. Vol. III, n.º 5, set. de 1936, pp. 261-270.
- *Ante-projecto para a Associação Brasileira de Imprensa.* Arqs. Oscar Niemeyer Filho, Fernando Saturnino de Britto, Cássio Veiga de Sá. Vol. III, n.º 6, nov. de 1936, pp. 334-341.
- COSTA, Lúcio. *Uma questão de oportunidade.* Vol. IV, n.º 3, maio de 1937, p. 119.
- *Universidade do Brasil. Ante-projecto.* Arqs. Lúcio Costa, Affonso Eduardo Reidy, Oscar Niemeyer Filho, F. F. Saldanha, José de Souza Reis, Jorge M. Moreira, Ângelo Bruhns, Paulo R. Fragoso. Vol. IV, n.º 3, maio de 1937, pp. 120-139.
- *Obra do berço.* Arq. Oscar Niemeyer Filho. Vol. IV, n.º 3, maio de 1937, pp. 140-141.
- *Projeto do Ministério de Educação e Saúde.* Le Corbusier e P. Jeanneret. Vol. IV, n.º 4, julho d e1937, pp. 182-183.
- *Cidade Universitária do Rio de Janeiro.* Le Corbusier e P. Jeanneret. Vol. IV, julho de 1937, pp. 184-186.
- *Delegacia Fiscal e Posto de Polícia Municipal. S. Cristovão.* Arq. Affonso Eduardo Reidy. Vol. IV, n.º 4, julho de 1937, p. 211.
- *Escola Primária Mista em Ricardo de Albuquerque.* Arq. Affonso Eduardo Reidy. Vol. IV, n.º 4, julho de 1937, pp. 213-217.
- *Maternidade. Ante-projecto.* Arq. Oscar Niemeyer Filho. Vol. IV, n.º 5, set. de 1937, pp. 272-273.
- *Projeto para sede da 8.ª Divisão de Viação.* Arq. Affonso Eduardo Reidy. Vol. IV, n.º 5, set. de 1937, pp. 274-275.
- *O edifício central do Aeroporto Santos Dumont.* Arquitetos Marcelo e Milton Roberto. Vol. V, n.º 4, julho de 1938, pp. 414-420.
- *Urbanização da Esplanada do Castelo.* Arq. Affonso Eduardo Reidy. Vol. V, n.º 5, set. de 1938, pp. 604-607.
- *Palácio da Prefeitura do Distrito Federal.* Arq. Affonso Eduardo Reidy. Vol. VI, n.º 1, jan. de 1939, pp. 78-82.
- *Departamento Geral de Transportes e Oficinas.* Arq. Affonso Eduardo Reidy. Vol. VI, n.º 1, jan. de 1939, pp. 78-72.
- *Plano de melhoramentos da cidade do Rio de Janeiro.* Eng. Edison Passos, secretário geral de Viação e Obras. Vol. VIII, n.º 4, julho de 1941, pp. 213-268.
- *Hotel de Ouro Preto.* Oscar Niemeyer Filho. Vol. IX, n.º 2, março de 1942, pp. 82-87.
- *Instituto Superior de Filosofia, Ciências e Letras "Sedes Sapientiae". São Paulo.* Rino Levi. Vol. IX, n.º 5, set. de 1942, pp. 274-282.
- *As obras da Pampulha em Belo Horizonte.* Oscar Niemeyer Filho, arquiteto. Vol. X, n.º 2, abril de 1943, pp. 112-124.
- *O Plano Diretor* (do Rio de Janeiro). Vol. X, n.º 3, julho de 1943, pp. 157-160.

REVISTA DO SERVIÇO DO PATRIMÓNIO HISTÓRICO E ARTÍSTICO NACIONAL (S.P.H.A.N.)

Revista dedicada ao estudo dos monumentos antigos do Brasil, fundada em 1937, ao mesmo tempo que o Serviço (que se transformou em D.P.H.A.N. quando a palavra "serviço" foi substituída por "departamento"). Anual do n.º 1 (1937) ao n.º 11 (1947), a seguir periodicidade irregular. In-8.º.

- COSTA, Lúcio. *Documentação necessária.* N.º 1, 1937, pp. 31-39. *Notas sobre a evolução do mobiliário luso-brasileiro.* N.º 3, 1939, pp. 149-162.

REVISTA MUNICIPAL DE ENGENHARIA

Cf. *Revista da Diretoria da Engenharia da Prefeitura do Distrito Federal.*

REVISTA POLYTÉCHNICA

Revista da Escola Politécnica de São Paulo, publicada desde 1904. Mensal ou bimestral, mas sem regularidade absoluta.

- TOLEDO, A. *A Villa Flávia Uchôa.* Arq. V. Dubugras. N.° 2 janeiro de 1905, pp. 75-77.
- DUBUGRAS, Victor. *Projecto do edifício do Congresso Nacional do Brasil.* N.° 15, maio de 1907, pp. 113-121.
- SILVA, Raul. *O pavilhão de São Paulo na Exposição Nacional de 1908.* N.° 19-20, dez. de 1907-março de 1908, pp. 39-44.
- *O pavilhão da Exposição Preparatória do Estado de São Paulo.* N.° 21, abril-maio de 1908, pp. 143-144.
- P.J. *Uma estação modelo.* N.° 22, junho-agosto de 1908, pp. 187-192.
- *Colégio das Irmans de Santo Agostinho.* Max Hehl, Eng. Architecto. N.° 24, jan. de 1909, p. 12.
- *Matriz da Consolação.* Max Hehl, Eng. Architecto. N.° 26, fev. de 1909, p. 104.
- HEHL, Max. *Descripção da nova Matriz de Santos.* N.° 29, nov.-dez. de 1909, pp. 359-360.
- NEVES, Escritório Técnico de Engenheiro Samuel. *Palacete do Exmo. Sr. Conde de Prates.* N.° 38, set. de 1912, pp. 91-04.
- *Edifício da Caixa Econômica de S. Paulo.* Projecto e construcção do Escritório Téchnico dos Architectos Drs. Ramos de Azevedo e Domiciano Rossi. N.° 39-40, out.-nov. de 1912, p. 154.
- HEHL, M.E. *A nova cathedral de S. Paulo.* N.° 43-44, maio-julho de 1913, pp. 20-22.
- ANHAIA MELLO, Luiz de. *Problemas de urbanismo. Mais uma contribuição para o calçamento.* N.° 83, junho de 1927, pp. 343-365.
- ANHAIA MELLO, Luiz de. *Um grande urbanista francês: Donat-Alfred Agache.* N.° 85-86, maio-julho de 1928, pp. 70-88.
- *O Clube Commercial de São Paulo.* Projecto e construção do Dr. F. P. Ramos de Azevedo. N.° 92, fev. de 1929, pp. 94-99.

REVUE D'ESTHÉTIQUE

Revista publicada em Paris desde 1948. Trimestral. In-8.°.

- BARATA, Mário. *Réflexions sur l'architecture moderne au Brésil.* N.° 15, julho-dez. de 1962, pp. 320-325.

REVUE DE GÉOGRAPHIE ALPINE

Revista do Instituto de Geografia Alpina da Universidade de Grenoble. Trimestral. In-8.°.

- MONBEIG, Pierre. *La croissance de la ville de São Paulo.* T. XLI, 1953, pp. 59-97 e 261-309.

VIE URBAINE

Revista de urbanismo publicada pelo Instituto de Urbanismo da Universidade de Paris desde 1956 (nova série). Trimestral. In-8.°.

- MEIRA PENNA, J.O. *Le Brésil construit une nouvelle capitale.* N.° 1, jan.-março de 1959, pp. 42-52.
- PINCHEMEL, Ph. *Brasilia — Ville symbole ou le mythe devenu réalité.* N.° 3, julho-set. de 1967, pp. 201-234.

WERK

Revista de arquitetura publicada em Winterthur pela Associação dos Arquitetos Suíços desde 1914. Mensal. In-4.°.

- KUENZLE, Creed. *Brasilia, eine Hauptstadt in Bau.* Vol. 46, n.° 7, julho de 1959, pp. 259-262.
- *Teatro Castro Alves in Salvador, Bahia, Brasilien.* Architeckt: José Bina Fonyat Filho. Vol. 47, n.° 9, set. de 1960, pp. 327-329 (fotos, plantas).
- *Theater für Brasilia.* Vol. 47, n.° 9, set. de 1960, p. 330.

ZODIAC

Revista internacional de arquitetura publicada em Milão de 1957 a 1963. Artigos em várias línguas com traduções integrais ou resumidas em francês e inglês. Semestral. In-8.°.

- *Rapporto Brasile.* N.° 6, maio de 1960, pp. 56-139. Contém os seguintes artigos: ALFIERI, Bruno. *Rapporto Brasile,* pp. 56-59. MOTTA, Flávio. *Introduzione al Brasile,* pp. 60-67. VERONESI, Giulia. *Affonso Eduardo Reidy,* pp. 68-83. ALFIERI, Bruno. *Rino Levi: una nuova dignità all'habitat,* pp. 84-95. ALFIERI, Bruno. *João Vilanova Artigas: ricerca brutalista,* pp. 96-107. VERONESI, Giulia. *Marcelo e Mauricio Roberto: Scioltezza e libertà,* pp. 108-117. PORCINAI, Pietro. *Roberto Burle Marx: pittore di giardini,* pp. 118-127. ZEVI, Bruno. *Critica a Brasilia,* pp. 128-131. NIEMEYER, Oscar. *Depoimento (testimonianza),* pp. 131-135. BARATA, Mário. *Ponto de vista de um Brasileiro,* pp. 136-139.
- ALFIERI, Bruno. *New York, Caracas, Brasília.* N.° 11, fev. de 1963, pp. 2-19.
- GIEDION, Siegfried. *Architecture in the 1960's: Hopes and fear.* N.° 11, fev. de 1963, pp. 24-35.
- BARATA, Mário. *Brasília revisitata / Brasília três anos depois: como problemática de cidade viva.* N.° 11, fev. de 1963, pp. 36-47.
- *La casa di Sergio Bernardes a Rio.* N.° 11, fev. de 1963, pp. 48-55.
- *Uma Cidade Universitária no Brasil* (São Paulo). N.° 11, fev. de 1963, pp. 56-77.

Fotografias

AERTSENS, Miguel, 130, 133, 134, 136, 137, 185, 187, 190, 191, 196.

ALBUQUERQUE, F. 254, 255, 256.

GAUTHEROT, Marcel, 47, 49, 57, 71, 73, 76, 77, 82, 89, 98, 101, 103, 104, 105, 109, 118, 119, 120, 140, 142, 143, 145, 146, 147, 149, 150, 151, 153, 154, 156, 157, 159, 161, 169, 175, 176, 177, 180, 183, 184, 197, 198, 199, 231, 252, 263, 264, 329.

MIRANDA, Hircio Farmo de, 227.

MOSCARDI, 214, 215, 216, 218, 220, 233, 234, 235, 236, 237, 248, 250, 251, 260, 261, 262, 278, 279, 280, 281, 282, 286, 287, 288, 289, 290, 292, 293, 296, 297, 298, 299, 300, 302, 303, 304, 305.

**OUTROS LIVROS DE ARQUITETURA
PUBLICADOS PELA PERSPECTIVA**

ARQUITETURA

D018 *Quadro da Arquitetura no Brasil*
　　　Nestor Goulart Reis Filho
D047 *Bauhaus: Novarquitetura*
　　　Walter Gropius
D063 *Morada Paulista*
　　　Luís Saia
D071 *A Arte na Era da Máquina*
　　　Maxwell Fry
D094 *Cozinhas, Etc.*
　　　Carlos A. C. Lemos
D100 *Vila Rica*
　　　Sylvio de Vasconcellos
D111 *Território da Arquitetura*
　　　Vittorio Gregotti
D113 *Teoria e Projeto na Primeira Era da Máquina*
　　　Reyner Banham
D135 *Arquitetura, Industrialização e Desenvolvimento*
　　　Paulo J. V. Bruna
D144 *A Construção do Sentido na Arquitetura*
　　　J. Teixeira Coelho Netto
D173 *Arquitetura Italiana em São Paulo*
　　　Anita Salmoni e Emma Debenedetti
D190 *A Cidade e o Arquiteto*
　　　Leonardo Benevolo
D307 *Conversas com Gaudí*
　　　Cesar Martinell Brunet
E027 *Por Uma Arquitetura*
　　　Le Corbusier
E059 *Espaço da Arquitetura*
　　　Evaldo Coutinho
E118 *Arquitetura Pós-Industrial*
　　　Raffaele Raja
E150 *Nos Jardins de Burle Marx*
　　　Jacques Leenhardt (org.)
E181 *A Casa Subjetiva*
　　　Ludmila de Lima Brandão
E187 *Arquitetura e Judaísmo: Mendelsohn*
　　　Bruno Zevi
E189 *A Casa de Adão no Paraíso*
　　　Joseph Rykwert
E190 *Pós-Brasília: Rumos da Arquitetura Brasileira*
　　　Maria Alice J. Bastos
E234 *A Idéia de Cidade*
　　　Joseph Rykwert
E308 *O Interior da História*
　　　Marina Waisman
K26 *Espaço (Meta)Vernacular na Cidade Contemporânea*
　　　Marisa Barda

LSC *História da Arquitetura Moderna*
　　　Leonardo Benevolo
LSC *História da Cidade*
　　　Leonardo Benevolo
LSC *Arquitetura Contemporânea no Brasil*
　　　Yves Bruand
LSC *Brasil: Arquiteturas após 1950*
　　　Maria Alice J. Bastos e Ruth Verde Zein

URBANISMO

A+U01 *Cidades do Amanhã*
　　　Peter Hall
A+U02 *Cidades Caminhável*
　　　Jeff Speck
D037 *Planejamento Urbano*
　　　Le Corbusier
D096 *Os Três Estabelecimentos Humanos*
　　　Le Corbusier
D114 *Cidades: O Substantivo e o Adjetivo*
　　　Jorge Wilheim
D225 *Escritura Urbana*
　　　Eduardo de Oliveira Elias
D287 *Crise das Matrizes Espaciais*
　　　Fábio Duarte
D306 *Primeira Lição de Urbanismo*
　　　Bernardo Secchi
D311 *A (Des)Construção do Caos*
　　　Sergio Kon e Fábio Duarte (orgs.)
D316 *A Cidade do Primeiro Renascimento*
　　　Donatella Calabi
D318 *A Cidade do Século Vinte*
　　　Bernardo Secchi
D319 *A Cidade do Século XIX*
　　　Guido Zucconi
E067 *O Urbanismo*
　　　Françoise Choay
E088 *Regra e o Modelo*
　　　Françoise Choay
E224 *Metrópole: Abstração*
　　　Ricardo Marques de Azevedo
E295 *História do Urbanismo Europeu*
　　　Donatella Calabi
LSC *Área da Luz*
　　　R. de Cerqueira Cesar, Paulo J. V. Bruna,
　　　Luiz R. C. Franco
LSC *Cidades Para Pessoas*
　　　Jan Ghel

Este livro foi impresso na cidade de Cotia,
nas oficinas da Meta Brasil,
para Editora Perspectiva.